열린 민주주의

열린 민주주의
–21세기 민주주의의 재발명

초판 1쇄 찍음 2024년 4월 22일
초판 1쇄 펴냄 2024년 5월 3일

지은이 엘렌 랜드모어
옮긴이 남상백
펴낸이 이병한
펴낸곳 사단법인 다른백년

출판등록 제2019-000051호
주소 서울시 종로구 삼청로10길 12 2층(삼청동 26-3)
대표전화 02-3274-0100(편집·주문)
팩시밀리 02-3275-0100
전자우편 thetomorrowassoc@gmail.com
다른백년 홈페이지 http://thetomorrow.kr/
다른백년 페이스북 https://www.facebook.com/thetomorrow100/

ISBN 979-11-962860-5-5 93340

책값은 뒤표지에 있습니다.

열린 민주주의

21세기 민주주의의 재발명

엘렌 랜드모어 지음 | 남상백 옮김

다른백년
The TOMORROW

Open Democracy : Reinventing Popular Rule for the Twenty-First Century
by Hélène Landemore

소피와 에밀리에게

감사의 말

이 책을 쓰는 데 7년이 걸렸기 때문에 내가 감사드려야 할 분들은 내가 기억할 수 있는 숫자보다 훨씬 많다. 내가 혹시라도 빠트린 분들에 대해서는 미리 사과를 드린다.

먼저 베르나르 마넹Bernard Manin과 나디아 우르비나티Nadia Urbinati에게 감사를 드린다. 이분들 각각의 작업은 내 견해에 심대한 영향을 줬고, '대의민주주의'라는 역사적 패러다임이 현대에 우리가 도달할 수 있는 민주주의의 최선의 형태도 아니고 유일한 형태라는 주장에 내가 의문을 제기하고 탐구하도록 만들었다. 나는 이제야 이 책이 어떤 면에서는 내가 2008년 프랑스의 온라인 잡지인 《라비데지데*La vie des idées*》를 위해 주선한 이분들의 대담에 내 목소리를 더하려는 시도의 하나였음을 실감하게 된다.[1]

이 책은 또한 2011년 맥길대학교MacGill University에서 내 이전 책인 《민주적 이성*Democratic Reason*》에 대한 논의를 위해 참석한 몬트리올 정치이론 원고 워크숍Montreal Political Theory Manuscript Workshop의 참여자들에게 크게 빚지고 있다. (정확히 누구였는지 기억하지 못해 매우 죄송하지만) 한 참가자가 다음과 같이 나를 예우하는 만큼이나 당황하게 만든 질문을 했다. "이상적인 랜드모어식 민주주의는 어떤 모습이죠?" 이 책은 9년이 흐른 뒤 이 질문에 대한 완벽하진 않지만 당시 내가 전할 수 있는 것보다 더 실질적인 답변에 해당한다.

아이슬란드 섬에 있는 유일한 국가와 그곳의 너그러운 국민에게도 깊

1 Landemore, Manin, and Urbinati, 2008.

은 마음의 빚을 지고 있다. 이들은 나를 환영해주고 내가 아이슬란드 정치의 복잡성을 이해하도록 도와줬을 뿐만 아니라 잊지 못할 굉장히 멋진 전원 풍경을 볼 수 있게 해줬다. 특히 감사드릴 분으로 크리스틴 마르 아르셀손Kristinn Már Ársælsson, 토르발두르 길파손Thorvaldur Gilfason, 살바르 노르달Salvör Nordal, 카트린 오드스도티르Katrín Oddsdóttir, 존 올라프손Jón Ólafsson뿐만 아니라, 입양된 아이슬란드인인 필립 우르팔리노Philippe Urfalino와 레이캬비크Reykjavik에서 친절하게 맞이해준 그의 가족을 꼽고 싶다.

국민 대토론에서 무작위로 선출된, 노르망디의 루앙Rouen과 마르티니크Martinique의 포르드프랑스Fort-de-France의 지역의회regional assemblies 회원들에게 감사드린다. 특히 2019년 3월 나는 두 지역의회에 모두 참석하는 행운을 얻었다. 내가 2019년 가을과 2020년 봄 동안 관심을 갖고 지켜본 파리의 기후변화 시민총회Citizen Convention on Climate Change 회원들에게 감사드린다. 이 과정에 접근하게 해주고 통찰력을 준 것에 대해 이 행사의 조직자들, 특히 미시옹 푸블리크Mission Publiques의 주디트 페란도Judith Ferrando와 이브 매튜Yves Mathieu, 그리고 레스 푸블리카Res Publica의 소피 길랑Sophie Guillain과 질 로랑 레이삭Gilles-Laurent Rayssac에게 감사드린다. 기후변화 시민총회의 거버넌스 위원회에서의 일, 그리고 연구자들이 이 과정을 계속해서 문서화하고 접근할 수 있도록 도와준 것에 대해 장 미셸 푸르니에Jean-Michel Fourniau와 로이크 블롱디오Loïc Blondiaux에게 감사드린다. 이 같은 행사들과 관련된 대부분의 현장연구에 연구비를 지원해준 것에 대해 예일 맥밀란 센터Yale MacMillan Center에 감사드린다.

나는 책의 다양한 단계에서 이뤄진 책 원고에 관한 네 개의 워크숍 참가자들에게 감사드린다. 워크숍은 2016년 5월에는 예일대학교에서 내가 소집했고, 2017년 6월에는 스탠퍼드대학교에서 롭 라이히Rob Reich가 조직했고, 2018년 6월에는 예일대학교에서 내가 크리스티나 라퐁Cristina

Lafont과 공동으로 조직했으며, 2019년 10월에는 벨기에의 루뱅 공법 센터Leuven Center for Public Law에서 피에르 에티엔 반다므Pierre-Etienne Vandamme가 더 큰 규모로 조직했다.

그 밖에 이 책의 아이디어들을 검증하고 정교화하고 개선하도록 도와준 것에 대해 수년간 여러 나라에서 열린 무수한 워크숍, 세미나, 콘퍼런스, 콜로키엄의 조직자와 청중들에게 감사를 드린다. 최근의 경우 나는 특히 옥스퍼드대학교의 너필드 칼리지Nuffield College에서 열린 정치이론 워크숍의 청중들에게 감사를 드린다. 이 워크숍으로 인해 이 책의 4장과 5장을 대폭 재구성하게 됐다. 또한, 4장에 유사한 자극을 준 시카고대학에서 열린 워크숍에 감사를 드린다.

서면이나 구두로 된 논평, 이메일 교환, 깨우침을 준 대화 등 어떤 형태로든 이 프로젝트의 전부 또는 일부에 도움을 준 것에 대해 이 같은 청중들에 속한 분들을 포함해 특별한 분들에게 감사를 드린다. 특히 다음과 같은 분들에게 감사를 드린다. 다니엘 앨런Danielle Allen, 아라시 아비자데Arash Abizadeh, 크리스토퍼 에이켄Christopher Achen, 새뮤얼 배그Samuel Bagg, 통동 바이Tongdong Bai, 우디트 바티아Udit Bhatia, 카미유 베독Camille Bedock, 에릭 비어봄Eric Beerbohm, 데보라 베임Deborah Beim, 다니엘 벨Daniel Bell, 세일라 벤하비브Seyla Benhabib, 루시 베른홀츠Lucy Bernholz, 프랑수아 블레François Blais, 마테오 보노티Matteo Bonotti, 줄리아 카제Julia Cagé, 다니엘라 캐맥Daniela Cammack, 조셉 캐런스Joseph Carens, 시몬 챔버스Simone Chambers, 엘튼 챈Elton Chan, 지웨이 치Jiwei Ci, 이본 치우Yvonne Chiu, 조슈아 코언Joshua Cohen, 키아라 코델리Chiara Cordelli, 에르베 크레Hervé Crès, 토마스 크리스티아노Thomas Cristiano, 즈위안 추이Zhiyuan Cui, 리사 디쉬Lisa Disch, 휴고 드로숀Hugo Drochon, 존 던John Dunn, 파스칼린 뒤파Pascaline Dupas, 재커리 엘킨스Zachary Elkins, 욘 엘스터Jon Elster, 에바 어먼Eva Erman, 세실 파브르Cécile Fabre, 에릭 파브리Eric Fabri, 안드레아 펠리체티Andrea Felicetti, 이사

벨 페레라스Isabelle Ferreras, 짐 피시킨Jim Fishkin, 브라이언 포드Bryan Ford, 아천 펑Archon Fung, 제프리 프리드먼Jeffrey Friedman, 슈터나 프리드먼Shterna Friedman, 브라이언 가스텐Bryan Garsten, 매튜 겐츠코프Matthew Gentzkow, 톰 긴즈버그Tom Ginsburg, 로버트 구딘Robert Goodin, 숀 그레이Sean Gray, 위르겐 하버마스Jürgen Habermas, 제이콥 해커Jacob Hacker, 클라리사 헤이워드Clarissa Hayward, 바오강 허Baogang He, 클라우디아 하이스Claudia Heiss, 테드 호프Ted Hopf, 도널드 벨로 허트Donald Bello Hutt, 쥘리앵 자느네Julien Jeanneney, 황 징Huang Jing, 숀 잉햄Sean Ingham, 디메트라 카시미스Demetra Kasimis, 존 킨John Keane, 김주형Joohyung Kim, 알렉산더 커쉬너Alexander Kirshner, 잭 나이트Jack Knight, 헨릭 쿠겔베르그Henrik Kugelberg, 카를로 인베르니치 악세티Carlo Invernizzi Accetti, 세실 라보르드Cécile Laborde, 크리스티나 라퐁Cristina Lafont, 디미트리 랜다Dimitri Landa, 매튜 란다우어Matthew Landauer, 멜리사 레인Melissa Lane, 영재 리Youngjae Lee, 도미닉 레깃Dominic Leggett, 이단 리브Ethan Leib, 래리 레식Larry Lessig, 첸양 리Chenyang Li, 민 리Mihn Ly, 테리 맥도널드Terry Macdonald, 피아 만치니Pia Mancini, 베르나르 마넹Bernard Manin, 카루나 만테나Karuna Mantena, 제니 맨스브리지Jenny Mansbridge, 존 맥코믹John McCormick, 데이비드 밀러David Miller, 랄라 무라도바Lala Muradova, 파트리지아 난츠Patrizia Nanz, 슈무엘 닐리Shmuel Nili, 조사이아 오버Josiah Ober, 마틴 오닐Martin O'Neill, 제이넵 파묵Zeynep Pamuk, 윌리엄 파틀렛William Partlett, 렉스 폴슨Lex Paulson, 티아고 페이소토Tiago Peixoto, 제임스 페너James Penner, 토머 페리Tomer Perry, 릭 필데스Rick Pildes, 알렉스 프레스콧 크라우치Alex Prescott-Crouch, 애덤 쉐보르스키Adam Przeworski, 대니 콰Danny Quah, 롭 라이히Rob Reich, 마티아스 리스Mathias Risse, 존 로머John Roemer, 쥬느비에브 루셀리에르Geneviève Rousselière, 제니퍼 루빈스타인Jennifer Rubinstein, 제이 러클하우스Jay Ruckelshaus, 하비에르 가예고 사드Javier Gallego Saade, 라훌 사가Rahul Sagar, 에마 손더스 헤이스팅스Emma Saunders-Hastings, 토마스 스캔론Thomas Scanlon, 한스 샤틀Hans Schattle, 클라우디아 슈발리츠Claudia

Chwalisz, 멜리사 슈워츠버그Melissa Schwartzberg, 마야 세탈라Maija Setälä, 이브 생토메Yves Sintomer, 산티아고 시리Santiago Siri, 스티븐 스미스Steven Smith, 송지우Jiewuh Song, 사라 송Sarah Song, 니콜라스 사우스우드Nicolas Southwood, 셀린 스펙터Céline Spector, 아미아 스리니바산Amia Srinivasan, 위르그 스타이너Jürg Steiner, 애나 스틸즈Anna Stilz, 네나드 스토야노비치Nenad Stojanovic, 수잔 스톡스Susan Stokes, 피터 스톤Peter Stone, 밀란 스볼릭Milan Svolik, 쿠자이 타카바라샤Kudzai Takavarasha, 소훈 탄Sor Hoon Tan, 존 타시울라스John Tasioulas, 노라 티머만스Nora Timmermans, 리처드 턱Richard Tuck, 마크 터쉬넷Mark Tushnet, 나디아 우르비나티Nadia Urbinati, 로라 발렌티니Laura Valentini, 키아라 발상지아Chiara Valsangia, 로널드 반 크롬브뤼게Ronald Van Crombrugge, 엘스 반 동겐Els Van Dongen, 식스틴 반 오트리브 디드왈Sixtine Van Outryve d'Ydewalle, 시릴 벨리카노프Cyril Velikanov, 카밀라 베르가라Camila Vergara, 다니엘 비에호프Daniel Viehoff, 마크 워런Mark Warren, 스튜어트 화이트Stuart White, 브라이언 웡Bryan Wong, 용년 정Yongnian Zheng, 린다 제릴리Linda Zerilli.

몇 분은 전체 원고에 관한 총괄 논평을, 때로는 한 줄 한 줄 꼼꼼한 논평을 해준 것으로 특별한 감사를 받기에 충분하다. 리사 디쉬Lisa Disch, 줄리아 오스키안Giulia Oskian, 피에르 에티엔 반다므, 데이비드 윈스David Wiens가 바로 그분들이다.

나는 (몇몇은 졸업한 지 오래된) 예일대학교의 아주 명민한 대학원생들에게 고마움을 전한다. 이들은 탁월한 연구조교와 편집조교로서 전체 과정 동안 도움을 줬다. 조슈아 브레이버Joshua Braver, 데이비드 프룸킨David Froomkin, 사만다 고드윈Samantha Godwin, 미에 이노우에Mie Inouye, 막시밀리언 크라헤Maximilian Krahé, 밧살 나레쉬Vatsal Naresh, 에린 피네다Erin Pineda, 나오미 샤이너만Naomi Scheinerman, 알렉산더 트루보위츠Alexander Trubowitz가 바로 그들이다.

열정적으로 지원해주고 이 프로젝트가 완성되도록 이끌어준 것에 대해 프린스턴대학출판부의 담당 편집자인 롭 템피오Rob Tempio와 매트 로할

Matt Rohal에게 감사를 드린다. 탁월한 논평을 해주고 이 책의 출간과정이 이전 책보다 훨씬 덜 수고롭게 만들어준 것에 대해 두 명의 익명의 논평자에게 감사를 드린다.

마지막으로 늘 힘이 되어주는 참된 내 남편에게 고마움을 전한다. 남편은 내가 각 장의 내용을 조사하고 내 아이디어를 소개하기 위해 여러 차례 세계를 돌아다니는 동안 집을 손보고 두 딸을 돌봐주고 딸들과 놀아줬다. 남편의 사랑과 지지, 그리고 많은 희생이 없었다면 이 책의 출간은 불가능했을 것이다.

익살스럽고 에너지가 넘치며 마냥 경이로운 두 딸 소피와 에밀리에게 이 책을 바친다. 내가 계속해서 솔직하고 영감에 차게 만들어주고 "바다보다 더 푸르고 우주보다 더 크게" 사랑한다고 말해준 딸들에게 고맙다고 말하고 싶다.

서문

민주주의가 위기에 처해 있다. 아니면 우리는 적어도 민주주의가 위기라는 말을 끊임없이 듣고 있다. 2016년 미국 대선과 브렉시트 국민투표는 서구세계 전체에서 관측할 수 있는 규모가 큰 현상 가운데 바로 이 같은 위기의 가장 주목할 만한 사례에 해당한다. 도처에서 기존 선거제도 상의 엘리트에 맞선 폭넓은 백래시가 출현하고 있는데, 이러한 흐름은 결국 권위주의적이거나 포퓰리즘적인 통치자들에게 권력을 위임하고 궁극적으로 민주주의의 근간을 위협하고 있는 현실이다. 게다가 민주주의는 서구세계 너머에서도 수세에 몰리고 있다. 이라크와 리비아에서 시도된 민주주의 국가건설의 극적 실패 뒤에, 어떤 이들은 글로벌 수준에서 "민주주의의 후퇴"(Diamond, 2008)에 관해 말하기 시작했다. 아랍의 봄의 씁쓸한 결말은 튀니지라는 놀랄 만한 그러나 무너지기 쉬운 예외를 제하면 단지 이 같은 경향을 확증하는 것처럼 보인다. 그러는 사이 어떤 이들은 거침없이 민주주의를 전적으로 거부하는 목소리를 내는 반면(Brennan, 2016), 또 다른 이들은 새로운 미래상으로서 중국과 싱가포르, 즉 이른바 현능주의 체제를 내세우고 있다(예를 들어, Bai, 2020; Bell, 2013; Chan, 2013; Khanna, 2017).[2] 초강대국 중국의 세기가 펼쳐짐에 따라, 민주주의는 쇠락

2 (옮긴이) 푸단대학교 철학과의 바이 통동Bai Tongdong 교수는 자신의 저서《정치적 평등에 반대한다*Against Political Equality*》(2020)에서 위기에 처한 민주주의의 대안으로 유교적 현능주의Confucian Meritocracy를 제시한다. 바이 교수는 평등주의에 입각한 자유 민주주의가 좋은 통치를 가져오지 못하고 오히려 자유를 제한하는 병폐를 낳기 때문에 유교적 현능주의, 그리고 법과 권리라는 자유 민주주의적 요소를 혼합할 것을 주장한다. 즉 도덕적, 실천적, 지적 능력을 갖춘 사람에게 정치적 의사결정권을 더 많이 부여하고 어느 정도 민주주의적 특성을 제한함으로써 역설적으로 자유를 지킬 수 있다는 것이다. 자유를 위해 자유 민주주의를 제한할 필요가 있다는 주장은 민주주의 정치와 관련

의 길로 접어들고 있는 듯하다. 이 같은 쇠락은 공교롭게도 기후변화의 위협이나, 도래할 가능성이 높은 여러 팬데믹 가운데 내가 이 책을 마무리할 즈음 출현한 첫 번째 팬데믹 같은 새로운 글로벌 위협으로 인해 어느 지역적 정체 형태이든 예외 없이 새로운 도전에 직면하게 되고 아마도 현 국제질서가 미처 준비하지 못한 글로벌 협력 대책이 요구되는 시점과

해 중요한 논제 가운데 하나이다. 이러한 정치적 이상과 달리 현실에서 이런 주장은 중국의 시진핑, 싱가포르의 리콴유, 그리고 한국의 박정희와 관련된 아시아적 가치 논쟁과 관련되는 한편, 일반의지와 전체의지를 구분한 장 자크 루소, 그리고 민주주의와 전체주의의 연관성을 논할 때 빠뜨릴 수 없는 칼 슈미트 등의 주요 서구 정치사상가를 떠올리게도 한다. 이러한 논의는 현대 정치철학에서 '인민 스스로의 통치'라는 의미가 상실된 민주주의를 '공산주의(코뮤니즘)' 등으로 재의미화해야 한다는 입장(알랭 바디우나 슬라보예 지젝)과 '민주주의'를 계속 옹호하면서 그 의미를 쇄신하거나 급진화해야 한다는 입장(라클라우 · 무페와 랑시에르)으로 구별되기도 하는데(조은평, 〈자크 랑시에르: '감각적인 것을 분할하는 체제'와 평등의 정치〉, 한국철학사상연구회, 《현대 정치철학의 네 가지 흐름》, 에디투스, 2019, 198쪽), 이는 마르크스-레닌주의의 '프롤레타리아 독재' 논의와도 연결된다. 계급투쟁이 지닌 불확실성과 관련해, 발리바르는 유럽 정치문화의 두 전통, 즉 프랑스나 이탈리아식의 '투쟁의 문화'와 네덜란드 및 이웃한 북유럽의 '중재의 문화' 사이의 갈등을 지적한다(〈옮긴이 해제〉, 헤르만 R. 판 휜스테런 지음, 장진범 옮김, 《시민권의 이론-동시대 민주정들에서 다원성을 조직하기》, 그린비, 2020). 중국의 문화혁명 또한 중요한 참조점이 될 수 있는데, 이는 결국 '어떻게 혁명을 문명화할 것인가?'의 문제이기도 하다(백승욱, 《중국 문화대혁명과 정치의 아포리아-중앙문혁소조장 천보다와 조반의 시대》, 그린비, 2012; 최원, 〈[연재] 프랑스의 마오〉, 《관행중국》 101~106호, 인천대학교 중국학술원, 2019). 다른 한편, 바이 교수의 주장은 코로나 팬데믹에 대한 아시아 국가의 성공적인 대응 사례와도 관련되는데, 이 같은 대응은 얼마간의 시간이 흐른 뒤 오히려 역효과를 가져온 것으로 평가되기도 했다. 또한, Lai, Ten-Herng, "Rescuing Democracy on the Path to Meritocracy", *Journal of Social and Political Philosophy* 1.1, 2022, pp. 75~78; 이승환 외, 《아시아적 가치》, 전통과현대, 2001; 권용혁, 〈아시아적 가치 논쟁 재론〉, 《사회와 철학》 제9집, 2005; 류석춘 · 왕혜숙 외, 《유교와 연고-대한민국 발전의 사회 · 문화적 동력》, 북앤피플, 2020; 제이슨 브레넌 지음, 홍권희 옮김, 《민주주의에 반대한다-무능한 민주주의를 향한 도전적 비판》, 아라크네, 2023; 가렛 존스 지음, 임상훈 옮김, 《10% 적은 민주주의》, 21세기북스, 2020; Brennan and Landemore, 2021; 박권일, 〈국개론과 정치 소비자론〉, 《뉴스민》, 2019년 11월 18일자; 황소희, 〈루소의 입법자 개념과 헌법제정의 정당성〉, 연세대학교 정치학과 석사학위논문, 2014; 남기호, 〈칼 슈미트: 민주주의 속의 독재의 가능성〉, 한국철학사상연구회, 《현대 정치철학의 네 가지 흐름》, 에디투스, 2019; 조르조 아감벤 외 지음, 김상운 · 양창렬 · 홍철기 옮김, 《민주주의는 죽었는가?-새로운 논쟁을 위하여》, 난장, 2010; 신진욱, 〈이것은 독재가 아니다! 민주주의의 은밀한 부식〉, 신진욱 · 이세영, 《한국 정치 리부트-열광과 환멸의 시대를 이해하는 키워드 12》, 메디치미디어, 2023; 슬라보예 지젝 지음, 한보희 옮김, 《전체주의가 어쨌다구?》, 새물결, 2008; 버나드 크릭 지음, 이관후 옮김, 《정치를 옹호함-정치에 실망한 사람들에게》, 후마니타스, 2021; 이양수, 〈민주주의와 대표성-정치적 권위의 모색〉, 《윤리학》 4(1), 2015; 홍태희, 〈유교와 동아시에서의 코로나 19 팬데믹 경제위기〉, 《경상논총》, 39(4), 2021 참조. https://www.newsmin.co.kr/news/43173 https://aocs.inu.ac.kr/webzine/app/view.php?wp=428

맞물려 나타나고 있다.

그러나 우리는 최근의 사건에 대한 부정적인 해석을 뒤집어, (많은 이가 트럼프와 브렉시트로 표상하곤 하는) 이른바 민주주의의 위기가 규범적 이상으로서 민주주의가 지닌 생명력을 나타내는 징후라고 주장할 수도 있다. 서구세계 전역(또한 그 너머)의 사람들은 자신의 정치인과 정치집단에 분개하고 이들을 불신하는데, 이들이 민주주의, 곧 인민의 통치 *demokratia*(people's power)에 대한 약속을 이행하지 않고 있기 때문이다. 그렇지 않다면 환멸에 빠지게 될 사건들 속에서 품게 되는 한 가닥 희망은 이 같은 정치집단이 자신의 염원에 더는, 충분히, 그리고 전혀 반응하지 않는 듯한 제멋대로인 엘리트로부터 통제권을 가져오거나 되찾고 권력을 빼앗으려는 사람들의 명확한 갈망을 이용하고 있다는 사실이다. 다시 말해, 민주주의의 위기는 어쩌면 심지어 좌절된 민주주의에 대한 기대가 다시 부상하고 기존 패러다임의 한계를 받아들이게 되는 하나의 계기가 될 수도 있다.

기존 민주주의 패러다임의 결함은 잘 알려져 있는 사실이다. 이른바 '대의 민주주의'는 역사적으로 18세기의 인식과 기술에 그 연원을 가지고 있고 이에 결부돼 있다. 이는 시민의 권력 위임 자체보다는 주로 침해될 수 없는 개인의 권리의 보호를 지향하며, 생래적으로 '대의제 통치'로 알려진 혼합정체의 이상에 결부된, 민주적이라기보다는 자유-공화적인 liberal-republican 개념이라 주장될 수 있다. 이러한 정체 형태는 역사적으로 인민의 권력 **행사**와 관련된 이상보다는 권력에 대한 인민의 **동의**와 관련된 이상에 특권을 부여하는 특징을 지닌다. 이처럼 민주주의에 대한 편향된 이해에 기반해, 선출직 엘리트의 결정이 인민의 선택과 동일시된다. 그러나 오랜 시간 당연하게 여겨진 이런 동일시는 현재 도전받고 있다. 오늘날의 대의 민주주의를 민주적이라고 말하기에는 누가 봐도 충분하지 않기 때문에(어떤 이들은 대의제가 명시적으로 과두제가 됐고, 더 구체적으로 말해 최근 몇십 년간 금권정치가 됐다고 말할지도 모른다), 사람들은 결국 이 같은 정체 형태 안에서 권력에 직접 접근하는 자기만의 방식, 곧 총선이나 비정기적 국민투표referendum에서 투표하는 방식을 공익을 위해서보다는 체제에 맞서서 자신들의 목소리를 내기 위한 기회로 삼고 있다. (이 둘은 이따금 부분적으로 일치됨에도 불구하고, 반드시 그렇다는 보장은 없다.)[3]

하지만 항상 어두운 면만 있는 것은 아니다. 민주주의는 여전히 전 세계 사람들에게 소중한 이상과 염원으로 남아 있다. 세계 절반 이상의 나라가 민주주의를 공식 정체 형태로 채택하고 있는데, 이 나라들에서 민주주의는 단지 국가 수준에서 실현될 수 있는 선거정치로서 뿐만 아니라 지역 수준에서도 오랜 전통을 지닌 뿌리 깊은 참여 관행으로 제도화돼 있다. 이는 미국의 뉴잉글랜드 지역의 타운홀 미팅에서부터 헌법에 규정된 인도의 마을 의회인 그람 사바*gram sabhas*에까지 이르고,[4] [5] 심지어 브라질의 전국 공공정책 회의National Public Policy Conferences에서 볼 수 있는 것처럼 지

---

3 (옮긴이) 대의제와 민주주의가 상호모순적인 결합을 하면서 긴장과 갈등, 역동성을 드러냈던 서구와 달리, 이 같은 과정이 부재했던 한국에서 '대의 민주주의representative democracy'의 용례와 위기에 대한 성찰에 관해서는, 이관후, 〈왜 '대의민주주의'가 되었는가?: 용례의 기원과 함의〉, 《한국정치연구》 25(2), 2016, 1~26쪽; 이관후, 〈한국정치에서 대표의 위기와 대안의 모색 · 정치철학적 탐색〉, 《시민과세계》 28, 2018, 1~34쪽 참조.

4 예를 들어, Sanyal and Rao, 2018 참조.

5 (옮긴이) '타운홀 미팅'이란 정책 결정권자나 정치인이 지역 주민을 초대해 해당 이슈에 관해 설명하고 의견을 청취하는 비공식 공개회의로, 자유롭게 의견을 교환할 수 있는 직접 민주주의의 한 형태이다. 이는 미국 참여 민주주의 토대로도 평가되는데, 식민지 시기 미국 뉴잉글랜드 지역에서 전체 주민이 한 장소에 모여 토론을 한 후 투표를 통해 법과 정책에 관한 결정을 내리던 타운미팅에서 유래한다. 현대에 들어와서는 전자매체를 통해 의견을 교환하는 형식을 띠기도 하는데, 이 같은 방식은 정치 영역뿐 아니라 기업 내에서도 다양하게 활용되고 있다. 최경희 · 하세헌, 〈타운홀 미팅과 심의민주주의: 대전의 도시철도 2호선 타운홀 미팅에 대한 대전지역 언론의 평가를 중심으로〉, 《한국행정논집》 27(4), 2015; 김형호 · 송경재, 〈한국적 타운미팅의 가능성과 한계에 관한 연구: 평택 채소마을 사례를 중심으로〉, 《지방행정연구》 25(3), 2011; 장수찬, 〈지방정부와 심의審議 민주주의의 실험-'타운홀 미팅' 사례연구〉, 《경제와사회》 90호, 2011 참조.

역에서 전국에 이르는 모든 수준의 규모에서 관행으로 존재한다.[6] [7] 게다가 문제가 많은 상황에도 불구하고 반反민주적인 포퓰리즘이나 노골적인

---

6 (옮긴이) "1993년 인도의 연방의회는 민주주의를 '아래로' 그리고 '옆으로' 확대하기로 결정하고, 인도의 60만 개에 이르는 마을과 도시에 지방 자치 제도를 도입했는데, 이른바 '판차야트Panchayat' 개혁이라고 불리는 이 조치는 민주주의 개념에 근거해 공적으로 정당화됐다. 판차야트 개혁의 설계자들은 인도 사회의 힘없는 구성원들이 지방 정치에 참여함으로써 더 큰 힘을 갖게 될 것이라고 주장했다. (…) 빈곤퇴치를 다루는 옛 국민회의당 모델과 관료들이 조직하는 '트리클다운' 경제 논리는 이제 완전히 실패로 돌아갔으며, 특히 물과 공유 초지 같은 자원의 활용과 분배에서 농촌 엘리트들이 쥐고 있는 장악력을 분쇄하려면 새로운 시도가 필요하다는 정부 측 사람들의 인식이 이 같은 논리에 힘을 보탰다. 역설적으로 위로부터 진행된 이러한 개혁으로 인한 변화의 규모는 실제로도 엄청났다. 농촌 지역에서는 3층 구조의 지방정부가 만들어졌다. 기층 조직인 '마을 평의회village council'가 22만 7천 개, 마을 평의회에서 선출된 대표자들로 구성된 상위조직인 '블록 평의회block council'가 5,900개, 그리고 맨 위에 '지역 평의회district council'가 470개 결성됐다. 도시에도 시 자치제municipal corporation와 시 평의회municipal council 같은 유사한 조직이 구성됐다. 이로써 인도 전체에 선거를 통해 자격을 획득한 남성과 여성 대표자들이 (연방의회의 약 500명과 각 주의 입법 기관의 대의원 약 5천 명에 더해) 약 300만 명 추가됐고, 이 자리를 활용해 이제까지 억눌리던 사람들, 특히 여성이나 '달리트' 계층이나 '아디바시(adivasi, 원주민)'라고 불리던 부족들이 의사결정에 적극적으로 참여할 수 있게 됐다. '판차야트' 제도 내의 직책을 맡는 모든 사람은 '마을 평의회'(그람 사바)의 심의를 받고 감시와 통제를 받는다"(존 킨 지음, 양현수 옮김, 《민주주의의 삶과 죽음–대의 민주주의에서 파수꾼 민주주의로》, 교양인, 2017, 798~799쪽, 일부 수정; "Gram panchayat", WIKIPEDIA, 2022년 6월 14일 접속). 이 같은 제도의 역사적 연원은 인도의 식민지 시기로 거슬러 올라가는데 "간디는 독립 지지자들은 반드시 '마을로 가라!'는 구호에 귀를 기울여야 하며, 인도는 가장 먼저 소규모이며 자립적이고 자치적인 '마을 공화국village republic'들이 상호 연결된 시스템을 구축해야 한다고 확신했다. 매년 선출되는 '판차야트'가 지도하는 각 마을 공화국은 입법, 행정, 사법 권한을 모두 지니도록 돼 있었다. 그러나 간디는 성문헌법, 의회, 정당, 법원, 주기적 선거의 필요성에 대해서는 분명한 언급을 회피하거나 거절했다. 그는 마치 고대의 회의체 민주주의 시대에 속한 사람인 것 같았다. 유일한 저술《인도의 자치*Hind Swaraj*》(1908)에서 간디는 심지어 '몇 명의 훌륭한 사람들' 의한 지배를 선호한다고 분명히 밝히기도 했다. (…) 자치적인 마을 공화국들로 구성되는 탈식민지 국가라는 간디의 반정치적 비전과 의회체 자치에 기반을 두는 독립적 헌법 국가라는 네루의 모델 사이에 긴장이 존재한다는 것은 당시 사람들의 눈에 명백했다"(존 킨, 같은 글, 762쪽). 한편, 산스크리트어로 "'pancha'는 숫자 '5', 'yat'는 '회의assembly'라는 뜻으로, 즉 마을 주민이 선택한 현명한 다섯 원로의 회의라는 뜻이다". 이같이 현대적 의미와 다소 차이를 보이는 전통적 의미의 판차야트는 "인도 등 동남아시아의 전통적 정치제도로서, 마을에서 존경받는 연장자들이 모여(꼭 다섯 명은 아니다) 마을의 각종 문제를 해결하는 제도를 의미"했고, "권력 행사과정을 공적으로 감시하고 통제하기 위해" 발명되고 활용된 새로운 장치들 중 하나였으며, 인도의 카스트 제도와 지역의 토호세력 등을 견제하는 수단으로 평가되기도 한다(존 킨, 같은 글, 40~41쪽). https://en.wikipedia.org/wiki/Gram_panchayat

7 (옮긴이) 브라질의 '전국 공공정책 회의'에 관해서는, 이 책 8장의 〈아이슬란드 사례의 일반화 가능성에서 비롯되는 반론〉 절의 관련 설명 부분 참조.

권위주의의 유혹에 굴복하지 않는 나라들에서 숙의적이고 참여적인 방식으로 민주주의를 심화시키려고 노력하는 징후들이 존재한다.[8] 이를테면 2012년 핀란드에서는 시민 발의Citizens' Initiative를 통해 동성결혼법의 통과가 이뤄졌다.[9] 2017년 한국에서는 시민의회Citizens' Assembly가 에너지 정책에 관한 권고안을 제출했는데, 이 권고안은 정부의 추천안을 뒤집고 시행되기에 이르렀다.[10] [11] 2017년 몽골에서는 헌법개정에 앞서 공론조사(정치 사안을 숙의할 목적으로 며칠 동안 모인 무작위로 선출된 시민기구)를 열

---

8 예를 들어, Pogrebinschi, 2013 참조.

9 6년 전, 아일랜드는 동성애를 비범죄화하는 법을 통과시킬 목적으로 이미 혼합 의회(3분의 2는 무작위, 3분의 1은 관료)를 활용했다. https://blogs.oii.ox.ac.uk/policy/finnish-decision-to-allow-same-sex-marriage-shows-the-power-of-citizen-initiatives/.

10 https://thediplomat.com/2017/10/south-koreas-nuclear-energy-debate/.

11 (옮긴이) 2017년 출범한 문재인 정부는 세계적인 탈원전 흐름에 조응해 한국에서 노후원전의 가동을 점차 축소하고 건설 중이던 원전을 포함해 더는 신규원전을 짓지 않고 재생에너지 중심의 에너지 수급정책을 펼치겠다는 탈원전 정책을 기조로 삼았는데, 이는 곧바로 원전 관련 이해당사자들의 반발과 현실적인 에너지 수급정책 대안의 부재라는 장벽에 부딪히게 됐다. 문재인 정부는 이 같은 교착상황을 타개하고 사회적 합의를 도출할 목적으로 '공론화 위원회'를 제도화했고, 일시적으로 중단된 신고리 5 · 6호기의 건설재개와 관련해 500명의 시민이 참여한 숙의 과정이 한 달가량 이뤄졌다. 숙의 과정을 거친 시민들은 정부의 탈원전 정책의 비현실성을 감안해 안전대책 마련과 관리 투명성을 조건으로 진행 중이던 원전건설은 재개하되 원전의 비중을 축소하고 재생에너지의 비중을 늘리는 에너지 정책을 권고했다. 정부는 이 같은 공론화 위원회의 권고안을 수용했는데, 이는 정부의 일방적인 탈원전 정책을 뒤집는 숙의에 따른 원전 축소안에 해당했다(박종간, 〈민주적 숙의를 통한 담론적 민주주의의 가능성에 관한 연구-공론화 위원회를 중심으로〉, 단국대학교 행정학과 박사학위논문, 2021; 구도완, 《생태민주주의-모두의 평화를 위한 정치적 상상력》, 한티재, 2018 참조). 다른 한편, 2023년 5월에는 국회 정치개혁특별위원회의 제안으로 선거제도 개혁에 관한 공론조사가 시행됐고, 이는 〈선거제도 공론화, 500인 회의〉라는 타이틀로 KBS에서 세 차례에 걸쳐 생방송으로 방영됐다. 이 사례는 의회정치에 대한 시민의 불신으로 인해 의원 수를 축소하자던 여론이 숙의 과정을 거쳐 의회정치의 확대라는 결론으로 반전된 사례로 평가될 수 있지만, 앞선 신고리 5 · 6호기 공론화 위원회의 경우와 달리 이 같은 결과가 실제 정책에 반영될지는 미지수다. 서복경, 〈선거제도 '500인 회의' 뒷이야기〉, 《한겨레》, 2023년 5월 18일자; 〈'선거제도 공론조사' 결과는? "의원 수 · 비례 확대 논의해야"〉, 《프레시안》 2023년 5월 15일자; 조원빈, 〈'선거제도 공론화 500인 회의' 생방송: 기대와 우려〉, 《오마이뉴스》 2023년 5월 9일자 참조. 한국에서 숙의 민주주의 개념의 수용과 개괄에 관해서는, 이관후, 〈Deliberative Democracy의 한국적 수용과 시민의회-숙의, 심의, 토의라는 번역을 중심으로〉, 《현대정치연구》 11(1), 2018, 189~219쪽; 〈[옮긴이의 글] 한국에는 숙의 민주주의가 필요합니다〉, 존 개스틸 · 피터 레빈 지음, 장용창 · 허광진 옮김, 《시민의 이야기에 답이 있다》, 시그니처, 2018; 김주형 · 이시영, 〈한국의 공론화 사례 분석과 개선 방향〉, 《현대정치연구》 16(3), 2023 참조.

것을 요구하는 법안이 통과됐다.[12] [13] 2018년 5월 아일랜드에서는 낙태를 비범죄화할 목적으로 특별히 소집된 무작위로 선택된 99명의 시민으로 이뤄진 시민의회의 권고안이 국민투표를 거쳐 승인됐다.[14] 대만에서는 현재 크라우드소싱 기법을 통해 정부의 결정에 시민들이 참여하고 있는데, 이 기술은 대만 당국, 시민, 그리고 우버Uber와 에어비엔비Airbnb 같은 기업 사이의 교섭을 성사시키는 일을 가능하게 해주고 있다.[15] [16] 2019년 벨기에에서는 독일어 사용자 커뮤니티의 의회가 선출 의원의 법 제정을 도울 목적으로 무작위로 선출된 시민의회를 설립하는 안을 투표로 가결했다. 같은 해 내가 태어난 프랑스에서는 약 백오십만 명의 참여자가 관여한 2개월가량의 국민 대토론Great National Debate을 시작으로 최대 규모의 숙의 실험이 일어났고, 곧이어 기후변화 시민총회Citizen Convention on Climate Change가 한 달가량 이어졌다. 이 총회는 무작위로 선택된 150명의 사람에게 기후변화 대응 방식과 관련해 사회적으로 올바른 정책 권고안을 만드는 과제를 부여한, 전국 수준의 의회에 해당했다. 최근의 OECD 보고서

---

12 https://news.stanford.edu/2017/05/02/collaboration-stanford-leads-mongolian-parliament-passing-law-public-opinion-polling/. 2018년 7월 23일 접속.

13 (옮긴이) '공론조사'란 "시민들이 모여 동료 시민들의 견해와 여러 정보를 들은 뒤 어떤 판단을 하기 전과 후에 실시하는 여론조사"를 말한다(존 개스틸 · 피터 레빈 지음, 장용창 · 허광진 옮김, 《시민의 이야기에 답이 있다》, 시그니처, 2018, 120쪽).

14 https://www.irishtimes.com/news/ireland/irish-news/the-citizens-assembly-a-canny-move-on-the-road-to-repeal-1.3510373.

15 https://blog.pol.is/uber-responds-to-vtaiwans-coherent-blended-volition-3e9b75102b9b.

16 (옮긴이) '크라우드소싱' 기법이란 기업의 경영기법에서 유래하는 용어로, "기업활동의 전 과정에 소비자 또는 대중이 참여할 수 있도록 일부를 개방하고 참여자의 기여로 기업활동 능력이 향상되면 그 수익을 참여자와 공유하는 방법"을 말한다. "crowd(대중)와 outsourcing(외부자원활용)의 합성어로, 전문가 대신 비전문가인 고객과 대중에게 문제의 해결책을 아웃소싱하는 것"을 뜻한다"("크라우드소싱", 위키백과, 2023년 2월 20일 접속). 이 책에서 크라우드소싱은 일반시민의 정치참여를 통해 민주주의를 실현하도록 도와주는 기술과 방법의 측면에서 언급되고 있다. https://ko.wikipedia.org/wiki/크라우드소싱

에 따르면, 실험 단계의 '숙의 물결'은 지난 십 년간 서구세계를 휩쓸었다.[17] 그러는 사이 몇십 년 동안 세계 전역에서 일어난 이른바 민주주의의 혁신[18]과 관련된 무수한 실험은 적어도 정치가 더 민주적이면서 더 성공적으로 이뤄질 수 있음을 입증하고 있다.[19]

이런 사례들 가운데 세 가지 경험이 민주주의에 대한 비관의 시대에 이 책이 품은 상대적 낙관주의를 분명하게 보여준다. 2012년에 나는 아이슬란드에서 당시 진행 중이던 헌법개정 과정에 관한 연구에 참여하게 됐는데, 그 과정은 나에게 있어, 그리고 아마도 전 세계 많은 사람에게 있어 민주적 정치의 의미와 범위를 상당히 크게 변화시켰다. 밀실 안에서 임명 관료들이 헌법 본문을 작성하고 훨씬 뒤에 그것을 국민투표에 부치는 통상적인 방식 대신, 아이슬란드 사람들은 급진적으로 새로운 방식을 택했다. 이 같은 방식은 무작위로 선택된 950명의 시민으로 이뤄진 포럼, 선출된 25명의 시민으로 이뤄진 의회, 국민이 새로운 헌법초안 작성에 참여하도록 돕는 크라우드소싱 기법의 사용을 포함했다.[20] 이런 과정은 아이슬란드 전문가들이 거의 동일한 시기에 작성한 헌법안과 비교해도 손

---

17 OECD, 2020 참조.

18 Smith, 2009 참조.

19 (옮긴이) 김주형 · 서현수, 〈민주적 혁신의 개념과 유형〉, 《현대정치연구》 14(3), 2021; 김상준, 《미지의 민주주의-신자유주의 이후의 사회를 구상하다》, 아카넷, 2011[2009, 구판]; 이지문 · 박현지, 《추첨 시민의회》, 삶창, 2017; 서현수, 《핀란드의 의회, 시민, 민주주의-열린, 포용적 의회-시민 관계를 향하여》, 빈빈책방, 2019; 존 레스타키스 지음, 번역협동조합 옮김, 《시민권력은 어떻게 세상을 바꾸는가-커먼즈, 사회적 경제, 자치와 직접민주주의를 통한 국가와 정치의 전환》, 착한책가게, 2022; 이진순 · 와글 외 지음, 《듣도 보도 못한 정치-더 나은 민주주의를 위한 시민의 유쾌한 실험》, 문학동네, 2016; 엘리사 레위스 · 로맹 슬리틴 지음, 임상훈 옮김, 《시민 쿠데타-우리가 뽑은 대표는 왜 늘 우리를 배신하는가?》, 아르테, 2017; 토마스 베네딕토 지음, 성연숙 옮김, 《더 많은 권력을 시민에게-시민주권의 시대, 직접민주주의를 말하다》, 다른백년, 2019; 조대엽 외, 《한국 민주주의의 새 길-직접민주주의와 숙의의 제도화》, 경인문화사, 2022; 강남훈, 《기본소득과 정치개혁-모두를 위한 실질적 민주주의》, 진인진, 2020 참조.

20 첨언하자면, 이러한 모든 새로운 관행은 각 규모에 맞춰 완벽히 조정될 수 있다(아이슬란드에 관한 장에서 나는 이 주제를 다시 논의할 것이다).

색이 없는 법안을 도출시켰으며, 이 법안은 2012년 국민투표에서 유권자 3분의 2의 찬성으로 승인됐다. 이는 역사상 가장 포괄적인 헌법 가운데 하나였고, 기존 소유자가 없는 자연자원의 국유화, 인터넷 접속권, 시민 발의 원칙(시민들이 법을 발의할 수 있는 권리), 추천권right of referral(시민들이 기존법률에 관한 국민투표를 제안할 수 있는 권리) 같은 몇 가지 급진적으로 새로운 아이디어를 내세웠다.

지난 몇 년 동안 아이슬란드의 과정을 연구하는 일은 내게 눈이 번쩍 뜨일 정도로 놀라운 경험이었다. 첫째, 아이슬란드 과정의 제도적 특징들이 나뿐만 아니라 이를 지켜보는 전 세계의 많은 이들에게 놀라움으로 다가올 수 있었다는 사실은 우리가 민주주의에 관해 사고할 때 사용하는 지배적인 개념 틀의 한계에 관해 무언가를 말해줬다. 그 과정은 우리에게 매우 친숙한 민주주의 모델인 대의 민주주의가 규모 면에서 그리고 심지어 친숙한 자유주의 헌법 틀 내에서 인민의 통치라는 이상의 유일하게 가능한 제도화가 아닐 수도 있다는 가능성을 열어줬다.

둘째, 만약 제헌 과정(나라의 기본법을 만드는 과정)이 이같이 혁신적이고 포괄적인 방식으로 재발명될 수 있다면, 일상적인 법 제정 과정 또한 재발명되지 못할 이유가 있을까? 당대의 아이슬란드 사람들이 헌법제정 과정에서 행한 일은 나에게 더 일반적으로 민주주의에 대한 영감으로 다가왔다. 그러므로 아이슬란드 사례는 이 책에서 이뤄지는 주장의 핵심에 해당한다. 아이슬란드 사례는 또한 세계화와 디지털 혁명이 가져온 변화뿐만 아니라 우리의 현 제도가 지닌 한계들이 무엇이 최선의 정체인가라는 물음(다름 아닌 우리가 현재 수행하고 있는 민주주의의 제도 원칙 자체에 의문을 던지는 일)에 대한 근본적으로 다른 접근을 요구한다고 내가 대담하게 결론짓도록 만들어줬다.

또 다른 영감의 원천은 내가 2012년과 2013년 사이에 참여한 크라우드소싱 기법을 활용한 핀란드의 정책 결정 과정이었다.[21] 이때 비도로 off-road 구역의 규제에 관한 법률의 개정이 초점이었는데(대부분 스노모빌 snowmobile 규제), 핀란드 정부는 시행 실패 전까지 유지되던 이 법률의 개정을 위해 기꺼이 혁신적 참여 방법을 시도하려고 했다. 이 같은 계획은 각기 다른 세 가지 단계, 곧 문제 확인, 아이디어 수집, 해결책 평가 단계에 국민을 참여시키는 내용을 포함했다. 나는 이 실험으로부터, 더 구체적으로 말하자면, 세 단계 사이에서 나온, 종합되고 체계화될 필요가 있는 발언들을 읽고 면밀하게 살피는 것으로부터 배웠는데, 이 세 단계에서 적절하게 고무되고 결집된 시민들은 논거, 정보, 심지어 해결책의 탁월한 공급원이 될 수 있었다. 아이슬란드의 사례처럼, 핀란드의 실험은 내가 이상화된 민주주의 모델에 기반해, 그리고 민주주의의 상대적 성공에 관한 몇 가지 제한된 수준의 거시적 증거에 기반해 행한 앞선 작업에서 정식화한 가설을 어느 정도 경험적으로 입증할 수 있게 해줬다.[22]

마지막으로, 생각건대 내가 이 책을 최종적으로 다듬고 있던 바로 2018년 가을, 프랑스는 전례 없는 대규모의 숙의 경험에 관여했다. 곧 국민 대토론이 일어났고, 몇 달 뒤 프랑스 기후변화 시민총회가 뒤따랐다. 나는 이 실험을 조사하려고 미국과 프랑스 사이를 오가며 2019년과 2020년 전반기의 대부분을 보냈다.[23] 여러 측면에서 결함을 지녔음에도 불구

---

21 나는 이 프로젝트의 주요 책임자인 타냐 아이타무르토Tanja Aitamurto와의 우연한 만남을 통해 이 프로젝트에 들어오게 됐는데, 그녀는 당시 자신의 박사학위 논문을 위해 크라우드소싱 방식을 연구하는 박사과정 학생이었고 내가 안식년을 보내고 있던 스탠퍼드대학교의 방문연구원이었다. 차후 충원된 두 명의 공동연구자인 아쉬시 고엘Ashish Goel(스탠퍼드대학교의 공학교수)과 그의 박사과정 학생인 데이비드 리David Lee가 합류했고 이들은 크라우드crowd의 선호에 따라 수행된 크라우드의 입력input을 순위 매기고 평가하도록 도와준 '크라우드 컨센서스CrowdConsensus'라 불린 알고리즘을 제공했다.

22 Landemore, 2012, 2013a 참조.

23 나와 친해진 기후변화 총회의 회원들이 종종 지적하길 꺼리지 않은 문제인 환경 비용을 치르고서 말이다.

하고 프랑스의 국민 대토론은 야심 찬 숙의 실험이 아이슬란드나 에스토니아, 아니면 기껏해야 아일랜드 같은 동질성을 지닌 작은 나라에서만 효과적으로 이뤄질 수 있다는 주장(그 당시까지 내가 아이슬란드 사례연구를 하는 것에 대한 공통된 반론)을 반증하는 장점을 지닌다. 프랑스의 국민 대토론은 또한 이 같은 대규모 실험이 완전히 헛수고라는 주장을 반증하는데, 이 실험의 직접적인 결과 가운데 하나가 전국적인 기후변화 시민총회였기 때문이다.[24] 나는 프랑스를 하나의 그림자 사례로 이 책에 통합시키고, 규모가 큰(6천7백만의 인구) 동시에 문화적으로 다양한 나라가 더 많이 포괄하고, 숙의하고, 참여함으로써 어느 정도 성공적으로 실험할 수 있다는 사실을 보여주려고 최선을 다했다. 대토론과 프랑스 기후변화 총회가 프랑스 대통령 마크롱이 언급한 인상적인 어구에서처럼 "상시적 숙의 공화국Republic of Permanent Deliberation"의 가능성을 향한 이정표가 될 수 있을지의 여부는 현재 여전히 매우 불확정적인 성격의 문제에 해당한다.[25] 하지만 나는 이러한 방법들이 낙관론에 근거를 더한다고 생각한다.

이 책은 '인식론적 민주주의epistemic democracy'에 관한 내 이전 작업,[26] 위

---

24 각각의 두 실험이 서로 아무런 관련이 없으며, 결정적으로 기후변화 총회는 "반反 대토론the anti-Grand Débat"에 해당한다는 터무니없는 주장을 한 프랑스의 일부 비평가들에게는 죄송한 말씀이지만 말이다.

25 마크롱 대통령은 2019년 1월 15일 노르망디의 부르트휼드Bourgtheroulde 시에서 열린 지역 시장들과의 지나치게 미디어화된mediatized 7시간가량의 토론 말미에 자신의 의도를 나타내려고 이 같은 어구를 사용했다.

26 (옮긴이) '인식론적 민주주의'는 "민주주의의 가치가 적어도 어느 정도는 유익하거나 올바른 결정을 내릴 수 있는 가능성에 기반한다고 보는 다양한 정치학적 · 철학적 관점을 의미한다. 인식론적 민주주의자들은 민주적 통치의 정당성이나 정당화가 오로지 그 절차가 지닌 본질적 가치나 이런 절차가 공정, 평등, 자유 등의 가치를 구현하거나 표현하는 정도에 기반해선 안된다고 생각한다. 그 대신 이들은 정치적 평등에 기반한 정치제도가 유익한 정치적 결정을 내리거나, 어쩌면 여느 다른 통치형태들(이를테면 과두정, 귀족정, 전제정)보다 더 나은 결정을 내릴 것으로 기대할 수 있다고 주장한다. 따라서 인식론적 민주주의 이론은 민주주의 제도가 이를테면 지식을 소통 · 생산 · 활용하고, 다양한 형태의 실험에 참여하고, 판단들을 종합하고, 사회문제를 해결하는 일을 할 수 있는 능력에 관심을 둔다. 이 같은 가능성에 기반한 민주주의는 이를테면 진실, 정의, 공익common good, 집단지성 같은 올바름

에서 언급한 세 가지 실험에 대한 면밀한 조사의 맥락에서 내가 발전시킨 통찰들, 그리고 그 밖에 민주주의의 혁신과 관련해 내가 알고 있는 모든 것에 입각하고 있다. 이 책은 우리의 개념 도구상자에 새로운 민주주의 패러다임과 새로운 상징, 곧 열린 민주주의를 도입함으로써 생각을 변화시키고, 통찰을 발전시키며, 우리의 상상력을 확장하는 것을 목표로 한다. 열린 민주주의는 평범한 시민이 새로운 형태의 민주적 대의제를 통해 실제 권력을 행사하는 일에 접근할 수 있는 하나의 이상적 정체에 해당한다. 선거 민주주의와 (선거 민주주의가 지닌 문제의 그릇된 해결책으로서) 직접 민주주의라는 양자의 함정을 모두 피함으로써, 이 책에 제시된 민주주의popular rule의 제도적 패러다임은 주로 비非선거적 형태에 해당하지만, 어느 기존 정체 형태보다도 훨씬 (더) 민주적인 대표성을 띤다. 이러한 열린 민주주의 패러다임은 '대표하는 일과 대표되는 일을 번갈아 하는' 특성을 지니는 것으로 요약될 수 있다.

과 관련된 특정 기준을 따를 수 있다고 이야기된다. 이 같은 인식론적 민주주의는 그것이 직접적 형태이든, 대의적 형태이든, 참여적 형태이든, 숙의적 형태이든 어떤 특정 형태의 민주주의를 권장하지 않으며, 인식론적 민주주의자들 자체가 이러한 문제를 두고 차이를 보인다. 그 대신 이들은 포괄적이고 평등한 정치적 합의라는 인식론적 가치에 공통적으로 관심을 둔다는 점에서 일치를 보인다. 따라서 인식론적 민주주의자들은 이를테면 집단지성과 군중의 지혜wisdom of crowds 같은 견해에 찬성한다. 인식론적(또는 원형적인proto 인식론적) 민주주의에 대한 주장은 정치사상사에서 오랜 전통을 지니며, 이를테면 아리스토텔레스, 장 자크 루소, 니콜라스 드 콩도르세, 존 듀이 같은 인물의 저작에서 발견할 수 있다. 현대 정치철학과 정치학 분야에서, 인식론적 민주주의를 옹호하는 이들 중에는 데이비드 에스트런드, 엘렌 랜드모어, 엘리자베스 앤더슨, 조슈아 코언, 로버트 구딘, 카이 스피커만 등이 있다"("Epistemic democracy", WIKIPEDIA, 2024년 2월 21일 접속). 또한, 인식론적 민주주의는 콩도르세가 처음 제안한 배심원 정리나 랜드모어가 강조한 '다양성이 능력을 능가한다' 정리 등과도 관련된다. 요컨대, 이 같은 민주주의는 단순히 다수에 의한 통치를 옹호한다기보다는 다수의 평등한 참여를 통해 진리에 대한 인식에 접근하는 과정에 초점을 두는 것으로 볼 수 있다. 더욱이, 인식론적 민주주의가 '진리를 추적하는 것To track the truth'을 목적으로 하고, 민주적 절차와 과정에 따른 결정이 다른 방식에 따른 결론보다 더 진실에 가까운 인식론적 가치를 지니는 것으로 본다는 점에서 우리는 이런 민주주의의 과정을 '진리의 여정'이라 부를 수 있을 것이다(Landemore, 2012, 2013a; 유세환, 〈국회선진화법에 대한 인식론적 민주주의의 관점〉, 《한국의회학회보》 2(1), 2013, 112~137쪽 참조). https://en.wikipedia.org/wiki/Epistemic_democracy

이 책은 현재의 '민주주의 위기'를 더욱 긍정적인 측면에서 재구성하는데, 곧 민주주의가 지닌 의미와 잠재력이 현재 민주주의의 쇠퇴를 보여주는 선거 순간들의 총합보다 훨씬 더 크다는 사실이 명확해지게 되는 역사적 계기의 측면에서 말이다. 그러므로 이 책은 **인민의 통치**의 가치와 의미를 재확인한다. 어쩌면 현재 우리는 21세기 민주주의의 재발명을 위해 마침내 낡은 패러다임과 진부한 제도들로부터 벗어나는 중일지도 모른다. 현재의 몇 가지 의미심장한 경향들에 맞서, 이 책은 민주주의를 포기하려는 유혹에 저항한다. 대신에 이 책은 민주주의라는 규범적 개념의 대안을 제공하려는 건설적인 전략을 추구하는데, 이는 포괄성과 평등이라는 민주주의의 가치에 충실한 개념이며, 더욱 참여적이고, 반응적이며, 효과적인 제도를 상상하고 설계하는 데 우리가 사용할 수 있는 개념이다. 실천적으로 말하자면, 이 책은 사회의 자기 통치와 자기 조직의 도구가 되는 이러한 제도의 중심에 인민의 통치를 다시 가져다 놓으려는 노력을 유도하려는 목적을 지닌다.

차례

3. 직접 민주주의라는 신화

4. 선거 외의 정당성과 대표성 1

5. 선거 외의 정당성과 대표성 2

6. 열린 민주주의의 원칙

7. 인민을 참여시키자! 현대의 바이킹 전설이 주는 교훈

8. 열린 민주주의의 실현 가능성

9. 결론: 글로벌 세계에서 열린 민주주의

1

서론

이 우주에 존재하는 방대하고 경이로운 지식은 각 개인의 정신 깊은 곳에 봉인되어 있다. 경험, 지식, 아름다움, 사랑, 업적으로 이뤄진 엄청난 보고를 이용하려면, 우리는 소수나 몇몇 사람이 아니라 모든 사람에게 호소해야만 한다. [……] 그렇다면 통치자들이 지녀야 하는 영원한 생명과 무한한 지혜의 원천이 인민들 속에 있다는 명제는 민주주의와 관련해 참에 해당할 것이다.

- W. E. B. 듀보이스DU BOIS, 《인류의 지배에 관하여ON THE RULING OF MEN》 (1999: 84)

민주주의는 어원적으로 '인민의 통치'를 의미한다. 하나의 정체 형태로서 민주주의는 모든 사람이 동등하게 공유할 수 있는 원칙을 말한다. 그런데 민주주의가 실제로 의미하는 바는 무엇인가?

민주주의를 발명한 고대 그리스인에게 민주주의는 공적 공간(BC 5세기에는 아고라, 4세기에는 규모가 더 큰 프닉스Pnyx)에 모여, 무작위로 선택된 5백 명의 별도의 시민으로 구성된 의회가 설정한 의제를 토대로 법을 제정하는 일을 의미했다.[27] 몇 세기 후 북유럽에서 그리스와 다른 형태의 민주주의를 발명한 아이슬란드의 바이킹에게 민주주의는 여름마다 연례 의회 장소인 싱벨리르Thingvellir라 불린 레이캬비크의 넓은 들판 남쪽에 모여, 자신의 공동운명에 관해 결정을 내릴 때까지 사안을 논의하는 일을 의미했다. 몇 세기 뒤 스위스 연방의 회원에게 민주주의는 각 주cantons에

27 거의 동시기에 인도 또한 숙의 형태의 제도들(*sabhas, kathas, panchayats, samajs*)을 시행하고 있었다. 이 같은 제도들은 모든 참여자가 동등하지 않았기에 심지어 순전한 형태의 민주주의가 아니었음에도 불구하고, "카스트 원로caste elders의 혁명선언pronunciamento 현장"보다도 "다양한 특성을 지닌 사람과 견해"에 열려 있었고(Bayly, 2006: 187; Sanyal and Rao, 2018: 7에서 재인용), 그만큼 민주적이었다. 마치 세계 곳곳에 존재하는 완전히 다른 기원으로부터 유사한 제도가 생겨난 것처럼 보인다.

대한 법안을 표결하려고 (성인 만 명까지 모일 수 있는 유명한 란츠게마인데 Landsgemeinde[민회]라 불린) 야외 의회에 참여하는 일을 의미했다. 신세계New World에서 자신만의 자치 공동체를 세우려고 17세기에 유럽을 벗어난 뉴잉글랜드 청교도에게 민주주의는 정기적인 타운홀 미팅에서 자신의 공동운명에 관해 결정을 내리는 일을 의미했다. 일부 북아메리카 원주민 부족에게 민주주의는 그 시작부터 줄곧 사안을 논의하고 모두가 동등하게 결정을 내리는 일을 의미했다.

이처럼 더 오래전의, 아마도 더 단순했던 시대의 민주주의는 '열려 있는open' 상태였다. 이론상으로 (통상 배타적인 방식으로 정의되는) 정치공동체의 구성원 자격을 지닌 모든 개인은 권력의 중심에 접근하고 다양한 의사결정 단계에 참여할 수 있었다. 시민에게는 공적 공간에 들어가서 발언하거나 답변을 들을 기회가 주어졌다. 일단 데모스demos의 구성원 또는 달리 말해 시민의 일원으로 여겨지면, **참여**의 자격이 주어졌다.[28]

우리의 현대 대의 민주주의는 이와 매우 다른 양상을 띤다. 이러한 제도에서 참정권이 통상 훨씬 더 넓게 주어진다는 데에는 이견이 없다. 참정권은 실제로 특정한 데모스에 대해 '보편적'인데, 이 참정권이 특정한 데모스에 속하는 모든 본토박이나 귀화한 성인한테까지 확대된다는 점에서 그렇다. 현대 민주주의는 전근대적 질서 아래 배제돼온 많은 사람에게까지 정치적 권리와 시민권을 확대해왔다. 유사하게, 누가 선거에 출마하고 정무직을 맡을 수 있을지와 관련된 제약은 일부 남아 있는 나이 제한을 제외하고 꾸준히 제거돼왔다. 하지만 현대 대의 민주주의에서 많은 이들이 체감하는 사실은 심지어 법적 보장을 받는 데모스에 속한 평범한 시민조차도 정치권력의 가장 중요한 장소에서 배제되는 반면, 정치인

28 (옮긴이) '데모스'의 유래는 고대 그리스 아테네의 최소 행정단위로, 일반적으로 데모스에 속한 시민을 가리키기도 한다. EBS 제작팀 · 유규오, 《EBS 다큐프라임 민주주의》, 후마니타스, 2016 참조.

은 이들과 구분되는 엘리트를 형성한다는 점이다. 현대 의회 자체는 대다수의 시민이 접근하기 어려운 위압적인 건물에 자리한다. 의회는 일반적으로 출입이 제한되고 보안요원에 의해 감시된다. 또한, 많은 이들이 마치 오직 특정 유형의 사람, 이를테면 적절한 옷차림, 적절한 억양, 은행 계좌, 연줄, 심지어 특정 성씨[29]를 가진 사람만이 의회에 출입할 수 있다고 생각한다. 설상가상으로 이러한 장소에서 만들어지는 법안은 대체로 이해하기 어렵고 법률가들이 작성하고 이용한다.[30] 따라서 고대 민주주의와 현대 민주주의 사이에 무언가가 상실됐다고 말할 수 있는데, 곧 접근성, 달리 말해 평범한 사람에 대한 열림openness 말이다. 이는 마치 '대의 민주주의', 곧 18세기에 대규모 상업사회에서 불가피하다고 여겨진 매개된 형태의 민주주의로의 이행은 동시에 (더 많은 참정권이 부여됐음에도 불구하고) 내가 '권력의 닫힘enclosure of power'이라 부르려는 현상으로의 이행이기도 했던 것처럼 보인다.[31] 그러나 지배층이 관리할 수 있는 수준으로 사람 수를 어쩔 수 없이 제한한 조치가 이러한 권력의 닫힘 현상을 꼭 수반해야 하는 것일까?

우리는 이러한 수반 경향에 의구심을 품을 수 있다. 일례로, 18세기에 나타난 권력의 닫힘은 이데올로기의 산물보다 실제로 덜 필연적이었

---

29 미국 정치의 왕조적 성격에 관해서는, 예를 들어 E. Dal Bó, P. Dal Bó, and Snyder 2009 참조. 이들은 "정치권력은 자기 영속적이며, 오랜 기간 권력을 쥔 국회의원은 미래에 친족이 의회에 진출하게 될 가능성이 더 크다"고 봤다. 나는 다른 나라와 관련해 증거를 갖고 있진 않지만, 많은 민주주의 나라 그리고 아마도 가장 선진화된 민주주의 나라에서도 사정은 마찬가지일 것으로 추측한다.

30 정치학자이자 대중 연설가인 피아 만치니Pia Mancini는 그녀의 표현으로 21세기에 민주주의를 '업그레이드'할 필요에 관한 발표에서 이러한 내용을 강하게 주장했다. 그녀는 종종 법률의 한 부분을 읽고 청중에게 누가 이 내용을 이해했는지 묻는 것으로 자신의 강의를 시작하는데 그 결과는 예상대로이며 이는 시사적이다.

31 이 책에서 다루지 않은 또 다른 형태의 닫힘은 (특히 유럽에서) 권력이 정치기관에서 국가적이고 초국가적인 행정기관과 관료 쪽으로 점진적으로 이양되는 현상에서 비롯된다. 이 같은 경향에 맞서거나 또한 그 속에서 열린 민주주의의 원칙을 실현할 방법을 찾으려면 추가적인 연구가 필요할 것이다.

다. 현재 우리가 '민주주의 제도'라 부르는 대의제는 실제로 처음에는 결코 민주적인 제도로서 의도되지 않았다. 대신에 대의제는 처음에 엄밀한 의미에서 민주적이라기보다는 자유-공화적인 가치체계의 산물이었다. 여기에서 '자유'라는 표현은 이를테면 인민적 성격의 정부에 의한 권리의 침해에 대항해, 빼앗을 수 없는 개인의 권리를 보호하는 일과 주로 관련된 이데올로기에서 비롯된 개념이다.[32] '공화'라는 표현은 개인에 대한 비非지배의 이상이 민주주의의 이상을 능가하게 되는 이데올로기에 해당한다(비록 이러한 두 가지 이상이 조화될 수 있음에도 말이다).[33] 이같이 순전한 민주적 정향과 목표보다는 자유-공화적 정향과 목표에 우선순위를 두는 일은 일부 견해에 따르면 국민에게 통치자 선택권을 부여하는 것과는 양립 가능했지만, 민주주의의 이상 자체와의 양립 가능성은 그리 분명하지 않았다.

이를테면 미국의 건국의 아버지들이 그들이 폭민정치에 결부시킨 민주정과 대립되는 '공화정'을 만들어야 함을 주장했다는 일화는 유명하다. 특히 제임스 매디슨James Madison은 과거의 군주제를 싫어하고 거부한 만큼이나 다수의 폭압을 두려워했다.[34] 매디슨은 강력한 소수로부터 뿐만 아니라 또한 억압적 다수로부터도 개인을 보호할 수 있는 혼합정체를 만들

---

32 '자유'란 단어에 대한 이러한 통상적 해석에 대한 비판적 견해에 관해서는, Rosenblatt(2018) 참조. 로젠블랫Rosenblatt은 이런 해석의 냉전적 기원, 특히 전체주의에 대한 공포를 강조하고, 자유주의의 옛 의미에 주목하면서, "베풀고, 공공의식을 지닌 시민은 다른 시민과의 유대관계를 인지하고 공익에 도움이 되는 방식으로 행동하는 사람을 의미한다"고 말한다(Rosenblatt, 2018: 4). 나는 그의 역사적 주장을 이해하지만, 현재 우리가 규정하는 자유주의의 대의제적 통치 요소에 대한 18세기 지지자의 동기에서 볼 때 그들의 해석이 얼토당토않은 이야기라고 생각하지는 않는다. 이러한 요소에는 그들의 해석대로 폭압적인 다수결 제도와 직접 민주주의 둘 다에 대한 공포가 포함돼 있다.

33 공화주의와 민주주의 사이의 복잡한 역사적, 개념적 관계에 관한 탐구에 대해서는, Elazar and Rousselièr(2019)의 탁월한 저작 참조.

34 이와 반대되는 주장에 관해서는, 단순한 자유주의자 또는 자유-공화주의자와는 거리가 멀었던 매디슨이 실제로는 다수결화 원리를 극도로 존중했던 진정한 민주적 공화주의자였다는 취지의 주장을 펼친 de Djinn(2019) 참조. 그리고 Tuck(2016) 또한 참조.

고 싶어 했다. 억압적 다수에 맞선 매디슨의 해결책에는 다음과 같은 몇 가지 갈래가 존재했다. 곧 국민의 거친 판단을 걸러내고 정제하는 기능을 대신하는 선출된 엘리트에 의한 대의제, 대규모 파벌을 다원화함으로써 그들을 상쇄시킬 정도로 큰 규모를 지닌 정치체, 그리고 또한 연방제, 양원제, 대통령 거부권, 사법 심사를 포함한 반反다수결 메커니즘과 일련의 제도들 말이다. 매디슨이 가장 중요하게 생각한 대로, 미국의 공화정은 고대 민주정과 대조적으로 "[공화국 정부의] 어떤 역할 배분에서든 인민집단을 완전히 배제"(Hamilton, Madison, and, Jay, 2003: 63)하는 특징을 지녔다. 따라서 건국의 아버지들은 그들이 지향한 공화정의 우월한 특징으로서 공화정이 인민의 통치demos-kratos(people's power) 대신에 선출된 엘리트의 통치에 의존함을 의미했다는 사실을 명시적으로 내세웠는데, 이러한 통치는 삼권분립, 그리고 견제와 균형을 고려한 복잡한 제도를 통해 적절하게 제한됐다.[35]

대의 '민주주의'는 처음에는 평범한 시민의 통치에 대비되는 엘리트 통치의 한 형태로 기획됐다. 그런데《연방주의자 논고*Federalists Papers*》의 저자와 이들의 동료들은 아니나 다를까 다른 제도와 구별되는 이 제도의 핵심 특징을 선출 민주정에 대비되는 선출 과두정으로 기술하지 않고 오히려 '직접' 통치에 대비되는 '대의' 통치로 기술했다.[36] 이러한 강조의 결과로

---

35 (옮긴이) 손병권, 〈'연방주의자 논고'에 나타난 매디슨의 새로운 미국 국가: 광대한 공화국〉,《국제·지역연구》 13(4), 2004, 25~50쪽; 갈상돈, 〈연방헌법에 투영된 매디슨의 자유주의적 공화주의-매디슨 딜레마에 대한 해법모색을 중심으로〉,《정치사상연구》 17(2), 2011, 151~180쪽; 존 킨 지음, 양현수 옮김,《민주주의의 삶과 죽음-대의 민주주의에서 파수꾼 민주주의로》, 교양인, 2017; 버나드 마넹 지음, 곽준혁 옮김,《선거는 민주적인가-현대 대의 민주주의의 원칙에 대한 비판적 고찰》, 후마니타스, 2004; 마이클 샌델 지음, 안규남 옮김,《민주주의와 불만-무엇이 민주주의를 뒤흔들고 있는가》, 동녘, 2012[2023, 개정판]; 리처드 호프스태터 지음, 유강은 옮김,《미국의 반지성주의》, 교유서가, 2017; 김민하,《저쪽이 싫어서 투표하는 민주주의-반대를 앞세워 손익을 셈하는 한국 정치》, 이데아, 2022 참조.

36 심지어 매디슨 자신이 "고대인이 대의제 원칙에 관해 모르지 않았고 그들의 정치적 헌법에서 이 같

엘리트 통치가 규모의 문제와 관련해 필수적인 해결책으로 주장됐을 뿐만 아니라 대의제가 (이를테면 고대 아테네나 이탈리아의 공화정에서처럼 제비뽑기의 사용보다는) 선거를 의미한다는 통념을 확립시켰다. 평범한 시민 모두가 한 번에 통치하는 일은 불가능했기 때문에 이들이 한 명의 선출 엘리트에게 권력을 위임해야만 했다는 점이 단순한 사실로 제시됐다. 이러한 미묘한 의미론적 미끄러짐으로 인해 다음 세대들은 또 다른 개념적 가능성에 대해 눈멀게 됐다. 곧 평범한 시민에 의한 대의(간접) 민주주의라는 개념적 가능성 말이다.[37]

인민주권이라는 이상에 대한 허울뿐인 상찬이 이뤄지는 동안, 그 결과로 나타난 대의제 통치라는 자유-공화적인 이상은 아마도 과거의 질서와는 다른 권력의 닫힘을 드러냈을 것이다. 이 닫힘은 어떤 측면에서는 피지배자들의 권리를 확대시킨 반면, 이 같은 형태를 '민주주의'로 해석하려는 시도들과는 여전히 모순을 보여준다고 주장될 수 있다.

18세기 권력의 닫힘은 제2차 세계대전 종료 이후 현재 우리가 접하는 최고의 정치이론을 지배해온 메타포에서도 계속 나타나고 있다. 전후 시

은 원칙이 완전히 간과되지도 않았다"는 점을 인지했음에도 불구하고 말이다(Hamilton, Madison, and Jay, 2008: 63). 그러나 매디슨은 여기에서 단지 '선출'이라는 아테네 헌법의 작은 요소만을 가리켰던 것일지도 모른다. 내가 뒤에 '추첨형 대의제'라 부르게 될 그보다 훨씬 더 큰 요소가 아니고 말이다. 나는 이러한 논점과 관련해 영감을 준 제니 맨스브리지Jenny Mansbridge에게 감사드린다.

37 (옮긴이) 결함 있는 '대의 민주주의'에 대한 안티테제로 출현한 '직접 민주주의' 또는 '포퓰리즘 계기' 또한 현재 그 맹점을 분명히 드러내고 있는데, 이를 지양하는 종합테제로서 저자가 주장하는 '평범한 시민에 의한 대의 민주주의'는 이 책에서 저자가 지향하는 '열린 민주주의'의 핵심이라 볼 수 있다. 이는 또한 엘리트에게 요구되는 겸손과 인민에게 요구되는 지성을 종합해 불가능한 것의 가능성을 향해 나아가는 '인식론적' 민주주의의 본질과도 닿아 있다고 볼 수 있다. 다른 한편, 이 같은 '진리의 여정'은 지식사회학적 측면에서는 '지성의 모험' 개념에 견줄만하다. 자크 랑시에르 지음, 양창렬 옮김, 《무지한 스승-지적 해방에 대한 다섯 가지 교훈》, 궁리, 2016[개정판]; 최진석, 《불가능성의 인문학-휴머니즘 이후의 문화와 정치》, 문학동네, 2020; 이시윤, 《하버마스 스캔들-화려한 실패의 지식사회학》, 파이돈, 2022; 배세진, 〈지식인들의 상징폭력과 인문사회과학 연구자들의 정치적 역할〉, 연세대학교 커뮤니케이션 대학원 《동시대 비판이론의 쟁점들》 강의 녹취록(작성자: 르네), 2022년 12월 15일 참조. https://blog.naver.com/spica_kor/222997466970

기 가장 저명한 두 명의 정치이론가인 존 롤스John Rawls와 위르겐 하버마스Jürgen Habermas를 생각해보라. 롤스의 잘 알려진 글에서 공적 이성, 곧 공공의 이성 개념을 가장 잘 포착해 드러내는 하나의 제도가 있다면, 그것은 대법원이다(Rawls, 1993: 231). 롤스에게 있어 대법원은 제도 그 이상이다. 대법원은 공적 숙의, 곧 공익적 사안들에 관한 공공의 숙의라는 합리적 이상을 구현한다. 대법원은 당파적인 정치적 압력에 영향받지 않는다고 여겨지고, 분란으로부터 자유롭고, 감정에 치우치지 않는 용어로 말하며, 때로 성향상 다수결에 반대되는 판결을 내리는 아홉 명의 우수한 사람들의 집단에 해당한다.

한편, 숙의 민주주의에 관한 하버마스의 영향력 있는 이론의 중심에 있는 중요한 메타포는 (문을 통해 상부에서 제어되는 수로 시스템을 뜻하는) 수문sluice이다. 수문은 의사소통이 이뤄지는 공론장의 두 가지 경로, 다시 말해 여론이 형성되는 비공식적인 공적 숙의 공간과 공식적인 의사결정 공간(의회, 법원, 행정기관) 사이의 적절한 관계를 잘 포착해 표현한다(Habermas, 1996: 556, 이를 부분적으로 계승한 Peter, 1993; 또한 Peter, 2008 참조).[38] 하버마스의 용법에서, 수문 메타포는 분산된 여론이 존재하는 외부로부터 의사결정이 일어나는 중심부로 정보가 전달되는 것을 보장하고, 결정적으로 이 같은 정보를 적절하게 걸러내는 일을 의미한다. 이러한 메타포는 두 가지 경로(한편으로 평범한 시민, 다른 한편으로 이들의 대표자)가 건설적인 방식으로 연결되는 방식을 잘 포착해 표현한다고 여겨지지만, 여론의 경로가 결함을 갖게 되는 방식을 미묘하게 부각시킨다.[39]

---

38 하버마스에 따르면, "구속력을 지닌 결정이 합법적이 되려면 주변부에서 시작된 의사소통 흐름을 따라 움직여야 하고, **의사당이나 법원의 입구에 자리한 민주적이고 헌법적인 절차라는 수문을 통과**해야 한다"(Habermas, 1996: 356, 강조는 필자).

39 (옮긴이) 관련해서, 폭압적인 군중과 비교해 일견 합리적으로 보임에도 한계를 지닌 '여론'과 '저널리즘'에 관해서는, 가브리엘 타르드 지음, 이상률 옮김, 《여론과 군중》, 지도리, 2012 참조.

이러한 메타포들이 그 시대의 산물이며 현대의 민주적 기대와 맞지 않음을 지적한다고 해서 그것이 롤스와 하버마스 각각의 이론의 분석력에 대한 비판이 되는 것은 아니다. 대법원에 내포된 의미는 누가 봐도 엘리트주의적이고 배타적이다. 수문에 내포된 의미는 불명확하게 배타적인 반면, 기계적이고, 딱딱하고, 더디며, 때로 좀처럼 뚜렷하진 않으나 분명하게 위계적이다. 롤스와 하버마스 이후 제시된 대의 민주주의에 대한 대부분의 민주적인 해석에서, 공적 결정의 민주적 자격은 여전히 주로 선출 엘리트가 내리는 결정에서 비롯되고 있다. 비록 이들이 미디어, 정당, 그리고 일부 이와 유사한 제도와 시민단체를 통해 형성되는 비공식적 여론의 압력 같은 매개체를 통해 공중과 순환적이고 성찰적이고 상호적인 대화에 참여한다고 여겨질지라도 말이다.

누군가는 이 같은 권력의 닫힘이 무슨 문제냐고 물을지도 모른다. 그리고 되려 평등주의에 근거한 모든 이에 대한 권력의 열림이 과연 바람직한지 물을 수도 있다. 갈수록 민주주의에 회의를 품게 되는 시대에 이러한 질문은 답을 구해볼 만한 가치를 지닌다. 이 책은 그 답을 제시하려는 목적으로 기획됐다. 이 책은 대의 민주주의로 이행하는 과정에서 잃어버린 것이 무엇인지를 분석함으로써 부분적으로 그 답을 구하려고 한다.

민주주의는 역사적으로 다양한 이상과 관련됐는데, 이를테면 인민주권, 자기통치self-rule(또는 자치autonomy), 평등 같은 이상 말이다(Kloppenberg, 2016: 16). 인민주권은 인민의 의지가 합법적 권위의 유일한 원천이 되는 정당성 원칙을 말한다. 이러한 이상은 숭고한 동시에 다소 모호한데, 이를테면 문제에 직면한 당국이 자연 상태에서는 드문 만장일치적 동의의 계기라는 허구나, 플레비시트를 통한plebiscitarian 국민적 합의의 계기라는 관행을 들먹일 정도로 많은 정권이 비민주적인 관행을 정당화하려고 이런

이상을 수용하고 있다.[40] [41] 그러나 자기통치와 평등의 이상이 더해진 인

---

40 3장에서 보게 될 것처럼, 루소 자신은 통치와 행정 사이의 기발한 구분을 통해 귀족에 의한 통치가 인민주권과 완벽히 양립 가능하다고 주장할 수 있었다.

41 (옮긴이) "일반적으로는 헌법 제 · 개정이나 국가의 정책 등에 대해 국민적 의사를 묻는 것을 레퍼렌덤referendum이라고 하고 통치권자의 신임 여부를 묻는 것을 플레비시트plebiscite라고 하는데, 이는 상대적인 것으로 나라마다 차이가 있다. 영미의 경우, 양자에 대한 구별 없이 레퍼렌덤이라고 통칭하고 있으며, 스페인의 경우는 오히려 국민표결의 경우를 플레비시트라고 쓰고 있다. 레퍼렌덤 및 플레비시트의 구별에 대해서는, Jean-Marie Denquin, Référendum et plébiscite, LGDJ, Paris, 1976; 한태연, 《헌법과 국민》, 고시연구사, 1995, 113쪽 이하 참조"(변해철, 〈한국 헌법상의 직접민주제〉, 《외법논집》 40(1), 2016, 19쪽, 각주 1번에서 재인용). 그러나 대개 레퍼렌덤이 아래로부터 요구되는 성격을 띠는 데 반해, 플레비시트는 최고 통치자가 항구적 정치상태를 창출하려는 목적에서 위로부터 요구되는 성격을 띤다. 플레비시트는 고대 로마공화정의 민회에서 시행됐고, 근세에는 나폴레옹 3세에 의해 정권을 잡을 목적으로 몇 차례 실시됐다. 또한, 1933년 독일의 국제연맹 탈퇴 여부도 플레비시트에 의해 결정됐다. 우리나라의 경우 헌법 제130조에 명시된 '헌법개정안 확정에 대한 국민투표'는 전형적인 레퍼렌덤의 사례에 해당하나, 제72조의 '국가 안위에 관한 중요정책에 대한 국민투표' 조항의 경우 대통령의 신임 여부를 묻는 플레비시트까지 포함하는지는 명확하지 않고, 국민투표의 구속력에 대해서도 논란의 여지가 있다. 한국에서는 총 여섯 차례의 국민투표가 실시됐는데, 군사쿠데타로 집권한 박정희 대통령은 1962년 개헌을 통해 권력 구조를 내각책임제에서 대통령중심제로 바꿨다. 이후 1969년 3선 개헌, 1972년 유신개헌, 1975년 대통령 중임제한 폐지 등 자신의 신임과 개헌안을 연계한 국민투표를 세 차례나 실시했는데, 이는 국민투표가 플레비시트를 통해 독재에 악용된 사례에 해당하는 것으로 평가된다. 이후 실시된 국민투표는 헌법개정만을 목적으로 했는데, 1980년에는 신군부의 주도로 제8차 개헌이 이뤄졌다. 1987년 개정된 현행 헌법은 대통령의 신임과 관련된 국민투표의 가능성에 관한 논란을 낳았다. 이는 노태우 전 대통령의 대선 공약이었던 중간평가를 이행하기 위해 헌법 제72조의 국민투표조항을 원용할 수 있는지를 둘러싸고 벌어진 논란으로 대한변호사협회에서는 위헌이라는 의견을 내놓았다. 그러나 여소야대 상황에서 야당이 재신임으로 중간평가를 받으라며 압박하자 노 전 대통령은 3당 합당을 단행해 공약을 파기했다. 2003년에는 노무현 전 대통령이 자신에 대한 재신임과 함께 국민투표를 제안한 바 있으며, 세종시 행정수도 이전 논란으로 일각에서 국민투표 논의가 제기되기도 했다("플레비사이트", 《시사상식사전》, 박문각; 또한, 전학선, 〈프랑스의 국민투표 절차에 대한 헌법재판소의 통제〉, 《유럽헌법연구》 36, 2021; 이공주, 〈국민주권 실질화를 위한 국민투표제도 활성화 방안〉, 《법학연구》, 49, 2013; 황도수, 〈헌법 제72조 국민투표의 법적 성격-레퍼렌덤과 플레비시트의 구분〉, 《세계헌법연구》 16(2), 2010 참조). 나아가, 한국에서 개헌 관련 논의와 제헌 과정에 관해서는, 이준한, 《개헌과 민주주의-한국적 정치제도의 비교 연구》, 한울, 2007; 이승원, 〈정치개혁-과두제 청산 및 국민주권 실현 개헌〉, 《보다정의》 10/11호, 정의정책연구소, 2024, 203~226쪽; 장석준, 〈제7공화국 건설 운동〉, 같은 책, 227~240쪽; 장석준, 《근대의 가을-제6공화국의 황혼을 살고 있습니다》, 산현글방, 2022; 서희경, 《대한민국 헌법의 탄생-한국 헌정사, 만민공동회에서 제헌까지》, 창비, 2012; 권도혁 · 강정인, 〈조소앙-한국적 민주 공화주의의 살아 숨 쉬는 유산, 삼균주의〉, 강정인 외 지음, 《인물로 읽는 현대한국정치사상의 흐름-해방 이후부터 1980년대까지》, 아카넷, 2019 참조. 한편, 이 책의 저자가 제시하는 '평범한 시민에 의한 대의 민주주의'를 표방하는 '열린 민주주의'는 이 같은 국민투표를 포함해 단순한 직접 민주주의와 거리를 두고 있는데, 브렉시트 등의 국민투표와 포데모스나 트럼피즘 등의 좌우 포퓰리즘 사례에서 볼 수 있는 것처럼 체계적인 숙의 과정을 거치지 않은 직접 민주주의는 적지 않은 한계를 드러내고 있다.

민주권은 더 부담되는 형태의 원칙을 불러오게 된다. 자기통치는 개인에게 그들을 구속하는 법 제정에 참여할 자격을 부여함을 의미한다. 평등은 이들이 동등한 조건에서 그렇게 할 수 있어야 함을 의미한다.

민주주의를 인민의 통치popular rule로 최소한으로 정의하는 관행은 정치학자인 로버트 달Robert Dahl이 제안한 것이다. 달에 따르면 민주주의란 "모든 구성원이 해당 단체의 정책 결정에 동등하게 참여할 수 있는 자격을 지니는" 제도이다(Dahl, 1989: 37).[42] 그러나 여기에서 말하는 '참여'는 극도로 최소한의 참여로 제한된다. 내 생각에 인민의 통치는 인민이 투표의 순간뿐만 아니라, 투표에 이르는 과정, 특히 결정적이게도 의제가 설정되고 대안과 주장이 논의되는 숙의 과정에도 참여하는 일을 필요로 한다. 이 책은 민주주의의 정의의 토대를 의도적으로 '숙의 민주주의'에 두는데, 숙의 민주주의는 자유롭고 평등한 사람들 사이에서 이뤄지는 숙의의 결과로서 법과 정책이 형성되는 한에서만 정당성을 갖게 되는 정치적 정당성 이론에 해당한다(예를 들어, Cohen, 1989; Habermas, 1996; Gutmann and Thompson, 1996).[43] 숙의 민주주의는 민주주의 이론에서 상대적으로 최근의 패러다임에 해당하는데, 이는 투표 순간에 이뤄지는 최종결정이 결정

42 또 다른 정의는 최근에 숀 잉햄Sean Ingham을 통해 발전됐는데, 그에 따르면 민주주의는 인민의 지배popular control 체제를 의미한다. 여기에서 인민의 지배는 통일된 '인민'보다는 복수의 다수와 관련해 정의되며, 구체적으로 다수 각각이 결과에 관해 충분히 살필 수 있는 경우 특정 시점에 특정한 두 가지 선택지 중 최종결정을 할 수 있는 가능성에 따라 정의된다(Ingham, 2019). 나는 이러한 정의가 여기에서 사용되는 숙의 민주주의 개념과 양립될 수 있다고 생각하는데, 숙의적인 방식으로 이뤄진다고 생각되는 의제설정(두 가지 선택지의 선택)이 '지배' 개념 안에 포함되는 한에서 그렇다.

43 (옮긴이) '숙의 민주주의'에 대한 개괄과 그 한계에 관해서는, 데이비드 헬드 지음, 박찬표 옮김, 《민주주의의 모델들》, 후마니타스, 2010, 9장; 위르겐 하버마스 지음, 한승완 옮김, 《공론장의 새로운 구조변동》, 세창출판사, 2023; 이관후, 〈'시민의회'의 대표성: 유권자 개념의 변화와 유사성 문제를 중심으로〉, 《한국정치학회보》 52(2), 2018, 31~51쪽; 오창룡, 〈시민참여 공론화 모델의 확장: 미니 퍼블릭의 한계와 대안적 논의를 중심으로〉, 《의정연구》 29(3), 2023, 5~35쪽; 강명원, 〈기후위기 대응을 위한 시민의 직접 참여권-프랑스 기후시민의회(CCC)를 중심으로〉, 《유럽헌법연구》 40, 2022, 315~340쪽 ; 한재각, 〈기후정의법이 아니면 그만두라〉, 《녹색평론》 180, 2021 참조.

을 정당하게 만들기에 충분하지 않다는 사실을 명확히 함으로써 인민주권이라는 이상을 유용하게 구체화할 수 있도록 돕는다. 숙의 민주주의자에게 정당성이란 투표에 이르는 과정에서 시민에게 발언하고 들을 수 있는 기회 또한 주어져야 충족될 수 있다.

이같이 정의되는 민주주의가 지닌 가치란 무엇인가? 민주주의에 대한 옹호는 본질적 관점과 도구적 관점의 두 가지 형태를 띠는 경향이 있다. 첫 번째 관점에서, 민주주의는 시민을 동등하게 대하고 존중하기 때문에 가치를 지닌다. 두 번째 관점에서, 민주주의는 유익한 결과를 가져오기 때문에 가치를 지니는데, 여기에서 유익함은 절대적인 측면(예를 들어, 복지 수준), 그리고 시민의 선호 자체에 따른 상대적인 측면에서 정의된다. 본질적 옹호는 비非민주주의자가 어렵지 않게 허점을 찾아내는 이상에 해당하는 모든 시민의 평등에 대한 선험적인 '민주적 신념'에 따라 좌우되기 쉽다.[44] 도구적 옹호는 다른 체제가 굿 거버넌스를 가져오고 시민의 선호를 만족시키는 데 있어 민주주의 제도보다 더 많이, 또는 적어도 그만큼 역량을 드러낼 수 있는 정도에 따라 좌우되기 쉽고, 그리고 만약 그럴 경우 우리는 이 같은 다른 체제를 두고 굳이 민주주의에 특권을 부여할 이유가 없을 것이다.[45]

---

44 이 점에 관해서는, Landemore, 2014b: 192~196 참조.

45 (옮긴이) '굿 거버넌스'란 정부government만의 통치로는 한계에 봉착한 현실에서 정부, 시민사회, 시장 사이의 협력관계를 통해 현안을 해결하려는 방식을 의미하는 '거버넌스governance'와 관련해 그 성과를 평가하는 기준을 말한다. 국제기구나 시민단체 등의 비정부기구, 기업이 주도하는 국제협력개발과 해외원조, 또는 제3세계의 민주화와 반부패 지원 등과 관련해 자주 언급되기 때문에, 선진국들의 체제 정당화 논리의 연장선, 곧 시장 확대와 내정간섭의 수단이라는 비판 또한 주어지고 있다. 거버넌스라는 용어가 다양한 맥락에서 사용되기 때문에, 학계에서 이 용어의 명확한 정의에 대해 아직 합의가 이뤄지지 않고 있다. 한편, 이 책에서는 주로 국내 정치의 문제나 기업 거버넌스와 관련해 굿 거버넌스가 언급되고 있다("Good governance", WIKIPEDIA; "거버넌스", 위키백과, 2024년 3월 5일 접속; James Petras, Henry Veltmeyer, Social Movements and State Power, Pluto Press, 2005; 아비지트 배너지 · 에스테르 뒤플로 지음, 김승진 옮김, 《힘든 시대를 위한 좋은 경제학》, 생각의힘, 2020; Bob Jessop, *Putting Civil Society in its Place: Governance,*

그러나 두 가지 주장을 상호 보완적인 것으로 볼 수도 있다. 곧 민주적 의사결정에 잠재된 시민의 선호에 대한 (폭넓은) 반응 가능성뿐만 아니라, 더 일반적으로 말해 공익을 추구할 수 있는 역량이 그 결정 과정에 모든 시민을 **빠짐없이** 참여시키는 **동시에 동등한 입장**에서 그렇게 한다는 **사실 자체에서** 비롯된다는 점을 보여줌으로써 말이다. 민주주의에 대한 인식론적 관점의 옹호에 있어 핵심 측면 중 하나는 민주주의의 본질적 속성과 도구적 속성을 근본적인 방식으로 결합한다는 점이다. 나는 다른 저작에서 민주주의의 '인식론적' 속성, 다시 말해 공익 추구에 필요한 지식을 생성하고 종합할 수 있을 뿐만 아니라, 어떤 면에서는 세계에 관한 사실적, 도덕적 진실을 추구할 수 있는 민주주의의 역량에 기반한 정치적으로 평등한 이들의 체제로서 민주주의를 옹호했다(Landemore, 2012, 2013a). 구체적으로, 나는 민주주의가 **동등한 조건에서 이뤄지는 모든 이들의 포괄적 숙의와 이를 잇는 동등한 조건에서 이뤄지는 포괄적 투표**라고 주장했는데, 이는 정치적 불확실성에 마주해 우리를 가장 안전한 인식론적 모험으로 이끌어준다(Landemore, 2012, 2013a, 2014a). 이러한 관점에서, 정치적 평등을 전제하는 일은 공익을 추구하는 속성을 생성하기 위한 필수조건이 된다. 이 같은 결정 절차에서 도구적 (구체적으로 말해 인식론적) 속성과 화해하는 일 없이 정치적 평등과 화해할 수는 없다.[46] 이는

Metagovernance, and Subjectivity, Policy Press, 2022 참조). https://en.wikipedia.org/wiki/Good_governance https://ko.wikipedia.org/wiki/거버넌스

46 비판하는 이들이 때로 오해해서 주장하는 것과 달리(예를 들어, Urbinati, 2014 또는 Lafont, 2020), 인식론적 민주주의자는 결과를 위해 평등을 희생하려는 마음을 전혀 품지 않는다. 이들의 이론에 따르면 바람직한 결과는 오직 진정한 정치적 평등, 곧 데모스의 구성원에게 동등한 발언권과 투표권을 부여하는 절차에 토대를 두는 경우에만 나올 수 있기 때문이다. 이러한 경험적 예측은 정치의 근본적 불확실성에 관한 가정과 관련 있다(예를 들어, Landemore, 2014a). 세계가 현재보다 훨씬 더 예측 가능할 수 있게 되지 않는 이상, 인식론적 민주주의자가 정치적 평등 원칙과 바람직한 결과 사이의 상쇄관계를 고려할 상황에 놓이게 되는 시나리오는 존재하지 않을 것이다.

이 장 서두의 제사에서 인용된, 사회학자이자 정치철학자이며 인식론적 민주주의의 선구자였던 W. E. B. 듀보이스의 민주주의 옹호론의 요체에 해당한다고 주장될 수 있다. 듀보이스는 인류가 공통 세계(우주)를 지적으로 탐구하는 일에 우리 각자가 고유하게 기여할 수 있다는 생각을 시적으로 잘 포착해 표현했는데, 이 같은 세계에서 지식은 과학적이고 미학적이고 도덕적인 차원뿐만 아니라 정치적 차원을 지닌 폭넓은 범주로서 이해된다. 따라서 (여성이나 흑인 같은) 특정한 부류의 목소리를 억압하거나 차단하는 사회는 정의롭지 못할 뿐만 아니라 무지하다는 비난을 듣게 된다.

내 결론적 입장은 복잡하고 불확실한 세계에서 데모스의 모든 구성원에게 동등하게 권한을 부여하고, 특히 이들 모두에게 우리 모두를 지배하는 법과 정책을 결정짓는 숙의 과정에 접근할 수 있는 동등한 권리를 부여하는 일은 대체로 봐서 공통의 문제에 대한 해결책을 찾기 위해 우리가 할 수 있는 최선의 방법에 해당한다는 사실이다.[47] 내가 민주주의가 지닌 가치의 대부분이 생겨난다고 생각하는 지점이 바로 이 부분인데, 비록 독자들이 가치의 토대를 다른 곳에 둘 자유를 갖고 있긴 하지만 말이다.[48] 이런 입장이 지닌 이점은 그것이 의견과 관점에 덜 포용적인 어떤 제도에서 우리가 잃을 수 있는 것을 쉽게 설명한다는 점이다. 이러한 제도는 자신이 지닌 역량만큼 유익한 결과를 낳을 수 없게 된다.

그러므로 닫힌 정체가 지닌 (여러 가지 중) 하나의 문제는 이 같은 정체가 넓은 범위에 걸친 유용한 관점, 휴리스틱, 해석 등을 보지 못하도록 자초한다는 사실이다.[49] 우리의 선거제도는 이러한 맹점으로 인해 어려

---

47 나 또한 개개인을 정치적으로 동등한 사람으로 대하는 것이 올바른 일이라는 '민주적 신념'을 공유한다.

48 순전히 절차적인 민주주의에 대한 옹호에 관해서는, 예를 들어 Waldron, 1999; Christiano, 1996; Pettit, 2012; 또는 Urbinati, 2016 참조.

49 (옮긴이) '휴리스틱heuristics' 또는 '발견법'이란 "불충분한 시간이나 정보로 인하여 합리적인 판단을 할 수 없거나, 체계적이면서 합리적인 판단이 굳이 필요하지 않은 상황에서 사람들이 빠르게 사용

움을 겪고 있다. 그렇다 하더라도 디지털 혁명 같은 외부 요인을 통해 가능해진 더 넓은 관점이 때로 이러한 무대에 불쑥 등장할 수 있다는 점은 인정할 만하다. 그러나 누군가는 우리의 대의제 덕분이 아니라 대의제에도 불구하고 (무엇보다도 표현의 자유를 확립시킨 자유주의 사회라는 더 넓은 맥락에서) '흑인의 생명은 소중하다'와 '미투Me too' 같은 사회운동이 가능해졌다고 주장할지도 모른다. 유사하게, 최근 몇 년 사이 동성애자 권리와 낙태권과 관련해 나타난 가장 급진적이고 궁극적으로 지속 가능한 변화는 특별ad hoc 시민의회(아일랜드)와 시민 발의 압력(핀란드)에 의해 당과 의회에 강제됐다.[50] 요컨대, 대의 민주주의는 대체로 그 시민의 총합만큼 현명하거나 유능하지 못하다. 설사 시민사회의 압력을 통해 몇몇 해묵은 과제가 대의제 바깥에서 어떤 식으로든 청산된다 하더라도, 그것은 이 같은 목소리를 수용하는 데 있어 불필요하게 대가가 크고 주먹구구식에 해당하는 것처럼 보인다. 내가 보기에 더욱 현명한 해결책은 민주적 대의제가 의미하는 바를 다시 생각하고 더 일반적으로 말해 민주주의 제도를 총체적으로 다시 생각함으로써 이 같은 제도가 더 진정으로 포괄적이고 평등주의적이고 권한을 부여하는 방식이 되도록 (다시 말해 더 열린 방식이 되도록) 하는 것이다. 이것이 이 책이 이루려는 목표에 해당한다.

할 수 있게 보다 용이하게 구성된 간편 추론의 방법"을 말한다. "문제해결에 있어서 복잡한 문제의 경우 초기에는 휴리스틱을 이용하여 과제를 단순화시킨 뒤에 후기에 규범적인 의사결정 규칙을 사용하고, 단순한 과업 상황에서는 처음부터 최종 의사결정에 이르기까지 규범적 규칙을 이용하여 이를 해결하려 한다는 가설은 … '제한된 합리성' [개념]에서 시작됐고 … '제한된 합리성'이란 다양한 의사결정 상황에서 인간의 인지적인 한계로 인해 발생하는 의사결정 문제를 인지적 한계 안에서 다룰 수 있는 범위로 축소시키고, 간단해진 과업의 수행에 한해 규범적 규칙을 이용한다는 것을 의미한다. 휴리스틱의 어원은 라틴어의 'heuristicus'와 그리스어 'heuriskein'에서 시작됐으며, '찾아내다' 그리고 '발견하다'라는 의미를 뜻한다"("휴리스틱 이론", 위키백과, 2023년 3월 8일 접속). https://ko.wikipedia.org/wiki/휴리스틱_이론

50 이는 미국에서 현재 우리가 목도 중인 공중에게 내려진 자유주의적 법원의 판결과 비교되는데, 공중은 이 같은 판결을 꺼리며, 따라서 역풍의 가능성 또한 지니고 있다. 또한, 법원이 사회변화의 최고의 대리자라는 '헛된 희망'에 대한 비판에 관해서는, Rosenberg, 1991 참조.

내게는 짚고 넘어가야 할 강력한 반론 하나가 여전히 남아 있다. 설사 우리의 제도가 민주주의라는 이상을 제대로 실현하지 못하고 있으며 심지어 진정한 민주주의의 모습과 비교해 인식론적 측면에서 제대로 못하고 있다는 내 생각이 옳다 하더라도, 그래서 어떻다는 말인가? 개인의 권리에 대한 보호가 더 높은 이상 아니었나? 대의 민주주의 제도가 이러한 권리를 보호할 수 있고, 이 같은 제도가 굿 거버넌스라는 집단적 기준의 측면(가령 복지 혜택과 이런 혜택의 폭넓은 분배)에서 상당히 충분한 성과를 보여줄 수 있다면, 낭만화되고 구식처럼 보이는 민주주의 개념 때문에 왜 우리가 굳이 온갖 위험을 무릅써야만 하는가? 대의 민주주의가 어느 정도 규모를 지닌 사회에서나at scale 바쁜 개인이 살아가는 상업사회에서나(아무리 희석됐다 하더라도) 민주주의의 유일하게 실현 가능한 형태 아닌가? 그리고 우리는 현재 민주주의 제도의 위기와 관련해, 인민의 통치 자체의 쇠퇴나 이미 존재하던 결함보다는 (행정부의 강화, 법원의 정치화, 또는 일반적으로 말해 정치에서 매수를 위해 돈이 사용되는 관행을 통한) 이러한 제도의 자유주의적, 헌법적 요소의 쇠퇴를 훨씬 더 우려해야 하지 않나?[51]

나는 이러한 반론을 매우 진지하게 받아들여 8장에서 이 질문에 답하려고 최선을 다할 것이다. 비록 궁극적으로 우리에게 친숙한 선거 민주주의 제도가 이 책에서 내가 이론화하는 진정으로 열린 방식이지만 아직 실현되지 못한 민주주의 형태보다 가령 개인의 권리 보호와 복지 혜택 사이의 더 나은 조합을 제공할 수 있을지의 여부는 선험적으로 해결될 수 없는 상대적인 성격의 문제이지만 말이다.

그럼에도 불구하고 나는 예방 차원에서 세 가지 흔한 오해가 지닌 몇몇 허점을 지적하려 한다. 첫 번째는 역사적 정체 형태로서 '대의 민주주

51 예를 들어, Ginsburg and Huq, 2018 참조.

의'가 규모가 있는 경우에 유일하게 실현 가능한 민주적 통치 제도라는 주장이다. 두 번째는 현대 상업사회에 속한 평범한 시민에게는 통치에 참여할 시간이나 열망이 없다는 주장이다. 세 번째는 평범한 시민의 어떤 형태의 통치 참여가 됐든 그것이 다수의 폭압이 될 위험을 수반하며 개인의 권리나 심지어 (하느님 맙소사!) 법의 지배에 위협이 될 수 있다는 주장이다.

(순전히 근대 민족국가의 규모로 인해 대의제가 필요하게 됐다는) 첫 번째 주장에 대해, 누군가는 대의제가 반드시 선거 형태가 되거나 경쟁 선거에서 충분한 표를 얻을 능력이 있는 이들에게 맡겨져야 할 필요는 없다고 대답할 것이다. 이 책에서 펼쳐질 대부분의 도발적인 주장은 비선거적 형태의 민주적 대의제에 대한 옹호가 될 것인데, 이는 추첨과 자기추천self-selection에 기반한 형태를 포함한다. 게다가, 인민주권, 곧 인민통치의 유일하게 합법적인legitimate 장소로서 민족국가의 지위 또는 심지어 모든 형태의 물리적 영토에 대해 누군가는 의문을 제기할 수도 있다. 내가 이 책의 대부분에서 민족국가의 영토적 전제를 받아들임에도 불구하고, 9장은 이러한 전제에 의문을 제기하는 것으로 시작하며, 도시와 지방자치단체 같은 하위 수준의 더 작은 공동체로 결정 권한을 분산하고, 그것이 유럽연합 같은 지역조직이 됐든 글로벌 코즈모폴리턴 질서의 최상위 조직이 됐든 상위 수준의 국제 공동체와 관련된 곳으로 이 같은 권한을 이양하고, 이해관계를 지닌 공동체의 자율규제를 허용하도록 이런 권한을 완전히 탈영토화하는 것을 옹호한다.

두 번째 주장은 노예노동이 폐지된 시장 경제 제도에 속한 시민에게는 정치참여에 필요한 충분한 시간이 고대인만큼 없을뿐더러, 설사 이들에게 그럴 시간이 있더라도 좀처럼 정치참여에 많은 시간을 쓰고 싶어 하지 않는다는 것이다. 이러한 주장에 따르면 근대인의 자유에는 방대한 다수의 사적 시민과 공적 기능을 뒷받침하는 소수의 직업적 지도자 사이의 분업이 요구된다. 그러나 시민의 시간 제약이 우리가 만든 정치제도에 어느 정도 내재돼 있다는 사실을 인정하지 않는다(스웨덴과 덴마크 같은 시장 기반 경제 체제에서는 가령 미국보다 시민에게 더 많은 여가시간이 제공된다). 게다가, 기술변화가 이뤄져 온라인 숙의 제도와 전자투표가 가능해지기만 해도 정치 활동에 필요한 상당한 시간이 마련될 수 있을 뿐만 아니라 우선 이 같은 활동을 하는 데 시간이 훨씬 덜 들게 될 수도 있다. 현대 사회에서 우리가 투입하는 시간 이상으로 정치에 참여하려는 시민의 의지와 관련해 그것이 커다란 미지의 영역임은 분명한 사실이지만, 이런 의지는 정치참여의 편의성, 유인력, 인지된 효능감에 의해 좌우될 가능성이 크다. 그러나 더욱 중요한 사실은 이 같은 반론이 선출직에 의한 통치의 유일한 대안이 언제나 모든 시민에 의한 통치가 돼야 한다고 잘못 가정하고 있다는 점이다. 오히려, 적절한 분업은 시민으로 구성된 다양한 하위집단 사이에서 이뤄질 수 있는데, 일부는 자신의 사적 삶과 경제 업무를 계속 이어가고 또 다른 일부는 잠시 책임을 맡는 데 기꺼이 시간과 노력을 투입하는 식으로 말이다. "통치하는 일과 통치받는 일을 번갈아 하는 것"이라는 민주주의에 대한 아리스토텔레스의 정의, 또는 내가 즐겨 말하듯 "대표하는 일과 대표되는 일을 번갈아 하는 것"이라는 정의를 따라, 사실상 이 책에서는 시민을 참여시키는 일이 반드시 시민을 한꺼번에 그리고 항상 참여시키는 일이 될 필요는 없다고 가정한다. 직접 민주주의를 실현 가능하거나 바람직한 정체 형태로 옹호하는 것과는 거리가 먼 이 책은 대안적인, 곧 더욱 민주적인 형태의 정치적 대표성representation을 논의한다.[52] 선거 민주주의와 같이 열린 민주주의는 시민의 시간을 절약하고

52 (옮긴이) 이 책에서 'representation'은 맥락에 따라 대표성 또는 대의제로 옮겼다. 관련 논의로는, 이관후, 〈왜 '대의민주주의'가 되었는가?: 용례의 기원과 함의〉, 《한국정치연구》 25(2), 2016, 1~26쪽 참조.

'너무 많은 저녁'을 빼앗아 가는[53] [54] 상황을 피하는 것을 목표로 한다.

개인의 권리를 보장하는 자유주의적 목표를 이루는 과정에서 대의제의 도구적 가치와 관련된 세 번째이자 마지막 주장의 경우, 경험적으로는 타당한 듯하지만 과장됐을 가능성이 다분하다. 나는 이 같은 반론에 대한 적절한 논의를 7장으로 미루려 하는데, 7장에서 나는 최근의 이론적, 경험적 발전이 (고대 아테네, 바이킹의 의회제도, 현대의 스위스 같은) 과거 자유주의 이전의 더 참여적인 민주주의 제도가 지닌 접근성이 어느 정도 회복될 가능성이 있음을 시사한다고 주장할 것이다. 이는 특히 우리만큼 규모가 크고 다양한 사회에서 우리 현대인이 아주 깊은 관심을 지닌 개인의 권리와 소수자의 권리를 반드시 위협하지 않고서도 가능한 일이다.

물론 열린 민주주의의 충분한 확장성 또한 핵심 문제에 해당한다.[55] [56] 그러나 규모로 인해 [제도적-옮긴이] 닫힘이 발생하고 확장성이 선출 엘리트에 대한 권력 위임을 의미한다고 가정하기 전에, 우리는 우선 다음과 같은 질문을 하는 데 시간을 할애해야 한다. 곧 규모가 어떻든 민주주의 제도의 핵심 원칙은 무엇인가? 그리고 현 세계와 현대의 다원적 대중사회에서 고대 민주주의 제도의 열린 성격을 되찾을 수 있는 방법이 존재하는가? 달리 말해, 우리는 평범한 시민을 권력의 주변부가 아니라 중심부에 다시 가져다 놓는 대규모 민주주의를 상상할 수 있는가? 그리고 이러한 민주주의가 영감을 얻을 수 있는 인민의 통치에 관한 메타포는 무엇인가?

---

53 잘 알려진 오스카 와일드Oscar Wilde의 재담에서 비롯된 표현으로, 사회주의 외에도 때로 직접 민주주의의 제안에 대해서도 쓰인다.

54 (옮긴이) 참여와 토론을 위해 당원들의 시간을 너무 많이 요구하는 사회주의의 문제를 빗댄 표현이다. 강준만 지음, 《재미있는 영어 인문학 이야기 4》, 인물과사상사, 2016, 52쪽 참조.

55 비록 덜 핵심적이긴 해도, 프랑스의 국민 대토론 사례 이후 나는 그렇게 주장한다.

56 (옮긴이) '확장성'이란 참여자 수의 증대에 유연하게 대응할 수 있는 정도를 가리킨다.

새로운 패러다임

'더 많은 민주주의'가 현대 선거 민주주의의 병폐와 실제 '위기'에 대한 해결책의 하나로 적어도 탐구할 만한 가치를 지닌다고 생각하는 한, 우리는 어떤 형태로 이 같은 민주적 혁신을 시행하고 실험할 것인지에 대해 신중하게 생각해볼 필요가 있다(어쩌면 실험실이나 현장 실험에서, 어쩌면 지역, 도시, 국가 수준에서, 어쩌면 대규모이지만 제한된 시간이나 제한된 구역에서). 그러나 현재 이뤄지는 민주적 혁신은 그 모델로 직접 민주주의를 채택하고 있다. 나의 야심은 민주적 혁신가에게 대안적 모델을 제공하는 것인데, 이 모델은 권력에 대한 접근권이 모든 이에게 동등하게 열려 있는 새로운 형태의 민주적 대표성을 포함한다.

'열림'은 권력에 대한 평범한 시민의 보편적인 접근성과 관련된 포괄적인 개념이다. 특히 선거 형태의 대표성은 입법 과정에 참여할 권리를 인민에게서 강탈할 위험을 상시적으로 만들어내는 반면, 열린 제도는 시민이 어느 시점에서든 자신의 목소리를 보편적으로 내고 대의 기관이 설정한 의제에 만족하지 못할 경우 법을 발의할 수 있도록 보장한다. 열림은 대의제에 불가피하게 수반되는, 대표되는 이와 대표하는 이 사이의 분리가 완결되고 확립되는 일을 방지한다. 열림은 권력이 정치체를 통과해 흐르게 하는데, 이는 권력이 소수의 사람에게 고이는 현상과 대비된다.

이 책의 핵심 기여는 평범한 시민이 접근할 수 있는 방식으로 민주적 대의제를 다시 사고한다는 점이다. 나는 그렇게 함으로써 이 제도의 예상 성과와 정치적 정당성이 모두 증진될 수 있다고 주장한다(내 생각에 정치적 정당성은 예상 성과에 의해 최소한으로 제약되기 때문이다). 나는 두 종류의 진정으로 '민주적인' 대의제, 곧 추첨과 자기추천 제도를 이론화한다. 나는 또한 선거 대의제를 내가 "액체liquid" 대의제라 부른 형태로 전환시킴으로써 이 제도를 민주화할 수 있는 가능성을 고찰한다(비록 내가 액체 대의제의 민주적 잠재력에 대해 궁극적으로 여전히 신중한 태도를 유지하지만 말이다). 추첨형 대표자는 추첨을 통해 선출되고 자주 교체된다. 추첨과 교체가 결합된 형태는 추첨형 의회가 모든 이에게 접근 가능하고 '열린' 상태가 되도록 만든다. 뽑히지 않은 이는 배제되므로 이 같은 특성이 공간적인 측면에서가 아니고 시간이 지남에 따라 나타난다는 의미이다. 대조적으로, '자기추천 의회'는 공간적 측면에서 접근할 수 있고 어느 시점이든 열려 있는데, 능력과 의지만 있다면 이론상으로는 누구든지 참여할 수 있기 때문이다. 두 경우 모두에서, 시민은 대표자의 지위에 접근할 수 있는 동등한 기회를 갖는다. 마지막으로, '액체' 대의제는 투표위임에 기반한 선거 대의제의 한 형태이다. 이 같은 제도가 다른 두 가지 제도만큼 충분히 민주적이지 않은 반면(이 제도가 선거 대의제처럼 여전히 귀족제적 구별 원칙에 의존하기 때문이다), 이 제도는 선출 대표자 직위에 대한 진입 장벽을 최대한 낮추는 특징을 지닌다. 대중 민주주의 제도하의 현대적 상황에서, 나는 평범한 시민의 참여를 최대화하기 위해 우리에게 어쩌면 이처럼 여러 가지 목적으로 사용되는 다양한 민주적 대의제 형태들 사이의 결합이 필요함을 주장하려고 한다.

민주적 대표성의 재개념화에 근거해, 이 책은 또한 더욱 폭넓고 사변적인 측면에서 21세기에 진정한 민주주의가 구현하고 따를 만한 일련의 핵심적인 제도적 원칙들을 이론화하려 한다. 이와 관련된 총 다섯 가지 원칙은 다음과 같다.[57]

---

57 이 같은 목록은 Landemore, 2017c에서 제시된 목록과는 조금 다르다. 나는 어설프고 번역하기 어려운 "위임된 권리empowered rights"라는 용어를 개념적으로 더 단순하고 더 정확한 "참여권participation rights"이라는 용어로 대체했다. 나는 인민에게 참여권을 부여할 수 있는 급진적 잠재력을 표현할 신조어가 불필요했음을 이제야 깨달았다. 심지어 이러한 용어의 친숙함이 우리가 이미 그 같은 권리를 누리고 있다고 생각하도록 유도할 수 있음에도 말이다. 나는 또한 "열린 대표성open

1. 참여권 Participation rights
2. 숙의 Deliberation
3. 다수결화 원리 Majoritarian principle
4. 민주적 대표성 Democratic representation (위에서 논의됨)
5. 투명성 Transparency

언뜻 봐도 이 같은 원칙과 조건은 매우 친숙하게 느껴질 것이다. 이런 원칙이 이미 현재 우리 정부의 근간이나 규제 원리를 이루지 않았다면 더 놀라운 일일지도 모른다. 그러나 내가 주장하게 될 것처럼, 이런 원칙의 조합은 더 닫힌 형태(선거)이고 그다지 숙의적이지 않으며 주로 자유주의적인 대의 민주주의 원칙과 극명하게 대비되는 한편, 고대 민주주의의 몇 가지 특징을 개선시키고 있다. 결과적으로, 나는 새로운 민주주의 패러다임의 하나로서 이 같은 원칙의 조합을 제시하려 하는데, 이는 민주주의로부터 기대할 수 있는 것에 관한 우리의 지적 도식에 영향을 주고 제도 개혁이 진전되도록 이끌 수 있다. 나는 우리의 기존 제도를 살펴볼 수 있는 비판적 렌즈이자, 이 같은 제도의 갱신이나 적어도 개혁을 구상하기 위한 상대적으로 추상적이지만 완전히 비현실적이지는 않은 일련의 지침이 될 수 있다는 점에 이런 새로운 패러다임의 의의를 두고 있다.

구체적인 제도적 장치와 관련해, 이 책은 특히 아이슬란드와 프랑스의 실험을 통해 영감을 얻은 다양한 가능성을 고찰하지만, 두 나라의 계획안 중 어느 쪽도 궁극적인 청사진으로 제시하진 않는다. 열린 민주주의와 그와 관련된 일련의 원칙을 실현할 수 있는 단 하나의 최선의 방법 같

representation"을 "민주적 대표성democratic representation"으로 변경했고, 핵심 사안은 "민주적"이라는 표현이 의미하는 바라는 사실을 새삼 깨달았다. 마지막으로, 단순화를 위해 나는 이제 교체rotation 원칙을 "민주적 대표성" 원칙 아래에 포함시키려 한다.

은 건 존재하지 않는다. 어떤 특정 정치적 맥락에서든 가장 적절한 제도적 장치는 소수 사례에 기반한 귀납이나 단순한 연역보다는 시행착오와 지역적 실험을 통해 자연스럽게 나타날 가능성이 크다. 그럼에도 불구하고, 하나의 이상적 수준에서 이 책의 중심 테마는 내가 "열린 민회open mini-public"라 부른 형태, 곧 150명과 천여 명 사이의 무작위로 선택된 사람으로 구성된 대규모 다목적all-purpose 의회로서, 이러한 의회는 의제설정과 일종의 입법 절차를 위해 (최소 며칠에서 최대 몇 년에 이르는) 긴 시간 동안 소집되고, 인원이 더 많을 경우 (또 다른 형태의 민회들mini-publics이 참여하는) 크라우드소싱 플랫폼과 숙의 포럼을 통해 서로 연결된다.[58]

어떤 이는 열린 민회가 미국의 형사배심원 제도나 프랑스의 배심원 제도가 초대형화된 형태라고 생각할지도 모른다. 배심원 제도는 지구상의 (몇몇) 대의 민주주의 제도에 존재하는 진정으로 민주적인 몇 안 되는 제도 중 하나이며, 역사학자, 정치학자, 법학자, 심지어 극작가와 영화감

58 (옮긴이) '민회'는 로버트 달이 제안한 mini-populus에 연원을 두는 개념으로, "무작위로 선정된 시민들의 작은 표본이 전체 시민들을 축약"하는 특성을 갖는다(이관후, 〈'시민의회'의 대표성: 유권자 개념의 변화와 유사성 문제를 중심으로〉, 《한국정치학회보》 52(2), 2018, 44쪽; 로버트 달 지음, 조기제 옮김, 《민주주의와 그 비판자들》, 문학과지성사, 1989 참조). 이 책의 저자는 그리스 아테네의 시민의회인 에클레시아(민회)와 대비되는 500인 평의회라는 고대 모델을 참조해 추첨에 의해 '민주성', 곧 포괄성과 평등성이 확보되고 숙의적 요소가 도입된 현대적 의미의 열린 민회를 제안하고 있는데, 이는 민주주의의 위기 상황에 대한 하나의 대안에 해당하는 직접 민주주의와 대의 민주주의의 혼합정체로서 '평범한 시민이 직접 참여하는 대의 민주주의', 곧 '시민 대의제' 개념으로 요약된다. 저자는 이처럼 대규모 공중larger public과 대비되는 맥락에서 소규모 공중mini-publics을 언급하고 있는데, 이 책에서는 우리에게도 익숙한 개념에 해당하고 '인민의 자기통치'라는 민주주의의 본래 의미를 내포한 '시민의회'와 연관시켜 mini-publics 개념을 '민회'로 옮겼다. 다만 이때 대규모 형태이고 상대적으로 민주적 요소가 덜 했던 그리스 아테네의 에클레시아(민회)와 구별을 요한다. 오창룡, 〈시민참여 공론화 모델의 확장: 미니 퍼블릭의 한계와 대안적 논의를 중심으로〉, 《의정연구》 29(3), 2023, 5~35쪽; 제임스 피시킨 지음, 박정원 옮김, 《숙의 민주주의》, 한국문화사, 2020; 이지문, 〈시민의회는 직접 민주주의인가, 대의민주주의인가〉, 《시민과세계》 32, 2018, 101~135쪽; 오현철, 〈민주주의의 새로운 주체: 작은공중(minipublics)을 중심으로〉, 《시민사회와 NGO》 7(2), 한양대학교 제3섹터연구소, 2009, 257~285쪽; 2013 민회조직위원회, 《전환의 시민정치와 민회(民会)운동》, 민주화운동기념사업회, 2013 참조. https://www.kdemo.or.kr/book/data/book/page/1/post/8378

독에게 그와 같이 칭송을 받는다. 배심원 제도는 최근 들어 심지어 일부 우리의 현재 문제에 대한 해결책으로 여겨져 왔다(Chakravarti, 2019). 하지만 이러한 제도는 다음과 같은 나름의 한계를 지니고 있다. 먼저 그 규모가 너무 작아서 더 큰 규모의 인구에 대해 기술적記述的으로 정확한 표본이 될 수 없다. 또한, 그 선택방법이 무작위로 이뤄진다고 가정되는 반면 자기추천을 완전히 피할 수 없고 심지어 특정 결과에 유리하거나 적어도 다른 결과를 피하도록 조작될 수 있다. 마지막으로, 미국에서는 배심원이 상당한 권한을 갖는 반면,[59] 이들은 또한 "관례적으로 '단순한' 진상조사원으로 개념화"(Leib and Ponet, 2012: 276)되고 명시적으로는 "**법**이나 **가치**보다는 **사실**의 문제를 판결하는 임무를 부여받게 된다"(Leib and Ponet, 2012: 282; 강조는 원문). 이처럼 배심원 제도를 독립적인 입법 제도라 말하는 것은 정확하지 않을 수도 있다. 반면에, 열린 민회와 형사배심원 제도의 관계는 다 자란 나무와 분재의 관계에 비유될 수 있다. 곧 전자는 규모가 훨씬 더 크고, 제약을 덜 받고, 권한이 더 많이 위임된 독립체이고, 이는 규모가 더 크고 기술적記述的 대표성을 띠는 평범한 시민집단을 신뢰할 수 있는 민주적 잠재력을 충분히 표출하게 된다.

내가 이 같은 제도적 원칙의 결합으로 인해 나타난 주된 특징이라 여긴 것, 곧 '평범한 시민에 대한 열림'으로부터 나는 열린 민주주의라는 이름을 만들었다. 그렇다면 과연 열림이 의미하는 바는 무엇인가?

열림은 우선 공간과 시간적 측면 모두에서 닫힘의 반대를 의미한다. 공간적 측면에서 열림은 맥락에 따라 다양한 것을 의미할 수 있는데, 그

59 비판자들의 말대로, 형사배심원은 "다국적 대기업을 파산시키고, 개인에게 사형을 선고하고, 특정 상황에서['파기nullification' 사건에서] 소송이 기각되도록 판결을 내려 피고가 처벌을 면하도록 할 수 있다"(Leib and Ponet, 2012: 275~276). 게다가, 배심원은 그들이 "내리지 않을 수 없는" 가치판단을 통해 "비록 간접적일지라도 우리가 자기통치하는 방식에 의견을 제시"(282)하는데, 이를테면 그들은 잘 알려지지 않은 법의 적용을 받고 있거나 충분한 처벌을 받은 피고의 죄를 면해준다.

범위는 다공성의 정도에서부터[60] 접근성, 참여도, 포괄성에 이른다. 열림은 목소리를 내고 응시하는 일 모두와 관련된다. 이런 열림은 (사람과 아이디어에 대해) 포괄적이고 수용적이다. 이 같은 열림은 평범한 시민을 참여시키는 제도의 특징을 잘 드러내는데, 이런 공간적 열림이 건축 설계에 의해 가능하든 기술 도구에 의해 가능하든 관계없이 말이다. 시간적 측면에서 열림은 열린 결말, 곧 조정 가능성과 수정 가능성을 의미한다. 시간적 열림은 구체적으로 말해 민주적 제도가 지원할 책임이 있는 인민이 변화함에 따라 이러한 제도도 변화해야 함을 의미한다. 열린 결말적 제도는 복잡하고 규모가 크고 연결된 사회에서 일어나는 급격한 변화에 대응해 더 쉽게 조정할 수 있다. 마지막으로, 열린 민주주의는 또한 편협한 마음(또는 가까운 사촌인 당파심)과 반대되는 열린 마음을 시민에게 함양하고 양성하는 일을 목적으로 하는 제도이기도 하다.[61]

열림에 대한 폭넓은 아이디어를 따를 때, 다른 형태와 구별되는 열린 민주주의의 주된 특징 중 하나는 숙의 국면일 경우 평범한 시민이 어느 시점이든 입법 의제설정 권한에 접근할 수 있고, 결정 국면일 경우 시간이 지남에 따라 (열린 민회 회원의 교체를 통해) 그 권한을 동등하게 갖게 된다는 점이다. 우리가 역사를 통해 갖게 된 신념과 반대로, 선거와 국민

---

60 (옮긴이) '다공성'에 관해서는 다음의 글 참조. "카사노바는 근대 세계가 공적인 것과 사적인 것, 그리고 그 사이에 존재하는 '시민 사회' 또는 '사회적인 것'을 내포하고 있으며, 이러한 세 영역 사이에 존재하는 경계가 경험적으로는 구멍이 많으며 지속적으로 옮겨감으로써 상호침투적이기 때문에 세 영역 모두 공적인 면, 사적인 면을 동시에 지니고 있다고 생각한다"(José Casanova, Public Religion in the Modern World. Chicago University Press, 1994, p. 42; 김현준 · 김현준, 〈광장에 선 호모포비아? : 후기 세속사회 공론장에서의 공공성 투쟁〉, 《공공의 적, 공공의 신-한국개신교는 공적 영역에서 어떻게 존재하고 있는가》, 제3회 연구집단 카이로스 포럼 자료집, 2014, 20쪽, 주석 8번에서 재인용). https://www.academia.edu/8831686

61 아마도 내가 펼친 논쟁적인 주장 중 하나는 대의 민주주의가 당파심을 토대로 번성하거나 아니면 심지어 그저 당파심에 의해 좌우되는 한, 그것은 대의 민주주의를 넘어서야 할 또 하나의 이유가 된다는 사실이다.

투표는 민주주의의 전부이자 종착지가 아니다. 민주주의는 또한 정치적 의제를 형성하고 그에 관해 숙의할 수 있는 가능성을 의미하기도 한다. 다시 말해, 민주주의는 단지 우리의 대표자를 선출하거나 어떤 구체적인 사안에 관해 최종결정을 내리는 일에 그치지 않는다. 민주주의는 **또한** 무엇보다도 모든 이가 발언권을 갖는 일뿐만 아니라 실제로 우리가 원하면 언제든지 발언권을 갖는 일과도 관련 있다. 따라서 민주주의는 계속해서 출발점에 서야 하고 결코 종결될 수 없다. 민주주의의 결말은 열려 있어야 한다.

열린 민주주의는 흔히 '참여 민주주의'로 알려진 형태와 공통된 특징을 지니며, 참여 민주주의의 한 형태라고 볼 수도 있다. 그러나 열린 민주주의가 항상 대중의 참여를 전제하는 건 아니다. 특히 대중의 참여를 뜻하는 보통 말하는 '참여'는 열린 민주주의의 다섯 가지 제도적 원칙 중 하나에 속하지 않는다(비록 참여권이 이 원칙에 속하지만 말이다). 이는 내 모델에서 공적 사안에 대한 대중의 참여가 다섯 가지 제도적 원칙을 구현하는 데 있어 하나의 기회가 될 뿐 필요조건은 아니며, 영향을 줄 순 있으나 반드시 그렇진 않기 때문이다. 인민은 자신의 참여권이 활성화되는 일을 택할 수도 있고 택하지 않을 수도 있다. '정상적'이거나 평온한 정치적 시기에 시민이 의사결정 임무를 (추첨제나 다른 방식을 통해) 기꺼이 그들의 민주적 대표자에게 대체로 위임할 수도 있는 반면, 급변기나 혼란기에 시민은 훨씬 더 자주 참여하길 결정할 수도 있다. 이를테면 신新사회운동에 착수하고, 구舊사회운동을 재활성화시키며, 국민투표를 발의하고, 다양한 사안과 관련해 더 많은 수의 민회를 소집하고, 일반적으로 말해 이 같은 제도를 구현하는 데 시민에게 열린 공간을 일제히 활용함으로써 말이다. 하지만 대중의 참여는 이런 모델의 실제적 요건 중 하나가 아니다. 대신에 이러한 모델은 어느 시점이든 시민이 얼마나 많이 그리고 얼마나 자주 정치에 자발적으로 참여할지를 결정하는 일을 시민 자신에게 맡긴다. 열린 민주주의가 설사 민회를 모든 수준의 정치체로 일반화하고 이에 대한 참여를 의무화한다 하더라도, 민회는 어느 시점이든 단지 전체 인구 중 적은 비율만을 형식적으로 동원할 수 있을 뿐이다(심지어 나머지 인구가 혹여 동원된 인구와 많든 적든 직접 접촉함으로써 비공식적으로 더 시민답게 '활성화'된다 하더라도 말이다). 대다수 시민은 회의에 참여하고 의사결정을 내리는 임무로 인한 부담을 덜어낸 채 자유롭게 그들의 사생활을 누리고 싶어 한다.

열림 개념은 이미 활동가, 풀뿌리 단체,[62] 그리고 심지어 정부 관료의 전문용어 속에 다양한 방식으로 스며들어 있다. 미국 대통령 버락 오바마의 행정부는 잘 알려진 대로 **열린** 정부 이니셔티브에 착수했는데(강조는 필자), 이니셔티브의 동기는 "투명성, 공적 참여, 협력"이라는 캐치프레이즈로 잘 표현됐다.[63] 그 실현과 관련해, 열린 정부 개념은 결국 "오픈 데이터Open Data"[64]라는 더 제한된 목표로 기울었고 이는 정부 서비스 전달의 효율성을 증진시켰다.[65] 이러한 이니셔티브는 인민의 권력 자체를 확대하고 실제로 의사결정에 이들을 참여시키는 것을 목표로 하지는 않았다. 투명성의 측면에서 우리는 현재 오바마 행정부가 더는 아니더라도 앞선

---

62 예를 들어, "열린 민주주의"라는 문구는 또한 영국에 기반을 둔 정치 웹사이트의 이름이기도 한데, 이 사이트는 전 세계에서 민주적 논쟁을 촉진하려 노력하고 있다.

63 2009년 백악관 보고서에는 "투명성, 공적 참여, 협력"이라는 문구가 언급되고 있다. https://obamawhitehouse.archives.gov/realitycheck/the_press_office/Transparency_and_Open_Government 참조.

64 60년대 정보 공개법을 통해 시작된 오픈 데이터는 세금으로 운영되는 모든 정부 데이터는 온라인에서 무료로 쉽게 이용할 수 있도록 요구하는 운동을 말한다. 공중에 오픈된 데이터의 유형의 범위는 공무원의 급여에서부터 더 일상적인 기관의 예산액과 대중교통 지도에까지 이르고 있다.

65 이것은 베스 노벡Beth Noveck(2012)에 의해 명시적으로 인정됐는데, 노벡에게 열린 정부의 목표는 결코 투명성이 아니라 효율성의 증진이었다. http://crookedtimber.org/2012/07/05/open-data-the-democratic-imperative/ 참조.

모든 행정부만큼 불투명하고 비밀스러운 것으로 증명됐음을 알고 있다. 기존 관행과 정부 마케팅 전략의 세계에서 '열림' 개념의 사용과 남용을 고려할 때, 무엇이 진정한 열린 민주주의의 모습인지에 대한 원칙을 확립하려면 더 엄밀한 작업이 수행돼야만 한다.

열림 개념은 또한 프로그래머 세계에 많은 빚을 지고 있고 인터넷 상의 자기조직과 자유를 옹호한다. 오픈 소스 운동은 이른바 오픈 소스 소프트웨어를 장려하는데, 이는 누구든지 열람하고 수정하고 개선할 수 있는 소스 코드로 이뤄진 소프트웨어를 말한다.[66] 오픈 소스 소프트웨어는 오픈 소스를 사용해 공동제작된 몇몇 공공재를 통해 가장 잘 알려져 있는데, 예를 들어 운영체제인 리눅스와 가장 보편적인 온라인 백과사전인 위키피디아가 있다. 오픈 소스 소프트웨어 개념은 민주주의에 적용되고 이 제도와 관련 있는데, 어떤 이가 주장하듯 만약 "코드가 곧 법"(Lessig, 2000)이라면 누군가는 반대로 민주적 법이 오히려 코드와 유사해야 한다거나 아니면 적어도 같은 형태의 코드를 리눅스나 다른 오픈 소스 커뮤니티에서 이용할 수 있어야 한다고 주장할 수 있기 때문이다. 다시 말해, 민주주의에서 법은 소수의 내부자나 전문가 집단에 의해 만들어지고 보호되는 대상이 되는 대신에 모든 이가 접근할 수 있고 모두가 영향을 줄 수 있는 대상이 돼야 한다. 모든 이가 법을 작성하고 법에 대한 저자권을 요구할 수 있어야 한다.[67] 민주적 저자권은 바로 아이슬란드인이 그들의 혁명적 개헌 과

66 다시 말해, 모두가 언제든 접근할 수 있는 소프트웨어로, 이는 단지 열람 가능하다는 측면에서만이 아니라 모두가 사용, 공유, 조작, 수정 가능하다는 측면에서 그렇다. 대조적으로, 이른바 클로즈드 소스 closed-source나 '독점' 소프트웨어는 오직 하나의 사람, 팀, 또는 조직이 제어하고 수정할 수 있는 소프트웨어를 말한다.

67 (옮긴이) '저자권'이란 특정 문헌에 대한 기여에 따라 저자로 간주될 수 있는 자격을 의미하는 것으로 주로 저자의 권리의 측면에서 논의되는 데 반해, 여기에서는 시민이 입법 과정에 단순히 간접적이고 형식적인 측면에서 접근하는 방식과 대조적으로 직접적이고 실질적으로 참여하는 방식을 논의하기 위해 사용되고 있다.

정을 통해 얻으려고 했던 권리이다. 민주적 저자권은 또한 참여예산 실험, 크라우드소싱 방식을 이용한 법 개정, 또는 가장 최근에 구축된 포괄적인 '크라우드법crowdlaw' 개념 이면에 놓인 아이디어에 해당한다.[68] [69]

오픈 소스 소프트웨어 운동은 분명히 이 책이 관심 있는 형태의 민주적 측면을 포함한다.[70] 하지만 열린 민주주의의 특정 측면을 실현시키는 데 있어 신기술의 역할에도 불구하고, 이 책의 중심 주제는 21세기에 민주주의의 가능성을 증진시키는 데 있어 인터넷과 신기술의 역할이 아니다. 디지털 혁명은 인류에게 민주주의를 발전시키는 미증유의 방식을 가져다줬는데, 이는 부분적으로 정보 접근권을 민주화하고 규모가 있을 경우 개인의 협력을 촉진하고 권력을 폭넓게 분배하는 새로운 방식을 제안함으로써 이뤄졌다. 그러므로 이 책에 보고된 많은 실험이 심지어 십 년 전에는 가능하지 않았던 (이를테면, 크라우드소싱 플랫폼 같은) 기술적 해결책을 사용하고 있다는 사실이 뜻밖의 일은 아니다. 그렇긴 하지만, 디지털 혁명은 또한 전례 없는 대중 감시의 가능성, 그리고 허위 정보와 프로파간다의 확산을 가져왔다. 디지털 기술이 민주주의를 강화시킬 수 있는 방법의 문제는 별도의 연구대상에 해당한다.[71] 어쨌든, 이 책은 민주주의

---

68 Beth Noveck, 2018.

69 (옮긴이) '크라우드법'은 기술혁신에 기반해 일반 시민이 입법 과정에 직접 참여하는 방식을 말한다. 커먼즈 번역 네트워크 옮김, 〈입법 2.0-크라우드법과 입법의 미래〉, GovLab, 2018; 정재도, 〈온라인 크라우드소싱 플랫폼에 기반한 프랑스 시민공동입법 사례 연구-「디지털 공화국을 위한 법률안」을 중심으로〉, 《공법연구》 49(3), 2021; Gabriella Capone, The GovLab Selected Readings on Crowdlaw, GovLab, 2017년 11월 14일 참조. http://commonstrans.net/?p=1087 https://blog.thegovlab.org/the-govlab-selected-readings-on-crowdlaw

70 게다가, 오픈 소스 소프트웨어의 열린 성격은 내 열린 민주주의 개념에 내재된 '매개'를 통해 조정된다. 일부 오해와 달리 오픈 소스 소프트웨어는 무질서와 과도한 직접성을 보여주지 않는다. 오픈 소스 소프트웨어 설계에는 열린 입구가 파괴적인 침입으로 이어지지 않도록 보장하는 평판의 위계, 그리고 일정하게 확립되거나 발전된 프로토콜과 기준이 존재한다. 그러나 이러한 매개 단계는 모든 이에 대한 접근성 원칙을 보존하고 그 누구든 코드를 전용하거나 제어하지 못하도록 하는 가운데 어렵사리 유지된다.

71 별도의 시도로서, 나는 스탠퍼드대학교의 롭 라이히와 루시 베른홀츠Lucy Bernholz와 함께 공동

를 실현하는 데 도움이 될지 안 될지를 정확히 알 수 없는 기술 도구보다는 민주주의 원칙을 그 주제로 한다. 결과적으로, 이 책은 본질적 차원에서 하나의 정치이론이나 정치철학으로 남으며, 민주주의 이론의 전통적 개념(핵심적으로 권력, 정당성, 대표성)에 더 집중하고 기술적 문제에는 덜 집중한다.[72]

마지막으로, 열린 민주주의가 또한 자유주의적 포퍼주의Poperian 전통의 "열린 사회"(Popper, 2013[1945]) 개념에 빚지고 있다는 점을 나는 인정한다. 닫히고 정적인 전통 사회와 근대의 열린 사회 사이의 대조에 기반해 포퍼는 열린 사회를 역동적인 사회로 정의했는데, 이 같은 사회에서 정부는 반응적이고 관대하며 상대적으로 투명할 것으로 기대되고, 시민은 법과 전통을 비판하는 자신의 비판 능력을 자유롭게 사용한다. 우리는 열린 민주주의를 열린 사회의 하위범주로 이해할 수 있는데, 이러한 사회에서 정부는 단지 자유주의적인 데 그치는 것이 아니라 진정으로 민주적인 데다가 평범한 시민의 참여를 촉진하는 '열린' 방식으로 민주적이기까지 하다. 열린 민주주의는 민주적 대안이며, 여러 면에서 열린 사회의 본질상 자유주의적인 개념에 대한 보완책이 된다. 자유주의적 전통과 달리, 열림의 대상은 권력을 통해 지배되거나 구조화되는 사회를 넘어서서 권력이 행사되는 장소인 정치권력의 공간 자체도 포함된다.

바라건대, 앞으로 상술하겠지만, 열린 민주주의는 '직접' 민주주의나 '대의제 외의' 민주주의에서 그렇듯이 정치적 권한의 위임을 포함한 대표성 원칙 자체에 대한 거부를 전제하지 않는다. 열린 민주주의가 '대의 민

편집한 모험적 시도에서 민주주의와 관련된 디지털 기술 문제를 다뤘다(Bernholz, Landemore, and Reich, 2020).

72 이것은 내가 가령 "오픈 소스 민주주의"보다는 "열린 민주주의"라는 제목을 택한 이유에 해당하는데, 내 생각에 앞의 제목은 기술적 문제에 대한 더 많은 개입을 필요로 한다.

주주의'라는 역사적 패러다임 이후에 출현해 그것을 대체할 것으로 기대됨에도 불구하고, 이 같은 민주주의는 '포스트 대의제적' 성격을 띠지 않는다. 민주주의가 항상 특정 형태의 대의제를 의미하며 진정한 문제는 대의제를 통해 평범한 시민이 책임을 맡게 되는지의 여부라는 사실을 열린 민주주의는 수긍한다. 열린 민주주의는 대의 민주주의라는 지배적 패러다임보다 더 폭넓고 풍부하고 복잡하고 진정으로 민주적인 패러다임을 뜻하는데, 이는 부분적으로 민주주의가 민주주의를 제대로 실현하려는 2500여 년간 인류의 노력 속에 존재했던 제도적 성공과 실패가 주는 교훈을 받아들여 왔기 때문이다. 결과적으로, 열린 민주주의에서 대표성은 더는 정체의 결정적이거나 본질적인 특징이 아니라 기껏해야 여러 가지 특징 중 하나에 지나지 않게 된다.

그러므로 이러한 열린 민주주의 개념은 시대에 뒤지고 대체로 비현실적인 직접 민주주의라는 이상으로의 회귀를 의미하지 않는다. 우리에게 익숙한 대의 민주주의에 내재된 민주적 결함에 대한 해결책은 대의제를 완전히 제거하는 일이 아니라 오히려 대의제를 다시 사고하는 일이다.

그러나 더 많은 시민의 참여와 더 적은 선출 기관의 역할을 요구하는 일이 포퓰리즘의 한 형태는 아닌지 독자들이 의아해할 수도 있지 않을까? 포퓰리즘이 지닌 의미와 유의성에 대한 논쟁이 최근 몇 년간 맹위를 떨쳤기에 어쩌면 나도 이에 대해 언급할 필요를 느낀다. 포퓰리즘에 대한 많은 이론가와 반대로(예를 들어, Werner-Müller, 2016), 나는 포퓰리즘이 나쁘다고 정의하지 않으며, 그것이 반反다원주의, 그리고 인민의 한 분파가 전체에 대한 권한을 주장하는 경향과 반드시 결부돼야 한다고 생각하지 않는다. 내가 봤을 때, 이 같은 용어의 의미는 그 어떤 것으로도 환원할 수 없을 정도로 다의적일 뿐만 아니라(Elster, 2020), 심지어 그것이 인민을 대신해 행해지는 주장과 관련된 하나의 특정한 의미에 해당될 경우 나는 좋은 포퓰리즘과 나쁜 포퓰리즘이 존재할 수 있다고 주장하고자 한다. 좋은 버전은 권력이 엘리트에 의해 점유되는 상황에서 평범한 시민을 대신해 말하려는 노력을 의미한다(또한 Schmitter, 2019 참조). 이처럼 더욱 신중한 정의에 따르면, 나는 어쩌면 포퓰리스트에 해당할지도 모른다. 그러나 이 책에서 내 목표는 우리의 과두화된 포스트 민주주의 제도에 관한 현재 논쟁에서 정치적 입장을 택하는 것이 아니다. 대신에 이 책은 인민의 통치에 대한 더 의미 깊은 제도적 이해를 제시하거나 아마도 규명하는 학술적 목표를 갖는다.

어휘

이와 관련해 나는 '엘리트'와 대비되는 '평범한 시민'이라는 어휘를 사용한 이유를 해명하려 한다. 이런 이분법은 어느 체제에든 필수적인 전문적이고 지적 능력을 갖춘 정치계급에게 좋지 않은 시선을 던지는 듯하다. 그러나 나는 항상 평가적 측면보다는 기술적記述的 측면에서 이 같은 단어를 사용한다. 나는 평범한 시민을 규모가 더 큰 모집단으로부터 무작위로 뽑을 수 있는 시민집단으로 정의한다. 이러한 집단에는 그 인구통계에 비례해 간호사, 학생, 은퇴자, 월마트 직원, 그리고 모든 소수집단이 포함된다. 이 집단의 대략 절반가량은 모집단의 나머지와 마찬가지로 여성으로 구성된다. 또한, 이 집단에는 간혹 드물기는 하지만 백만장자와 노벨상 수상자도 포함된다. '평범한 시민'은 내게 통계적 범주에 해당한다. 반면에, 나는 '엘리트'라는 용어를 무작위로 선택될 가능성이 크지 않은 특권층으로 이뤄진 사회경제적 집단을 언급하기 위해 사용한다. 5백 명으로 이뤄진 민회에 억만장자나 노벨상 수상자가 선택되는 결과가 나올 가능성은 존재하는 반면, 이 같은 집단에 이들 다수가 포함될 가능성은 매우 희박하다. 같은 측면에서 나는 대부분의 선거의회가 엘리트 집단이라 본다. 대표적으로 (예를 들어, 대다수가 부유한) 미국 하원 의회뿐만 아니라, 전 세계 대부분의 의회도 이에 해당한다.

이따금 쓰이고 내가 피하려고 애쓰는 또 다른 의미의 '엘리트'가 존재한다. 곧 선출되는 방식과 관계없이, 그리고 그를 통해 선출된 의회가 평범한 시민으로 구성되든 사회학적 엘리트로 구성되든 관계없이 권력의 자리에 앉는 사람 말이다. 우리가 최근의 민주적 혁신 속에서 '엘리트'를 정책 결정에 영향을 줄 수 있는 민회의 구성원이라 부를 수 있는 것은 이 같은 측면에서다. 이들에게 다른 이를 지배할 수 있는 권력이 부여되는 그 순간, 우리는 심지어 평범한 시민도 '엘리트'(곧 정치 엘리트)가 된다고 주장할 수 있다. 나는 이같이 더 제한적인 정치적 의미에서 정치 '엘리트'를 구성하고 그들에게 권력을 부여할 필요성을 인정하는 일에 전혀 이견이 없다. 그러나 나는 민주적으로 잠시 권력의 자리에 앉게 되는 평범한 사람을 언급하려고 '엘리트'란 단어를 쓰는 일이 가령 '통치자'란 단어와 비교할 때 최선의 선택이라고 확신하지 않는다(어느 정도 이는 '엘리트'란 용어에 결부된 사회학적이고 대개 불신 가득한 함의 탓이다). 어느 쪽이든, 요점은 사회학적 엘리트로부터 필연적으로 정치 '엘리트'를 연역하거나 정치 '엘리트'를 사회학적 엘리트로 환원하는 일을 피하는 것이다. 나는 민주주의가 잠시 권좌에 앉는 정치 엘리트와 양립될 수 있다고 생각하지만, 이 같은 엘리트가 오직 사회학적 엘리트로부터만 연역되지 않는 한에서 그렇다.

방법

이제 내가 이 책에서 논의한 정치이론이 어떤 유형에 속하는지 짧게 이야기하려고 한다. 나는 이런 정치이론이 비판자들이 궁극적으로 정치와 무관하다고 주장한 형태의 이상적인 이론이라 생각하지 않는다. 이를테면 데이비드 에스트런드David Estlund가 "가망 없는" 유토피아적 정치이론이라고 도발적으로 항변한 것(Estlund, 2020), 그리고 제럴드 가우스Gerald Gaus가 한낱 "몽상"에 불과하다고 주장한 것(Gaus, 2016)처럼 말이다. 이 같은 형태의 가망 없는 유토피아적 이상으로서 정치이론은 우리가 있는 곳에서 우리가 가야 할 곳에 이르는 실현 가능한 경로가 될 가능성이 없거나 그 같은 경로를 구체화할 수 없는 이상적인 체제를 우리가 지향하게 만든다. 비판자들은 어쩌면 선거가 선택사항이 될 뿐인 민주주의 패러다임을 제시하는 일이 너무나 급진적인 움직임에 해당하고, 유토피아적이고 가망 없는 몽상가들의 진영 속에 나를 정확히 자리매김한다고 주장할지도 모른다.

나는 서구의 정치인이나 심지어 시민 대다수가 머지않은 시점에 열린 민주주의를 실현 가능한 정치 강령으로 수용할 것으로 기대하지 않는다. 이 책을 통해 내가 관여한 실험은 우선적으로나 또는 적어도 직접적으로나 우리가 가야 할 곳과 따라야 할 경로를 우리에게 알려준다는 의미에서 규범적 성격을 띠지 않는다. 대신에 나는 무엇보다도 이를 개념의 명료화와 "측정 조정measurement calibration"(Ragin, 2008)에 관한 실험으로 생각하는데,[73] 이러한 실험은 민주주의가 무엇을 의미하는지와 어떤 정체 형

73 (옮긴이) 찰스 C. 라긴Charlse C. Ragin은 물리적 환경과 달리 사회적 환경에서 복잡성과 측정의 어려움이라는 문제에 맞닥뜨려 이론과 데이터 사이 또는 질적 방법과 양적 방법 사이를 연결하기 위해 퍼지셋 질적 비교분석Fuzzy-Set Qualitative Comparative Analysis, QCA 방법을 고안했는

태가 정당한 방법으로 그와 같이 여겨질 수 있는지를 우리가 더 잘 이해할 수 있게 해준다.[74] 이 책은 무엇보다도 인민의 통치가 지닌 제도적 의미를 포착하려는 하나의 시도에 해당하는데, 이는 다음과 같은 사항을 고려한 결과에 해당한다. 곧 이 같은 개념의 정의, 세계에 존재해온 다양한 형태의 민주주의, 이러한 정체의 역사 속에서 다양한 시점에 수용된 대안적 경로들, 실현 가능한 민주적 혁신에 관한 실제적인 경험적 증거, 그리고 물론 이러한 혁신을 진척시키기 위해 할 수 있는 일과 관련된 일부 추측 말이다.

그러나 이러한 개념의 명료화가 지닌 함의는 급진적 성격을 띨 수 있다. 만일 내가 옳다면, 우리가 대의 민주주의 제도라 부르는 많은 정체들

데, "측정 조정"이란 사회현상의 측정을 위해 그 척도를 조정하는 방식을 가리킨다. 이는 0(absent)과 1(present)만을 사용한 전통적 집합Crisp-Set의 이분법적 변수를 넘어서 그사이에 다양한 정도를 넣어 표현할 수 있게 함으로써, 분석에서 정보의 손실을 최소화하고 사회현상을 더 입체적으로 이해하려는 시도로 평가될 수 있다. 이를테면, 라긴은 특정 집합에 대한 구성원의 소속 정도와 관련해 1.00(fully in), 0.83(mostly but not fully in), 0.67(more or less in), 0.50(neither in nor out), 0.33(more or less out), 0.17(mostly but not fully out), 0.00(fully out) 등의 7단계로 조정해 소속 점수를 측정하는 방식을 제시한다. 퍼지셋 방법은 변수 중심 접근보다는 사례 중심 접근의 이점을 강조하는 성격을 띤다. 이때 사례를 맥락적이고 지형적으로 이해함으로써 사례를 구성하는 주요 속성의 혼합적 특성을 파악하려 하는 한편, 사회현상의 원인을 단일 변수로 단순화하기보다는 그 인과적 복잡성을 고려하려 한다. 최영준, 〈사회과학에서 퍼지셋 활용의 모색: 퍼지 이상형 분석과 결합 요인 분석을 중심으로〉, 《정부학연구》 15(3), 2009, 307~336쪽; 민기채, 〈퍼지셋 질적 비교분석의 사회과학적 활용: Stata를 활용한 Y-검증과 N-검증을 중심으로〉, 《인문사회과학연구》, 44, 2014, 223~259쪽; 이승윤 · 강민아 · 정무권, 〈복지국가의 필요조건으로서의 '정부의 질': 퍼지셋 질적비교연구를 활용한 OECD 국가 비교연구〉, 《정부학연구》 21(1), 2015, 1~39쪽; 이승윤, 《퍼지셋 질적 비교연구 방법론의 이론과 적용 Fs/QCA 입문》, 고려대학교출판부, 2014; 바트 코스코Bart Kosko 지음, 이호연 · 공성곤 옮김, 《퍼지식 사고》, 김영사, 1995; Dietrich Rueschemeyer, "Review of Charles Ragin's 'Fuzzy-Set Social Science'", *Qualitative Sociology*, 26(2), 2003 참조. 한편, 이 책에서 저자는 열린 민주주의 제도가 민주주의인지 민주주의가 아닌지의 측면에서 접근하기보다는 열린 민주주의 제도 자체, 현실에 존재하는 다양한 민주주의와 그 대안들, 그리고 민주주의의 혁신과 관련된 다양한 사례와 이에 대한 성찰이 지닌 함의를 통해 이 같은 민주주의에 접근하려 한다는 의미에서 '측정 조정' 개념을 언급하고 있는 것으로 보인다.

74 여기에서 나는 매우 유용한 제언을 통해 이러한 프로젝트의 정확한 성격을 정식화하도록 도와준 데이비드 윈스David Wiens에게 감사드린다.

은 이 용어가 지닌 진정한 의미의 측면에서 도저히 민주주의 제도라 할 수 없으며 사실상 그러한 용어를 찬탈하고 있는 것이나 다름없다. 대신에 우리는 이러한 정체를 그 성격상 일종의 선출 과두제로 봐야 하고, 이때 인민적 요소는 매우 제한적이며 이는 인민에 의한, 인민의, 인민을 위한 정당한 통치로 전환되지도 않는다. 이런 측면에서 나는 정치학자인 로버트 달의 견해에 동조하는데, 달은 민주주의라는 이름 그 자체에 걸맞은 민주적 기준에 크게 못 미치는 이런 자유주의적 선거 정체를 언급하려고 오래전에 '다두정polyarchy'이라는 용어를 새로 만들었다.[75] 또한, 나는 정치철학자 존 던John Dunn의 견해에도 동조하는데, 던은 자유주의자들이 일찍이 18세기에 민주주의라는 용어를 찬탈했다고 주장한다(Dunn, 2019). 이에 더해, 내 고유한 기여는 만약 진정한 민주주의가 진정한 인민의 통치에 걸맞은 자격을 갖추게 된다면 예시하게 될 제도적 원칙을 명시하는 것이다.

따라서 이 책의 주된 목표가 민주주의 개념의 의미를 명료화하는 것

---

75 (옮긴이) 로버트 달에 따르면 '다두정'이란 "성인 인구 대부분을 대상으로 선거 지지를 받기 위해 공개적으로 경쟁하는" 정체를 의미한다. 이러한 관점에서 민주주의의 이점은 소수가 다수를 이루어 정치에 책임을 물을 수 있다는 사실이다. 따라서 달은 민주주의의 가치가 '다수파의 주권'을 확립하는 데 있다기보다는 '대립하는 다양한 여러 소수파들'에 의한 통치에 있다고 봤다. 이는 인민주권 개념에 대한 베버와 슘페터의 회의론에 대해 다른 방향에서 동조하는 견해로 볼 수 있다. 달은 다수의 폭압을 견제하기 위해 민주주의에 헌법적, 법률적, 제도적 견제장치가 필요하다고 본 매디슨적 관점을 비판하고, 민주주의가 정치 영역에 국한되지 않고 사회 전체로 확대될 필요가 있다고 지적한다. 또한, 달은 절대적 가치로서 평등을 중시하고 다수의 지배를 긍정한 민중 민주주의를 비판하고, 이 같은 이상과 달리 현실에서는 다수의 지배보다는 강력한 선호를 가진 소수집단이 지배하게 되는 현상을 지적한다. 따라서 달은 정치적 이상들보다는 현실에서 이런 질서를 가능하게 하는 사회적 전제조건들의 충족에 관심을 뒀다. 이처럼 달의 다원주의는 민주주의에 대한 긍정과 부정의 관점에 동시에 대응하며 민주주의의 특징과 규범에 관한 이론을 계속 변모시켰는데, 이런 변화 경향이 다원주의와 경쟁 관계에 있는 네오마르크스주의에서도 마찬가지로 나타난다는 사실은 흥미로운 지점이다(데이비드 헬드 지음, 박찬표 옮김, 《민주주의의 모델들》, 후마니타스, 2010, 6장; 로버트 달 지음, 한상정 옮김, 《민주주의 이론을 위한 서설》, 후마니타스, 2022[증보판] 참조). 한편, 이와 관련해 달을 포함해 엘리트주의를 둘러싼 견해 차이에 대해서는, 이 책 3장의 〈루소의 오류〉 절 옮긴이 주석 참조.

이고 이 책이 그러한 노력의 하나에 해당하는 한편, 나는 또한 여기에서 제시하는 제도적 원칙이 비록 민족국가 수준에서 당장 실현될 순 없더라도, 적어도 시 단위나 지방자치단체 수준에서 정치 개혁의 방향을 설정하고 이 같은 개혁을 인도하는 기능을 할 수 있을 것으로 생각한다. 비록 미국에서는 아니더라도 다른 나라에서, 그리고 물리적인 민주주의 제도라는 '실제' 세계에서는 아니더라도 온라인 커뮤니티라는 가상 세계에서 말이다. 나는 마지막 장에서 이에 대해 더 언급하려고 한다.

이 책에서 수행된 이론적 실험은 또한 이를테면 내가 이전에 (구체적으로 내 책《민주적 이성*Democratic Reason*》에서) 논의한 모델링 실험 측면의 순전히 연역적인 이론에 관한 실험이 아니다. 열린 민주주의라는 포괄적 개념 아래 내가 발전시킨 많은 아이디어는 실제로 현재 전 세계 현장에서 일어나고 있는 이른바 "민주주의의 혁신"(Smith, 2009)에 대한 전적으로 직접적인 경험적 관찰에서 나온 것인데, 이러한 혁신 중 하나에는 내가 설계에 직접 참여했다.[76] 이 같은 측면에서 나는 이 프로젝트가 대체로 '귀납적 정치이론'이라고 생각한다. 이는 일반화, 정교화, 그리고 집단적 통찰에 대한 심층탐구에 입각한 정치이론의 한 형태로서, 이미 공중에게 폭넓게 공유된 통찰뿐만 아니라 활동가에 의해 현장에서 검증된 통찰도 포함된다. 어떤 경우에 이는 선견지명 있는 정치인의 도움과 대담한 정부의 지원, 곧 민주적 혁신에 참여한 특정 개인의 통찰과 더 큰 규모의 제도에서 이들의 역할에 대한 성찰을 통해 일어났다. 이는 인터뷰와 비공식 대화, 그리고 물론 구체적인 실험에 대한 직접적인 관찰과 다양한 행위자와

---

76 내가 기본적으로 아이슬란드 실험에 대한 관찰자의 하나에 그쳤던 반면, 다른 한편으로 나는 크라우드소싱 기법을 사용해 정책 결정을 내린 핀란드의 실험을 설계하고 시행하는 데 참여한 연구팀에 소속되기도 했다. 나는 심지어 이 같은 실험의 결과를 분석하기 위한 코딩 과정에 참여하는 즐거움을 누리기도 했다.

의 대화를 통해 발전된 나 자신의 개인적 통찰을 통해 드러났다. 이 책의 아이디어는 새로운 민주적 방식과 절차를 요구하고 실험함으로써 제도를 고치려 시도한 시민, 활동가, 관료들의 사회에서 구현된 실제 민주주의 제도에서 일어난 일들을 관찰하고, 민주주의의 이상에 충실한 동시에 지지되고 수용될 가능성을 어느 정도 지닌 원칙을 추론하는 일을 통해 얻어졌다. 이는 이 책의 핵심 장이 아이슬란드를 주제로 한 이유를 설명해준다. 아이슬란드 사례연구는 민주주의에 대한 나의 이해를 갱신하고 확대하는 데 가장 많이 영향을 줬고, 아이슬란드는 아마도 대부분의 나라보다 더 많이 민주주의의 개념과 실제를 적극적으로 실험해온 나라에 해당한다. 열린 민주주의에 대한 내 방대한 항변에서 아이슬란드가 한 역할은 생성적인 동시에 예시적이다. 우리가 민주주의라 부르는 것의 의미를 다시 사고하도록 자극한 것은 아이슬란드였고, 이러한 사례가 지닌 경험적 풍부함은 내가 새로운 민주주의 패러다임을 옹호할 때 수사적 측면에서 긴요했다. 아이슬란드의 기획에 직접 빚을 진 핵심 아이디어 중에는 민회가 '열린' 형태, 곧 나머지 시민과 연결된 형태가 될 필요가 있다는 견해가 존재하는데, 예를 들면 크라우드소싱 플랫폼, 국민투표, 또는 그 밖의 수단을 통해서 말이다.[77] 다시 말해, 아이슬란드는 내가 열린 민주주의를 옹호하는 데에서 '신화'적 역할을 한다. 이를 통해 독자는 일련의 통찰을 얻을 수 있는데, 이후 이러한 통찰에 기반해 철학적 분석이 자유롭게 이뤄질 수 있다. 대조적으로, 프랑스라는 그림자 사례는 (국민 대토론과 기후변화 총회를 통해) 어느 정도 규모가 있는 사회에서 열린 민주주의의 가능성을 예시하게 됐는데, (참여자에게 어떤 실제적인 결정 권한을 부여하는 구상

77 이는 지난 내 책에서 여전히 암묵적으로 전제됐던 더 '닫힌' 형태의 대의제 전망과 대비된다(Lafont, 2020에서 이같이 의심을 받은 것이 온당함에도 불구하고, 그녀의 비판과 반대로 나는 결코 그 같은 논지를 펼친 적이 없다).

을 한 번도 한 적이 없었기 때문에) 궁극적으로 심지어 국민 대토론의 포부보다 그 규모가 더 인상적이었으며, 기후변화 총회가 어떤 실질적인 영향을 끼쳤는지에 대해 이 글을 쓰는 시점에서 여전히 물음표가 존재함에도 말이다.

몇 가지 아이디어는 오로지 내가 프랑스 실험을 관찰하는 과정에서 비롯됐다. 그중 하나는 시민이 정치적 의사결정에 주로 기여한 부분은 직업 정치인과 전문가에 의해 닫혔거나 닫혔다고 생각되는 질문을 열리게 하거나 다시 열리게 하는 능력이라는 견해이다. 또 다른 아이디어는 일반 공중에 대한 민회의 열림이 조직자에 의해 하향식으로 부과될 필요가 없다는 생각인데, 이는 민회가 그 구성과 그 구성원 대다수의 바람에 대해 사실상 상대적으로 유기적이고 내생적인 관계에 있기 때문이다.[78]

비록 이 책이 실제 민주적 실험에 관한 경험연구에 근거할지라도 주로 미국 중심적인 것은 아니다. 다양한 이유로 인해 나는 미국에서 일어난 혁신적 거버넌스 실험보다는 북유럽에서 일어난 실험에 관한 연구에 더 많이 참여했다. 미국의 사례가 실제 존재하며 훨씬 더 주목받을 만함에도 말이다(주로 연방정부 아래 수준에 있고, 대부분의 대중매체의 레이더에 잡히지 않는 듯 보인다).[79] 그러나 미국에서 탈피하는 일 또한 하나의 숙의적 선택에 해당한다. 전 세계 사람들이 250년의 역사를 지닌 자유 민주주

---

78 기후변화 총회에서 시민은 자신의 정당성이 부분적으로 그들이 일반 공중과 어떻게든 발전시킨 접촉과 유대의 정도에 따라 좌우된다는 점을 알고 있었다. 그리고 시민은 그들의 익명성을 유지하고 일부 숙의 과정에서 프라이버시를 지키려고 (국민 대토론 과정에서 확립된 우려스러운 모델의) 조직자들이 확립한 보호조치를 무효화하는 일을 포함해 이러한 유대를 형성하기 위해 할 수 있는 모든 일을 다 했다. 이들이 던진 신의 한 수 중 하나는 그들의 회합에 프랑스 대통령을 초대한 일이었는데, 대통령은 이 같은 초대를 수락했고 이는 떠들썩한 대규모 언론 보도로 이어졌다.

79 예를 들어, 뉴욕, 시카고, 보스턴, 발레이오Vallejo 등에서 일어난 다양한 참여예산 실험, 또는 민주적 목적으로 디지털 기술을 혁신적으로 사용하는 일에서 앞서나간 샌프란시스코의 사례 참조(Newsom, 2014).

의 모델에게 느끼는 보편적인 매력에도 불구하고(그리고 미국인 자신이 나머지 세계에 장려하고 전파하고 싶어 하는 스스로 부풀린 신화에도 불구하고), 미국의 민주주의는 현재 다소 좋지 않은 상태에 있다. 오로지 미국 모델을 검토하는 데 너무 많은 시간을 소모하는 사람들이 단지 절망의 근거만을 보고 있는 현실은 새삼스러운 일이 아니다. 그러므로 나는 다른 곳에서 희망과 창의적 사고를 찾고자 한다.

바라건대, 세계화 시대에 이 같은 시도가 적절한 동시에 유익해 보였으면 한다. 게다가, 주로 미국이나 이와 관계된 유럽연합 또는 그 밖의 다른 대규모 정치체처럼 그 방식이 너무 확립된 상태이고 새로운 일을 시도하기에는 비용이 극히 많이 드는 규모를 지닌 '대형 원양 여객선'으로부터 변화가 나타나게 될 가능성은 크지 않다. 대신에 종종 그렇듯이 변화는 글로벌 수준의 넓은 시야를 갖지 못하고 잃을 게 적은 주변부나 소규모 국가, 또는 시와 지역 수준에서 나타날 가능성이 크다. 이것이 조그맣고 날렵한 아이슬란드라는 선박이 내 이야기에서 이처럼 커다란 역할을 하는 이유에 해당하는데, 비록 이 이야기에, 이를테면 스위스, 아일랜드, 핀란드, 벨기에, 인도, 브라질처럼 상당히 큰 규모를 지닌 몇몇을 포함하는 다른 나라가 등장함에도 말이다. 나는 또한 지면을 조금 더 할애해 내 조국 프랑스를 다루는데, 그 이유는 한편으로는 내가 프랑스를 가장 잘 알기 때문이고, 다른 한편으로는 프랑스가 불과 지난 몇 년 사이에 경험한 진정으로 흥미로운 민주적 발전 때문이다.

나는 다음과 같은 생각으로 이 장을 끝맺음하고 싶다. 이는 이 책의 한계를 어느 정도 시인함을 의미한다. 오늘날 우리가 사는 세계에서 정치이론을 논의하는 방식이 덜 편협하고, 더 많이 경험적으로 개입하고, 더 학제적이고, 아프리카계 미국인과 비서구 전통의 정치사상을 포함해 인종적 요인(예를 들어, Rogers and Turner, 2020 참조)과 글로벌 요인을 더 많이 인지하고, 일반적으로 "탈지역화"(Williams, 2020)될 필요가 있다는 점에 의심의 여지는 없다.[80] 현 상태에서, 나는 오로지 서구 전통 안에서 훈련받은 이론가 세대에 속하며, 이 책 속에 다른 철학 전통의 지혜를 통합시킬 능력을 갖고 있지 못하다.[81] 내가 참고한 문헌은 거의 전적으로 앵글로색슨과 유럽의 정치이론과 역사에서 빌려온 것이다. 내가 (백인과 기독교인이 주를 이루는 나라인) 북유럽의 사례연구에 초점을 맞춘 것은 또한 일부 독자에게 지나치게 편협하다는 느낌을 줄지도 모른다. 나는 모든 측면에서 혐의를 인정한다.[82] 내가 개념화한 열린 민주주의가 보편적 호소력을 갖게 되고, 오늘날 민주주의가 의미할 수 있는 것이 무엇이고 의미해야 하는 것이 무엇인지에 관해 글로벌 수준에서 이뤄지는 대화의 소재가 되길 나는 여전히 희망한다. 대의 민주주의라는 서구의 역사적인 패러다임에 호소하는 일을 넘어서서 말이다.

이 책의 나머지 부분은 다음과 같이 구성된다. 2장은 민주주의의 위기를 논의한다. 이 장은 이러한 위기가 어느 정도는 특정한 부패를 경험한 탓일 수 있는 반면(이를테면, 정치에서 돈의 역할, 기업에 포획된 공론장 등), 위기 자체는 우발적인 외부 충격의 결과일 가능성이 높고(이를테면, 세계화, 기술변동), 민주주의의 위기는 또한 더 근본적으로는 처음 설계의 결함에서 그 연원을 찾을 수 있다. 곧 민주적 대의제를 '선거' 대의제에

80 멜리사 윌리엄스Melissa Williams가 이 같은 편저의 서론에서 신랄하게 표현하고 이 저작에 실린 자신의 기고문에서 답하려 시도한 대로, "글로벌 시대에 민주주의를 논의한 어떤 하나의 이론이 오로지 서구의 정치 경험에만 의존한다면 어떻게 글로벌 수준에서 타당성을 주장할 수 있겠는가?" (Williams, 2020: 1).

81 예를 들어, 동양 사상가와 관련된 논의에 가장 근접한 내 작업에 관해서는, Landemore, 2014b 참조.

82 그러나 나는 비서구의 정치이론, 문화, 맥락에서 비롯된 통찰과 사례를 통해 이 책에 제시된 열린 민주주의에 관한 설명을 더 풍부하게 해 줄 수 있는, 다른 전통을 지녔거나 지리적으로 다른 지역 출신인 전문가와 협업할 기회를 고대하고 있다.

제한하는 결함 말이다. 민주적 대의제를 이같이 제한적으로 이해하는 경향은 누가 권력에 대한 접근권을 얻느냐의 측면에서 구성상 배제 효과를 낳는다. 이러한 배제 효과는 우발적이지 않으며, 사후적으로 해결될 수도 없다.

3장은 때때로 대의 민주주의에 대한 민주적 비판자들이 옹호하는 대안, 곧 직접 (또는 무매개) 민주주의를 논의한다. 이 장은 직접 민주주의는 잘못된 대안이라고 주장하는데, 이 같은 대안은 오로지 우리가 최종결정 (그리고 비非숙의적 결정)에 국한해 주권을 이해하는 오인된 루소주의적 관점을 수용하는 경우에만 신뢰할 수 있는 특성을 갖는다. 결국, 직접 민주주의는 비민주적 형태의 의제설정과 숙의 과정에 기생하게 되고, 그렇지 않으면 (예를 들어, 권한위임을 수반하는) 대의제로 어느 정도 방향을 바꿔야만 한다. 이 장에서 앞으로 논의될 것처럼, 심지어 고대 아테네도 종종 묘사되듯 '직접' 민주주의의 전형이 아니었고, 대략적인 대의제나 (비록 비선거적 형태였을지라도) 원형적proto 대의제 방식에 따라 작동했다.

4장과 5장은 핵심 이론과 관련된 장으로, 선거 형태 외에 새로운 형태의 민주적 대의제, 곧 '추첨형', '자기추천형', '액체형' 대의제를 동시에 개념화한다. 이 장들은 또한 이를테면 대표성, 민주성democraticity, 정당성 같은 다양한 개념의 구분을 시도한다. 나는 긴 성찰을 한 장보다는 두 장으로 나눠서 할 필요가 있다고 생각했지만, 공통된 제목이 시사하듯 이 장들은 모두 '선거 외의 정당성과 대표성'을 다시 사고하는 동일한 문제를 다루고 있다.

6장은 이전 장들을 토대로 대안적인 '열린 민주주의' 패러다임을 개괄한다. 이 장은 우선 고대 아테네와 근대 대의 민주주의 사이의 정형화된 대조에 의존한다. 그다음에 이 장은 새로운 민주주의 모델, 곧 열린 민주주의를 이론화하는데, 이러한 모델은 이전 모델에서 발견되는 가장 규범적 호소력이 큰 원칙 위에 새로운 원칙을 얹는 데다가, 몇몇 원칙의 범위를 확장하고 이따금 다른 원칙을 완전히 대체하거나 재정식화한다. 이 장은 다음과 같은 핵심적인 다섯 가지 제도적 원칙의 목록을 제시하는 데까지 나아간다. (1) 참여권, (2) 숙의, (3) 다수결화 원리, (4) 민주적 대표성, (5) 투명성.

7장은 열린 민주주의의 몇 가지 원칙을 예시하기 위해 아이슬란드의 실제 사례연구를 다룬다. 이 장은 2010~2013년에 이뤄진 아이슬란드의 개헌 과정을 면밀하게 검토하는데, 이로부터 이 책의 이면에 놓인 많은 아이디어가 처음 생겨났다. 외견상 실패에도 불구하고(헌법안은 아직 법률로 제정되지 못했다), 아이슬란드의 개헌 과정은 헌법을 작성하는 **동시에** 민주주의를 구상하는 새로운 방식과 관련해 하나의 선례를 남겼다. 이러한 과정은 시민이 이 과정의 초반에 의제를 설정하고 온라인 의견을 통해 헌법안을 작성하거나 적어도 헌법안에 인과적 영향을 미치고 대부분의 관련 단계를 관찰하는 방식으로 우리가 아는 대의제적 선거 민주주의에서 탈피했다. 더욱이, 이 장은 이 절차가 단지 포괄적이고 민주적일 뿐만 아니라 또한 한 가지 중요한 측면에서 성공적이었다는 사실을 보여준다(이 절차를 통해 훌륭한 헌법안이 만들어졌다). 이같이 민주적으로 작성된 헌법안은 실제로 이 안이 대체하게 될 1944년 헌법, 그리고 거의 동일한 시기에 전문가에 의해 작성돼 경합을 이룬 헌법안 둘 다와 비교해도 손색이 없었다.

8장은 회의적인 독자를 위해 쓰였는데, 열린 민주주의의 실현 가능성과 타당성과 관련된 몇 가지 이해할 만한 우려를 다룬다. 이 장은 평범한 시민의 능력이라는 문제, 관료와 이익집단에 포획될 위험, 더 다수결 중심적인 제도에 있을 수 있는 반反자유주의, 그리고 우리의 현 제도에서 더 열린 제도로의 이행의 문제를 포함한다.

9장은 짧은 결론으로서, 글로벌화된 세계에서 우리가 민주주의의 **영역**을 수직으로도(글로벌 민주 제도 쪽으로) 수평으로도(기업의 '경제적' 또는 '사적'인 영역으로) 동시에 확장할 필요가 있다는 생각을 검토한다. 이 장은 잠정적으로 두 가지 추가적 원칙, 곧 '역동적 포괄성'과 '실질적 평등' 원칙을 제시하는데, 이는 완전히 입증될 수는 없지만 더 많은 연구를 위한 길을 열어줄 수 있다. 이러한 원칙은 각각 코즈모폴리턴 민주주의와 일터workplace 민주주의의 방향을 시사한다. 이 장은 또한 민주적 원칙을 지역 수준으로 퍼트리고, 또한 탈물질화되고 비非영토화된 민주적 공동체를 운영할 수 있는 도구를 만들 필요를 고려한다.

2

대의 민주주의의 위기

오늘날 민주주의는 위기인가? 이 같은 주제에 관한 책, 논문, 콘퍼런스의 수만 갖고 판단할 때, 대답은 의심 없이 예스이다.[83] 그리고 실제로 이 책의 전제는 민주주의를 제도적 수준에서 다시 사고하는 일을 정당화기에 충분할 정도로 민주주의가 '위기 상황'에 처해 있다는 사실이다.

이 장에서 나의 주된 초점은 현대 민주주의의 '위기'를 이해하려는 특정 시도의 연원을 우발적인 외부요인보다는(비록 이 같은 요인이 분명히 역할을 함에도 말이다), 오히려 대의 민주주의의 처음 설계가 지닌 더 근본적인 민주적 결함에서 찾는 일이 될 것이다. 나는 대의 민주주의의 주된 문제점이 심지어 그 최대치인 가장 민주화된 현대적 판본에서조차 모두에게 동등한 권한을 부여하는 진정한 '인민의 통치'가 지닌 잠재력을 충분히 발휘하지 못하도록 하는 선거를 전제로 해서 설계됐다는 사실이라고 주장할 것이다. 만약 적절하게 구상된 민주주의가 내가 다른 곳에서 "민주적 이성"(Lnademore, 2013a)이라 칭한 것을 산출하기 위한 하나의 엔진으로 여겨질 수 있다면, 모두에게 동등하게 권한을 부여하지 못하게 하는 바로 그러한 설계 오류가 현재 민주주의 제도의 인식론적 잠재력을 필연적으로 제한하는 동시에, 어쩌면 이 같은 민주주의의 위기를 어느 정도 설명할 수 있을 것이다. 심지어 최선의 환경에서도 우리에게 익숙한 민주

---

83 단지 몇 권의 책만 인용하자면, 이를테면, 다음 참조. *Przeworski, The Crises of Democracy* (2019); Levitsky and Ziblatt, How Democracies Die (2018) [박세연 옮김, 《어떻게 민주주의는 무너지는가-우리가 놓치는 민주주의의 위기 신호》, 어크로스, 2018.]; Mounk, *The People Versus Democracy* (2018) [함규진 옮김, 《위험한 민주주의-새로운 위기, 무엇이 민주주의를 파괴하는가》, 와이즈베리, 2018.]; Galston, Antipluralism (2018); Runciman, *How Democracy Ends* (2018) [최이현 옮김, 《쿠데타, 대재앙, 정보권력-민주주의를 위협하는 새로운 신호들》, 아날로그, 2020.]. 좀 더 이전에도 유사하게 다음과 같이 경종이 울렸다. Hayward, *The Crisis of Representation in Europe* (1996); Crouch, *Post-Democracy* (2004) [이한 옮김, 《포스트 민주주의-민주주의 시대의 종말》, 미지북스, 2008.]; Norris, *Democratic Deficit* (2011); della Porta, *Can Democracy Be Saved* (2013); Papadopoulos, Democracy in Crisis (2013); Tormey, *The End of Representative Politics* (2015).

주의 제도는 최적의 결과를 가져오지 못할 가능성이 크다. 게다가 우리가 살아가는 체제의 현실과 인민이 이 같은 체제에 거는 민주적 기대 사이의 인지적 부조화는 시간이 흐르면서 오히려 더 증가하게 될 수도 있다.

첫 번째 절에서는 민주주의의 위기에 관한 주장을 경험적 수준에서 간략하게 논의한다. 비록 내 논의의 초점은 아니지만, 일부 사람들이 민주주의의 약화를 우려하는 이유를 검토하고 우리에게 익숙한 민주주의 제도가 위기에 처했다는 주장을 우리가 얼마나 심각하게 받아들여야 하는지를 평가하는 일은 중요하다. 핵심은 일부가 우려하듯 상황이 그리 심각하지 않을 수도 있는 반면에, 우려의 이유, 곧 대의 민주주의에 내재된 문제를 가리키는 것으로 볼 수 있는 이유는 실제로 존재한다는 사실이다.

두 번째 절에서는 이런 내재된 문제의 연원을 대의제 통치의 핵심 원칙에서 찾는데, 곧 역사적이자 개념적으로 대의 민주주의의 정의 속에 굳어진 선거 원칙 말이다(Manin, 1997). 선거는 권력, 그중에서도 특히 의제 설정 권력에 누가 접근할 수 있는지의 측면에서 제도적으로 차별적 효과를 가져온다. 그렇게 함으로써 선거는 입법과정을 형성하고 최적의 결과를 가져올 수 있는 전망과 의견투입input의 형태를 왜곡시킨다. 둘째, 선거는 그 자체로는 숙의나 그 필요 덕목(이를테면, 당파심에 대비되는 열린 마음)에 그다지 도움이 되지 않는 일종의 정당정치를 수반한다.

세 번째 절에서는 18세기라는 역사적 우회로를 택한다. 나는 연방주의자가 선호하는 민주적 대표성에 대한 '필터' 관점의 대안을 논의하고, 반연방주의자가 선호하는 대표성에 대한 '거울' 이론이 민주적 대표자의 대안적 선출방식으로서 추첨제를 수용하는 결과로 한 번도 이어지지 않았던 이유를 탐구한다.[84]

---

84 (옮긴이) 미국 건국 시기 '반연방주의 대 연방주의' 논쟁과도 관련 있는, 민주주의 제도 설계상의 이른바 '거울'과 '필터' 은유는 '조악하지만 사실적인 여론'과 '숙의적이지만 반사실적인 여론'을 이미지화

마지막으로 네 번째 절에서는 대의 민주주의가 의도대로 작동하고 있으므로 어떤 민주주의의 위기도 존재하지 않으며, 현재의 지리멸렬한 상태가 우리가 기대할 수 있는 최선이라는 '현실주의자'의 반론을 논의한다. 현실 민주주의가 곤경에 처했든 처하지 않았든, 대의 민주주의가 인민의 통치라는 이상을 충분히 제대로 구현하지 못하고 있고 실제로 결코 구현할 수도 없으며, 단지 이런 이유만으로도 우리에게는 대안적 패러다임이 필요하다는 사실을 이 장이 끝날 즈음 독자들이 확신하게 되는 것이 내 목표다.

대의 민주주의의 위기: 경험적 측면

위기는 어떤 질병의 전환점을 의미하는데, 곧 회복이나 죽음 둘 중 하나를 암시하면서 중요한 변화가 일어나는 순간 말이다. 어원학적으로 그리스 단어 '위기κρίσις'는'심판'이나 '재판' 또는 '결정의 순간'을 의미한다. 위기는 어렵거나 중요한 결정을 내려야 하는 극심한 어려움, 곤경, 또는 위험의 시기를 의미한다. 그렇다면 민주주의가 급성 질환의 상태에 이르렀다는 징후에는 어떤 것이 있을까? 나라마다 다양할 수 있지만, 잘 알려진 몇 가지 증상이 있다. 상태가 좋지 않음을 보여주는 첫 번째 증상은 지난 70여 년 동안 서구세계 전역에서 나타난 투표율의 하락이다.[85] 두 번

한 형태에 해당한다. 이들 양자 사이의 선택과 균형은 민주주의 제도설계의 주요 난제 중 하나라고 볼 수 있는데, 이러한 문제의식은 이 책의 출발점이기도 하다(제임스 S. 피시킨 지음, 박정원 옮김, 《숙의 민주주의》, 한국문화사, 1장 참조).

85 1960년대는 최고수위의 투표 참여를 보여줬지만, 이후 대부분의 서구 나라에서 투표 참여는 점점 줄어들었다. 미국이 유일한 예외에 해당하는데, 이는 아마도 미국에서 나타난 이미 낮은 수준의 참여 탓일 것이다.

째 증상은 이 같은 하락과 함께 대중 참여의 매개체로서 정당의 쇠퇴가 일어난 일인데, 이런 쇠퇴의 연원은 평범한 시민이 대중 정당을 이반하는 현상뿐만 아니라, 그들이 (이들 중 최상층 구성원에게 자금과 권좌를 보장해 주는) 단순한 지대추구 행위를 선호하면서 전통적인 정치 행위로부터 스스로 철수하는 현상에서도 찾을 수 있다(Mair, 2013).[86] 우려스러운 또 다른 증상은 무엇보다도 정치적 전망의 전반적인 양극화와 극단주의와 포퓰리즘의 발흥이 동시적으로 일어나는 일이다.[87] 폴란드, 헝가리, 튀르키예 같은 일부 나라에서 이 같은 경향은 훨씬 더 우려스러운 수준인데, 국수주의적이고 권위주의적인 지도자의 승리와 함께 '비자유주의적 민주주의'의 형태를 공공연히 채택하는 일이 벌어지고 있다. 절대적 숫자의 측면에서 민주주의 제도를 채택한 나라의 수는 1990년대 초반 이후 미미하게 퇴보하고 있는 듯 보이는데, 1990년대 초반은 잘 알려진 대로 프랜시스 후쿠야마Francis Fukuyama가 역사의 종언을 선언한 민주주의 승리 담론의 최정점에 해당한다(Fukuyama, 1989). 어떤 이들에게 현재는 민주주의의 "후퇴"(Diamond, 2016; Rachman, 2016), "약화"(Foa and Mounk, 2016) 또는 "쇠락"(Zakaria, 2018)에 대해 이야기할 시기에 해당한다.

민주주의에 이같이 치명적 위협이 가해지고 있다는 주장에 대해서는 경험적 증거의 측면에서 이의가 제기되고 서로 다른 해석으로 이어지고 있다(이를테면, 포아와 뭉크Foa and Mounk의 주장이 기우에 불과하다고 보는, Alexander and Welzel, 2017; Bermeo, 2016; Norris, 2017; Voeten, 2017). 일

86 메어Mair가 볼 때, 대중 정당의 번성은 유의미한 인민주권의 실현을 위해서 반드시 필요하다. 따라서 정당의 쇠퇴는 극적 함의를 지니는데, 곧 인민 민주주의에서 입헌 민주주의로의 후퇴와 동시에 정치와 선거 절차의 퇴보가 발생함을 의미한다.

87 미국에서 도널드 트럼프와 버니 샌더스가 포퓰리즘의 양극단을 나타낸다고 주장될 수 있는 한편, 백인 우월주의 운동 또한 눈에 띌 정도로 증가했다. 프랑스에서 (한때 주로 외국인 혐오적이고 반유대주의적인 태도로 알려진 운동의 계승자인) 마린 르펜Marine Le Pen은 2017년 대통령 선거의 2차 결선투표까지 진출했고, 일반유권자 투표수의 35퍼센트를 얻었다.

부 저자들은 또한 민주주의 나라들이 역사적 관점에서 어느 때보다도 좋은 성과를 보여주고 있다고 강조한다. 이를테면, 정치학자 트리스먼Treisman은 (폴리티Polity와 프리덤 하우스Freedom House 등)[88] 정치학자들의 대다수가 사용하는 민주주의에 대한 (상당히 최소한이라고 주장될 수 있는) 정의를 따를 경우, 세계에서 민주주의 나라의 비율이 "역대 최고치에 이르거나 그에 매우 근접한 것으로 나타나고 있다"고 주장한다(Treisman, 2018: 1).

이 같은 사실들이 가리키듯 민주주의는 위기에 처한 정체가 아니다.

그렇다면 비록 어느 정도 거리를 두고 장기지속의 관점에서 이런 현상을 연구하는 학자에게는 아닐지라도 적어도 민주적 시민에게 직접 엄습해오는 위기감을 우리는 어떻게 설명할 것인가? 어느 정도는 인식이 곧 현실을 의미하며, 사회학자 콜린 크라우치Colin Crouch의 "포스트 민주주의" 개념이 잘 포착해 표현하듯 민주 사회의 시민이 상실감과 환멸감을 느끼고 있다는 점 또한 사실이다(Crouch, 2004). 크라우치가 확인한 대로 포스트 민주주의 사회에는 대의 민주주의의 모든 요소가 현존하는데, 곧 정기적으로 이뤄지는 자유롭고 공정한 선거, 삼권분립, 언론의 자유, 심지어 번갈아 이뤄지는 집권당의 교체까지 말이다. 하지만 크라우치가 확인한 정책과 다수의 선호 사이에 나타나는 괴리의 증가, 그리고 경제 엘리트, 때로는 글로벌 엘리트에 의한 사실상의 지배와 함께, 이 같은 제도의 민주적 작동은 속 빈 강정이 된 지 오래다. 따라서 (이를테면, 경험적 정치학자가 포착한 것과 같은) 형식적 특징의 측정이 민주주의의 위기를 감지 못할 수도 있는 반면, 민주적 시민은 갈수록 자신의 제도로부터 소외당하고 있으며 실제로 일종의 '민주적 불화'를 경험하고 있는 것이 사실이다.

88 (옮긴이) 양적으로 평가되는 민주주의 지수를 발표하는 기관들로, 이 같은 지수는 국제정치나 비교정치 분야의 연구에 사용된다. https://www.systemicpeace.org/polityproject.html https://freedomhouse.org/countries/freedom-world/scores

또한, 시민이 이해하는 민주주의의 의미가 변화하고 있으며, 그 의미가 프리덤 하우스나 폴리티의 형식적인 측정만으로 더는 포착될 수 없을 가능성도 있다. 이는 현재 상황에서 더는 충족될 수 없는 대체로 높은 민주적 기대가 존재하는 곳에서나 사실에 해당할 것이다.

실제로 대부분의 선진 민주주의 나라의 시민 사이에는 갈수록 자신의 제도에 대한 불만이 늘고 있다. 의회는 다름 아닌 자신이 복무해야 하는 인민의 지지를 얻으려고 안간힘을 쓰고 있다. 이 현상은 미국에서 특히 두드러지는데, 미국 의회에 대한 지지율은 1971년 이 같은 여론조사가 처음 실시된 이후 적어도 2001년 이후 하락세를 보이며 평균 30퍼센트 이하를 맴돌다가 2013년 11월 급기야 9퍼센트라는 절대적 최저치에 이르렀다.[89] 이렇게 널리 퍼진 불만이 다른 나라에서는 덜 극적일 수도 있지만(또는 심지어 스위스나 덴마크 같은 아웃라이어outlier 나라에서는 불만이 없을 수도 있지만), 이 같은 경향은 대다수의 서구 민주주의 나라 전체에서 사실인 듯 보인다.

어떤 이들은 제도에 대한 이러한 불만이 (선거와 언론의 자유 등에서 나타나는) 온갖 형식적 반대 증거에도 불구하고 기존 '민주주의 제도'가 근본적인 민주적 결함에 시달리고 있음을 시사하는 것으로 보고 있다(예를 들어, Crouch, 2004; Mounk, 2018). 미국에서는 현재 이 같은 정체가 민주주의라는 명함을 내밀기에는 좀처럼 자격이 없다는 의구심이 존재한다. 마틴 길렌스와 벤자민 페이지(Martin Gilens and Benjamin Page, 2014)는 가장 부유한 10퍼센트의 선호라는 변수를 통제하면 미국에서 다수의 선호와 정책 결과 사이에 어떤 상관관계도 존재하지 않는다고 주장한다.[90]

---

89 이는 의회의 기능이나 신뢰성 중 하나 또는 어쩌면 둘 다에 대한 불신의 분명한 징후에 해당한다.

90 (2005년까지) 이들이 검토한 40년간의 데이터에서 다수의 선호가 정책입안과 입법을 추동하는 가장 부유한 10퍼센트의 선호와 (우연히) 연결되는 경우에만 상관관계가 존재했다. 저자들의 표현을

이는 모든 민주주의자에게 우려스러운 일임이 분명한데, 앤드루 레펠드Andrew Rehfeld가 언급한 대로 "민주주의의 전제조건이 한 국가의 법률과 이 법률의 지배를 받는 시민의 선호 사이에 밀접한 상응관계가 존재한다는 것"(Rehfeld, 2009: 214)이기 때문이다. 더 근본적으로 말해, 우리는 대다수 시민의 선호와 법과 정책이 결정되는 방식 사이에 **인과관계**가 이뤄지길 기대한다. 그러나 미국에서 1981년과 2002년 사이 얼마간은 상응관계도 인과관계도 이뤄지지 못한 듯 보인다(그리고 상황이 1981년 이전보다 좋아졌다거나 2002년 이후로 유의미하게 개선됐다고 생각하기는 어려워 보인다). 이 같은 결과는 경제학자 이매뉴얼 사에즈Emmanuel Saez와 토마 피케티Thomas Piketty 등이 입증한 글로벌 불평등의 증가, 곧 대부분의 사회에서 가장 부유한 10퍼센트가 나머지 인구와 부의 측면에서 갈수록 격차가 벌어지는 상황과 결합돼 대다수의 선호와 실제 법률이나 정책 결과 사이의 격차가 한동안 지속될 것임을 시사한다. 유럽의 민주주의 나라가 비록 절대적 불평등의 측면에서 더 나아 보이기는 하지만 이들 나라가 덜 우려스러운 흐름에 맞닥뜨렸다고 생각해야 할 어떤 이유도 없다. 이러한 의구심은 이제 대의 민주주의가 비록 이전에는 그랬다 하더라도 더는 (말 없는) 다수의 선호를 만족시킬 수 없다는 인식으로 이어지고 있다. 현재 역사적인 예외로 여겨지는 1950~1970년 사이 일시적인 황금기를 제외하고 말이다(Piketty, 2013). 이 같은 사실은 현재 우리가 이런 격차를 더 정확하게 측정할 도구와 데이터를 갖게 되면서 단지 더 분명해지고 있을 따름이다. 다수의 선호와 공공정책 사이의 일부 상관관계가 민주적 건전성을 나타내는 하나의 표지에 해당하는 한, 단지 좌절된 기대만으로도 민주주의의 위

사용하면, "대중에 기반한 이익집단과 보통의 시민은 (미국의 정부 정책에 대해) 독자적인 영향력이 아주 적거나 전무했다"(Gilens and Page, 2014). 더 간단히 말해, 우리에게 익숙한 대의 민주주의는 적어도 미국에서는 인민에 의한 지배보다는 경제 엘리트에 의한 지배(이른바 금권정치)에 더 가깝다.

기를 이야기하는 것이 합당하다고 할 수 있다.

이 같은 모든 주장이 지나친 기우에 해당한다는 반론이 불가피하게 제기되리라는 점은 분명하다. 당신이 민주주의의 '위기'라 칭하는 현상은 또한 세계화된 경제, 상호 연결된 세계, 민주적 기대의 증가 등으로 인해 초래된 제약들에 특정 제도가 적응하려 시도하는 가운데 고통이 증가하는 상황으로 해석될 수도 있다. 민주주의가 어떤 격변을 겪을 수도 심지어 병에 걸릴 수도 있지만, 그것이 못 고칠 병인 것은 아니다. 결국, 이 같은 대의 민주주의의 위기라는 문제는 주기적으로 반복되는 문제에 속하며, 높은 기권비율, 부패 스캔들, 시위 등은 늘 있는 일이다. 누군가는 실제로 이 같은 문제가 대의 민주주의의 역사만큼 오래됐으며, 대의 민주주의의 역사가 다름 아닌 위기의 역사라고 주장할지도 모른다(Runciman, 2013). 대의 민주주의가 다양한 역사적 이행을 성공적으로 통과해왔다는 사실은 이 제도가 여전히 생명력 있고 탄력적인 정체 형태에 해당한다는 점을 우리에게 확인시켜준다.

이러한 주장은 예를 들어 (위기 담론에 대한) 베르나르 마넹Bernard Manin의 답변에 해당한다.[91] 마넹에 따르면, 위기 담론은 과장됐다. 우리가 지난 20년간, 그리고 아마도 2008년 대침체 이후 더 현저하게 목격하는 현상은 특정 진화 경로 상에서 단지 하나의 변형단계에 지나지 않는다. 곧 두 가지 균형 상태 사이의 이행 국면 말이다. 이와 유사하게 우리는 의회 민주주의에서 정당 민주주의로 이행했는데, 이행 과정에서 파당으로 여겨지던 정당은 결국 민주주의가 작동하는 데 반드시 필요한 조직으로 여겨지게 됐다. 그다음에 우리는 정당 민주주의에서 마넹이 "청중 민주주의audience democracy" 또는 "공중 민주주의democracy of the publics"라 부른 형태로 이

91 또한, Landemore, Manin, and Urbinati(2008) 참조.

행했는데, 이런 민주주의 형태에서는 당파적 충성심이 약화되면서 그 공중과 직접적이고 사적인 유대관계를 구축한 후보자가 유리해진다고 주장된다(Manin, 1997). 이런 더 낙관주의적인 관점에서 봤을 때, 트럼프의 당선은 민주주의의 위기나 후퇴가 아닌 새로운 형태의 민주주의로의 진입을 시사하는 것으로 생각될 수 있다. 마넹에 따르면, 대의 민주주의의 안정성이나 생존 가능성을 우려해야 할 이유는 다만 사람들이 정치에 관심을 잃게 되는 경우(오히려 마넹은 기권비율과 정당 이반이 증가한다고 해서 정치적 관심이 감소한다고 생각하진 않는다)나 대의제 통치 원칙이 도전받게 되는 경우일 뿐이다.

그래서 어느 쪽인가? 위기인가 아닌가? 내 해석은 (정치학자들의 일반적인 평가대로) 민주주의에 대한 최소한의 정의를 충족시키느냐를 기준으로 할 때는 민주주의가 여전히 잘 작동 중일지도 모르지만, 모든 이가 동등하게 정책 결정에 참여하는 정체라는 이념에 부합하는 일에는 이 같은 민주주의가 노골적으로 실패하고 있다는 것이다. 결과적으로, 민주주의는 또한 제 본분을 다하는 일, 곧 성공적으로 세계를 운영해 나가는 일, 그리고 정부에 대한 제약을 증폭시키는 세계화 시대에 대다수 시민의 선호를 만족시키는 일에도 실패하고 있다. 나는 다음 절에서 이러한 가능성에 관해 좀 더 이야기하려 한다.

일단 우리는 또한 다음과 같이 물어야 한다. 우리가 목격하는 현상을 추동하는 요인이 '단순한' 문제에 해당하는가 아니면 민주주의 정체에 내재되거나 외재된 진짜 '위기'에 해당하는가? 다시 말해, 민주주의의 위기는 불운한 역사적 정세의 결과에 해당하는가? 곧 이 같은 정세를 민주주의 제도가 극복하거나 극복하지 못할 수도 있지만, 그렇다고 민주주의 제도를 제대로 작동하지 않는 정체 형태라고 비난할 수는 없는 문제인가? 아니면 정세적 요소가 이 같은 문제를 증폭시키는 것이 틀림없는 반면,

이 같은 요소가 처음부터 그런 문제를 발생시키지는 않으며, 제도로서 설계된 민주주의에 무언가 결함이 존재한다는 말인가?

간략하게 첫 번째 관점을 검토해보자. 민주주의가 지닌 현재 문제가 외부 충격으로 인한 것이라면 어떻게 하겠는가? 민주주의가 어떤 내적 질병을 앓고 있는 것이 아니라 외생적 요인으로 인해 억압된 것이라면 어떻게 하겠는가? 실제로 민주주의가 지닌 현재 문제를 비난하는 많은 이들은 민주주의 제도 자체가 아니라 그 어떤 정체든 불안정하게 만들 수 있는 이 같은 체계에 대한 외부 충격을 비난한다. 외재적 요인에는 세계화, 기술변동, 경제적 불평등의 증가, 또는 때로 '자본주의의 위기' 등 다양한 이름이 붙는다.

세계화가 지닌 문제는 세계화가 지역(민족) 정부를 약화시킨다는 것인데, 이는 규모가 더 작은 나라일수록 특히 그렇다. 대의 민주주의가 민족국가의 경계에 귀속되고, 정부가 여전히 자유무역과 경제통합의 원칙을 고수하는 한, 민주주의는 이 같은 경계를 초월하는 경제적 강제력을 통제하는 자신의 능력을 제한받게 된다. 결과적으로, 민주주의는 움직임이 자유로운 글로벌 경제 엘리트와 금융 엘리트에게 포섭당하기 쉬운 상황에 늘 놓이게 된다.[92] 민주주의 나라가 당면한 문제가 이들 고유의 내재적 결함의 결과가 아니라 단지 세계화의 부산물에 지나지 않는다는 견해는 충분히 주장될 수 있다. 그렇다면 한 가지 해결책은 보호주의와 국수주의 정치로 돌아가는 방법이 될 수 있다(브렉시트와 트럼프 표결에서 작동한 유혹). 또 다른 해결책은 민주주의가 단지 대규모의 초국가적supranational 기구에서 유의미하게 행해질 수 있는 방식이라는 사실을 인정

92 경제학자 대니 로드릭Dani Rodrik은 잘 알려진 트릴레마trilemma를 통해 이 같은 문제를 잘 포착해 표현한다. 누가 됐든 다음과 같은 세 가지 항목 중 한 번에 단지 두 가지만을 소유할 수 있다. 곧 민주주의(또는 주권), 고도의 경제적 통합, 민족국가(Rodrik, 2007).

하는 것이다. 이 같은 기구를 통해 우리는 이를테면 거대 국제기업 등을 상대로 해 정치적 주권을 탈환할 수 있다.

많은 이들이 현재 대의 민주주의가 약화되고 현실과 유리됐다고 생각하는 두 번째 외재적 원인은 기술변동이다. 기술변동은 서구세계에서 불평등의 증가를 초래하는 요인 중 하나로서 세계화와 관련지어 흔히 언급된다. 기술변동 변수가 교육수준 변수를 크게 능가해 세계화된 경제에서 해당 능력을 갖춘 소수의 사람에게 불균등한 보상을 초래한다는 이야기를 적어도 한 번쯤은 들어봤을 것이다(Goldin and Katz, 2007; Mankiw, 2013).[93] 돈이 있는 소수의 사람에게 정치인 매수와 금권선거를 허용하게 되면, 이 같은 불평등은 결국 민주적 정치 과정에 해를 끼치고, 결과적으로 포퓰리즘의 반격을 초래하며, 더 나아가 민주적 제도의 안정성을 손상시킨다.

기술변동은 어쩌면 또한 민주적 기대에도 영향을 끼쳤다고 볼 수 있다. 인터넷 혁명은 더욱 최근에 이뤄진 디지털 기술과 소셜미디어의 부상, 그리고 현재 어디서나 볼 수 있는 스마트폰의 사용과 함께 앞선 기술혁명(출판물, 라디오, TV 등)이 하지 못한 방식으로 시민과 정치 행위 사이의 관계를 변화시키고 있다. 이러한 흐름은 시민이 세계와 상호작용함으로써 기대할 수 있는 피드백의 수월함과 속도의 측면에서 이들의 기대를 변화시켰고, 특히 시장의 그것과 비교해 선거 주기의 구태스러운 성격과 더딘 속도에 대한 불만을 증폭시켰다.[94] 디지털 기술은 또한 다방향 커뮤

93 일반적인 반론은 기술적으로 최첨단 경제 수준에 속한 거의 모든 나라에서 불평등이 증가하고 있음에도 불구하고, 어떤 나라(예를 들어, 프랑스)에서는 불평등의 증가가 적고 다른 나라(예를 들어, 영국/미국)에서 상당히 크다는 것이다. 매우 상이한 결과를 고려할 때, 단일 원인이 이 같은 결과를 모두 설명할 가능성은 크지 않다고 볼 수 있다(Piketty, 2013: 330~335 참조).

94 개인들이 소비자로서 영화, 제품, 에어비앤비 임대를 단 몇 초 만에 평가하는 일에 점점 익숙해지고 있는 반면, 시행된 정책과 이 같은 정책의 전반적 성과가 지닌 가치에 관해 정치인에게 피드백을 줄 수 있는 유일한 방법은 여전히 몇 년마다 시행되는 투표를 통해서다.

니케이션을 가능하게 했는데, 이는 여전히 주로 일방적이고, 하향식이고, 수직적이고, 원격적이고, 일반적으로 불투명한 형태로 권력이 행사되는 대의 민주주의에 도전하는 방식이었다.[95] 현존하는 포스트 민주주의 시대에는 민주주의의 이상과 우리에게 익숙한 대의 민주주의 사이의 격차가 증가하게 된다.[96]

또 다른 외재적 원인은 우리의 민주주의 제도가 뿌리내리고 있는 경제체제의 성격일 것이다. 자유시장과 생산수단의 사적 소유를 결합한 체제인 자본주의는 이른바 사회주의 국가인 중국을 포함한 세계 대부분의 나라에서 가장 쓸만한 체제에 해당한다. 하지만 자본주의가 민주주의 원칙과 충분히 양립 가능한 체제인가라는 의구심이 증가하고 있다. 이 같은 양립 불가능성이 의심되는 가장 단순한 이유 중 하나는 흔치 않은 역사적 국면(이를테면, 20세기 양차 대전 사이와 전후 막간) 동안을 제외하고 자본주의가 야기하는 것으로 보이는 경제적 불평등의 증가이다. 토마 피케티의 《21세기 자본*Capital in the Twenty-First Century*》(2013)은 자본주의의 기본법칙은 자본 수익률이 노동 수익률을 능가하게 된다는 것이라고 주장한다. 이러한 역학은 1970년대 후반 이후 서구에서 맹렬히 복귀하고 있으며, 모든 선진 민주주의 나라에서 자본가와 노동자 사이의 부의 격차를 늘리는 결과를 낳았다(Saez and Zucman, 2014 참조). 경제적 불평등은 결국 정치제도에 스며들어 영향을 끼쳤다. 이를테면, 미국에서 경제적 불평등의 증가는 민주주의에 대한 위기감을 부추긴 정치적 양극화의 증가와 거의 완벽할 정

---

95 로장발롱은 시민이 현재 "편하게 다가갈 수 있고, 흔쾌히 수용하며, 열린 태도를 보이고", "그들이 말하는 것에 반응하고 기꺼이 결정 내용을 설명하려 하는" 대표자를 원한다고 말한다(Rosanvallon, 2011b: 171, 강조는 필자).

96 이는 또한 어쩌면 트럼프가 2016년 선거에서 승리한 여러 이유 중 하나에 해당한다. 트럼프는 자신에 앞서 케네디가 TV를 활용한 것과 동일한 방식으로 여러 사람이 반응하는 방식의 소셜미디어 플랫폼인 트위터를 활용했다.

도로 궤를 같이 한다(McCarthy, Poole, and Rosenthal, 2006). 프랑스에서, 정치 과정에 영향을 끼친 불평등 증가의 문제는 정치에서 돈이 수행한 역할의 증가를 통해 측정될 수 있다(Cagé, 2020).

어쩌면 모두 복잡하게 얽혀 있는 이 문제들은 민주주의에 내재된 요인이 아니다. 이런 문제들은 민주주의를 취약하게 하고 조정을 필요로 하게 하는 외재적 요인에 해당한다. 그러나 이런 문제들은 유사한 위험에 노출된 모든 정체에서 나타날 수 있다. 따라서 (무엇보다 세계화와 기술변동 같은) 이런 외부 충격의 일부를 적어도 언젠가는 흡수하는 일이 충분히 가능하다. 대의 민주주의 제도는 오랜 시간 지리멸렬한 상황에 놓일지도 모른다.

그러나 탐구해볼 가치가 있는 또 다른 설명은 오늘날 민주주의가 직면한 외적 문제들이 하나 또는 심지어 몇몇 근본적인 설계상 결함을 단지 증폭시키고 있을 뿐이라는 것이다.[97]

더 심각한 사실은, 바로 세계화와 경제적 불평등의 증가 등 이런 문제들 가운데 일부가 이 같은 처음 설계상 결함에서 비롯됐을지 모른다는 점이다. 예를 들어, 어쩌면 세계화는 민주주의 나라에서 단순히 "우연히 발생한 사건", 곧 이러한 나라가 권력을 행사할 수 없는 외재적 요인이 아니라, 대의 민주주의 나라에서 실권을 쥔 엘리트 대표자가 필요시에 이 나라 사람의 이해와 바람에 맞서 추구할 수 있는 하나의 목표에 해당한다(Slobodian, 2018 참조). 이러한 관점에서 볼 때, 세계화뿐만 아니라 그로 인

---

97 나는 민주주의의 현재 어려움에 대한 이 같은 설계상 결함의 인과적 영향을 증명하려는 야심(또는 능력)이 없음을 밝혀둔다. 내 주장은 단지 다음과 같다. 만약 우리가 민주주의 나라가 경제적, 기술적 지배력에 직면해 완전히 무력하지 않다는 점에 동의한다면(어찌 됐든 다양한 나라에서 다양한 정책이 다양한 결과로 이어지고 있고, 이는 적어도 미국이나 유럽 같은 대규모 정치체에서 여전히 어느 정도 정치가 작동할 여지가 존재함을 가리킨다는 사실을 우리는 확인하게 된다), 민주주의 나라가 여하튼 그 시민의 기대를 충족시키는 데 제도적으로 실패하고 있다는 사실은 더 근본적인 무언가와 관계있음이 분명하다.

해 여러 민주주의 나라에서 나타나는 경제적 불평등은 외재적이라기보다는 내재적인 문제에 더 가깝다. 이런 문제는 정치와 법 제도, 그리고 이런 제도를 뒷받침하는 이데올로기에 관한 성찰을 통해 다뤄져야만 한다(Piketty, 2019 참조).[98]

이 같은 해석에 기반해 대의 민주주의의 문제가 무엇인지를 이해하기 위해, 우리는 논의의 틀을 경험적 정치학으로부터 역사학과 규범적 정치 이론으로 전환할 필요가 있다. 따라서 대의 민주주의가 무엇을 의미하는지를 역사와 개념 둘 다의 측면에서 더 면밀하게 살펴보려 한다.

대의 민주주의의 위기: 개념적 측면

(그리스 이후 2000년 이상의 암흑기를 거친 뒤) 프랑스와 미국의 혁명기인 18세기에 다시 출현한 민주주의는 이른바 대의 민주주의라는 역사적 패러다임의 형태를 띠었다. 심지어 (완전한 참정권을 보장하고 입후보 자격에 제한을 두지 않는) 이런 제도의 가장 민주화된 형태조차도 인민의 통치라는 이상에 충분히 부합하지 않는다고 생각할 만한 다양한 이유가 존재하는데, 우리는 앞서 이 같은 이상을 "[숙의 과정을 포함해] 모든 구성원이 해당 단체의 정책 결정에 동등하게 참여할 수 있는 자격을 지니는" 정체라고 정의했다(Dahl, 1989를 따름). 따라서 오늘날 민주주의의 문제는 이 정체 형태가 처음 시작될 때 범한 개념적 오류에 대해 우리가 치르는 대가일지도 모르는데, 따라서 미미한 제도 개혁(이를테면, 정치에서 돈의 퇴출)이 아무리 많이 이뤄지더라도 이런 문제는 제대로 해결될 수 없다. 달

98 이 점과 관련해 나는 막스 크라헤Max Krahé에게 감사드린다.

본인에 따르면, 대부분의 현행 민주주의 제도는 그가 민주주의에 대한 자신의 정의와 결부시킨 다섯 가지 절차적 기준 가운데 한두 가지에 부합하지 못한다(또한, Landemore, 2017c 참조). 달이 볼 때, 현행 '민주주의 제도'는 더 엄밀히 말해 '다두정'이라 칭할 수 있는데, 이는 바로 '인민'과 대립되는, 이 제도에서 권력을 쥔 다수의 행위자와 관련된다.

그러나 여기에서 나는 대의 민주주의의 가능한 최선의 규범적 복원과 인민의 통치라는 이상 사이의 격차를 평가하는 일에 더 관심을 둔다. 나는 우선 논의 주제를 사상사학자 베르나르 마넹으로 전환하려고 하는데, 마넹은 대의제 통치에 관한 자신의 독창적인 분석에서 이 정체 형태의 기초가 되는 네 가지 핵심 원칙을 확인하고 있다. 이 네 가지 원칙은 이상적 기준이 아니라 확립된 역사적 관행의 일반화에 해당한다. 이러한 원칙이 마넹의 설명에서 기본적으로 기술적記述的 가치를 지님에도 불구하고,[99] 나는 이 원칙을 규범적인 제도적 지침으로 평가하려 한다. 마넹이 제시한 대의제 통치의 네 가지 원칙은 다음과 같다.

1. 정기적 선거 Periodic elections
2. 대표자의 독립성 Independence of the representatives
3. 여론의 자유 Freedom of opinion
4. 토론에 의한 심판 Trial by discussion

첫 번째 원칙인 '정기적 선거'는 가장 핵심적이고 실제로 전 세계 대부분의 사람이 민주주의와 결부시키는 원칙이다. 이는 정기적 간격을 두고 갱신되는 대표자의 승인authorization 원칙에 해당한다. 정기적 성격이 가

99 마넹은 자신이 단지 18세기 이후 확립된 제도적 합의의 특징을 규명하는 '기술적' 작업을 수행했다고 주장한다.

장 중요한데, 이러한 성격이 동의, 곧 승인을 갱신하는 일을 뛰어넘어 대표자의 (설명) 책임성accountability과 반응성responsiveness 또한 보장하는 것으로 여겨진다는 점에서 그렇다. 대의제 통치의 두 번째 원칙인 유권자로부터 엘리트의 '상대적 독립성'은 대표자가 필요시에 자기 유권자의 선호에서 벗어나 책략을 쓰고 숙의할 수 있는 유의미한 여지가 존재하도록 보장한다. 세 번째 원칙인 '여론의 자유'는 대표자에게 비록 자유가 있음에도 공론장에서 이들의 결정과 선택에 대해 비판할 수 있도록 보장함으로써 두 번째 원칙에 균형추를 제공한다. 인민의 압력은 대표자의 독립성을 위태롭게 하는 것이 아니라 정기적 선거처럼, 하지만 결정적으로 선거 사이의 기간을 포함해 일종의 책임성과 반응성을 보장하는 것으로 여겨진다. 대의제 통치의 마지막 특징은 공적 결정이 '토론에 의한 심판'이라는 과정을 거친다는 점인데, 이는 결정 그 자체를 산출하기보다는 어떤 제안의 타당성을 검증하는 방식을 의미한다.

마넹에게 고대인의 직접 민주주의가 모든 시민이 공직을 맡을 수 있음을 의미했던 반면, 대의제 통치는 이와 같이 선출된 일부 집단에 의해 행사되는 권력에 동의하고 선거 사이의 기간에 이 같은 권력에 일종의 담론적 압력을 가할 수 있음을 의미한다(Manin, 1997: 79). 이런 대의제가 18세기의 정체와 비교해서는 급진적 성격을 갖는 반면, 모든 이에게 정치체의 결정에 동등하게 참여할 수 있는 자격을 부여하는 일과는 거리가 멀다. 심지어 단지 20세기 후반에야 해결된 비非보편적 참정권이라는 문제를 제외할 때, 마넹 자신은 대의제 통치가 과두제와 민주주의 둘 다를 차용한 혼합정체의 하나라고 설명한다. 이 정체의 과두제적 측면은 성격상 평범하기보다는 (비록 이런 개념이 규정적인 성격을 띠지만) 비범한 개인을 공직에 앉히는 선거를 활용하는 일에서 비롯되고, 또한 일단 임직되면 원하는 일을 하는 데 대체로 자유로운, 대표자의 독립성이라는 원칙에서 비롯된다. 맨 처음 두 가지 원칙, 곧 선거와 대표자의 독립성 원칙은 선출될 기회가 있는 이들과 그렇지 않은 다른 모든 이들 사이의 불평등한 권력을 수반하게 된다. 그러나 이 정체의 민주적 측면은 정기적 선거가 보장하는 통치자의 선택에 대한 동의와 승인의 정기적 갱신 자체에서 비롯된다. 이 같은 측면은 또한 비록 그 정도가 훨씬 덜함에도 불구하고 자신의 의견을 표명할 수 있는 자유, 그리고 법률과 정책을 공적 토론에 의한 심판에 회부시킬 수 있는 가능성에서 비롯된다.

그러나 우리는 대의제 통치에서 역사적으로 발전시킨 제도로서 대의 민주주의와 이 제도를 뒷받침한다고 여겨지는 인민의 통치라는 규범적 이상 자체 사이의 틈을 메우려는 시도를 위해 논의 주제를 명시적으로 규범적 이론가들로 전환할 필요가 있다. 나는 여기에서 두 명의 저명한 정치철학자인 나디아 우르비나티Nadia Urbinati와 위르겐 하버마스로 논의 주제를 전환하려 한다.

나디아 우르비나티는 대의 민주주의가 혼합정체의 하나라기보다는 처음부터 끝까지 민주적인 것으로 여겨져야 한다고 봤다. 이를 위해, 우르비나티는 대의제를 **참여**의 한 형태로 재해석하도록 우리에게 요청하는 한편, 매개와 성찰이 이뤄지는 인민의 참석presence을 옹호하고 권력에 대한 동의와 그에 따른 위임은 덜 강조한다. 우르비나티에게 있어, 대의제는 "다양한 형태의 시민적 통제와 감시를 활성화할 수 있는 정치적 **참여** 방식의 하나"로 이해될 수 있다(2006: 4, 강조는 필자).

우르비나티의 설명에서, 이같이 재해석된 대의 민주주의의 원칙은 마넹의 모든 원칙을 포함하고, 이는 단순히 현존하는 관행으로 인식되기보다는 그 자체로 규범적으로 바람직한 것으로 여겨진다.[100] 하지만 이러

100 비록 우르비나티가 자신의 책에서 명시적으로 이런 원칙을 열거하지는 않지만, 그녀는 Landemore, Manin, and Urbinati, 2008에서 마넹의 모든 원칙을 수용한다고 언급하고 있다.

한 원칙 목록에는 결정적으로 다음의 두 가지 원칙이 추가된다.

5. 대변 Advocacy
6. 대표성 Representativity

우르비나티에게 있어, '대변'은 선출 대표자를 유권자의 '대변자 advocates'로 전환시킴으로써 권한위임에 기반한 정체의 민주적 자격을 보장하게 되는 원칙을 의미한다. 대의 민주주의에서 '대표성'이란 단지 다른 누군가를 대신해 행동하고 그들이 부재할 때 대신 참석하는 일에 그치는 것이 아니라, "선거 사이의 중간 시기에 그들에게 발언권을 주는 일"을 의미한다(Landemore et al., 2008). 하지만 유권자의 요구, 이해, 우려를 전달하는 것만으로는 충분하지 않다. 대변자로서 이들의 역할을 뛰어넘어, 대표자는 추가적으로 특정한 형태의 '대표성'을 보장할 책임 responsibility을 지니는데, 이는 주민의 의견, 관점, 이해가 단지 전달되는 것이 아니라 정치 영역에서 현존하도록 보장해주는 원칙을 의미한다. 대표성은 대표되는 이들과 대표하는 이들 사이에 어느 정도 최소한의 동일성과 유사성이 존재하도록 보장한다.

우르비나티가 설명한 대의 민주주의는 마넹이 이론화한 대의제 통치보다 더 민주적이다. 결과적으로, 대의 민주주의에 대한 우르비나티의 설명은 정치단체, 미디어 등을 통해 일부 표출되는 시민사회의 바람과 실제 정책 결과 사이의 더 큰 상관관계를 함의하는 것처럼 보인다는 이유만으로도 규범적 측면에서 더 큰 호소력을 지닌다.

대의 민주주의의 복원과 관련해, 우리는 모든 시민이 입법과정에 동등하게 참여할 수 있는 자격을 부여받았다고 말할 수 있을까? 우르비나티에게는 죄송한 말씀이지만, 나는 그렇지 않다고 주장하려 한다.

첫째, 우르비나티의 이론은 자신의 모델에서 중심이 되는, 선거와 대표자의 독립성이라는 두 가지 핵심 원칙을 보유하고 있다. 결과적으로, 우르비나티는 민주적 대의제가 선거 형태여야 한다는 전제를 당연한 것으로 받아들이고, 참여적 대의제 모델이 가능함에도 불구하고 판단하고 비판할 수 있는 시민의 행동 가능성을 제한하는 듯 보인다. 게다가, 우르비나티에게 있어 (각각 시민이 운용하는 공론장과 선출 정치인이 운용하는 공식 정치의 기능에 해당하는) '판단'과 '의지' 사이의 구분이 중심이 되는 까닭에, 시민에게 열려 있는 일종의 판단과 비판이 대체로 실제 의사결정으로부터 유리돼 있다. 결국, 우르비나티가 선거 대의제를 시민의 대리 참여 형태의 하나로서 이해하는 경향은 참여라는 이상을 다소 은유적인 문제로 바꿔놓는데, 여기에서 "의견과 발언을 통한 참석"은 직접적이고 물리적인 참석을 통한 참여와 동등하거나 실제로 그보다 더 우월한 것으로 여겨진다(2006: 3). 우리가 실제 참여에 대한 가상적 참석의 우월성을 제쳐둔다 하더라도 의견과 발언을 통한 참석과 실체 참여의 이런 동등성에 문제가 있음을 인정한다면, 우르비나티의 모델은 모든 시민이 권력에 대한 동등한 접근 기회를 지닌다고 가정되는 인민의 통치라는 이상을 제대로 실현할 수 없게 된다.[101]

마지막으로, 이제 내가 지금까지 대의 민주주의와 관련해 규범적 측

101 정확하게 말해 그리고 실어증적 시민권 모델을 선호하는 다른 저자들과 달리(예를 들어, Green, 2010), 우르비나티는 대의 민주주의에서 시민의 발언권이 핵심이라 주장한다. 그러나 우르비나티는 그 같은 발언이 표출되는 일을 실제 권력의 자리 바깥의 장소들에 한정하는 듯 보인다. 마넹의 대의제 통치에서처럼, 우르비나티의 대의 민주주의 모델에서 시민은 원한다면 모든 사안에 저항하고 비판할 수 있지만, 이런 모델은 의제설정이라는 공식적인 의사결정 과정, 숙의, 그리고 대부분의 의사결정 과정에 직접 접근할 수 있는 어떤 형태도 갖추지 못하게 된다. 이 같은 의사결정은 여전히 우르비나티의 선출 엘리트 모델에 국한된다. 유사하게, 심지어 우르비나티의 모델에서 의제에 관한 최종결정권은 빠져 있는데, 이 같은 상황에서 시민은 정당 강령과 선거라는 매우 둔감한 메커니즘과 간접적인 데다가 궁극적으로 불충분한 여론의 압력을 통해 대표자들의 의제에 영향을 끼치기를 단지 희망할 수 있을 뿐이다.

면에서 가장 매력적인 설명이라 여기는 모델, 곧 '숙의 민주주의'를 검토하려 한다. 이 같은 설명은 조슈아 코언Joshua Cohen, 위르겐 하버마스, 그리고 그 밖의 많은 저명한 인물들과 결부된다. 하버마스는 대의 민주주의에 관한 규범적 설명을 사회학적으로 도출된 이념형의 하나로 제시하고, 여하튼 대의 민주주의가 작동하는 데 필요한 전제조건의 형태를 정확히 짚어냄으로써 우리의 제도가 지닌 진정한 정신을 잘 포착해 표현하는 것으로 평가된다. 민주주의에 대한 현존하는 모든 이론 중에서 숙의 민주주의는 가장 부담이 큰 제도에 해당하고, 이론의 여지는 있지만 가장 민주적이라 여겨진다. 그러나 나는 숙의 민주주의 또한 예측 가능한 어떤 한계에 이를 수 있음을 보여주려 한다.

요컨대, 숙의 민주주의는 오직 자유롭고 평등한 시민 사이의 공적 의견교환이 이뤄지는 필터를 통과한 법률과 정책만이 정당하다고 전제한다. 숙의 민주주의자들은 정책과 법률이 타협, 협상, 강압의 결과, 또는 엘리트적 경쟁의 부산물이라기보다는 하버마스의 유명한 문구대로 "더 나은 논변이 지닌 비강제적 강제력the forceless force of the better argument"에 굴복하는 과정에서 비롯된다고 생각한다.[102]

숙의 민주주의자들이 숙의를 가치 있게 생각하는 몇 가지 이유가 존재하는데, 그중 일부는 다음과 같다.

1. 숙의는 숙의에 따라 결정된 법률과 정책이 단순한 수적 우위보다는

---

102 (옮긴이) 변문숙, 〈'더 나은 논변' 테제의 두 요건〉, 《철학사상》 59, 2016, 281~313쪽 참조. 또한, 이와 관련해 '경합'의 측면에서, 샹탈 무페 지음, 서정연 옮김, 《경합들-갈등과 적대의 세계를 정치적으로 사유하기》, 난장, 2020; 담론 외적 측면과 관련해, 에르네스토 라클라우 · 로이 바스카 대담, 현우식 옮김, 〈담론 이론 vs 비판적 실재론〉, 《웹진 인-무브》, 서교인문사회연구실, 2024[1998]; 밥 제솝 지음, 남상백 옮김, 《국가 권력-마르크스에서 푸코까지, 국가론과 권력 이론들》, 이매진, 2021, 1, 2, 10장 참조. https://en-movement.net/490

공적 근거와 정당화에 의해 지지되도록 만든다.

2. 숙의는 발언권을 행사하고 이러한 발언을 다른 이가 듣게 할 기회를 모든 시민에게 부여한다.
3. 숙의는 이를테면 시민을 교육하고 공동체 의식을 구축하고 시민참여를 촉진하는 유익한 부수효과를 가져온다.
4. 숙의는 이해관계를 보편화한다(하버마스).
5. 숙의는 한 집단이 공통된 문제를 성공적으로 해결할 기회를 증대시킨다(더 구체적으로, 이른바 인식론적 민주주의자들이 강조하는 차원).[103]

이 책은 숙의를 민주주의 이론의 가장 중심에 가져다 놓기 위해 위에 열거된 이유를 모두 수용한다.

숙의 민주주의는 직접 민주주의와 대의 민주주의 둘 다에 적용 가능하다고 여겨지는 이상에 속한다. 이러한 이론의 초기 주창자들은 직접 민주주의를 자신의 기본 모델로 삼았지만, 숙의가 인민 자체보다 선출 대표자 사이에서 일어나는 경우에는 규범적 측면에서 변화가 미미하다고 생각했다. 정당성은 대표자 사이에 이뤄지는 숙의의 결과에 쉽게 양도됐는데, 마치 이러한 숙의가 모든 시민 사이에 이뤄지는 숙의를 완전히 대체하는 기능을 하듯 말이다.[104] 이는 널리 알려진 하버마스의 투 트랙 숙의

---

103 인식론적 민주주의와 숙의 민주주의의 관계와 관련해서는, Landemore, 2017c와 Chambers, 2017 참조. 5번 논거는 4번 논거를 포함할 수도, 포함하지 않을 수도 있는데, 이는 인식론적 정치 담론의 공간을 분할하는 방식에 따라(다시 말해, 내 생각에 사실의 문제와 도덕의 문제에 동시에 해당하는 범주가 '인식론적'인지의 여부에 따라) 좌우된다.

104 민주적 정당성이 직접적 맥락에서 대의적 맥락으로 매끄럽게 전환되는 일을 보장하기 위해, 대부분의 사람은 1967년 정치학자 한나 피트킨Hannah Pitkin이 정식화한, 당시 지배적이던 대표성 이론에 의존했다. 추상적 수준에서, 대표성은 피트킨이 볼 때 부재하는 것을 '현존하게 만드는' 문제에 대한 개념적 해결책에 해당한다.

민주주의 모델과 꽤 잘 들어맞는다.

하버마스의 모델에는 두 가지 종류의 숙의가 존재하는데, 하나는 '자연 상태에서in the wild', 곧 대규모 공론장에서 일어나고, 다른 하나는 의사결정을 목적으로 하는 공식적 영역에서 일어난다. 첫 번째 숙의 형태는 규제받지 않고, 분권화돼 있고, 널리 분포돼 있고, 분산돼 있다. 두 번째 숙의 형태는 공식적 정치 과정 안에서 일어나는데, 이는 선거, 입법부의 의사결정, 기관과 법원의 업무를 포함한다. 하버마스에게 있어, 두 개의 트랙은 두 영역 사이에 매개된 교환과 상호작용을 가능하게 하는 비유적 의미의 수문에 의해 연결된다. 이 '수문'은 (이를테면 정당, 시민단체, 절차 같은) 매개체에 해당한다고 여겨지는데, 이 매개체는 두 트랙 사이에서 정보를 올바로 전달하고, 여과하고, 처리하도록 보장하는 기능을 한다. 한편으로, 트랙 2는 트랙 1에서 형성된 의견을 법률과 정책으로 전환한다고 여겨진다. 같은 관점에서, 트랙 1은 트랙 2에서 일어나는 숙의의 의제를 설정한다. 다른 한편으로, 트랙 1은 이 같은 전환, 그리고 이 전환으로 인해 장래에 발생한 결정이 행정기구에 의해 집행되는 과정을 모니터하고 그에 대한 압력을 유지한다고 여겨진다. 이어서 트랙 2는 궁극적으로 통과된 결정, 법률, 정책과 관련해 대의명분을 트랙 1에 정기적으로 되먹임한다고 여겨진다.

대의 민주주의에 대한 위 설명은 대단히 매력적인데, 이는 기본적으로 이 설명에서 숙의의 중심성, 그리고 두 트랙 사이의 순환적이고 호혜적인 관계 때문이다.

하지만 나는 수문을 통해 연결된 나란히 놓인 트랙으로 이뤄진 시스템으로서 대의 민주주의를 설명하려는 시도가 여전히 마넹과 우르비나티의 모델에서 볼 수 있는 문제에 시달리고 있다고 주장하려 한다. 곧 한편으로 선출직 관료, 임명직 법관, 정부 관료 등의 지배 엘리트와 다른 한편으로 평범한 시민의 무리 사이의 분리라는 문제 말이다. 두 개의 트랙이 평행선에 나란히 놓이기보다는 동심원에 서로 겹쳐진 것으로 개념화되는 한, 이 같은 비유는 심지어 평범한 시민은 원 바깥에 자리하는 반면, 직업 정치인과 행정가들은 권력에 가장 가까운 원의 중심에 자리함을 시사한다. 게다가, 그리고 서론에서 이미 언급됐듯이, 두 개의 트랙을 연결하는 수문(또는 복수의 수문들)의 비유 자체가 구식 기술이 지닌 느린 시간성에 기반해 이뤄지는 느리고 딱딱하고 기계적인 형태의 의사소통 교환을 시사한다(이 시스템에서 선박은 단지 한 번에 하나만 움직이고 이동 속도는 그다지 빠르지 않다).[105]

마지막으로, '자연 상태에서' 이뤄지는 분권화된 시민의 숙의가 결국 공식적 의사결정 영역에서 유의미한 방식으로 의제를 설정하게 된다는 생각은 신빙성이 없다. 대규모 공론장 자체가 공식적인 숙의 트랙에 의해 호혜적이지 않은 방식으로 형성된다고 생각할 만한 여러 이유가 존재한다. '공중'이 직면한 집단행동 문제는 당국이 직면한 유사한 문제와 비교해 엄청나다. 더욱이, 심지어 원활하게 작동하는 공론장이라는 최선의 시나리오에서도 이런 결과를 낳으려는 의도를 갖지 않은 다양한 크기와 구성을 지닌 집단들 사이의 마구잡이식의haphazard 규제받지 않는 분권화된 일련의 숙의가 공식적인 숙의 트랙에서 의제를 설정하는 올바른 방식일 것이라고 우리가 기대해야 할 이유가 존재하는가? 심지어 '자연 상태에서의 숙의'가 올바른 숙의에 이르기는 하는가? 하버마스 자신은 '무질서 구조'의 한계를 인정하는데, 이 구조는 "일반적인 공론장이 […] 의회기구

---

105 물론 누군가는 디지털 기술의 시대에 더욱 다공적이고 유동적이고 빨라진 관계를 상상할지도 모르는데, 이 같은 상황에서 일부 선출된 대표자들은 현재 트위터나 페이스북에서 자신의 유권자들과 24시간 내내 연결돼 있다. 그러나 문제는 더 심각할지도 모르는데, 이런 유동화가 이러한 비유의 이원론에 실제로 문제를 제기하지 않으려 한다는 점에서 그렇다.

라는 제도화된 공론장이 그런 것보다 불평등하게 배분된 사회적 권력, 구조적 폭력, 제도적으로 왜곡된 의사소통이 낳는 억압적이고 배제적인 효과에 더 취약"하게 만든다(1996: 307). 하버마스는 "다른 한편으로, 이 같은 공론장이 제한되지 않은 의사소통 수단이라는 이점을 지닌다"고 언급하기까지 한다(같은 글). 하지만 어쨌든 의사소통의 무제한성은 무질서한 제도에 내재된 어마어마한 권력의 비대칭을 상쇄할 만큼 충분해 보이지는 않는다.

숙의 민주주의자들이 생각하는 숙의나 숙의를 결정짓는 덕목과 성향을 촉진하는 요인에 대의 민주주의만 있는 것은 아니다. 정기적 선거라는 핵심 원칙으로 인해 대의 민주주의는 정당에 의해 좌우되는데, 정당은 당파적 대의명분에 의해 뒷받침되는 정책 강령들 사이의 경쟁으로서 공적 논쟁을 조직한다. 따라서 정당은 개별 시민과 국가기관 사이에 없어서는 안 될 매개체에 해당한다. 이는 정당이 사안들을 한데 묶고, 의견, 관점, 해결책, 정보들을 종합해서 일관된 정책 제안, 그리고 인지적으로 처리 가능한 분량의 중점사항, 가치 진술, 그리고 그 밖의 이데올로기적 첩경을 만들어낸다는 점에서 그렇다. 우리가 정당을 필요로 하는 한, 정당을 지탱시키는 당파심이라는 덕목 또한 필요하다.

하지만 우리는 경험적 증거를 통해 정당과 당파심이 숙의와 그다지 잘 어울리지 않는다는 점을 알고 있다. 참여와 숙의 사이의 관계에 관한 다이애나 머츠Diana Mutz의 경험적 연구는 우리가 둘 중 하나를 선택해야 함을 강하게 시사한다. 곧 한편으로 인민이 기꺼이 다른 이의 의견에 반론을 제기하고 다양한 의견이나 심지어 상반된 의견을 드러내는 인식론적 혜택을 누리는 일, 또는 다른 한편으로 기꺼이 투표하고 후보자를 위해 선거운동에 참여하고 일반적으로 열성 당원으로서 정치무대에 참여하는 일 가운데 하나 말이다(Mutz, 2006).

그러나 인민이 숙의에 열중하는 동시에 정치에도 참여하는 일은 불가능하다. 머츠는 이 같은 주장이 사실이라고 주장하는데, 정치 영역에서 심지어 (머츠가 "교차적 관점"이라 부른) 아주 작은 의견 차이에 부딪혔을 때 대부분의 사람이 참여를 철회하고 자신과 생각이 비슷한 동료와 정치적 동지가 있는 영역으로 후퇴하는 쪽을 더 선호하기 때문이다. 다시 말해, 머츠는 당파적 정치 참여와 숙의가 공존할 수 없음을 발견했다. 정치 담론 전반에서 다양성과 의견 차이를 드러내는 일이 사람 사이의 조화에 위협이 되는 한, 인민은 정치 영역에 조금이라도 참여하는 일을 피하는 경향이 있다. 인민은 예의 바른 손님의 에티켓(정치 이야기 금지)을 적용하려 하거나 생각이 비슷한 사람으로 이뤄진 모임를 찾으려 한다(또한, Landemore, 2014a: 210 참조). 그러므로 머츠의 저작은 숙의 민주주의라는 이상과 당파적 정치라는 현실 사이의 양립 가능성과 관련해 흥미로운 문제를 제기한다.

대체로, 대의 민주주의는 최선의 규범적 복원의 측면에서 충분히 민주적이지도 않고 숙의에 본질적으로 또는 적어도 확실하게 도움이 되지도 않는 듯 보인다. 그러나 무언가 다른 선택이 가능했던 적이 있었던가? 대의 민주주의가 지닌 모든 문제에도 불구하고 근대 시기에 우리에게 이러한 민주주의 말고 다른 경로를 택하는 일이 가능했던 적이 있었던가?

가보지 않은 길

이 절에서 나는 다른 제도적 경로에 대한 독자의 상상력을 열어주기 위해 우리에게 익숙한 대의 민주주의의 역사적 필연성에 의문을 제기한다. 나는 또한 18세기에 결정된 대표자 선택 메커니즘이 충분한 숙의 가능성을 지닌 의회를 만드는 데 필요한 요소에 대한 빈약한 이해를 전제로 했다고 주장하려 한다.

민주주의가 서구에서 18세기에 재발명됐을 때, 고대 아테네의 비선거 모델이라는 원형이 다시 이어지지 않은 이유를 고찰하는 일은 어려운 과제에 해당하는데, 특히 프랑스의 장 자크 루소 같은 이론가와 미국의 건국의 아버지들이 갖고 있던 '분파'에 대한 우려를 고려할 경우에 말이다. 만약에 우리가 독특한 역사적 특성과 아마도 대표성을 특징으로 하는 미국에서 연방주의자와 반反연방주의자 사이에 이뤄진 논쟁을 되짚는다면, 우리는 '가보지 않은 길'을 살짝 엿볼 수 있을 것이다.

역사의 승자에 해당하는 연방주의자들은 '공화정'이라는 구상을 옹호했는데, 이 구상에서는 지도자의 개인적 능력과 덕목이 핵심을 이뤘다. 이들은 평범한 인민의 견해를 확장하고 정교화할 수 있는 재능과 지혜가 있는 사람들로 대표자 의회를 채우는 것을 목표로 했다(Hamilton, Madison, Jay, 2008: 10호). 이들은 대의제를 '필터'로 보는 견해를 특히 중시했는데, 이들의 견해는 무엇보다 대표자의 평균적인 능력을 최대화하려고 하는 한편, 이들 집단을 (비평가들이 '타고난 귀족'이라 비난한) 사회학적이자 경제학적으로 동질적인 사람들의 집단으로 환원시키는 대가를 감수했다.

대조적으로, 반연방주의자들(특히, 존 애덤스John Adams의 구상을 이어받은 멜랜튼 스미스Melancton Smith)은 반대자들에게 심한 조소의 대상이 된 직접 민주주의에 더 가까운 이상적인 정체를 옹호했는데, 이들은 이 같은 정체가 미국과 대조될 만한 크기, 인구수, 부를 지닌 현대 스위스 연방에서 성공적으로 시행됐다고 생각했다. 직접 민주주의 제도에 미치지 못할 경우, 이들은 차선책으로 "거울"이나 "인민에 대한 세밀한 초상화"로서 대의제라는 이상을 구상했다(Adams, 1856[1776]: 193). 반연방주의자들은 단지 적어도 몇 가지 유사한 특성과 인생 경험을 지닌 사람만이 평범한 사람을 제대로 대변할 수 있고 실제로 그와 관련된 정치적 지식을 지닐 수 있다고 주장했다. 자각했든 자각하지 못했든, 이들의 모델은 시민 전체가 지닌 다양성을 작은 규모로 재현하는 일을 특히 중시했고, 개별 대표자의 능력에는 훨씬 덜 신경 썼다.

집단지성의 요소와 인지적 다양성의 이점에 관한 현대의 사상을 어느 정도 예견했던 반연방주의자들이 18세기의 사상의 전장에서 패한 이유는 무엇일까? 프랑스 역사학자 이브 생토메Yves Sintomer는 한 가지 그럴듯한 설명을 제시한다. 생토메가 볼 때, 대의제 거울 모델의 옹호자들은 기술적 대표성을 지닌 의회의 이점에 관한 통찰이 옳았음을 뒷받침해줄 개념적 도구를 결여하고 있었는데, 만약 이 같은 도구가 존재했다면 상황은 달랐을 것이다(Sintomer, 2018). 특히, '무작위 표본' 개념을 아직 사용할 수 없었고(이 개념은 과학으로서 통계학의 부상과 함께 단지 19세기 후반에야 사용할 수 있었다), 따라서 추첨에 기반한 선택을 가능하게 만든 여론조사 기법 또한 사용할 수 없었다.

인식론적 장애물과 기술적技術的 장애물 외에 또 다른 장애물은 거울상으로서 대의제를 옹호하는 경로 상에 자리했다. 장애물 중 하나는 정치적 정당성의 표지이자 담지자로서 선거의 이데올로기적 지배였다. 마넹의 설명대로, 18세기의 선거는 (추첨제라는 명확한 민주적 대안을 포함해) 어떤 다른 대안적 선출방식에 대해서도 "승리를 거뒀는데", 당시 지배적이던 정치적 정당성 이론이 정당성을 (17세기의 사회계약론 이후) 동의, 특히 투표장에서 이뤄지는 동의와 연결지었기 때문이다(Manin, 1997: 67~93). 결과적으로, 반연방주의자들은 단지 선거를 통해 대표자를 뽑는 방식만을 상상할 수 있었고, 이는 국민 전체의 '거울상'을 산출하는 데에는 적합하지 않은 방식이었다. 이 같은 문제에 대한 반연방주의자들의 해결책은 더 적은 수의 유권자에게 표를 호소하고 더 많은 수의 대표자를 뽑는 방식이었는데, 이러한 방식이 단지 국가의 '타고난 귀족'보다는 적어도 중간계급을 대표하는 의회를 구성하길 희망하면서 말이다. 하지만 물론 그 밖의 나름의 문제를 안고 있던 차선책은 신뢰를 얻는 데 실패했다. 대조적으로, 대의제를 필터로 보는 견해는 시민들 중에 더 능력 있는 사람을 뽑는 선거 관행과 개념적으로도 이데올로기적으로도 완벽하게 들어맞았다.

대의제 통치의 진화 과정상의 다음 역사적인 단계는 (입법의회가 개별적으로 우월한 사람들 사이의 숙의의 장소로 간주된) 의회 민주주의로부터 정당 민주주의로 나아가는 것이었다. 현재, 공식적인 형태를 포함해 전체 공론장은 투표를 통해 개별 시민이나 이들의 대표자가 심판을 내리는 정책 강령들 사이의 경쟁터가 됐다.

초기의 엘리트주의적 기원부터 현재의 당파적 형태에 이르기까지 대의제 통치는 이와 같이 집단을 현명하게 만드는 요인, 그리고 정치에 있어 집단지성을 발전시키기 위해 지도자와 시민 모두가 함양해야만 하는 시민적 덕목에 관한 구시대적 이해에 부합한다. 그러나 오늘날 사회과학적 도구와 증거는 대의제를 필터로 보는 견해의 옹호자가 틀렸고 거울상으로 보는 견해의 옹호자가 옳았음을 보여준다. 나는 중요한 통찰 중 하나가 의사결정을 내리는 데 있어 인지적으로 다양한 집단이 지닌 이점과 관련 있음을 주장하려 한다. 특정 조건 아래, 인지적 다양성은 한 집단의 개별 구성원이 지닌 평균적인 능력보다 그 집단의 문제해결 능력에 있어 더 결정적인 것으로 밝혀졌다(Hong and Page, 2004; Page, 2007: 163).[106] 이

---

106 이러한 통찰은 아마도 인류의 역사만큼 오래됐을 가능성이 크고 그 연원이 아무리 짧아도 그리스의 소피스트에게까지 거슬러 올라간다. 이는 "많은 이의 지혜가 한 사람의 지혜보다 낫다"는 아리스토텔레스의 아이디어에서 처음 글로 표현됐다(Politics III, 11: 천병희 옮김, 《정치학》, 숲, 2009; 김재홍 옮김, 《정치학》, 길, 2017). 그러나 최근에 이 같은 통찰은 홍Hong과 페이지Page의 "'다양성이 능력을 능가한다' 정리Diversity Trumps Ability Theorem"에서 더 엄밀하게 포착되고 정식화됐고,

같은 놀랄 만한 결과는 집단적 능력이 단지 개인적 능력과 함수관계에 있다거나 또는 달리 말해 우리가 '가장 유능하고 영리한 이들'로 의사결정 집단을 채울수록 그 집단이 더 현명할 것이라는 과거의 일반적인 통념을 완전히 뒤집는 사실에 해당한다.[107]

특히 가장 유능하고 영리한 이들이 그 사고방식에 있어 지나치게 동질적일 경우 이러한 전략은 단순히 적당하게 높은 수준의 개인적 능력을 목표로 하지만 해당 방침에 따라 집단의 인지적 다양성을 최대화하는 것을 특징으로 하는 전략보다 때로 덜 성공적이라는 점이 밝혀졌다. 만약 민주적 대표자들로 이뤄진 다목적 의회를 구성하는 것이 목표이고, 이러한 의회의 다양성이 어떤 모습일지와 관련해 사전적으로 불확실성이 존재하며, 시민이 평균적으로 적어도 대부분의 정치 문제를 다룰 수 있을 정도의 능력을 갖추고 있다고 가정하면, 좋은 전략이란 대규모 모집단에서 무작위 표본을 추출해 통계적으로 대표성을 지니는 민회를 구성하는 것이다(Landemore, 2012; 2013a).[108] 집단을 현명하게 만드는 요인과 관련해 이러한 현대적 이해를 고려할 때, 민주주의의 위기를 다루는 데 있어

Hong and Page, 2004: 16과 Page, 2007:163에서 처음 정교화됐다.

107 이 같은 정리theorem와 정치학(더 일반적으로는 실제 세계)에의 적용에 대한 논의에 관해서는, Quirk, 2014; Thompson, 2014; Brennan, 2016: 182 등의 비판 참조. 이에 대한 변론에 관해서는, Landemore, 2014b,; Page, 2015; Kuehn, 2017; Singer, 2018 등 참조.

108 비교적 유사한 생각을 지닌 매우 영리한 사람의 집단보다 무작위로 뽑은 적당히 현명한 사람의 집단과 함께 일하는 것은 몇 가지 이점을 지니는데, 이는 다양성에 관한 문헌에서 흔히 사용되는 다음과 같은 지형학적 비유를 통해 개괄될 수 있다(Page, 2007; Weisberg and Muldoon, 2009; Landemore, 2013a; Gaus, 2016). "이 같은 다양성은 집단이 특정한 인식론적 풍경epistemic landscape을 탐험할 수 있게 해주고 최고봉에 오를 수 있는 기회를 늘려준다." 같은 맥락에서, 다른 생각을 지닌 어떤 사람의 견해는 다른 사람을 인지적 안전지대로부터 갑자기 이탈시키고, 그렇지 않았을 경우 예상하지 못했을 전망을 열어줌으로써 어떤 문제에 대한 이해를 확장하고 정교화하도록 도와준다. 다양한 생각을 지닌 사람들과 숙의를 하는 일은 비유적으로 말해 스스로 이를 수 없었던 곳으로 그 사람을 데려다준다. 대조적으로, 더 현명한 사람으로 이뤄진 더 동질적인 집단은 결국 익숙하고 높은 곳이지만 궁극적으로 이 같은 풍경에서 최적은 아닌 정점에 갇히는 상황으로 끝나게 될 가능성이 크다.

하나의 청사진은 우리가 18세기로부터 물려받은 선거 민주주의를 합리화하는 대신에 이와 같이 입법자와 정책입안자의 인지적 다양성을 최대화하는 일을 목표로 삼고 당파심보다는 열린 마음이라는 시민적 덕목이 수반될 수 있는 다른 제도를 상상하기 시작하는 일이 될 것이다.

처음에 민주화를 위한 탁월한 도구로 여겨졌던 정기적 선거는 민주적 관점에서 몇 가지 문제를 보여준다. 곧 선거는 성격상 애매모호하게 민주적인 선택 메커니즘에 해당하는데, 사람들 사이에 불평등을 낳으며 이 같은 불평등으로 인해 번성한다. 선거는 지난 30년간 숙의 민주주의자들이 내세운 숙의와 열린 마음이라는 가치 있게 보이는 이상과는 잘 들어맞지 않는다. 그리고 선거는 좋은 의사결정에 필요한 다양성을 충분히 만들어내지 못한다. 이같이 선거가 진정한 인민에 의한 통치를 촉진하기보다는 방해한다고 보는 편이 더 타당할지도 모른다.

내가 보기에 대의 민주주의의 핵심에 자리한 민주적 결함은 적어도 현재의 제도적 위기를 어느 정도 설명할 만큼 충분히 심각하다. 아마도 세계화와 기술에 더해 이것이 수반하는 경제적 불평등이 상황을 더 악화시켰을지도 모르지만, 취약함은 처음 설계에 내재해 있었다.[109] 현재 민주주의의 위기에서 대의 민주주의의 원칙들은 문제가 없다고 주장한 마넹에게는 죄송한 말씀이지만, 나는 대의 민주주의의 원칙 중 적어도 두 가지,

---

109 여기에서 꼭 필요한 것은 아니지만, 꽤 그럴듯하고 언급할 가치가 있는 훨씬 더 강력한 하나의 주장은 과두제와 민주주의의 조합의 하나로서 대의 민주주의(Manin, 1997)가 시간이 지나면서 과두제 경향을 띨 수밖에 없다는 점이다. 오늘날 우리가 목격하는 현재의 경향이 세계화와 기술 같은 외부 '충격'이 초래한 우발적 경향처럼 보일지도 모르는 반면, 이 같은 경향은 어쩌면 더 근본적인 측면에서 정체 자체의 특성 탓일지도 모른다. 따라서 세계화와 기술변동은 대의 민주주의 나라의 일부 엘리트들이 바로 대의 민주주의의 더 민주적인 요소의 기반을 약화시키기 위해 적극적으로 추진하는 도구가 될 가능성이 높다(아니면 세계화와 기술변동을 둔화시키거나 그 방향을 전환시키려고 아무런 노력도 하지 않게 된다. 이 같은 효과에 대한 대담한 정치경제학적 논의에 관해서는, Max Krahé, "What is wrong with capitalism?"[2019] 참조).

곧 정기적 선거와 대표자의 독립성 원칙이 꽤 이례적이고 심원한 방식으로 현재 도전받는 중이라고 주장하려 한다. 우리는 선거를 완전히 우회하는 직접적 형태의 민주주의를 요청하는 사회운동과 정당뿐만 아니라 직접적인 국민투표와 무작위로 선출된 민회로 선거를 대체하라고 요구하는 운동의 부상에서 정기적 선거라는 첫 번째 원칙에 대한 도전을 확인할 수 있다(더 자세한 내용은 3장 참조). 예를 들어, 선거 폐지, 그리고 무작위로 선발된 시민으로 이뤄진 민회를 통한 정치체의 운영에 대한 요구를 결합시키는 반 레이브라우크van Reybrouk의 《선거에 반대한다*Against Elections*》(2016) 같은 책은 심지어 10년 전만 해도 진지하게 받아들여지지 않았다.

우리는 시민이 선거 주기 사이의 대표자의 행동을 훨씬 더 면밀하게 감시하게 되는 "파수꾼 민주주의monitory democracy"(Keane, 2009)의 부상뿐만 아니라, 개인이 다소 순전한 위임strict mandates에 기반해(특정 사안이나 특정 시기에 한정해) 투표를 위임할 수 있고 어느 때든 자신의 표를 철회할 수 있는 (이를테면, 유럽 해적당이 활용하는)"위임" 또는 "액체" 민주주의(Ford, 2002, 2014) 형태의 징후적 출현에서 대표자의 독립성이라는 두 번째 원칙에 대한 도전을 확인할 수 있다.[110] 액체 민주주의 개념은 단지 대표자로 간주될 수 있는 사람에 대한 규정뿐만 아니라 이 대표자가 대표되는 이들로부터 누릴 수 있는 자유와 독립성 또한 문제 삼는데, 이 같은 민주주의는 대표자의 자유와 독립성을 희생하는 대가로 대표되는 이들에 대한 대리와 이들의 통제를 늘리게 된다(나는 5장에서 액체 민주주의에 관해 더 논의할 것이다).

---

110 (옮긴이) '유럽 해적당'이란 오픈 소스, 카피레프트 운동같이 자유로운 저작권을 주장하는 인터넷 활동가들에 기반해 만들어진 유럽의 신생 정당으로 2000년대 후반 즈음부터 의회에 진출하기 시작했고 그 성격상 기술 수단을 통한 직접 민주주의 형태를 선호한다. 해적당이란 명칭은 저작권법을 위반한 불법 다운로드 형태의 저작물을 해적판이라 부른 것에서 유래한다. 해적당과 이와 관련된 '위임' 또는 '액체' 민주주의에 관해서는, 이 책 5장 〈액체 대표성〉 절 참조.

현실주의자들의 반론

다음 장에서 대의 민주주의의 한계에 대한 잘못된 해결책을 논의하기 전에, 이제 나는 지금까지 이야기한 모든 논의와 관련해 나올 수 있는 반론을 다루려고 한다. 곧 '현실주의자들'의 반론 말이다. 이 같은 현실주의자들의 최근 저서인 《현실주의자들을 위한 민주주의: 선거가 응답하는 정부를 만들어내지 못하는 이유*Democracy for Realists: Why Elections Do Not Produce Responsive Government*》에서 크리스토퍼 에이켄Christopher Achen과 래리 바텔Larry Bartels은 현대 민주주의 제도의 외견상 문제에 대한 대안을 제시한다. 이들의 관점에서 볼 때, 위기 같은 건 존재하지 않으며, 민주주의는 그저 의도된 대로 작동하고 있을 뿐이다. 곧 불완전한 채로 말이다. 이들이 볼 때, 문제는 현실에 있는 것이 아니라 그들이 "민중folk 민주주의 이론"이라 부른 부풀려진 규범적 기대에 있는데, 이 같은 기대에 따른 민주적 절차는 마술 환등적인 일반의지의 경로를 따르고 인민주권을 표방하는 것으로 간주된다.[111]

이 같은 이상화된 설명에 맞서, 에이켄과 바텔은 두 가지 과제에 착수

---

111 (옮긴이) '마술 환등phantasmagoria'이란 "18세기에 발명된 것으로, 영화가 탄생하기 이전에 유럽 전역에서 큰 인기를 얻은 감각적 시각매체다. 불투명한 스크린을 설치하고 각종 색깔의 빛을 투사해서 환상적인 형태들을 창조할 수 있다. (…) 마르크스는 이 용어를 사용함으로써 상품들 사이의 관계가 인간들에게 불투명하며 신비스러운 특성으로 나타난다는 사실을 보여주고자 했다. (…) 마르크스가 바라보는 신이란 인간이 만들어냈지만 인간 스스로 그 앞에 무릎을 꿇게 되는 대상이다. (…) 인간이 노동을 통해 만들어낸 상품은 인간과 무관한 자립적인 것처럼 보이며 다른 상품과의 관계 속에서 스스로 자신의 가치를 획득한 것처럼 보인다. 이러한 현상을 마르크스는 물신주의라고 규정한다"(한상원, 〈상품과 알레고리-마르크스와 벤야민의 환등상 개념〉, 《도시인문학연구》 8(2), 2016, 111~112쪽). 다른 한편, 벤야민은 "마르크스가 논한 물신주의의 형성과정이 주체의 감정이입을 동반한 포섭과정과 동시에 발생한다는 것을 말하려 했다. (…) 환등상은 주체의 감정과 소망이 교환가치에 이입되어 꿈의 세계가 된 모더니티의 역사적 현주소의 또 다른 이름이다"(같은 글, 116쪽). 한편, 이 책에서는 민주주의라는 이상이 투사된 규범적 기대와 관련해 '마술 환등적인 일반의지'라는 표현을 쓰고 있다. 이는 또한 재현/대표representation의 측면에서 플라톤을 떠오르게 한다.

한다. 하나는 유권자의 심리를 세밀하게 묘사하는 것이고, 다른 하나는 민주주의에 관한 우리의 규범적 기대를 억제하는 것이다. 에이켄과 바텔의 저서의 주된 긍정적 기여는 이처럼 유권자의 행동과 동기에 관한 어떤 낭만적인 생각에서 우리를 벗어나게 해준다는 점이다. 인민은 자신의 이해관계, 이데올로기적 선호, 또는 다른 모든 외견상 합리적인 근거들에 기반해 투표하는 일과는 거리가 멀고, 주로 자신의 집단 정체성에 기반해 투표하며, 정치 후보의 실제 업적을 전혀 고려하지 않는다. 만약 그 내용이 사실이라면, 합리적이고 박식한 유권자를 가정하는 합리적 선택이론 논문은 낙제라고 이들은 주장한다. 이를 구제하기 위한 단서cues와 휴리스틱 관련 논문 또한 낙제이다. 그리고 진리를 지향하는 합리적인 유권자를 가정하는 숙의나 참여 민주주의에 관한 규범적 논문 또한 낙제이다. 이 같은 충격적인 결론에 기초한 다음, 에이켄과 바텔은 인민주권에 관한 우리의 고상한 생각을 민주주의가 어떻게 작동하고 어떤 내용이어야 하는지에 관한 더 '현실주의적인' 설명으로 교체할 것을 호소한다.

물론 이들의 문제 제기는 충분히 합리적인 듯 보이고, 해당 책의 일부는 미국과 다른 서구 나라의 민주주의에 대한 우리의 기술적記述的 설명 관행에 문제를 제기하려는 더욱 합리적인 요구의 틀을 그다지 크게 벗어나지 않는다.

그럼에도 불구하고, 에이켄과 바텔은 규범 이론 쪽으로 한 발을 내딛는데 이는 과하다고 볼 수 있다. 이들은 실제 세계에서 어떤 이상을 실현하려는 가운데 나타나는 결점으로부터 그 이상이 바람직하지 않다는 결론을 도출하는 전통적인 '현실주의' 전략을 펼친다. 이들의 주장이 규범적인 한에 있어, 다음과 같은 이들의 주장은 도덕적으로도 정치적으로도 문제가 있다. "인민의, 인민에 의한, 인민을 위한 '민주주의'가 실현될 수 없는 이상에 해당하기 때문에, 우리 자신은 미국과 서구 대부분에서 볼 수 있는 실제 우리 모습을 받아들일 필요가 있는데, 이는 시스템에 대한 임의의 충격에 해당하는 선거 국면이 더해진 다소 엘리트적인 통치를 의미한다."

에이켄과 바텔의 규범적 현실주의는 민주주의의 위기를 매우 악의적으로 부정하는 주장에 해당하는데, 이들의 현실주의가 우리가 평생 정치로부터 얻을 수 있는 것이라곤 만성적 불만이 전부라는 사실을 감수하도록 요구하기 때문이다. 에이켄과 바텔은 현실에 단단히 토대를 둔 과학자의 냉정한 어조로 몽상가들(대표적으로, 많아야 책 전체에서 한두 문단으로 논의할 가치밖에 없는 숙의 민주주의자들)에게 제발 철이 들어 실제 현실과 규범적 이상 사이의 차이를 영속적으로 좁혀나갈 것을 상냥하게 요청한다. 이들이 볼 때, 만약 현실이 이상에 부합하지 않는다면, 이상은 틀린 것이 된다.

그러나 한편으로 20세기 '민주주의 나라'의 유권자의 심리에 대한 서술을 바로잡는 일과 다른 한편으로 분명한 규범적 이상의 시행 가능성을 부정하는 일 사이에는 커다란 차이가 존재한다. 설령 대부분의 서구 민주주의 나라의 유권자의 심리와 행동 특성과 관련된 에이켄과 바텔의 주장이 맞다 하더라도, 이들의 주장은 그들의 생각만큼 설득력이 없다.

실제로, 이들은 두 가지 전통적 오류에 빠지게 된다. 첫 번째 오류는 이미 언급한 대로 '존재한다'로부터 '해야 한다'를 또는 오히려 이들의 경우에는 '존재하지 않는다'로부터 '해서는 안 된다'를 도출하는 자연주의적 오류다. 유권자가 박식하거나 합리적인 의사결정자가 아니기 때문에, 우리는 숙의적이고 참여적이고 공익을 지향하는 민주주의를 추구해서는 안 된다고 이들은 주장한다. 이들이 빠지게 되는 두 번째 오류는 현행 선거 민주주의 제도 아래 이뤄지는 유권자의 행동을 고정된 '성격'으로 본질화하려는 시도인데, 마치 유권자가 대체로 유인책incentives에 반응하지 않는다는 듯이 그렇게 한다. 단지 현행 제도에서 시민이 우리가 바라는 대로 행동하지 않는다고 해서 우리가 시민에게 더 많은 요구를 하는 민주주의의 이상을 추구하지 말아야 하는 것은 아니다. 시민은 다른 유인책이 마련된 조금 다른 모습을 지닌 제도에서 이 같은 요구에 부응할 수도 있다.

이러한 주장에 대해, 아마도 에이켄과 바텔은 '해야 한다ought는 할 수 있다can를 의미한다'는 점을 지적할 수 있을 뿐이라고 대답할 것이다. 그리고 만약 유권자에게 논리적으로 추론하고 그 추론에 근거해 정치적 논쟁에 참여**할 수 있는 능력이 없다면**, 이들에게 해야 한다고 말해봐야 아무 소용이 없게 된다. 같은 관점에서, 에이켄과 바텔은 한낱 유권자에 불과한 시민이 더 많이 교육받고 더 많이 숙의하는 일을 통해 우리의 선거 민주주의가 개선될 가능성에 일격을 가한다.[112]

그러나 내 견해와 에이켄과 바텔의 견해 사이에 접점을 찾을 수 있는 부분 또한 바로 이 지점이다. 곧 문제는 어쩌면 현 제도가 민주주의를 단지 선거로 전환시키고 시민권을 투표행위로 환원하는 데 있을지도 모른다. 민주적 이상이 다양하게 제도화되는 과정에서, 시민이 현명하게 쇼핑을 하고 위키피디아를 작성하고, 시민의회나 공론조사에 참여하고, 싫어하는 대통령에 반대하는 행진에 시간을 할애할 때 할 수 있는 만큼 박식하고 합리적이고 참여적이고 기꺼이 시간을 할애하는 것이 과연 불가능

---

112 솔직하게 말하자면, 에이켄과 바텔에 동의하지 않는다고 인정할 만한 규범적 이론가의 수는 매우 적다. 에이켄과 바텔은 자신의 책에서 어느 정도 이름 있는 규범적 이론가를 좀처럼 언급하지 않고 있고, 따라서 이들이 누구를 염두에 두고 있는지를 가늠하기 어렵다. 오늘날 대부분의 규범적 이론가의 입장에서 볼 때(가령, 위르겐 하버마스, 나디아 우르비나티 등), 에이켄과 바텔이 논의한 포괄적aggregative 민주주의 개념은 이 같은 이론가가 염두에 두고 시민에게 요청한 민주주의 모델이 아니다. 그러므로 '민중 민주주의 이론'이 가리키는 대상을 확인하기는 어렵다. 아마도 루소에 대한 일반적인 라이커주의적Rikerian 해석과 공공선택이론을 제외하고 말이다. 이들이 규범적 이상으로 이해하는 민주주의는 사실상 '민중 이론'이라기보다는 허수아비에 가깝다.

한 일일까? 다시 말해, 에이켄과 바텔의 결론은 우리가 민주주의에 대해 잘못된 이상을 갖고 있다는 것이 아니다. 대신에 이들의 결론은 우리가 민주주의를 제도적으로 잘못 전환시키고 있다는 것이다.

만약 그 내용이 사실이라면, 우리는 에이켄과 바텔이 우리로부터 박탈시키려 하는 규범적 기준이라는 지렛대를 그 어느 때보다도 더 필요로 하게 되는데, 바로 우리가 이 기준을 더 잘 충족시킬 수 있는 새로운 제도적 원칙을 상상할 수 있게 하기 위해서 말이다. 에이켄과 바텔은 로버트 달이나 숙의 민주주의자들의 규범적 기준이 너무 비현실적이라고 일축함으로써, 이들이 자신이 제대로 비판한 이 같은 제도 이외에 어떤 다른 제도가 있을 수 있는지에 대해 천착하고, 그 같은 제도를 상상하는 데 있어 스스로 무력하게 만들고 있음을 인식하지 못하고 있다. 다시 말해, 이들은 민주주의의 규범적 가치를 일축함으로써 민주주의의 현실이 지닌 결함에서 벗어나는 일을 불가능하게 만들고 있다.

이들이 스스로 '현실주의'를 자처함에도 불구하고, 에이켄과 바텔은 무엇보다도 선거자금 개혁과 사회적, 경제적 평등을 추구함으로써 우리에게 익숙한 민주주의를 개선하는 데 열중하려 한다. 그러나 이들의 책에 제시된 이 같은 처방적 권고가 어디에서 비롯되는지도 불분명할뿐더러, 선거자금 개혁, 그리고 사회정책과 경제정책을 동등하게 취급하는 방식이 유권자의 무지와 비합리성 문제를 어떻게 해결하게 되는지도 전혀 확실하지 않다. 반면에, 이들이 맹렬히 반대하는 일련의 개혁 중 하나는 평범한 시민을 정책 입안에 더 직접적으로 참여시키는 의제이다. 이들은 이 같은 의제가 유권자 능력에 대한 이들의 견해와 양립될 수 없으며, 과거의 어리석음을 입증한다고 주장한다. 따라서 에이켄과 바텔은 포퓰리스트와 진보 인사들에게 매우 거친 언사를 삼가지 않는데, 이들이 볼 때 이런 사람들은 아무런 유익한 효과도 없는 더 직접적인 시민참여를 장려하고, 단지 강력한 이익집단에 의해 이 같은 제도가 포획되도록 부추겼을 뿐이다(또한, Shapiro, 2016에서도 길게 이뤄진 주장).

그러나 우리가 시민에게 논리적으로 추론하고 이 추론에 근거해 참여하도록 요구할 수 없음을 입증하려면, 우리는 시민의 참여가 4년마다 한 번씩 투표하는 행위에 국한되는 단지 선거 민주주의 상황에서뿐만 아니라 어떤 민주주의 상황에서도 시민에게 그렇게 요구할 수 없음을 입증해야 할 것이다. 아니나 다를까, 에이켄과 바텔은 평범한 시민의 이런 능력을 보여주는 다양한 민주적 혁신 사례를 거의 검토하지 않는다. 에이켄과 바텔은 시민의회 관련 문헌을 간략히 다뤘을 뿐이고,[113] 현재 널리 입증되고 있는 민회의 다른 성공 사례를 조금도 검토하고 있지 않다. 이 같은 반증 사례가 심각한 결함을 지닌 미국의 제도보다 규범적 이론가들이 염두에 둔 민주주의의 의미에 훨씬 더 가깝다는 점이 드러날 때에도 이런 사례를 그같이 간단히 치부할 수 있을까? 에이켄과 바텔은 고대 그리스를 한 차례도 언급하지 않으며, 스위스를 전혀 검토하지 않는다. 시민의 무능력에 관한 이들의 결론을 이런 다른 민주주의 나라에도 동일하게 적용할 수 있을까?

다음으로, 과거 민주화 시도 과정에서 인민의 참여가 때로 사적 이해관계에 의해 포획됐다는 사실이 이런 참여가 다른 상황에서 더 현명한 방식으로 활용될 수 없다는 증거가 되는 것은 아니다. 캘리포니아의 직접 발의와 국민투표의 사례는 단지 하나의 기준점(그리고 심지어 논쟁의 여지

---

113 에이켄과 바텔은 숙의 민주주의자들이 시민참여의 성공적 사례로 널리 인정하는 실례를 "가치 있어 보이는 캐나다식 발의"라고 칭함으로써 마음에 없는 칭찬을 한 뒤에 "비싼 대가를 치른 극적인 실패"라고 비난하는데, 민회의 권고안이 다소 높은(66%) 국민투표의 문턱을 통과하지 못했기 때문이다(Achen and Bartels, 2016: 302). 이들은 잠시라도 멈춰 서서 효과가 있는 일만이 성공의 유일한 척도가 아님을 결코 생각하려 들지 않는다. 이 같은 기준으로만 봤을 때, 선거는 간혹 끔찍한 결과를 낳긴 해도 실제로 매우 성공적인 제도가 된다.

가 있는 기준점)이 될 뿐이다(Matsusaka, 2005). 반면에, 인민의 참여가 뿌리 깊게 자리 잡고 있고 일반적으로 공적 이익에 복무한다고 여겨지는 스위스 사례는 어떤가? 핀란드의 시민 발의는 어떤가? 여러 면에서 아웃라이어에 해당하는 미국 사례를 벗어나 시야를 확대한다면 이들의 회의론이 줄어들 수도 있다.

에이켄과 바텔의 결론이 우리를 비관에 빠지게 만드는 반면, 이 같은 결론은 선거 민주주의를 시행하는 나라에 사는 유권자의 심리를 우리가 잘못 이해하고 있음을 간단히 증명한다. (우리는 투표행위가 이데올로기나 이성보다는 내집단 선호와 더 많은 관련성을 지닌다고 인식한다는) 이들이 제기하는 반론은 인민의 통치라는 이념에 필적할 만한 규범적 주장에 이르지 못하고 있는데, 이러한 통치에는 이를테면 숙의 민주주의자들이 발전시킨 형태 같은 실현하기 더 힘든 판본이 포함된다.

현재의 해결책과 그 한계

사실이 이렇다면, 우리는 경험적 현실, 그리고 이 같은 정체의 토대를 이루는 일련의 추상적인 제도적 원칙 등 두 가지 측면에서 현행 민주주의 제도의 위기가 현존한다고 가정할 수 있다. 그렇다면 해결책과 처리방안은 무엇인가? 특히, 혹여 우리가 대의 민주주의의 문제를 극복하도록 도와줄 수 있는 어떤 대안적 민주주의 이론이 존재하는가? 이들의 책 마지막 장에서, 에이켄과 바텔은 체념하듯 다음과 같이 말한다. "불행하게도, 우리는 이 마지막 장에서 짜임새 있는 새로운 민주주의 이론을 제시할 준비가 되어 있지 않다"(2016: 298).

이제 '민주주의를 구하려는' 규범적 정치이론가들의 가장 전도유망한 기존 시도들을 간략히 검토하고, 그럼에도 결국 이들이 목표에 미달하게 되는 이유를 보여주려 한다. 결론부터 말하자면, 나의 주된 선택은 한편으로 엘리트 민주주의를 새롭게 옹호하는 형태의 현 상황에 대한 다양한 합리화와 다른 한편으로 참여적 형태의 숙의 민주주의의 사이에 존재하는 듯하다. 그 해결책 중 어느 쪽도 우리가 필요로 하는 해법을 제공하지 못하는데, 어느 쪽도 선거 대의제에 근본적인 질문을 제기하지 않고 있기 때문이다.

이 같은 합리화 중에서 그야말로 가장 극적인 형태는 수정된 슘페터적 민주주의에 대한 제프리 그린Jeffrey Green의 옹호인데, 이런 민주주의에서 인민은 발언권이라는 이상을 단념하는 대신 "응시 권력power of gaze"을 받아들이도록 권장된다(Green, 2010). 그린이 볼 때, '응시'는 지도자에게 '시각적' 압력을 가해서 '정직'한 태도를 취하지 않을 수 없게 만드는 시민의 능력에 해당하는데, 이는 더 큰 민주적 책임성을 보장하게 된다. 인민이 실제로 어떤 유의미한 직접적 의사결정 권력도 행사할 수 없기 때문에, 그린은 대신에 우리가 관객성spectatorship을 찬미할 필요가 있으며, 이것이 현실적으로 봤을 때 남아 있는 유일한 대안이라고 판단한다.[114]

매우 다르고 더 희망찬 맥락에서, 철학자이자 역사가인 존 킨John Keane은 놀라울 정도로 유사한 결론으로 수렴되는 주장을 펼친다(2009). 인류 문명의 태동 이후 민주주의의 역사를 조망한 킨은 우리의 민주 사회들이 그가 "역사적으로 완전히 새로운 형태의 민주주의"라 부른 쪽으로 꾸준히 발전해왔음을 보여준다. 킨은 이러한 새로운 패러다임에 넌지시 "포

114 그린의 이론이 현재 미국 민주주의의 정신을 잘 포착해 표현하고 있다는 점은 높이 평가할 만하다. 카다시안Kardashian 몰아보기가 일반화되고 정치적 무관심이 증가하는 시대에, 관객성을 찬미하는 일은 시대정신이라고 볼 수 있다. 그린은 가장 최근의 책에서 심지어 불평등이 증가하는 시대에 적절한 덕목으로서 부자를 향한 질시를 찬미함으로써 신포도 방식의 이론화에 몰두하고 있다(Green, 2010).

스트 대의제적"(또한, 포스트 웨스트민스터적)이라는 특성을 부여하지만, 그가 선호하는 이름표는 "파수꾼 민주주의"이다. 이 패러다임에 파수꾼 민주주의라는 이름을 붙임으로써 킨은 현재 감시받는 당국이 선출 대표자 외에도 다양한 형태의 새로운 인민 권력에게 설명 책임을 지니게 되고, 일반적으로 이 같은 인민 권력이 당국으로 하여금 긴장을 늦추지 않게 만드는 방식을 강조한다. 인민 권력에는 시민단체, 비정부기구 등이 포함된다. 파수꾼 민주주의가 규범적 요소를 지니는 한, 그것은 '응시 권력'이 정치 엘리트로 하여금 긴장을 늦추지 않게 만드는 그린의 제도적 이상을 떠오르게 한다.[115]

(회의체 민주주의, 대의 민주주의, 파수꾼 민주주의를 구분하는) 킨의 삼분법은 이 책에서 내가 시도한 직접 민주주의, 대의 민주주의, 열린 민주주의 사이의 구분과 유사한 형식을 띤다. 그러나 킨과 달리 내 접근은 순전히 역사적이라기보다는 규범적이고, 기술적記述的이라기보다는 규정적prescriptive인 형태에 더 가깝다. 파수꾼 민주주의가 단지 모호함을 보여주는 부분에서 열린 민주주의가 바람직하게 여겨질 수 있다. 게다가, 권력을 감시하고 권력에 설명 책임을 지우는 일이 권력을 행사하는 일과 완전히 일치하는 것은 아니다. 그것이 규범적인 한, 파수꾼 민주주의 이론은 (그린의 응시 이론처럼) 여전히 현상 유지status quo와 대의 민주주의의 틀에 지나치게 집착하는 듯 보인다.[116]

---

115 킨의 견해는 또한 피에르 로장발롱Pierre Rosanvallon의 《대항 민주주의Counter-Democracy》(2008)의 핵심 개념과 다소 유사한데, 《대항 민주주의》는 공식적인 민주적 권력을 지지할 뿐만 아니라 이러한 권력과 대립하는 일련의 제도를 언급한다. 내가 볼 때, 킨의 파수꾼 민주주의와 로장발롱의 대항 민주주의 사이의 차이는 킨의 파수꾼 민주주의가 엄밀한 의미의 정치제도와 국가제도 너머에까지 확장된다는 점인 듯하다.

116 이러한 현상 유지 편향은 파수꾼 민주주의에서 신기술의 역할에 대한 킨의 해석을 통해 예시될 수 있다. 킨은 신기술이 그저 대표자에 대한 대규모의 비선거적 통제 수단에 지나지 않는 것으로 본다. 내가 볼 때, 신기술은 더 근본적으로 평범한 시민에게 권한을 부여하는 일과 관련되는데, 이는 대표자에

나는 허울뿐인 현실주의 그리고 실현 가능성이 지닌 한계의 수용에 대한 철학적 입장과 결론 또한 위험할 수 있음을 우려한다. 설령 우리가 이 같은 주장을 정부의 투명성과 개방성(그리고 인민의 응시를 허용하는 일)에 대한 옹호로서 너그럽게 해석한다 하더라도, 이런 민주주의 권력 이론은 글로벌 파놉티콘의 시대에 리바이어던의 응시와 비교해 인민의 응시가 지닌 우위를 과대평가한다. 인민이 수행할 수 있는 감시의 정도는 결코 국가의 역량에 필적할 수 없는데, 이는 어느 정도 이러한 모델이 인민의 면밀한 조사에 자신을 열어 두려는 정부의 의지에 달려 있기 때문이다. '파수꾼' 민주주의는 언제나 '감시받는' 민주주의로 전환될 위험성을 지닌다.

둘째, '응시'만으로 할 수 있는 일을 과대평가함으로써 발생하게 되는 위험은 이것이 민주주의의 이상에서 발언권이 지닌 중요성을 경시한다는 점이다. 최악의 경우, 21세기 민주적 시민권의 이상으로서 감시와 관객성의 철학은 지식인 통치주의epistocracy에 대한 최근의 옹호에서 얻을 수 있는 종류의 결론으로 이어진다(예를 들어, Brennan, 2016).[117] 곧 우리는 가장 지식이 없는 이들에게 발언권을 주지 않아야 하는데, 결국 이같이 발언권을 주는 일이 이들에게 별로 도움이 되지 않으며 정치적 의사결정을 거의 개선하지 못하기 때문이라는 결론 말이다.

현상 유지를 합리화하는 일에 입각한 해결책은 민주주의를 구하는 경로를 보장하지 않는다. 반면에, 지배를 최소화하는 더 야심 찬 목표를 지닌 공화주의 쪽에서, 우리는 선거 민주주의의 개선에서부터 급진적인 포

게 영향력을 행사하고 이들을 통제하는 권력이 아니라 결과에 영향을 미치는 실제 권력을 시민에게 되돌려준다는 의미에서 그렇다.

117 (옮긴이) '지식인 통치주의'란 적절한 지식을 지닌 사람에 의해 의사결정이 이뤄지는 통치체제를 말하며, 플라톤의 철인정치와 궤를 같이 한다. 또한, Brennan and Landemore, 2021 참조.

퓰리즘 제안에 이르는 여러 가지 흥미로운 제안을 발견하게 된다. 필립 페팃은 다수결주의의 위험성에 대응하는 독립기구와 몇몇 새로운 참여적 요소를 갖춘 가운데 다양한 정부 부처들이 서로 경쟁하는 전통적인 혼합 정체를 지지하는 보수적인 태도를 보여준다(2016). 대조적으로, 이언 샤피로Ian Shapiro(2016)는 더 많은 다수결주의와 정당 경쟁을 선호하고, 페팃이 선호하는 제도적 계획이 너무 많은 거부점들을 만들어내고 취약한 소수집단을 보호하기보다는 강한 소수집단에게 권한을 부여한다고 비판한다. 페팃과 샤피로 모두 정치에서 돈의 역할, 게리맨더링 관행,[118] 그리고 투표 선거 메커니즘에서 나타날 수 있는 그 밖의 부패를 제한하기 위해 다양한 형태의 개입이 필요하다는 점에 동의한다. 그러나 이들 중 누구도 실현 가능성과 현실주의를 명분 삼아 우리에게 익숙한 선거 민주주의를 탈피하는 위험을 무릅쓰려 하지 않는다. 기껏해야, 페팃이 호주식 의무 투표를 지지할 의향을 지닌 듯 보일 따름이다. 샤피로의 경우, 자신의 모델에서 강한 양당제가 정치적 논란의 가능성을 제한했던 낭만화된 과거를 검토한다.

자칭 포퓰리스트 공화주의자인 존 맥코믹John McCormick은 '마키아벨리적 민주주의'라는 자신의 제안에 계급 구분을 도입하고 그에 기반하게 함으로써 이 같은 틀로부터 탈피한다. 맥코믹 모델의 핵심은 무작위로 선택된 평범한 시민에게 매해 하나의 법률에 대해 거부권을 행사하고 매해 한 번의 국민투표를 요청하고 매해 각 정부 부처에 소속된 한 명의 관료를 탄핵할 수 있는 권한을 부여함으로써 우리의 선거 정체가 지닌 과두제적 경향과 싸우는 역할을 하게 되는 로마의 호민관을 모델로 한 의회 제도에 있다(McCormick, 2011: 178~188). 이런 이론적 대담함에 칭찬이 주어지는

118 (옮긴이) '게리맨더링gerrymandering'이란 특정 정당에 유리하게 선거구를 조작하는 일을 말한다.

반면, 부유한 이들의 대표자와 가난한 이들의 대표자가 서로 싸우도록 만드는 이 계획에 아름답지 못하고 실제로 비민주적인 무언가가 존재하며, 이는 계급 갈등을 구체화하게 되고, 결과적으로 진정한 민주주의의 핵심을 이뤄야 할 근본적인 정치적 평등을 부정하게 만든다는 문제를 안고 있다.

민주주의를 구하려는 다른 전략들은 민주주의 자체보다는 대표성을 다시 사고하려 한다. 이를테면, 현행 선거제도 자체보다는 비선출직을 포함한 다양한 행위자에 의해 대표되는 권리에 초점을 두고 이러한 권리 형성의 측면에서 대표성에 접근하는 마이클 사워드Michael Saward의 새로운 대표성 이론은 대의 민주주의를 역사적 현실의 차원으로부터 완성 가능한 이상의 차원으로 고양시킬 수 있는 가능성을 열어준다. 이를테면, 그는 다음과 같이 말한다. "우리가 만약 대의 민주주의를 **색다른** 관점에서 볼 수 있다면, 그것은 '사물'이라기보다는 복잡한 염원에 더 가깝고, 정치적 타협이라기보다는 정치적 이상에 더 가까울 것이다"(Saward, 2010: 168). 사워드는 대표성에 대한 우리의 이해를 유용한 방식으로 복잡하게 만드는데, 곧 권리의 담지자, 이 담지자가 요구하는 유권자로서 권리, 그리고 이런 권리를 정당한 것으로 인식할 수도 있고 인식하지 않을 수도 있는 청중 사이의 관계를 탐구하면서 말이다. 사워드는 대표성에 대한 새로운 이해를 통해 시민에게 더 많은 권한을 부여할 것을 요구한다. 사워드의 모델은 이와 같이 대표성 개념을 재천명하고 이 개념에 새롭고 더 민주적인 의미를 덧붙이려는 하나의 시도에 해당한다. 그러나 사워드는 또한 대체로 선거 대의제의 경계 내에 머무르고, 자신의 야망의 한계를 다음과 같이 뼈저리게 인정한다. "[내] 과업은 대의 민주주의의 새로운 청사진을 제시하려는 것이 아니었다. [⋯] 내 의도는 관행으로서 대의제의 복잡한 생태에 대한 인식을 늘리려는 것이었는데, 곧 지나치게 규정적이거나 도덕적인 접근, 그리고 실제로 정통적인 견해에 충분히 도전하지 않는 접근이 지닌 함정을 피하면서 말이다"(2010: 68).

더 전복적인 측면에서, 몇몇 민주주의 이론가들은 직접 민주주의와 대의 민주주의 사이의 경계를 무색하게 만드는 비선거적 형태의 대의제를 옹호하기 시작했다. 비선거적 형태의 대의제는 무작위 선출기구(예를 들어, Gastil and Wright, 2019; Guerrero, 2014; Abizadeh, 2020)나 스스로 권한을 부여한 대표자(예를 들어, Castiglione and Warren, 2006; Urbinati and Warren, 2008)와 관련된다. 짐 피시킨Jim Fishkin은 또한 민주주의에 대한 야심 찬 전망을 옹호했는데, 이 같은 전망은 피시킨 자신이 선호하는 민회 모델(공론조사)을 더 많이 활용하는 것이다. 하지만 피시킨은 이런 모델을 대의 민주주의 패러다임의 대안으로 제시하기보다는 대의 민주주의 패러다임 내에 기입시킨다(Fishkin, 2018). 다른 이론가들은 숙의 형태의 대의 민주주의를 국제적 수준이나 글로벌 수준에 적용시켰고(Benhabib, 2006; Macdonald, 2008), 따라서 민주적 주권을 민족국가라는 미리 규정된 영토적 경계 위에 위치시키는 경향과 단절하고 지리적으로 더 복잡하고 심지어 비영토적인 권리와 유권자의 정당성을 인정하려 했다(이는 중요한 사안으로 결론에서 간략하게 다시 논의할 것이다). 특히 다비트 반 레이브라우크David van Reybrouk와 브렛 헤닉Brett Hennig은 덜 학구적이고 더 투쟁적인 스타일로 각각 "선거에 반대"하고 "정치인의 소멸"을 옹호하는 급진적인 태도를 보여줬는데, 민회를 통해 전적으로 운영되는 민주주의 모델을 제시하면서 말이다(Van Reybrouck, 2016; Hennig, 2007; 또한 Bouricius, 2013 참조). 여러 가지 면에서 이런 새로운 제안은 '대의 민주주의의'의 의미를 근본적으로 바꾸는 것을 목표로 한다.

이론상으로, 우리가 '대표성'과 그에 따른 '대의 민주주의'라는 용어가 지닌 의미를 바꾸는 일, 그리고 더 진정한 형태의 민주적 제도를 의미하도록 대의 민주주의를 회복시키는 일을 가로막을 수 있는 것은 아무것도 없다. 이어지는 장들에서 나는 앞서 후반부에 언급된 여러 저자들처럼 민주적 대표성을 이해하고 제도화하는 그런 새로운 방식을 옹호하는 낯설게 하기 전략을 추구한다. 그러나 내가 느끼기에 이 같은 전략은 '대의 민주주의'라는 용어가 다시 호소력을 갖도록 만들기에는 충분하지 않다. 옛 패러다임을 혁신하는 전략에는 한계가 존재한다. 새롭게 출발하는 편이 우리에게는 더 나은데, 적어도 네 가지 이유에서 그렇다.

첫 번째 그리고 어쩌면 가장 중요한 이유는 민주주의를 '대의적'이라 칭함으로써 민주주의에 첫 특성을 부여하는 일은 그다지 유용한 방식이 아니라는 점이다. 플롯케Plotke(1997)가 언급하고 많은 민주주의 이론가들이 외견상 의견일치를 보인 대로 만약 "대표성이 곧 민주주의를 의미"한다면, 우리가 '대의 민주주의'라고 말하는 것은 무의미하다. 만약 민주주의가 언제나 특정 형태의 대표성을 수반한다면, '대의 민주주의'라는 단어는 대체로 중복적이고 불필요한 표현에 해당한다.

두 번째 이유는 대의 민주주의가 근본적으로 엘리트주의적 기원을 갖는다는 점인데, 우리는 이런 기원을 그냥 지나칠 수도 있지만 실제로 그렇게 하기는 어렵다. 이 장에서 우리가 살펴본 대로, 대의 민주주의는 민주주의의 하나의 대안으로서 생겨났다. 곧 이른바 '대의제 통치'라는 혼합 정체로서 말이다. 이 같은 정체는 지난 두 세기 동안 단지 지난하고 매우 고통스러운 민주화 과정을 겪었다. 비록 이론가들이 최대한 노력한다 하더라도, 근본적으로 엘리트주의적인 개념을 평범한 시민에게 권력을 되돌려줄 수 있는 개념으로 바꾸기 위해 할 수 있는 수준에는 한계가 있다. '대의 민주주의'라는 단어는 단지 중복적일 뿐만 아니라, 오염된 표현이기도 하다.

이와 관련된 세 번째 이유는 실용적인 측면을 지닌다. 세계 어디서나 공통적인 선거 민주주의(또한, 엘리트 민주주의)와 밀접한 패러다임이라는 오명에서 벗어나는 일은 이 시점에서 그야말로 너무 어려운 과제에 해당한다. 우리는 프리덤 하우스의 민주주의에 대한 정의를 떠올려 볼 수 있는데, 이들에 따르면 민주주의는 하나의 정치제도로서 "그 지도자는 경합하는 복수의 정당과 복수의 후보자가 참여하는 절차로부터 선출되고, 이 같은 절차에서 야당은 권력을 획득거나 권력에 참여할 수 있는 합법적 기회를 얻을 수 있다"(2000: 2). 대다수의 사람이 대의 민주주의가 곧 선거를 의미한다고 정의 내리는 현실에서, 어떻게 우리는 비선거적인 형식과 내용을 갖춘 대표성을 회복할 수 있는가? 낯설게 하기 전략을 통해 그렇게 하기에는 그야말로 너무 늦은 듯하다. 과두제 원칙에 따라 그렇게 형성돼온 어떤 제도를 지적으로 재개념화하는 일이 가져다주는 효과에 승부를 걸기에는 너무 위험 부담이 큰 반면에 그 필요성은 너무나 절실한 상황이다.

마지막으로, 네 번째 이유는 대의 민주주의와 영토 민족국가의 실제적인 관련성, 그리고 '정치적'이라 여겨지는 것에 대한 협소한 이해와 관련된다. 오늘날 글로벌 시대에 누군가는 민주주의에 대한 우리의 이해가 더 야심 차야 한다고 주장할 수 있는데, 곧 수평적(경제적 영역)인 동시에 수직적(국제적 차원)으로 확장해야 하고, 아마도 탈물질화되거나 적어도 전체적으로 탈영토화돼야 한다고 말이다.

그러므로 우리의 과제는 사워드와 다른 이들이 제시하지 못한 민주주의의 청사진을 제시하는 일이 돼야만 한다. 우리는 '대의 민주주의'의 패러다임을 일신하는 대신, 어떤 현대적 거버넌스 제도에서도 특정 형태의 대표성이 여전히 필요하고 바람직하다는 사실을 당연하게 받아들이고 본질적으로 다른 민주주의 패러다임을 제시하려 한다. 이런 패러다임은 대의 민주주의에 대한 조금 우호적인 수정안을 제시하기보다는 우리가 대의 민주주의를 뒤로하고 그것을 넘어서도록 만들 것이다. 이 모델은 대표성을 당연하게 받아들이지만, 이 대표성이 반드시 선거 메커니즘으로 전환돼야 한다고 가정하지는 않는다. 대신 다른 것들에 강조점을 두는데, 이는 평범한 시민에게 결정 과정 전체를 열어 두는 일을 포함한다. 이러한 강조는 실제 권력이 행사되는 대부분의 공간에서 평범한 시민을 배제하는 일에 입각한, 역사적 개념으로서 대의 민주주의의 원칙으로부터 급진적인 탈피를 의미한다. 또한, 이상적으로 볼 때 이런 새로운 패러다임에서는 숙의가 그 제도적 설계의 중심이 된다.

나는 이런 새로운 민주주의 패러다임을 발전시키는 일을 시작하기 전에, 내가 생각하기에 흥미로운 통찰이 담긴 해결책임에도 불구하고 방향 설정이 잘못된 또 다른 패러다임을 고찰하려 한다. 이 패러다임에서는 직접적 형태의 인민의 통치로 되돌아가려는 특성이 나타나고, 대표자의 매개 없이 모든 시민이 모든 사안에 대해 직접 결정을 내리게 된다. 해결책은 언뜻 보기에 솔깃한 제안처럼 보이는 반면, 실천적으로도 실현 불가능하고 규범적으로도 바람직하지 않은 것으로 증명되고 있다.

3

직접 민주주의라는 신화

어떤 이들은 민주주의의 위기에 대응해 우리를 비민주적 정체 형태로 돌아서게 만드는 반면(이 책에서 내가 수용하지 않게 될 선택지[119]), 많은 이들은 대신에 인민권력, 인민주권, 자기통치, 그리고 진정한 정치적 평등 같은 이상에 더 충실한 형태로서 직접 민주주의로 회귀함으로써 구원을 받으려 한다. 직접 민주주의의 옹호자들은 종종 고대 그리스, 로마공화국의 특정 측면, 또는 스위스의 제도에서 이러한 직접 민주주의의 이상이 실현된 사례를 발견한다고 주장한다.

따라서 직접 민주주의를 옹호하는 첫 번째 집단은 다음과 같이 다양한 사회운동과 정치적 실험으로 구성된다. 곧 월가 점령 시위, 멕시코의 사파티스타 운동, 스페인의 분노한 사람들Idignados, 북시리아의 '민주연방체제'에서 쿠르드족의 실험, '아랍의 봄'을 촉발시킨 사회집단, 튀르키예에서 에르도안에 대항한 사회적 저항, 프랑스의 노란 조끼 운동 등 말이다.[120] 이들 집단은 그들 사이에 권력이나 위계의 위임을 거부하는 경향

---

119 대신에 제이슨 브레넌Jason Brennan과 함께 저술한 내 근간 참조. 이 책에서 브레넌은 민주주의의 지식인 통치적 대안을 옹호하고, 나는 반대 입장을 옹호한다(Brennan and Landemore, 2021).

120 (옮긴이) '사파티스타 운동'에 관해서는, 마르코스 지음, 윤길순 옮김,《우리의 말이 우리의 무기입니다》, 해냄, 2002; 미할리스 맨티니스 지음, 서창현 옮김,《사빠띠스따의 진화》, 갈무리, 2009; '북시리아의 민주연방체제에서 쿠르드족의 실험'에 관해서는, 존 레스타키스 지음, 번역협동조합 옮김,《시민권력은 어떻게 세상을 바꾸는가-커먼즈, 사회적 경제, 자치와 직접민주주의를 통한 국가와 정치의 전환》, 착한책가게, 2022, 7장; '아랍의 봄'에 관해서는, 장 피에르 필리외 지음, 시릴 포메스 그림, 해바라기 프로젝트 옮김,《아랍의 봄》, 이숲, 2014; 구기연 외,《아랍의 봄 그 후 10년의 흐름》, 서울대학교출판문화원, 2022; 김정아 외,《아랍의 봄: 인문학과 사회의 교차적 진화》, 세창출판사, 2022; 백승훈 외,《아랍의 봄 이후 정치지형과 법제도의 변화》, 세창출판사, 2022; 장지향,《최소한의 중동 수업-세계 변화의 중심, 이슬람 세계의 모든 것》, 시공사, 2023; '튀르키예에서 에르도안에 대한 사회적 저항'에 관해서는, 이희수,〈터키 반정부 시위의 배경과 역사성〉,《내일을 여는 역사》52, 2013, 174~189쪽; 조상현 · 금상문,〈터키의 세속주의와 이슬람주의의 갈등〉,《중동문제연구》14(1), 2015; '노란 조끼 운동'에 관해서는, 이 책 5장〈다수결 승인의 암묵적인 방식 대 명시적인 방식〉절 옮긴이 주석 참조. 또한, 임월산,〈'아랍의 봄'에서 '분노하는 사람들'과 '점거하라' 운동까지-2011년 세계 저항운동 평가〉,《사회운동》104, 2012 참조. 한편, 한국의 사례와 관련해 이 같은 사회운동이 지닌 한계에 대해서는, 당대비평기획위원회 엮음,《그대는 왜 촛불을 끄셨나요-폭력과 추방의 시대, 촛불의 민주주의를 다시 묻는다》, 산책자, 2009; 신진욱,〈한국 민주주의의 퇴행과 시민정치 [참여사회연구소 창립 20주년 심포지엄-한국 민주주의 30년 '전환의 계곡'과 그 너머]〉,《시민과세계》29, 2016,

이 있다. 그들이 말하는 직접 민주주의는 지도자가 없고 스스로 조직하는 '대면 집회-민주주의face-to-face assembly-democracy'를 의미하는데, 이 같은 민주주의는 일반적으로 조금 작은 규모의 환경에서 시행되고, 또는 조금도 '직접성'을 잃지 않고 규모가 더 큰 커뮤니티에 적용하기 위해 이같이 규모가 작은 환경들을 연합할 가능성을 지닌다.

두 번째 집단은 신기술, 특히 인터넷 기술이 심지어 대규모 사회에서 직접 민주주의가 실현될 수 있도록 도울 것이라 주장한다. 이들의 목표는 디지털을 통해 가능해진 포괄적 숙의 모델을 발전시키고 모든 시민이 투표하는 일을 가능하게 함으로써 규모에 맞춘 대의제를 회피하는 것이다(예를 들어, Fuller, 2015; Tormey, 2015 121). 따라서 점점 증가하는 사이버유토피아주의와 전자 민주주의 관련 문헌은 신기술 덕분에 과거에서 발견된 것으로 여겨지는 소규모 직접 민주주의의 모든 이점을 다시 이용할 수 있다고 가정하는데, 이런 신기술이 세계를 지구촌으로 바꾸고 있고 오직 소수의 사람만이 대면을 통해 할 수 있던 것을 수백만 명의 사람이 전자 기기를 통해 할 수 있게 만들어줄 것이기 때문이다(예를 들어, Bohman, 2004; Coleman, 2005; Dahlgren, 2005; Hindman, 2010; Velikanov, 2012 참조). 사이먼 토미Simon Tormey는 자신의 책 《대의 정치의 종말*The End of Representative*

120~135쪽 , 참여사회연구소, 2020; 박권일, 《축제와 탈진》, yeondo, 2020; 백승욱, 〈[서평] 투쟁을 해야 할 때 제대로 투쟁하는 노동자 조직을 세우기 위하여: 계급적 관점에 선 민주노총 역사에 대한 비판-김창우, 『애도하지 마라 조직하라』, 회화나무, 2020〉, 《마르크스주의연구》 17(3), 2020, 251~269쪽; 백승욱, 《1991년 잊힌 퇴조의 출발점-자유주의적 전환의 실패와 촛불의 오해》, 북콤마, 2022; 곽노현 · 오현철 · 이지문 · 이진순 · 김종철, 〈시민의회를 생각한다〉, 《녹색평론》 154, 2017년 5월 1일 참조; 또한, 한국프랑스철학회 엮음, 《철학, 혁명을 말하다-68혁명 50주년》, 이학사, 2018 참조.
https://blog.naver.com/baek_alter/222173826529
http://greenreview.co.kr/greenreview_article/1265/

121 그러나 토미는 훨씬 더 직접적인 형태의 민주주의 쪽으로 제스처를 취하는 것 이상으로 포스트 대의 민주주의가 의미하는 바를 크게 구체화하지는 않는다.

Politics》의 결론 장에서 그의 모델을 '포스트 대의 민주주의'라 칭하고 있다(Tormey, 2015: 144). 많은 약속에도 불구하고, 이 같은 제안들에서는 구체적이고 자세한 설명이 충분하게 이뤄지지 않는다.[122]

직접 민주주의를 옹호하는 세 번째 집단은 그리스의 시리자(급진좌파연합), ('분노한 사람들' 운동에서 비롯된) 스페인의 포데모스('우린 할 수 있다') 정당, 또는 북유럽의 해적당 같은 운동과 정당을 포함한다. 이 같은 운동은 선거의 산물이자 전통적인 정당으로 조직됨에도 불구하고, 반反대의제 원칙에 따라 작동하고 자신의 유권자와 더 직접적인 연결을 보존하는 특징을 지닌다. 이들의 민주주의 실천은 '액체' 민주주의 또는 '위임' 민주주의 이론(Ford, 2002; 2014)의 구미에 맞는데, 이 같은 이론적 기초는 당 내부적으로뿐만 아니라 당이 집권하는 경우에도 정당의 강령과 결정에 직접적인 영향을 미치게 된다. 액체 민주주의 모델에서, 구성원들은 사안에 대해 직접 투표하는 것과 자신이 택한 누군가에게 표를 위임하는 것 둘 중 하나를 선택할 수 있다.[123] 일단 집권하게 되면, 이 같은 정당들의 목표는 부분적으로는 훨씬 더 자주 국민투표를 시행하고 대규모 온라인 직접 민주주의 참여 메커니즘을 도입함으로써 공적 제도를 재활성화시키는 것이다. 이들이 의미하는 직접 민주주의는 루소식으로 전체 인민에 의한 최종결정과 관련해 투표 기회와 국민투표 등의 계기를 크게 늘

122 더 자세한 설명을 위해, 우리는 시릴 벨리카노프Cyril Velikanov가 이론화한 '대규모 온라인 숙의'(Velikanov, 2012)같이 공학자가 개념화한 내용을 논의할 수 있는데, 이 같은 개념은 개개인으로 이뤄진 어떤 공동체가 알고리즘의 도움으로 스스로 조직하는 일을 가능하게 하는 온라인 플랫폼의 원칙을 제시해준다. '대규모 온라인 숙의'는 개인들이 그 수에 제한 없이 서로 온라인 숙의를 하는 일을 가능하게 하고 단지 이전에는 상상할 수 없었던 규모와 유동성으로 고대 그리스의 이상으로 회귀할 가능성을 우리에게 약속해준다.

123 이 같은 의사결정 방식은 지금까지 주로 정당 내부의 맥락에서 사용됐지만, 그 옹호자들은 때로 대규모의 민족국가와 국가연방에서 볼 수 있는 제도로서 액체 민주주의를 구상하고, 이러한 제도가 의회와 그 밖의 전통적인 대의 기관을 대체할 것으로 전망한다. 이에 관한 더 자세한 설명은 5장 참조.

리는 것이다.

마지막으로, 어떤 저자들은 실제로 자신이 옹호하는 포퓰리즘 제도와 정책의 특징을 더 잘 표현하려고 '직접' 민주주의와 '반反대의' 민주주의라는 어휘를 사용하는데(예를 들어, McCormick, 2011), 이 같은 제도와 정책을 통해 하층 사회계급(곧 빈곤층)은 (오직 이들만 접근할 수 있는) 특별대의 제도와 메커니즘을 부여받아 부유층의 폭압에 반격할 수 있게 된다.

선출된 대표자의 매개, 아니면 적어도 대리인delegates으로서보다는 독립적 수탁인trustees으로서 대표자의 매개가 제거된 자기통치하는 시민이라는 이상이 매력적이라는 점은 부인할 수 없는 사실이다. 그러나 이 장에서 나는 이러한 모든 매력에도 불구하고 대면에 의해서든 신기술에 의해서든 직접 민주주의가 대의 민주주의가 지닌 문제들에 대한 실현 가능한 해결책이 아님을 주장한다. 이 같은 민주주의가 실현 가능하지만 규범적으로 바람직하지 않은 형태, 또는 규범적으로 바람직한 측면에서 정의되지만 전적으로 실현 불가능한 형태 둘 중 하나에 해당하기 때문이다.

따라서 나는 (우리 자신의 대의 민주주의 제도의 기초가 되는) 다음과 같은 세 가지 통념에 반격을 가한다. (1) 주권이 기본적으로 최종결정권을 갖는 일과 결부된다는 루소주의(기원은 홉스주의) 사상, (2) 대중 사회의 규모 때문에 대의제가 필요하게 됐다는 역사적 주장, (3) 고대 아테네를 직접 민주주의의 원형으로 보는 견해. 반면에 나는 첫째, 주권이 루소와 대조적으로 최종결정권을 넘어서는 권력의 두 가지 추가적 차원, 곧 의제설정과 숙의에 대한 통제를 포함해야 함을 주장한다. 둘째, 나는 대의제가 대중 사회의 작동에 영향을 끼치는 특정한 규모상 제약 탓이 아니라 어떤 규모에서든 이해관계를 구성하고 확인할 필요 때문에 불가피하다고 주장한다. 마지막으로, 나는 심지어 고대 아테네의 거버넌스 제도에도 (비선거적이지만) 대의제적 요소가 포함됐다고 주장한다. 궁극적으로, 나는 민주주의는 언제나 대의제여야 하기 때문에, 직접 민주주의의 옹호자들이 지지하는 새로운 형태의 시민 참여가 '시민 대의제'(Warren, 2013)나 내 표현으로 '민주적 대의제'(4장 참조)의 형태로 가장 잘 개념화될 수 있다고 결론짓는데, 이는 전통적 선거 대의제를 대체하진 않더라도 그에 필적하는 형태에 해당한다.

내 주장을 펼치기 전에, 잠시 멈춰서 내가 사용하게 될 대표성/대의제 representation에 대한 정의를 제시하려고 한다. 대표성의 정의는 다양하고 때론 모순적이다. 여기에서 나는 앤드루 레펠드Andrew Rehfeld의 "대표성에 관한 일반 이론"(2006)에서 빌려온 단순한 정의를 사용하려고 한다. 따라서 내게 대표성은 해당 청중에 의해 인정되고 수용되는 방식으로 다른 누군가(개인이나 집단)를 대표하는 행위를 의미한다. 대표 행위를 승인해주는 해당 청중은 대표되는 실체와 완전히 다를 수도 있고, 다양한 메커니즘이나 의사결정 절차를 통해 이 같은 수용/비준/승인을 표현할 수도 있다. 이러한 기술적 정의에서 대표성이 반드시 유익하거나, 정당하거나, 민주적일 필요는 없다. 따라서 여기에서 내가 사용하는 대표성의 정의는 비민주적이고 비규범적으로 정당한legitimate 대표성과 양립될 수도 있다. 마치 대표되는 이들의 승인이나 심지어 참정권이 필요하지 않았던 지난날의 '가상적 대표성'에서처럼 말이다. **민주적** 대표성은 그러므로 정치적 대표성의 하위범주에 해당하는데, 이 같은 대표성의 주된 특징은 대표자 자리에 대한 접근이 모두에게 열려 있다는 점, 곧 모두가 동등하게 접근할 수 있다는 점이다.

이 장은 다음과 같이 진행된다. 첫 번째 절은 직접 민주주의의 가장 주요한 옹호자, 곧 장 자크 루소에 관해 논의한다. 이 절은 루소가 이해하는 직접 민주주의가 현대 참여 민주주의자들이 염두에 둔 형태와 매우 다르다는 점뿐만 아니라, 대규모 사회의 민주적 주권을 이따금 최종결정권을 갖는 것 이상으로 생각하는 이들에게 이런 루소식 민주주의가 적어도 여기에서 시도된 민주주의의 복원의 측면에서 규범적 호소력이 없음을 입증한다. 두 번째 절은 대표성이 고대건 근대건 모든 정치체에서 규모 문제와 대비해 대중 사회에서 민주주의 제도의 규모 문제에 대한 근대적 해결책이라는 공통된 가정에 문제를 제기함으로써 직접 민주주의 대 간접 민주주의의 문제와 관련해 일반적으로 수용되는 억견에 이의를 제기한다. 그다음에 세 번째 절은 고대 아테네 사례를 논의한다. 나는 고대 아테네의 정체가 흔히 생각하듯 노골적으로 직접적인 민주주의가 아니라고 주장한다. 대표성에 대한 적절한 개념적, 법적 틀의 부재에도 불구하고, 우리는 고대 아테네의 정체를 원형적 대의 민주주의로 보는 편이 더 나은데, 이는 고대 아테네에서 가장 널리 알려진 관행, 곧 인민 의회에서 이뤄지는 숙의와 투표를 포함한다. 네 번째 절은 우리가 직접 민주주의와 대의 민주주의의 오도된 이분법을 극복하고 대신 다소 민주적인 대표성의 다양한 형태를 개념화할 필요가 있음을 주장한다. 적절한 개념화는 평범한 시민들의 더 많은 참여를 촉구하는 형태의 사회운동이 마비 상태와 비민주적 포퓰리즘이라는 이중의 위험을 피하도록 도울 수 있다.

루소의 오류

루소에게 있어, 민주주의는 직접적이었거나 직접적이지 않았다. 널리 알려진 루소의 표현대로, "인민이 스스로 대표자를 세우는 순간, 자유는 중단되고 그들은 사라져버린다"(Rousseau, 1997: 115). 다시 말해, 대의 민주주의는 조금도 민주주의가 아닌 것이 된다. 대신에, 《사회계약론*Social Contract*》에서 루소는 널리 알려진 대로 아주 낮은 사회적, 경제적 불평등과 상당히 높은 가치 동질성을 특징으로 하는 자유롭고 평등한 시민들로 이뤄진 소규모 공화국과 관련된 민주적 이상을 제시한다. 이 모델에서, 인민은 특정 시간에 모여 법률과 정책에 관해 투표한다. 이들은 서로 간에 숙의하는 게 아니라, 투표, 곧 일반의지가 분명하게 요구한다고 생각되는 것을 표출하기 위해 ("이들 사이에 어떤 의사소통도 없이") 각자 마음속에서만 숙의한다(Rousseau, 1997: 60). 심지어 때로 인민의 의지가 그 목표를 벗어나는 순간에도 인민의 의지와 일반의지 사이에 어떤 매개도 존재하지 않게 된다. 루소에게 있어, 실제로 "[인]민이 직접 승인하지 않은 법률은 모두 무효이다. 이러한 법률은 법이 아니다. 영국민들은 자신이 자유롭다고 생각하는데, 이는 크게 잘못됐다. 영국민들은 단지 국회의원을 뽑는 선거 기간에만 자유로울 뿐이고, 국회의원이 선출되자마자 영국민들은 노예가 될 뿐 아무것도 아닌 게 된다"(Rousseau, 1997: 114).

루소는 또한 대표성에 대한 극단적 적대 때문에 순수한 의미의 민주주의가 기껏해야 단지 소규모 국가들에서만 이뤄질 수 있다고 생각했다(Rousseau, 1997: 90). 그러나 루소 자신이 인정한 직접 민주주의에 대한 선호에도 불구하고, 루소의 모델은 고대 아테네가 아니었다. 숙의에 대한 불신에 따라, 루소는 아테네가 민주주의라기보다는 "학자와 웅변가들이 통치하는 매우 폭압적인 귀족정"(Rousseau, 1964: 246, 필자 번역)[124]이라 생각했다. 루소의 모델은 대신에 마찬가지로 소규모인 스위스의 주들과 특히 그가 태어난 도시국가인 제네바였는데(Miller, 1984: 14~25), 이곳의 투표제도는 모든 시민이 공공장소에 모여 한 번에 독립적으로 투표하는 방식을 허용했고 이는 루소가 염두에 둔 방식이었던 듯하다.

근대 전야에, 시종일관 반反근대적이었던 루소는 이같이 대중 민주주

---

124 "[…] *Athènes n'était point une démocratie, mais une aristocratie très tyrannique, gouvernée par des savants et des orateurs" ("Sur L'Economie Politique").*

의의 가능성 자체를 배제하고 대신에 소규모 직접 참여 민주주의라는 이상을 외견상 지지하는 듯 보였다. 그러나 루소에 대한 이 같은 공통된 해석이 영향력이 컸고 종종 '강한' 민주주의 모델(Barber, 1984)을 지지하는 데 사용됐음에도 불구하고 코르시카나 폴란드에 관한 루소의 후기 저술과는 잘 들어맞지 않는다. 대신에 후기 저술은 (제네바 같은 도시들의 규모와 대조되는) 국가적 규모에서 인민주권을 실현하는 최선의 형태로서 선출 귀족정 같은 것을 옹호한다. 한 가지 어려운 문제는 이 후기 견해가 주권의 대표 불가능성에 관한 루소의 초기 견해에 대한 수정에 해당하는지 아니면 반대로 단순히 초기 견해를 구체화한 형태인지의 여부이다. 최근의 해석은 수정보다는 공식화 쪽으로 기울고 있다.

따라서 리처드 턱Richard Tuck에 따르면, "루소식 민주주의는 근대로 시점이 옮겨진 고대 도시국가에 대한 목가가 아니라, 근대 상업 국가가 어떻게 민주주의라는 이름에 걸맞은 자격을 지니게 될 수 있는지를 알아내려는 진지한 시도에 해당한다"(Tuck, 2016: 142). 턱에 따르면, 루소가 고대 아테네 모델을 벗어나려 한 이유는 바로 민족국가의 규모가 너무 컸고 근대 시민이 너무 부르주아적이었기 때문이다. 규모가 큰 민족국가의 부르주아 시민들은 그저 인민으로서 자주 모일 수 있는, 곧 법 제정에 직접 참여할 수 있는 시간이나 공간을 갖고 있지 못할 뿐이다. 규모와 시간적 제약의 문제에 대한 루소의 독특한 해결책은 주권과 통치를 구분하는 것이었다. 루소는 이러한 구분을 물려받았을 가능성이 큰 홉스와 마찬가지로 민주주의를 "잠들어 있는 주권"으로 생각했다(Tuck, 2016). 이 같은 해석에 기반할 때, 심지어 일상적인 법 제정과 정책 입안이라는 과제가 오늘날 일반의지를 실현하고 시행할 책임을 지닌 본질상 관료적인 기구로 여겨지는 귀족이 통치하는 '정체'에 위임되는 경우에도 우리는 어떤 정체를 민주적이라 말할 수 있다.

누군가는 왜 이러한 종류의 위임기구가 '대의제'로 개념화돼야 하는지 물을지도 모른다. 의지와 판단 사이의 루소의 또 다른 구별에 의존해, 나디아 우르비나티는 임명직이든 선출직이든 인민의 '대리인'은 단지 판단과 관련된 통치 부문을 책임지는 반면, 의지는 오로지 그리고 언제나 여전히 전체 인민의 특권으로 남게 됨을 지적한다. 따라서 우르비나티는 다음과 같이 언급한다.

> [실]제로 투표하는 것이 아니라 단지 의견을 밝힐 뿐인("*ce n'est pas voter...c'est opiner*") 의회 표결에 참여하는 대리인을 기술할 때, 루소는 두 가지를 말하고 있다. 첫째, 대리인은 승인 결정을 내리지 못한다. 둘째, 대리인은 의지 기능이 아니라 판단 기능을 수행한다. 판단은 법 또는 규칙에 기생하고 스스로 생성하지 못하기 때문에 약한 권한에 해당한다. 이런 사실은 자유와 평등을 침해할 위험 없이 이러한 권한이 이양되게 만든다. (Urbinati, 2006: 73)

그러므로 대규모 사회에서 인민주권 가능성을 실현하는 일의 핵심은 아마도 주권이라는 독특한 개념일 것이다. 루소에게 있어 이 주권 개념은 다른 것들에 의해 구체화된 권력을 포함해 최종결정권을 갖는 실질적이고 강한 권력을 의미하는데, 이는 선택 자체에 관해 성찰하거나 이 같은 선택을 공식화하는 '약한' 권력과는 대조된다. 최종결정권은 오로지 플레비시트나 국민투표에서 투표하는 행위(루소의 더 추상적인 사상을 공적 제도로 전환한 형태)를 가리키는 것처럼 보인다. 이러한 정의에 기반할 때, 법안 표결에 참여하는 일을 포함해 대리인이 이런 최종결정에 앞서 행하는 모든 것은 주권 행위가 아닌 게 된다. 루소의 통치 기획에서 실제로 이뤄지는 모든 위임에도 불구하고, 이 같은 계획은 여전히 '직접' 민주주의 또는 적어도 비非대의적 민주주의라는 이름표를 내세울 수 있다. 최종 승인의 기회를 얻을 수 있는 특권이 여전히 인민에게 있기 때문이다.

그러나 '최종결정권'이나 주권이 궁극적으로 무엇을 의미하는지의 측면에서 해석은 다양하다. 우르비나티에게 있어, 최종결정권은 주권을 대표해 숙의할 책임을 지닌 '대리인'에 의해 제정되거나 더 정확히 말하면 표결된 모든 법률에 대한 승인권이나 거부권을 의미하는 것으로 보인다. 그러므로 우르비나티가 볼 때 루소가 염두에 뒀음에 분명한 것은 대략적으로 이른바 대의제 정체이지만, 그것은 모든 인민이 참여하는 빈번한 승인 절차를 통해 보완되는 형태에 해당한다. 그렇게 함으로써 의회에서 표결된 모든 법률은 인민 자신에 의해 승인되고 따라서 그 정당성을 인정받게 된다. 이 같은 직접 민주주의 모델에서, 시민에게 요구되는 '참여'는 극도로 피상적이고 단순한 투표행위로 축소되지만, 상당히 빈번한 것으로 간주된다.

리처드 턱은 민주적 주권에 대한 훨씬 더 최소주의적인 해석을 옹호하는데, 이런 최소주의적 해석은 피상적 형태의 직접적 참여의 빈도를 표면상 일 년에 불과 몇 번의 참여로만 축소시킨다. 루소에 대한 턱의 해석에 기반할 때, 정체의 성격을 결정하는 데 핵심이 되는 것은 전체 인민이 핵심적인 입법 과정의 수준에 어떻게든 계속해서 직접 참여하는 것이다. 그러나 통상적인 입법부는 단지 정부의 일부에 속할 뿐이고, 따라서 주권의 실제적인 개입을 필요로 하지 않는다. 그러므로 우리는 루소에게 있어 민주적 주권이 실제로 통상적인 입법 기능을 포함해 실제 정부의 조직과 관행이 아니라 단지 헌법의 수준에서 추구되고 발견될 수 있을 뿐이라고 여기게 된다(Tuck, 2016: 135).

위의 두 가지 해석은 모두 《사회계약론》에 나타난 과장된 반反대의제적 관점과 《산에서 보낸 편지*Letters from the Mountain*》나 코르시카의 헌정 프로젝트나 폴란드 정부에 관한 저작에 나타난 대의제처럼 근대적 산물로 보이는 것에 대한 루소 후기의 외견상 모순적인 수용을 솜씨 좋게 조화시킨다. 루소가 **주권**이 수반된 대의제라는 견해를 거부한 반면, 통치 수준에서는 대의제를 전적으로 수용한다. 이 같은 해석은 또한 귀족정에 대한, 그렇지 않았다면 기이했을 루소의 선호를 설명해준다. 귀족정은 민주정과 양립해 존재할 수 있는데, 귀족정이 인민주권을 보유하거나 대표한다고 주장하진 못하지만, 민주적 주권이 일반의지의 형태로 추상적으로 지시하는 것을 실행하고 실현할 책임을 갖게 되는 한 그렇다. 유일하게 남은 질문은 루소에게 민주적 주권이 주로 잠든 상태로 존재하다가 간헐적으로 헌정적constitutional 계기 동안 활성화되는지(예를 들어, 턱의 해석) 아니면 최소한의 승인 행위일지라도 자주 활성화되는지(예를 들어, 우르비나티의 해석)이다.[125] 현재의 대의 민주주의 제도가 루소의 이론에 빚지고 있는 한, 턱의 최소주의적 해석이 과녁에 더 가까울지도 모른다. 이 같은 해석은 우리의 현재 선거 민주주의 제도가 사실상 과두제와 기이할 정도로 닮아 있는 상황뿐만 아니라(예를 들어, Crouch, 2004; Gilens and Page, 2014), 인민주권이 실현되는 드문 계기로서 (스위스 이외의) 국민투표에 대한 우리의 현대적 이해(Tuck, 2016: 144~180)와도 잘 들어맞는다.

그러나 만약 이러한 해석들이 옳다면, 이는 또한 루소의 이론뿐만 아니라 이 이론의 현대적 유산의 핵심에 자리한 근본적인 오류를 부각시킨다. 오류는 주권과 통치, 또는 대표와 위임, 또는 의지와 판단 사이의 구분으로 인한 문제가 아닌데, 심지어 이 같은 구분이 우리가 고려하거나 고려해야만 하는 문제적인 타협으로서 비민주적인 거버넌스 제도를 가능하게 함에도 불구하고 말이다. 더 심각한 오류는 민주적 주권이 단지 최

125 (옮긴이) '헌정적 계기'에 관해서는, 이 책 7장의 〈개헌안은 과연 유효했나?〉 절의 옮긴이 주석 참조.

종 승인권을 갖는 일과 관련될 뿐이라는 생각이다. 이러한 관점에서, 의제설정과 숙의, 곧 실제 결정의 순간보다 앞서 이뤄지고 '판단'이라는 루소주의적 범주 아래 포함될 수 있는 과제는 민주적 주권에 있어 핵심이 아니며, 따라서 인민으로부터 손쉽게 빼앗아 정부 행정가, 관료, 전문가, 또는 선출된 과두지배층에게 위임될 수 있는 과제에 해당한다. 루소의 오류는 그러므로 판단을 민주적 주권, 곧 시민의 자유와 평등에는 중요하지 않은 '약한 권한'으로 보는 데 있다(Urbinati, 2006: 73).

루소의 민주적 주권 이론은 실제로 정치학과 규범적 정치철학 모두에서 핵심이 되는 현대적 통찰을 거스른다. 정치학에 연원을 둔 한 가지 통찰은 전부는 아닐지라도 대부분의 정치적 의사결정 권력의 토대가 의제설정과 의제 관리에 놓여 있다는 사실이다. 의제설정 권력(또는 이른바 '무의사결정 권력')은 피터 바크라크와 모튼 바라츠가 매우 흥미롭게 묘사한 덜 가시적인, 권력의 '두 번째 얼굴'에 해당한다(Peter Bachrach and Morton Baratz, 1962; 또한 Lukes, 1974 참조).[126] 의제설정 권력은 최종투표권의 행사 이상은 아니더라도 그만큼 권력에 있어 본질적이다(최종투표권의 행사는 대부분의 사람이 주목하는 가장 가시적인, 권력의 첫 번째 얼굴에 해당한

---

126 (옮긴이) 계급적 관점에서 엘리트 지배에 접근한 마르크스주의, 그리고 가치와 자원에 대한 엘리트의 독점적 지배를 인정한 고전적 엘리트주의와 달리 로버트 달로 대표되는 다원주의는 이 같은 주장이 음모론에 가깝고 사회는 다원적이고 복합적이기 때문에 합리적인 관점에서 권력의 독점은 불가능하다는 입장을 내세웠다. 또한, 엘리트주의와 민주주의는 서로 상충하지 않는다는 견해도 주목을 받았다. 그러나 바크라크와 바라츠로 대표되는 신엘리트주의는 현실 설명력의 측면에서 이 같은 다원주의를 재비판하고 일반적으로 정당성을 띠게 되는 권력의 첫 번째 차원 외에도 정책의제설정 이전 단계에서 엘리트 집단이 자신들에게 불리한 의제를 사전에 차단하려고 '무의사결정 권력'을 행사하게 되는 권력의 두 번째 차원이 존재한다고 주장한다. 이는 노골적이거나 교묘한 형태의 폭력을 사용하거나, 의제설정에 영향을 주는 정보의 확산을 차단하거나, 금권 등을 이용해 개혁세력을 포섭하거나, 논의 자체를 거부하는 형태 등으로 나타난다고 설명된다. 한편, 스티븐 룩스는 여기에서 더 나아가 이데올로기 권력이라는 권력의 세 번째 차원을 설명하고 있다. 스티븐 룩스 지음, 서규환 옮김, 《3차원적 권력론》, 나남출판, 1992[1974] 참조. 이와 관련해 다원주의에 대비되는 네오마르크스주의 또한 참조할 수 있다(데이비드 헬드 지음, 박찬표 옮김, 《민주주의의 모델들》, 후마니타스, 2010, 6장). 또한, 엘리트주의의 반대개념으로는 포퓰리즘과 반지성주의를 들 수 있다.

다). 투표해야 할 사안이나 선택지가 스스로 만들어질 수 없다는 사실을 고려할 때, 누군가는 단지 그 같은 책임을 맡을 필요가 있으며, 이 과정에서 막대한 권력을 행사하게 된다. 그러나 루소의 민주주의가 지닌 역설은 "위임된 권력이 국가의 삶에서 가장 중요한 역할을 수행하고 시민의 시야와 통제를 벗어나게 된다"(Urbinati, 2006: 70)는 사실이다. 이 같은 막대한 권력이 인민에게 부여되기보다는 다른 곳에 놓이고 실제로 인민의 시야로부터 은폐됨으로써, 루소의 견해는 민주적 주권을 상당히 약화시키는 결과를 낳게 된다.

다음으로 규범적 정치철학에서 연유하는 또 다른 통찰은 루소의 견해를 정면으로 거스른다. 이 같은 통찰은 자유롭고 평등한 시민 사이의 공적 숙의가 정치적 정당성의 주된 원천에 **해당한다**는 관점이다(예를 들어, Cohen, 1989; Habermas, 1996; Gutmann and Thompson, 1996). 이 관점에서, 어떤 결정이 단지 우연히 대다수 시민의 표를 얻게 됐다는 것만으로 민주적 정당성을 얻게 된다는 것은 상상할 수 없는 일에 해당한다. 민주적 정당성을 얻기 위해 필수적인 선행단계는 직접적 형태이든 (정당한 민주적 대표자들을 통한) 간접적 형태이든 시민들이 이 같은 결정에 관해 숙의하는 것이다. 그러므로 숙의 민주주의자들에게 있어, 결정적 숙의 단계가 임명직 관료나 귀족에게 위임되는 루소의 민주주의관은 조금도 민주적이지 않은 것이 된다.

조슈아 코언은 이러한 반민주주의적 함의로부터 루소를 구하려고 시도했는데, 코언은 시민 발의 메커니즘을 통해 인민이 정부 관료 간에 이뤄지는 숙의의 내용을 제공하고 영향력을 행사하도록 함으로써 인민에게 어느 정도의 의제설정 권한을 주려 했다고 주장한다(Cohen, 2011: 172~173; 반론은 Fralin, 1978 참조). 코언은 또한 루소가《산에서 보낸 편지》에서 제네바의 직접 입법의회가 자신만의 의제를 설정하는 동시에 이에 관해 숙의할 수 있는 가능성을 항변했다고 지적한다(Cohen, 2011: 171). 그러나 루소를 '숙의' 민주주의자의 하나로 해석하려는 시도는 《사회계약론》에서 드러난 일반적인 반민주주의적 태도와 조화를 이루기 어렵다. 이 같은 해석은 제네바의 소규모 숙의 의회에만 적용할 수 있는 듯 보인다. 그러나 만약 우리가 (턱의 논의를 따라) 《사회계약론》에서 루소의 민주주의 이론이 대규모 상업 사회에서 규모의 문제에 대한 비대의제적 해결책이라는 사실을 인정한다면, 숙의를 실현할 수 있는 (그리고 실제로 바람직한) 의회는 인민의 대리인으로 구성된 의회일 뿐, 인민 자체로 구성된 의회일 수는 없게 된다(단순히 너무 많은 수의 인민이 존재하는 탓에 말이다). 어느 정도 규모를 지닌 전체 인민에게 있어, 주권 행위는 단지 잠자코 투표하는 행위가 될 수밖에 없다.

하지만 루소 자신이 요구한 대로 법과 정책이 진정으로 인민의 의지를 반영하게 되는, 여러 현대 민주주의 이론가들이 수용하는 정치적 정당성에 관한 숙의 이론에 따르면, 인민 자신(아니면 인민의 민주적 대표자들)이 **현장에** 있어야만 한다. 이들은 시종일관 숙의의 적극적 참여자가 돼야만 한다. 루소의 모델에서, 규모가 큰 사회에서 인민주권을 실현하려면 권력 위임이 필요하고, 이 같은 대리인은 대표자가 아닌 까닭에, 이들을 이들 본모습대로 봐야만 한다. 곧 정치권력의 대부분을 행사하는 비민주적인 국가 하위집단으로 말이다. 따라서 우리는 어느 정도 규모를 지닌 사회에서 "대체로 자립적인 정치 엘리트가 […] 최종단계만 제외한 모든 단계에서 입법절차를 독점하는 […] 정체"를 수용하는 사상가로 루소를 부정확하게 평가할 수 없다(루소를 반민주적으로 보는 비판자들의 견해를 개괄한 Cohen, 2011: 132 참조).

루소의 오류는 따라서 단지 주권이 기본적으로 주로 잠든 상태에 놓인, 적어도 충분히 큰 규모의 국가들에서의 민주주의 전망을 이상으로 제시하지 않은 것이 아니라, 이같이 잠들어 있던 주권이 깨어났을 때 온갖 플레비시트적 형태를 띤 제도로 전환될 수밖에 없는 종합적aggregative 절차를 통해 이런 주권이 오직 스스로 표현될 뿐인 민주주의 전망을 이상으로 제시한 것이다.[127] 게다가, 더 나아가 우리가 루소가 행한 주권과 통치 사이의 구분을 입헌 정치와 일상 정치 사이의 구분으로 해석할 가능성을 어느 정도 받아들인다면, 루소의 오류는 어쩌면 훨씬 더 심각한 것일지도 모른다. 이뿐 아니라, 루소는 아마도 주권이 단순히 최종발언권(미리 정해진 선택지에 대한 투표권)을 갖는 일과 관련될 뿐이라고 생각했을지도 모른다. 루소는 심지어 주권이 게임 자체에서의 최종발언권보다는 단지 **게임의 규칙과 관련해** 최종발언권을 갖는 일과 관련된다고 생각했을 수 있다. 현대의 민주주의자들이 인민이 오직 헌법적 사안에 관해서만, 또한 그에 더해 단지 과정의 마지막에 그리고 오로지 종합적 절차를 통해서만 발언권을 갖게 되는 형태보다는 더 야심 찬 민주적 주권의 이상을 염원해야 함은 주지의 사실이다. 직접 민주주의라는 루소의 이상은 직접 민주주의나 숙의 민주주의에 대한 현대의 옹호자들이 염두에 둔 형태와 매우 동떨어져 있을 뿐만 아니라, 규범적 호소력 또한 갖고 있지 못하다.

대의제, 근대성, 그리고 규모의 문제

이 절에서 나는 직접 민주주의를 반대하는 또 다른 주장을 제시하려 하는데, 비록 이 같은 민주주의가 투표행위로 축소될 때와 대조적으로 의

127 (옮긴이) '종합적 절차'란 인민의 통치라는 이상의 실현을 통해 진리에 접근하도록 도와주는 민주적 절차와 달리 단순히 의견들을 '종합'하는 결과를 낳는 경우를 말한다. 또한, 정당성과 관련해 '종합'과 '숙의'를 비교한, Knight and Johnson, 1994 참조.

제설정과 숙의 요소를 포함한다고 여겨질 때도 말이다. 곧 어느 정도 규모를 지녔을 경우, 이 같은 민주주의의 실현 불가능성 말이다. 그러나 나는 이러한 실현 불가능성이 구체적으로 말해 대략 수백 명 이상의 시민 집단의 경우를 제외하고 대규모 사회의 문제는 아니라고 주장하려고 한다. 따라서 나는 이 같은 주장을 할 때 받을 수 있는 한 가지 흔한 오해에 대해 반론을 펴려고 하는데, 이러한 오해는 루소에게만 해당하는 것이 아니고 민주주의 이론 전반에 만연해 있다. 곧 대의제가 대규모 사회의 출현에 대한 제도적 해결책으로 고안됐다는 믿음 말이다. 나는 이런 믿음이 상관관계를 인과관계와 혼동한 전형적인 사례에 해당한다고 생각한다. 우선 나는 이 같은 주장을 논의하려고 한다.

대부분의 사람들에게 있어, 대의제는 근대 대중 사회에서 민주주의를 실현할 수 있게 해주는 수단에 해당한다. 고대 세계에서는 대의제 개념이 결여됐던 반면, 근대 세계는 이 같은 개념에 입각하고 있거나 그렇다고 여겨진다. 예를 들어 잘 알려져 있듯이 미국 건국의 아버지들이 표명한 통설에 따르면 우리 근대인들은 소속된 정치체의 규모로 인해 좀처럼 직접 민주주의를 실현할 수 없게 됐다. 예를 들어, 다음과 같이 한나 피트킨Hannah Pitkin은 바로 이러한 가정이 자신의 독창적 저작인《대의제 개념*Concept of Representation*》의 기저를 이루고 있음을 인정한다.

> 오늘날 대부분의 사람들처럼 나도 민주주의를 대의제, 아니면 적어도 대의제 정체와 어느 정도 동일시했다. 근대적 조건 아래서 오직 대의제만이 민주주의를 실현할 수 있게 해준다는 점은 자명한 사실인 듯하다. (2004: 336)

피트킨 같은 저자들에게 있어, '근대적' 조건이라는 표현은 일반적으로 직접 통치되기에는 너무나 큰 정치체에 해당하는 제국과 민족국가의 시대를 의미한다. 루소 자신은 대의제 개념이 봉건적 정체에서 계승된 근대적 발명품에 해당한다고 믿었다. 반면에, 루소는 다음과 같이 주장했다. "[고]대 공화국에서 그리고 심지어 군주제에서, 인민은 결코 대표자를 갖지 못했다. 이 같은 단어를 아는 이는 없었다"(Rousseau, 1997: 114). 그러나 대의제가 대중 사회에서 거버넌스 문제에 대한 해결책의 하나로 고안됐다고 믿어야 할 어떤 이유라도 존재하는가?

이 같은 개념의 역사로 주제를 전환하게 되면, 우리는 '대의제'라는 용어 자체가 로마법으로부터 유래함을 알게 되는데, 로마법에서 대의제는 단순히 어떤 것을 표현하는 더 강렬한 형태를 의미했다. 신뢰할 만한 출처에 따르면, 이러한 용어가 처음으로 확산된 연원은 중세시대 기독교의 성체 논쟁까지 거슬러 올라간다(예를 들어, Pitkin, 1989: 133ff. 참조). (성찬에서 그리스도가 '육화'됐다거나 대표됐다고 이야기될 수 있는지 그리고 그 방법은 무엇인지와 관련된) 당시 핵심적이던 신학적 질문은 어떤 형태의 회화적 유사성도 없는 두 가지 대상을 결부시키는, 공히 인정되는 관습을 대의제라 여기도록 하는 데 있어 개념적 도약을 야기했다(Hoffman, 1974: 80). 이후의 개념적 진화는 (대표되는 이들에 의한 대표자의) 승인이라는 개념을 도입했으며, 또한 조합 개념의 탄생과 함께 교회 같은 특정 실체가 그것에 소속된 개별 구성원들의 총합을 넘어서서 존재하고 행동할 수 있다는 관점을 도입했다(Vieira and Runciman, 2008). 대의제에 관한 구체적인 정치적 의미는 초기 국제법에서 '왕의 두 신체'(하나는 필멸적이고, 하나는 상징적인)를 둘러싼 논쟁에서(Kantorowicz, 1998[1957]) 그리고 16세기와 17세기에 왕과 의회 각각의 권한과 권력을 둘러싼 영국의 논쟁에서처럼 좀 더 최근에 출현했다. 이들 각각에서 가장 큰 도약은 홉스가 저술한《리바이어던*Leviathan*》(1996[1651])의 출간과 함께 일어났다. 어떤 측면에서는 홉스가 실현 가능한 (대의제, 승인, 인격화 등의) 개념들을 단순히 종합했던 반면, 또한 홉스는 대의제를 파생된 것에서 독립된 것, 구체적으로 말해서 정치적 개념으로 근본적으로 변화시켰고, 대의제를 정치적 권한 자체와 동일시하고 합리성과 평등이라는 세속적 개념에 입각시키게 했다 (Vieira and Runciman, 2008: 28~29). 대의제는 그다음에 비교적 더 단순한 민주주의 개념과의 연관성과 이 같은 연관성의 결여를 둘러싼 18세기의 논쟁에서 더 많은 시련을 겪는 데까지 이르렀는데, 루소, 버크Burke, 시에예스Sieyès, 그리고 다른 저명한 인물들이 매우 다양한 견해를 나타냈다. 18세기 논쟁은 19세기와 20세기에 추가적으로 일어난 논쟁과 복잡한 문제들에 길을 열어줬다(Vieira and Runciman, 2008).

최소한으로, 곧 간략하게 검토했을 때 이러한 개념의 역사가 대규모 사회의 문제에 대한 해결책의 하나로 고안됐다는 어떤 증거도 존재하지 않는다. 대의제는 대신에 그 밖의 어떤 사물이나 사람을 제도적으로 '대표'할 사물이나 사람을 가져야 할 필요성에 대한 해결책의 하나로 출현했던 것으로 보이는데, 그것이 그리스도를 대표하는 성 삼위일체이든, 그 구성원들을 대표하는 (조합으로서) 교회이든, 정치적이고 영속적인 속성을 대표하는 왕의 자연적이고 필멸적인 신체이든, 아니면 그 신민들의 대표자로서 거대한 홉스주의적 리바이어던이든 말이다. 더욱이, 처음에 대의제에 의해 해결된 문제들은 다양한 규모를 지녔던 것으로 보인다. 따라서 민주주의 역사가인 존 킨은 대의 민주주의의 기원이 "도시, 시골 지역 [뿐만 아니라] 대규모 제국적 장소"(Keane, 2009: xix)에 있었다고 강조한다. "대의 민주주의가 주로 영토국가 내에 자리 잡게 된 것"(xix-xx)은 단지 나중에서야 이뤄졌다.

따라서 직접/대의 민주주의의 구분이 (많아야 수만 명 정도의 시민이 사는)고대의 소규모 도시국가와 (수백만 명이 사는) 근대 세계의 민족국가 사이의 시간적, 개념적 단절과 연결된 것은 순전히 역사적인 우연의 일치인 것으로 보인다. 대규모의 근대 정치체가 대의제를 더욱 필요한 것으로 보이게 했다는 점은 분명한 사실이다. 그러나 도시국가에서 민족국가와 제국으로의 규모의 급상승은 대의제의 출현을 **일으킨** 첫 번째 원인이 아니거나 아닌 것으로 보인다.

(월가 점령 시위에서 전자 민주주의나 '액체 민주주의'의 옹호자들에 이르는) 오늘날 직접 민주주의의 옹호자들은 이 같은 결론을 수용하고 대의 민주주의에서 기본적으로 역사적으로 우발적이고 궁극적으로 엘리트주의적인 민주주의 판본을 발견하는 한편, 고대의 '직접' 민주주의 모델이 부활하기를 기대하는 듯 보인다. 이처럼 목소리 높은 소수집단은 규모로 인해 직접 민주주의가 실현 불가능하다는 주장을 폐기하거나 '근대성'에 어떤 특별함이 존재한다는 주장을 부인한다. 이 같은 다양한 직접 민주주의 계획의 실현 불가능성과 전자 민주주의자들이 지닌, 지금까지 대체로 근거 없는 희망에도 불구하고, 이런 운동들이 고대 그리스 모델 또는 로마나 스위스 모델의 어떤 측면들을 무의미하게 만드는 근대성에 어떤 특별함도 존재하지 않는다고 생각한다는 점에서는 옳다. 그러나 이런 운동들이 이 같은 사실이 직접 민주주의의 황금기로 돌아갈 가능성을 의미한다고 생각한다는 점에서는 잘못됐다. 정치적 체제로서 민주주의가 어느 때가 됐든 심지어 소규모 도시나 주에서도 진정으로 직접적일 수 있다는 주장은 누가 봐도 사실이 아니다. 언제나 일종의 정치적 권한의 위임을 통해 매개되고 이 같은 위임에 기반함으로써 특정한 사람들이 다른 사람들을 대표하는 경우와 대조적으로 말이다.

민주주의가 직접적일 수 없는 이유에 대한 두 가지 중첩되는 주장이 존재한다. 첫 번째 주장은 인간이 운용하는 데 영향을 주는 시간적, 인지적 제약으로 인한 대규모 숙의의 실현 불가능성과 관련된다. 우리가 민주주의에 숙의적 차원이 필요하다고 생각하는 한, 어느 정도 규모가 있을 때 **직접** 숙의 민주주의는 전혀 선택지가 되지 못한다(적어도 현재로서는 그리고 아마도 영원히). 두 번째는 더 일반적인 형태의 실현 불가능성 주장인데, 이는 정치의 성격, 그리고 대의제를 통해 이해관계를 형성하는 일의 바람직함과 관련된 규범적 주장으로도 기능한다.

어느 정도 규모가 있는 경우 나타나게 되는 숙의의 한계와 관련된 첫 번째 실현 불가능성 주장을 고찰해보자. 우리가 우리 모두에게 영향을 미치게 될 법률과 정책에 대한 각자의 근거를 지니고 있으므로, 숙의가 규범적으로 바람직한 민주적 의사결정의 특징임을 인정한다면, 민주주의에는 숙의적 국면이 포함될 필요가 있다. 그러나 평등한 조건에서 공동체의 모든 개별 구성원들이 한꺼번에 참여하는 숙의는 불가능한데, 규모가 수천 또는 심지어 수백만 명일 경우가 아니라 적어도 소수의 사람 사이의 숙의에서와 동일한 조건으로 여겨진다면 말이다. 이 같은 절차는 너무 많은 시간이 들고 개별 참여자들에게 너무 많은 인지적 부담을 지우게 된다. 따라서 민주주의 사회는 대의제 의회라는 해결책을 발전시켜왔는데, 이러한 제도는 적당한 규모로 논쟁을 가능하게 해준다.

숙의 민주주의 이론가들은 유사하게 여러 저작에서 소수 이상의 사람들 사이에 숙의의 불가능성을 전제하고, 대신에 모든 시민 사이의 숙의보다는 대규모 공중을 최소로 대표하는 민회라는 차선책을 장려한다. 이 같은 민회는 "진정으로 숙의할 수 있을 만큼 충분히 작고, 진정으로 민주적일 수 있을 만큼 충분히 대표적인 집단"으로 정의된다(Goodin and Dryzek, 2006: 220). 시민 배심원제, 합의 회의, 아메리카 스피크AmericaSpeaks 모임 등을 포함해 다양한 민회가 존재한다.[128] 제임스 피시킨James Fishkin의 공론조

128 (옮긴이) "시민 배심원제는 미국의 사법 배심원제도를 정책 숙의에 적용한 것으로 무작위추출로 선발된 시민배심원 12~25명이 어떤 이슈에 대한 토론을 진행한 후에 사법배심원의 평결과 유사하게 공

사는 무작위로 표집된 최대 500명에 이르는 시민이 하루나 이틀 동안 모여서 숙의에 참여하고 이와 관련된 이른바 "최적 모델gold standard"을 제공하고(Mansbridge, 2010), 만약 대규모 숙의가 가능하다면 일반 공중이 지니고 있을 것으로 여겨지는 선호를 모사하도록 가능한 한 인구학적 대표성을 갖추는 것을 목표로 한다.[129]

따라서 가장 실질적이고 질 높은 숙의에는 소수의 사람이 참여한다. 심지어 수백 명의 사람이 서로 숙의하는 모델을 주장한 피시킨의 공론조사의 경우에도 사실상 15명가량의 사람으로 구성된 숙의 단위로 나뉘어 이뤄진다. 다시 말해, 대규모 집단 내에서 이뤄지는 숙의는 직접적인 방식으로는 결코 모두를 포괄할 수 없다. 대신에 이는 숙의가 이뤄지는 하위단위에 기반해 쌓이게 되고 이 하위단위는 더 큰 규모에서 대표된다. 심지어 백여 명의 사람으로 이뤄진 집단 사이에서 이뤄지는 숙의는 대의 메커니즘과 매우 유사한 메커니즘을 통해 이뤄지게 된다.

새로운 기술이 값비싼 인지적 정보 처리 과정에 드는 비용을 절약하고 긴 시간 동안 숙의가 시행될 수 있도록 함으로써 이 문제를 해결할 수

동으로 정책을 권고하는 방식이다. 합의 회의는 모집단을 층으로 나눈 후에 무작위로 추출된 10~25명의 시민들이 대략 2주간 준비모임에서 선발된 전문가와 이익단체의 발표를 듣고 질의/응답 세션을 가진 후에 공동 보고서를 작성해 제출하는 방식이다"("시민 참여와 숙의 민주적 절차를 통한 대의 민주제 보완", 국립세종도서관 공식포스트 "정책이 보이는 도서관", https://naver.me/5kqccePS, 일부 수정). 또한, 열린 민주주의 제도와 형사 배심원제의 차이와 그 우위에 관해서는 이 책 1장 〈새로운 패러다임〉 절 참조. "아메리카 스피크"는 미국의 워싱턴 D.C.에 근거지를 두고 1995년 설립된 조직으로서 민주주의를 재활성화시킬 목적으로 시민의 삶에 큰 영향을 주는 공적 의사결정에 시민을 참여시키는 활동을 한다(공론조사나 타운홀 미팅 등). 또한, 다양성을 지닌 대표성, 충분한 정보 제공에 기반한 참여, 숙의의 촉진, 명확한 우선순위의 공유, 실천 연계 등을 그 원칙으로 하고 있다. http://www.americaspeaks.org/about/index.html 참조.

129 (옮긴이) 또한, 제인 맨스브리지, 박상훈 · 신진욱 · 김만권, 〈[세션1] 민주주의 위기의 근원〉, 《[14회 아시아미래포럼] 다중위기 시대: 공존의 길을 찾아》, 한겨레경제사회연구원, 2023년 10월 11일 참조.
http://www.asiafutureforum.org/2023/ko_board/bbs_view.php?idx=215&bbs=reference&q_cd_site=1&page=1

있을까? 이는 사이버 민주주의자, 몇몇 정치이론가와 커뮤니케이션 이론가, 공상적 엔지니어들이 품는 희망에 해당한다(예를 들어, Bohman, 2004; Dahlgren, 2005; Hindman, 2010; Velikanov, 2012 참조). 온라인 숙의는 모든 사람의 생각, 발언, 아이디어를 기록하고 아카이빙하는 동시에, 한꺼번에 모두가 참석하는 데 드는 비용을 절약할 수 있게 해준다. 모든 사람이 동일한 가상의 '공간'(이들이 가입한 플랫폼)에 접속할 수 있는 한, 개개인은 자신이 편리한 시간에 자신만의 공간에서 동일한 내용을 읽을 수 있다. 결정이 이뤄지기 전 충분히 긴 시간이 주어진다고 가정한다면, 모두가 참여하는 숙의는 상당한 포괄성을 함양하는 방식으로 긴 시간 동안 시행될 수 있다. 따라서 텍스트에 기반한 온라인 숙의는 면대면 직접 숙의에 수반되는 시공간적 제약의 측면을 어느 정도 관리할 수 있는 잠재력을 지닌다.

그러나 당장은 심지어 가장 전도유망한 기존 플랫폼(이를테면 마크 클라인Mark Klein의 딜리버라토리엄Deliberatorium)도 이런 식으로 직접 서로 숙의하는 사람의 수를 단지 수백 명의 사람으로 확대하는 데 성공할 수 있을 뿐이다(Klein, 2011).[130] 몇백 명의 사람들이 직접적인 방식으로 서로 숙의할 수 있게 된 것은 면대면 숙의의 한계를 넘어서는 향상된 결과임이 분명하다. 그럼에도 불구하고 이는 기존 정치체에서 직접 민주주의를 실현하는

130 (옮긴이) '딜리버라토리엄' 또는 '콜라보라토리엄collaboratorium'은 온라인 협력 토론 구조화argument mapping의 한 형태로, 기후변화 문제를 대상으로 한 MIT 콜라보라토리엄에서 처음 활용됐다. 2008년 12월 MIT의 집단지성연구소의 마크 클라인Mark Klein은 나폴리대학교University of Naples의 200명의 학생이 참여한 바이오 연료 관련 토론을 포함하는 콜라보라토리엄의 원형을 실험했다. 딜리버라토리엄은 공중이 기후변화에 관한 최신 과학연구 결과를 게시할 수 있는 웹사이트를 활용해 운영된다. 일단 글이 게시되면 사람들은 어떻게 탄소배출을 처리할 것인가, 곧 어떻게 정치인이 여론에 반응할 수 있을 것인지에 관해 토론할 수 있다. 이 같은 사이트는 권위를 지닌 기록reports이라는 점에서 위키피디아와 유사하게 운영되지만, 토론 트리 구조argument tree를 포함하는 더 구조화되고 조직화된 토론이 수반되게 된다. 이 사이트에 있는 기록의 출처는 기후변화에 관한 정부간 협의체IPCC이다("Deliberatorium", WIKIPEDIA, 2024년 2월 19일 접속).
https://en.wikipedia.org/wiki/Deliberatorium
https://deliberatorium.org/homepage/index.html

데 포함될 필요가 있는 수백만 명과는 현격한 차이를 보이는 결과에 해당한다. 진정한 "대규모 온라인 숙의"(Velikanov, 2012)에 대한 현재 전망은 현시점에서 기껏해야 개념적 원형에 해당할 뿐이다.

그러므로 직접 민주주의가 포괄적 숙의 국면을 포함하는 한, 이 같은 제도는 단지 아주 작은 집단에서만 실현될 수 있을 뿐이다.[131] 만약 이 주장이 사실이라면, 어떤 집단이 몇백 명의 사람을 넘어서는 순간 직접 민주주의의 가능성은 사라지게 된다.

직접 민주주의의 의의와 가능성에 반대하는 두 번째 주장은 인간적이거나 물리적인 한계 그 자체보다는 정치의 본질과 관련 있다. 이러한 주장은 이해관계와 선호를 형성하는 방식의 하나로서 대의제가 그 자체로 필요하고 바람직하다는 것이다. 이 같은 주장은 때로 "대의제가 항상 민주주의와 민주적 실천을 구성하는 필수요소이다"라는 견해로서 표현된다(특히, Plotke, 1997: 10; Urbinati and Warren, 2008 참조). 또는 플롯케는 이를 다음과 같이 훨씬 더 분명하게 표현한다.

> 대의제는 직접 민주주의의 이상과 근대의 비루한 현실 사이의 비참한 타협이 결코 아니다. 대의제는 민주적 실천을 구성하는 데 있어 결정적이다. '직접' 민주주의는 현대 정치의 규모로 인해 방해받는 것이 아니다. 그것은 정치와 보통 말하는 민주주의의 핵심 특징 때문에 실현 불가능하다. (Plotke, 1997: 19)

플롯케와 이른바 대의제 이론의 구성적 전회에 대한 다른 지지자들이 주장하는 바는 가령 바닐라나 초콜릿 아이스크림에 대한 취향과 달리 이

131 비록 일부는 가령 공적 논쟁과 내부의 숙의를 발전시키기 위해 투표에 정당화 절차를 요구함으로써 직접 민주주의를 좀 더 숙의적으로 만들 수 있다고 주장했음에도 불구하고 말이다. 예를 들어, Vandamme, 2018 참조.

해관계와 선호는 주어지지 않는다는 사실이다. 정치에 대한 그저 매우 조야한(또는 경제주의적인) 이해에만 기반할 경우 우리는 개인이 자신의 이해와 선호를 (판단하기는커녕) 별생각이나 사전적 노력 없이도 진술하는 일이 가능하다고 기대할 수 있다. 이 같은 노력에는 대개 이익집단, 결사체associations, 또는 정당 등의 설립이 필요한데, 그러한 조직이 설립되면 집단 수준에서 이뤄지는 숙의, 협상, 교섭 등에 의미 있고 정통한 방식으로 참여할 수 있게 된다.[132] 다시 말해, 이해관계를 파악하고, 명확히 하고, 잘 표현하는 일은 대체로 숙의의 전제조건이 된다(또한, Rummens, 2012 참조). 만약 사정이 이렇다면, 기본적으로 대의제는 불가피한 것이 되고, 심지어 수백만 명의 규모에 맞춰 숙의가 이뤄질지라도 여전히 그럴 것이다. 다시 말해, 아마도 직접적인 숙의 과정에서 확인될 수 있는 이해관계를 지닌 아주 작은 집단의 경우를 제외하면, 직접 민주주의는 전혀 선택지가 되지 못한다.

이제 나는 직접 민주주의에는 대의제적 요소가 전혀 없다는 생각에 이의를 제기하기 위해 고대 아테네, 곧 직접 민주주의의 원형으로 주제를 전환하려고 한다.

---

132 (옮긴이) 결사체 민주주의에 관해서는, G. D. H. 콜 지음, 장석준 옮김, 《길드 사회주의》, 책세상, 2022; 에릭 올린 라이트 지음, 권화현 옮김, 《리얼 유토피아-좋은 사회를 향한 진지한 대화》, 들녘, 2012, 6장 참조.

직접 민주주의로서 고대 아테네라는 신화

고대 아테네에 대한 시각은 공통적으로 수천 명의 시민이 이들을 수용할 만큼 충분히 넓은 공공장소에서 정기적으로 면대면 회합을 가짐으로써 직접 자치가 이뤄지는 특정 도시를 묘사하고 있다. 이런 회합 동안 이뤄지는 공적 숙의와 뒤이어 이뤄지는 (거수에 의한) 투표를 통해 중요한 결정이 내려지고 법이 통과된다. 공중과 정체가 만드는 법과 정책이라는 결과 사이에 어떤 중재자도 존재하지 않는다는 점에서 민주주의는 직접적이었다. 그것은 진정한 자기통치였다.

아테네의 실제 운영 방식에 관한 가장 탁월한 설명(이를테면, Hansen, 1999; Ober, 2008)에 따르면 아테네 민주주의는 이런 순진한 편견이 가정하는 정도보다 훨씬 덜 직접적인 모습으로 묘사된다. 실제로 아래에서 나는 고대 아테네의 기본적 입법 기관이 민주적 대의제의 성격을 지녔다고 주장할 것인데, 이런 정치체의 하위집단이 사실상 권한을 위임받아 더 큰 규모의 데모스를 대신해 행동했다는 점에서 그렇다. 내가 여기에서 사용하는 민주적 대표성에 대한 정의를 고려할 때, 이런 대표성이 단지 어느 정도는 아테네인 스스로가 자기 자신의 제도를 어떻게 묘사했는지의 문제나 이들이 시민으로서 자신의 역할에 관해 어떤 심리적 믿음을 지녔는지의 문제가 반드시 아닐 수도 있었다는 사실이 중요하다.

고대 아테네의 주된 입법 기관에는 보울레Boule 또는 500인 평의회Council of 500, 에클레시아Ekklesia(민회), 곧 인민 의회People's Assembly, 노모테타이Nomothetai(입법위원회), 그리고 심지어 (BC 4세기의) 법정Courts[디카스테리아-옮긴이] 등이 존재했다.[133] 그중에 500인 평의회는 자원한 이들과 능

133 (옮긴이) 고대 그리스 아테네의 민주주의 제도에 관해서는, 존 킨 지음, 양현수 옮김, 《민주주의의 삶과 죽음-대의 민주주의에서 파수꾼 민주주의로》, 교양인, 2017, 1장; 버나드 마넹 지음, 곽준혁 옮김,

력 있는 이들 중에서 무작위로 선택된 500명의 시민으로 이뤄진 기구였다. 이 평의회는 인민 의회 회합에 "필수적인 의제설정 기능을 좌우할 권한이 부여된 핵심 기관"이었고, 또한 "외국 사절단을 만나는 일과 임기를 마치는 아테네 행정관의 성과를 평가하는 일을 포함해" 그날그날의 국정 책임을 맡았다(Ober, 2008: 142). 대조적으로, 인민 의회는 이 평의회가 제안한 안건을 숙의하고 표결할 목적으로 최대 8천 명에 달하는 시민이 모일 수 있는 곳에서 개최된 열린 의회였다. 입법위원회는 일단 인민 의회가 이 위원회가 필요하다고 판단하면 재판과 유사한 절차를 통해 기존 법률을 검토하고 개정하기 위해 추첨을 통해 임명된 '입법위원들'로 구성된 위원회였다. 마지막으로, 법정은 공적이거나 사적인 재판 사안에 관해 판결할 책임을 지닌 무작위로 선택된 수백 명의 시민으로 구성됐으나 비숙의적 성격을 지닌 기구였다. BC 4세기에 이들은 (사전에 인민 의회에 소속될 수 있는 권한을 얻게 되면서) 자신에게 입법권을 위임했다.

일단 인민 의회를 직접 민주주의 기관으로 여기는 것이 타당하다고 가정한다면, 곧 이 같은 의회의 의제설정은 대체로 500인 평의회에 의해 좌우됐다.[134] 조사이아 오버Josiah Ober에 따르면, 무작위로 선출된 이런 평의회 제도는 실제로 그리스 민주주의의 핵심 기관이었고, 그리스의 민주주의 개념에서 심지어 의회보다 더 핵심적이었다고 볼 수도 있다(Ober, 1997; 2008). 이 같은 관점에서, 인민 의회는 전능한 주권을 지녔다기보다는 심지어 단지 형식적 승인을 일삼는 기관으로 보일지도 모른다. 실제로 그리스에서 법정이 '가장 민주적인' 기관이라는 이름에 더 걸맞은 자격을

《선거는 민주적인가-현대 대의 민주주의의 원칙에 대한 비판적 고찰》, 후마니타스, 2004, 1장; 한스 포어랜더 지음, 나종석 옮김, 《민주주의-역사, 형식, 이론》, 북캠퍼스, 2023, 1장; EBS 제작팀 · 유규오, 《EBS 다큐프라임 민주주의》, 후마니타스, 2016, 1장; 데이비드 헬드 지음, 박찬표 옮김, 《민주주의의 모델들》, 후마니타스, 2010, 1장 참조.

134 정확하게 말하자면, 이 같은 의제에는 때로 일반 대중의 제안 또한 추가되도록 허락됐다.

지녔다고 볼 수도 있다. 우리가 때로 시대착오적으로 생각하는 것처럼 인민의 의지를 제약하는 반다수결주의적 기관하고는 거리가 멀었던 법정은 부패할 가능성이 가장 적고 가장 진정성 있는 인민의 의지의 매개체였는데, 이는 재능 있고, 연줄 있고, 대체로 부유했던 웅변가들에 의해 쉽게 조작됐던 인민 의회와 대조적이었다고 평가된다(Cammack, 2018). 어떤 이는 급기야 인민 의회의 존재만으로 인민 주권이 보장되지는 않는다고 말할지도 모른다. 스파르타 같은 비민주주의 나라들이 귀족정에 의해 의제가 좌우되는 의회를 갖고 있었기 때문이다(Bouricius, 2013). 이 모두는 아테네 의회의 권력을 상대화할 수 있는 근거가 되고 아테네가 인민의 상상 속에서 그리고 일부 신新포퓰리스트들에 의해 묘사되기 쉬운 직접 민주주의의 전형이 아니었음을 시사한다.

마지막으로, 인민 의회의 존재만으로 직접 민주주의가 실현됐다고 생각해야 하는가? 아무리 여성, 외국인, 노예가 비존재로 여겨졌다는 사실을 무시하더라도, 매우 일부에 해당하는 아테네 남성 시민 이외의 사람이 숙의와 표결을 위해 한 번이라도 인민 의회에 모인 적이 있었나? 모겐스 한센Mogens Hansen이 서술한 대로, "의회의 법령이 **원칙상 전체 아테네 인민의 결정으로 간주**됐지만, 실제로 일부 시민 계층 이외의 사람이 이 같은 결정에 한 번이라도 참여한 적이 있었나?"(Hansen, 1991: 130; 강조는 필자). 한센은 대략 3만 명으로 추산되는 참석할 자격을 지닌 이들 중에서 6천 명에서 8천 명 사이의 사람 외에는 의회에 참석한 적이 없는 것으로 추정한다(그 장소가 먼저 아고라에서 프닉스Pynx로 바뀌고 프닉스라는 공간 자체도 시간이 지남에 따라 더 넓어졌지만 말이다). 다시 말해, 전체 인구의 5분의 1과 4분의 1 사이의 집단이 전체를 위한 결정을 내렸다. 실제로 참여자 수는 의회가 위치한 장소의 한정된 크기로 인해 어떤 식으로든 제한됐다. 참석자에게 금전적 보상이 주어진 4세기에는, 일단 최대 수용력에 달했다고 판단되면 실제로 의회에 들어가는 일을 **물리적으로 제지당한** 시민이 다수였다(의회에 들어가도록 허용된 사람의 끝줄을 붉은 페인트로 적신 밧줄로 에워싼 사례를 보고한, Hansen, 1991: 132 참조). 따라서 참여한 데모스의 바람과 관계없이, 이 같은 데모스의 일부만이 실제로 결정을 내릴 수 있었다(많아야 실제 참석할 자격을 지닌 이들 수의 대략 5분의 1 정도).

이러한 직접 민주주의 기관의 두드러진 특징은 모든 사람이 참석하는 일이 물리적으로 불가능하다는 사실에도 불구하고 누가 됐든 참석한 사람과 어떻게든 의회에 들어온 사람의 결정이 전체 데모스의 결정으로 받아들여졌다는 점이다. 다시 말해, 참석한 6,000~8,000명은 실제로 나머지 22,000~24,000명의 참석하지 못한 자유 아테네인의 대표자로서 행동했다. 심지어 당시까지만 해도 아직 '대의제'라는 법적, 정치적 개념을 사용하지 못했는데도 말이다.

그러므로 인민 의회에 참석한 이들은 참석하지 못한 이들을 대신해 결정을 내렸는데, 마치 우리 현대 민주주의 제도에서 선출된 대표자들이 자신의 유권자를 대신해 결정을 내리듯이 말이다. 한편, 이 둘의 주된 차이는 다음과 같다. 그리스의 경우 대표자들은 선출되는 게 아니라 자기추천하는 형태였다. 또한, 대표자들과 대표되는 이들의 비율이 우리가 현재 경험하는 현대 민주주의 제도에서보다 더 높았다(참석에 금전적 보상이 주어지지 않았던 5세기의 1대 10과 이 같은 보상이 주어졌던 4세기의 1대 5 사이). 게다가, 한 명의 대표자가 다소 터무니없이 수백만의 사람을 대표하고 있는 현 제도보다 더 합리적이었다. 그러나 가장 중요한 사실은 이러한 상황에서 합리적이라 생각할 수 있는 대의제는 사실상 '일 대 일'이 아니라 '다수 대 다수'의 형태라는 점이다. 3만 명으로 이뤄진 대규모 공동체를 대표하고 이들을 대신해 행동하는 일의 정당성을 주장할 수 있는 집단은 총 6천 명으로 구성된 의회였다. 심지어 이 같은 의회의 각 구성원은 나머지 모든 개인을 대표한다는 말을 들을 수 없었고 자신이 반드시 그들을 대표한다고 생각하지도 않았다.

이처럼 다수 대 다수 차원은, 의회 참여자들이 발언하고 표결했을 때 이름을 걸고 자신의 발언과 행동에 책임을 지려 했고 근대적 의미의 '대표자'로서가 아니라 개인 자격으로 그 행위에 법적 책임을 지려 했기 때문에 어쩌면 이들을 근대적 의미의 대표자로 볼 수 없다는 반론에 우리가 대처하는 데 도움이 될 수 있다. 이러한 반론이 주장하는 것은 개인이 대표자로서 행동하지 못했거나 다른 이들이나 대표자들 자신에 의해 대표자로 인지되지 못했다는 점이다. 이는 대의제 개념이 거쳐온 역사적 진화 과정 중 하나가 대표되는 이들과 대표하는 이들 사이의 책임의 명확한 구분을 확립하는 과정이었다는 사실을 통해 뒷받침된다(Vieira and Runciman, 2008). 대표자의 사적 인격과 대의적 인격 사이의 구분(이들의 두 개의 '신체')은 결과에 대한 두려움 없이 행동하고 발언할 수 있는 대의제적 재량을 부여하게 되는데, 아테네인은 이런 권리를 누리지 못했다.

누군가는 이 반론에 두 가지로 반박할 수 있을지도 모른다. 첫째로, 이 같은 반박은 해당 청중에게 수용되는 방식으로 어떤 이들이 다른 이들을 대표하는 일을 가능하게 한다는 측면에서 고대 민주주의가 대의제는 아니었다고 증명하는 일과는 거리가 멀고, 단지 고대 민주주의가 고유의 관행에 대한 올바른 이해가 부족했다는 사실을 입증하는 일과 관련된다. 분명히, 아테네 시민은 대의제 개념, 그리고 이에 대한 이해를 통해 가능해지는 사적 자아와 대의적 자아 사이의 업무와 책임의 분담에 대한 명확한 인지에서 비롯되는 모든 이점을 누리지 못했다. 따라서, 만약 아테네가 '대의제적'이었다면 자신을 능가했을 것이라는 페인Paine의 유명한 발언은 자신만의 실천을 올바르게 개념화하는 일은 스스로에게 더 많은 이점을 가져다주게 된다는 말로 재해석될 수 있을 것이다. 마찬가지로, (단지 17

세기에 개발된) 확률 이론을 어느 정도 이해했다면 실제로 그리스가 추첨제를 직관적, 곧 전前이론적으로 (가령 종교적으로) 사용하는 법을 더 잘 이해하는 데 도움이 됐을지도 모른다.

그러나 둘째로, 어쩌면 우리는 일 대 일 또는 일 대 다 차원에 국한해 선거 대의제를 이해함으로써 이 같은 제도를 맹종하고 있는지도 모른다. 아마도 고대 그리스에서는 오직 자기추천한 참여자 **집단**이 규모가 더 큰 집단의 대표자로서 행동했고, 그럼으로써 무슨 말을 하고 무슨 행동을 하든 **개인**은 사적 인격의 처지에 묶이게 됐다. 다시 말해, 다수 대 다수 차원은 개인이 대표자로서 행동하거나 자신을 그같이 인지하지 못하도록 막아왔을 수 있다. 이러한 집단에 속한 개인이 무슨 행동을 하고 무슨 생각을 하는지와 상관없이 이 집단이 이런 대의제 기능을 수행했음은 분명한 사실이었다. 따라서 데모스가 415년에 시칠리아를 침공하기로 선택했을 때, 단지 그날 참석해 결정을 내린 이들만이 아닌 아테네 시민 전체가 이 같은 처참한 결정에 책임을 지게 되는 일이 발생했다. 개인이 사적 수준에서 법적 책임을 진 채 남았다는 사실은 공정하지 않은 듯 보였지만, 이런 사실이 이 같은 체제를 와해시키지는 못했다. 심지어 아테네인이 X 집단의 결정에 대한 Y 집단의 책임 개념을 수용했다고 볼 수도 있다. 그들이 X 집단의 구성원을 처벌했지만 말이다.

아테네의 민주주의가 흔히 상상하듯 직접적인 형태가 될 수 없는 몇 가지 이유가 존재한다. 위에서 언급한 대로, 잘 알려진 의회 장소(아고라, 그리고 프닉스의 다양한 형태) 중 어느 곳도 한 번에 정치체 전체를 아니면 심지어 그중 대다수도 수용할 수 없었다. 둘째, 심지어 수용하는 일이 가능했다 하더라도, 3만 명의 사람이 응집력 있게 숙의하는 일은 불가능했다. 응집력 있는 숙의가 의미 깊은 민주적 결정의 조건이 된다고 가정한다면, 다수의 사람 사이에서 직접 민주주의는 불가능하다. 실제로, 이 같은 숙의는 참석한 6천 명 사이에서도 마찬가지로 불가능하다. 6천 명의 사람이 종종 적은 수로 제시되지만, 실제로 이는 오늘날 우리가 역설적이게도 '숙의적' 형태라 부를 수 있는 어떤 의회보다도 더 큰 규모에 해당한다(심지어 세계에서 규모가 가장 큰 의회 중 하나인 이탈리아 의회도 단지 최대 천 명에 해당하고, 그 의회가 얼마나 잘 기능하는 것으로 증명됐는지는 모두가 아는 사실이다).[135] 결과적으로, "6천 명의 청중의 대다수는 듣고 표결하는 데 만족해야 했고, 아주 작은 소수가 앞에 나와 연설을 하거나 발의했다"(Hansen, 1999: 143). 그리고 공개 연설에는 모두가 갖고 있지는 않았던 수사학적 능력과 용기가 필요했기 때문에, 이 같은 소수의 연설가 사이에서 "직업적이거나 직업에 준하는 소수의 웅변가 집단이 토론을 주도했고, 이들 중 일부는 소피스트에게 또는 이소크라테스Isokrates의 학교나 플라톤의 아카데미에서 훈련받은 이들이었다." 심지어 아테네인이 "삼가는 태도로 에둘러 표현하지 않고 솔직한 마음을 말하는 평범한 사람"이라는 이상적 의회 연설가를 양성하길 원했음에도 불구하고, 현실은 실제로 소수의 직업 연설가들이 연설의 대부분을 수행했다(Hansen, 1999: 144).[136]

그러므로 이 모든 증거는 고대 아테네인들의 관행이 의회의 숙의와 관련됐을 때 두 배로 대의제적 성격을 띠었음을 보여준다. 단지 의회에 참여한 경험이 있는 시민으로 이뤄진 하위집단, 그리고 실제로 참여가 허

---

135 6천 명의 사람 사이에 이뤄지는 직접적인 숙의가 너무나 많은 시간을 소모하게 된다는 주장에 관해서는, Dahl, 1970 참조.

136 의회의 기능 방식의 이 같은 재구성은 문서상 증거를 통해 뒷받침된다. 곧 이는 현대의 숙의 민주주의 모델이 흔히 상상하듯 서로 숙의하는 일과는 거리가 멀었고, 6천 명의 참여자들이 표결 전에 그리고 자기추천한 20~40명의 웅변가의 연설을 들은 후에 기꺼해야 '내부 숙의'에 참여하는 정도였다(Cammack, 2020). 게다가, 연설가들은 다름 아닌 연설 행위를 통해 숙의 집단을 벗어나 '고문advisor'이라는 구별된 역할을 스스로 맡았던 것으로 보인다(Landauer, 2019: 8~10). 다시 말해, 만약 당신이 연설가로 나서게 된다면 의사결정자 공급원에서 당신을 제외하는 것처럼 보이거나 적어도 당신의 발언권 행사가 당신의 투표권을 거의 대체하게 되는 구별된 집단에 당신이 소속되는 것처럼 보일 정도로 당신을 나머지 군중과 구분되게 만들었다.

용된 이들 중에서 단지 6천 명의 자기추천한 시민으로 이뤄진 아주 적은 부분만이 실제로 당당하게 발언했다(이들 중 대략 0.5퍼센트 또는 전체 시민의 0.1퍼센트일 뿐이었다!). 연설가의 자기추천이 사전에 이뤄졌는지 아니면 현장에서 이뤄졌는지, 또는 공개적으로 발언한 이들이 항상 같은 사람이었는지, 또는 매번 새롭고 신선한 일련의 목소리들을 들을 수 있었는지는 분명하지 않다. 어떤 경우든 이러한 숙의 과정에 전체 시민이 참여한 적은 절대로 없으며, 실제로 참석했던 대표집단만이 단지 간접적으로 참여했을 뿐이다.

누군가는 다음과 같은 방식으로 반박할 수도 있다. 이들은 먼저 역사나 용어법적 근거를 토대로 500인 평의회의 대의제적 성격에 대해 반론을 펼칠 수 있다. 루소나 현재의 사상사학자가 볼 때, 추첨제는 실제로 직접 민주주의의 숨길 수 없는 증거에 해당한다. 베르나르 마넹에 따르면, 예를 들어 추첨을 통해 행정관을 뽑던 관행은 대의 민주주의 제도를 이른바 직접 민주주의 제도와 구별시킨 증거에 해당한다. 이는 마넹이 간접성 자체를 직접 민주주의와 대비되는 대의제의 증거로 보지 않기 때문이다. 오히려 그런 증거는 다음과 같은 네 가지 독특한 원칙이다. 곧 정기적 선거, 유권자의 갈망으로부터 대표자의 독립성, 표현의 자유, 그리고 토론에 의한 심판에 회부되는 공적 결정 말이다(Manin, 1997). 물론 아테네의 제도 전체가 마넹이 대의제 통치의 특징(주로 선거적 기준)으로 열거한 네 가지 원칙에 딱 들어맞는 것은 아니다. 그러나 마넹의 설명이 지닌 한계는 이 같은 설명이 기술적이며 역사가 우리의 규범적 원칙을 강제할 이유는 없다는 사실이다. 대의제 통치가 이 같은 원칙과 동일시된 역사적 사실이 존재한다고 해서 대의제를 오직 이 원칙에만 묶어둬야 할 이유는 없다.

(훨씬 더 반박하기 어려운 사례에 해당하는) 인민 의회의 대의제적 성격과 관련해, 누군가는 다음과 같이 물을 수 있다. 왜 전부 참석하지는 않았

거나 심지어 참석할 수 없었다는 사실이 의회 회합으로부터 직접 민주주의 형태라는 자격을 박탈하고 참석했던 이들을 참석했다는 사실로 그 자체로 참석하지 않은 이들의 대표자로 전환시키는가? 어찌 됐든 현 사례에 적용하면, 만약 내가 어느 날 교수회의에 참석하지 못한다고 해서, 이로 인해 내가 참석한 이들의 결정에 의해 '대표된다'고 생각함을 의미하는 것은 아니다. 또한, 내 동료 교수들 자신이 내 '대표자' 역할을 한다고 생각함을 의미하는 것도 아니다. 따라서 누군가는 더 큰 규모를 지닌 데모스가 의회에 물리적으로 참석한 사람의 결정에 의해 구속되는 반면, 이 같은 사실이 이 의회가 조금이라도 유의미하게 더 큰 규모를 지닌 집단의 '대표자' 역할을 했음을 의미하는 것은 아니라고 주장할 수도 있다. 불참한 이들은 단지 내려진 결정에 구속된다는 사실을 인정하는 것이지, 의사결정자에 의해 대표된다는 사실을 인정하는 것은 아니다.

그러나 의회의 개별 구성원이나 참석하지 못한 이들이 대표성을 요구하는 해당 청중이 아니라면 이들이 어떻게 '생각하는지'는 실제로 중요하지 않다는 사실을 우선 인지해야만 한다.[137] 그리스 사례에서 이런 인정이 중요했던 해당 청중은 누구였는가? 궁극적으로, 그 같은 청중은 일반 인민people at large이었다. 곧 오버가 그렇게 부른 대로, 의회에 참석한 소문자 d-데모스와 대비되는 대문자 D-데모스 말이다(Ober, 1996). 만약 일반 아테네 인민이 실제로 평의회나 인민 의회가 특정한 방식으로 '자신을 대표'한다고 생각하지 않았다면, 평의회나 인민 의회를 내 용법으로 대의제

137 대학 부서 회의 사례로 계속 이어가면, 중요한 것은 한 집단으로 참석한 이들이 전체 부서를 대변한다고 주장한다는 점인데, 설사 한 개인으로서 내가 이 같은 회의에 불참한 상태이고, 회의의 개별 참석자들이 나를 대표한다고 생각하거나 그렇게 주장하지 않았을지라도 말이다. 마찬가지로 중요한 점은 대학 상층부는 전체 부서를 대표하고 있다는 이 집단의 주장을 인정할 것이라는 사실이다. 이 책에서 사용된 정의에 의하면(대표하는 행위는 해당 청중(여기서는 대학)이 인정하는 방식으로 누군가를 대표하는 일, 4장 참조), 이 같은 회의에 참석한 구성원은 나를 대표하는데, 이 집단의 개인이 자신을 그렇다고 생각하든 생각하지 않든 그리고 내가 그렇다고 인정하든 인정하지 않든 상관없이 말이다.

기관이라 주장하기는 매우 어렵다. 문제는 대문자 D-데모스의 실제 생각을 알아내는 일은 매우 어렵다는 사실이다. 수집된 정보에 의하면, 이들이 인민 의회와 '아테네의 인민'을 동일시했다는 점은 알 수 있다. 비록 이러한 동일시가 근대적 대의제 관계의 측면에서 이해될 수 있는가의 문제는 역사학자들 사이에서 논쟁거리에 해당하지만 말이다.

이 시점에서 고대 그리스를 연구하는 두 명의 저명한 역사학자, 곧 모겐스 허먼 한센과 조사이어 오버 사이에 이뤄진 매우 흥미로운 논쟁을 소개할 만하다. 이들이 궁극적으로 인민 의회와 500인 평의회(또한, 입법위원회Nomothetai와 디카스테리아Dikasteria[인민법정]) 같은 아테네 기관이 인민을 '대표'했다고 말할 수 없다는 데 동의하는 것처럼 보임에도 불구하고, 이들의 주저함은 다양한 해석의 여지를 남겨두고 있다.

한센은 이와 관련해 가장 많이 동요한다. 그는 처음에는 여러 논문에서 '대신 행동'한다는 의미에서 디카스테리아가 사실상 데모스를 '대표' 했다고 주장했으며, 이 절에서 앞서 언급한 대로, 규모가 더 큰 시민집단 대 의회 의원이라는 대의 관계를 시사하는 유사한 표현을 사용했다. 한센이 이전에 설득력 있게 주장한 견해를 철회해야 한다고 생각한 것은 바로 오버의 비판이 가해졌을 때였다.[138] 오버는 자신의 관점에서 데모스와 디카스테리아 또는 500인 평의회 사이의 관계는 '제유' 화법이라는 수사적 비유의 측면에서 더 잘 이해될 수 있다고 생각했는데, 제유란 "일부가 전체를 **대표**하고 지칭하거나 아니면 그 반대의 경우를 가리키는 비유 화법"을 말한다(Ober, 1996: 330). 오버가 이름 붙인 대문자 D-데모스(아테

138 이는 "대의제 개념"이란 제목이 붙은 탁월한 보론에서 이뤄졌다. 한센이 데모스와 특히 디카스테리아 사이의 대의 관계의 증거로 활용했던 그리스 텍스트를 재해석했을 때 이는 "대신"하는 것이 아니라 단지 데모스의 "이익을 위해" 행동하거나 데모스를 "옹호하는" 태도를 의미했던 것으로 드러난다(Hansen, 2010: 536).

네 자유인 전체)와 인민 의회에 실제로 모인 데모스 사이의 관계와 관련해, 오버는 이 같은 관계를 제유 관계가 아닌 '상징' 관계로 부르는데, 이 관계에서 "참석한 이들이 내린 결정은 […] 분명히 데모스의 의지를 **상징**했지만, 특정 의회의 참석자가 데모스와 꼭 일치하는 것은 아니었다"(Ober, 1996: 330, 강조는 필자).[139] 오버가 심지어 '대의제'란 용어를 거부했음에도 불구하고, 부분과 전체 사이의 구분을 강조하고 다른 이를 '대표'하는 이들의 측면에서 부분과 전체를 정의할 수밖에 없었다는 사실은 꽤 인상적이다.[140] 따라서 오버가 '제유'와 '상징'이라는 용어를 통해 설명한 것은 적어도 한나 피트킨(Pitkin, 1989[1967]) 이후 대부분의 정치이론가들이 대표성, 곧 '대표'하는 행위를 인정했던 경우와 마찬가지로 나를 사로잡았다. 만약 일부의 결정을 전체의 결정으로 인정하는 아테네인의 심리 성향에 대한 오버의 설명이 옳다면, 고대 아테네는 직접 민주주의가 아니라 단연코 대의제 민주주의에 해당했는데, 이는 여기에서 옹호되는 대의제의 정의에 포함된다.[141] 그리고 실제로 오버는 또 다른 저작에서 이 같은

139 오버는 그다음에 다음과 같이 결론짓는다. "[한]센이 법정의 권한이 위임되지도 않았고 아테네의 배심원이 더 큰 규모의 유권자를 대표하기 위해 임명되지도 선출되지도 않았다고 주장하기 때문에, '대표성'은 법정과 데모스 사이의 관계를 개념화하는 최선의 방법으로 보이지 않는다"(Ober, 1996: 30; 강조는 필자). 그러나 물론 이 같은 논증은 대표성을 단지 선거로 협소하게 이해하는 경향에 기반해 이뤄진 것이다. 법정의 권한이 '위임'되지 않았다는 한센의 주장이 더 설득력 있어 보일지도 모른다. 그러나 누군가는 한센 또한 '위임'으로 여겨지는 것에 대한 지나치게 제한적인 정의를 사용했을 것이라는 의구심을 품을 수도 있다.

140 "시민기구를 구성하는 다양한 제도적 '부분들'[민회ekklesia, 인민법정dikasteria, 입법위원회nomothetai, 500인 평의회boule] 각각은 따라서 시민기구 전체를 대표하고 지칭할 수 있다. 웅변가는 의회에서 결정을 내림으로써 배심원을 대변할 수 있었는데, 배심원과 의회 둘 다 전체의 일부에 해당했기 때문이다"(Ober, 1996: 330~331).

141 한센은 유감스럽게도 여전히 의견 차이를 보이는 듯한데, 이는 주로 일단 그가 데모스와 법정 사이의 대의 관계에 대한 앞선 자신의 주장을 철회하게 된다면, 상징이나 제유 같은 관계에 대해 오버가 제시한 주장을 인정할 수 없기 때문이다. 한센은 특히 대문자 D-데모스(그가 베네딕트 앤더슨Benedict Anderson의 '상상된 공동체'와 비교한 이데올로기적 개념)과 인민 의회에 모인 소문자 d-데모스 사이의 오버의 구분(위에서 마넹이 수용한 듯 보이는 구분)을 거부한다. 나는 이 같은 논쟁이 이런저런 방식을 통해 확실히 해결될 수 있을지에 대해 알지 못하지만, 개인적으로는 오버의 편에 서고 싶

사실을 거의 인정하는 듯 보인다(Ober, 2017: 19).[142]

대체로, 그리고 고대 민주주의를 연구하는 역사학자들의 주저함에도 불구하고, 고대 아테네가 직접 민주주의보다는 원형적 대의제에 가깝다는 생각은 내가 볼 때 적어도 허용될 수 있을 듯한데, 이는 가장 상징적인 관행인 인민 의회를 포함한다. 인민 의회는 한 번에 모든 시민이 참여하는 것과는 거리가 멀고, 회합에 참석한 시민의 하위집단이 실제로 그리고 아마도 의식적으로 나머지를 대신해 결정을 내리게 되는 자기추천 대의제 형태에 기반하고 있었다.

직접 민주주의 대 열린 민주주의

직접 민주주의는 규범적으로 바람직하지 않거나 실현 불가능하거나 둘 중 하나에 해당한다. 아마도 직접 민주주의에 대한 가장 중요한 옹호자에 해당하는 루소 자신은 다음과 같은 이유 탓에 그렇게 인정하는 듯 보였다. (1) 루소는 고대 아테네를 민주주의의 하나로 여기지 않았다. (2) 루소는 "진정한 민주주의는 결코 존재한 적이 없고 앞으로도 존재하지 않을 것"이라고 생각했다(《사회계약론》 III. 4).[143]

이 장에서 주장한 대로 직접 민주주의가 실제로 자율적인 정체 형태

다. 의미론적 측면에서 적절한 용어 사용에 관한 의견 차이를 제외하고 말이다.

142 심지어 오버가 "아테네는 시민에 의한 직접 통치 형태였다"고 주장할 때도, 그는 또한 다음과 같이 말하고 있다. "대의제가 근대 특유의 개념이라는 통념, 곧 고대 민주주의 사상에서 전적으로 이질적이었다는 생각은 […] 오도된 것이다. (시민기구 전체로서) 아테네의 데모스는 특정 의회에 참석하는 일을 선택한 그런 시민의 모습으로 존재하는 것으로 상상됐다. 따라서 데모스는 **시민 중 일부에 의해 개념적으로 대표, 곧 일부가 전체를 대표***pars pro toto*했다(Obrer, 2017: 19, 강조는 필자).

143 정확하게 말해, 진정한 민주주의가 실현 불가능하다고 전제한 루소의 주장은 지배하는 다수와 지배받는 소수를 가정한 조금 독특한, 곧 이른바 반反자연적인 원리에 근거했다.

로 존재할 수 없다면, 우리는 국민투표 같은 것을 왜 해야 하는가? 국민투표 같은 것은 직접 민주주의가 아닌가? 이곳 마지막 절에서, 나는 정체 형태와 한 정체 형태의 요소나 계기 사이를 구분하려고 한다. 민주주의는 대의제 형태를 완전히 그만두지 않고도 국민투표 같은 직접 민주주의 요소를 포함할 수 있다. 둘째, 숫자와 참여율이 중요하다. 이 같은 내용을 토대로 우리는 한편으로 대규모 참여에 따라 좌우되는 직접 민주주의 요소, 그리고 다른 한편으로 자기추천에 기반하고, 낮은 투표율과 양립 가능하며, 대의제 형태를 수반하는 것으로 이해돼야 하는, 내가 이름을 제안한 '열린' 대의 민주주의 관행 사이를 구분할 필요가 있다.

직접 민주주의적 계기는 열린 민주주의적 계기와 구분되는데, 이는 내가 볼 때 직접 민주주의적 계기가 일반적으로 대규모 참여를 요구한다는 점에서 그렇다. 국민투표는 대부분의 선거처럼 일반적으로 적격한 시민 전체 아니면 적어도 대다수가 참여하는 제도를 의미하는데, 실제로 투표일에 인구의 절반 이상이 참여하지 않는다면 이 같은 국민투표의 정당성은 무색해지게 된다. (스위스의 직접 민주주의 의회인) 란츠게마인데Landsgemeinde(민회) 또한 해당 지역사회(주, canton)와 관련 있는 많은 수의 인민이 모이는 제도를 뜻한다. 내 생각에 만약 모든 사람이 프닉스에 모이는 일이 가능했다면(결코 그럴 수 없었다), 그리스 인민 의회가 유일하게 직접 민주주의 제도라 불릴 만한 자격을 지니고 있었다. 게다가, 대체로 관련 인구의 대다수가 참석할 것이라는 공통된 기대와 실제 관행이 존재했다면 말이다(유감스럽게도 이는 우리가 직접 확인할 수 없는 반反사실적 가정에 해당한다).

대조적으로, 열린 민주주의적 계기에는 언제나 다수보다는 소수의 사람이 참여하고 (비록 선거 형태가 아닐지라도) 대의제적 성격을 띠는 것으로 해석돼야 한다. 이 같은 계기는 마크 워런Mark Warren이 "평범한 시민이 다른 시민을 대표"하게 되는 "시민 대의제"(Warren, 2013)라 부른 형태를 낳는데, 이는 일반적으로 선거를 통해 허용되는 권한의 명시적 위임이 생략되는 경우를 포함한다. 이러한 민주적 대의제 형태의 이론화는 충분히 이뤄지지 못했는데, 이는 부분적으로 '참여 민주주의' 형태와 혼동되는 경향이 있기 때문이다. 그러나 워런이 설득력 있게 주장한 대로 '참여 민주주의'라는 범주를 사용하게 되면,

> 시민 대의제 사례의 아마도 가장 중요한 특징을 확인할 수 없게 된다. 곧 각각의 대의제 형태는 **다른 시민들을 대표하는 역할을 하는 상대적으로 소수의 시민의 적극적인 참여**에 따라 좌우되고 만다. (2013: 51)

따라서 시민 대의제적 계기를 (국민투표 같은) 직접 민주주의적 계기와 구분하는 척도가 되는 것은 전체 인구와 대비되는 소수의 참여자의 존재다. 열린 민주주의적 계기 속에서 시민 대의제가 민주적 자격을 얻게 되는 것은 대규모 참여가 아니라 직업 정치인(예를 들어, 선출직 대표자)과 대조되는 평범한 시민이 대표자가 되는 경향을 띤다는 사실에서 비롯된다.

나는 크라우드소싱 기법에 의한 정책 과정, 참여예산, 시민 발의를 열린 민주주의적 계기로 간주하고 싶은데, 이에 대한 접근권은 모두에게 열려 있고 인민은 자기추천에 기반해 참여하게 되는데, 대개 전체 인구와 비교해 상대적으로 적은 수가 참여한다.[144]. 같은 이유로, 시민 발의는 내가 볼 때 직접 민주주의적 계기보다는 '열린' 민주주의적 계기로 볼 수 있을 듯하다. 시민 발의에 필요한 서명의 최소기준은 인구의 단지 몇 퍼센

144 예를 들면, 크라우드소싱 기법에 의한 정책 과정은 설사 인구의 1퍼센트 미만이 참석한다 하더라도 성공적인 것으로 볼 수 있다.

트에 불과하며, 결코 대규모 참여가 필요한 것이 아니다. 열린 민주주의적 계기와 직접 민주주의적 계기 사이의 차이는 열린 민주주의적 계기의 참여자에게는 어떤 결정에 대한 최종발언권이 좀처럼 주어지지 않으며, 참여자의 역할이 다른 대의 민주주의나 직접 민주주의를 보완하는 것으로 여겨지는 쪽에 더 가깝다는 사실이다. 크라우드소싱 기법에 의한 절차에서, 참여한 크라우드는 어떤 결정에 대한 최종발언권을 갖는다고 여겨지지 않는데, 심지어 이 같은 결정에 영향을 줄 수 있을 때에도 말이다. 게다가, 국민투표에서 시민은 자신의 양심에 따라 투표한다고 여겨지는 반면, 시민 발의와 크라우드소싱 기법에 의한 참여에서는 오직 참여자가 적어도 다른 사람이 생각하고 관심 갖는 것을 최소한으로 대표한다고 말하는 한에서만 정당성을 얻게 된다.

시민 발의는 부분적으로 입법 과정에서 불가피하게 나타나는 맹점을 보완하는 교정 기능을 한다(심지어 무작위로 선출된 의회도 같은 맹점을 지닌다). 그러나 시민 발의는 또한 이 같은 발의가 없을 경우 의도적으로 고려되지 않는 의제를 제안할 수 있는 유용한 방법이기도 하다. 특히 전통적 선출 대표자와 관련해, 이 같은 수단들은 (이런 대표자의 급여, 이들에게 유리한 게리맨더링 원칙, 권한 축적 기회 등과 관련해) 시민들이 아주 잘 확인할 수 있는 결함을 지니고 있지만 그 변화를 위한 어떤 유인책도 없거나, 심지어 이들 자신의 이익을 위해 시행해온 제도를 바꿀 수 있는 힘을 갖고 있다. 시민 발의는 대표되는 이들과 대표하는 이들 사이의 힘의 균형을 시민이 바꿀 수 있게 하는 일과, 이러한 구분이 굳어지고 고착화돼 결국 권력의 닫힘이 초래되는 것을 방지하는 일과 관련된다. 따라서 이 같은 수단들은 열린 민주주의로의 이행 과정에서 정치적 걸림돌을 제거하고 열린 민주주의를 예시하는 데 특히 유용한 것으로 드러날 수 있다. 심지어 (희망컨대) 이러한 이행이 완전히 실현되는 일에 이 수단들이 별로

역할을 못한다고 여겨질 때에도 말이다.[145]

이 장에서 제시된 (어쩌면 급진적인) 재개념화가 지닌 이점은 무엇인가? 대체로 대의제라 볼 수 있는 형태에 대규모로 참여하는 통상적으로 드문 경우를 제외하고 민주주의 개념을 실현 불가능하거나 바람직하지 않은 형태 중 하나로 일축함으로써 내가 헌신하고자 하는 대의명분(인민통치의 의미를 되살리고 평범한 시민에 권한을 부여하는 일)에 오히려 해를 끼치고 있지는 않은가? 그러나 이와 반대로 내 생각은 내가 민주주의자들이 실제 권력의 장소를 탈환할 수 있는 길을 여는 데 도움을 주고 있다는 것인데, 곧 많은 수의 사람이 공적 공간에 모이고, 당국에 맞서 행진하고, 또는 소셜 미디어상의 유명 인사가 결국 사실상의 지도자가 되는 일만으로 충분하다거나 심지어 이 모두가 (비록 시작 단계에 있을지라도) 종국에는 민주주의를 실현시킬 것이라는 통념이 미망에 불과함을 일깨워줌으로써 말이다.

민주주의가 (직접 민주주의와 열린 민주주의적 계기를 지니는 경우를 포함해) 어떤 의미에서는 항상 대의제적이고 실제로도 그럴 필요가 있다는 사실을 인정하는 일은 사파티스타, 분노한 사람들, 그리고 '아랍의 봄'이나 튀르키예 등지에서의 의회 민주주의에 대한 그 밖의 옹호자들이 탈출구를 찾지 못한 일종의 개념적, 실제적 궁지로부터 이런 수많은 사회운동을 구하게 된다(Tüfekçi, 2017). 이 사실을 인정하는 일은 이런 운동이 동원하는 시민사회의 에너지가 시위와 점령을 넘어서서 건설적인 의사결정으로 흘러가게 만들고 일반적으로 단순한 소음에서 의미를 지닌 신호로 나아가게 만들 것이다. 이 같은 관점에서 분노한 사람들 운동을 효과적인 정치기구로 전환시킨 스페인의 포데모스Podemos 정당뿐만 아니라 유럽의

145 나는 이런 식으로 시민 발의의 유용성을 인식하도록 도와준 일에 대해 리사 디쉬Lisa Disch에게 감사드린다.

해적당Pirate Parties, 이탈리아의 오성운동Five Stars movement, 스페인의 인터넷당Partido de Internet, 아르헨티나의 네트당Partido de la Red 등은 자신의 목표를 성취하려면 대의제 수단을 활용하는 일이 필요함을 실제적으로 인식했다. 이들 가운데 일부는 전통적 선거 모델에까지 거슬러 올라갔다(포데모스). 그러나 대부분의 경우는 조금 다른 경로를 시도했는데, 이를테면 국민투표 같은 계기, 전통적 대의 민주주의, 위임 투표 등을 혼합한 이른바 '액체' 민주주의를 수용했다. 이 같은 모델은 때로 그 옹호자들에 의해 직접 민주주의의 한 형태로서 지지되지만, 다양한 형태의 대의제라는 더 흥미로운 가능성을 열어주고 있다. 다만 고대 아테네에서처럼 추첨제와 자기추천에 기반한 새로운 형태의 민주적 대의제를 시도하고 실천하고 있지는 못하다.

그러나 직접 민주주의를 고수하려는 노력에 뒤따르는 무능이라는 위험보다 더 중요한 것은 아마도 직접성과 자발성을 빙자해 전체의 일이라는 미명 아래 부당하게 발언하는 사실상 자기추천한 집단에 내재된 실제적인 위험, 곧 특정 형태의 포퓰리즘에 잠재된 위험이다(Werner-Müller, 2016). 지난 30년간 발생한 경제적 이익의 대부분을 단지 몇 사람이 차지한 시대에 '점령하라Occupy' 같은 사회운동은 99퍼센트가 될 것을 다소 그럴듯하게 요청한다. 그러나 이 같은 집단도 극빈층까지 포용하진 못했다. 직접 민주주의의 외피를 두른 운동들은 종종 급속히 배타적으로 변하곤 한다.

이는 내가 맥코믹McCormick의 '마키아벨리적 민주주의', 그리고 사회경제적 엘리트를 배제하는 현대식 호민관에 대한 그의 옹호에서 또한 확인한 위험이기도 하다. 이 같은 민주주의는 아리스토텔레스식으로 빈곤한 다수와 동일시되는 '인민'과 '부유층' 사이의 문제적인 구분을 토대로 번성하게 되는데, 이러한 민주주의에서는 마치 각 경제 계급의 구성원이 데모스 내에서 동등한 시민이 아닌 것처럼 여겨진다. 현대 민주주의 제도의 금권정치 경향에 반격을 가한다는 고결한 목표에도 불구하고, 이 같은 제안과 관련해서 무언가 불안정함이 존재하는데, 이는 단지 직접 민주주의의 수단이 시간, 재산, 열정적 선호를 지닌 개인, 곧 맥코믹이 방어하려 했던 인민의 적대자에 의해 탈취될 위험에 늘 놓이기 때문만은 아니다(비판에 관해서는, Shapiro, 2015: 176 참조).[146] '고통의 합성'으로서 포퓰리즘이 우리의 민주주의 제도를 탈환하는 데 역할을 한다는 점에서 맥코믹이 아마 옳을지도 모르지만, 우리는 정치적 전술과 규범적 목표를 혼동하지 말아야 한다. 가족 중 버릇없는 자식을 꾸짖고 단속하며 제 할 일을 하도록 일깨우는 일이 가족에서 이들을 완전히 쫓아내는 일로 이어져서는 안 된다. 따라서 나 자신의 견해는 실제로 대의제에 해당되는 경우 우리는 맥코믹이 말한 호민관에 직접 민주주의 제도라는 이름표를 붙이는 일에 반대해야 한다는 점이다. 그러고 나서야 비로소 우리는 다른 제도나 절차와 비교되는 이 같은 제도의 민주적 대표성에 문제를 제기하는 일을 시작할 수 있다. 또한, 그다음에야 비로소 인민의 하위집단 중 하나가 그에 따라 수반되는 모든 위험에도 불구하고 '인민'을 대변해 요구하는 일을 절대 하지 못하도록 보장할 수 있게 된다. 더 일반적으로 말해, 평범한 시민에 의한 일정한 형태의 참여를 민주적 대의제 또는 '시민 대의제'라는 새로운 형태로 재구성하려는 시도는 나머지 공중의 지지와 인정을 받을 가능성을 더 많이 지니게 된다.

직접 민주주의는 대의 민주주의의 위기에 대한 해결책이 될 수 없다. 민주주의는 대의제 요소를 포함해야 하고 실제로 대의제 형태를 띤다. 이

146 샤피로가 말한 대로, "어쩌면 호민관은 실비오 베를루스코니Silvio Berlusconi와 비슷했지만, 또한, 거의 틀림없이 그에게 직권 남용에 대한 설명 책임을 지우려 노력했던 이들과 비슷했을지도 모른다" (Shapiro, 2016: 176, fn11).

는 한편으로 모두가 의제를 숙의하고 설정하는 소모적인 과제에 매번 함께 참여할 수 없기 때문이고, 다른 한편으로 이해관계와 판단을 구성하고 반영할 필요가 있기 때문이다. 만약 내가 옳다면, 우리는 이제 출발점, 곧 대의제 형태의 민주주의로 되돌아가야 한다. 그 핵심적인 제도적 특징으로서 정기적 선거에 전념하는 문제를 지니고 있고 이에 따라 평범한 시민을 정치에서 배제하는 결과를 낳게 되는 '대의 민주주의'라는 역사적 패러다임 자체를 우리가 거부함에도 말이다.

만약 정치 체제로서 민주주의가 항상 대의제적이고 실제로 그래야만 한다면, 흥미로운 질문은 직접 민주주의냐 대의 민주주의냐가 아니라 우리가 어떤 형태의 대의제를 지지해야 하느냐다. 그리고 어떤 선택 메커니즘이 그 같은 결과를 낳게 되는가다. 따라서 진짜 대립은 '직접' 민주주의와 '대의' 민주주의 사이에 있는 것이 아니라, 다소 민주적인 형태의 대의제 원칙들 사이에, 그리고 더 일반적으로 다소 열린 형태의 민주주의 원칙들 사이에 있다. 누군가는 가장 민주적이고 열려 있는 극단적 형태에서(고대 아테네에서처럼) 결코 한꺼번에는 아니더라도 번갈아 가면서 평범한 인민이 실제로 통치하는 대의제를 발견할 수 있다. 다른 쪽 극단적 형태에서 이 같은 대의제에는 단지 몇몇 엘리트만이 접근할 수 있다. 다시 말해, 차이는 직접 민주주의 제도와 대의 민주주의 제도 사이에 존재하는 것이 아니라, 평범한 시민에게 열려 있는 민주주의와 이들에게 닫혀 있는 민주주의 사이에 존재하게 된다. 우리의 현재 선거 '민주주의 제도'는 이 같은 연속선 위 어딘가에 위치하고, 엘리트주의, 곧 닫혀 있는 쪽에 다소 가까운 것으로 주장된다.

더 진정한 형태의 민주적 대의제는 과연 어떤 모습을 띠게 될까? 우리는 이제 이 질문을 다루려 한다.

4

선거 외의 정당성과 대표성 1

●

2020년 1월 10일, 16살의 고등학생이자 무작위로 선택된 150명의 프랑스 기후변화 시민총회 회원 중 한 명은 그날 밤 특별 초대 손님인 마크롱 대통령에게 다음과 같이 질문을 던졌다. "당신은 프랑스 민주주의의 미래를 좀 더 숙의적인 형태의 민주주의, 즉 이런 총회의 모습에서 찾아야 한다고 생각하시나요?" 마크롱 대통령은 다음과 같이 조금 무마하는 답변을 내놨다. "우리가 숙의 민주주의를 발명한 바로 그 순간, 우리에게는 대의 민주주의를 복원할 필요성도 주어지게 됩니다."

대부분의 사람들과 마찬가지로 프랑스 대통령에게 '대의' 민주주의는 암묵적으로 인민의 대표자 지위를 선출된 관료에게만 제한하는 선거 민주주의를 의미했다. 프랑스 대통령이 프랑스 민주주의 내에 기후변화 시민총회 같은 숙의적 시민의회를 위한 자리를 고려했음에도, 그는 이 같은 총회가 선출 관료와 경쟁하는 것이 아니고 이들의 권력을 강화하길 원했다.

더 급진적인 또 다른 반응은 숙의 민주주의(또는 내가 열린 민주주의라 부른 형태)의 발명이 선거 이외의 대의제의 가능성을 수반한다는 사실을 마크롱이 수긍하게 된 것이었다. 이는 숙의 민주주의가 어느 정도는 전통적인 선거 민주주의와 경쟁하게 됨을 의미한다. 이 장에서 나는 대의적이자 숙의적인 비선거적 형태의 민주주의를 향한 경로를 보여주려 한다. 나는 대의제 개념, 특히 비선거적 절차와 기구를 포함하는 민주적 대의제 개념을 확장시킴으로써 그렇게 하려 한다.

더 구체적으로, 나는 흔히 '직접 민주주의'(또한 '참여', '숙의', 또는 심지어 '시민' 민주주의)라는 이름표 아래 포괄되는 정치 과정의 새로운 참여 형태가 이보다는 새로운 민주적 대의제 형태로 개념화돼야 한다고 주장한다. 위에서 마크롱 대통령이 표명한 전통적 견해와 대조적으로, 민주적 대의제를 선거 대의제로 환원시키는 일은 지나치게 엘리트주의적인 동시에 지나치게 단순화된 형태에 해당한다. 이런 시도가 엘리트주의적인 이유는 2장에서 확인한 대로 선거가 본질적으로 차별적이며 고유의(곧 경험에 따른 것이 아닌) 과두제적 편향을 지닌 선택 메커니즘에 해당하기 때문이다. 이 시도가 지나치게 단순한 이유는 새롭고 어쩌면 실제로 더 나은 형태의 민주적 대의제를 개념화하고 실현할 가능성을 배제하기 때문이다.

민주적 대의제에 관한 우리의 이해를 복잡화하려고 시도하면서, 나는 민주적 대의제의 기준에 대한 우리의 개념을 다원화하려 노력해온 많은 학자들의 경로를 따르고 있다. 마이클 사워드Michael Saward를 따라, 나는 "대의 민주주의는 선거가 전부이며, 오직 선출 관료만이 민주적 대표자로 여겨질 수 있다"(Saward, 2008: 1002)는 너무나 흔한 전제에 의문을 제기한다. 로라 몬타나로Laura Montanaro를 따라, 나는 또한 "대개 우리[정치이론가]는 집단과 개인이 선거제도 바깥에서 민주적 대표자 역할을 한다는 의미를 이해하지 못한다"(Montanaro, 2012: 1095; 또한 Kuyper, 2016; Rehfeld, 2006 참조)는 점을 인식하고 있다. 카스틸리오네와 워런(Castiglione and Warren, 2006: 14)을 따라, 나는 "[정]치가 더 복잡해지고, 다층화되고, 사회 구석구석에 스며들게 되면서, 누가 자신을 민주적 대표자로서 정당하게 주장할 수 있는가의 문제 또한 그렇게 됐다"는 점을 인정한다. 마지막으로, 마크 워런Mark Warren처럼, 나는 (이를테면, 민회 참여 같은) 특정 형태의 '참여'를 보는 우리의 관점을 새로운 비선거적 형태의 '시민 대의제'로 다시 프레이밍하려 한다(Warren, 2013).

선출 대표자 외에 민주적 대표자라는 이름에 걸맞은 경합 상대에는 다음과 같은 이들이 존재한다. 곧 시민의회, 공론조사, 시민 배심원단처럼 무작위로 선출된 민회의 구성원들뿐만 아니라, 시위, 크라우드소싱 또는 참여예산 실험, 미국의 '흑인의 생명은 소중하다' 또는 프랑스의 노란 조끼 운동 같은 사회운동, 그리고 국민투표와 (예를 들어, 기업 로비스트와 대비되는) 일반 시민으로 구성된 발의 위원회initiative committees 등의 자기추천 참여자들 말이다. 이 같은 집단과 그에 속한 개인은 이 집단이 다른 집단을 대변하고 그들을 대신해 일을 수행한다(숙의하고 저항한다)는 의미에서 일반적으로 다른 집단을 대표한다. 이 같은 집단은 때로 심지어 그들이 대표자 역할을 수행한다고 공공연하게 생각한다. 나는 민회를 통해 수행되는 대의 형태를 '추첨형 대의제lottocratic representation'[147]라 부르고 자기임명self-appointed 참여자에 의해 수행되는 대의 형태를 '자기추천형self-selected 대의제'라 부를 것을 제안한다. 나는 분석적 명확성을 위해 이 같은 범주를 사용하는데, 실제 관행, 예를 들어 무작위와 (기꺼이 참여하려는 의지에 기반한) 자기추천의 혼합을 수반하는 대부분의 민회의 경우 그 순수성이 훨씬 덜한 경향을 띨지라도 말이다.

민회와 자기추천 크라우드를 새로운 대의 민주제 형태로 여기는 견해에 다양한 반론이 제기될 수 있다. 첫째, 어떤 이는 이 같은 집단이 '대의' 민주주의에 대비되는 '직접' 민주주의의 범주에 속한다고 주장할 수도 있다. 나는 이미 3장에서 이러한 반론을 일부 다뤘는데, 고대 그리스의 500인 평의회와 심지어 인민 의회에 참여한 자기추천한 사람들 모두에게 (Warren, 2013에서 표현된 대로) "시민 대표자" 형식이라는 특징이 부여될 수 있다고 주장했다. 여기에서 나는 단지 이런 주장 중 일부만 다시 논의하려 한다.

어떤 이들은 이 같은 형태의 대의제가 '민주적'이라는 주장에 이의를

147 알렉스 게레로(Alex Guerrero, 2014)가 선거와 대비해 '추첨형 대안'으로 옹호한 형태의 특징을 나타내려고 유용하게 만든 형용사의 활용형. 나는 게레로의 분석에 전반적으로 동의하지만, 그가 선호하는 단일 사안과 관련된 무수한 민회보다 중앙집권화된 다목적 입법의회를 선호한다. 이는 기본적으로 일련의 일관된 법과 정책들을 실현하기 위해 포괄적 사안을 다룰 필요성 탓이다.

제기할 수도 있다. 추첨형과 자기추천형 대의제가 모두 선거 대의제와 달리 다른 시민(민회에 속하지 않는 이들 또는 이런 과정에서 자기추천하지 않은 이들)의 명시적인 동의에 구속되지 않기 때문이다. 이와 관련해, 추첨형과 자기추천형 대의제는 '가상적' 대의제라 부를 만한데, 이는 악명 높게도 비민주적 계보를 지닌 개념이다. 따라서, 우리는 다음과 같이 물을 수 있다. (선거 의회의 대안으로서 유력한 용의자인) 민회나 참여실험의 자기추천한 구성원이 만약 나머지 시민에게 직접 권한을 위임받지 않았다면 어떻게 민주적 대표자라는 이름을 주장할 수 있겠는가? 다시 말해, 새로운 형태의 대의제에서 민주적 자격은 어떻게 부여되는가?

민회의 구성원이 지금까지 사용된 정의에 따라, 곧 해당 청중, 가령 정부가 인정하는 방식으로 일반 공중을 대표한다는 의미에서 '대의제적'이라 주장할 수 있다고 생각해보자. 그러나 이들이 민주적으로 대의제적이라 주장할 수 있을까? 이들과 가령 임명직 전문가 사이의 차이는 무엇일까? 특히 종종 전문가에 의해 행해진 복잡하고 불투명한 표집방법을 통해 구성되는 경우 우리가 민회를 그 대신 테크노크라트적 대표 형태로 개념화하지 말아야 할 이유는 무엇인가? 유사하게, 조금이라도 대표자로 여겨지는 경우 열린 정책입안 과정에 참여한 자기추천 집단이 **민주적** 대표자로 여겨져야 할 이유는 무엇인가? 온라인 크라우드소싱 과정의 자기추천 참여자와 무작위 군중mob 사이의 차이는 무엇인가? 그리고 궁극적으로 민회의 민주적 자격이 조금이라도 있다면 자기추천한 크라우드의 민주적 자격과 어떻게 비교될 수 있는가? 이 둘의 민주적 성격이 선출 대표자의 민주적 성격과 어떻게 비교될 수 있는가?

이 장과 다음 장에서 내 목표는 이러한 질문에 답하는 과제에 우리가 어떻게 접근할 수 있는지와 관련해 어느 정도 분석적 명확성을 제시하는 것이다. 나는 우리가 의회나 직위에 접근할 수 있는 정도가 포괄적이고 평등(또는 공정)하다는 측면에서 대의제 의회나 직위의 민주적 성격(내 용어로 '민주성')을 평가할 수 있다고 주장함으로써 그렇게 하려 한다. 그다음에 나는 민주적 대표성의 다양한 형태들 사이의 상쇄관계를 지적할 것인데, 특히 이를테면 피통치자에 대한 책임성과 반응성 같은 민주주의와 관련성을 지니지만 근본적인 관련성은 없는 가치들 사이의 상쇄관계의 측면에서 말이다. 마지막으로, 우리는 피할 수 없는 별개의 질문에 마주하게 된다. '민주적 대표자'라는 이름의 이런 새로운 경합 상대가 설사 대의제적인 동시에 민주적이라 하더라도, 이들의 정당성, 구체적으로 말해 민주적 정당성은 어디에서 유래하는가? 이러한 질문들은 모두 매우 긴밀하게 연결돼 있어서 나는 "선거 이외의 정당성과 대표성"이라는 동일한 제목 아래 이를 다뤄야 했다. 읽기 쉽도록 나는 내 분석을 두 개의 장으로 나눴는데, 하나는 좀 더 이론적이고 하나는 좀 더 경험적인 동시에 사변적이다.[148]

148 (옮긴이) '대표'의 형태는 크게 세 가지로 분류될 수 있는데, 첫째는, '대리인agent or delegate'으로서 이들의 행위는 위임받은 한도 내에서 엄격히 제한된다. 둘째는, '자유롭게 선출된 사람'으로서 대리인과 달리 상대적으로 많은 자율성을 지니게 된다. 셋째는, 서술적, 통계적, 비례적 대표로서 계급, 성, 직업, 인종, 종교, 지역, 세대 등을 대표하는 경우로 이 같은 형태는 자율성을 지니면서도 특정 부류의 이익이나 의지를 직접적으로 반영하게 된다. 근대 시민혁명 이후 제도적 발전을 통해 구체화된 이 같은 대표의 형태들은 권위성authorization, 근거성accountability, 책임responsibility, 서술성the descriptive, 실질성the substantive, 상징성the symbolic, 반응성responsiveness이라는 7가지 속성을 지니는 것으로 분석된다. 이를테면 대표자는 정치적 권위를 지니며, 대표되는 사람과의 관계를 '근거'로 삼을 때만, 곧 누구를 대표하는지가 명확할 때만 존재할 수 있고, 이들에 대해 어떤 정치적 책임을 지니게 되며, 누군가를 대표하고 있다는 '서술적' 사실로부터 인정받을 수 있거나, 이들의 이익을 위해 '실질적'으로 행동할 때만 인정받게 되며, 대표되는 이들의 실체나 정체성을 상징하는 역할을 하게 된다. 또한, 최근 들어 최소 민주주의에서 참여 민주주의로의 변화가 나타나면서 반응성, 곧 대표자와 대표되는 이들 사이의 일상적 소통이나, 문제 제기에 대한 신속하고 충실한 응답과 설명이 중요한 정당성을 구성하는 것으로 설명된다(이관후, 〈한국정치에서 대표의 위기와 대안의 모색〉, 《시민과세계》 28, 2016, 1~34쪽; 또한, 서병훈 외, 《왜 대의민주주의인가》, 이학사, 2011; 모니카 브리투 비에이라 · 데이비드 런시먼 지음, 노시내 옮김, 《대표-역사, 논리, 정치》, 후마니타스, 2020 참조). 한편, 이 책에서는 'responsibility'는 '책임'으로, 설명할 책임의 의미가 내포된 'accountability'는 맥락에 따라 '(설명) 책임(성)'으로 옮겼다. 또한, '정당성legitimacy'에 관해서는, 이관후, 〈정치적 정당성의 기초에 대한 비판적 검토: 법, 동의, 정의, 토의를 중심으로〉, 《현대정치

질문들을 명확하게 하려면 우선 이를테면 대표성, '민주성', 정당성 같은 다양한 관련 개념들을 구분하는 일이 필요하다. 다시 말해, 우리는 단순한 대의제, 민주적 대의제, 정당한 대의제(비록 민주적 대의제가 현재 우리에게 커다란 관심사이긴 하지만 이런 대의제가 민주적이든 아니든 관계없이), 그리고 심지어 민주적으로 정당한 대의제(이 또한 민주적이든 아니든 관계없이) 사이를 구분하는 능력을 갖출 필요가 있다. 이 중 적어도 두 가지 용어(정당성과 대표성)가 지닌 의미와 관련해 해당 문헌에서 나타나는 중대한 의견 차이를 감안해, 나는 이 같은 정의 중 일부를 명시하지 않을 수 없는데, 비록 내가 각각에 대해 합리적인 근거를 제시하려 노력하겠지만 말이다.

첫 번째 절에서, 나는 민주적 대의제, 정당한 대의제, 선거 대의제 사이를 밀접하게 동일화하는 경향에 의문을 제기하고, 직관적 동일화 이면에 놓인 역사적이고 개념적인 원인을 간략히 탐구한다. 나는 18세기의 선거적 동의 이론은 그 직관적 호소력에도 불구하고 혼동의 여지가 있으며 개념적으로 이를 넘어가려는 시도를 정당화하기에는 충분히 만족스럽지 못하다고 주장하려 한다.

나는 새로운 통찰의 근거를 명확히 하고 나서, 이 책에서 사용한 대표성에 대한 비非규범적 정의의 정당성을 입증하고, 정당성과 구별되는 '민주성'이라는 새로운 개념의 사용을 옹호하려 한다.

나는 이러한 구분 기준을 마련한 후에, 다음 절에서 내가 볼 때 선거 대의제에 대한 가장 전도유망한 대안에 해당하는 민주적 대의제의 한 형태, 곧 '추첨형 대의제'를 논의한다. 세 번째 절은 따라서 추첨형 대의제의 민주적 자격이 평등주의적이고 일시적으로 포괄적인 특성에서 유래한다

연구》 8(2), 2015, 97~123쪽 참조.

고 주장한다. 추첨과 교체가 결합된 형태는 실제로 시간이 지남에 따라 모두가 권력에 동등하게 접근할 수 있도록 보장한다.

네 번째 절은 또 다른 대안, 곧 자기추천형 대의제를 다루는데, 이 같은 제도의 민주적 자격은 기본적으로 모두를 포괄하도록 해주는, 곧 모든 이에게 공간적으로 열려 있다는 특성, 그리고 이 제도의 주된 특징에 해당하는 참여의 기회가 (형식적으로) 평등하다는 특성에서 유래한다. 자발적으로 공적 참여를 하는 데 드는 분명한 시간적 부담에도 불구하고, 자기추천형 대의제에 접근할 수 있는 권리는 적어도 이론상으로는 완전히 열려 있다. 네 번째 절은 비선출 대표자의 책임성의 결여뿐만 아니라 자기추천 대표자의 통계적 대표성의 결여에서 비롯되는 반론을 고찰한다.

동의 이론이 지닌 문제

우선 우리가 선거 대의제를 민주적 대의제의 유일한 형태로, 그리고 심지어 때로는 정치적 대의제의 유일하게 (아니면 적어도 가장) 정당한 형태로 간주하게 되는 이유를 살펴보자. 다시 말해, 이를테면 우리가 '민주적 대의제'를 생각할 때 첫 번째로 그리고 때로는 유일하게 떠올릴 정도로 선거 대의제가 우리의 집단적 상상력을 사로잡는 이유는 무엇일까? 민주주의가 대중의 상상 속에서 투표장 앞에 선 줄로 상징되는 이유는 무엇일까? 우리가 투표와 선거라는 프리즘을 통하지 않고서는 민주주의와 민주적 대의제를 좀처럼 상상할 수 없는 이유는 무엇일까?

이와 관련해 베르나르 마넹이 한 가지 설명을 제시한다. 마넹은 18세기에 일어난 '선거제도의 승리'로 인해 많은 서구 세계가 민주주의와 대의 민주주의를 동일시하는 현재 우리의 통념에 이르는 경로를 밟게 됐다고 주장한다. 역사적으로 볼 때 과거에는 추첨(제비뽑기에 의한 무작위 선택)이 더 민주적인 선택방법으로 여겨졌다는 사실을 고려하면, 그 역사적 승리는 어느 정도 우연에 해당하고 정말 놀라운 사건임이 분명하다. 실제로, 마넹은 이러한 승리는 다름 아닌 순전히 미국같이 근대에 출현한 지주들의 대규모 공화국에 추첨제가 부적합한 것으로 여겨졌던 민주주의의 역사 자체 때문이라고 주장한다. 그러나 좀 더 철학적인 이유는 당시 인민주권을 만장일치적 동의의 계기에 기반하게 한 사회계약론의 확산과 관련이 있다. 이러한 배경에서, 선거는 동의가 유권자에서 선출직 대표자로 전달되는 과정으로 이해됐다.

민주적 정당성의 주된 원천으로서 (가설적 동의와 대비되는) 실제적 또는 '자발적' 동의라는 아이디어는 우리가 상정할 수 있는 가장 간결하고 가장 우아한 이론에 속한다. 투표장에서의 동의는 이중의 이익을 가져다주는 두드러진 특성을 보여준다. 이 같은 동의는 우선 '일인 일표one vote'의 평등 원칙을 표방할 정도로 민주적 자격을 부여한다. 동시에, 이런 동의는 '자발주의적' 사회계약론에 의해 정의되는 정치적 정당성 또한 부여한다. 다시 말해, 사회계약론적 틀에 따르면, 투표장에서의 동의는 민주적 자격과 정치적 정당성을 동시에 부여하게 된다.

하지만 정당성과 관련된 동의 이론은 개념상 문제로 곤란을 겪고 있다.

위임 선거 이론이 지닌 주된 난점은 이 같은 이론이 기껏해야 다수 시민의 표를 얻은 특정 수의 선출 대표자들이 시민 전체를 대표한다고 정당하게 주장할 수 있는 이유를 설명하지 못한다는 점이다. 도대체 어떤 종류의 연금술을 통해 일부의 동의가 전체의 위임으로 전환되는가? 다시 말해, 정당한 대표성을 위해서는 위임이 필요하고 위임을 위해서는 투표가 필요하다는 관점은 결국 어떤 정당한 통치도 불가능함을 인정하는 일로 끝난다. 만장일치는 성취 불가능한 이상에 해당하며, 만장일치가 이뤄지지 않게 되면 어느 경우든 완전한 동의를 전달할 수 없기 때문이다. 미국의 혁명가들은 스스로 다음과 같은 형태의 딜레마에 부딪혔다. "오직 두 가지 선택만이 존재하는 듯 보인다. 모든 시민에게 대표자 선출에 대한 거부권을 부여하고 모든 대표자에게 법률 제정에 대한 거부권을 부여하는 일, 아니면 수많은 시민을 노예화하는 것을 받아들이는 일 말이다." (Nelson, 2014: 95).

만일 단지 대표자의 선택이나 심지어 정책적 선택에 동의한 일부와 대비를 이루는 전체에 다수가 결정을 강요할 때 인민이 노예화된다는 생각을 우리가 받아들이지 않게 되면, 이때 개개인의 동의 외의 다른 어떤 것이 정당화하는 기능을 수행해야만 한다. 그렇다면 과연 그것이 무엇일까?

하나의 그럴듯한 선택지는 게임의 법칙에 대한 사전 동의, 곧 다수가 전체를 대신해 결정을 내리고 선출된 대표자가 그들에게 표를 주지 않은 이들을 포함한 전체의 대표자로 여겨질 수 있는 헌정 제도에 대한 동의인 듯하다. 그러나 만약 선거에 의한 권력 위임의 기원에 해당하는 초기의 사회계약으로 돌아간다면, 우리는 유사할뿐더러 조금 다른 문제를 만나게 된다.

첫째, 동일한 개념적 문제가 이 같은 최초의 권한위임 이론을 곤란하게 만든다. 만장일치적 동의가 이뤄지지 않는다면, 우리는 도대체 어떻게 최초의 권한위임을 얻게 된단 말인가? 심지어 대다수인 경우라도 어떻게 일부의 권한위임authorization이 **전체**의 권한위임을 가져다줄 수 있는가? 어느 정치 게임의 법칙이든 (군주제든 다른 제도든) 만장일치적 동의의 계기에 관한 어떤 역사적 증거도 존재하지 않기 때문에, 우리는 여전히 무정부주의적 결론에 머무르게 된다. 세계에는 어떤 정당한 정부도 존재할 수 없게 된다. 이들 중 누구도 게임의 법칙에 대한 만장일치적 동의가 이뤄진, 적어도 최초 한 번의 계기를 통해 전체가 동의했다거나 권한을 위임했다고 말할 수 없기 때문이다.

두 번째 문제는 만일 우리가 최초의 권한위임이 민주적 정당성을 구성하게 됨을 인식한다면, '게임의 법칙'의 일환이라는 점에 동의가 이뤄지는 한 무엇이든 대표자의 선출과 관련한 타당한 메커니즘으로 여겨질 수 있다는 사실이다. 다시 말해, 선거만이 권한위임 메커니즘이어야 할 필요가 없다. 게임의 법칙의 일환이라는 점에 동의가 이뤄지는 거의 모든 메커니즘이 타당하다고 여겨질 것이기 때문이다. 이 논증은 역사적으로 그러했듯 세습 군주제를 정당화하는 일로 끝나게 될 수 있다(Nelson, 2014). 누군가는 실제로 훨씬 더 비관적인 결론에 이를 수도 있다. 권한위임 헌정 이론은 선거 이론만큼 그리고 본질상 동일한 이유로 인해 모순적일 수 있다.

실제적 동의에 의한 권한위임은 비록 외견상으로는 이해하기 쉽고 호소력이 있어 보임에도 **적어도 그 자체만으로는** 민주적 정당성 이론에 부적절한 토대인 것으로 드러날 수 있다. 이는 동의 이론이 적어도 칸트 이후로 정치철학자와 이론가에게 인기를 잃게 된 이유에 해당한다. 모든 기존 정부의 부당성illegitimacy을 전제하는 위험을 무릅쓰는 탓에 당대 철학적 지평에서 여전히 확연한 예외에 속하는 로버트 폴 울프Robert Paul Wolff(1970)나 존 시몬스John Simmons(2001) 같은 무정부주의 사상가를 제외하고 말이다.[149] 칸트에서 롤스에 이르는 계약론적 정치적 정당성 이론가에 의해 하나의 대안으로 제시되는 '가설적hypothetical' 동의 이론 형태 또한 분명한

149 존 시몬스는 오직 국민subjects의 만장일치적 동의를 이끌어내는 일에 성공할 경우에만 권한에 정당성이 부여된다고 주장하는데(Simmons, 2001), 이는 완전히 실현 불가능한 무정부주의적 결론으로 이어지게 된다.

이유에서 문제를 지닌 것으로 증명됐다. 곧 가설적 동의는 단순히 말해 결코 동의가 아니라는 사실 말이다.[150]

나는 정당성 개념을 더 깊이 탐구하는 과제를 다음 장으로 미루려 한다. 여기에서는 민주주의의 전부이자 종착지로서 권력에 대한 개개인의 동의, 곧 대표자의 선출을 권좌에서 물러나게 하는 것으로 우리의 목적에 충분하다. 18세기적 오해에서 벗어남으로써 우리는 이제 명확해진 개념적 공간에서 민주적 대표성과 정당성이라는 문제에 새롭게 접근할 수 있다. 하지만 그에 앞서 우리는 몇 가지 정의를 내리는 과제를 수행할 필요가 있다.

정당성과 대표성에 대한 정의

(정치적) 대표성에 대한 다양한 정의가 존재한다. 이 같은 다양한 정의뿐만 아니라 정당성 개념에 대한 다양한 접근으로 인해, '정당한 민주적 대표성'으로 여겨질 수 있는 것이 무엇인지와 관련해 매우 다양한 입장이 존재한다.

대부분의 이론가는 대표성을 본래 규범적인 개념으로 이해한다. 특히, 이른바 "표준 설명"(Rehfeld, 2006) 개념에 영감을 준 한나 피트킨(Pitkin, 1989[1967])은 자신의 대표성 정의에 정당성, 민주주의, 심지어는 정의라는 조건을 포함시켰다.

표준 설명이 지닌 한 가지 문제는 앤드루 레펠드Andrew Rehfeld가 지적한 것처럼 "[표]준 설명은 대표성을 이것에 정당성을 부여하는 조건과 결합

---

150 자발주의적 동의와 계약주의적 동의에 기반한 정당성 이론 모두에 대한 최근의 신랄한 비판에 관해서는, 또한 Greene, 2016 참조.

시킴으로써 이중의 과제를 수행한다. 곧 표준 설명은 대표자가 어떤 경우에 정당하거나 민주적인지를 말해줄 뿐만 아니라, 또한 한 개인이 적어도 어떤 경우에 정치적 대표자가 되는지를 말해준다고 일컬어진다"(Rehfeld, 2006: 3). 예를 들어, 부당한 대표자는 표준 설명에 의하면 결코 대표자에 해당하지 않는다.

앤드루 레펠드처럼, 나는 대표성 개념이 하나의 독립체가 또 다른 독립체를 대신해 수행하는 방법뿐만 아니라 이를 잘 수행하는 방법, 민주적으로 수행하는 방법, 그리고 정당하게 수행하는 방법을 설명하는 다양한 과제를 수행할 필요는 없다고 생각한다. 나는 우리가 "확고하게 비규범적인 기술적 측면"에서 대표성 개념을 사용하는 것이 더 낫다고 생각하는데, 그렇게 함으로써 대표성은 "정당성이나 정의라는 규범적 표준에 반드시 호소하지 않고도"(Rehfeld, 2006: 2), 그리고 결정적으로 내 의견을 더하면, 민주주의라는 규범적 표준에도 호소하지 않고도 정치 세계와 관련된 사실을 나타낼 수 있다고 생각한다. 다시 말해, 나는 '유익하고', '민주적이고', 심지어 '정당하게' 수행돼야 한다는 규범적 요건을 우리가 대표성 개념에 포함시키지 말아야 한다고 생각한다.

이것이 내가 사실상 해당 청중에 의해 받아들여지는 방식으로 특정 기능을 수행하려고 어떤 이나 다른 이를 대표하는 행위로서 대표성을 간단하게 정의한 레펠드에 동조한 이유에 해당한다. 이 같은 견지에서, 대표성은 "**어떤 개인이 다른 이를 대신해 특정 기능을 수행하려고 한 집단을 대표하고 있다는 청중의 판단**에서 비롯된다"(Rehfeld, 2006: 2; 강조는 원문). 여기에서 '청중' 요건은 아무도 진지하게 여기지 않거나 그러지 말아야 하는 터무니없는 대표성 주장을 솎아내기 위해 존재한다(가령 내가 우리 어머니의 승인하에 UN에서 보츠와나 사람을 대표한다고 뜬금없이 주장하는 경우처럼 말이다). 하지만 이러한 요건은 정치적 정당성 자체의 규범적 조건에 해당하지는 않는다. 이 같은 청중은 대표하는 행위 자체의 정당성이 아니라 오직 어떤 이가 정당하게 여기는 대상의 성격과 관련해서만 규범적 차원을 재도입한다. 어떤 대상이 정당하게 여겨지는 경우 과잉포괄되거나 과소포괄되는 사례를 피하려면 이 같은 규범성이 필요하다.[151]

이러한 정의는 내가 **민주적** 대표성을 대표성의 한 형태로, 특히 평등주의적이고 포괄적인 토대 위에서 모든 이에게 열려 있는 '대표 행위'의 한 종류로 구체화할 수 있게 해준다. 이는 표준 설명과는 크게 다르다. 피트킨의 관점에서, 대표자가 '민주적'이 되려면 이들은 (1) 행동할 수 있는 권한을 위임받아야 하고, (2) 대표되는 이들의 이익을 증진하는 방식으로 행동해야 하며, (3) 대표되는 이들에게 설명할 책임을 지녀야 한다. 나중에 분명해지겠지만, 내 관점에서 첫 번째 요건은 정당성 요건에 해당한다. 두 번째 요건은 '유익한' 대표성 요건이지만 민주적 대표성 자체의 요건에 해당하지는 않는다. 그리고 세 번째 기준은 민주성 자체보다는 민주주의를 가능하게 해주는 특성에 해당한다.[152]

다시 말해, 여기에서 제시된 관점에서 볼 때 민주적 대표자는 인민의 이익을 대표하는 유익한 일을 하는 사람도 아니고(과두제 대표자도 그렇게 할 수 있다), 자신이 대표하는 인민에게 대표자 역할을 수행하도록 권한위

151 과잉포괄되는 사례와 관련해, 내가 거래하는 은행 창구에 도난된 내 신분증을 제시하는 도둑이 있다고 가정해보자. 이 도둑은 내 인격의 실제 '대표자'가 될 수 없다. 만약 그랬다면, 올바른 청중인 내 거래 은행이 실제 인식을 무력화해 속이는 상황에서 단지 오해해 이 도둑을 그렇게 인식했기 때문이다. 과소포괄되는 사례에는 가령 말콤 엑스를 흑인 사회의 대표자로 인정하길 거부하는 인종차별주의 정치인이 포함될 수 있다. 이때 우리는 악의적으로 인정하지 않는 사례를 무력화할 수 있는데, 비록 쉽게 좌절되는 대표 요구와 부당하게 인정받지 못하는 실제 대표 행위 사이에 회색지대가 늘 존재한다는 사실이 분명하더라도 말이다. 확고하게 대표를 요구하는 반복적인 시도는 이 같은 사례를 매듭짓도록 도울 수 있다.

152 첫 번째 민주적 가치와 두 번째 민주적 가치 사이의 구분에 관해서는 아래를 참조.

임을 받은 사람도 아니다(과두제 대표자 역시 그런 식으로 권한위임을 받을 수 있다). 그 대신에 민주적 대표자는 단순히 포괄성과 평등성을 특징으로 하는 선택 절차를 통해 대표자 직위에 접근할 수 있는 사람이다. 대조적으로, 정당한 대표자는 대표자로 행동하도록 정당하게 권한을 위임받은 사람이 될 것이다. 그리고 유익한 대표자는 대표되는 이들의 유익을 위해 복무하는 사람이 될 것이다.

내가 볼 때, 대표성은 따라서 민주적일 수도 비민주적일 수도 있다. 게다가, 대표성은 민주적이든 아니든 관계없이 정당할 수도 정당하지 않을 수도 있고, 정당하든 민주적이든 관계없이 유익할 수도 유익하지 않을 수도 있다. 이 같은 구분은 내가 민회나 자기추천 참여자 집단이 대표자로서 민주적 자격을 지님에도 불구하고 정치적 정당성, 그리고 심지어 민주적 정당성을 결여할 수도 있다고 말하도록 돕는다(여기에서 나는 다음 장에서 다룰 논의의 일부를 미리 보여주려 한다).

여기에서 내게 (악명 높을 정도로 난해하고 논쟁적인 또 다른 개념인) 정당성이 의미하는 바는 무엇인가?[153] 추상적 수준에서 나는 (규범적) 정당성이 이를 통해 한 독립체(개인이나 조직)가 (국가의 경우) 통치하거나 (더 일반적으로 정치체의 경우) 구속력을 지닌 명령을 내릴 수 있는 도덕적 권한을 부여받게 되는 특성이라고 상당히 관습적으로 정의한다. 실제 난해함은 이렇게 정의되는 정당성의 원천을 확인하는 일에 있다.

무엇이 개인이나 독립체에 이러한 특성, 곧 정당성을 부여하는가? 내가 알기로는 정치적 정당성에 대해 합의된 확고한 이론은 존재하지 않는데, 적어도 이런 정당성의 원천을 정확히 밝힌다는 기준에서 말이다. 나는 이런 난제를 다음 장에서 다시 논의하려 한다. 당장은 우리가 민주적

153 지금까지 정당성의 역사와 다양한 이론에 대한 철저한 검토에 관해서는, Peter, 2017 참조.

이라 칭하는 정당성의 형태가 대표되는 이들 대다수에 의한 승인(그리고 그에 더해 몇 가지 실질적인 조건)과 결부된다고 말하는 것으로 충분할 것이다.[154] 여기에서 중요한 점은 정당성은 내가 '민주성'이라 부르길 제안한 개념과 동일하지 않다는 사실이다. 또는 민주적 자격을 갖는 일과도 동일하지 않다(민주적 자격은 정당성처럼 일단 어느 정도 최소기준이 충족되면 내가 연속선 위에 자리한다고 본 특성에 해당한다). 내가 볼 때, '민주성'과 정당성은 이처럼 분석적으로 구별되는 두 개의 특성으로, 심지어 그 자체로 민주적이지 않은 경우에도 정권이나 대표자가 민주적으로 정당할 수도 있다(말하자면, 인민의 지지를 받을 수 있다).

나는 여기에서 특정 형태의 대표성이 시민 간의 포괄성과 평등성 원칙을 충족시키거나 드러내는 정도를 대표성에 적용된 '민주성'의 주요 기준으로 사용할 것이다. 나는 이러한 가치들이 가장 근본적인 민주적 가치에 해당하며, 시민의 선호에 대한 책임성이나 반응성 같은 그 밖의 가치들을 능가한다고 생각한다.[155] 또한, 소규모 집단에서 평등주의에 기반해 모든 이가 포괄되는 경우에 우리가 어떤 결정을 민주적으로 여긴다는 점을 생각해보자. 책임성과 반응성이라는 특성은 단지 한 집단의 규모가 너무 커서 직접 결정을 내리기 어려울 때 중요해지고, 우리는 이 집단의 일부에게 어느 정도 권력의 위임을 도입할 필요를 느끼게 된다. 책임성과

---

154 이는 앞에서 비판된 정당성에 대한 동의 이론과는 결정적으로 다르며, 이 같은 동의 이론은 전체의 개별적 동의를 전제함에 유의하라.

155 내가 책임성과 반응성이 단지 비본질적인 민주적 가치들이라고 생각하는 이유는 무엇일까? 본질적으로, 이는 이론상으로 어느 정체이든 추구할 수 있는 목표에 해당하기 때문이다. 귀족정은 책임성 메커니즘이나 ('노블레스 오블리주' 같은) 규범을 포함하는 특징을 지니거나 그러길 원한다. 전제정은 여론조사 같은 타협적인 방법을 자주 사용함으로써 인민의 요구와 이해에 반응할 수 있다. 책임성과 반응성은 정체가 '인민을 위해' 통치하고 있음을 보여주는 징후에 해당한다. 하지만 이 같은 특성들은 정체가 인민'의' 것이고 인민'에 의한' 것이라는 점을 결코 보장하지 않는다. 내가 볼 때, '인민을 위해' 통치하는 것과 인민에게 설명할 책임을 지니고 이들에게 응답하는 것은 민주주의의 자격을 충족시키는 데 충분하지 않다.

반응성이 중요해지기 시작하는 지점은 바로 이러한 순간이며, 그 특성은 보통 말하는 민주성보다는 굿 거버넌스good governance의 척도로서 의의를 지니게 된다. 따라서, 책임성과 반응성은 내게 대표성에 의해 유발된 비非평등주의적이고 배제적인 어떤 특성에 대한 해결책으로서 의의를 지니는 듯 보인다. 책임성과 반응성은 대의제적 맥락에서 중요한 가치가 되는데, (3장에서 논의한 대로) 이러한 맥락은 아마도 대부분의 민주주의 제도에서 유일하게 실현 가능한 맥락에 해당할 가능성이 크다. 하지만 우리는 이 같은 가치가 중요성을 지닌다는 사실로 인해 민주적 가치로서 포괄성과 평등성의 규범적 우선성을 잊어서는 안 된다.

따라서 나는 대표자의 반응성과 책임성이 상당히 중요한 반면, 이것들이 본질적이거나 주된 민주적인 특성으로서라기보다는 비본질적이거나 부차적인 특성으로서 그렇다고 주장하려 한다. 말하자면, 이 같은 특성은 민주적 특성의 파생적, 도구적 결과로서 그리고 다름 아닌 의사결정자로 구성된 별도의 집단이 존재함으로써 초래된 위험에 대한 해결책으로서 중요하다. 이는 바로 대표성이 언제나 대표되는 이들과 대표자 사이의 구분을 수반하고 이 같은 거리로 인해 만들어진 불평등과 배제에 대한 해결책으로서 반응성과 책임성이 요구되기 때문이다. 결과적으로, 반응성과 책임성은 내가 선거, 추첨, 자기추천 방식 각각의 대표성의 민주적 자격을 평가하기 위해 사용하고자 하는 첫 번째 기준에 해당하지 않는다. 비록 유익한 대의제의 실현을 위해 우리에게 필요한 민주주의를 강화하는 특질로서 내가 나중에 다시 언급하겠지만 말이다.

요컨대, 나는 민주성이 민주적 특성, 곧 다수에 의해 승인되는 특성(정당성)이나 아니면 반응성이나 책임성 같은 민주적 목표에 복무하는 특성을 넘어서서 포괄성과 평등성이라는 근본적인 민주적 가치를 보여주는 특성을 그 본질로 한다고 정의한다. 만일 포괄성과 평등성이라는 민주주의 원칙이 완전히 실현될 경우, 우리는 통계학적으로 데모스와 일치하는 대의기구를 보게 될 것이라는 점에 주목할 필요가 있다.

우리가 민주성에 포괄성과 평등성의 가치가 수반되는 것으로 이해한다면, 선출 대표자의 본질적인 민주적 자격에는 우리가 이미 살펴봤듯 미심쩍은 측면이 존재한다. 선거 대의제의 민주적 자격은 기본적으로 참정권이 보편적일 경우 선거가 특정 데모스의 모든 성인을 포괄하게 된다는 사실에서 비롯되며, 또한 이 같은 선거가 "일인 일표"(Christiano, 1996)의 원칙으로 시민의 평등성을 공공연히 표출하게 된다는 사실에서 비롯된다. 그러나 평등성을 표출하는 제도로서 선거는 모호한 측면을 지니고 있다(또는 마넹의 표현대로 "야누스적 두 얼굴을 지니고" 있다). 선거의 평등주의적 자격은 '우월한' 또는 적어도 '비범한' 특질을 지님으로써 평범한 시민과 구별되는 개인을 선거를 통해 식별하게 된다는 사실과 모순된다(이때 우월성은 응시자, 곧 유권자의 시선 속에 존재하지만, 이러한 우월성은 시민에게 광범위하고 균등하게 분배되지 않는 특성을 보여줬다). 선거제 창시자의 낙관적 견해에 따르면, 선거는 덕목과 지혜를 갖춘 태생적 귀족을 식별하는 것으로 여겨졌다. 더 현실주의적인 견해에 따르면, 선거는 카리스마를 지니고, 부유하고, 연줄 있는 사람을 확인하는 데 적합했다. 하지만 진짜 문제는 심지어 이상적 상황(돈이 정치에서 아무런 구실도 못하는 완벽하게 평등주의적인 사회)에서도 선거가 단순히 인간의 선택에 달려 있다는 사실인데, 이런 선택은 본래 차별적이며 일부 특성(이를테면, 카리스마, 화술, 키 등) 쪽으로 편향돼있다. 다시 말해, 심지어 이상적 수준에서도 선거는 평범한 시민과 정치 엘리트 부류가 될 운명을 지닌 이들 사이의 "구별distinction 원칙"(Manin, 1997)으로 작동한다.[156] 결과적으로, 선거는 너무나

156 (옮긴이) '구별 원칙'은 '탁월성의 원칙'으로도 번역되는데 마넹은 이를 다음과 같이 설명한다. "선출된 대표는 선출하는 사람과는 사회적으로 다른, 탁월한 시민이며 또 그런 사람들이어야 한다는 뚜렷

평범해서 다른 시민의 눈에 띄지 않는 사람에게 권력에 대한 접근권을 제도적으로 차단한다. 아무리 선출 대표자의 공급원을 정기적으로 교체하더라도 근본적인 사실은 바뀌지 않는다. 선거 대의제는 동등한 기반 위에서 모든 이에게 '열려 있지' 않으며, 기껏해야 (야심 있고, 연줄 있고, 부유하고, 카리스마 등을 지닌) 일부만이 과도한 접근권을 지닐 수 있다. 이 같은 선택 메커니즘의 결과는 인구학적으로 왜곡된 인민에 대한 대표성이 될 수밖에 없는데, 이상적인 상황에서 그런 것은 물론이고, 이상적이지 못한

한 자각 속에서 대의 정부는 제도화되었던 것이다"(버나드 마넹 지음, 곽준혁 옮김, 《선거는 민주적인가-현대 대의 민주주의의 원칙에 대한 비판적 고찰》, 후마니타스, 2004, 125쪽). 랜드모어는 마넹을 따라 대의 민주주의의 이런 엘리트주의적 특성을 비판하고 평범한 시민이 참여하는 형태의 대표성뿐만 아니라 시민이 정책 결정에 앞서 의제설정 과정과 숙의 과정에 참여하는 일 또한 필요하다고 주장한다(이 책 3장 참조). 엘리트주의는 주로 성장 이데올로기에 기반하고 있는데, 이에 내재한 모순으로 헤게모니 위기가 나타나고 그 반격으로 포퓰리즘 계기가 출현하고 있다. 한편, 자크 랑시에르는 '치안'과 '정치'를 구분하고 치안의 체제를 "공동체 구성원의 존재 양식과 행위 양식, 감각 양식 등을 나누고 구분하는 '감각적인 체제'"로 규정하는데, 이러한 감각적 분할은 말할 수 있는 권리나 일할 수 있는 권리, 곧 능력주의에 근거한 '몫'의 분할 또한 정당화한다. 이와 달리 진정한 정치가 실현되려면, '몫 없는 이들의 몫', 곧 '권리를 가질 권리'가 주장될 필요가 있다. 이런 측면에서, 평범한 시민의 참여를 제도화하는 열린 민주주의는 하나의 대안이 될 수 있다. 반면에, 이러한 제도적 측면과 별개로 우리에게는 '지배적 감각'에서 탈피한, 시민적 덕성을 갖춘 주체 형성이라는 쉽지 않은 과제가 남게 되는데, 이를 위해 특수성을 거쳐 보편성으로 나아가는 여정이 하나의 경로가 될 수 있다(조은평, 〈자크 랑시에르: '감각적인 것을 분할하는 체제'와 평등의 정치〉, 한국철학사상연구회, 《현대 정치철학의 네 가지 흐름》, 에디투스, 2019, 214쪽; 새뮤얼 챔버스 지음, 김성준 옮김, 《랑시에르의 교훈》, 그린비, 2019; 강남규, 《지금은 없는 시민》, 한겨레출판, 2021; 함규진 외, 《시민의 조건, 민주주의를 읽는 시간》, 박영사, 2022; 아이리스 매리언 영 지음, 허라금 · 김양희 · 천수정 옮김, 《정의를 위한 정치적 책임》, 이화여자대학교출판문화원, 2018; 진태원, 〈'포스트 담론'의 유령들〉, 《애도의 애도를 위하여-비판 없는 시대의 철학》, 그린비, 2019, 54~70쪽; 파올로 제르바우도 지음, 남상백 옮김, 《거대한 반격-포퓰리즘과 팬데믹 이후의 정치》, 다른백년, 2022, 452쪽 참조). 또한, 주체화의 문제에 관해서는, 현우식, 〈라클라우 사상의 수용 과정과 쟁점-국내 비판적 인문사회과학 연구에서 '라클라우의 이름'의 의미〉, 《경제와사회》 138, 2023 여름호; 사토 요시유키 지음, 김상운 옮김, 《권력과 저항-푸코, 들뢰즈, 데리다, 알튀세르》, 난장, 2012; 마우리치오 랏자라또 지음, 신병현 · 심성보 옮김, 《기호와 기계-기계적 예속 시대의 자본주의와 비기표적 기호계 주체성의 생산》, 갈무리, 2017; 안토니오 네그리 · 마이클 하트 지음, 이승준 · 정유진 옮김, 《어셈블리-21세기 새로운 민주주의 질서에 대한 제언》, 알렙, 2020; 그레이엄 하먼 지음, 김효진 옮김, 《네트워크의 군주-브뤼노 라투르와 객체지향 철학》, 갈무리, 2019; 아르투로 에스코바르 지음, 박정원 · 엄경용 옮김, 《플루리버스-자치와 공동성의 세계 디자인하기》, 알렙, 2022 참조.

상황에서는 훨씬 더 그렇다.

추첨형 대의제

민주적 측면에서 추첨형과 자기추천형 대의제의 상대적 이점은 무엇인가? 추첨형 의회에 본질적인 민주적 자격을 부여하는 요인은 무엇이고, 특히 이러한 의회를 테크노크라트적이고 능력주의적이고 임명제적인 의회와 구별하게 만드는 요인은 무엇인가?

(무작위 선택과 정기적 교체가 결합된 형태로 이해할 수 있는) 추첨제는 역사적으로 **가장** 전형적인 민주적인 선택 메커니즘에 해당한다(Plato, Republic Bk 8: 557a; Aristotle, *Politics* IV. 9: 1294b8; Hansen, 1999; Manin, 1997).[157] 아리스토텔레스가 민주주의를 가령 인민 의회에 참여하는 것이라기보다는 "통치하는 일과 통치받는 일을 번갈아 하는 것"이라 정의한 이유는 바로 이 때문이다. 이는 아마도 미국의 형사배심원 제도와 프랑스의 배심원 제도가 기본적인 민주적 제도로 여겨지고(특히 미국의 경우 비록 이 제도가 잘 알려진 결함을 지녔음에도 말이다), 역사학자, 정치학자, 법학자, 극작가, 영화감독 등에게 그와 같이 칭송받는 이유에 해당할 것이

157 이 같은 역사적 사실이 최근 들어 다시 알려졌기 때문에, 추첨제는 현재 이른바 다양한 추첨제 옹호자들(kleroterians, sortitionists, 'lottocrats') 사이에서 어느 정도 개념적 부흥을 누리고 있다(예를 들어, Burnheim, 1985; Bouricius, 2013; Carson and Martin, 1999; Dowlen, 2008; Guerrero, 2014; Hennig, 2017; Landemore, 2012; Leib, 2004; McCormick, 2011; O'Leary, 2006; Saunders, 2008; Stone, 2011; Sutherland, 2008; Warren and Pearse, 2008; Van Reybrouck, 2016; Gastil and Wright, 2019). 추첨은 또한 최근에 OECD에 의해 보고된 일부 서구 나라들이 경험한 무작위로 선출된 민회들로 이뤄진 '숙의 물결'의 중심에 자리한다(OECD 2020 report).

다.[158]

추첨제가 궁극적인 민주적 선택 메커니즘에 해당한다는 견해는 견고한 개념적 토대에 기초하고 있다. 추첨제는 엄격한 평등성 원칙뿐만 아니라 시민 간 공평성 원칙 또한 표방하고 있다. 선거와 달리 무작위 선택은 시민 사이의 구별을 인정하지 않는다. 추첨제에 참여하는 모든 이는 정확하게 동일한 선출 기회를 갖기 때문이다. 충분할 정도의 교체가 이뤄지고 적당히 작은 규모의 인구수라면, 권력에 대한 실제 접근권은 장기적으로 볼 때 엄격하게 동등하게 주어지게 된다.

물론, 우리는 여기에서 추첨형 대표자가 선택되는 공급원의 측면에서 보편적 참정권에 준하는 형태와 일단 추첨을 통해 선출이 이뤄지면 수행되는 강제적 참여 둘 다를 전제할 필요가 있다. 실제로, 이러한 전제는 좀처럼 확인되지 않았으며, 곧 순전한 추첨형 대의제(그리고 전체 인구의 순전한 인구통계학적 반영)가 실현되는 경우는 거의 없다. 예를 들어, 심지어 일단 우리가 이 제도가 제한적인 데모스 개념 아래 운용됐음을 고려한다면 고대 아테네 제도는 보편적 참정권이라는 전제를 충족시키지 못했는데, 고대 아테네인들이 일부 추첨형 직위에 대한 참여를 자발적으로 하게 만들고 지원 자격에 나이 제한을 가장 먼저 두었던 것처럼 말이다. 근대 시기에는, 오직 근대적 형사배심원 제도만이 가장 순전한 형태의 추첨형 대의제를 실현할 수 있는 보편적 참정권과 의무적 참여에 기반하고 있다(비록 근대적 배심원 제도에 대한 참여가 실제로 비교적 쉽게 회피되고, 이 제도에도 역시 나이 제한이 존재함에도 말이다). 대부분의 시민의회와 그 밖의 무작위 선출 방식의 민회는 자발적 참여에 기반하고 있는데, 이 과정에

---

158 (옮긴이) 추첨제와 관련해, 능력주의 비판론과 평등주의 이론의 관점에서 대입 추첨제를 논의한 송지우, 〈대입 추첨제는 어떤 문제의 답이 될 수 있을까?-능력주의 비판론과 평등주의 이론의 관점에서〉, 《법철학연구》 25(1), 2022, 3~26쪽 참조.

는 자기추천 요소가 도입됐다. 인센티브 제도(이를테면, 참여자에 대한 사례금 지급)는 이러한 자기추천 요소를 약화시킬 수 있다. 하지만 궁극적으로 배심원 사례에서처럼 의무적 참여가 추첨형 대의제를 만족스럽게 시행하는 유일한 방법일지도 모른다.

반대자가 충분히 지적할 수 있듯이 추첨형 의회는 모든 이에게 열려 있지 않다. 무작위 선택에 포함되지 못한 이들이 사실상 배제되기 때문이다. 공시적 관점에서, 추첨형 의회는 선거제 의회보다 덜 열려 있고 심지어 접근성이 덜한 것처럼 보일 수도 있다. 선거제에서는 적어도 인민이 사전에 자신이 배제될 수 있는 확률 분포에 영향을 줄 수 있는 반면에 추첨제에서는 그렇지 못하기 때문이다.[159]

이러한 반론에 대응하려면 우리는 더 장기적인 관점을 취할 필요가 있다. 곧 시간이 지나면서 모든 시민에게 동등한 접근권을 보장하는 추첨과 교체가 결합된 형태를 고려하는 일 말이다. 요컨대, 추첨 대의제는 선거 대의제보다 더 열려 있는 형태의 대의제에 해당한다. 인류의 제한된 기대수명을 고려할 때, 만약 우리가 시민이 그들의 생애과정 동안 (반드시 확실하진 않더라도) 유의미한 선출 기회를 얻길 원한다면 의회의 규모, 대표하게 될 시민의 수, 정확한 교체빈도가 어느 정도 고려의 대상이 될 필요가 있다. 실제로, 만약 모든 이가 언젠가는 통치할 것으로 기대할 만큼 의석수와 교체 빈도가 충분하지 않다면, 민주적 측면에서 추첨제의 상대

159 각 개인이 의회에 진출할 수 있는 개인적인 가능성을 높일 수 있다는 점은 사실이지만, 선거를 통한 권력 배분에 영향을 주는 구별 원칙을 고려할 때, 대다수의 시민에게 있어 이들이 포함될 가능성은 실제로 선거제보다 추첨제에서 더 높다고 볼 수 있다. 그리고 만일 사후적으로 봤을 때 인민이 두 제도 모두에서 배제되고 사전적으로도 이들의 진출 가능성이 추첨제에서 더 높다면, 추첨제 의회가 선거제 의회보다 덜 열려 있거나 접근성이 덜하다고 말하는 것은 잘못일 것이다. 추첨제 의회는 (광범위하게 말해) 단지 엘리트에게만 덜 열려 있고 접근성이 덜하다고 볼 수 있는데, 엘리트는 선거제 의회에 진출할 수 있는 개인적인 가능성을 실질적으로 높일 수 있는 직위에 있지만, 추첨제 의회에서는 그렇지 못하다고 볼 수 있다. 이 점과 관련해 나는 막스 크라헤Max Krahé에게 감사드린다.

적 이점은 꽤 빈약해 보일 것이다.

여기에서 정치체의 모든 수준에서 권력의 분권화와 배심원단 정도의 (50명 이하의) 소규모 의회가 하나의 해결책이 될 수 있는데, 이를 통해 무작위로 선출된 대규모 의회에서 실현될 수 있는 통계적 대표성을 제도적 수준에서 얻을 것이라 기대할 수 있다. 중요한 정책과 법률이 지역 수준에서 가급적 많이 만들어지도록 권력을 분권화하는 일은 추첨제 의회에 무작위로 선출될 기회를 늘릴 수 있다. 예를 들어, 벨기에의 독일어권 지역의 규모(7만6천여 명 가량의 주민)에서, 29명의 시민으로 구성된 상임 위원회가 지역 의회가 법률과 정책을 만드는 일을 도울 목적으로 최근에 만들어졌다(이들의 권고안에는 구속력이 없지만, 의회는 이를 따라야 할 도덕적 의무를 지녔다). 이 같은 시나리오에서 생애과정 동안 선출될 가능성은 67퍼센트에 이른다.[160] 그럼에도 불구하고, 소규모 민회라는 해결책에는 문제가 있다. 민회는 대표되는 인구의 크기와 비교해 결과적으로 너무 작은 표본이 될 수도 있기 때문이다. 이는 심지어 통계 공학을 통해 이 같은 다양성이 인위적으로 강화된다 하더라도 당면한 문제와 비교해 결과적으로 만들어진 기구에 충분한 다양성이 존재하지 않을 수도 있음을 의미한다. 이에 대한 해결책으로 또한 지역 수준에서 (백 명 이상으로) 충분히 규모가 큰 민회가 만들어질 수도 있지만, 어쩌면 구성원 모집, 비용, 실행계획 등의 문제가 걸림돌이 될 수도 있기 때문에 이러한 해결책이 실제로 실현될 수 있을지는 불분명하다.

소규모 또는 심지어 대규모 지역 민회로 권력을 분권화하는 일이 어쨌든 대규모 나라에서 전국적 사안에 관해 결정하는 문제를 해결하지는

160 Min Reuchamp, Public Communication at GIS Conference, "Localiser l'épreuve démocratique. Assemblages, circulations, imaginaries," Paris, Maison des Sciences de l'Homme, 2019년 11월 4일.

못한다. 이런 전국적 수준에서, 모든 이는 동등하나 제로에 가까운 선출 기회를 갖는데, 심지어 우리가 민회와 관련해 경험적으로 후한 상한선으로 여기는 무작위로 선택된 천 명의 거대규모 의회를 가정할지라도 말이다. 누군가는 선거공약에 따라 행동할지 안 할지 모르는 대표자나 정당을 선택하려고 수백만 표 중 한 표를 던질 수 있는 동등한 권리를 갖는 것보다 전국적 민회에 참여할 수 있는 극히 적은 기회를 갖는 편이 훨씬 더 나은 것은 아닌지 충분히 의구심을 가질 수 있다. 이런 의구심을 갖지 않을 수도 있고 말이다.

하지만 그것이 명백하게 더 나쁜 것도 아니다. 게다가, 만약 우리가 전국적 수준의 추첨제 의회를 국회를 위해 의제를 설정하는 다양한 지역 의회와 결합시킨다면(예를 들어, 지역 의회가 수렴해 내린 결론을 종합하는 과제를 수행하는 별도의 추첨제 기반 의회를 구성한다면), 추첨형 대의제를 통해 영향을 줄 수 있는 각 개인의 기회는 훨씬 더 유의미해지게 될 것이다. 어쨌든, 만약 포괄성과 평등성이 우리의 핵심적인 민주적 가치에 해당한다면, 추첨형 대의제는 민주적 대의제의 궁극적 형태로 남게 될 것이다.

종종 그렇듯이 추첨제의 진정한 공정함은 무작위 선택이 경험적으로 수행되는 방식에 달려 있다. 실제적으로, '일인 일추첨 기회'라는 이상은 좀처럼 그와 같이 조작화될 수 없다. (일반적으로 어느 정도 추가적 조정 없이는 기술적 대표성을 실현할 수 없는 너무 작은) 표본의 크기, 그리고 관련 데이터(사람들의 주소나 전화번호)를 수집하는 데 있어 실제적인 어려움으로 인해 우리는 차선책에 의존할 수밖에 없다. 따라서 대부분의 민회는 일정한 모집단에서 무작위로 선택된 개인이라는 제한된 공급원을 이용해 그 참여자를 선출하는데, 이 같은 모집단에 대해 민회는 (나이, 성별, 출신 지역, 그리고 법이 그 같은 표집을 허용하는 나라일 경우 인종, 또는 교육 수준 같은 기준을 적용해) 층화된 무작위 표집을 수행한다.

대부분의 조직자는 현재 혼합된 방법을 사용하는데, 이는 주소록에 있는 사람에게 문자 메시지를 보내는 방법에서부터 직접 전화를 거는 방법에 이르기까지 다양하게 구성된다. 시민 배심원단(때로 협의 과정에서 사용되는 시민 25명의 무작위 표본)의 창시자인 제퍼슨 센터Jefferson Center의 네드 크로스비Ned Crosby는 다음과 같이 절차를 진행하곤 한다. 크로스비와 그 팀은 특정 지역사회를 40개의 인구조사 구역과 각 구역 내에서 무작위로 선택된 가구로 나눈다. 그다음에 이들은 각 가구 내의 남성이나 여성 중에서 무작위로 질문 대상을 선택한다. 크로스비는 집집마다 방문하는 방식이 사람들을 참여하도록 설득하고 그 과정에서 사람들이 자기추천하는 문제를 최소화하는 데 있어 아주 효과적이라고 주장한다.

아이슬란드에서는 나이, 성별, 출신 지역의 대표성을 보장하기 위해 할당표집을 사용해 공식 주민명부에서 참여자들을 선택했다. 선택된 참여자들은 편지에 이어 전화를 통해 접촉이 이뤄졌다. 응답률이 낮았기 때문에, 최종적으로 950명의 참여자를 모집하려고 대략 3천 명의 사람에게 접근해야 했다. 더욱이, 주어진 일천 석 각각에 대해, 동일한 나이, 성별, 출신지 그룹에 속한 네 명의 대체 후보가 존재했는데, 이는 만약 첫 번째, 두 번째, 세 번째 후보가 참여를 거절하게 되면, 이 사람을 대신할 비교적 유사한 누군가가 필요했기 때문이다. 따라서 선택과정은 기술적技術的으로는 무작위 표집에 가까웠고, 층화 표집과 결합된 자기추천이 어느 정도 포함됐다.

프랑스 기후변화 총회의 경우 첫 번째 무작위 표본은 무작위 생성기를 통해 25만 명의 전화번호를 생성한 다음에 그들이 전화를 받는 데 관심이 있는지를 물어보는 문자 메시지를 보낸 다음, 사람들에게 전화하고, 그들의 정보를 수집하고, 궁극적으로 이러한 정보에 기반해 (성별, 나이, 교육 수준, 사회적 · 직업적 범주, 출신 지역, 영토의 기준에 따라) 150명으로 이뤄진 층화된 무작위 표본을 구성함으로써 만들어진 것이다.

선출방법이 기술적技術的 사안에 해당하는 것처럼 보일지도 모른다. 하지만 이 방법은 실제로 이러한 과정의 민주성(그리고 또한 정당성)에 있어 핵심에 해당한다. 물론, 위에서 언급된 방법들 외에 투표율, 그리고 선출방법의 투명성 둘 다를 높이는 다른 방법들이 고안될 수 있다.

자기추천형 대의제

탐구해 볼 만한 '민주적 대표성'의 또 다른 모델은 대표자가 단순히 자기추천되거나 (Montanaro, 2012의 표현에 따르면) "자기임명"되는 형태이다.[161] 이미 지적했듯이, 자기추천은 아마도 투표가 의무인 곳이나 배심원제의 경우를 제외하고 현존하는 거의 모든 정치적 참여 형태에서 불가피한 요소에 해당한다. 자기추천은 또한 내가 전에 "공간적으로 열려 있는" 민주적 혁신이라 부른 형태를 옹호하는 이들이 선호하는 선출방식에 해당하는데, 이러한 민주적 혁신은 어떤 진입장벽도 세우지 않고 참여를 선택한 모든 이를 인정한다. 자기추천은 타운홀미팅, 스위스 란츠게마인데(민회), 참여예산제, 크라우드소싱 기법을 통한 정책입안, 고대 그리스 도시의 인민 의회, 대중시위, 행진, 시민 위원회에서 사용된 선출방법인

161 몬타나로Montanaro는 영향받는 이해관계자에 의한 권한위임과 이러한 이해관계자에 대한 책임성에 기반해 자기가 권한을 부여한 대표자의 민주적 정당성을 다음과 같이 옹호한다. "**책임성을 부여하고 요구하도록 권한이 부여된 유권자가 대표자의 주장이 영향을 주는 이해관계를 지닌 유권자와 다르다면 나는 자기임명 대의제가 '비민주적'이라 생각한다**…따라서 오직 영향받는 이들이 자기임명 대표자에게 권한을 위임하고 설명 책임을 지도록 권한을 부여하는 한에서만 자기임명 대표자는 민주적으로 **정당하다**"(1096: 강조는 필자). 나는 이 같은 설명이 두 가지 차원에서 문제를 지닌다고 보는데, 첫째는 민주적 자격과 정당성을 모호하게 뭉뚱그리기 때문이고, 둘째는 권한위임과 책임성에 경직된 초점을 두기 때문이다.

데, 이러한 방법들은 어떤 사안을 의회로 가져오는 발의에 착수하거나 기존 법률에 대한 국민투표를 개시하는 일을 조직한다(각각 시민 발의와 추천권이라 불리는 이 같은 참여권은 실제로 모든 시민이 이용할 수 있다).[162] 나는 열린 민주주의적 혁신을 국민투표 같은 직접 민주주의적 계기와 구분하는데, 직접 민주주의적 계기가 모든 이나 적어도 대다수 사람의 참여를 기대한다는 점에서 그렇다. 대조적으로, 열린 민주주의적 혁신에서는 전체 인구 중 단지 작은 분파만이 참여할 것이라 기대된다.

먼저, 나는 자기추천하는 개인이나 집단의 '대표자' 지위라는 문제를 짧게 논의하려 한다. 이 같은 열린 민주주의 관행의 참여자를 '대표자'로 부르는 일이 어쩌면 무작위로 선출된 의회 의원을 '대표자'로 부르는 일보다 훨씬 더 이상해 보일지도 모른다. 만약 이러한 의회에 선거나 무작위 선택을 거치지 않은 평범한 시민이 직접 참여하게 된다면, 분명히 이 같은 참여자는 다른 누군가를 대표하기보다는 오로지 그 자신을 대신한다는 점에서 단지 데모스의 개별 구성원에 지나지 않게 된다. 비록 민회가 직접 민주주의의의 형태가 아닐지라도, 참여예산과 크라우드소싱 기법을 통한 정책입안은 분명히 그 같은 형태에 해당한다.

하지만 우리는 3장에서 검토한 아테네의 인민 의회 사례를 기억해야 한다. 3장에서 우리는 실제로 참여한 일부 인민집단의 결정이 실제로 해

162 보통의 입법절차를 통해 통과될 수 없는 정책안을 입법의제로 설정하려고 시민 발의와 추천권 같은 직접 민주주의 메커니즘에 승부를 거는 전통적 이해집단이 민주적 자기추천 대표자라는 이름에 걸맞은지와 관련해 문제가 존재한다. 나는 그렇지 않다고 생각하는 편이다. 따라서 나는 기업협회, 산업계 로비세력, 노조, 정당, 심지어 그린피스 같은 특정 대의에 복무하는 전문 로비스트를 민주적 자기추천 대표자의 범주에서 제외한다. 자기추천한 시민 대표자로 여겨지는 이들과 전문 로비스트 사이의 경계는 어쩌면 때로 모호하겠지만, 나는 해당 이익단체를 위해 일하는 것이 개인의 유일한 소득원인지가 하나의 기준이 될 수 있다고 생각한다(비록 그것이 많은 예외를 포함하는 매우 불완전한 기준일지라도 말이다). 이 같은 전문 이익단체를 포함하는 '자기추천 대의제'에 대한 더 포괄적인 개념에 관해서는, 대신 El-Wakil, 2020: 5장 참조.

당 청중, 곧 다른 현행 기관과 추측건대 바로 데모스 전체에 의해 '데모스' 전체의 결정으로 인정됐음을 확인했다(적어도 조사이아 오버Josiah Ober가 제시한 해석을 포함해 관련 증거에 대한 납득할 만한 일부 해석에 따른다면 말이다). 이는 전체 인구 중 소수가 참여한 열린 행사를 직접 민주주의 형태보다는 '시민 대의제' 사례로 여기는 것이 타당한 듯 보이는 이유에 해당한다.

동일한 논리에 따르면, 참여예산 실험과 크라우드소싱 기법을 통한 정책입안은 직접 민주주의의 형태라기보다는 '공간적으로 포괄적인' 대의 민주주의의 형태에 가깝다. 이러한 실험 참여가 대의제 형태에 해당하는 이유는 참여자가 다른 이들을 대신해 예산결정을 내리고 이런 결정이 당국에 의해 효력을 인정받기 때문이다. 이러한 대의제 형태의 자기추천적 측면은 이 형태에 어떤 진입장벽도 존재하지 않으며 대표자 직위가 참여하려는 모든 이에게 열려 있다는 사실에서 비롯되는데, 비록 영향받는 이해관계를 지닌 사람들에 해당하는 전체 인구가 참석할 것으로 기대하는 건 아니지만 말이다. 대개 이 같은 민주적 관행은 실제로 참석 또는 참여할 자격을 지닌 인구의 단지 일부에 의존하게 된다. 참여예산 실험의 경우, 실무자들은 직접 민주주의와 관련된 어휘를 좀처럼 사용하지 않는다. 이들은 대개 '공동 거버넌스co-governance'라는 말을 선호하는데, 여기에서 암시되는 협력 상대는 현행 (선거적) 대의 기관이다.[163] 크라우드소싱 기법의 경우, 이를 직접 민주주의로 오해하는 일은 훨씬 더 정당화되기 어려운데, 참여가 모든 이에게 열려 있는 반면에 심지어 더 적은 사람이 참여하는 경향이 있으며 여전히 결정권이 크라우드소싱 담당자들, 대개 정부 관료의 손에 있다는 점에서 그렇다. '공동 거버넌스'의 경우, 시민 참여자의 역할은 차후에 선출 대표자가 내리는 결정에 의견을 제시하는 일에 제한된다.

163 나는 이러한 정보를 알려준 파올로 스파다Paolo Spada에게 감사드린다.

열린 민주주의 의회에 대한 자기추천 참여가 직접 민주주의 형태라기보다는 '시민 대의제'(Warren, 2013) 형태로 여겨질 수 있다고 가정할 때, 우리는 이러한 대의제의 민주적 자격을 무엇이라 말할 수 있을까? 자기추천 대의제의 주된 이점은 적어도 이론상으로는 모든 이가 참여할 수 있다는 사실이다. 그것이 사회적 부각이나 야심이 됐든 아니면 운이 됐든, 참여에 필요한 조건 같은 건 존재하지 않는다. 만일 우리가 우선 현실적 제약을 논외로 한다면, 필요한 것은 단지 참여하려는 의지일 뿐이다. 자기추천 대의제는 기껏해야 의지와 야심을 지닌 이들만 접근할 수 있는 선거의회, 그리고 단지 시간이 흘러야만 모든 이에게 열려 있는 (적어도 충분히 자주 교체가 이뤄지는) 추첨형 기구와 유용하게 대비될 수 있다.

아테네 의회 또한 자기추천 대의제의 사례에 해당한다. 이론상으로, 모든 아테네 시민은 의회 회의에 참석하고 연설하고 들을 수 있는 동일한 권리를 지니고 있었다. 물론 이러한 일반화는 높은 수준의 이상적 상황에서만 가능한데, 이 상황에서 대개 시간과 경제적 자원 같은 참여를 위한 실질적 조건은 고려되지 않는다. 이런 이상적 상황이 용납될 수 있는지는 대체로 평등한 참여기회를 위한 실질적 조건이 충족될 가능성이 있는가라는 경험적인 문제에 달려 있다. 만약 그럴 가능성이 없다면, 자기추천은 기존의 불평등을 심화시킬 수도 있다(시민이 보유한 시간의 정치적 가치와 관련해서는, 특히 Rose, 2016; Cohen, 2018 참조).

설사 자기추천 대의제가 민주적 대의제로 여겨질 수 있다 해도, 우리는 이 대의제가 통계적 대표성을 결여할 가능성이 있음을 우려해야 하지 않을까? 만약 우리의 주된 관심사가 동등한 조건에서 이뤄지는 참여라면, 통계적 대표성의 결여는 이러한 선택과정이 다소 비민주적임을 드러내는 어떤 징후가 될 수도 있다. 대표하는 인민의 거울상을 제공하는 형태에 가까운 추첨형 대의제와 달리, 자기추천 대의제는 마치 선거처럼 일반적으로 인구학적으로 편향된 대표자 집단을 생성한다. 만약 우리가 아테네 의회의 구성 또는 더 정확히 말해 우리가 이러한 의회를 재현할 수 있는 형태를 살펴본다면, 이 의회는 도시 거주자, 해군 복무자, 빈민에 편향된 것처럼 보이게 되는데(Hansen, 1999: 125), 심지어 이 의회가 때로 부유하고 능숙한 연설가에게 편향된 반응을 보였더라도 말이다.[164] 만약 우리가 참여예산 절차 같은 공간적으로 열려 있는 다른 민주적 혁신을 고려한다면, 우리는 유사하게 특정 범주에 속한 인민이 과잉대표되는 현상을 발견하게 된다.[165] 온라인에서 이뤄지는 크라우드소싱 기법을 통한 정책 결정 과정에서, 그 결과는 어쩌면 훨씬 더 문제적인 방향으로 편향되는데, 이는 기존 헤게모니에 대항하기보다는 그것을 반영하게 된다. 아이슬란드 개헌 절차의 경우, 크라우드소싱 단계의 대부분의 참여자들은 남성이면서 고학력자였다(7장 참조). 유사하게, 핀란드 실험의 경우(Aitamurto, and Landemore, 2016), 참여자들은 주로 남성(서베이 응답자의 80퍼센트 이상), 교육받은 사람, 정치 고관여층이었다. 이들 사례에서 나타난 편향은 이런 실험이 여전히 남성이 대부분을 차지하는 온라인 공간에서 일어났으며, 핀란드 사례의 경우 이런 실험이 (대개 남성의 활동에 해당하는) 스노모빌 교통을 규제하는 법률의 개혁과 관련됐다는 사실 때문일 수 있다. 여하튼, 자기추천은 좀처럼 통계적 대표성을 얻는 좋은 방식은 아닌 듯 보인다. 모로코, 브라질, 칠레의 사례를 포함한 최근의 '크라우드법' 실험에 관한 서베이 논문은 "**포괄성**과 관련된 성적이 꽤 저조하다"(Langlamet, 2018: 2314, 강조는 필자)고 언급하는데, 이는 절대적 수치의 측

---

164 이는 실제로 민주주의에 대한 비판자나 반대자들이 '데모스'와 '빈곤층'을 경멸적으로 동일시한 이유에 해당한다(Aristotle, Politics, 1303b10)..

165 브라질, 그리고 일반적으로 미국의 참여예산 실험은 아테네 의회와 달리 빈곤층과 교육받지 못한 사람을 과잉대표했다. 흥미롭게도, 유럽에서는 사정이 다른데, 유럽의 참여예산 실험의 참가자들은 교육받은 사람을 과잉대표하고 있다(Empatia, 2018: 35).

면과 참여자의 통계적 대표성의 측면 둘 다에서 그렇다.[166]

자기추천 기구의 대표성 결여에 대한 위의 비판에 대응해, 우리는 우선 어떤 방식도 자기추천을 완전히 배제할 수 없으므로 어떤 민주적 대의제 방식도 기술적 대표성을 완전히 실현할 수 없다는 점을 언급할 수 있다. 분명히 선거는 언제나 특정 성격 유형을 걸러내게 된다(야심 없고, 내향적이고, 덜 명료한 성격 등). 심지어 무작위로 선출된 의회는 편향을 피할 수 없다. 무작위로 선출된 500인 평의회, 그리고 검증된 후보자와 참여자들로 사전에 걸러진 공급원에서 선택된 인민 배심원단은 자기추천 방식을 통해 결정됐다. 현재 이같이 무작위로 선출된 의회의 "최적 모델"(Mansbridge, 2010)로 주장되는 공론조사는 결국 특정 범주의 인민을 과소대표하게 되는데, 이를테면 이런 제도에 참여함으로써 주어지는 금전적 보상이 이 같은 참여에 드는 수고를 감내할 만큼은 아니라고 여기는, 바쁘고 부유한 개인들처럼 말이다. 민회 참여가 의무사항이 아니며(비록 어쩌면 배심원제와 같이 의무사항이 될 수 있지만 말이다), 경쟁률이 일반적으로 약하기 때문에, 그리고 자기추천이 많이 이뤄지기 때문에, 참여자 집단은 정치적 고관여층과 교육받은 사람 쪽으로 더 편향된다.

마지막으로, 설사 아무도 선출되지 않았더라도, 현재 실험되는 무작위로 선출된 대부분의 민회는 (대개 100~250명 정도로) 규모가 너무 작아

---

166 예를 들어, 모로코에서 플랫폼을 띄운 지 2개월여 만에 약 20만 명의 사람이 Reforme.ma 웹사이트를 방문한 반면, 적극적 참여자 수는 훨씬 더 적었다. 칠레 헌법, 곧 플랫폼에 가장 많은 사용자 참여를 유도한 정치 문서는 "단지 55명의 참여자, 그리고 129개의 조항에 대한 243개의 의견제시를 유도했을 뿐이었다". 시민의 입법참여를 촉진하게 된 또 다른 온라인 플랫폼인 플라타포르마 브라질Plataforma Brasil은 대략 3만5천 표를 받았지만, 단지 250명의 사람이 참여하는 정도를 보여줬을 뿐이었다. 플라타포르마 브라질의 다음 버전인 니오스 랩Neos Lab의 웹사이트 또한 단지 수백 명의 참여자를 자랑하는 데 그쳤다. 더 심각한 문제는 조사된 플랫폼들이 "대의제적 참여를 실현하고 배제된 집단에까지 참여를 확대하려는 실무자의 염원을 조금이라도 이루는 일에 훨씬 더 철저하게 실패하고 있다는 사실이다"(Langlamet, 2018: 2314). 이를테면, 입법과정에서 칠레 헌법에 피드백을 보낸 참여자의 단지 17퍼센트만이 여성이었다.

서 성별, 사회경제적 계급, 그리고 어쩌면 (충분히 규모가 큰 소수집단에 해당하는) 인종 같은 매우 대략적인 차원을 제외하고 규모가 큰 집단을 엄밀히 통계적으로 대표하지 못한다고 주장된다. 주장컨대, 엄밀히 통계적으로 대표하기 위해서는 이 같은 민회에는 적어도 천 명의 사람이 포함될 필요가 있다. 따라서, 5백 명과 천명 사이의 사람이 포함됐던 아테네 법정은 시대를 앞서간 제도였다.

요컨대, 자기추천 대의제의 민주적 자격은 모든 이가 (형식적으로) 동등한 참여기회를 지니고 있다는 사실에서 비롯된다. 그럼에도 불구하고, 다른 모든 조건이 동일할 경우 자기추천 대의제는 선거 대의제처럼 그 전망에 포함된 상당한 편향으로 인해 어려움을 겪게 될 가능성이 높다. 이는 어쩌면 그 민주적 자격에 해가 될 수 있다. 통계적 과소대표성이라는 문제를 공유한다는 사실에도 불구하고, 자기추천 대의제와 선거 대의제 사이의 중요한 차이는 자기추천이 모든 이에게 어느 정도 열려 있는 반면에 선거는 그렇지 못하다는 점이다. 선거에서 후보자 자격에 대한 접근은 일반적으로 정당 같은 게이트키퍼에 의해 통제되는 반면, 자기추천 대의제에서는 이러한 접근이 단지 자발성에 달려 있기 때문이다(인구 전체가 균등하게 갖고 있진 않지만, 적어도 각자의 재량에 따라 좌우되는 요소 말이다).

비선출직 민주적 대표자의 책임성에 관해

추첨과 자기추천 대의제 방식이 지닌 본질적인 민주적 자격에도 불구하고, 이러한 대의제는 또한 자신만의 취약성을 지니고 있다. 한 가지 특별한 우려는 추첨과 자기추천 기구가 이를테면 책임성 같은 중요한 비본질적인 민주적 속성을 결여할 수 있다는 점이다. (반응성 같은 다른 가치들처럼) 책임성은 본질적인 민주적 가치라기보다는 비본질적인 가치에 해당하는 반면, 그럼에도 이런 책임성은 모든 제도적 설계에 대한 전체적인 평가에서 중요한 역할을 한다.

이런 문제는 특히 추첨제 의회의 경우에 심각한데, 중요한 의제설정 권력과 심지어 입법권력이 이 같은 의회에 주어질 가능성이 더 높기 때문이다(이는 단지 특정한 정보수집 과제와 제한된 의사결정 절차에 대해서만 크라우드소싱 역할을 하는 자기추천 의회와 대비된다). 다음과 같은 두 가지 이유 때문에 일반 공중larger public은 민회의 구성원에게 선거를 통해 책임을 물을 수 없게 된다.[167] (1) 일반 공중은 민회의 참여자를 선택하는 데 전혀 통제권을 갖고 있지 못하다(따라서 민회의 구성원은 일반 공중에게 자신의 정책 제안을 정당화하는 일에 어떤 유인도 갖고 있지 못한 것으로 보인다). (2) 민회의 구성원은 자신의 임기가 끝난 뒤에 권력을 유지하길 기대하지 않는다. 그 임기 동안 추첨 대표자를 견제하는 데 회고적 투표행위와 이 같은 투표행위가 선출 대표자에게 불러일으키는 두려움이 사용될 수 없다.

따라서, 설사 충분히 큰 규모의 무작위로 선출된 의회가 (미치광이와 악인을 상당 부분 포함할 가능성이 극도로 낮다는 의미에서) 통계적으로 '안전'하다 하더라도,[168] 단 한 차례라도 우발적으로 지독한 악운을 만나게 된다면 어떻게 해야 하는가? 이는 잘못된 결정으로 이어지는 내부 동학을 지닌 무능한 의회의 선택이나 그런 집단의 선택을 의미할 수 있다. 어떤 민주주의가 됐든 그 이름에 걸맞은 형태가 되려면, 시민은 자신의 통치자에게 설명을 요청하고 그럴 필요와 정당성이 있는 경우 통치자에게

---

167 (옮긴이) '일반 공중'은 '민회mini-public'의 소규모 공중과 대비되는 개념으로, 전체 인구에서 민회의 대표자를 제외한 나머지 사람들을 가리킨다. 이 책에서는 맥락에 따라 '대규모 공중'으로도 옮겼다.

168 일부 추산에 관해서는, Landemore, 2012 참조.

제재를 가할 수 있어야 한다.

우선, 우리는 정치적 책임성의 의미와 요건을 명확히 해둘 필요가 있다. 최소한, 정치적 책임성은 통치자가 대표되는 이들에게 자신이 추진하는 정책과 법률을 포함해 그 행동에 관해 적절한 설명을 제공할 의무가 포함된 통치자와 피통치자 사이의 관계에 해당한다. 가장 단순한 기존 정의 중 하나에 따르면, 공적 책임성은 "공직자들(선출직과 임명직 모두)이 의회 내 다양한 자신의 청중과 시민들에게 정부의 행동을 기술하고 설명하고 정당화하는 방식"(Pollitt, 2011: 81)을 의미한다. 우리는 이러한 정의가 피통치자의 선호에 대한 반응성이나 통치자에게 제재를 가할 수 있는 피통치자의 능력에 기반해 구축되지 않음에 주목해야 한다. 그리고 실제로, 심지어 피통치자의 선호와 통치자가 채택하는 정책 사이에 일관성이 결여되거나(이 같은 일관성이 책임성이 존재한다는 긍정적 신호임에도 말이다), 심지어 통치자에게 제재를 가할 수 있는 피통치자의 능력이 결여된 가운데서도 책임성이 존재할 수 있다는 주장은 타당성을 지닌다. 그러한 최소한의 정의를 따라, 나는 책임성 관계를 맺게 해줄 수 있는 구체적인 수단이나 제도적 메커니즘(이를테면, 선거)을 이런 정의 속에 포함시키는 일을 삼가려 한다.

마지막으로, 나는 책임성 관계가 반드시 주인-대리인 관계 형태를 띠게 된다고 가정하지 않는다. 필프(Philp, 2009)가 지적한 대로, 시민과 정부 사이의 주인-대리인 관계 개념에서 비롯된 정치적 책임성에 대한 정의는 문제적이다. 책임성의 매개체로 기능하는 제도가 존재할 수 있고 그렇게 함으로써 설사 시민이 정부에게 직접 책임을 물을 수 없다 하더라도 정부가 시민에게 설명 책임을 지니게 되기 때문이다. 게다가, 필프가 또한 지적한 대로, 주인-대리인 관계에 기반한 모델은 정치적 책임성에 대한 지나치게 협소한 이론적 이해를 가져다주고, 더 풍부하고 창의적인 방식으

로 책임성을 개념화하는 일을 불가능하게 하는 결과를 불가피하게 수반하게 된다.[169]

그럼에도 불구하고, 비판자들이 책임성에 관해 문제를 제기하고 우려를 나타낼 때 이들의 우려가 종종 위에서 서술된 측면에서 정치 관료가 제시하는 설명 방식 외의 다양한 부가적 요건과 관련 있다는 점을 인식하는 일이 중요하다. 대부분의 사람은 책임성과 기술적技術的으로 구별되지만 동등하게 바람직하다고 여겨지는 다양한 목표들을 그 차이를 무시한 채 책임성이라는 범주 아래 뭉뚱그리게 된다. 이 같은 목표에는 이를테면 통치자에게 제재를 가할 수 있는 능력, 통치자의 비리를 방지할 수 있는 능력, 통치자의 선행을 유도할 수 있는 능력 등이 포함되는데, 공교롭게도 선거는 이 같은 능력 모두에 적합하다고 여겨진다.

나는 책임성에 대한 더 최소한의 정의를 선호함에도 불구하고, 책임성에서 비롯된 반론이 실제로 위에서 언급된 일련의 다양한 요건과 관련 있다는 점을 인정한다. 그러나 이러한 차이를 구분하는 데 유념할 경우 우리는 어떤 정치 메커니즘이 특정 요건과 관련된 더 나은 해결책을 제시하는 데 가장 적합한지를 확인할 수 있게 된다. 선거는 이 모든 사안에 대한 보편적인 해결책으로 보이는데, 그 이유는 단지 선거가 온갖 종류의 일을 어느 정도 잘 처리할 수 있는 뭉툭한 도구를 제공하기 때문이다. 하지만 우리는 어쩌면 이 같은 과제들을 구분함으로써 더 뛰어나고 특정 과제에 적합한 다양한 도구와 메커니즘을 사용할 수 있을지도 모른다.

요컨대, 책임성에서 비롯된 반론이 실제로 제기하는 문제는 선거가 유용하다고 여겨지는 다양한 영역에 제시할 수 있는 비선거적 형태의 대

169 주인-대리인 형식에 맞지 않는 듯 보이는 비서구적 책임성 개념에 관해서는, 예를 들어, 책임성의 두 가지 비서구적 전통, 곧 유교 문화적 전통의 의례적 책임성과 일부 서구와 중앙아프리카 문화의 후원자-고객 관계의 정서적 책임성을 설명한 Jordan, 2011 참조.

의제가 지닌 능력을 우리가 보여준다는 점인데, 그 능력은 다음과 같다.

1. 엄밀한 의미의 정치적 책임성: 통치자에게 설명 책임을 지울 수 있는 피통치자의 능력
2. '제재력': 악행을 한 통치자에게 제재/처벌을 가하거나 적어도 그렇게 하도록 위협을 가할 수 있는 피통치자의 능력
3. 부패와 악행의 방지
4. 선행(반응성, 굿 거버넌스)의 촉진

나는 적어도 이론상으로는 민주주의 제도가 선거 메커니즘 없이도 많은 것을, 어쩌면 심지어 이러한 것들 전부(내가 넓은 의미에서 책임성이라 언급하려는 것)를 얻을 수 있다고 주장하려 한다. 나는 선거 메커니즘이 일반적으로 가정되듯 정치적 책임성에 있어 본질적인 것은 아니라고 주장하려 한다. 선거 메커니즘이 정치적 책임성의 유일한 원천에 해당하는 것도 아니고 반드시 그 같은 책임성을 낳는 최선의 메커니즘에 해당하는 것도 아니다.

먼저 고대 아테네라는 첫 번째 비선거적 형태의 민주주의 사례로 되돌아가 보자. 고대 아테네의 무작위로 선출되고 자기추천된 많은 기구들은 '회고적 투표'라는 선거 메커니즘이 부재하는 가운데 어떻게 책임을 지게 됐는가? 우선, 입법을 담당한 무작위로 선출된 기구들은 바로 무작위 선출이라는 사실 자체로 인해 부패(악행)의 위험에서 보호됐다. 이 사실은 누가 책임을 지게 될지를 예측하는 일을 불가능하게 만들었고, 따라서 (이를테면 정치후원금을 구실 삼아 이뤄지는) 의사결정자의 뇌물수수 행위를 사전에 차단했다. 무작위 선출은 또한 그 누가 됐든 후원금을 통해 자신의 아랫사람의 권력에 접근하려고 도모하는 일을 불가능하게 만들었다. 게다가, 무작위로 선택된 집단과 마주하게 될 경우, 어떤 잠재적 부

패행위자도 각 개인에게 하나씩, 말하자면 도매 방식보다는 소매 방식으로 뇌물을 줘야 했다(도매 방식은 당 고위층을 매수해 한 번에 모든 표를 얻을 수 있는 선거의회에서 더 쉽게 이뤄진다). 그 외의 책임성 메커니즘은 이같이 무작위로 선출된 의회의 정기적으로 자주 이뤄지는 교체 제도였는데, 이러한 제도는 시간이 흐르면서 원하는 보상 방식을 도모하는 관계를 구축하는 일을 어렵게 만들었다. 그 외의 예방적 책임 메커니즘은 추첨제에 대한 시민 지원자를 입구에서 검증하는 일을 포함했다.

(정치인의 설명을 듣는다는) 엄밀한 의미의 책임성의 측면에서, 고대 아테네에는 인민 배심원제가 마련됐는데, 도시를 잘못 이끈 피고소인은 이런 배심원들 앞에서 자기 입장을 밝히고 자신의 제안과 행동에 관해 설명을 제시해야 했으며, 배심원들은 최종적으로 그 피고소인에 대해 판결을 내렸다(이는 악명 높게도 소크라테스에게 일어난 일이었는데, 소크라테스는 불경함과 젊은이를 타락시킨 일로 고소됐다).[170] 엄밀한 의미의 책임성은 또한 유티나이euthynai(정무감사, 또는 'straightening') 관행을 통해 실현됐는데, 곧 모든 공직자는 자신의 임기 만료 시에 결산감사를 받았다.[171] [172]

---

170 (옮긴이) 8장 〈다수결 중심 제도에 있을 수 있는 반자유주의에서 비롯되는 반론〉 절의 '소크라테스' 관련 논의 참조.

171 《옥스포드 고전어 사전*Oxford Classical Dictionary*》에 따르면, "아테네에서 감사는 다음과 같은 두 부분으로 이뤄졌다. 공금을 다루는 일과 관련되고, 열 명의 회계사logistai('accountants')로 구성된 위원회에 의해 처리된 회계logos('account'), 그리고 재직 시 수행한 일에 대한 어떤 다른 반론이든 제기할 수 있는 기회와 관련되고, 평의회councl(boule)를 통해 임명된 열 명의 감사관euthynoi('straighteners')으로 구성된 위원회에 의해 처리된 엄밀한 의미의 유티나이euthynai(정무감사). 이 같은 관료는 고소를 각하하거나 법정에 기소할 수 있었다".

172 (옮긴이) "아테네 정치 체제는 시민들이 미숙하다거나 무능력하다고 판단한 행정관의 선출을 방지하는 제도적 장치를 가지고 있었다. 우선 행정관은 언제나 민회와 시민법정dikasteria의 감시를 받았다. 임기가 끝나면 결산 보고서eutynai를 제출해야 했으며, 임기 중에도 시민들이 그들에게 책임을 물을 수 있었고 직무 정지를 요구할 수 있었다. 행정관에 대한 신임을 묻는 것은 최고회의ekklesiai kyriai의 필수 안건이었다. 시민이면 누구나 (추첨으로 임명되었건 선거를 통해 임명되었건 상관없이) 행정관에 대한 불신임 투표를 제안할 수 있었다. 만약 행정관이 투표에서 지면 즉각적으로 업무가 정지되고 사건은 법정에 회부되어 무죄(그 이후에는 다시 업무를 재개할 수 있었다) 혹은 유죄 판결

(또한, 예방 메커니즘으로도 작동한 것으로 알려진) 순전한 제재 메커니즘의 측면에서, 그리스는 한동안 도편추방제라는 관행에 의존했는데, 이 제도는 그해 도시에 가장 위해가 된다고 생각되는 시민의 이름을 적고, 만약 인민이 충분히 그 이름에 동의하게 되면, 다음 10년 동안 해당 시민을 추방하는 내용을 특징으로 했다. 이 제도는 현재 우리가 바람직하게 생각하는 관행은 아니지만, 선거 외에 존재할 수 있는 다양한 책임성 메커니즘을 보여준다.

그 뒤, BC 417년 이후 한동안 그리스는 아마도 그들 스스로 그 잔혹성을 판단하게 됐기 때문에 도편추방제를 그라페 파라노몬graphe paranomon으로 대체했는데, 그라페 파라노몬은 기존 법률을 위반하는 행동을 제안한 시민에게 취해지는 법적 조치를 특징으로 했다.[173] 그라페 파라노몬은 내장된 사법심사 절차로 해석될 수 있는데, 이 같은 절차는 민주적 기관 자체에 의해 수행됐으며 대법원 같은 외부 기구에 부과된 업무와 대비됐다. 이러한 제도는 새로운 법률을 제안한 사람이 자신의 제안이 아테네의 기본법을 따른다는 점을 확인시키는 과제를 수행하게 했다. 따라서 그라페 파라노몬은 자기 내부에서 만들어진 자율규제를 보장함으로써 아테네 민주주의 제도를 전복할 수 있는 제안을 억제하는 수단으로 기능했다.

이 같은 모든 관행과 제도는 넓은 의미에서 '책임성' 메커니즘으로 기능했고, 적어도 우리의 판단에 따르면 꽤 잘 작동했다. 이런 관행은 사실상 어쩌면 지나치게 엄격하고 가혹했는데, 고대 아테네인이 단지 자신의

을 받게 된다. 민회는 1년에 총 40번 개최됐는데, 이 중 10번은 ekklesia kyria(매 원로원 회기에 한 번 또는 5주마다 한 번)의 형태로 모였다"(버나드 마넹 지음, 곽준혁 옮김, 《선거는 민주적인가-현대 대의 민주주의의 원칙에 대한 비판적 고찰》, 후마니타스, 2004, 28쪽).

173 (옮긴이) '그라페 파라노몬' 은 민회의 성급한 의사결정을 방지하기 위해 고안된 제도로서, 어떤 시민이 다른 시민에 대해 민회에 '불법적인 제안'을 했다는 죄목으로 소송을 제기할 수 있었으며, 설령 민회에서 이미 그 제안을 승인했더라도 상관이 없었다(존 킨 지음, 양현수 옮김, 《민주주의의 삶과 죽음-대의 민주주의에서 파수꾼 민주주의로》, 교양인, 2017, 93쪽).

행동만이 아니라 자신의 제안에 관해서도 책임성을 지녔고 이들이 무능하거나 부정직한 것으로 증명됐는지와 관계없이 순전히 불운만으로도 처벌될 수 있었다는 점에서 그렇다(Elster, 1999). 어쨌든, 이들 사례는 심지어 선거가 거의 역할을 하지 못하는 체제에서도 책임성의 결여가 반드시 문제가 될 이유는 없다는 점을 보여준다.

따라서 우리가 아테네인에게 배울 수 있는 점은 추첨형 대의제에 본질적인 무작위 선택과 교체가 그 자체로 책임성 메커니즘에 해당한다는 사실인데, 마치 선거 대의제에서 선거와 임기 제한이 책임성 메커니즘으로 여겨지듯 말이다. 모든 대표직 후보의 사전 검증 또한 하나의 선택지로 고려해볼 만한데, 비록 이 같은 선택지가 완전한 포괄성과 평등성을 희생하고 가능한 것일지라도 말이다. 그러나 자기추천 의회와 관련해, 강제적 교체는 선택지에 해당하지 않지만, 검증은 선택지가 될 수 있다. 분명한 점은 도편추방제 관행이나 그라페 파라노몬은 현대 우리의 자유 민주주의 제도에서 납득하기 어려운 제도에 해당한다는 사실이다. 그럼에도 불구하고, 대표자가 최종적으로 인민 배심원단에게 특정 형태로 그리고 제한된 범위의 행동이나 결정과 관련해 법적 책임성을 지녀야 한다는 생각은 아마도 다시 논의될 수 있는 주제에 해당할 것이다.

고대 아테네가 주는 또 다른 교훈은 넓은 의미의 책임성(구체적으로 통치자가 잘못된 길로 가지 못하도록 막는 능력)의 측면에서 가장 문제적인 의회는 자기추천 의회였다는 사실이다. 인민 의회의 열린 회합은 민주주의를 전복하려는 선동 정치가와 뛰어난 웅변가에 취약한 것으로 증명됐는데, 역사적으로 이는 두 경우 모두 의회의 투표를 통해 정당화된 BC 411년과 404년의 과두지배층의 쿠데타로 이어졌다. 그 후 민주주의를 재건하려 했을 때, 아테네인은 인민 의회로부터 추첨에 기반한 법정으로 권력을 이양하는 일련의 개혁안을 통과시키기로 결정했다. 이 같은 개혁이 종종 아테네 민주주의를 약화시킨 것으로 이해되는 반면에, 이런 변화는 오히려 그 같은 민주주의를 강화하는 방식의 하나로 해석될 수도 있는데 (Cammack, 2018). 곧 내가 주장하려는 대의제 노선을 따라서 말이다. 비록 어쩌면 우리가 (순전히 민주적인 관점에서 문제적인 특성에 해당하는) 법관 추첨에 우선적으로 참여할 수 있는 이들에 대한 그리스의 제한을 논외로 해야 할지라도 말이다. 아테네인은 시간적으로 열려 있는 민주적 기관이 순전히 공간적으로 열려 있는 민주적 기관보다 궁극적으로 더 책임성을 지닌다는 결론에 도달했던 것으로 보인다.

이제 현대 대의 민주주의 제도에서 지배적인 선거 메커니즘이 많은 관찰자가 그렇게 생각하듯 놀라운 책임성 메커니즘이라는 주장이 지닌 문제를 살펴보도록 하자. 먼저, 엄밀한 의미의 책임성의 측면에서, 정치인의 활동이나 정책 선택을 정당화하는 방식에서 선거가 그다지 발전적이지 않다는 사실은 분명하다. 선거 후보자가 권력을 얻으려 할 때 이들은 설명이 아닌 약속을 한다. 이들이 재선을 추구할 때, 이들은 실제로 설명을 제시하는 것처럼 보일 수 있는데, 곧 자신의 지난 선택, 그리고 자신의 정책의 타당성이 입증됐거나 적어도 회고적 측면에서 이해할 만했다고 생각하는 이유를 설명하고 정당화하는 것처럼 보일 수 있다. 그러나 공중의 면밀한 조사에 이런 형태로 일시적으로 노출되는 것은 인민 배심원단에 그리스 정치인이 노출되는 것만큼의 가혹함에는 거의 미치지 못한다. 정치적 선거운동은 정책 선택 이면에 놓인 명분에 대한 진정한 참여만큼이나 날조, 공작, 전략적 기만의 시간이기도 하다.

이제 '제재' 수단으로서 선거의 가치를 논의해보도록 하자. 선거는 투표장에서의 타도의 위협을 통해 (제재 형태로서) 책임성을 낳는다고 여겨진다. 여기에는 두 가지 가정이 포함돼 있다. 첫째, 유권자는 회고적으로 투표하고 지난 행동에 대해 현직자에게 처벌을 가하며, 때로 갓 시작한 경험이 없는 신참자에게 유리한 방식으로 그렇게 한다. 둘째, 이 같은 위협은 유권자에 대한 정치인의 책임성을 낳는 데 효과적이다. 그러나 경험적 측면에서 이 두 가지 가정은 모두 미심쩍다. 제임스 피어론James Fearon에 따르면, 선거는 정부에 책임을 지우는 일이 아니라(곧 제재하는 일), 대신에 좋은 정부를 선택하는 일과 관련된다. 선거는 제재 그 자체보다는 선택과 더 관련된다. 어떤 이유보다도, 피어론은 만약 선거가 순전히 제재와 관련된다면, 임기 제한의 존재는 많은 경우에 선거를 완전히 무익한 것으로 만든다는 점을 지적한다. 따라서 피어론은 선거를 알맞은 유형의 정치적 지도자와 대표자를 선택하는 미래지향적인 수단으로 보는 편이 더 타당하다고 주장한다(Fearon, 1999).[174]

심지어 이론상으로도, 선거를 선출 관료를 제재하는 극도로 불완전하고 뭉툭한 도구 이상으로 보기는 어렵다. 페어존Ferejohn과 로젠블루스Rosenbluth가 언급한 대로, "선거, 곧 정치적 대리인을 규율하는 대표적인 방식은 관료를 통제하는 조야하고 불완전한 방식에 해당한다. 이 같은 선거는 드문드문 시행되고, 대개 직무를 정지시키거나 상을 수여함으로써 단지 관료에게 처벌을 가하거나 보상할 수 있을 뿐이다"(2009: 273). 선거가 너무 뭉툭한 제재 수단에 해당하는 또 다른 이유는 후보자의 과거 유산에 대한 한 번의 투표로 수많은 사안이 뭉뚱그려지기 때문이다.[175] 선거는 기껏해야 최악의 후보자, 곧 너무나 많은 중요한 차원에서 실패한 지도자를 가려내는 방식에 지나지 않는다. 하지만 후보자가 가령 경제적 성과를 내놓는 한, 이들이 이를테면 부패, 정실주의, 인종차별주의, 반유대주의,

---

174 대의제와 관련해 적어도 제재 모델만큼 타당한 '선택 모델'에 대한 기술적이고 규범적인 옹호에 관해서는, 또한 Mansbridge, 2009 참조.

175 DeCanio, 2014. 이는 유권자가 최종적인 '통제권'을 갖는다고 볼 수 없다는 의미라기보다는(Ingham, 2019 참조), 이러한 일반성의 수준에서 통제권을 갖는 일이 실제적 책임성을 구현하는 일보다 더 수월할 수 있다는 의미에 가깝다.

성차별주의 등에 대해 제재를 받을(또는 이런 문제와 관련해 탄핵 절차의 대상이 될) 가능성은 아주 적다. 그리고 이들이 자신의 위반행위를 해명해야 한다는 압박을 전혀 느끼지 않을 수도 있는 그 밖의 특정 사안들에 대해서도 그럴 가능성은 적은데, 이는 단지 모든 문제가 종합 꾸러미가 되는 투표장에서 이들이 그러한 해명을 하고 안 하고의 문제가 거의 영향을 주지 못하기 때문이다.

불완전한 제재 도구임에도, 선거는 여전히 효율적인 책임성 수단이 될 수 있는데, 이는 처벌하거나 보상을 주는 선거의 능력과는 아무런 관련이 없고, 대신에 (피어론이나 맨스브리지의 견해에서처럼) 알맞은 유형의 정치인, 곧 공중에게 자신의 결정의 정당성을 입증해야 한다는 내적 압력을 느끼는 이들을 선택하는 선거의 능력 때문이다. 선거가 (옳은 일을 하고 이에 대해 설명을 제시하는 내적 경향성을 지닌) 알맞은 형태의 대표자를 선택할 수 있다는 가정은 완전히 말이 안 되는 것은 아닌데, 비록 이런 가정이 자주 위반되긴 하지만 말이다. 어쨌든, 이 같은 입장은 선거가 가령 무작위 선택보다 훨씬 더 안정적인 형태의 책임성을 제공한다는 견해를 뒷받침하진 않는다.

만약 이러한 주장이 옳다면, 선거는 (비록 특정 유형의 사람을 선택하는 데 유용할지라도) 통치자를 제재하는 탁월한 메커니즘도 아니고 더 일반적으로 책임성을 낳는 이상적인 방식도 아니다. 그러나 더 중요한 사실은 선거가 대의제이든 열린 형태이든 민주주의 제도에서 정부가 자신의 활동에 대해 설명을 제시하고 책임을 지는 방식으로 행동하도록 유도하는 유일한 메커니즘은 아니라는 점이다. 이 같은 비선거적 책임성이라는 문제는 분명히 추가적으로 연구할 가치가 있는데, 이론적 수준에서도 그렇고 과거이든(예를 들면, Landauer, 2019) 현재이든(예를 들면, Mansbridge, 2019) 순수한 선거 민주주의 제도가 아닌 역사적, 경험적 맥락에서도 그렇다. 나는 7장에서 다시 이 주제를 논의할 것인데, 7장에서 나는 열린 민주주의가 (여기에서 고찰된 단지 민주적 대의제 수준보다는) 제도적 수준에서 가질 수 있는 책임성의 내적 원천을 고찰할 것이다.

이번 단계의 종착점으로서 나는 이제 논란이 될 만한 견해를 탐구하려 한다. 곧 보충적 덕목으로서 그리고 앞서 내가 민주주의의 "비본질적" 특성이라 부른 항목으로서 책임성이 물신화되거나 더 근본적인 민주적 가치들보다 높이 평가돼서는 안 된다는 견해 말이다. 현대 민주주의 제도에서, 우리는 형사 배심원단이 자신 말고는 누구에게도 설명 책임을 지지 않는다는 사실에 결국 수긍한다.[176] 만약 민주주의가 실제로 평범한 시민의 신념에 기초한다면, 이 신념은 우리가 가장 민주적인 기구를 대하는 방식에 반영돼야 한다. 이와 반대로, 우리는 잠시 멈춰서 다음과 같은 질문을 하고 싶어 할 수도 있다. 독립기관이나 대법원 같은 비선출 기구가 지닌 책임성은 무엇인가? 이들의 입증 책임이 반드시 시민 대의제의 무작위 선택이나 자기추천 의회보다 더 높은지는 불분명하다. 추첨제 의회나 자기추천 의회의 도입을 고려하는 제도 설계자가 민주성과 책임성 사이의 상쇄관계에 맞닥뜨리게 된다는 사실은 부정할 수 없다. 정치제도 전체에서 이 같은 의회에 하나의 기능을 부과할 때 우리는 이런 상쇄관계를 고려하지 않을 수 없다.

결론

나는 이 장에서 대표성, 정당성, 민주성 개념을 구분하려 했는데, 이는

---

176 이는 최소한 자신의 동료와 공중에게 설명 책임을 지는 판사와는 다르다.

선출 기구 외의 다른 기구, 구체적으로 무작위 선택 기구와 자기추천 기구 또한 민주적 자격을 주장할 수 있으며, 넓은 의미에서 이해되는 책임성 결여로 인해 곤란해할 필요가 없다는 점을 보여주기 위해서였다. 하지만 우리가 이 장을 시작할 때 논의 대상에서 제외한 비선출직 대표자의 민주적 정당성은 어떤가? 다음 장에서 나는 이 주제를 다루려고 한다.

5

선거 외의 정당성과 대표성 2

앞장은 추첨형 대의제와 자기추천형 대의제 각각의 민주적 자격과 관련해 희망컨대 타당하게 여겨질 만한 주장을 밝히려 했다. 또한 선거에 의한 당근과 채찍이 없는 경우에도 비선거적 대의제가 다양한 방식으로 책임성을 지닐 수 있는 가능성을 논의했다. 이제 마찬가지로 다양한 형태의 민주적 대표성의 개념적 가능성을 인정한다면, 그에 상응하는 대표자와 대의제 기구들은 선출 형태가 아니라면 과연 어디에서 민주적 정당성을 얻게 되는 것일까? 이 장에서, 나는 이를테면 민회, 그리고 사회운동 같은 자기추천 대표자 집단처럼 (앞장에서 내가 논의한 사실에 의하면) 본질적인 민주적 자격을 지닌 비선출 기구들 또한 정치체의 나머지 부분들에 대해 구속력 있는 결정을 내릴 수 있는 정당성을 지니고 있는지를 밝히려고 한다. 나는 이 장의 나머지 부분에서 앞장에서 시작된 성찰을 이어가면서 가능한 경우 경험적 증거를 어느 정도 활용해 암묵적인 정당화의 가능성, 정당성의 충돌, 선거 대의제를 민주화하는 방식 등을 깊이 성찰하려 한다.[177]

첫 번째 절은 앞장에서 논의의 대상에서 제외된 정치적 정당성 문제를 다루고, 대표자의 민주적 정당성이 18세기 정당성 이론이 이해하는 것처럼 개별적 동의에서 비롯되는 것이 아니라 필요조건이지만 충분조건은 아닌 다수결 승인majoritarian authorization을 포함한 다양한 요인에서 비롯된다고 주장한다. 나아가 나는 다수결 승인의 대상이 직접적으로 개별 대표자가 될 필요는 없고, 대신 이들을 선택하는 선택 메커니즘이 될 수 있다고 주장한다(이를테면, 추첨이나 자기추천 행위).

두 번째 절에서, 나는 자기추천 의회가 제기하는 문제를 다룬다. 나는 자기추천 대의제가 최소한의 민주적 정당성 형태를 얻을 수 있는 상황을

177 따라서 이 장은 완전히 통합적이고 일관된 주장이라기보다는 앞장에서 시작된 대화의 연쇄적인 곁가지에 더 가깝다. 그럼에도 나는 이 같은 논의가 흥미로울 것이라 믿는다.

고찰하는데, 심지어 선택 메커니즘이나 이를 통해 선택되는 개개인에 대한 어떤 명시적인 다수결 승인이 부재한 가운데서도 말이다.

세 번째 절에서, 나는 다양한 민주적 대의제 사이의 정당성의 충돌 가능성이 제기하는 문제를 다루고 이를 해결할 수 있는 방법을, 다양한 유형의 민주적 대의제 사이의 정당성 충돌의 구체적인 경험적 사례를 연구함으로써 고찰한다. 나는 다양한 민주적 대의제의 정당성이 어느 정도는 시간이 지남에 따라 구축되고, 쟁취되고, 입증될 수밖에 없는 어떤 것에 해당한다고 주장한다.

마지막으로 더 사변적인 성격의 마지막 절에서, 나는 선거 대의제를 다시 논의하고, 이런 대의제가 이른바 액체 민주주의 기획을 통해 충분하게 민주적이 될 수 있는지를 묻는데, 이는 내가 '액체 대의제'라 이름 붙이길 제안한 제도를 창출하게 된다.

다시 한번 정당성에 관해

정치적 정당성은 정치철학에서 가장 논쟁적이고 난해한 개념 가운데 하나다(Peter, 2020 참조).[178] "누군가의 통치에 대한 복종을 요구할 수 있는 권리를 나타내는 특성"이라는 일반적인 정의 외에, 어떤 요인이 이 같은 특성과 권리를 낳게 되는지 그리고 특히 민주주의(또는 내가 이름 붙인 민주성)가 정당성의 일환인지 아닌지와 관련해 결코 어떤 합의도 존재하지 않는다. 정당성의 연원을 단일 요인에서 찾으려는 정치적 정당성의 "일원론"(Christiano, 2004a)이 타당하지 않다는 주장에는 어느 정도 의견

178 정당성 관련 문헌을 갱신한 최신 서적에 해당하는 Knight and Schwartzberg, 2019 참조. 유감스럽게도 나는 이 책을 다룰 시간이 없었다.

일치가 존재한다. 내가 앞장에서 보여주려 한 대로, 예를 들어, 개별적 동의는 정당성의 충분조건은커녕 필요조건에도 해당하지 않는다.

그렇다면 정치적 정당성의 그 외의 타당한 원천에는 어떤 것이 존재하는가? 내가 볼 때 정당성에 관한 가장 설득력 있는 이론은 일부는 절차적이고 다른 일부는 실질적인 다양한 요인을 결합하거나, 또는 공통의 구분법을 사용하자면, '투입input'과 '산출output' 둘 다의 필요성을 인정한다(Scharpf, 2003). 투입 정당성은 누가 결정절차에 관여하는가의 문제와 관련되고, 산출 정당성은 어떤 종류의 결과를 낳는가와 관련된다. 예를 들어, 누군가는 결정절차에 더 많은 목소리가 투입된다면 더 정당성을 지니게 된다고 생각할 수도 있다. 하지만 누군가는 산출된 결과가 제도적으로 굿 거버넌스를 가져오지 못하게 된다면 정당성을 덜 지니게 된다고 생각할 수도 있다. 누군가는 또한 "처리율throughput 정당성"(Schmidt, 2013)이라는 정당성의 세 번째 차원을 포함시키는데, 이 같은 정당성은 결정이 이뤄지는 과정의 성격과 관련된다.[179] 예를 들어, 단순히 종합적이지 않고 숙의적인 과정은 (나를 포함해) 숙의 민주주의자의 관점에서 더 정당성을 지닌다.

정당성 이론과 관계된 요인들이 빠짐없이 체크해야 할 네모 칸이나 모조리 켜져야 할 스위치에 해당하는 것은 아니다. 이런 요인들은 최저수준으로 채워질 필요가 있는 양동이나 상호 간에 충분한 온도에 이를 필요가 있는 온도계에 더 가깝다.[180] 따라서 제인 맨스브리지Jane Mansbridge는 정

---

179 (옮긴이) '처리율'은 투입된 데이터를 산출할 수 있는 처리능력과 관련되며, 단위 시간당 처리할 수 있는 단위량으로 측정된다. 따라서 '처리율 정당성'은 투입된 의견이 결과로 산출되는 효율에 따라 정당성을 평가하는 차원과 관련된다.

180 나는 몇 년 전에 이뤄진 제인 맨스브리지와의 대화에서 양동이 비유를 빌려오고, 내 기억으로 2013년 즈음 스탠퍼드 정치이론 워크숍에서 이뤄진 아만다 그린Amanda Greene의 강연에서 온도계 비유를 빌려왔다.

당성이 "더 많은 곳에서 더 적은 곳에 이르는 연속체continuum from more to less" (Mansbridge, 2012: 5)라고 말한다.[181] 중요한 점은 이 같은 기준의 일부가 충족되지 않는 사례가 존재할 수 있다는 사실이다(채워지지 않은 실제 양동이/올라가지 않은 실제 온도계). 하지만 권력을 요구하는 단체, 개인, 또는 절차가 빈 양동이를 채우기보다는 적절한 방식으로 다른 모든 양동이를 채우는 것이 사실이다(어쩌면 빈 양동이를 벌충하기 위해 다른 양동이를 넘치도록 채움으로써 말이다). 예를 들어, 아마도 정치 권력은 투입 정당성을 거의 지니고 있지 않지만, (이를테면 산출 정당성 같은) 다른 기준을 충족시키는 데 대단히 뛰어나기 때문에, 전체적으로 봤을 때 그래도 정당하다고 여겨지게 된다.

나는 이제 정치적 정당성에 관한 일반이론을 펼치려 하기보다는 그저 일상 어법 그리고 희망컨대 상식에 근거해 대표자에 적용될 수 있는 하나의 정의를 전제하려 한다. 정치적 대표자 자신의 정당성을 고려할 때, 나는 이러한 정당성이 누가 대표자에게 권한을 위임하는지뿐만 아니라 이들이 실현할 것으로 기대되는 거버넌스의 특성과 이들이 결정을 내리기 위해 따르는 절차에 달려 있다고 가정하려 한다. 첫 번째와 세 번째는 절차적 기준에 해당하는 반면, 두 번째는 실질적 기준에 해당한다.

우리는 대표자가 선택되는 방식 자체는 문제가 되지 않는다는 사실에 주목할 필요가 있다(그 대신에 나는 마지막 장에서 논의될 것처럼 이 같은 방식의 민주성이나 이것의 결여가 결정적이라고 생각한다). 나는 이제 엄밀히 대의제의 절차적 측면이 지닌 정당성에 초점을 두면서, 누가 정치적 대표자에게 권한을 위임하는지에 기반해 정당성의 민주적 형태 대 비민주적 형태 사이를 질적으로 구분할 것을 제안한다. 이를테면, 국제무대 상에서

181 그녀는 Mansbridge, 2014, p. 11과 Mansbridge, 2020, endnote 5에서 이 같은 아이디어를 반복해 표현하고 있다.

비민주적인 국가들의 대표자는 이들이 대표하는 인민 외에도 (다른 국가들의 수장을 포함해) 집단들에게 권한을 위임받게 된다. 이들이 이 같은 국제적 권한위임으로 인해 어떤 절차적 정당성을 가지게 되든, 이런 정당성은 이들 자신의 인민의 명시적인 지지에 근거하고 있지 않다. 대조적으로, 나는 민주적으로 정당한 대표자는 적어도 이들이 대표한다고 주장하는 인민의 다수에 의해 최소한 승인된 이들이라고 가정하려 한다. 다시 말해, 민주적으로 정당한 대표자는 이들의 인민에 의해 승인된 이들이다. 이 구분은 민주적으로 정당하진 않지만, 민주적인 대표자의 사례를 확인할 수 있게 해준다. 예를 들어, 예비 실험을 고안할 목적으로 학자들에 의해 소집된 무작위로 선출된 민회는 대의기구로서는 민주적일 수 있지만, 그 결정에 대한 복종을 요구할 수 있는 권리를 결여하고 있으므로 민주적으로는 정당하지 않을 수 있다. 대조적으로, 민주적으로는 정당하지만 비민주적인 대표자에는 대법관이 있을 수 있는데, 대법관은 (능력주의에 근거해 임명됐기 때문에) 대표자로서는 민주성을 지니지 않지만, 민주적 헌법을 통해 민주적으로는 인민을 대표할 권한을 위임받았다고 말하는 것이 타당할 수 있다. 요컨대, 대표자는 (민주적이든, 능력주의적이든, 과두적이든 관계없이) 최소한 그가 자신이 대표한다고 주장하는 인민의 다수에 의해 승인되는 경우에 한해서 민주적 정당성을 지니게 될 것이다.

이처럼 골치 아픈 분석의 핵심은 적어도 내 정의상으로 최소한 누군가를 대표자의 하나로 선택하는 선택 메커니즘이 그가 대표하는 인민의 다수에 의해 승인되는 한, (위에서 말한 대법관의 사례처럼) 심지어 선출되지 않고도 민주적 정당성을 지닐 수 있다는 점을 분명히 하는 것이다. 반대로, 한 대표자가 아무리 민주적이라 하더라도 만약 그나 그가 선택되는 선택 메커니즘이 올바르게 승인되지 못하는 한 그는 여전히 정당성을 결여하게 될 수 있다.

그럼에도 불구하고, 만약 우리가 정당성을 주로 다수결 승인과 결부시키게 되면, 단순 다수결 원칙majority rule이나 최다득표에 의해 선택된 개별적인 선출 대표자들이 다른 민주적 대표자들보다 더 유리한 위치에 서게 된다. 선거에서, 선출된 대표자는 말하자면 단 한 번의 선거로 선택되는 동시에 권한위임까지 받게 되고, 이는 민주성의 원천과 정당성의 원천과 관련해 흔히 일어나는 혼동을 부분적으로 설명한다. 하지만 우리가 선택의 계기와 권한위임의 계기를 구분하지 못할 이유는 전혀 없다. 실제로, 추첨제 의회의 개별 구성원은 이들을 뽑는 선택 메커니즘(추첨, 알고리즘)이 명시적으로 승인되는 한 직접적이고 개별적으로 승인될 필요는 없다.

따라서, 처음의 질문에 답하자면, 우리는 민회나 자기추천 의회(또는 실제로 다른 모든 정치기구)의 민주적 정당성의 연원을 무작위 선택 절차나 자기추천 절차를 승인하는 다수결 투표에서 찾을 수 있는데, 이런 의회의 포괄적 정당성의 필요조건이지만 충분조건은 아닌 것으로서 말이다. 하지만 우리가 무작위나 자기추천 대의제의 민주적 정당성의 연원을 유권자나 선출 관료에 의한 직접적이고 개별적인 승인에서 찾아야 할 필요는 없다.

대체로, 민회와 자기추천 의회를 합법화하는 체제에서, 이 같은 새로운 형태의 민주적 대의제는 선출 대표자들로 이뤄진 의회와 동일하게 민주적 정당성의 최소한의 기준을 충족시킨다고 봐야 한다. 아마도 이러한 기준을 넘어서서, 어떤 의회 형태는 다른 의회 형태보다 정당성을 더 많이 지니는데, 이는 우리가 그 밖의 여러 차원에서 이 의회의 성과를 어떻게 '평가'하는지에 달려 있다(이를테면, 이 의회가 인식론적 성과를 어느 정도 보여줄 것으로 기대되는지 또는 얼마나 숙의적인지에 따라서 말이다).

다수결 승인의 암묵적인 방식 대 명시적인 방식

나는 다수결 승인이 민주적 정당성의 필요조건이라 주장했고, 따라서 나는 지금까지 이 같은 승인이 명시적 투표라는 형태(국민투표나 선거)를 띤다고 가정했다. 이 절에서 나는 자기추천 집단 사례의 대단히 흥미로운 가능성을 고찰하길 원하는데, 곧 암묵적인 다수결 승인이라는 아이디어 말이다. 자기추천 집단이 항상 대규모 집단의 직접적이고 신속한 승인과 함께 작동하는 것은 아니다. 경험적 관찰에 따르면 일부 특수한 상황에서 비참여자 측의 암묵적인 다수결 승인이라는 요소가 포함될 수 있는 것으로 나타난다.

예를 들어, 핀란드에서 이뤄진 크라우드소싱 기법에 의한 정책 결정 실험에 관한 연구에서 도출된 흥미로운 결과를 고찰해보자. 이 연구는 크라우드소싱 기법에 의한 정책 결정 과정에 대한 적극적이 아닌 소극적인 참여의 한 가지 그럴듯한 이유가 나머지 비참여자가 자신의 관심사를 이미 밝혔고 그들의 참여가 대화 과정에 그다지 보탬이 되지 않을 것이라 느끼는 개인들 때문이라는 사실을 밝혀냈다(Aitamurto and Landemore, 2016).[182] 따라서 우리가 이같이 관찰된 소극성을 반드시 항상 무관심, 게으름, 무능, 비동의, 또는 참정권 박탈로 해석할 필요는 없지만, 적어도 이런 과정에 대한 접근권이 실제로 평등하다고 할 때, 우리는 이러한 소극

182 실제로, 핀란드 실험이 이뤄진 웹사이트에서 10퍼센트(7천 명의 방문자 중 약 7백 명의 가입자)의 적극 참여율에 대해 의견을 제시하도록 요구됐을 때, 피면접자는 자신이 보기에 웹사이트상의 의견이 "심지어 비록 단지 7백 명의 적극 참여자만이 있을지라도 전송된 의견 중에 상당히 양질의 표본"을 보여준다는 점을 지적했다. 피면접자는 더 나아가 만일 나머지 6천3백 명이 "자신의 의견이 크게 무시당한 것으로 느꼈다면, 아마도 그들 또한 적극적이 됐을 것"이라고 추측했다(Aitamurto and Landemore, 2016: 190). 또 다른 참여자는 이러한 통찰을 다음과 같이 확증하는 듯 보였다. "나는 어떤 사안들이 됐든 논의되지 않은 채 남겨두는 일을 상상할 수 없습니다. 이번 논의는 내가 봤을 때, 나 없이도 그런대로 잘 진행됐습니다"(같은 글).

성을 나머지 사람이 하는 일에 대한 암묵적인 승인의 형태로 해석할 수 있다. 추가적인 연구를 통해 검증될 필요가 있는 한 가지 가설은 심지어 일반적으로 단지 소수의 사람만이 크라우드소싱 플랫폼에 적극적으로 참여할 때에도 이들의 활동에 암묵적으로 승인이 이뤄지고 그렇게 함으로써 이들에게 플랫폼 상에서 더 소극적인 많은 수의 나머지 참여자, 아마도 다수에 의해 정당성이 어느 정도 부여될 수 있다는 것이다(내가 아래에서 설명할 것처럼, 비록 플랫폼 상에 있지 않은 사람에 대해 그 어떤 가정도 해서는 안 되지만 말이다).

오프라인 사례 중에서는, 종종 사회운동과 시위가 암묵적 승인이 이뤄진 자기추천 대의제 사례로 간주될 수 있다고 주장된다. 프랑스에서 2018~2019년 겨울에 발생한 사회운동 과정 동안 노란 조끼 시위가 프랑스 인민의 상당 부분의 목소리와 이해관계를 대표하는 가운데 인구의 대부분이 참여해 일어났는데, 특히 도시 주변부에 살고 공공 서비스 접근이 어려운 빈민이 주가 됐다. 그 정당성의 측면에서, 이같이 장기간 이어진 노란 조끼 시위는 여론조사에 나타난 대로 인구 대다수의 암묵적인 지지를 얻었다(스스로 노란 조끼라고 생각한 20퍼센트를 포함해, 그 지지율이 한때 75퍼센트에까지 이르렀다).[183] 이들은 단지 이들 중 일부의 폭력에 또 다른 일부 소수의 인종차별주의적이고 반유대주의적인 입장이 더해져 용인하기 어려워진 경우에만 지지를 잃기 시작했다.

이 사례에서 누군가는 비록 투표가 부재하지만, 응답자가 자신의 지지를 명시적으로 표명한 여론조사에 드러난 다수의 암묵적 지지가 프랑

183 https://www.bfmtv.com/politique/75percent-des-francais-approuvent-les-gilets-jaunes-un-soutien-en-hausse-de-5-points-1576345.html 참조. 2020년 1월 15일 마지막 접속. 흥미롭게도, 프랑스 대통령 마크롱에게 투표한 사람의 52퍼센트는 한때 노란 조끼 시위 또한 지지했다.

스 인민의 자기추천 대표자로서 노란 조끼 시위의 역할에 정당성을 부여했다고 말할 수도 있다. 이는 사회적으로 부당하다고 여겨진 재정압박(이를테면, 노란 조끼 운동을 촉발시킨 탄소세)에 대한 이들의 거부, 그리고 더 일반적으로 정치제도가 많은 사람의 필요와 이해관계에 충분히 반응하지 못한다는 이들의 진단에 있어 특히 사실이었다.[184] [185] 글로벌 수준에서, 서구 세계 전역의 청소년 시위를 촉발시킨 계기로서, 기후변화에 맞서 등교 거부 운동을 펼친 스웨덴의 고등학생 그레타 툰베리Greta Thunberg는 자기추천 대의제의 대표적인 사례에 해당한다. 툰베리는 전 세계 나라의(정확하게 말하면, 특히 서구의) 청소년 집단에게서 받은 폭넓은 지지를 통해 글로벌 청소년 대표자, 또는 적어도 서구 청소년 대표자로서 정당성을 부여받고 있다.

물론, 많은 그리고 아마도 대부분의 맥락에서, 우리는 암묵적 승인을 평가는커녕 가정하기도 어려울 것이다. 실제로 이 같은 절차(또는 개인)에 관해 알고 있는 사람의 침묵이나 부재는 승인의 정반대, 곧 참여거부 또는 심지어 이른바 이들을 대신해 말해지고 행해지는 일에 대해 암묵적 비동의를 나타낼 가능성이 높다. 게다가, 심지어 자신의 이름으로 이뤄지거나 그렇게 여겨지는 대의제적 요구를 인식하지 못하는 그런 사람의 문제가 남는다. 이를테면 핀란드 실험에서, 대다수의 사람은 심지어 플랫폼상에 한 번도 로그인하지 않았는데, 이는 필시 이들이 관련 사안에 관해 의견을 표출하는 이 같은 실험과 기회를 인식하지 못했기 때문이다. 다른

---

184 그렇지만 물론 노란 조끼 시위가 전달한 메시지를 정확히 보여주기는 어렵다. 이 같은 시위 자체가 누구에 의해서든 대표되길 거부했으며, 많은 다양한 요구와 메시지를 표명했기 때문이다.

185 (옮긴이) '노란 조끼' 운동에 관해서는, 김은경, 〈프랑스 '노란 조끼' 운동의 특징 및 시사점〉, 《이슈&진단》 361, 경기연구원, 2019; 온명근, 〈프랑스 노란 조끼 운동의 전개와 정부의 대응〉, 《국제노동브리프》 17(3), 한국노동연구원, 2019, 131~139쪽; 오창룡, 〈프랑스의 아나코 포퓰리즘: 노란 조끼 운동을 중심으로〉, 《유럽연구》 39(4), 2021, 227~252쪽; 김정도, 〈"내가 바리케이드이다!": 들불처럼 번지는 노란 조끼 운동〉, 《뉴래디컬리뷰》 78, 2018, 188~206쪽 참조.

많은 사례에서, 사람들은 온라인 참여포럼에 입회하지 않고 있는데, 이는 단순히 이들이 컴퓨터에 접속하지 못하거나 참여하는 데 충분할 정도의 디지털 문해력을 갖추고 있지 않다고 생각하기 때문이다. 마지막으로, 일반적으로 정치적 저항의 한 형태로 디지털 방식의 참여를 거부하는 사람이 존재한다.[186] 이같이 잠재적으로 대다수에 속하는 사람들이 온라인에서 자신의 이름으로 행해지는 무슨 일에 관해서든 어떤 유의미한 방식으로 정당하게 대표된다고 말하기는 어려울 것이다.

다양한 에피소드를 통해 입증된 것처럼, 자기추천 대의제의 민주적 정당성(또는 이런 정당성의 결여)은 또한 프랑스 기후변화 총회의 구성원에 대한 지속적인 우려의 원천이 돼왔다. 그중 하나는 파리의 이에나 팔레Iena Palace에서 실제적으로 열린 공식 회기sessions 중 직접 행해진 활동과 비교되는, 기후변화 총회의 온라인 플랫폼 '잔파를레Jenparle' 상에서 열린 회기 간 웨비나intersession webinars의 참여자들 사이에서 행해진 활동의 위상과 관련됐다.[187] 네 번째 총회까지 참여자의 단지 30퍼센트만이 온라인 플랫폼에 가입했기 때문에, 총회 조직자들은 온라인 회의 과정 동안 이뤄진 활동이 다음 회기의 토의를 위한 정당한 토대를 구성한다고 볼 수 없다는 결정을 내렸다.[188] 이 같은 주장은 또한 총회 보증인guarantors에 의해서도 강조됐는데, 이 보증인은 특히 총회의 젊은 구성원과 나이 든 구성원 사이의 '디지털 격차'의 측면에서 거버넌스 위원회에 자신의 우려를 표명했

186 디지털 배제, 특히 적극적 거부와 시민 불복종의 한 형태로서 디지털 침묵과 관련된 더 많은 논의에 관해서는, Annany, 2020과 Gangadharan, 2020 참조.

187 (옮긴이) '회기 간 웨비나"란 회기 사이에 이뤄지는 온라인 회의를 의미하는 것으로, '웨비나'란 '웹'과 '세미나'의 합성어에 해당한다.

188 예를 들어, 조직자 중 한 명은 다섯 번째 회기의 전체회의 동안 참여자들에게 다음과 같이 다시 확인시켰다. "우리는 마치 웨비나에 누구도 참석하지 않았던 것처럼 매회기마다 제로에서 시작하고, 그렇게 함으로써 아무도 배제됐다는 느낌을 받지 않게 된다. 회기 간 과정 동안 이뤄지는 온라인 참여는 참여하는 이들을 위한 보너스에 해당한다. 전제조건이 아니고 말이다".

다. 많은 시민이 플랫폼에 로그인하는 방법과 웨비나에 참여하는 방법을 알고 있지 못하다는 불만을 토로했는데, 심지어 (컴퓨터 접속이 어려운 경우) 총회가 시작될 때 무료 태블릿을 나눠준 이들 가운데서도 그러했다. 입회하기 충분할 정도로 최신 기술에 능숙한 이들 사이에 시간 문제 또한 쟁점으로 언급됐다.[189] [190]

그러므로 암묵적 승인은 단지 극히 협소하게 정의되는 맥락에서 그리고 매우 특수한 조건에서 가정될 수 있을 뿐이다. 이를테면, 또한 (노란 조끼 시위나 청소년 기후변화 시위처럼) 더 큰 규모의 인구에 대한 정기적이고 신뢰할 만한 여론조사가 포함된 대대적인 언론 보도가 뒤따른 대규모 행사과정 동안, 지역 수준에서 이뤄지는 참여예산 실험 사례에서, 그리고 디지털 접속이 일반화된 일부 소규모 커뮤니티에서 인민이 참여에 필요한 자원과 시간을 보유한 것으로 가정될 수 있고 참여한 행사에 관한 지식이 거의 보편화된 조건 등에서 말이다. 우리는 이 모든 조건이 어쩌면

---

189 예를 들어, 젊은 여성 전문직은 그녀가 총회에 입회하기로 동의했을 때 총 6주의 기간을 약정했지만, 이 총회는 계획된 것보다 훨씬 더 많은 활동을 해야 하는 것으로 드러났다고 불만을 표출했다. 그녀는 다른 사람은 직장과 가족이 없냐고 농담조로 물었다. 그녀는 또한 네 번째 회기 아침에 지난달에 놓친 웨비나 녹화영상을 (그녀의 표현으로) '몰아보기'한 일에 대해 죄책감을 느낀다고 토로했다. 그럼에도 그녀는 간신히 따라잡았다는 느낌을 받았다고 말했다.

190 (옮긴이) '프랑스 기후변화 시민총회'는 추첨으로 선발된 시민들로 구성된 '거버넌스 위원회', 총회의 독립성을 보장하고 운영조건을 확인하는 3명의 '보증인', 구성원에게 조언을 제공하는 '지원단', '5개 세션의 발언자들', 절차를 진행하고 관찰하는 '연구원-관찰자', 토론 시 관련 분야 사실을 확인하는 '사실 확인자'로 구성됐다. 기후위기 대응이라는 대주제 아래 자율적으로 정한 소주제에 해당하는 식량, 교통, 주택, 고용, 소비문제를 토론하기 위한 5개의 활동 그룹으로 나뉘어 진행됐고, 총 7차례의 공식 회기와 한 차례의 비공식 회기가 개최됐다(강명원, 〈기후위기 대응을 위한 시민의 직접 참여권 프랑스 기후시민의회(CCC)를 중심으로〉, 《유럽헌법연구》 40, 2022, 330~331쪽). 또한, 이전 맥락에 관해서는, 이유현 · 서인석, 〈시민참여를 통한 절차적 에너지 정의의 모색: 프랑스 에너지 정책형성과정에 대한 사례분석〉, 《분쟁해결연구》 16(3), 2018, 37~79쪽; 이와 관련해, 한국에서 정책적 접근에 관해서는, 한상운 외, 〈기후정의 실현을 위한 정책 개선방안 연구 I~III〉, 한국환경정책 · 평가연구원, 2019~2021 참조.
https://lib.keei.re.kr:448/search/SearchResult.ax?sid=1&qf=&mf=true&tabID=&q=기후정의+실현을+위한+정책+개선방안+연구&x=0&y=0

단단히 결속된 소규모 커뮤니티에서 충족될 가능성이 높다는 사실을 인식할 필요가 있다.

하지만 심지어 (특정 과제에 대한 친밀감에 기반해 자기추천한) 구성원 사이에 분업을 도모하는 일에 자기추천이 솔깃한 선택 메커니즘으로 여겨질 수 있는 아주 소규모의 특정 민주적 의회 내에서 정당성 문제가 불쑥 등장할 수 있다. 여기에서, 프랑스 기후변화 총회에서 비롯된 또 하나의 사례는 우리에게 생각할 거리를 던져준다. 이 사례는 '스쿼드squad'라 불린 특정 하위그룹과 나머지 다른 시민의 지위에 관한 의견 충돌과 관련된다.

150명의 프랑스 총회 구성원이 무작위로 생성된 전화번호에 기반해 프랑스 인구 중에서 무작위(에 준하게) 선택됐다는 사실을 떠올려보자. 이들은 똑같은 무작위 방식으로 다섯 개의 주제와 관련된 활동 하위그룹으로 다시 추가로 나뉘었다. 하지만 총회의 세 번째 회기 동안 이를테면 헌법, 예산, 재정 문제같이 활동 하위그룹들의 주제를 횡단해 생겨난 문제들을 다루기 위해 (시민 스스로가 아니라 총회 조직자에 의해) 여섯 번째 그룹을 구성하는 일이 허용됐다. 여섯 번째 그룹은 혼합 방식에 기반해 구성됐다. 곧 다섯 개의 하위그룹 각각의 내부에서 비롯된 자원자들 사이에서 다시 무작위로 선택하는 방식 말이다. 그 의도는 칭찬할 만했다. 이같이 여섯 번째 그룹으로 알려지게 된 '스쿼드'[191]는 다른 하위그룹의 활동으로부터 상향식으로 생겨난 총회 공통의 성찰을 중앙에 집중시킬 것으로 여겨졌다. 이 스쿼드는 총회의 네 번째 회기 동안 다른 그룹의 활동을 종합하고, 다섯 번째 회기 동안의 전체회의plenaries에서 마침내 하위그룹으로 되돌아갈 것이라 여겨졌다. 스쿼드는 총회 플랫폼인 '잔파를레' 상에서 나머지 그룹이 참여할 수 있는 웨비나를 통해 자신들만의 회기 간 회

191 정확하게 말하자면, 이는 엄밀히 다른 그룹과 동등한 '여섯 번째' 그룹이 아니라, 다른 그룹과 다르고 이들을 보완하는 그런 그룹에 해당했다.

의를 했다. 하지만 총회의 네 번째 회기의 첫 번째 전체회의(2020년 1월 10일), 곧 스쿼드가 구성된 회기 바로 다음 회기에서, 150명의 하위그룹이 그들의 억울함을 공개적으로 표명하는 대변인을 두게 됐는데, 곧 스쿼드에게 핵심 문제를 탈취하도록 허용했다는 사실과 다른 그룹에게 헌법과 재정 문제 같은 근본적이고 구조적인 사안을 다룰 수 있는 기회를 박탈하는 일은 공정하지 않다는 억울함 말이다. 대변인은 이런 비난이 개인적인 것이 아니며, 또는 스쿼드 자체의 특정 구성원 아닌 단지 나머지 그룹과 구분되고 이들보다 우위에 있는 그룹, 곧 무엇보다 자신들이 권한을 위임하지 않은 그룹이라는 개념을 겨냥한 것이라고 주장했다. 대변인은 150명이 모두 함께 이러한 문제들을 다룰 필요가 있었고, 150명의 구성원 중 스쿼드와 나머지 사이에 "사회계약"이 "깨졌다"고 주장했다.

조직자들은 다음과 같이 상식적인 주장을 펼치고 그룹들 사이의 신뢰와 분업의 필요성을 호소함으로써 대응하려 했다. "우리는 모든 사안에 전부 관여할 수 없습니다. 우리는 해결책을 찾는 중입니다. [만약 당장 조치를 취할 수 있다면] 우리는 이들 그룹의 활동을 약화시킬 것입니다. 우리를 믿고 당신 자신을 믿길 바랍니다."[192] 이들은 또한 스쿼드가 결정권을 갖지 못한 그룹임을 상기시켰는데, 이 그룹의 목표는 그저 아이디어들을 통합하려는 것이었고, 이들은 다섯 번째 회기 동안 [평범한-옮긴이] 150명으로 되돌아가기로 되어 있었다.[193] 이러한 대응은 작은 반란을 무마시키지 못했다. 다음 날 150명과 총회 거버넌스 위원회 사이에 긴급회의가

---

192 조직자가 발언한 원문은 다음과 같다. "On peut pas tout faire à tous. On cherche des solutions. On va fragilser la production des groupes. Faites vous confiance et faites nous confiance."

193 조직자가 발언한 원문은 또한 다음과 같다. "On se retrouvera en session 5 pour consolider. Mais pour l'instant, pour cette session il faut rster dans les groupes et traviller. Je sais c'est pas satisfaisant, j'en suis confuse. C'est pas pour prendre des decisions mais pour consolider."

개최됐고, 회의 동안 스쿼드는 마지막 전체회의 동안 [평범한-옮긴이] 150명으로 되돌아간 뒤에 주말이 끝날 무렵 해체될 것이라고 공표됐다.[194]

사건의 의미를 재구성하는 한 가지 방식은 특히 처음에 그룹이 형성된 방식과 비교해 자기추천이 결국 그룹 내에 가시적인 불평등을 낳게 될 때 문제가 될 수 있다는 관점이다. 150명의 참여자 중 누구도 하나의 주제 활동 그룹에 배정되는 일에 이의를 제기하지 않았다. 배정이 순전히 무작위로 이뤄졌기 때문이다. 하지만 (자기추천과 무작위 선택의) 혼합 방식을 통해 선택된 그룹의 구성은 총회 내에서 엘리트로 여겨질 수도 있는 결과를 낳았다. 실제로, 우선 첫째로 (심지어 무작위 선택을 통해 보정된) 자기추천이 스쿼드에 소속된 다수의 자연발생적 지도자를 낳았다는 점은 매우 분명한 사실이었다. 자연발생적 지도자의 수는 20명가량이었는데, 이들 중에는 전체회의 동안 그리고 소규모 그룹에서 가장 많이 발언한 사람, 기자의 인터뷰를 더 자주 받은 사람, 온라인 플랫폼이나 왓츠앱Whatsapp에서 그리고 회기 사이에 더 적극적으로 활동한 사람이 포함됐다. 모든 사람이 이들의 존재를 알고 있었다. 지도자들은 일반적으로 다른 구성원의 인정을 받았고, 실제로 소규모와 대규모 그룹의 역학에 필수적이라 여겨졌다. 그럼에도, 자연발생적 지도자들은 일단 새로운 기구에 한데 모이게 되면 나머지 구성원에 위협이 되거나 적어도 이들 그룹보다 우위에 서고 이들과 구분되는 새로운 형태의 기구로 보일 수 있었다.[195]

내가 성급히 펼친 이러한 가설은 현시점에서 하나의 가설로 남게 된다. 실제로 많은 참여자가 대체로 전체회의에서 조직자가 펼친 주장(하위

194 유감스럽게도 연구자들이 이 회의에서 추방됐기 때문에 우리는 차후에 간접적으로 교류를 복원해야 했다.

195 그러나 (아마도 독자가 예상할 수 있듯) 스쿼드가 남성 지배적이진 않았다. 무작위 선택이 성별에 따라 층화됐고(남성과 여성이 서로 다른 항아리에서 선택됐다), 따라서 (여성 자원자가 충분히 있는 한, 그리고 실제로도 충분하다고 여겨진 스쿼드를 포함해) 모든 그룹에서 동등성이 보장됐기 때문이다.

그룹 사이의 분업과 신뢰의 필요성)에 기반해 스쿼드에 대한 지지를 표명했고, 이 같은 야단법석의 자초지종과 스쿼드의 해체 이유를 제대로 알지 못했다. 이들 중 일부는 골칫거리로 생각한 소수집단이 가짜 문제를 만들고 절차 논의에 소중한 시간을 허비하는 데 몹시 편중된 것에 대해 불만을 표시했다. 논란 내내 관련 사안에 관한 투표가 일절 이뤄지지 않았기 때문에, 스쿼드를 지지하는 다수가 실제로 존재했는지를 정확하게 알 길은 없었다. 이 같은 사실은 명시적 형태의 승인이 암묵적 형태보다 훨씬 더 믿을 만하며, 가능한 경우 제도적으로 이를 추구해야 함을 강하게 시사한다.

프랑스 사례의 구체적인 내용과 관계없이, 자기추천 대의제의 정당성이 대표자 선택의 현행 기준에 따라 어느 정도 좌우될 것이라는 주장은 타당해 보인다. 추첨이 기준인 곳에서, 자기추천을 도입하거나, 또는 충분한 정당화나 적어도 승인투표 없이 이러한 제도가 부주의하게 시행되도록 놔두게 되면 문제가 될 수도 있다. 다시 말해, 자기추천 대의제의 정당성은 그것이 놓인 상황에 몹시 민감할 수 있고, 이전에 수용되거나 형식적으로 명시화된 승인 기준에 매우 민감할 수 있다.

그러나 우리가 암묵적 승인이 타당성을 얻게 되는 시나리오를 상상할 수 있다고 가정할 때(그리고 이는 필시 내가 마지막 장에서 '실질적 평등'이라 이름 붙인 강력한 형태를 예시하는 일을 필요로 한다), 그것은 흥미로운 대의제 분업을 가능하게 만든다. 나는 앞장의 서두에서 (추첨형 대표성처럼) 자기추천 대표성이 '가상적' 대표성(또는 동의 없는 대표성)으로 간주될 수 있다고 주장했다. 그러나 18세기의 비민주적인 가상적 대표성과 반대로, 이러한 형태의 21세기식 가상적 대표성은 (무산자, 여성, 미국 식민지 개척자 중에 그 누구도 결코 진출기회를 가질 수 없었던 18세기의 영국의회와 달리) 진정으로 포괄적인 절차라는 맥락에서 발생하게 됐다. 열린 민주주의가 실현될 수 있는 소규모 커뮤니티나, 아마도 우리가 동등한 사회적 자본, 교육, 자신감을 가정할 수 있는 고도의 선진사회에서, 참여하지 않기로 결정한 다수는 어쩌면 자발적으로 그렇게 결정한 것으로 보일 수도 있고, 일부는 자신의 견해가 이미 표명됐다고 생각하기 때문에 그렇게 결정한 것일 수 있다. 하지만 만약에 암묵적인 집단적 승인이 실제로 이 같은 맥락에서 이뤄졌다면, 자기추천 대표성은 '가상적'이지만 민주적인 대표성의 형태라기보다는 '실제적'인 민주적 대표성이 희석된 형태로 더 많이 간주돼야 한다(명시적인 지지보다 암묵적인 다수결 지지가 훨씬 더 약하다는 의미에서 희석된 형태로서 말이다).

다시 말해, 자기추천 대표자는 (자기추천 시민 대표직을 맡지 않은 이들 중에서) 다수의 암묵적인 지지를 통해 부여받은 정당성을 특수한 상황 아래서 주장할 수 있다. 실제로, 누군가는 자기추천이 시민의 다수결 승인을 얻는 더 그럴듯한 방식 중 하나라고 주장할 수도 있는데, 적어도 (이를테면, 적절한 지원과 재정적 보상을 통해) '앞에 나서는step forward' 선택지를 진정으로 모든 이가 사용할 수 있는 경우에 말이다.

어쨌든, 앞서 이 장에서 제시된 대로, 정당성의 문제는 필시 단순한 다수결 승인을 넘어서 정도와 다양한 요인과 관련된 문제에 해당한다.[196] 이 같은 관점에서 무작위 선택, 자기추천, 또는 심지어 선거 등 그 어떤 방식에 의해 구성됐든 모든 민주적 기구는 다수의 정당한 민주적 대표자라는 이름을 주장할 만한 충분한 정당성을 지닐 수 있는 듯 보인다. 이는 궁극적으로 우리가 특권을 부여하는 정당성 이론에 따라 좌우된다. 다른 형식보다 특정 형식을 선호하게 되는 근거는 결국 실현 가능성에 대한 실용적인 고려, 그리고 각 형식이 보여주는 실제적인 상쇄관계에 관한 경험

196 (옮긴이) 이 책 5장 〈다시 한번 정당성에 관해〉 절의 양동이와 온도계 비유 참조.

적인 증거가 된다.

따라서, 우리가 그리스의 경험에서 배울 수 있는 무언가가 틀림없이 존재한다. BC 5세기에 아테네는 민주정의 관직을 뽑기 위해 결코 선거를 활용하지 않았다. 대신에 아테네는 주로 인민 의회와 결부됐다. 하지만 열린 의회에서 발생할 수 있는 책임성 문제에 대응하기 위해, 아테네인은 결국 무작위로 선출되고 상대적으로 빠르게 교체되는 시민기구인 인민 법정으로 대부분의 입법권력을 이양했다. 이것이 시사하는 바는 민회가 더 믿을 만하고 책임성 있는 민주적 대의기구일 가능성이 높다는 사실이다.

이 같은 결론은 또한 일부 숙의 민주주의자들이 펼친 민회에 결정권을 절대 위임해선 안 된다는 강력한 주장과 충돌한다. 예를 들어, 크리스티나 라퐁Cristina Lafont은 민주적 정당성이 사회 전반에 걸친 숙의를 필요로 하며, 대규모 공중과 유리된 소규모 엘리트 집단으로 간주한 조직에서 일어나는 숙의가 이러한 사회 전반에 걸친 숙의를 대신하는 '지름길'이 될 수 없다고 주장한다(Lafont, 2015; 또한, Lafont, 2020 참조).[197] 그녀가 간결하나 함축적으로 표현한 대로, "대규모 숙의를 발전시키지 않고서는 어떤 민주화도 있을 수 없다"(Lafont, 2015: 45). 라퐁은 짐작건대 무작위 선택으로 구성된 기구가 열린 민주주의의 핵심 입법 회의라는 아이디어를 거부할 것이다.

숙의 민주주의를 실현하려면 이상적으로는 정치적 정당성의 조건으로서 대규모 참여가 필요하다는 라퐁의 견해가 옳을 수 있는 반면, 문제는 그 같은 규모에서 작동하는 참여의 유일한 형태는 투표이지 숙의가 아니라는 사실이다. 우리가 3장에서 살펴본 것처럼, (적어도 내 용법상으로는)

197 나는 라퐁의 정교한 주장, 특히 내가 이전 책(Landemore, 2013)에서 옹호한 입장에 대한 그녀의 날카롭고 흥미로운 비판을 언젠가 기회 있을 때 제대로 논의할 수 있길 희망한다.

직접적인 대규모 숙의 같은 것은 존재하지 않는다.[198] 따라서 애초부터 대규모 숙의의 가능성 자체가 결여돼 있기 때문에 "대규모 숙의를 **발전**시키는 일"(강조는 필자)이 어떤 모습일지를 예상하기는 어렵다. 3장에서 논의한 대로, 공공정책과 관련해 정당성이 부여된 숙의는 단지 소규모 대의기구 내에서만 일어날 수 있을 뿐이다(심지어 대의기구를 일반 공중이 활용할 수 있게 하는 일이 결정적인 경우에도 말이다). 만약 우리에게 대규모 숙의가 불가능하다면, 전혀 하지 않는 것보다는 적어도 민회에서 숙의하는 편이 낫지 않을까?

여하튼, 나는 다음과 같은 라퐁의 분명하고 정확한 견해를 받아들인다. 곧 만약 우리가 정당성을 중요하게 생각한다면, '상호 정당화' 과정에 연루된 민회는 될 수 있는 한 일반 공중에게 '열린' 상태가 돼야 하고, 궁극적으로 권한위임의 계기와 연결되고, 반드시 항상은 아니더라도 때론 어느 시점에 국민투표와 연결될 필요가 있다는 견해 말이다. 다시 말해, 나는 민회가 대규모 공론장과 사회 전반에 걸친 '숙의'와 완전히 단절된 비밀 실험실의 실험처럼 운영돼선 안 된다는 그녀의 견해에 동의한다. 아

---

198 라퐁과 나의 견해 차이는 내 생각에 숙의에 대한 서로 다른 해석에서 그 연원을 찾을 수 있다. 내게 숙의는 **자유롭고 평등한 개인 사이의 의견교환**을 의미한다. 라퐁은 내가 지금 기술한 형태와 또한 비유적 형태 둘 다를 포함해 내게 있어 훨씬 더 느슨해 보이는 개념, 곧 (이를테면, 이익집단, 정당, 언론 같은) 개인들의 집합체 사이에 일어나는 교환, 그리고 시간, 절차, 그리고 선거와 대법원을 포함한 제도에 따라 배분된 교환이라는 의미로 숙의를 사용한다(Lafont, 2020: 20~32). 라퐁의 매우 포괄적인 정의에 따르면, 시민 배심원단에 소속된 15명의 개인 사이에서 이뤄지는 소규모 숙의와 공론장 자체의 수준에서 일어나는 사회 전반에 걸친 의견교환 사이에 유의미한 차이는 존재하지 않는다. 그러나 이 같은 소규모 숙의와 대규모 숙의 사이의 융합은 결국 두 가지 수준 사이의 결정적인 차이를 가리게 된다. 라퐁의 정의에 포함된 이 같은 형태의 대규모 숙의는 보통 말하는 자유롭고 평등한 **개인**이 참여하는 과정이 아닌데, 곧 대규모 의견교환을 하는 개인이 동등한 조건에 처해 있고 모든 의견을 다룰 수 있고 이와 관련해 개인 자신의 수준에서 결심할 수 있다는 측면에서 그렇지 않다는 의미다. 심지어 모든 이상화에도 불구하고, 소규모 숙의와 대규모 숙의가 질적으로 동일한 대상이 될 정도로 조건을 동등하게 만드는 사회는 세상에 존재하지 않는다. 내가 관심을 지닌 이런 형태의 숙의는 그러므로 존재론적으로 충분히 소규모에 해당하거나 아니면 일종의 대의제에서 일부가 다른 이를 대신해 숙의하는 일이 가능하도록 분업이 이뤄지는 일을 필요로 한다.

니면 그들은 중대한 사안에 관해 결정을 내리지 말아야 한다. 하지만 분명한 사실은 통상적인 정책 결정과 입법과정에 있어서 잘 되는 일이 하나도 없을 가능성이 있거나 실제로도 전혀 없는 경우가 생기지 않도록 민회가 대규모 집단을 대신해 결정을 내리도록 권한을 위임받을 수 있어야 한다는 점이다.

이 같은 한계점에서 일반 공중과 입법 민회를 연결하는 가장 야심 찬 방법은 충분히 소규모인 무작위로 선출된 의회에 인구 전체를 필요한 만큼 많이 등록시키는 방식일 것이다. 이 방식은 개념적 측면에서는 대규모 숙의에 필적하진 **않지만**(나는 대신에 이를 '모든 두뇌가 동시에 모든 두뇌에 연결'된 이미지로 상상한다), 그럼에도 불구하고 실제로 예상 결과에 가까운 무언가에 이르게 된다. 이러한 집단은 (만약 우리가 상향식 과정을 생각한다면) 전국적인 열린 민회를 위해 의견을 제시하고 의제를 만들어내기 위해, 아니면 (우리가 전국적인 민회의 결정을 퍼뜨리는 하향식 과정을 생각한다면) 중앙의 민회에서 이뤄진 숙의를 복제시키기 위해 실제적으로 또는 온라인 상에서 모이게 된다. 첫 번째 모델과 관련해, 지역 회의에서부터 전국 회의에 이르기까지 조직된 브라질의 전국 공공정책 회의의 다차원적 상향식 구조는 만일 자기추천보다는 무작위 선택 원칙이 적용된 의회와 결합되게 된다면 우리가 닮고 싶은 이상에 가깝다(Pogrebinschi, 2013). 짐 피시킨과 브루스 애커만Bruce Ackerman은 또한 국가 차원의 "숙의의 날Deliberation Day"(Ackerman and Fishkin, 2005) 제안과 함께 이와 유사한 아이디어를 제안했다.[199] 이같이 심층 구조화된 형태로 사회적 차원에서 인구

199 (옮긴이) 제임스 피시킨은 여론의 종류에 따라 '정제된 여론'과 '비정제된 여론', 협의 대상에 따라 '자가선발', '비무작위 표본', '무작위 표본', '모든 구성원'이라는 두 가지 차원에 따라 8가지 공적 협의를 구분한다(제임스 S. 피시킨 지음, 박정원 옮김, 《숙의 민주주의》, 한국문화사, 57쪽, 〈도표1〉 참조). 이 중 '숙의의 날'은 '모든 구성원'의 '정제된 여론' 형태에 해당하는 반사실적 가능성으로, 이를테면 다가올 1주일 후의 선거에 대비해 국가 공휴일을 지정하고, 이날에 전국의 모든 유권자를 초대하여 무작

전체를 소규모 숙의에 입회시키는 일은 하버마스가 이론화하고 라퐁이 수용한 '자연 상태에서의 숙의'와 크게 달라 보이게 된다.

그러나 실제로 대규모 숙의 실험은 좀처럼 일어나기 어렵고, 어떤 정치체든 이 같은 방식으로 운영될 가능성은 없다. 프랑스 국민 대토론은 두 달 가까이 정치를 중단시켰다. (8장에서 좀 더 다루게 될) 브라질의 공공정책 회의Brazilian Conventions는 지역 회의가 열린 순간부터 브라질리아Brasília에서 전국 회의가 종료될 때까지 꼬박 일 년이 걸렸다. 그러는 사이에도 일상의 정치는 계속되고, 나라는 굴러가야 했다. 따라서 분업은 불가피하다. 이는 내가 라퐁처럼 일반 공중을 가급적 많이 참여시키는 데 관심이 있음에도 불구하고, 심지어 부담이 큰 참여를 전제하는 민주적 정당성 개념이 우리가 선거의회에 위임하는 것과 유사한 형태의 결정권을 올바르게 정당성을 획득한 민회에 위임하는 일과 모순되지 않을 것이라 생각한 이유에 해당한다.

정당성의 충돌

열린 민주주의로의 이행 과정에서, 정당성의 충돌은 서로 다른 대의제와 서로 다른 정당성을 요구하는 서로 다른 형태의 민주적 의회 사이에 일어날 가능성이 높다. 우리는 이러한 요구들 사이에서 어떤 결정을 내릴

위로 배분된 지역적 토의그룹에 참여하도록 인센티브를 제공하는 방식이다. 이는 인식론적 민주주의와 유사성을 보이지만, 열린 민주주의가 제안하는 '민회'가 소규모 공중이 참여하는 형태인 반면, 피시킨이 제안하는 '숙의의 날'은 대규모 공중이 참여하는 형태라는 점에서 차이를 보인다. 그 실현 불가능성에도 불구하고, 피시킨은 "미국 역사에는 큰 국가적 위기가 대규모 공적 대화를 만듦으로써 이러한 '헌정적 순간constitutional moment'으로 볼 수 있는 그런 때가 몇 번 있었다"고 언급한다(같은 책, 69~71쪽 참조).

것인가? 여기에서는 갈등이 해결된(또는 해결되지 못한) 방식을 연구할 목적으로 여러 갈등의 실제 사례를 살펴보는 일이 도움이 될 것이다.

우선 아이슬란드의 상황에서, 특히 25명의 평범한 시민으로 구성된 헌법 심의회Constitutional Council와 국회 사이에 발생한 정당성의 충돌을 살펴보자. 직접 선출된 25명의 평범한 시민으로 구성된 헌법 심의회는 무엇보다 이들의 존재를 승인해준 직업 정치인으로 구성된 선거의회(국회)보다 어떤 면에서 자신들이 '더 정당하다고' 생각했으며, 이들의 지지자들도 그렇게 생각했다. 심의회 위원들은 자신들의 정당성의 연원을 다음과 같은 다양한 원천에서 찾았다. 곧 이른바 현직 정치 엘리트의 부패와 비교되는 자신들의 도덕적 청렴(솔직하게 말하자면, 이런 주장은 국회가 현직 정치인이 심의회 선거에 입후보하는 일을 금지했다는 사실 자체에 의해 뒷받침되는 듯 보인다), 자신들의 활동에 있어 전체인구 중 인구통계학적 표본을 사용하도록 계속해서 권고했다는 사실(무작위로 선택된 950명의 아이슬란드인으로 구성된 전국포럼), 그리고 직업 정치인과 비교해 자신들이 평범한 시민에 더 근접한 특성을 갖는다는 사실 등 말이다. 그러나 실제로는 국회가 심의회보다 법적 우위를 지녔다. 단적인 예로 국회는 심의회의 존재를 한 번도 아니고 두 번이나 승인했는데, 첫 번째는 심의회 구성을 위한 선거조직 법안을 통과시켰을 때, 두 번째는 선거가 대법원에 의해 무효화된 뒤에, 국회가 심의회의 각 위원을 별도로 재임명해야 했을 때이다. 그러나 심의회와 그 지지자들의 관점에서 봤을 때, 그 법적 근거는 부적절했다. 이들의 관점에서, 기존 제도가 심의회에 어떤 결정을 내리든 이 같은 결정은 이들이 헌법을 개정할 수 있는 포괄적 권한을 부여받았으며 국민투표에서 3분의 2의 찬성으로 이들의 개헌안이 승인됐다는 사실에 의해 의미를 상실하게 됐다. 이들의 생각대로, 국민투표가 한낱 '권고사항'으로 규정됐다는 점이 국회와 다른 기관의 판단에 영향력이 크지 않은 법

절차 상 기술적인 문제였다는 사실이 적극적으로 평가돼야 했다.

한편, 기득권 정당과 개헌 절차 반대자들은 심의회가 활동가집단보다 정당성이 덜하다고 생각했다. 이들은 심의회가 마치 국회처럼 처음에 전체인구에 의해 직접 선출됨으로써 어떤 민주적 정당성을 얻었든 그 정당성은 절차적 결함을 이유로 선거를 무효화시킨 대법원의 결정을 통해 완전히 효력을 상실했으며, 곧이어 이뤄진 국회의 임명 절차에 의해 다시 획득될 수 없는 것으로 판단했다. 이들은 결과적으로 심의회를 인민의 정당한 민주적 대표자라기보다는 기껏해야 권고위원회로 생각했다. 이들은 국민투표를 조롱거리로 삼았고, 나아가 상대적으로 낮은 참여 수준(47퍼센트)을 이유로 정당성을 폄훼했으며, 명백한 투표 결과를 다소 무시하기까지 했다.

유사하게 프랑스 사례에서, 적어도 다음과 같은 세 개의 제도적 행위자들 사이에 이뤄진 정치적 정당성을 둘러싼 경쟁이 존재했다. (1) 프랑스 공화국의 공식기관(그중에서 특히, 국회), (2) 무작위로 선출된 기후변화 총회(대통령이 이들의 존재를 승인했지만, 이들의 운영상 자율성이 실제로 존재했고, 이들의 제안은 대통령의 약속에 따라 어떤 '필터'도 거치지 않음으로써 사실상 의회를 건너뛰고 국민투표에 제출될 가능성을 지녔다), 그리고 마지막으로 (3) 당시 정부의 정책(연금개혁안)에 저항한 사회운동. 이러한 운동의 참여자들은 비록 전체인구의 단지 일부였지만 그럼에도 다양한 조사에서 여론의 폭넓은 지지를 받았고 선출 관료에게 직접 압력을 가했는데, 심지어 이 운동의 참여자들과 기후변화 총회와 그 활동과의 관계가 매우 불분명했을 때에도 말이다. 적어도 기후변화 총회의 일부 회원들은 자신들의 네 번째 회기를 2019년 12월 초에서 이듬해 1월 중순으로 연기하는데 동의했는데, 이는 부분적으로 당시 시작된 사회운동과의 연대를 유지하기 위해서였다. 그러는 한편, 많은 시위자는 총회가 이론상으로는 훌륭한 아이디어지만, 실제로는 정부 측의 기만전술이라고 생각했는데, 곧 이러한 전술적 측면에서 정부가 개혁안을 통과시키기 위해 숙의 민주주의라는 당근과 경찰의 억압이라는 채찍을 동시에 사용한다고 생각했다. 다시 말해 프랑스의 사례에서, 우리는 한편으로 선출 관료와 다른 한편으로 이 책에서 이름 붙인 추첨과 자기추천 대표자 사이에 존재하는 암묵적 대립을 확인하게 되는데, 추첨과 자기추천 대표자 그룹들도 각각 서로 불편한 관계에 놓여 있었다.

지금까지 프랑스에서 이뤄진 논쟁은 아이슬란드 사례에서보다 훨씬 덜 험악했음에도(아마도 저술 시점에 우리가 현재 결론에 이르기에는 한참 모자랐기 때문에), 기후변화 총회에서 비롯된다고 생각한 의원의 지위와 입법 특권을 둘러싼 경쟁과 위협에 대항해 주로 의원 진영에서 비롯된 일부 목소리가 고조됐다. 이러한 의원이 자신이 구현한다고 생각한 형태, 곧 '대의 민주주의'와 ('참여', '직접', '숙의', 또는 심지어 '시민' 민주주의라는 이름 아래) 그 대안으로 다양하게 언급된 형태 사이의 관계 해명에 대한 다양한 요구가 이뤄졌다.

2020년 1월 15일에 상원의원 프레드릭 마르숑Frédéric Marchand이 국무장관 에마뉘엘 바르공Emmanuelle Wargon에게 제기한 매우 흥미로운 질문을 살펴보자.[200] 자신의 연설에서, 이 상원의원은 대의 민주주의와 참여 민주주의가 경쟁관계가 아니라 기후문제를 포함한 공동의 목표를 위한 협력관계가 돼야 한다고 주장했다. 하지만 그는 누가 실제로 '강력한 방안을 선택하는 일'을 담당해야 하는가의 문제에 주목하며 다소 고뇌에 찬 어조로 끝을 맺었는데, 이는 마크롱 대통령이 그달 초에 150명의 총회 회원과 함

200 필자 번역. 다음 사이트의 해당 상원 회의 의사록 참조. https://www.senat.fr/seances/s202001/s20200115/s20200115_mono.html 해당 구절은 "Convention Citoyenne pour le Climat"이란 제목 아래 마지막 단락에 있다.

께 이야기를 나누며 이들에게 그렇게 하도록 권장했던 말과 같은 맥락이었다. 이 상원의원은 따라서 다음과 같이 질문했다. "강력한 방안을 선택하는 일 역시 대의 민주주의의 특권입니다. 정부는 이런 시민 민주주의라는 새로운 실험과 우리 같은 국민의 대표자들 사이의 접합을 어떻게 생각합니까?" 이러한 질문 방식은 대표자라는 직함을 오직 선출 관료에 국한해 사고한다. 이런 질문 자체는 선출 관료나 시민 자신을 대신해 결정을 내리는 데 있어 150명의 정당성에 이의를 제기하는 듯 보였다.

이들 150명 사이에서도 질문이 제기됐는데, 이들은 나머지 국민과 비교해 자신들 고유의 지위와 기존 제도 내에 자신들의 총회와 유사한 의회가 자리할 수 있는 장소를 곰곰이 생각했다. 총회 첫 회의 과정 동안 이뤄진 연구자의 설문에 대한 이들의 응답에서, 응답한 123명의 회원 중 단지 43명(또는 35퍼센트)만이 오직 자신의 이름으로만 발언했다고 응답했다. 22명은 공중 전체의 이름으로 발언했다고 응답했고, 25명은 자신 그리고 자신과 유사한 사람의 이름으로, 24명은 중요하게 여기는 대의명분causes의 이름으로, 3명은 다른 집단이나 이해관계자의 이름으로 발언했다고 응답했다(6명은 설문지상의 특정 질문에 응답하지 않았다). 우리는 이런 응답을 대부분의 시민(응답자의 적어도 60퍼센트)이 스스로 일종의 대표자 역할을 한다고 생각했다는 징후로 해석하지 않을 수 없다.[201] 인터뷰에서 이들에게 의회에서 자신의 역할에 대한 생각을 물었을 때, 그중 일부는 또한 자발적으로 "대표자" 역할을 언급했다(이 용어가 사용된 의미에 대해 답하도록 재촉했을 때, 종종 머뭇거리는 태도로 ([그러려고-옮긴이] "노력 중입니다"란) 단서를 달아서 말이다).[202] 동시에 이들 중 일부는 대표자의

201 나는 연구자의 설문 결과를 공유해준 장 프랑수아 라슬리에Jean-François Laslier, 그 수를 집계해준 앙젤 들르보아Angèle Delevoye에게 각각 감사드린다.

202 대략 30세의 남성. 2019년 11월 16일 인터뷰, 저자 파일. 나이가 더 어린 회원 중 또 다른 한 명(17

과업을 개별적이라기보다는 집단적인 노력으로 이해했다("내가 **나는** 청년을 대표한다고 말할 때, 내가 의미하는 나는 [또 다른 청년 회원 곧] 다른 이들[총회의 청년 회원들]을 의미합니다."). 이들은 대표자의 과업을 다름 아닌 "그들[프랑스 청년]의 생각을 말하는 것, 그들의 확성기가 되는 것, 그들을 대신해 행동하는 것"으로 생각했다.[203]

유사하게, 이들에게 정당성에 관해 물었을 때, 그중 일부는 일반 공중과 접촉하려는 시도를 포함해 "정당성을 구축"하는 일이 필요하다고 강조했다. 이들은 무작위 선택을 "동의 없는 선거"라고 말했다.[204] 마지막으로, 일부는 심지어 더 고차원의 성찰을 시도했다. 이를테면, 4장 도입부에 소개된 일화로 되돌아가서, 총회의 가장 어린 회원은 다음과 같이 대통령에게 단도직입적으로 물었다. "숙의 민주주의가 민주주의의 미래입니까?"[205] 이에 대한 대통령의 대답은 둘 사이의 상호 보완적 관계를 시사했는데, 이때 시민의 숙의는 선출 관료의 숙의에 자양분을 공급하고 활기를 불어넣고 숙의를 발전시킴으로써 보완하게 된다. 하지만 이러한 해석은 시민의 제안을 '필터 없이' 국민투표에 부친다는 대통령의 약속과 완전히 상반되는데, 곧 법안이 정확성 요건과 형식적 기준을 충족시킨다면 의회를 완전히 건너뛰는 일이 가능하다는 약속과 말이다. 좀 더 야심 찬 해석은 우리가 대표자의 직무를 시민 총회 같은 비선거적 형태의 숙의 기구에 재분배하는 일, 곧 사실상 의회 권력의 일부를 빼앗는 일을 목표로 할 때, 우리가 실제로 기존 선거제도의 정당성이 차츰 약화되는 일

세 남성)은 "나는 내 고등학교를 대표합니다"라고 말한 뒤에 "나는 청년을 대표합니다"라고 말했다. 그 말의 의미를 물었을 때, 이 청년은 다음과 같이 단서를 달았다. "조금 건방지게 들리겠지만, 나는 청년을 대표하려고 노력 중입니다. 모든 이에게 선출될 기회가 주어지는 것은 아닙니다." 2020년 1월 11일 인터뷰, 저자 파일.

203 동일한 17세 남성. 2020년 1월 11일 인터뷰, 저자 파일.

204 2020년 1월 11일 인터뷰, 저자 파일.

205 이 청년 회원은 그해 정치사와 지정학 수업에서 숙의 민주주의를 공부한 것으로 밝혀졌다.

을 지지할 것이라 보는 관점이 될 수 있는데, 이는 새로운 대표자가 전반적으로 더 성공적인 정책을 수행하도록 기존 제도를 도울 수 있기 때문이다.

궁극적으로, 정당성의 충돌은 운, 권력, 돈, 그리 숭고하지 않은 다른 대의명분, 그리고 다수가 논쟁적인 특수한 주장을 지지하기로 결정하는지에 따라 해결될 가능성이 높다. 미국의 중구난방 제헌 회의에서 작동했던 것은 아이슬란드의 헌법 심의회에서는 작동하지 않았다. 프랑스에서 정당성과 대표성의 측면에서 기후변화 총회, 사회운동, 그리고 기존 선거제도 사이의 정확한 균형점을 찾는 일은 여전히 현재 진행형이다. 이로부터 규범적 정치이론가가 내릴 수 있는 결론은 그리 많지 않은데, 비록 정치학자들이 관련 행위자들이 저지른 전략적 실수에 대해서는 할 말이 많을 수도 있지만 말이다(이를테면, 자기 파괴적인 방식으로 정당과 그 외 정치 엘리트와의 협력을 거부한 아이슬란드의 헌법 심의회 사례).

그럼에도 규범적 정치이론가가 내릴 수 있는 결론은 비록 민주적 정당성이 다수결 승인을 정기적으로 갱신하는 계기를 필요로 한다 하더라도, **그 어떤 형태의 안정된 선출 대표자 의회도 없는** 특정 제도의 민주적 정당성을 구상하는 일이 가능하다는 사실이다. 이는 심지어 이론상으로 이러한 제도가 가장 바람직하다고 말하는 것은 아니며, 다양한 형태의 민주적 대의제 각각의 장점과 이를 최적으로 결합하고 접합하는 방식을 알아내려면 훨씬 더 많은 실험을 수행할 필요가 있다.

액체 대표성

앞장은 두 가지 비선거적 형태의 민주적 대의제, 곧 추첨형과 자기추천형 대의제를 살펴봤는데, 우리는 이런 형태의 대의제를 우리에게 가장 친숙한 더 폐쇄적인 형태의 민주적 대의제, 곧 선거 대의제와 대비시켰다. 하지만 우리가 선거 대의제를 너무 성급하게 내다 버린 것은 아닐까? 평등주의적 측면('일인 일표' 원칙)에 입각하고, 귀족제적 측면(선거의 토대를 이루는 구별 원칙)을 최소화함으로써 선거 대의제를 민주화할 수 있는 방법은 없을까?

이 절에서 나는 (3장에서 이미 짧게 접한) 이른바 위임 또는 액체 민주주의 제도를 좀 더 자세하게 살펴봄으로써 이러한 아이디어를 어디까지 수용해야 하는지와 관련해 약간의 성찰을 시도하려 한다.[206] 이 같은 제도는 일반적으로 대의제를 완전히 없애거나 직접 민주주의와 대의 민주주의 사이의 중간지대를 발견하길 원한다고 주장하는 반면, 또한 선출 대표직의 진입장벽을 허무는 일을 통해 선거 대의제를 더 포괄적으로 만드는 것을 목표로 한다고 이야기될 수 있다. 이런 포괄성은 선거 대의제와 급진적 단절을 이룬다고 주장될 수 있는데, 나는 이를 '액체' 대표성이라는 명확한 개념으로 개념화하길 제안한다.

액체 민주주의는 최근의 산물이다. 처음 이 용어를 사용한 문서는 "세이크Sayke"가 작성한 2004년의 위키 백과사전이다(Sayke, 2004).[207] 그러나 액체 민주주의에 대한 첫 번째 이론적 밑그림은 1967년에 발간된 《정치 수학을 위해*Toward a Mathematics of Politics*》란 제목의 책에서 고든 털럭에 의해 그려진 것으로 주장된다(Gordon Tullock, 1967: 144~146). 이 같은 민주주의는 당대의 입법이나 선거 제도와 비교해 그 이점을 설명한 1969년

206 나는 액체 민주주의와 이를 둘러싼 문헌에 대한 그녀의 광범위한 지식을 공유해줌으로써 이 절을 상당히 증진하는 데 도움을 준 것에 대해 키아라 발상지아Chiara Valsangia에게 감사드린다.

207 이 같은 필명은 존 워싱턴 도노소John Washington Donoso의 가상 캐릭터covert identity일 수도 있다. http://www.heise.de/tp/features/Direkte-Demokratie-Eurokrise-und-Probleme-der-Privatisierung-3399055.html 참조.

에 발행된 제임스 밀러James Miller의 논문에서 추가적으로 옹호됐다. 발행되진 않았지만 영향력을 미친 2002년에 쓰인 논문에서 이러한 민주주의를 '위임 민주주의'라 칭한 공학자 브라이언 포드(Ford, 2002)와 신원미상의 세이크(Sayke, 2004)는 둘 다 차후에 이 같은 민주주의를 각각 재발명했던 것으로 보인다. 정치이론가인 크리스천 블룸Christian Blum과 크리스티나 이사벨 쥐베르Christina Isabel Zuber는 2016년 《정치철학 저널*Journal of Political philosophy*》에 실린 탁월한 논문에서 정치철학 지형도 상에 이러한 민주주의를 자리매김시켰다(Blum and Zuber, 2016).

때로 대리투표라고도 불리는 액체 또는 위임 민주주의는 인민이 그들이 선호하는 누구에게나 자신의 표를 맡길 수 있는 제도를 말하는데, 일정 기간 아니면 단지 특정 사안에 관해 위임이 이뤄지고 어느 때든 철회할 수 있는 선택권을 가지며 이 기간 내내 직접 의견을 제시할 수 있는 권리를 보유할 기회를 지닌다. 블룸과 쥐베르는 형식상 다음과 같은 네 가지 핵심 요소를 강조한다. (1) 모든 사안에 관한 직접 투표의 가능성, (2) 한 가지, 몇 가지, 또는 모든 사안과 관련해 유연성 있는 투표위임의 가능성, (3) 메타 위임의 가능성(내가 위임한 투표는 내가 위임한 사람에 의해 추가로 위임될 수 있다),[208] (4) 내가 위임한 투표의 즉각적인 철회 가

208 얼마나 많은 위임단계를 허용해야 하는지와 관련해 의견 차이가 존재한다. 이를테면, 순전한 직접 민주주의의 확장 가능성과 개별-관심-부족 문제를 다루는 방식의 하나로서 과도적transitive 위임을 제안한 브라이언 포드는 이후에 "위임이 [잠재적으로] 과도적이 될 수도 있다"는 입장으로 물러났다. 위임이 과도적이어야 하는지 문제가 흥미롭고 중요한 열린 질문으로 남겨진 채 말이다"(개인적 연락, 2018년 8월 29일, 이메일, 저자 파일). 포드가 오직 과도적 위임만이 그와 다른 이들이 형성하려고 구상한 다양한 차원의 유기적 대의 구조를 가능하게 한다고 여전히 생각하는 반면, 포드는 현재 단지 일차원적 위임을 가능하게 하는 액체 민주주의라는 더 약하지만 더 안전한 형태로 물러서는 일에 수긍했다. 이렇게 함으로써 최종 유권자는 유권자들이 '팔로우'하고 자동으로 투표할 수 있는 '조언자들'로 구성된 소규모 임시 집단을 효과적으로 꾸릴 수 있게 되는데, 이 같은 조언자 위임은 유권자들의 투표를 (적어도 자동으로) 추가 위임할 수는 없다. 인식론적 측면에서 이뤄진 메타 위임에 대한 옹호에 관해서는, Valsangiacomo, 2020: 14~15 참조.

능성. 이 제도의 이점은 무엇보다도 개인들에게 최대한 선택의 자유를 준다는 사실인데, 특히 메타 위임을 통해 집단 전체가 해당 사안과 관련해 가장 적임자라고 생각하는 사람에게 결정점decision point을 이동시킴으로써 광범위하게 분포된 전문 기술, 정보, 지식을 선거제도보다 더 잘 활용함으로써 말이다(Blum and Zuber, 2016; Green-Armytage, 2015; Valsangiacomo, 2020).

이 모든 시도는 위험한 데다가 매우 비현실적으로 들릴 수 있다. 실천적 측면에서는, 이러한 개념과 관련해 이미 다양한 입증사례가 존재하는데, 이는 액체 민주주의의 핵심 개념(투표위임)에 영향을 미치는 디지털 기술과 소셜 미디어 혁명을 통해 어느 정도 가능해지게 됐다. 실제로, 일반 우편을 활용해 대규모로 이런 일을 구상하기는 어려울 것이다(비록 기업들이 '대리투표'라 불리는 다소 유사한 시스템을 오랫동안 사용해왔지만 말이다). 이를테면, 스웨덴의 데모엑스당Demoex은 2002년에서 2016년 사이에 액체 민주주의를 처음으로 활용했다(Norbäck, 2012).[209] 2006년 즈음에는, 의견제시 기능과 투표위임뿐만 아니라 위임에 기반한 온라인 토론과 숙의를 촉진하려고 '리퀴드 피드백LiquidFeedback'과 '애드호크라시Adhocracy'라는 이름의 소프트웨어 플랫폼이 만들어졌다. 예를 들어, 리퀴드 피드백은 지난 수년 동안 독일 해적당German Pirate Party에 의해 채택되고 활용됐다

---

209 (옮긴이) '데모엑스당'은 "'민주주의 실험democracy experiment'의 약칭으로, 스웨덴 스톡홀름 교외의 발렌투나Vallentuna 지역에서 직접 민주주의를 실험한 지역 정당을 가리킨다. 이 정당은 모든 주민이 지방정부에 참여하도록 만들기 위해 인터넷을 활용한다. 데모엑스당에는 사전에 당 웹사이트에서 실시된 여론조사에 따라 투표를 행사하는 지방의회 대표자가 소속돼 있다. 이는 자신의 견해나 당의 의견에 따라 투표를 행사하는 전통적 대표자와 구별된다. 16세 이상의 모든 발렌투나 주민은 투표를 위해 웹사이트에 등록할 수 있으며, 스웨덴어로 쓸 수 있다면 전 세계 누구든 토론에 참여할 수 있다. 투표자가 모든 사안에 투표할 필요는 없으며, 한 사안에 관해 더 적은 사람이 투표할수록 각 표는 더 많은 비중을 지니게 된다. 참여율을 높이기 위해, 당은 특정 주제에 관해 조언해줄 수 있는 누군가를 사용자가 선택할 수 있도록 허용한다"("Demoex", WIKIPEDIA, 2024년 2월 9일 접속). https://en.wikipedia.org/wiki/Demoex

(Swierczek, 2011).[210] [211]

액체 민주주의 이론가들은 이 같은 민주주의가 대의제와 양립 가능하다고 생각하는데, 여기에서 대의제는 단순히 투표위임이나 다른 누군가

---

210 해적당은 최근에 미국에 발판을 마련하려고 시도했는데, 지금까지는 그 효과가 미미하다. https://www.bostonglobe.com/ideas/2014/10/31/text-aye-matey-the-pirate-party-push-for-direct-democracy/X8dl2dKD73HiXGTXd1yuDP/story.html

211 (옮긴이) '리퀴드 피드백'은 액체 민주주의를 현실에서 효과적으로 구현하기 위한 오픈 소스 도구로서, 투표권을 위임할 대표를 뽑는 단계와 이런 대표들 또는 개인들이 안건을 발의하고 토론을 통해 결정을 내리는 단계로 이뤄져 있다. 이때 사용자의 10퍼센트가 지지하고 특정 조건이 충족되면 발의와 토론이 이뤄지게 되는데, 이런 기준치를 두는 것은 전략적 의도로 발의하는 경우를 방지하기 위함이다. 이 같은 발의안은 선호투표를 통해 하나의 안건으로 좁혀지게 된다. 이런 액체 민주주의 과정에서 '블록체인' 기술이 필요하게 되는데, 이 같은 기술은 중앙 관리자가 부재하고 각 사용자의 체인이 만들어진 후에 모든 거래기록이 보관되는 시스템에 해당하기 때문에 그에 대한 조작은 불가능하게 된다(장우영, 〈온라인 이슈와 해적당의 정치세력화〉, 《사이버사회문화》, 2013). '애드호크라시'는 액체 민주주의를 구현하기 위해 만들어진 온라인 정치 플랫폼으로, 최종결정 자체보다는 의제를 논의하는 단계에서부터 실제 결정을 준비하는 단계에 이르는 전체 의사결정 과정을 더 민주적이고 투명하게 만드는 데 관심을 두고 있다. 또한, 이를테면 독일 해적당 사례처럼 단순히 정당 참여에만 중점을 둔 '리퀴드 피드백'과 달리 청년 조직, 대학, 정당, 도시, 공동체 등 다양한 형태의 조직 운영에 활용되는 특성을 띤다. 한편, 이 같은 용어는 기존 관료제에서 탈피해 다양한 분야의 전문가들로 구성된 융통적, 적응적, 혁신적 사회조직을 가리키는 행정학적 개념이기도 하다. 급변하는 사회와 기술에 신속하게 반응함으로써 조직 전체의 지속성을 증가시키려 하고, 구조상 특수한 목적에서 일시적으로 구성되었다가 해체되는 성격을 가지며, 무언가를 최종적으로 실행하는 조직이라기보다는 그 실행을 위한 문제해결에 최대한 초점을 맞춘 조직 유형이라 할 수 있다. 따라서 '책임 정당'이나 '포괄 정당'에 대비되는 '단일 이슈 정당'과도 맥을 같이 한다고 볼 수 있다("애드호크라시", 위키백과, 2024년 2월 12일 접속; 프랜시스 매컬 로젠블루스 · 이언 샤피로 지음, 노시내 옮김, 《책임 정당-민주주의로부터 민주주의 구하기》, 후마니타스, 2022; "Single-issue politics", WIKIPEDIA, 2024년 2월 12일 접속; 박설아 · 류석진, 〈이슈정당의 가능성과 한계〉, 《한국정당학회보》 12(2), 2013 참조). '독일 해적당'을 포함한 유럽의 해적당에 관해서는, 이 책의 2장 〈가보지 않은 길〉 절 옮긴이 주석과 마르틴 호이즐러 지음, 장혜경 옮김, 《해적당-정치의 새로운 혁명》, 로도스, 2012; 이진순 · 와글 외 지음, 《듣도 보도 못한 정치-더 나은 민주주의를 위한 시민의 유쾌한 실험》, 문학동네, 2016; 박건, 〈유럽 민주주의 위기와 그 대안으로서 직접 민주주의의 가능성과 한계-아이슬란드 해적당 사례를 중심으로〉, 서울대학교 유럽지역학 연계전공 우수논문, 2017; 엘리사 레위스 · 로맹 슬리틴 지음, 임상훈 옮김, 《시민 쿠데타-우리가 뽑은 대표는 왜 늘 우리를 배신하는가?》, 아르테, 2017; 조희정, 《민주주의는 기술을 선택한다-세계 시민 집회와 시민 기술》, 더가능연구소, 2022 참조.
https://www.opendemocracy.net/en/digitaliberties/adhocracy-helps-create-future-of-political-engagement
https://ko.wikipedia.org/wiki/애드호크라시
https://en.wikipedia.org/wiki/Single_issue_politics
http://snueuro.snu.ac.kr/general/files/2017학년도-유럽지역학-연계전공-우수논문

를 대신해 투표한다는 사실, 곧 누군가의 권한을 위임받는 일로 이해된다(나는 이런 최소한의 정의가 4장에서 옹호된 정의와 양립 가능하다고 생각한다). 이를테면, 세이크에 따르면 액체 민주주의는 "아마도 직접 민주주의와 대의 민주주의 사이를 이은 선을 따라 움직일 수 있고 둘의 결점은 피하면서 장점을 결합하는 투표 제도의 하나라고 생각하는 편이 가장 좋다." 브라이언 포드에게 액체 민주주의는 "인위적으로 부과된 대의 구조를 실제 개인과 집단의 신뢰 관계에 근거한 조정 구조로" 대체한다(Ford, 2002: 1). 다시 말해, 선거 대의제가 제약적이고 딱딱한 데 반해, 투표위임 또는 내가 제안한 이름 대로 '액체 대의제'는 자유롭고 유동적이며 "(일련의 제한된 직업 정치인들 사이의 선택이 아니라) 각 유권자가 자신의 위임에 대해 자유롭고 **개별적인** 선택을 해야 한다는 원칙"에 기반을 두고 있다(Ford, 2014: 1). 유사하게 블룸과 쥐베르에게 "[액]체 민주주의는 집단적 의사결정 절차를 의미하는데, 이 절차는 직접 민주주의적인 참여를 대의제에 대한 유연한 해석과 결합시킨다"(Blum and Zuber, 2016: 165). 액체 민주주의는 이와 같이 직접 민주주의의 직접성과 비현실성 사이에 자리하는데, 직접 민주주의에서는 모든 이가 모든 사안에 관해 투표를 해야 하는 반면, 대의 민주주의의 견고함은 단지 소수의 직업 정치인이 대부분의 결정을 내리게 되는 그 선거 형태에 있다.

더 구체적으로, 액체 대의제는 선거 대의제와 어떻게 다른가? 첫째, 액체 대의제의 새롭고 독특한 특징은 각 시민이 정책이나 해당 정책 분야에 영향을 받는 몇 명의 대리인에 의해 대표될 수 있다는 점이다. 결과적으로, 액체 의회는 매우 휘발성이 강한데, 이 같은 민주주의가 새로운 정책이나 정책 분야를 논의해야 할 때마다 구성을 변화시킬 수 있기 때문이다. 키아라 발상지아코모Chiara Valsangiacomo는 다음과 같이 설명한다.

> 오늘 어떤 사람이 초등교육 사안에서 [내 용어법상 액체 대표자로도 알려진] 대리인이 되는 동시에 고등교육 사안에서는 자신의 표를 위임할 수도 있지만, 내일 동일한 사람이 공중보건 사안의 대리인이 돼서 교육 사안에서 위임을 포기할 수도 있다. 또는 그녀는 행동주의를 철회해 자신의 모든 선택을 다른 누군가에게 위임할 수도 있다. 더욱이, 이 사람은 자신에게 특히 중요한 단일투표에서 이따금 투표하기로 결정할 수도 있다. (Valsangiacomo, 2020: 각주 19번)

둘째, 대표자의 수는 제한되지도 고정되지도 않는다. 상대적으로 소규모인 고정된 의회 크기의 집단과 달리 액체 대의제 의회는 그 수가 백만에 이르고 각 결정마다 다양할 수 있다. 셋째, 선출 대표자는 일반적으로 각각 한 표를 행사하는 데 반해, 개별 액체 대표자는 일반적으로 (그들이 대표하는 투표수에 비례해) 각각 다양한 정도의 투표 권력을 행사한다. 넷째, 즉각적 철회라는 특성은 시민이 자신의 대표자를 처벌하거나 보상하기 위해 임기 말까지 기다릴 필요가 없도록 보장한다. 마지막으로, 다섯 번째 차이는 각 시민이 자연스럽게 정책 결정에 참여하고 만약 그들이 자신의 투표를 위임하고 싶어 하지 않는다면 그들 스스로 사안에 관해 결정하도록 허용된다는 점이다.

액체 대의제는 얼마나 민주적인가? 내 분석 틀에서 민주적 대표성은 모든 이에게 열려 있고 포괄성과 평등성이라는 가치를 표방하는 선택과정에 기반함을 기준으로 한다는 사실을 떠올려보자. 위의 설명에 근거할 때, 액체 대의제가 친구, 가족, 그리고 그 밖의 지인들이 충분히 신뢰하는 누구에게나 대표직의 기회가 활짝 열려 있다는 점은 분명하다. 누구든지 액체 대표자가 될 기회를 누릴 수 있다. 결과적으로, 액체 민주주의는 또한 대표자로서 활동할 수 있는 사람의 프로필을 다각화하게 된다. 이론상으로는, 그 누구든 '오픈 시트open-seat' 방식 액체 의회에서 한 자리를 차지할 수 있다.[212] 아니나 다를까, 액체 민주주의의 옹호자들은 이 같은 제도가 평등주의적(일뿐더러 인식론적) 특성이 두드러진 민주적 의사결정 제도라고 칭송하는 경향이 있다(Blum and Zuber, 2106).

우리는 액체 민주주의에 자기추천 요소가 존재한다는 사실에 주목할 필요가 있다. 설령 내가 나한테 위임되는 표에 관심 있다고 제대로 표명하지 않았더라도 사람들은 내게 자신의 표를 위임할 수 있지만, 그럼에도 나는 어느 시점에는 대리 투표자 임무를 받아들여야만 한다. 자기추천의 차원은 어쩌면 (자원자 공급원과 대비되는) 보편적 후보자 공급원에 기반해 수행되는 추첨형 대의제와 비교될 수 있는데, 그럼에도 이 같은 대의제에서는 선택된 개인(이를테면, 무작위로 전화를 받은 이들)이 책임을 받아들이는 일에 동의해야만 한다. 게다가, 시민은 액체 대표자가 될 수 있는 직위를 두고 서로 경쟁할 필요가 없다. "[이]들은 단지 개별 투표와 나머지 다른 대리인의 인정을 두고서만 경쟁하게 된다"(Ford, 2002: 5). 겉으로 봐서는, 액체 대표자가 되는 일은 진정으로 모든 이에게 열려 있고, 돈, 연줄, 자신감, 또는 경쟁력이나 다른 탁월한 특성을 지닌 이들에게만 한정되지 않는다.

하지만 어떤 이의 투표 대리인을 선택함으로써 본질적으로 유입되는 불평등을 '액체' 대의제가 해결할 수 있을지는 불분명하다. 자발적 투표 위임은 선거와 유사하게 개인들 사이의 구별 원칙에 기반하는 듯 보이는데, 그 과정은 특정 사안이나 문제와 관련해 자신의 지식이나 능력을 주장하는 이들을 식별하게 된다. 투표는 전체인구에 균등하게 위임되지 않는다. 더 심각한 사실은 액체 제도의 주된 위험이 대부분의 투표가 탁월

212 (옮긴이) '오픈 시트' 방식은 예약할 필요 없이 누구에게나 열려 있는 좌석제를 의미한다.

한 대중적 인물로 흡수되고, 궁극적으로 더 많이 포괄하기보다는 대표직에 대한 접근을 더욱 제한한다는 점이다.[213]

선거에 누구나 입후보할 수 있었고 522명의 사람이 스스로 참석했다는 점에서 헌법위원회 구성이 어느 정도는 '액체적'이었던 아이슬란드 상황에서 일어난 일을 살펴본다면, 우리는 최종후보자를 선택하는 데에서 지위, 명성, 소셜 미디어 사용기술과 관련된 일상적 역학이 작용했다는 사실을 확인하게 된다. 가장 많은 표를 얻은 사람은 이전부터 유명했던 경제전문가, 2008년에서 2009년 사이 의회 앞에서 이뤄진 시위 동안 매우 적극적으로 행동하고 목소리 높여 항의함으로써 자신의 이름을 알린 변호사, 그리고 소셜 미디어 상에서 충분히 일찍부터 어떤 식으로든 떠들썩하게 만들었던 이들이었다. 액체 민주주의는 정기적인 선거와 유사하게 과두제의 포획에 취약한 것으로 증명될 수 있다.

액체 민주주의의 옹호자들은 종종 슈퍼스타 투표의 위험을 방지할 수 있는 강력한 규범의 필요성을 강조한다. 브라이언 포드 또한 다음과 같은 기술적 해결책을 확인한다. 곧 투표자가 동등하게 또는 거의 동등하게 신뢰하는 몇몇 대리인에게 자신의 표를 분할하도록 허용하는 방법 말이다. 포드는 다단계 투표위임과 결합된 투표 분할이 소수 스타 집단에 모든 표를 집중시키기보다는 더 큰 다양성을 지닌 대리인들에게 권함을 위임함으로써 현재 강요되고 있는 승자독식의 속박으로부터 이 같은 모델을 해

---

213 우리가 알고 있는 인간의 심리 메커니즘을 고려할 때, 이 같은 일이 일어날 가능성은 꽤 높다. 애덤 스미스Adam Smith가 《도덕 감정론*The Theory of Moral Sentiments*》에서 주장한 것처럼, 인간은 유명하지 않은 사람보다는 "부유하고 유명한" 사람에게 더 강하게 "동조"하는 경향을 보인다. 게다가, 셸링Schelling이 말한 "초점" 역학에 따르면 현실은 사회적으로 탁월한 후보자를 선호하는 쪽으로 작동하는 특성을 보여준다. 서로 다른 후보자들에 관한 정보를 입수하려면 시간이 들고, 심지어 액체 민주주의 제도에서도 그렇다. 이미 확고한 수준의 명성을 지닌 사람은 시민 대다수를 제치고 승자독식 역학에 따라 모든 표를 얻는 경향을 보여주게 된다. 나는 이 점과 관련해 막스 크라헤Max Crahé에게 감사드린다.

방시키게 될 것이라고 예견한다.[214]

위임표 분할과 양립 가능한 투표 제도 제안은 파올로 볼디Paolo Boldi 등의 "점액 민주주의Viscous Democracy" 제안(Boldi et al., 2011), 그리고 이른바 "구조적 심층 민주주의" 모델을 포함한다.[215] [216] 이 같은 접근이 투표위임을 처리하는 알고리즘을 더욱 복잡하게 만드는 반면, 이 접근은 슈퍼스타 문제로 대표되는 실제 위험을 실질적으로 경감시키는 것으로 주장될 수 있다. 더 일반적으로, 정치적 결정의 대상이 되는 주제의 광범위함을 고려할 때, 위임표와 분할표를 수반하는 액체 민주주의는 '액체 대표자' 지위를 훨씬 더 평등하게 배분할 수 있는 것으로 가정된다. 대부분의 사람은 자신의 전문 분야에서 액체 대표자 역할을 할 수 있는 좋은 기회를 갖게 된다.

게다가, 인민이 어느 시점이든 사안에 관해 직접 투표할 가능성을 보유한다는 사실은 이러한 과두제적 위험을 상당히 누그러뜨리게 된다. 설

---

214 그럼에도 많은 수의 사람이 표를 위임하는 몇몇 유명인사가 존재할 수 있는 반면, 유명인사는 그들이 받는 대부분의 위임 표의 단지 일부를 받게 될 가능성이 높은데, 이 유명인사가 최종 투표자에 더 근접한 다른 대리인과 경쟁하게 될 것이기 때문이다(그리고 때로 최종 투표자와 자신의 표를 분할해 갖게 될 가능성이 높을 것이기 때문이다).

215 https://groups.yahoo.com/neo/groups/sd-2/info 참조. 2018년 9월 23일 마지막 접속.

216 (옮긴이) '점액 민주주의'는 액체 민주주의 한 형태로서, 유권자가 대개 의사결정에서 배제되고 다른 이에게 이런 결정을 위임하게 될 뿐인 대의 민주주의와 모든 유권자가 적극적 역할을 하게 되는 직접 민주주의 사이의 절충으로 여겨진다(Boldi, Paolo et al., "Liquid FM: Recommending Music through Viscous Democracy", arXiv: 1503.08604, 2015 참조). 한편, 이와 유사한 맥락의 '구조적 심층 민주주의'는 다음과 같은 특징을 지닌다. 한 후보는 다른 후보로부터 오직 한 표를 받을 수 있다. 모든 후보는 실시간으로 순위가 평가된다. 인기는 유일한 척도가 아니며, 득표율 또한 하나의 요인에 해당한다. 인기순 대신 동료 평가에 근거한다. 일반generalist 선택은 의무사항이다(둘 이상). 특별specialist 선택은 선택사항이다. 직접 전체투표referendum는 선택사항이다. 집행위원회 구성을 위한 회의기구에 활용될 수 있다("Structural Deep Democracy, SD2", Sardar Taimur Hyat-Khan). 한편, 인도 지역의 '심층 민주주의' 또는 '풀뿌리 민주주의'에 관해서는, 한형식 · 이광수, 《현대 인도 저항운동사-거의 모든 저항운동의 전시장》, 그린비, 2013, 6장; 존 레스타키스 지음, 번역협동조합 옮김, 《시민권력은 어떻게 세상을 바꾸는가-커먼즈, 사회적 경제, 자치와 직접민주주의를 통한 국가와 정치의 전환》, 착한책가게, 2022, 6장; 존 킨 지음, 양현수 옮김, 《민주주의의 삶과 죽음-대의 민주주의에서 파수꾼 민주주의로》, 교양인, 2017, 7장 참조.
https://www.academia.edu/40589904/STRUCTURAL_DEEP_DEMOCRACY_SD2

령 액체 대표자가 될 가능성의 측면에서 시민 사이에 불평등이 발생하더라도, 이 제도는 여전히 모두를 포괄하게 된다. 설령 사람들이 내게 자신의 표를 양도하기에 충분할 정도로 내가 탁월하고, 연줄이 있고, 박식한 사람이 아닐지라도, 나는 적어도 나 자신에게 투표할 수 있는 권리 그리고 따라서 말하자면 나 자신의 액체 대표자가 될 수 있는 권리를 이러한 과정 내내 보유하게 된다.

만약에 스타에게 투표하는 문제에 대한 해결책이 실제로 효과적인 것으로 증명된다면, 액체 대의제와 전통적 선거 대의제 사이의 차이는 중요해진다. 정당에 의해 후보로 준비되고 표를 끌어모으기 위해 공론장에서 특히 부각되는, 사전에 선택된 직업 정치인 집단이라는 원칙을 거부함으로써, 액체 대의제가 선거의 과두제적 차원을 극복할 수 있다고 주장된다. 더 중요한 사실은 상시적인 철회의 가능성 덕분에 전통적 선거 대의제에서보다 책임성이 훨씬 더 강화된다는 점이다.[217] 이같이 추정 가능한 그 어떤 이점이든 그것이 이런 운영방법에 따르는 대가를 어느 정도 상쇄시킬지는 지켜볼 일이다.

그러나 스타에게 투표하는 경향은 액체 민주주의가 지닌 유일한 문제가 아니다. 설령 액체 대의제가 현재 내 생각대로 새로운 민주적 대의제의 얼굴이 될 수 있는 유력한 후보에 해당할지라도, 우리가 개선된 민주주의에서 액체 대의제의 적절한 역할을 찾으려 한다면, 우리는 그 밖의 여러 가지 이론적 문제와 규범적 사안을 진지하게 고려해야만 한다(여기에서 나는 디지털 기술의 안전성과 관련된 더 기술적인 논쟁의 일환인 보안 관련 문제는 일단 논외로 하려 한다. 물론 이 문제가 핵심적이긴 하지만 말이다).

첫째, 대규모 민족국가에서 순전히 액체 대의제 기구의 크기 자체가

217 이 점과 관련해 피에르 에티엔 반다므Pierre-Etienne Vandamme에게 감사드린다.

이들 사이에 어떤 유의미한 숙의도 하기 어렵게 만드는 것으로 여겨지게 되는데, 심지어 우리가 오프라인이건 온라인이건 이들이 전체 포럼에 모일 수 있다고 가정하더라도 말이다. 대규모 숙의의 문제는 심지어 현재 의회도 아직 만족스럽게 처리하지 못한 문제로 남아 있다(적어도 대규모 집단을 소규모 집단으로 분할한 다음 이들이 대규모 집단에 보고하는 대의제의 부가 단계를 추가하는 구조 없이는, 수백 명의 개인 사이에 이뤄지는 숙의가 실제로 일어나는 일은 거의 없기 때문이다). 그러므로 우리는 사안에 관해 심도 있게 숙의하는 임무를 다른 집단에 위임하는 방식이나(아마도 대규모 모집단에서 무작위로 선출된 민회), 유의미한 숙의를 수행할 수 있도록 액체 대표자 사이에서 충분히 적은 수의 대표자를 선출하는 부가 단계를 추가하는 방식 가운데 하나를 선택해야만 한다.

둘째, 설령 모든 액체 대표자 사이에 동시에 이뤄지는 숙의가 하나의 선택지일지라도(가령 그들 중 충분히 적은 수가 선택됐기 때문에), 숙의가 개별 액체 대표자 각각이 지닌 상이한 권력의 정도를 반영해 조직될 수 있을지는 불분명하다. 충분히 소규모인 기구의 경우에, 그럼에도 포드는 '가중치가 부여된 열린 포럼'이라는 아이디어를 발전시켰는데, 이렇게 함으로써 더 많은 표를 보유한 대리인에게 발언 기회를 더 많이 주는 방식이나, 단순히 숙의가 끝난 뒤에 대리인에게 더 많은 표를 부여하는 방식 중 하나로 토론이 조정됐다(Ford, 2002: 7).

어떤 식으로든 액체 대의제의 향후 성공 가능성을 예측하기에는 아마 너무 이른 듯하다. 대신에 우리가 대규모 액체 민주주의 제도의 모습을 상상할 수 있게 해준 공상과학 소설가 팀 로이트만Tim Reutemann의 사색을 재미 삼아 살펴보자.

로이트만의 소설 《액체 통치*Liquid Reign*》에서, 수십 년이 흐른 뒤 코마 상태에서 깨어난 한 영웅이 2051년의 화려한 신세계와 마주하게 된다.

곧 드러나겠지만, 이 세계는 현재 전적으로 디지털 액체 민주주의 제도에 의해 운영되고 있는데, 이 제도는 지방에서 지역을 거쳐 세계에 이르는 모든 정치적 수준에 적용되고 일부 지역적 변이를 보인다(이를테면, 스위스 사람은 여전히 그들의 란츠게마인데(민회)에서 몸소 투표한다). 등장인물 중 하나로서 영웅의 회복을 관리하는 동시에 액체 대표직을 맡은 한 의사는 다음과 같이 이 제도를 요약한다.

> 나는 대략 2억 명의 지지층 유권자를 대표할 뿐만 아니라, 또한 내게 표를 준 이들을 대리하는 고위급 수탁인aggregators의 많은 지지를 받고 있다. 이들은 우리의 지지층 유권자[환자, 의사, 간호사, 그리고 이들과 관련된 사람들] 사이에 유익한 타협전략을 찾는 일을 하는 반면, 나는 다양한 지지층의 고위급 대리인과 협상하는 데 집중한다. 정치 활동을 하는 데 드는 시간은 보통 한 달에 단 며칠뿐이다. (Reutemann, 2018: 117)

> 대다수[의 표]는 다른 대리인을 통해 나온다. 내가 위임받기 전까지 평균적으로 하나의 표가 네 차례 위임된다. (같은 글, 119)

이 같은 전망은 이런 정치제도 전체가 정교하게 설계되는 동시에 그것이 인민의 시간을 절약시킨다는 점에서 고무적이다. 또한, 고위급 대리인들의 참여로 글로벌 정치체의 다양한 수준에서 이뤄지는 숙의를 가능하게 할 뿐만 아니라, 투표행동 그리고 트롤과 그 밖의 문제의 발생 가능성에 대한 통제행위가 동시에 이뤄지는 일을 가능하게 한다.[218] 이러한

---

218 (옮긴이) '트롤'은 "인터넷 문화에서 논쟁이 되거나, 선동적이거나, 엉뚱하거나 주제에서 벗어난 내용, 또는 공격적이거나 불쾌한 내용을 공용 인터넷에 올려 고의적으로 사람들의 감정적인 반응을 유발시

제도는 적합한 자격과 동기를 지닌 개인에게 폭넓게 권력을 배분한다. 액체 민주주의는 글로벌할 뿐만 아니라 심지어 탈영토화된 민주적 대표성 또한 촉진시킨다.

하지만 소설가의 상상 속에서도, 액체 민주주의에 문제가 없는 것은 아니다. 그중 하나는 이 제도가 수백만 명의 다른 사람을 대표하는 한 사람의 능력에 대한 신뢰를 전제한다는 사실이다. 이 같은 전제가 정당 같은 소규모 조직을 넘어서는 액체 민주주의의 확장성의 문제를 해결할 수 있는 반면, 이는 한 사람이 대표할 수 있는 사람 수에 한계가 존재한다는 많은 민주주의자의 신념에는 배치된다. 그러나 이런 문제는 민주적 공동체의 이상적 크기라는 더 일반적인 문제를 제기하면서 모든 형태의 대의제에 영향을 끼친다. 더욱이, 고위급 대리인들로 구성된 의회에서 발생할 수 있는 갈등이 어떻게 해결될 수 있을지에 관해서는 거의 이야기되지 않는데, 이는 이들이 대표하는 유권자의 다양한 크기를 고려할 때 특히 문제가 된다. 마지막으로, 슈퍼스타에게 투표하는 문제는 실제 위험으로 여겨지는데, 심지어 이같이 매우 이상화되고 딱히 디스토피아적이지 않은 환경에서도 그렇다.

우리가 이러한 형태의 대의제를 통해 무엇을 할 것인지, 이 제도를 집단결정을 내리는 정당한 방식으로 인정할 것인지, 이 제도를 어떻게 다른 형태의 민주적 대의제와 접합시킬 것인지 등을 알려면, 우리에게는 이런 대의제와 관련해 훨씬 더 많은 개념화와 실험이 필요하다.[219]

키고 모임의 생산성을 저하시키는 사람을 가리킨다"(위키백과. "트롤(인터넷)", 2023년 9월 11일 접속). 유사한 용어로는 '어그로'나 '관종'이 있다. https://ko.wikipedia.org/wiki/트롤_(인터넷)

219 그 규범적 지위와 관련한 향후 연구를 위한 액체 민주주의의 모델화에 관해서는, Valsangiacomo, 2020 참조. Landemore, 2021의 서두를 여는 글에서 나는 추첨형, 자기추천형, 액체형 대의제 사이의 접합에 관한 약간의 성찰을 시도했다.

6

열린 민주주의의 원칙

이제 민주적 대표성으로부터 열린 민주주의의 더 일반적인 원칙으로 나아갈 차례다. 내가 말하는 '제도적 원칙'이란 평등성이나 포괄성 같은 추상적인 가치보다는 더 구체적인 가치이지만, 가령 선거 규칙이나 양원제와 단원제 중 하나를 선택하는 문제보다는 덜 구체적인 가치에 속하는 중범위 원칙을 의미한다. 이 원칙은 제도적 설계를 과잉결정하지 않고서 이런 설계에 영향을 주는 것으로 가정된다.

나는 베르나르 마넹과 나디아 우르비나티가 각자의 저작 《대의제 통치의 원칙*The Principle of Representative Government*》(Manin, 1997)과 《대의 민주주의: 원칙과 계보*Representative Democracy: Principles and Genealogy*》(Unrbinati, 2006)에서 사용한 용어와 동일한 방식으로 '원칙'이란 용어를 사용한다. 마넹과 우르비나티는 이들이 각각 (미묘한 차이에 주목해) 대의제 **통치**와 대의 **민주주의**로 확인한 정체의 핵심 특징을 귀납적인 방식으로 도출하기 위해 둘 다 역사에 의존했다. 마넹의 설명은 순전히 기술記述 목적이고 우르비나티의 설명은 역사적 현실을 규범적으로 재구성하려는 의도를 띠는데, 이들의 원칙목록은 놀라울 만큼 서로 수렴되고 베버주의적 의미에서 '이념형'에 해당한다(분석에 관해서는 2장 참조). 내 원칙목록은 기술적이라기보다는 염원적이고 규범적이지만, 역사에 근거한다는 점에서는 유사하다. 따라서 나는 규범적으로 바람직한 제도적 원칙목록을 확립하기 위해 소실된 전통(고대 아테네 모델)뿐만 아니라 이념전쟁에 패한 전통(이를테면, 대의제에 관한 반연방주의적 관점)에서 아이디어를 빌려온다.

이 장의 나머지 부분에서 전개될 논의 내용을 앞서 말하자면, 다음과 같은 열린 민주주의의 다섯 가지 제도적 원칙이 될 것이다.

1. 참여권
2. 숙의

3. 다수결화 원리
4. 민주적 대표성
5. 투명성

나는 이 같은 원칙을 그 중요도의 측면에서 시간과 논리적 순서에 따라 제시한다. 만약 우리가 인류공동체가 진화해온 자연적 질서가 그 크기상 소규모에서 시작해 도시국가, 민족국가, 그리고 더 큰 규모의 독립체의 순으로 단지 점진적으로 성장했다고 가정한다면(비록 역사상 몰락한 제국과 더 작은 규모의 공동체로 되돌아간 국가 같은 많은 반증 사례가 존재하지만 말이다), 민주주의의 주된 기초 요소는 집단의 모든 구성원에게 의사결정 과정의 동등한 참여권을 보장해주는 개별 참여권이다. 그다음에는 집단이 (가령 헌법상 기본원칙에 관한) 몇 가지 핵심 법률을 제정하도록 허용해주는 (숙의와 다수결 같은) 의사결정 절차가 존재해야 한다. 집단(또는 참정권)이 확대되고 따라서 이들이 지닌 문제와 이해관계의 다양성과 복잡성이 늘어나게 되면, 우리는 어느 정도 규모가 있는 사회에서 민주주의를 보존하도록 해주는, 앞장에서 이미 접한 민주적 대표성의 원칙을 신속하게 제도화할 필요가 있다. 마지막으로, 단순히 대의제뿐만이 아니라 **민주주의** 자체를 충분히 열린 상태로 만들려면, 우리는 또한 책임성에 대해 균형을 잡아주는 원칙(투명성)을 도입할 필요가 있는데, 이러한 원칙은 대표되는 이들이 대표자를 지속적으로 감시하고 필요한 경우 자신의 참여권을 동원할 수 있도록 보장해준다.

시간적 순서는 또한 논리적 순서와도 연관된다. 참여권은 제도 전체의 가능성을 위한 조건에 해당한다. 두 번째와 세 번째 원칙(민주적인 숙의와 다수결 원칙)은 그 규모가 어떠하든 진정한 민주주의에서 이뤄지는 결정 과정의 근간을 형성한다. 네 번째 원칙은 그것이 필요한 경우 민주적 대표성의 열린 성격을 잘 포착해 표현한다. 마지막에 해당하는 투명성 원칙은 이 제도가 제대로 작동하도록 보장하는 데에 무엇보다도 긴요한 가치를 지닌 책임성 원칙을 의미하며 갱신 시기마다 열린 대의 기관이 닫히지 않도록 방지한다. 다섯 가지 원칙은 전부 자기통치에 동등하게 참여할 수 있는 권리로서 인민 통치라는 이상을 제도화하는 것을 목표로 한다.

첫 번째 절에서 나는 우리에게 친숙한 민주주의 두 가지 역사적 형태를 본떠 만들어진 두 가지 분석 패러다임을 비교하는데, 이런 패러다임은 각각 BC 5세기와 4세기의 아테네에서 시행된 회의체 민주주의 모델과 서구에서 18세기 이후 다양한 형태로 시행된 대의 민주주의 모델이다.[220] 두 번째 절은 이러한 비교에 입각해 이같이 일부 이상화된 민주적 관행과 제도적 특징 위에 새로운 관행과 의미를 덧붙이고, 때로는 기존 관행과 제도로부터 완전히 탈피함으로써 열린 민주주의의 원칙을 도출하려 시도한다. 궁극적으로, 나는 열린 민주주의의 다섯 가지 핵심 원칙을 도출하는데, 이는 아래의 비교표에 요약된다. 세 번째 절은 비선거 제도에서 정당의 지위, 그리고 정보와 관심을 모으는 데 역할을 할 수 있는 대안적 기구를 논의한다. 마지막으로 네 번째 절은 이런 새로운 패러다임 아래 이뤄질 수 있는 일반투표 절차, 국민투표, 그리고 그 밖의 '직접 민주주의' 수단의 역할을 논의한다.[221] 나는 실현 가능성과 인센티브 양립성을 성찰하는 과제를 이후 장으로 넘기려 한다.[222]

---

220 이런 양식화된 비교는 물론 많은 측면에서 역사적 현실을 단순화하고 있지만, 21세기에도 여전히 관련 있는 해당 특징에 초점을 둠으로써 이러한 비교가 지닌 복잡성을 처리하는 데 도움을 준다. 비록 내가 분석 유형을 고안하는 것을 목표로 하지만, 나는 필요하고 관련 있다고 생각되는 한에서는 역사적 특수성을 존중하려 한다.

221 (옮긴이) '일반투표'란 대의원이나 선거인단 등 일부 대리인에 의한 간접투표와 대조되는 일반 구성원 전체에 의한 직접투표 방식을 의미한다.

222 (옮긴이) '인센티브 양립성incentive compatibility'이란 "모든 참여자가 단지 자신의 실제 선호에 따라 행동함으로써 최상의 결과를 얻을 수 있는 경우를 가리킨다"("Incentive compatibility",

회의체 민주주의 대 선거 민주주의

적어도 결합체로서 열린 민주주의의 다섯 가지 원칙이 지닌 새로움과 급진성을 제대로 인식하기 위해, 나는 우선 과거로 돌아가 우리에게 가장 친숙한, 각기 다른 특성을 지닌 두 가지 민주주의 패러다임을 분석적으로 비교하려 한다.

이른바 민주주의 1.0에 해당하는 첫 번째 패러다임은 고대 아테네의 '직접 민주주의' 모델이다. 나는 이 패러다임을 '회의체 민주주의assembly democracy'라 부르길 더 선호하는데, 아마 이런 이름 또한 가장 정확한 용어가 아닐 수 있지만 말이다. 나는 역사가와 민주주의 이론가들이 우리에게 가르쳐준 내용에 기반해 근대 민주주의 제도 원칙과 대조를 중심으로 회의체 민주주의의 제도적 원칙을 재구성하려 한다.

두 번째 모델은 현재 우리를 실망시키고 있는 역사적 패러다임, 곧 '대의 민주주의'인데, 나는 (이를테면 자유주의 같은 특징 또한 중요한 요소이긴 하지만) 선거 민주주의나 민주주의 2.0이 대의 민주주의의 주된 특징임을 보여줄 것이다. 나는 여기에서 마넹이나 우르비나티의 이론에 기반해 2장에서 발전시킨 규범적 설명에 입각할 것이다. 이 이론은 무엇보다도 보편적 참정권이 선거 민주주의의 규범적 염원이라는 사실을 전제하는데, 대다수의 기존 대의 민주주의 나라에서 참정권의 실현이 현저하게 늦어졌음에도 불구하고 말이다.

회의체 민주주의와 선거 민주주의 둘 다에서, 해당 데모스에 대한 보편적 포괄성은 하나의 특성으로 간주될 수 있는데, 심지어 이런 포괄성이 각 사례에서 해당 데모스에 매우 다른 개념을 적용하는 경우에도 말이다.

WIKIPEDIA, 2024년 3월 14일 접속). https://en.wikipedia.org/wiki/Incentive_compatibility

그리스는 악명높게도 누가 시민으로 간주될 수 있는지를 제한하는 개념을 보유했는데, 곧 모든 여성, 외국인, 노예를 배제했다. 선거 민주주의 제도는 결국 여성, 무산자, 다양한 소수집단들을 배제하는 데 활용됐다. 일부 제도에서 이러한 배제된 이들 모두를 정치체의 완전한 구성원으로 인정하는 데에는 두 세기 가까이 걸렸지만, 결국은 인정하게 됐다. 시민과 관련된 그다음 미개척 분야는 현재 적어도 일부 선거에서 거주 외국인과 아동에게까지 투표권을 확대할지의 문제다. 나는 8장에서 포괄성이라는 이상을 간략히 탐구하려 한다.

이러한 민주주의의 두 가지 모델은 이 모델이 정치적 평등을 어떻게 이해하는지의 측면에서 또한 비교될 수 있다. 고대 아테네에서, 이 같은 이상은 의회에서 이소노미아isonomia(법 앞에서의 평등), 이세고리아isegoria(발언할 수 있는 동등한 권리), 그리고 동등한 투표권으로 전환됐다. 이러한 의회에서 투표는 의회에 제기된 사안에 관해, (고대 민주주의에서 이런 투표를 통해 충원된 아주 소수의 직위에 대한) 선거 입후보자에 관해, 아니면 (도편추방 관례가 시행되는 시간 동안) 추방될 사람에 관해 직접 이뤄졌다. 상대적으로 덜 언급된 사실은 민주주의는 또한 의제설정 권한을 지닌 500인 평의회에 자발적으로 그리고 적절한 검증을 거쳐 참여할 수 있는 동등한 기회를 의미했다는 점이다(시민은 직무에 자원해야 했고 종교 권위자에 의해 철저하게 걸러졌다). 대조적으로, 대의 민주주의에서 정치적 평등은 단지 법 앞에서의 평등과 정기적 선거에서 이뤄지는 '일인 일표'를 의미할 뿐이다. 평등한 투표 자체는 상대적으로 최근에 얻어진 권리에 해당한다. 서구 민주주의 제도가 오랫동안 복수 투표를 용인했고 일부는 간접적인 방식으로 여전히 그렇게 하고 있기 때문이다. 게다가, 선거 민주주의에서는 의제설정 권력에 접근하는 데 있어 어떤 엄격한 동등성도 주어지지 않는데, 이 경우에 단지 권좌를 차지한 정당의 구성원만이 의제를 설정할 수 있는 자리에 놓이게 되고 이들 중 운 좋은 소수가 될 수 있는 기회는 매우 불균등하게 배분된다. 그럼에도, 누군가는 고대와 현대의 민주주의 제도가 이상적으로는 정치적 평등에 전념하는 형태라고 주장할 수도 있다. 가정컨대, 만일 두 가지 제도적 특성, 곧 포괄성과 평등성이 결여됐다면, 둘 중 어떤 패러다임도 민주주의에 걸맞은 자격을 지녔다고 말할 수 없게 된다.

회의체 민주주의에서 시민에게는 최소한의 개인권이 부여된다. 실제로, 적어도 우리의 근대적 자유주의의 측면에서 이해되는 개인권 개념은 결여된 상태이다. 더 정확히 말해, 그리스에서 부여된 개인권은 참여 권한이었는데, 이 권한의 일부는 근대적 자유권과 어느 정도 유사성을 공유했다. 대조적으로, 대의 민주주의 아래의 시민은 이들에게 정치 행위자의 권한을 부여하는 흔히 헌법 상에 단단히 자리 잡은 일정 수의 개인권(투표권, 결사와 종교의 자유, 표현의 자유 등)을 주장할 수 있었는데, 심지어 공식 정치 영역에 대한 이들의 실질적인 접근권이 회의체 민주주의에서보다 어떤 면에서 훨씬 더 제한적이었음에도 말이다. 실제로, 이런 자유권은 대부분 국가권력의 남용으로부터 민주적 시민을 보호하려는 목적에서 고안됐는데, 이 같은 권리는 어떤 형태의 자기통치이든 이들이 그것을 실현하도록 직접 돕기보다는 이들에게 통치자 선택에 관한 발언권을 부여하는 일을 포함했다. 이는 통치에 참여할 수 있는 권리보다는 주로 통치에 맞설 수 있는 비장의 무기를 의미했다. 선거에 입후보할 수 있는 권리가 점차 보편화됨에 따라, 이런 권리의 참여적 차원은 확대됐지만, 선거 원칙에 따라 이뤄진 실제 권력의 불균등한 분배가 동반됐고 단지 전체 인구 중 소수만이 선거를 통해 권력에 접근할 수 있는 기회를 얻었다.

또 다른 비교는 각 모델에서 토론에 의한 의견교환이 수행하는 역할을 두고 이뤄진다. 공적 숙의는 (가장 유명하게는, 페리클레스의 연설에서 찬사가 주어진) 고대 민주주의의 제도적 특징 중 하나였다.[223] 그러나 이러한 제도가 데모스에 대한 정의와 관련해 배제 원칙과 결합됐다는 사실은 그것이 지닌 민주적 가치를 제한했다. 게다가, 의회에서 이뤄진 숙의는 사실상 타고난 웅변가의 연설이 연이어 일어나는 상황으로 귀결되는 듯 보였는데(Hansen, 1991), 고유의 특성인 동등한 발언권에 대한 약속에 거의 미치지 못하거나 아니면 적어도 이런 약속이 단지 매우 형식적인 최소한의 제약으로 간주됐고, 실제 숙의의 대부분은 각 참여자들 내에서 조용히 이뤄졌다(Cammack, 2020). 그렇다고 해서 대조적으로, 대의 민주주의가 숙의적인 것은 더욱 아닌 듯한데, 이는 만약 우리가 베르나르 마넹의 역사적 설명을 따른다면 대의제 통치의 핵심적인 제도적 원칙이 단지 "토론에 의한 심판"(Manin, 1997)에 그친다는 점에서 그렇다(숙의 민주주의자가 민주적 숙의라 부르는 형태보다 훨씬 더 최소한의 기준).[224] 게다가, 실제 토론의 대부분은 의회 담장 안의 형식적인 의사결정 영역에 제한된다. 선거 민주주의가 사회적 차원의 유의미한 숙의로서 개념화될 가능성은 단지 첫 번째와 두 번째 '숙의 트랙' 사이의 관계에 대한 위르겐 하버마스의 (그리고 다른 숙의 민주주의자들의) 해석 속에서만 존재할 뿐이다. 심지

223 (옮긴이) 고대 아테네에서는 전쟁 후에 전사자의 국장을 치르면서 유력 정치인이 유가족과 아테네 시민들 앞에서 연설하는 관행이 있었는데, 유명한 장군이었던 페리클레스의 연설은 새로운 전형을 보여줌으로써 역사에 남았다. 페리클레스는 이 같은 연설에서 관행적으로 전사자를 추모하기보다는 아테네의 민주정을 칭송하는 연설을 했는데, 그는 이처럼 군사적 차원보다는 아테네의 도덕성, 정의, 시민적 덕성, 명예 같은 문화적 차원을 강조함으로써 투키디데스에 의해 아테네의 자유주의적 이념과 제국의 전제적 성향 간의 모순을 절묘하게 조화시킨 사례로 평가됐다. 박성우, 〈플라톤의 "메네크세노스"와 아테네 제국의 정체성, 그리고 플라톤적 정치적 삶〉, 《한국정치학회보》, 41(4), 2007; 박성우, 〈플라톤 정치철학과 아테네 제국〉, 《21세기정치학회보》, 28(1), 2018 참조.

224 실제로, 의회의 공적 토론은 대개 더는 전혀 토론이 아니라 국회의원들이 이러한 직책을 단지 '연기'할 뿐인 대중연설에 지나지 않는데, 실제로 국회의원들은 그에 앞서 폐쇄된 환경(폐쇄된 모임과 비공식 장소)에서 승부를 보고 협상을 하고 숙의를 수행했다. 예를 들어, Willemsen, 2014 참조. 그러나 웨스트민스터식 이외의 제도가 지닌 숙의적 성격에 관해서는, Bächtiger and Beste(2017: 108) 참조.

어 사회적 차원의 숙의 자체도 여전히 대의 민주주의가 실현할 수 없는 규범적 염원으로 남게 된다. 2장에서 주장한 대로, 최근에 숙의 민주주의자들이 시도한 선거 민주주의에 대한 이상화가 18세기 이후 일어나고 있는 현상의 실제 모습에 가까운 무언가를 포착해 표현한다는 점에 우리는 회의적일 뿐만 아니라, 선거 민주주의의 제도적 원칙 자체도 숙의 민주주의자들의 이상과 배치될 수 있다. 첫째, 의제설정이 선거 엘리트에 의해 이뤄지는 한, 사회적 차원의 토론에서 비롯된 여론에 의한 외부의 압력이 상향식으로 의제를 형성하기 위해 할 수 있는 수준에는 한계가 있다(또한, 유사한 문헌으로는, McCormick, 근간 참조).

둘째, 마크 워런Mark Warren은 다음과 같이 말한다.

> [대]표자들은 대중의 시선과 적대 관계가 결합된 상황에서 직책을 수행하기 때문에, 발언의 전략적 · 상징적 효과를 중시할 수밖에 없다. 따라서 대의 기관은 숙의 가능성을 제한해왔는데, 이 같은 숙의를 하려면 설득과 논변을 돕는 의사소통의 전략적 효과를 유보해야 하기 때문이다. (Warren, 2013: 54)

다시 말해, 선거 제도는 가식적 행동을 하고, 관객을 의식하고, 결국에 거래를 성사시키는 만큼이라도 숙의를 수행하도록 대표자에게 반드시 장려하지 않아도 된다. 셋째, (이를테면, 다른 사람의 견해에 대한 열린 마음과 기꺼이 다른 쪽의 의견을 들으려는 의지 같은) 진정한 숙의 민주주의에서 우리가 시민에게 기대하는 시민의 자질은 정당과 선거를 핵심으로 여기는 민주주의의 이상 아래 시민이 함양해야 하는 주된 덕목, 곧 당파심과 배치된다. 여기서 당파심은 정치적 효능을 위해 기꺼이 일련의 가치와 원칙에 (적어도 어느 정도는) 무비판적으로 헌신하려는 의지를 뜻한다.

이제 각 모델의 결정 규칙 자체를 논의하려 한다. 회의체 민주주의에서는 다수결화 원리가 널리 사용됐다. 이 원리는 처음에는 어느 쪽이 가장 많이 손을 들었는지(수를 세는 일이 포함되지 않은 대략적인 추정) 그리고 어느 쪽이 군중crowd으로부터 가장 큰 소리의 지지를 이끌어냈는지에 기반해 특정 제안에 대한 열광을 평가함으로써 추정됐다. 이러한 결정 메커니즘은 단지 나중에야 계산 메커니즘(손든 사람 수를 계산하는 일)으로 제도화됐을 뿐이었다(Schwartzberg, 2014).

그러나 대의 민주주의 아래에서 다수결 원칙은 잘 알려진 대로 토크빌이 "다수의 폭압"이라 이름 붙인 현상을 가능하게 하는 경향이 있다는 의혹을 받았다. 대의 민주주의 아래에서 다수결화 원리는 이를테면 삼권분립 원칙, 견제와 균형, 거부점, 압도적 다수supermajority의 기준치, 필리버스터 규칙, 그리고 심지어 연방주의와 양원제 같은 여러 가지 반다수결 절차에 의해 의도적으로 약화된다. 반다수결적 특성은 (프랑스가 됐든 미국이 됐든) 이 제도의 창시자에 의해 고대 민주주의와 비교해 대의 민주주의가 지닌 우월함으로 간주됐고, 많은 현대 정치이론가에 의해 여전히 그렇게 간주된다(특히, Pettit, 2016; 하지만 또한, Urbinati, 2016 참조).[225]

그러나 회의체 민주주의와 선거 민주주의 사이의 주된 차이는 각각 대표성이 수행하거나 수행하지 못하는 역할에 있다. 일반적인 역사적 해석에 따르면, 회의체 민주주의에서는 정치적 대표성이 존재할 수 없는데, 이 같은 민주주의에서 직접적 참여는 모든 시민에게 부담이 되고 단지 노예제를 시행하고 여성에게 아이 양육과 다른 '돌봄' 활동을 위탁함으로써만 가능해지는, 전력을 다해야 하는 활동에 해당한다. 대조적으로, 선거 민주주의에서 대표성은 정치적 참여를 대신하게 된다. 시민이 자신의 사

225 (옮긴이) 관련해서, 연구모임 사회비판과대안 엮음, 《토크빌과 평등의 역설-어떻게 평등은 혐오와 우울로 귀결되는가?》, 사월의책, 2020 참조.

생활과 경제활동에 소모하는 시간이 늘어남에 따라, 이들은 전업 직업 정치인이라는 별도의 계층에게 권력을 위임하는 일을 필요로 하게 된다. 그러므로 놀랄 것도 없이, 대표성과 참여의 관계는 적어도 일반적인 해석에 의하면 회의체 민주주의와 대의 민주주의에서 정반대가 된다. 3장에서 제시된 나 자신의 해석은 회의체 민주주의가 대의제적 또는 적어도 대의제 초기적인 특성을 포함했다는 것인데, 의제설정 책임을 맡은, 무작위로 선택된 500명의 시민이 참여한 평의회의 역할의 경우, 그리고 이후에 노모테타이(입법위원회)와 법정의 역할의 경우에 한해서 말이다(나는 또한 인민 의회에 대한 참여가 직접 민주주의 형태 자체보다는 시민 대의제 형태의 하나로서 가장 잘 개념화될 수 있다고 주장했다).

나는 이런 모든 중요한 차이들이 하나의 단순한 차이로 귀결된다고 주장하려 한다. 곧 평범한 시민에게 권력의 자리를 열어 두는 정도에 있어 근본적인 차이 말이다. 회의체 민주주의 아래에서는 권력에 대한 접근권이 (추첨과 교체를 통해 주어지는 완전히 동등한 기회를 통해) 즉각적으로 또는 시간이 지나면서 모든 이에게 열려 있는 반면, 대의 민주주의 아래에서는 접근권이 매번 제한되고 개인의 생애 동안 대부분의 사람에게 대체로 닫혀 있게 된다.

열린 민주주의의 원칙

나는 이제 두 가지 기존 모델을 개선하고 어떤 면에서는 능가하는 새로운 민주주의 모델, 곧 열린 민주주의 또는 '민주주의 3.0'을 제안하려 한다. 새로운 모델은 이전 모델에서 가장 규범적 호소력을 지닌 원칙들 위에 새로운 원칙을 덧붙이고, (포괄성 같은) 일부 원칙의 적용 범위를 확대하며, 때로 이런 일부 원칙을 교체하거나 완전히 재정식화하려는 시도들로 이뤄진다. 앞의 두 장과 위에서 양식화된 비교에 입각해, 나는 아래에 첨부된 표에서 전체 세 가지 모델 사이의 차이를 개괄하는데, 이 중 일부 요소는 마지막 장에서 더 다뤄질 것이다.

나는 이제 〈표 1〉에서 도출한 다섯 가지 주요 제도적 원칙(표에서 강조된 항목)을 직접 제시하려 한다.

〈표 1〉 민주주의의 모델들

	회의체 민주주의 (BC 5~4세기 아테네)	선거 민주주의 (18~20세기)	열린 민주주의 (21세기?)
1. 포괄성	데모스에 한해 보편적: 도시국가 내 모든 자유 토착민	데모스에 한해 보편적: 모든 국민(혈통이나 출생지 기반)	역동적: 데모스에 한해 보편적이지만 또한 국경을 넘는 경우를 포함해 다른 이해당사자를 적어도 부분적으로 포괄함 (9장 참조)
2. 평등성	법 앞에서의 평등 의제설정 과정에 접근할 수 있는 동등한 기회 동등한 발언권 동등한 투표권	법 앞에서의 평등 복수 투표제에서 동등한 투표권으로	법 앞에서의 평등 의제설정 과정에 접근할 수 있는 동등한 기회 동등한 투표권 실질적 평등 (9장 참조)
3. 권리	참여권 (동등한 발언권, 동등한 투표권, 평의회와 인민 배심원단에 선출될 수 있는 동등한 기회)	정치적 권리, 이를테면 투표권 결사, 표현, 종교의 자유 등	**참여권** (정치적 권리를 넘어섬: 시민 발의, 추천권, 정치적 추첨에 참여할 수 있는 권리)
4. 토론 과정	주로 타고난 연설가에 의한 대중연설	토론에 의한 심판	**숙의**
5. 결정 원칙	함성, 웅성거림, 다수결 원칙	압도적 다수의 기준치와 견제와 균형을 통해 제한되는 다수결 원칙	**다수결화 원리** (다수결 원칙, 다수결 심판)
6. 대표성	없음 (주류의 견해 따름)	선거 대표성	**민주적 대표성**: 추첨형, 자기추천형, 액체형
7. 참여	일부에 집중되고 의무적	제한적, 일시적 (주로 투표)	정기적 (민회, 하향식 국민투표) 자발적 (시민 발의, 추천)
8. 책임성 메커니즘	후보자 걸러냄, 교체, 도편추방제, 그라페 파라노몬, 유티나이(정무감사)	선거, 재판	재판, 교체, **투명성**, 시민 발의와 추천권 같은 참여권

참여권

열린 민주주의의 첫 번째 원칙은 '참여권' 원칙이다. 이 원칙은 너무 뻔한 출발점인 것처럼 보이고, 어쩌면 우리는 이 원칙이 현행 민주주의 제도에서 이미 널리 시행되고 있다고 생각할지도 모른다. 자유주의 사회는 모종의 참여 권한을 투표권, 표현의 자유, 결사의 자유, 언론의 자유 같은 실제 정치적 권리로 전환함으로써 과거 고대의 비자유주의 사회를 개선했다고 주장된다. 그러나 정치적 권리는 처음에는 권력의 행사보다는 권력에 대한 동의를 가능하게 한 요소로 개념화됐다. 투표권은 사안에 관해 직접 결정하거나 정치적 의제에 대해 문제를 제기할 수 있는 권리가 아니라 주로 대표자를 선택할 수 있는 권리로 여겨졌다. 이런 측면에서, 누군가는 투표권이 진정한 참여권으로 여겨지기 어려우며, 설령 가능하다 하더라도 단지 국민투표라는 (스위스 이외의) 상대적으로 드문 상황에서 가능하다고 주장할 수도 있다. 공직에 입후보할 수 있는 권리에 대해서는, 심지어 이러한 공직이 보편적으로 배분되는 경우에도 구별 원칙에 의해 지배되는 선거 제도에서 인구의 대부분에게 확고한 참여권이 보장될 것이라는 주장에 미심쩍은 부분이 있음을 우리는 이미 확인했다. 그 외의 정치적 권리(결사의 자유, 언론의 자유)는 더 많은 참여를 위한 진입로와 시민에 의한 정부 통제보다는 정부에 의한 권력의 남용 가능성에 맞서는 비장의 카드로 여겨졌다.[226]

---

226 실제로, (미국 같은) 일부 대의 민주주의 나라는 역사적으로 참여권을 경시해왔고, 시민이 투표권을 얻는 과정에 다양한 장애물이 존재했다(이를테면, 문해력 시험, 신분증 법I.D. laws, 평일에 이뤄지는 선거로 인한 불편함 등). 적어도 일부 대의 민주주의 나라에 이 같은 반反참여적 경향이 존재하게 된 이유는 역사적 우연일 수도 있지만(그리고 종종 인종 문제가 동기가 됐지만), 대의 민주주의 모델이 이러한 경향에 저항하는 데 있어 명료한 개념을 갖추지 못했다는 점 또한 사실이다. 몇몇 영향력 있는 대의 민주주의 이론은 실제로 유권자의 무관심과 낮은 수준의 참여를 그 요인으로 지적한다(예를 들어, Schumpeter, 1975[1942]; Morris-Jones, 1954; Lipset, 1960; Brennan, 2016).

대조적으로, 열린 민주주의는 참여와 관련된 고대의 적극적 이상이나 적어도 관행, 그리고 자유권과 관련된 근대의 소극적 이상을 보존하려는 지향을 의미한다. 하지만 열린 민주주의는 이러한 이상들을 '참여권' 원칙으로 다시 정식화하고 결합시킨다. 참여권은 권력 구조의 정당화를 보장하고 권력의 지배와 남용 가능성으로부터 시민을 보호하는 기능을 넘어서 진정한 민주제도의 올바른 작동을 보장하는 것으로 여겨진다. 그러므로 참여권 원칙은 표면적 유사성을 보일 수도 있지만 실제로는 새롭고 급진적인 차원에서 의도된 것이다. 따라서 이런 원칙은 투표할 수 있는 권리와 공직에 입후보할 수 있는 권리 이상을 포함하게 된다. 따라서 내 제안을 따를 경우, 참여권은 권력의 주변부에서 그 중심부로 가는 길을 열어주는 것으로 생각할 수 있는 모든 권리를 포함한다. 특히, 참여권은 단지 시민이 권력에 동의하거나 권력으로부터 시민을 보호하기보다는 평범한 시민이 의제설정 권력에 접근할 수 있도록 보장한다.

이를 통해 보장되는 새로운 권리 중에 더 포괄적인 형태는 다음과 같다. 시민이 (직접적 형태로) 입법의제를 제안하거나 (간접적 형태로) 유권자 전체의 국민투표를 제안함으로써 (직접이든 간접이든) 법률제정과 정책 결정에 관해 처음 제안하는 시민 발의, (합리적인 지지 서명 기준을 충족시키는지에 따라) 모든 기존 법률에 관해 국민투표를 발의할 수 있는 개인의 권리에 해당하는 추천권, 추첨에 기반한 모든 정치기구(이른바 '민회')에 참여할 수 있는 권리, 그리고 평범한 시민이 권력의 중심에 접근하는 일을 가능하게 하는 그 밖의 모든 권리.

이러한 권리와 관련해 이미 존재하는 최고의 모델은 아마도 스위스인데, 스위스에서 시민 발의 형태의 참여권은 주와 지자체 수준에서 실제적이고 유의미하게 정기적으로 행사되며, 또한 현재는 연방 수준에서도 고려 중이다(지금까진 단지 헌법 사안 관련 발의만이 합법이었다). 비록 이제까지 적용되진 않았지만, 다른 훌륭한 사례에는 (7장에서 더 논의될) 2011년 아이슬란드의 크라우드소싱 기법을 활용한 제안이 있는데, 이 제안에 따라 (예산 같은) 일부 법안을 제외하고 어떤 법안이든 통과된 지 3개월 이내에 유권자의 10퍼센트가 그 법안에 대해 국민투표를 요청할 수 있는 추천권이 도입됐다. 또한, 전체 인구의 2퍼센트가 의회에 안건을 제출할 수 있고 의회는 이 안건에 대해 자유롭게 기각할 수 있거나, 전체 인구의 10퍼센트가 의회에 법안을 제출할 수 있고 의회는 이 법안의 수용이나 대응법안 작성 중 하나를 선택할 수 있는 시민 발의 제도가 도입됐다. 대응법안 작성을 선택할 경우, 만약 유권자가 제출한 법안이 철회되지 않는 반응이 나오면, 의회는 국민이 발의한 법안과 의회가 작성한 대응법안 둘 다를 국민투표에 부쳐야 한다.

시민 발의와 추천권 개념은 적어도 1960년대 이후 사용 가능했고 짐작건대 대다수 유럽 나라의 시민이 다양한 차원에 적용해 사용할 수 있다는 점이 언급돼야 한다. 하지만 이 중 다수가 사실상 유명무실하고, 너무 적은 영역에 적용되거나 너무 다루기 힘들어서 좀처럼 사용되지 않는 상황이다. 이를테면, 프랑스는 2008년이 돼서야 이따금 (프랑스 헌법 2조와 유사한) 혼합 형태의 시민 발의로 평가되는 제도, 이른바 공동발의 국민투표shared initiative referendum를 도입할 수 있었다.[227] 실제로, 발의는 국회의원과 공동으로 해야 할뿐더러, 오직 국회의원에 의해 발의될 수 있을 뿐이다(국회의원 중 5분의 1에 족할 경우). 그러므로 이런 공동발의 국민투표는 그 선전 내용에도 불구하고 결코 시민 발의가 아니다. 더욱이, 그 혼합적이고 위계적인 성격은 어떤 제안이 실행되는 일을 매우 어렵게 만드는데, 높은 서명 기준이 요구되는 탓에(프랑스 유권자의 10퍼센트는 4백5십만 명

---

227 (옮긴이) 'RIP'로도 불리는 이런 '공동발의 국민투표'에 관해서는, 전학선, 〈프랑스 입법절차의 특징〉, 《유럽헌법연구》 40, 2022, 39~71쪽 참조.

이상에 해당한다!) 지금까지 2019년에 단지 한 번 사용됐을 뿐이다. 유사하게, 유럽 헌법 내에 단단히 자리 잡은 유럽 시민 발의권의 경우 회원국이 EU 수준에 권한을 위임한 어떤 분야에서 유럽 위원회에 법안 제안을 직접 요청하기 위해서는 적어도 회원국의 4분의 1에 거주하는 백만 명의 시민이 필요하다. 법안 발의를 위해 유럽 위원회에 요청할 수 있는 이 권리는 유럽 의회와 유럽 이사회와 동등한 지위를 시민에게 부여한다. 하지만 이 권리는 지금까지 거의 이용되지 않았고, 성공적인 결과를 낳았는지도 의심스럽다.[228]

참여권이 유의미하게 되려면 사용자 친화적인 방식으로 정의될 필요가 있다(이를테면, 서명 기준을 너무 높이 두지 않음으로써 말이다). 이 권리는 또한 어쩌면 역사적으로 참정권이 부여되지 않은 소수집단이 이런 권리를 유의미하게 행사할 수 있도록 보장하는 조치가 뒤따르고 그러한 조치를 통해 강화될 필요가 있다. 참여권은 심지어 규제 일몰제[229] 방식의 소수집단 우대정책이나 무작위로 선출된 민회라는 상황에서 소규모의 취약한 소수집단이 과잉표집된 형태를 띨 수 있다. 이 같은 과잉표집은 캐나다의 브리티시 컬럼비아(Warren and Pearse, 2008 참조), 또는 짐 피시킨이 조직한 호주의 공론조사에서 행해졌는데, 이때 원주민이 과잉표집됐다.[230] 참여권은 본질적으로 열린 민주주의의 제도적 원칙이 의도된 대

---

228 https://en.wikipedia.org/wiki/European_Citizens%27_Initiative 참조.

229 (옮긴이) '규제 일몰제'란 "일몰 시간이 지나면 해가 지듯이 일정 기간이 지나면 자동적으로 법률이나 각종 규제의 효력이 없어지도록 한 법안"("일몰법", 한경 경제용어사전)을 말하며, 기본적으로 규제 완화적인 성격을 띤다. 한국에서는 최근에 도시공원 일몰제, 안전운임 일몰제 등이 부각됐는데, 사안과 관련된 근본적인 모순의 해결과 이해당사자 간의 민주적 합의 과정이 부재한 탓에 이른바 공공성보다는 사적 소유권, 노동자의 권리보다는 사용자의 권리를 옹호하는 시장 친화적인 방향으로 진행됐으며 그 과정에서 적지 않은 갈등과 피해를 발생시키기도 했다.

230 이 같은 조치가 특수한 방식으로 취약한 소수집단을 목표로 삼고 있었기 때문에, 그 권리는 다른 전통적 반다수결적 조치에서 그랬던 것과 달리 강력한 소수집단에 의해 탈취될 가능성이 비교적 적었다.

로 작동하기 위한 전제조건에 해당한다. 이러한 권리는 또한 (아래에서 더 논의될) 숙의와 함께 다수의 폭압 위험에 대항할 수 있는 (자유-공화적인 형태와 대비되는) 순수하게 민주적인 주요 원천을 형성한다. 다시 말해, 자유권이 역사적으로도 그리고 현재에도 여전히 종종 다수결 원칙에 대한 구속과 제약으로 여겨져 왔고 단지 나중에서야 하버마스 등의 이론가에 의해 민주적 절차와 함께 '공존' 가능한 것으로 그 위상이 복권된 반면, 참여권은 민주주의에 내재된 것으로 완전하고 분명하게 개념화된다. 곧 이러한 형태의 권리가 민주적 절차(숙의와 다수결 원칙)가 의도된 대로 작동하는 데 필수적인 것으로 말이다.

숙의

두 번째 제도적 원칙은 열린 민주주의를 회의체 민주주의와 대의 민주주의 둘 다와 구별짓는 토론 과정, 곧 숙의 원칙이다. 숙의 원칙은 지난 40년간 숙의 민주주의 이론가들이 권장한 내용에서 공공연히 빌려왔다. 이런 이론가들이 볼 때 민주적 결정과 정책은 자유롭고 평등한 이들 사이의 숙의를 통한 논거와 의견의 교환의 산물이 될 수 있는 경우(롤스)나 사실상 그런 산물일 경우(하버마스)에 정당성을 얻게 될뿐더러 그 정당성을 얻게 되는 것은 또한 오직 이런 경우에 한해서다. 나는 여기에서 명시적으로 하버마스가 설명한 숙의 민주주의 이상을 수용하려 한다. 하버마스의 이론 구조에서, 합리적 담화나 논증은 사실성에 대한 주장과 도덕적 올바름이나 법적 정당성에 대한 주장을 검증하는 실천에 해당한다.[231] 추상적 수준에서, 숙의 과정은 따라서 여러 가지 전제조건, 이를테면 포괄성, 곧 이의와 반대를 제기할 수 있고 관련된 모든 종류의 참여를 할 수 있는 동등한 기회뿐만 아니라 권력, 강압, 거짓, 기만이 없는 상태를 수반하게 된다(Habermas, 2006: 138~183, 특히 pp. 160, 166의 설명 참조).

시민, 국회의원 등 사이에 법적으로 제도화된 토론으로서 정치적 숙의는 (일반화될 수 없는 이해관계, 경험적, 이론적 문제, 도덕적, 윤리적 문제에 따라 좌우되는) 다양한 종류의 문제에 적용되고 선별적인 방식으로 다양한 형태의 협상과 토론의 공간을 만들어낸다. 그러나 일단 정치적 숙의가 민주적 헌법 틀 내에서 제도화되면 참여자들 사이의 신분적 차이는 실제적으로는 아닐지라도 법적으로 문제시되지 않는다.

앞선 패러다임과 달리, 열린 민주주의는 숙의를 핵심적인 제도적 원칙으로 의식적으로 수용한다. 대조적으로, 대의 민주주의의 역사적 패러다임은 비록 숙의와 양립될 수 있음에도 숙의에 반드시 전념하지는 않는다. 이는 이 패러다임이 숙의보다는 엘리트적 경쟁과 투표 계기를 강조하는 순전히 종합적이고 슘페터적인 형태로 실현될 수 있기 때문이다.

그러나 누군가는 숙의가 아테네의 인민 의회에서 제도화된 대중연설 관행과 근본적으로 다르지 않다고 주장할지도 모르는데, 숙의가 이해당사자들을 훨씬 더 많이 포괄하는 상황에 적용된다는 사실을 제외하고 말이다. 그럼에도 불구하고 고대 아테네보다 열린 민주주의에서 진정한 숙의로 간주될 수 있는 형태에 대해 더 많은 이론적, 경험적 관심을 부여한다. 민주적 숙의가 이뤄지려면 그것이 모든 이들 사이에서 직접적으로 이

---

231 이는 원칙상 의견일치를 기대한다고 설명하지 않는 다양한 범위의 타당성 주장에 이른다. 이 경우 심지어 판단 책임이 도외시되더라도 의견 불일치가 존재할 것으로 기대된다. 나는 이 구절을 명확히 하도록 도움을 준 하버마스 교수에게 감사드린다(개인적 연락, 2018년 7월 18일).

뤄지든 대표자들 사이에서 간접적으로 이뤄지든 상관없이 단지 타고난 연설가만이 아니라 모든 참여자가 포함돼야 한다(Ober, 1997). 수줍은 이들, 자신의 생각을 분명히 표현하지 못하는 이들, 소수자들, 취약한 이들을 접촉하려는 노력이 이뤄져야 한다. 비록 이 또한 그 자체로 충분하진 않더라도 추첨형 대의제(아래에서 다뤄지는 원칙 참조)는 이런 노력의 일환이다. 자신의 생각을 분명히 표현하지 못하는 이들, 소수자들, 그리고/또는 취약한 이들이 회의체 내에서 간단하게 재현될 수도 있기 때문이다. 열린 민주주의 아래 이뤄지는 숙의는 공적 공간에서 그저 우연히 발생했다기보다는 현재 정교화되고 경험적으로 정통한 형태의 주류화된 숙의 민주주의에 따라 이와 같이 세심하게 엄선해 구성되고 촉진된 것이다. 인간 심리 그리고 적정한 평등의 사회적 조건에 관한 연구에서 이뤄진 발전을 활용하는 열린 민주주의는 숙의적 측면에서 회의체 민주주의를 상당히 향상시키고 있다(비록 근본적으로 쇄신하지 못할지라도 말이다).

현재는 사회과학자들이 더 잘 이해하는 숙의는 실제로 민주적 의사결정에 필수적인데, 이는 어느 정도는 숙의가 순환적 다수 문제에 대한 (부분적) 해결책에 해당하기 때문이다(다른 해결책으로는 전략 수립을 제한하는 공식적 원칙과 비공식적 합의, 또는 케네스 셉슬Kenneth Shepsle이 말한 "구조 유도 균형"이 있다).[232] 숙의는 순환을 매끄럽게 하고, 최상의 시나리오에서는

232 (옮긴이) '순환적 다수'란 다수결이 만능이 아님을 보여준 18세기 프랑스의 정치가이자 수학자 '콩도르세의 역설'에 그 연원을 두는 개념으로, 던컨 블랙Duncan Black의 논문에서 처음으로 제기됐다(Campbell, Colin D. and Tullock, Gordon, "A Measure of the Importance of Cyclical Majorities", *The Economic Journal*, Vol. 75, No. 300, 1965, pp. 853~857). 예를 들어, "피터, 폴, 메리가 술 A, B, C 가운데 어떤 술을 살지 결정하는 상황을 가정해보자. 피터는 A 〉 B 〉 C 순서로 선호하고, 폴은 B 〉 C 〉 A, 메리는 C 〉 A 〉 B 순서로 선호한다. 이때 A와 B 중에서는 다수(2명)가 A를 선택하고, B와 C 중에서는 다수가 B를 선택한다. 즉 A 〉 B와 B 〉 C가 성립되니 당연히 A와 C 중에서는 A가 선택되어야 하지만 실제로는 다수가 C를 선택하게 된다. 이런 식으로 역설적 순환이 반복되는 것이다". 한편, "1972년 노벨경제학상을 수상한 미국의 경제학자 케네스 애로는 선거의 역설은 피할 수 없으며, 단 하나의 투표방식을 제외하고는 모든 투표방식에 문제가 있다는 사실을 증명해냈

다양한 선호가 단일한 정점에 이르게 만드는 이점을 지니는 것으로 증명돼왔다. 따라서 숙의는 그 뒤에 이뤄지는 투표를 통한 결정이 유의미해지도록 보장하게 된다(Miller, 1992; Dryzek and List, 2003; List et al., 2013; 이상 Curato et al., 2017: 29에서 재인용).

최근의 연구논문에 정리된 대로, 숙의는 행위자들이 결정 과정을 불안정하게 만드는 새로운 선택지를 도입할 가능성을 제한하는 합의를 유도하고, 참여자의 다양한 선호를 구조화해 하나의 차원에 따라 "단일한 정점에 이르게" 만듦으로써 대안 전체를 다뤄야 하는 순환 과정이 지배하게 될 가능성을 감소시키는 속성을 지니는 것으로 형식적 · 경험적 차원에서 증명돼왔다(Curato et al., 2017: 29; 또한 예를 들어, Manin, 1987; Knight and Johnson, 1994; Farrar et al., 2010 참조). 논문의 저자들은 "[의]사소통 과정에서 숙의가 더 많이 이뤄질수록, 민주주의 또한 더 잘 실현된다. 민주주의에는 반드시 숙의가 동반돼야 한다"(Curato et al., 2017: 29)고 결

다. 놀랍게도 선거의 역설과 선거 조작의 문제로부터 자유로운 유일한 정치방식은 독재로 드러났다"(애로의 '불가능성의 정리' 참조). 이는 "완벽한 선거제도란 없으며, 그렇기에 유권자들이 꾸준히 선거제도를 감시하고 고민해야 함을 일깨워준다"(신성미, 〈2500년 지났어도 수학적 오류 없는 선거는 없다〉, 《동아일보》, 2012년 12월 15일자; 조지 슈피로 지음, 차백만 옮김, 《대통령을 위한 수학 민주주의를 애태운 수학의 정치적 패러독스》, 살림, 2012 참조). 또한, 이는 정당에게도 과반수 득표를 위해 급진적인 정책보다는 중간층 유권자가 선호하는 정책을 제시하게 되는 '중위투표자 정리' 문제를 지우게 한다. 이러한 논의는 프랑스 등에서 시행되는 '결선투표제' 도입 논란과도 관련되며, 논리 연산에 따라 결론이 나오는 수학적 '이행성'이 실재하지 않는 관계적 복잡성에 기반한 세계에서, '가위바위보' 같은 무작위 결정방식이 오히려 합리적임을 역설적으로 드러낸다(이철욱, 〈투표 순서와 방식에 따라 결과가 달라지는 '콩도르세의 역설'〉, 《동아일보》, 2023년 5월 12일자 참조). 이러한 역설은 '과잉결정' 개념을 떠올리게도 한다. 또한, 사건이 벌어지고 얼마간의 시간이 지난 뒤에 얻게 되는 뒤늦은 깨달음이나 모든 생산력을 소진하고 나서야 가능해지는 이행이라는 난제와 유사하게, 결함을 지닌 모든 대안을 순환한 뒤에 진리에 이르게 되는 이러한 '순환적 다수' 문제와 관련해 이 책에서 논의되는 무작위로 선택된 평범한 시민이 숙의를 거쳐 대안을 제시하는 열린 민주주의는 하나의 해법이 될 수 있다. 다른 한편, 케네스 셉슬은 "울타리를 높게 쌓아놓고 쪽문을 하나 만들어 놓은 다음 울타리 안에 있는 사람들을 위험으로 몰아세우면 그들이 취하는 행위는 쪽문으로 향하는 것밖에는 없다는 비유"를 들어 '구조 유도 균형' 개념을 설명한다(김형준, 〈국민 우선의 민생 국회에 올인하라〉, 《여성신문》, 2014년 10월 1일자 참조).

론짓고 있다.

열린 민주주의의 핵심 원칙으로서 숙의에 대한 전념은 합의 민주주의에 대한 전념(예를 들어, Shapiro, 2017 같은 반대 측 비판자)과는 다르다. 합의는 그 자체로 숙의주의자의 목표라기보다는 숙의 과정에서 예상되는 부산물로 여기는 편이 더 유용한 것으로 증명돼왔다(Landemore and Page, 2015). 이는 하나의 목표로서 합의가 거부점, 현상 유지 편향, 그리고 결국 소수에 대한 폭압의 가능성을 만들어내기 때문이다. 이는 열린 민주주의가 전념하는 또 다른 대상, 곧 다수결화 원리와 상반된다. 따라서 숙의는 생산적 의견 차이 또는 "긍정적 의견 차이"(Landemore and Page, 2015)를 신중하게 양성하는 일과 양립될 수 있다.[233]

그렇지만 숙의가 의미하는 것은 숙의 요소를 통해 국민투표 같은 기존의 종합적 관행을 풍부하게 해야 할 필요성이다. 여기에서 하나의 좋은 사례는 시민 발의 검토제Citizen Initiative Reviews(CIR)인데, 법제화된 이 제도는 2010년 이후 오리건Oregon 주 선거 절차에 포함됐다. CIR 제도는 24명의 유권자로 구성된 부문별 대표자들이 단일 투표안에 대한 숙의를 위해 5일 동안 모인다. 이 절차의 결과는 시민 패널들이 작성한 시민 성명서가 담긴 공식 **유권자 팸플릿**을 주무장관의 이름으로 각 등록 유권자에게 발송하는 것이다(예를 들어, Gastil et al., 2018 참조).

233 (옮긴이) 이 책이 근거하고 있는 인식론적 민주주의의 관점에서 한국에서 합의제도의 한계에 관해서는, 유세환, 〈국회선진화법에 대한 인식론적 민주주의의 관점〉, 《한국의회학회보》 2(1), 2013, 1112~137쪽 참조.

다수결화 원리

숙의 다음에 오는 세 번째 원칙은 핵심 결정 절차로서 다수결화 원리이다. 이는 (다수결 원칙 같은) 특정 원칙이라기보다는 하나의 원리에 해당하는데, 이 원리가 다양한 모습으로 나타날 수 있기 때문이다. 따라서 미셸 발린스키Michel Balinski와 리다 라라키Rida Laraki는 다수결 원칙을 한 집단이 활용 가능한 대안들에 순위를 매기는 과정으로 전통적으로 해석하는 대신, 이 집단이 그러한 대안들을 판단하고 평가하는 과정으로 해석할 것을 제안한다. 이들이 제안한 해석을 따를 경우, 정치적 후보나 정치적 대안은 이를테면 포도주 시음회에서 이뤄지는 방식처럼 "평가를 받게" 된다 (Balinski and Laraki, 2010).

열린 민주주의는 다수결화 원리에 전념하는데, 이는 대의 민주주의가 지닌 반다수결 메커니즘을 전부는 아니더라도 많은 부분 해체하고 그 같은 민주주의를 무력하게 만드는 복잡성의 문제를 뚫고 나가는 방식으로 그렇게 한다. 이 같은 방식은 물론 몇 가지 우려를 낳는다. 이러한 우려를 여기에서 직접 논의하기보다는(이런 우려는 다음 장에서 다뤄질 것이다), 실제 문제는 늘 상대적이라는 점을 짚고 넘어가려 한다. 반다수결적인 권리, 방식, 메커니즘은 그 자체로 일련의 우려를 제기한다. 비록 어쩌면 이런 방식이 처음에는 취약한 소수집단을 보호하려는 의도에서 시작됐다 하더라도, 역사와 경험적 증거는 이 방식이 기존 이점을 확고히 하려고 기득권을 지닌 소수집단에 의해 그렇게 많이는 아니더라도 자주 포획됐고 따라서 심지어 자유주의자의 관점에서도 오도되고 생산적이지 않은 것으로 드러났음을 보여준다.[234] 더 냉소적인 이들은 반다수결적 방식이

234 민주주의 제도가 보편적 동의에 기반해야 하는지 아니면 50%+1이라는 다수결 방식의 투표 결정 원칙에 기반해야 하는지에 관해서는, Buchanan, 1999와 Rae, 1969를 비교 참조. 또한, Shapiro,

민주주의가 제대로 확립되면 자신의 특권이 민주적인 면밀한 조사를 감당하지 못하게 될 것을 두려워한 특권적 소수집단을 보호하기 위해 시행됐다고 생각한다.

그러므로 열린 민주주의는 압도적 다수결제보다는 단순 다수결제를 수용한다는 점에서 회의체 민주주의로 되돌아가게 된다. 숙의를 통해 합의를 낳지 못하는 의견 차이를 해결하는 데 투표가 필수적인 한, 특정 형태의 기본결정 원칙이 마련돼야 한다. 투표의 최소 기준치와 소수집단의 거부권 제도를 두려는 조금이라도 유효한 대항 논리를 제외하고 가장 민주적인 원칙은 특정 형태의 다수결 원칙이다(이에 대한 엄격한 절차적 근거와 인식론적 근거가 둘 다 제시될 수 있다).[235]

민주적 대표성

이미 우리는 4장과 5장에서 열린 민주주의의 네 번째 원칙, 곧 민주적 대표성을 접했으므로, 여기에서 나는 단지 그 핵심 특징을 검토하려 한다.

민주적 대표성은 열린 민주주의가 대의 민주주의라는 역사적 패러다임으로부터 가장 미묘하지만 동시에 가장 급진적으로 탈피하게 되는 영역에 해당하는데, 열린 민주주의가 대의제적 성격을 띠는 반면 그 방식상 선거가 핵심이 아니거나 심지어 필수가 아닌 상황에서 그러한 성격을

2016 참조.

235 투표의 3분의 2나 4분의 3 같은 압도적 다수에 해당하는 기준치 뒤에 어떤 이론적 근거가 존재하는지는 불분명한데, 18세기 당시 이 제도의 설계자에게 이 같은 기준치가 직관적 중요성을 지녔다는 사실을 제외하고 말이다. 실제로도 이런 기준치는 자주 극히 무력해지게 되는데, 어쩌면 그 창안자가 의도한 효과를 뛰어넘어 말이다.

띠게 된다는 측면에서 그렇다. 따라서 다섯 가지 기본원칙 수준에서 선거 원칙에 관해서는 일절 언급이 없다(심지어 정기적 선거 원칙에 관한 언급도 없다). 이는 **유일한** 궁극적 민주주의 원칙은커녕 하나의 개별적 민주주의 원칙에도 이르지 못하는 선거가 대의제 원칙을 민주적 방식으로 실현할 수 있는 메커니즘 중에서 단순히 **하나의** 선택 메커니즘에 지나지 않기 때문이다. 비록 선거가 일반적으로 과두적 방식과 민주적 방식 사이의 연속선 상에 위치한다기보다 이러한 스펙트럼의 민주주의 극단 쪽에 더 가깝게 위치하는 것으로 상상할 수 있을지라도(앞 장 끝부분에 언급된 액체 민주주의 모델 참조), 선거는 기본적으로 야누스처럼 두 얼굴을 지닌 선택 메커니즘인 것이 현실이다(Manin, 1997: 150). 그 민주적 자격에 문제가 있으므로, 선거는 민주주의 원칙 수준으로 올려져선 안 된다. 누군가는 실제로 선거가 완전히 생략된 민주주의 제도를 상상할 수도 있는데, 만약 선거가 (평등 원칙이 시사하는) 선출 대표자가 될 수 있는 기회의 평등과 너무 조화되기 어려운 것으로 입증된다면 말이다.[236]

열린 민주주의 제도는 고유의 민주적 이점을 지닌 다른 선택 메커니즘을 활용할 수 있는데, 이는 추첨제와 자기추천을 포함한다. 따라서 정기적 선거가 선거 민주주의를 규정하는 제도적 특징에 해당하는 반면, 열린 민주주의는 선거 그 자체에 전념하지 않는다. 대신에 열린 민주주의는 다양한 형태의 민주적 대표성으로 구성된 더 풍부한 생태계를 포괄하게 된다.

이와 관련해, 나는 내가 열거한 원칙에서 대표자와 대표되는 이들 사

---

236 선거 없는 민주주의 제도에 대한 옹호는 이를테면 최근에 Van Reybrouk, 2016에 의해 이뤄졌다. 나 자신의 견해는 선거 없는 민주주의 모델이 현시점에서 주로 어떤 거버넌스 청사진을 기대하는 새로운 나라나 온라인 커뮤니티(이를테면, 암호 화폐 커뮤니티)에서 실현 가능하다는 것이다. 대의 민주주의 제도가 확립된 곳은 어쩌면 기존 선거적 특성 위에 추첨제의 특성을 접목한 더 혼합적인 모델을 채택해야 할 것이다.

이의 관계가 지닌 성격을 언급하지 않았다. 이는 새로운 패러다임에서 위임인과 대리인의 구별이 지나치게 단순한 시도처럼 보이고 그 유권자에 대한 대표자의 독립성을 고려할 필요가 없어지기 때문이다. 대의적 관계는 대체로 민주적 성격을 띠는 한 다양한 형태가 될 수 있다.

민주적 대표성의 핵심 형태는 추첨형 대의제인데, 이 같은 형태는 추첨과 교체를 결합시킨다. 특히, 교체 제도로 인해 정치를 직업으로 보는 관행과 정치인을 독립된 계층으로 보는 견해는 열린 민주주의에 속하지 않게 된다. 이는 열린 민주주의에 직업 정치인과 전문 정치인을 위한 자리가 없다는 말이 아니다. 여전히 전문 보좌관과 **행정관**의 역할이 상당수 존재한다. 하지만 **법률**은 궁극적으로 직업 정치인이 아닌 평범한 시민이 발의하고, 통제하고, 기여하고, 검증해야 한다. 열린 민주주의에 여전히 선출 정치인의 자리가 존재하는 한, 선출직을 맡은 구성원의 교체를 더 많이 보장하는 방안이 마련돼야 하는데, 정기적 선거를 통해서뿐만 아니라 이를테면 임기의 엄격한 제한과 소환 가능성을 통해서도 말이다. 그렇게 된다면, 정기적 교체는 어떤 형태의 대표성에 대해서든 하나의 보완책이 된다. 비록 잠시라도 권력이 부여된 덕분에 대표자가 사실상 엘리트가 될 가능성이 있는 한, 이같이 단기간에 권력에 접근할 수 있도록 하는 일이 중요해지게 된다. 정기적 교체는 정치체 전체에 복무하기 위해 권력에 대한 접근권이 주어진 평범한 시민이 직업화된 정치인 계급으로 돌아가거나 공통의 이해관계를 망각하지 않도록 보장한다.

투명성

마지막 원칙에 해당하는 투명성은 특히 무작위로 선출된 의회나 선거

의회가 정기적으로 갱신되기 전까지 어느 시점에든 나타날 수 있는 닫힘 현상에 저항하는 다른 원칙들을 위한 조건으로 여겨질 수 있다. 일반적으로 그 자체로 가치를 지닌 투명성은 (민주적 대표성 원칙에서 교체 제도와 같이) 통치 체제 전체와 관련된 책임성 메커니즘에 해당하고, 정치적 입법자와 지도자들이 자신의 책임과 의무를 그들의 동료와 동료 시민이 보내는 경계의 시선 아래 놓이게 함으로써 책임을 계속 인식하는 상태가 되도록 보장한다. 이런 투명성 없이는 심지어 무작위로 선발된 시민으로 구성된 열린 민회도 의혹을 받을 수 있다. 이런 민회에 대한 비판자 중 한 명이 언급한 대로, 이 제도는 "투명성 없는 정당성"(Rummens, 2016)을 낳게 될 위험성이 있다.

따라서 투명성은 대규모 제도가 열린 상태가 되도록 하는 데 매우 유용하다. 비록 정치적 결정 절차에 빛을 비추는 일이 어느 정도 무력화시키는 효과를 낳을지라도, 투명성은 "빛이 가장 좋은 살균제"라는 통념을 제도화하는데, 이 제도에서 이뤄질 수 있는 숙의의 질적 측면을 포함해서 말이다(Chambers, 2004). 투명성 원칙은 경우에 따라 폐기될 수도 있지만 유용하기 때문에 단지 정당한 이유에서만 그럴 수 있고, 이를 축소시키려는 이들에게 입증과 정당화라는 무거운 부담을 지우는 기본원칙에 해당한다.

우리는 투명성 원칙이 시민의 적극적 참여를 필요로 하지 않으며, 사실상 공중의 의견제시input에 실제적으로 닫힌 절차라는 특징을 지닐 수 있다는 점에 주목할 필요가 있다. 하지만 투명성은 여전히 시민이 눈으로 보고 감시함으로써 정치 과정에 연루된 행위자의 활동에 관해 직접 판단을 내릴 수 있음을 의미한다. 반대로, 투명성은 또한 정책입안자가 필요하다고 판단될 때 공중의 생각과 의견제시에 접근할 수 있음을 의미하기도 한다. 따라서 투명성은 문까지는 아니더라도 정치적 장벽에 열려 있는 창문에 해당한다. 게다가, 발언하고 행동한 내용에 관한 기록을 이후에 공중이 활용할 수 있다면, 투명성은 상대적으로 닫힌 활동들에도 적용될 수 있다(이른바 "지연된 투명성"). 투명성은 대개 **절차적** 투명성을 의미하고, 항상 실체적 투명성을 의미하지는 않는다. 고대 아테네가 통치자에 대한 사회적 통제를 가능하게 해준 정치체의 작은 규모 덕분에 사실상 상대적으로 투명했던 반면, 열린 민주주의는 의도적으로 투명성을 도입하려 한다. 현대 정치체가 지닌 규모와 복잡성을 고려할 때, 투명성은 이를 위한 추가적인 노력과 제도적 압력을 요구한다.

투명성이 공허한 구호처럼 들릴 수 있고, 실제로도 종종 그렇다는 점에 의심의 여지는 없다. 감당할 수 없고 읽기 어려운 상당량의 자료를 온라인에 저장하는 일이 정부를 "열려 있게"는커녕 진정으로 "투명하게" 만들어주지도 않는다(Heller, 2011).[237] 유사하게, 어쩌면 유럽연합이 지닌 시각적으로 가장 역설적인 모순 중 하나는 의회에 투명 유리벽을 설치한 일인데, 이러한 시도가 (미로 같기로 악명 높은[238]) 건물 자체나 건물이 상징하는 제도의 접근성이나 항행성을 보장해주는 것은 아니다.[239]다시 말해, 투명성이 모두가 볼 수 있도록 만들어진 자료의 가독성, 이해가능성, 보편적 접근성으로 항상 이어지는 것은 아니다. 적절한 제도적 투명성이

---

237 건강지표에서부터 공무원과 국회의원의 급여에 이르는 항목과 관련한 공공 데이터의 투명성과 더 많은 이용 가능성을 통해 부패와의 싸움을 일부 목표로 한 오바마 대통령 재임 시 착수된 열린 정부 파트너십과 관련해, 투명성과 반부패 NGO의 당시 창립자이자 이후 열린 정부 파트너십의 시민사회 운영위 위원이 된 너새니얼 헬러Nathaniel Heller는 다음과 같이 말하고 있다. "오픈 데이터는 일부 정부가 훨씬 더 힘들고 혁신적일 수 있고 우선순위가 높을지도 모르는 열린 정부 개혁안을 피할 수 있는 쉬운 탈출구[를 제공할 수도 있다]". 거짓 열림과 투명성에 관한 동일한 우려 때문에 다른 이들은 오픈 데이터와 열린 정부를 완전히 다른 기획으로 생각해야 한다고 결론짓는다(Yu ad Robinson, 2012). [(옮긴이) 이 책 1장 서론 '새로운 패러다임' 절의 '열림 개념' 논의 참조.]

238 나는 세계 민주주의 포럼에서 연설하기 위해 2014년 11월에 짧게 방문했을 때 겪은 개인적 경험과 현지 직원이 제기한 다양한 불만을 근거로 이같이 이야기한다.

239 (옮긴이) '항행성'이란 어떤 목표에 효과적으로 도달할 수 있게 해주는 성질을 의미한다. 캐스 선스타인 지음, 박세연 옮김, 《항행력-인생의 올바른 경로를 찾아 주는 넛지의 힘》, 열린책들, 2022 참조.

어떤 방식과 어느 정도의 비용으로 시행될 수 있는지를 이해하기 위해서는 훨씬 더 많은 연구가 필요하다.

열린 민주주의는 이와 같이 다섯 가지 원칙의 조합에 기반한다. 곧 참여권, 숙의, 다수결화 원리, 민주적 대표성, 그리고 투명성 말이다. 이 원칙 가운데 일부는 회의체 민주주의나 대의 민주주의를 뒷받침하는 원칙에 비교해 어느 정도 새로운 것이다.

내가 주장하는 새로움에도 불구하고, 열린 민주주의 패러다임은 첨부된 표에 나타난 대로 평등성과 포괄성에 대한 기본적 전념을 회의체 민주주의 그리고 선거 민주주의와 공유한다. 특정 데모스 내의 포괄성과 평등성은 어떤 형태의 민주주의이든 기본 전제에 해당하기 때문에, 어휘적 측면에서 다른 모든 제도적 원칙에 앞서 전제될 수 있고 그렇게 전제돼야 한다. 이런 특성에 의해 열린 민주주의가 선거 민주주의, 회의체 민주주의, 또는 실제로 어떤 형태의 민주주의와도 결정적으로 구별돼선 안 된다.

그러나 결론 장에서 나는 열린 민주주의에서 이러한 핵심 원칙이 새로운 방식으로 평가될 수 있다고 주장하려 한다. 미리 예시하자면, 열린 민주주의 아래의 포괄성은 세계화되고 상호연결된 세계에서 이해당사자 공동체의 차원과 범위가 변화된 상황을 반영하기 위해 '역동적' 포괄성으로 불릴 수 있다. 나는 우리가 처한 세계화 시대에 고대 민주주의와 대의 민주주의 둘 다에 의해 당연하게 여겨지는 지리적 경계들이 무엇보다 사실상 점점 더 자의적으로 재편되고 있을 뿐만 아니라 국가를 가로지르거나 세계적 차원의 이해관계를 지닌 특정 사안과 관련해 의견을 제시하는 데 점점 더 장애물처럼 여겨지고 있다고 주장하려 한다. 이런 역동적 포괄성 원칙이 내가 이 책에서 제시할 수 있는 것보다 더 긴 분량의 정당화 과정을 요구하기 때문에, 나는 이 같은 결론을 옹호하는 대략적 개요를 제시하는 일을 나중으로 미루려고 한다.

이 장에서 비교된 세 가지 민주주의 모델의 공통적 토대가 되는 또 다른 민주적 기본원칙에 해당하는 평등성은 열린 민주주의 아래서 기본적으로 예외적 형태가 아니라 여전히 공식적 형태로 예시된다. 열린 민주주의 아래에서, 정치적 평등은 대의 민주주의에서처럼 법 앞에서의 평등과 투표의 평등을 모두 의미한다. 열린 민주주의는 '이세고리아isegoria'(동등한 발언권)를 현대적 권리로 전환시킴으로써 그리스의 (법적 요건은 없는) 사실상의 권한을 개선하는데, 이때 숙의가 필요한 경우 모든 시민에게 말할 수 있는 동등한 권리가 부여된다. 현대 정치체가 지닌 규모를 고려할 때, 이 같은 권리가 쉽게 전환될 수 있는 방식이 꼭 의회에 물리적으로 직접 접근하는 방식일 필요는 없다. 대신에 이 방식은 단순히 온라인 포럼에 접속할 수 있는 동등한 권리를 의미할 수도 있다. 또는 동등한 발언권은 (추첨에 기반한 민회에서처럼) 대표성이 필요한 경우 각 개인이 대표자가 될 수 있는 동일한 기회를 지니는 일을 의미할 수 있다. 고대 민주주의로부터 이어지고 열린 민주주의에서 권리의 하나로 전환된 또 다른 권한은 실제로 입법 의회의 의제설정 역할에 참여하는 일에 선출될 수 있는 동등한 기회이다(고대 아테네의 500인 평의회). 마지막 장에서 나는 열린 민주주의의 경제적 배경 조건에 대한 일부 성찰을 제시함으로써 형식적인 정치적 평등이 어쩌면 '실질적'이 될 수도 있는 방식을 고찰할 것이다.

열린 민주주의에서 정당의 역할

열린 민주주의는 선출 관료와 의회의 역할을 유지하는 선거 형태로 예시될 수 있는 패러다임에 해당한다. 새로운 비선거적 형태의 민주적 대표성이 선거의회와 관료에 대한 보완책으로 도입되는 한(솔직하게 말해,

가장 있을 법한 시나리오), 비록 새로운 제도적 가능성을 감안해 정당의 내부 기능이 진화할 수는 있지만, 정당이 쇠퇴하거나 이런 정당의 역할이 근본적으로 변화할 것으로 생각해야 할 이유는 없다.[240] 특히, 일정 형태의 선거 없이 집행 권력의 수장을 뽑는 대안적 방식을 상상하기는 어렵기 때문에, 심지어 열린 민주주의에서도 정당이 민주적 전망의 한 요소로 남을 가능성이 높다.

나는 이제 선출직을 최소화하거나 심지어 완전히 없애는 열린 민주주의의 시나리오 중 하나를 고찰하려 한다(이는 아마도 행정 권력이 입법 권력에 크게 종속된 형태이며 그 자체도 배심원단에 더 가깝게, 가령 검증된 후보자 공급원에서 무작위로 선출되기 때문인데, 만약 우리가 이런 이야기를 디지털 커뮤니티 같은 비국가적 맥락에서 생각한다면 그것이 덜 이상하게 들릴지도 모른다). 이러한 제도에서 정당에는 무슨 일이 일어나게 될까? 그리고 만약 존재한다면 어떤 다른 기구가 정책 프로그램을 위한 정당한 강령을 제시하는 유용한 기능을 수행할 수 있을까? 이 부분이 우리 패러다임이 마주치게 되는 개념적 한계를 인정해야 하는 지점에 해당하는데, 이는 실제로 단순히 우리의 (아니면 적어도 나의) 정치적 상상이 지닌 한계를 반영하는 것일지도 모른다.

하지만 나는 우선 '정당'이란 용어가 지닌 의미를 명확히 하려 한다.

---

240 이를테면, 이런 정당은 어떤 직위의 후보자 목록을 작성하기 위해 무작위 선택을 사용할 수 있다. 이 같은 방식은 파리의 세드릭 빌라니Cédric Villani에 의해 최근에 시도됐는데, 그는 수도 파리에서 열리는 지방선거에 출마한 526명의 러닝메이트 중 48명을 전용 온라인 플랫폼("Decidim", 바르셀로나 시청이 만든 유명한 오픈소스 도구) 상에서 지원하도록 요청된 (자원한) 파리 사람 중에서 추첨할 것이라 약속했다. 낸시 로젠블럼Nancy Rosenblum은 또한 (나와 개인적 연락에서) 정당이 자신의 당원을 선거의회에 무작위로 보낼 수 있는 가능성을 시사했는데(유권자에게는 특정 정당에 투표하도록 요청되지만, 선거의회 소속인 이 정당의 구체적인 대표자에게 그런 것은 아니다), 짐작건대 이는 이들의 위계 구조를 크게 무너뜨리고 당원들 사이에 관계를 동등하게 하려는 기대 속으로 이들을 밀어 넣는다.

어쩌면 우리가 생각하는 정당의 의미에 의해 많은 것이 좌우된다. 만약 우리가 정당이 선거 방식을 통해 정치권력을 획득하는 일을 그 주된 목적으로 하고 역사적으로 조직된 비슷한 생각을 지닌 이들의 집단을 의미한다는 점에 동의한다면, 순전히 비선거적인 형태의 열린 민주주의에서 정당은 그 정의상 설 자리가 없게 된다. 이러한 민주주의에서 권력의 자리는 무작위로 배분되거나 어떤 경우에는 (참여예산 사례처럼) 자기추천 참여자에게 주어지기 때문이다.

하지만 만약 우리에게 정당이 다양한 사안을 일관된 정치 강령으로 묶기 위해 모인 비슷한 생각을 지닌 이들의 연합associations을 의미한다면, 이는 민주적 제도가 이런 정당 없이 운영될 수 있는지와 관련된 실제적인 경험적 문제를 제기한다. 이 문제는 적어도 지역 수준에서 생각해 볼 수 있다. 지방 정부(도시)는 많은 경우 정당에 의존하지 않고 운영된다. 유사하게, 아마도 소규모인 탓에 고대 아테네는 인민 의회와 일정 수의 무작위로 선발된 이들에 기반해 정당 없이 운영됐다. 심지어 (장군이나 일부 행정관의 선출을 위해) 그리스가 치른 몇 안 되는 선거도 우리가 현재 '정당'이라 부르는 형태의 영속성을 지닌 기구보다는 임시적ad hoc 모임과 캠페인에 기반해 진행됐던 것으로 보인다.

그러나 정치학자와 이론가들은 모두 이구동성으로 정당이 없는 상황은 상상할 수 없고 일반적으로 실현 불가능하다고 말한다(그리고 이들은 대개 대규모 정치체를 염두에 두고 있다). 명시적으로 사고실험에 참여한 로버트 구딘Robert Goodin은 정당 없는 민주주의가 다음과 같이 다섯 가지 바람직하지 못한 특징을 지니게 될 것으로 예측한다. (1) 유권자가 이데올로기나 강령적인 이유보다는 개인적 자질(최선의 시나리오일 경우, 호감, 화술, 능력, 진실성)에 기반해 대표자를 선택하게 되는 "인물주의 정치". (2) "[입]법 의회에서 […] 연합 형성이 개인적이고, 임시적이고, 인식

공격적"이 되는 "후견주의 정치"(Goodin, 2008: 210). (3) 정치인이 공동이익의 추구보다는 유권자에 대한 서비스에 주로 초점을 두는 "후원 정치". (4) 정당의 부재로 "어떤 체계적이고 일관된 일련의 정책을 도입하려는 어떤 일치된 행동"의 토대가 부재하는 탓에 정치 그 자체보다는 "행정"(같은 글). (5) 사람들이 뭐가 됐든 공유된 이해관계를 불러일으키는 주장에 기반하기보다는 "그들 자신과 유사한" 사람에 대해 투표하게 되는 "정체성 집단의 정치". 이 같은 디스토피아적 시나리오를 개괄하면서, 구딘은 정당 없는 민주주의에서 놓친 중요한 문제가 "정치적 '원칙'의 어떤 체계적인 추구"나 "'이념'의 정치"(Goodin, 2008: 211)일 거라는 점을 인정하고 있다. 그는 나아가 이질적인 성격의 입법자나 유권자의 의도를 조화시킬(전문용어로 '사안들을 포괄할bundle issues') 수 없고 따라서 제대로 자기입법할 수 없는 정당 없는 민주주의가 "전혀 민주주의가 아니게" 된다고 결론짓고 있다(Goodin, 2008: 214).

정치이론가 조너선 화이트Jonathan White와 리아 우피Lea Ypi 또한 정당 없는 민주주의가 바람직하지 못하다는 견해를 제시하는데, 이들은 (아마도 구딘이 자기입법 능력이라 부른 것과 관련된) 권력을 올바르게 정당화하는 일의 불가능성을 그들 나름대로 강조한다. 이들의 견해에 의하면, 정당 없는 민주주의에서 권력의 정당화는 정당의 역사적 안정성과 구조 없이 개인이나 임시적ad hoc 집단의 몫이 되고 따라서 포획되고 조작되기 쉽게 된다.[241] 그 결과는 '정당화'를 희생하고 '전략'에 초점을 두게 된다. 이들은 다음과 같이 결론짓고 있다.

241 이들의 표현에 따르면, "당파적 실천이 부재할 경우 우리는 도덕적으로 헌신하는 개인이나 임시적 집단에 의존해야 한다. 이 같은 개인이나 집단 중 어느 쪽도 정치적 헌신을 촉진하고 유지하는 데 필요한 인식적, 동기 부여적, 실천적 잠재력을 제공할 수 없다"(White and Ypi, 2016: 70~71).

요컨대, 정당 없는 민주주의에서 정치적 정당화는, 시민이 당파심의 잠재적 폐해를 인지하지만, 여전히 그를 통해 활용 가능한 상호 참여의 형태에 전념하는 가운데 집단행동을 하는 민주주의에서보다 훨씬 더 유지되기 어렵다. (White and Ypi, 2016: 70~71)

그러므로 화이트와 우피는 당파심의 대가와 폐해를 인지함에도 불구하고, 선거 원칙과 그에 수반되는 정당 제도가 이 같은 결점을 상쇄할 정도의 가치를 지니며 민주주의를 정의하는 데 있어 실제로 핵심적인 것으로 본다.

마지막으로, 더 최근에 프랜시스 로젠블루스와 이언 샤피로(Frances Rosenbluth and Ian Shapiro, 2018)는 민주주의의 위기에 대한 최선의 대응책으로서 강력한 양당체제를 옹호했는데, 이는 또한 이들의 모델에서 전적으로 선거 전망에 따라 좌우되고 이들의 설명에 따르면 정당의 '포괄' 능력이라는 이름 아래 행해지게 된다. 이들이 볼 때, 단 한 번의 임시적인 방식으로 사안들을 추진하는 일과 반대되는 것으로서 정당이 다양한 사안을 일관된 강령과 미래에 대한 장기적인 전망으로 전환시킬 것으로 기대할 수 있는 유일한 이유는 선거에 대한 전망과 투표장에서 시민을 설득시킬 수 있고 시민에게 설명 책임을 지닐 수 있는 가능성이다.

나는 정당 없는 민주주의에 반대하는, 대체로 동의가 되고 설득력 있어 보이는 주장을 한 방에 때려눕힐 강력한 논거를 갖고 있지 못함을 시인한다. 그러나 나는 이제 여기에서 상상된 정당 없는 민주주의가 구딘이 언급한 대로 "우리가 사는 실제 세계의 다른 모든 특징은 일정불변하다" (Goodin, 2008: 205)는 관점을 유지한 채 정당이 마술적으로 제거된 전통적 선거 민주주의라는 점을 말하려 한다. 이와 같은 "그 밖의 모든 사항은 동일하다"는 구절은 화이트와 우피, 그리고 로젠블루스의 논증 과정에서 명시적으로 나타난 것이다. 하지만 이러한 사고실험의 인위성에는 문제가 있다. 가정컨대, 열린 민주주의는 다양한 유인책을 제공하고 그중 일부를 우리는 아직 상상하지 못했으며, 따라서 우리는 그 밖의 모든 사항이 크게 달라질 수 있는 개념적 가능성을 제거할 이유는 없는데, 심지어 이러한 시도가 이 세계에서 제도적 효과를 예측하는 일을 매우 어렵게 만드는 경우에도 말이다.

몇몇 이론가들은 정당과 당파적 관행의 역할과 비교해 일시적, 유동적, 자기 재구성적 시민연합이 할 수 있는 역할에 관해 그다지 회의적이지 않았는데, 권력의 정당화 과정에서 할 수 있는 역할을 포함해서 말이다. 러시아의 정치이론가인 모이세이 오스트로고르스키Moisei Ostrogorski는 그들 중 한 사람이다. 오스트로고르스키는 조직된 정당 기구가 필연적으로 그 사회와 의회의 기반을 지배하게 된다는 정당 과두제의 철칙을 발견하고서, 민주주의 나라가 모든 상설 정당을 폐지하고 이를 자발적인 임시 연합들로 대체하는 편이 더 나을 것이라 생각했다(Erbentraut, 2017). 오스트로고르스키가 상쇄관계를 인지하고 있었다는 점에 의심의 여지는 없지만, 그럼에도 그는 정당 없는 해결책에 대한 옹호를 표명했다. 곧 그는 다음과 같이 표현했다. "'정당'을 타도하자! '연합'을 치켜들자!"[242] 경험적으로 말해, 누군가는 선진 민주주의 나라의 다양한 임시 정치집단(이를테면, 이탈리아의 오성운동이나 프랑스의 '앙 마르슈En Marche!')이 이들의 각 지도자의 대권 도전에 대한 (사람들이 규범적 측면에서 어떻게 생각하든) 실제적 정당화를 어떤 식으로든 해냈다고 주장할 수도 있다. 2017년 프랑스 대통령 선거에서, 이 운동은 심지어 모든 기성 정당에 승리를 거두게 되면서 "정치적 헌신을 촉진하고 유지할 수 있는 인식론적, 동기 부여적,

242 Ostrogorski, 1903. 참고문헌을 소개해준 데 대해 나는 휴고 드로숑Hugo Drochon에게 감사드린다.

실천적 가능성"을 입증했다고 평가될 수 있다.[243][244]

궁극적으로 내가 정당 없는 열린 민주주의의 가능성과 바람직함에 관해 성찰하지 않고 넘어가기는 어려운 듯 보인다. 분명한 점은 선거 민주주의 제도에서 흔히 그렇듯 선거 목적으로만 주로 동기화되는 것은 아닌 매우 다양한 연합과 매개체들은 열린 민주주의 형태에서도 여전히 존재하게 되며, 이들은 정치체의 다양한 수준에서 이뤄지는 숙의 과정에 제공하기 위해 정보, 이해관계, 논거들을 종합하는 기능을 일부 수행할 것으로 기대된다. 온라인 플랫폼에서 의견과 제안을 제시함으로써 열린 민회에 영향을 주려고 이익집단이 형성될 수 있는데, 경험적으로 수행된 시민의회 사례에서 우리가 이들 이익집단의 활동을 볼 수 있는 것처럼 말이다. 설령 이런 식으로 제시된 제안의 단지 일정 비율만이 실제로 법제화됐다 하더라도, 이런 과정의 열린 특성은 분명히 집단이 전략적으로 형성되고 그런 식으로 대화에 참여할 수 있는 유인책을 충분히 제공하는 것처럼 보인다.

실제로, 나는 이러한 연합이 단 한 번의 임시적인 방식으로 사안들을 추진하는 일과 대비되는 것으로서 일관된 강령과 미래에 대한 장기적 전망을 형성할 수 있는 정도가 열린 민회에 부여된 과제의 보편성의 정도와 직접적인 상관관계에 있을 것으로 추측한다. 이를테면, 정치체의 미래와

---

243 에마뉘엘 마크롱에 의해 설립된 이 운동은 현재 사실상 정당과 유사한 조직으로 변형되고 있다(*La République en Marche*). 하지만 이는 어떤 내적 필요성에 의해서라기보다는 그렇게 운영되도록 강제하는 대규모 정당 기반 환경 때문일지도 모른다.

244 (옮긴이) '전진하라!'라는 뜻을 지닌 '앙 마르슈!'는 2017년 프랑스 대통령 선거에 맞춰 새로 만들어진 정치집단으로 현 마크롱 대통령을 배출해냈다. 옛 사회당의 우경화 흐름을 대표했던 마크롱 대통령을 포함해 사회당의 다수가 합류했으나 그 정치적 스펙트럼은 다양한 것으로 평가된다. 이후 선거에서 등락을 반복하면서 2022년에 공식 당명을 '르네상스'로 변경한 상태이지만 여전히 '앙 마르슈'란 이름도 사용되고 있다. 2017년 대선 당시 전문가에 의한 하향식 접근이 아닌 시민 대면 형식의 설문조사를 통한 상향식 접근에 의해 공약을 개발한 것으로 알려져 있는데, 이같이 외견상으로는 직접 민주주의 형식을 띠었으나 이후 정치 상황에서 나타난 것처럼 형식적 한계를 드러냈다.

이 정치체의 거시적 정치 지향을 규정할 책임을 진 전국 시민의회에 중점을 둔 열린 민주주의의 맥락에서, 심지어 오늘날 정당이 공급하는 바로 그런 포괄적 강령을 제공하는 선거 형태의 유인책이 부재한 가운데 토론에 영향을 주고 그것을 양성하는 데 관심을 지닌 집단이 형성되지 말아야 할 이유가 있는가? 왜 우리는 선거 형태의 유인책 말고 다른 형태의 유인책을 상상할 순 없는가? 그리고 마지막으로, 선거 형태의 유인책이 부재한 상황에서 실제로 '싱크탱크들'이 공적 토론을 양성하려 하기보다는 속이고 비방하고 대체로 혼란스럽게 만들려는 유혹으로부터 자유로울 순 없는가? 다양한 형태의 민주적 대표성에 대한 더 많은 실험이 부재한 가운데, 나는 우리가 정당 없는 열린 민주주의의 가능성을 완전히 배제하지 않아야 한다고 생각한다.

열린 민주주의에서 국민투표

이 책에서 민주적 대표성을 강조하고, 직접 민주주의 관행을 특정 방식의 대의제로 재구성할 필요성을 강조하는 경향이 국민투표는 열린 민주주의의 요소가 아닐 거라는 오해를 낳을지도 모른다. 그리고 실제로도 국민투표는 열린 민주주의에서 핵심적인 결정 메커니즘이 아니다. 국민투표를 진정한 민주주의의 증표로 생각하고 이를 모든 종류의 정치적 결정에 일반화하려 하는, 이른바 직접 민주주의나 강한 민주주의의 열성 당원들과 달리(3장 참조), 나는 국민투표가 제법 큰 규모의 정치체에서 일어나지 않을 수 없는 의사결정의 빈도와 비교해 상대적으로 드물게 나타나는 인민 의지의 불가피한 표출이라 생각한다(비록 현재 스위스 외에도 결코 드물다고 볼 수 없지만 말이다). 국민투표가 위장된 플레비시트를 의미하지는 않는데(Lijphart, 1984: 203; Qvortrup, 2000), 플레비시트는 주로 당국이 어떤 식으로든 통과시키려 의도한 법률이나 정책의 승인을 얻게 만드는 데 활용됐다. 두 방법 모두 한 나라를 운영하는 데 실용적인 방식이 아니다.

그러나 국민투표는 정치학자 프란시스 셰네발Francis Cheneval과 알리스 엘 와킬Alice el-Wakil에 의해 "인민 투표 절차들popular vote processes"이라는 유용한 이름이 붙여진 더 일반적인 범주 중 단지 한 종류에 지나지 않는다. 저자들은 최근 들어 인민 투표와 관련된 절차들에 더 나은 이름을 붙여야 할 필요성을 강조했다. 이들의 용어인 '인민 투표 절차들'(강조는 필자)은 대개 투표 순간 외의 다른 단계들을 포함하는 절차에 존재하는 복잡성과 일시적으로 시행되는 특성을 강조하는 이점을 지니는데, 이를테면 충분한 수의 서명을 모으는 절차 같은 사전 단계를 포함해서 말이다. 다수결 원칙에 관한 존 듀이의 유명한 문구를 바꿔 말하면, 국민투표는 결코 단순히 국민투표에 그치는 것이 아니다(Dewey, 1954 [1927]: 207).[245] 국민투표는 결국 인민 투표에 이르게 되는 여러 단계의 절차들을 의미한다. 그러므로 내가 '자기추천 대표자'(예를 들면, 서명을 받은 사람)라 부른 유형과 관련된 절차들을 언급하기 위해 '직접 민주주의'라는 논쟁적 개념을 사용하길 꺼린 셰네발과 엘 와킬에 나 또한 동의한다.

셰네발과 엘 와킬(2018)은 또한 '인민 투표 절차들'의 범주 내에서 일련의 구분을 시도하는 효과적인 제안을 하는데, 이러한 절차에서 국민투표는 단순히 하나의 하위범주에 해당하게 된다. 이들의 용어로 국민투표는 "선출된 권력의 결정이나 제안을 거부(하거나 수용)할 수 있는 시민의 권리"를 의미하는데, 이를테면 선출된 권력에 의한 결정이나 제안에 대

245 정확한 문장은 다음과 같다. "단지 다수결 원칙으로서 다수결 원칙은 이를 어리석다고 비난하는 비판자만큼이나 어리석다. 하지만 이 같은 다수결 원칙은 **단순히** 다수결 원칙에 그치는 것이 아니다."

한 인민 투표에 이르게 되는 절차의 경우에서처럼 말이다. 그렇다면 이는 하향적 방식, 의무적 방식, 상향적 방식 등이 될 수 있다. 이중 단지 상향적 방식의 경우에만 서명 모음 단계가 존재하게 된다.

따라서 국민투표는 잘 확립된 또 다른 인민 투표 절차 범주에 속하는 이른바 발의와 구별되는데, 발의는 시민이 의제를 설정하고 저자권을 행사하는 방식에 해당한다. 셰네발과 엘 와킬(2018)의 견해에 따르면, 국민투표는 구성적이라기보다는 반응적이고, 새로운 안을 만들기보다는 현재 안에 대한 수정을 요구하는 일을 목표로 한다.

그렇다면 발의와 국민투표를 포함하는 인민 투표 절차들이 열린 민주주의에서 일반적으로 어떤 역할을 하게 되는가? 그것은 의심의 여지 없이 중요한 역할이지만, 이런 역할이 반드시 자주 이뤄지는 것은 아니다.

먼저, 서명 기준을 충족시키는 조건에서 법안이나 정책안을 발의할 수 있고 이러한 제안을 또한 그에 대한 숙고나 적어도 토론의 책임을 진 의회로 가져올 수 있도록 모든 시민에게 부여된 권리를 의미하거나, 아니면 그 제안이 대단히 효과적이라고 경험적으로 증명될 수 있는 특정 상황에서 어떤 제안을 유권자 전체의 투표에 부칠 수 있는 직접적 권리를 의미하는 '참여권'이라는 원칙 속에 발의가 이미 포함돼 있다는 점을 상기해 보자. 유사하게, 상향식 국민투표로도 알려진 특정 형태의 대응적 인민 투표 절차들은 또한 '추천권'이나, 아니면 (서명 기준이라는 조건 아래) 부적합하다고 생각되거나 개정할 필요가 있는 기존 법률에 관한 국민투표를 개시할 수 있는 권리로서 참여권 속에 포함돼 있다.

열린 민주주의에서 국민투표는 그 구성상 '숙의적' 성격을 띠게 된다. 숙의를 설계에 포함시키는 일은 유권자가 (연금개혁이나 환경세 같은) 대중적이진 않지만 필요한 어떤 정책을 단순히 거부하지 못하도록 보장하거나, 만약 그렇게 된다면 이는 유권자가 자신이 하는 일을 인식하도록 어느 정도 보장해주게 될 것이다(가령 의심할 만한 이유가 존재했던 브렉시트 사례와는 대조적으로 말이다). 제임스 피시킨이 '공론조사' 개념을 친숙하게 만든 것과 같은 방식으로, 우리는 '숙의 투표'(Levy, 2013), 그리고 특히 '숙의 국민투표'라는 더욱 최근의 아이디어를 권장해야 한다. 우리는 심지어 [숙의에 필요한-옮긴이] 자원에 여유가 없다는 제약이 전제되는 경우에도 그와 같이 권장할 수 있고 권장해야만 한다. 제약의 많은 부분이 현재 디지털 기술의 도움으로 완화될 수 있기 때문이다.

우리가 이러한 인민 투표 절차들이 극도로 자주 시행되길 바라지 말아야 할 이유가 있는가? 어떤 반대자는 이렇게 물을지도 모른다. 우선 첫째로, 열린 민주주의에서 대부분의 숙의는 결정 절차의 상위단계에서 일어난다. 의제설정 단계에서부터 결정적 입안 단계를 포함하는 법률의 최종 통과에 이르기까지 전체 입법 절차 자체가 열려 있고 참여적인 한, 그에 따라 결정된 법안에 이의를 제기하려고 조직된 상향식 국민투표가 이뤄질 가능성은 낮아진다. 이는 이런 절차가 그러한 법률이 세상의 빛을 보도록 허용할 가능성이 낮기 때문이기도 하고, 이러한 절차에 의해 만들어진 법률이 단지 드물게 또는 적어도 그리 빈번하지 않게 예상하지 못한 결점을 지닌 것으로 드러나기 때문이기도 하다.

이는 여전히 '하향식' 국민투표와 관련된 문제를 남기게 되는데, 이런 국민투표는 중앙에 있는 입법 의회에 의해 제안된다. 셰네발과 엘 와킬(2018)이 제시한 하향식 국민투표에 대한 반대의 주된 논거는 국민투표가 플레비시트적이고 조작적인 성격을 띠며, 현존하는 여러 대의 민주주의 나라에서 많은 부담이 되는 이의 제기에 해당한다는 점인데(스위스 제외), 이들 나라에서는 선출된 계층과 나머지 인구 사이의 격차가 증가해 온 듯 보인다(브렉시트 국민투표가 또다시 이런 사례에 해당한다). 하지만 열린 민주주의에서 우리는 민주적 대표자를 신뢰할 수 있어야 한다. 혁신적 민주주의 패러다임 아래에서, 우리는 인민 투표를 개시할 수 있는 재량을 대의제 의회에 부여해야 하는데, 적어도 다음과 같은 두 가지 영역에서 그래야 한다. 곧 대표자들 자신이 사회의 명시적 승인이 필요하다고 판단하는 영역, 그중에서도 특히 시민사회가 동원해야 하지만 그럴 가능성이 낮은 사안에 관해서나, 아니면 대표자들 자신이 결정을 내릴 능력이 없거나 그렇게 하는 것이 적법하지 않다고 생각하는 영역(예를 들면, 선거개혁이나 정치인에 대한 보상정책)에서 말이다. 그게 아니라면, (아마도 중대한 결정과 관련된) 하향식 국민투표나 법안폐기 국민투표는 책임성 메커니즘으로 생각될 수 있는데, 이는 추첨제 의회와 더 광범위한 공중 사이의 거리가 지나치게 멀어지지 않도록 보장하게 된다. 물론 그다음에 남겨진 과제는 추첨 때문에 대의제가 지닌 숙의적 이점을 잃게 되는 상황을 피하는 일이 된다.[246]

그러므로 열린 민주주의에는 국민투표, 그리고 더 일반적으로 평범한 시민이 입법 절차에 접근하는 일을 허용하는 모든 형태의 인민 투표 절차들의 여지가 존재하게 된다.

246 나는 후자의 주장과 관련해 피에르 에티엔 반다므에게 감사드린다.

7

인민을 참여시키자!
현대의 바이킹 전설이 주는 교훈

이 장은 경험적 현실에 관한 규범적 이론에서 방향을 바꿔 실제 현장의 민주적 실천, 곧 2010~2013년에 이뤄진 아이슬란드의 개헌 절차 사례를 살펴보려 한다. 이 사례는 선거 민주주의 자체와의 단절을 시사하고 내가 열린 민주주의라 부른 형태로 한 걸음 나아가는 실천에 해당한다. 내가 이 사례에 주목하기로 결정한 이유는 내게 특히 친숙한 사례일 뿐만 아니라, 궁극적으로 새로운 헌법을 통과시키는 결과를 가져오진 못했지만, 체계적인 방식으로 그리고 실제로 한 국가의 기초가 되는 헌법 수준에서 민주적 실천을 다시 사고하려 한 지금까지 처음이자 가장 야심 찬 노력에 해당하기 때문이다.

나는 아이슬란드가 선진 민주주의 나라에 존재하는 전국 수준의 전통적 선거 민주주의 모델이 더 열린 민주주의 모델 쪽으로 넘어지는 첫 번째 도미노라고 보는데,[247] 심지어 이 과정은 끝나지 않고 얼마 뒤 아일랜드(두 번째 핵심 도미노)와 프랑스(어쩌면 세 번째 도미노) 등의 나라에서 이뤄진 훨씬 더 성공적인 실험으로 이어졌다.[248] 특히, 현시점에서 아일랜드 사례는 숙의 민주주의의 왕관에 있는 보석과도 같은데, 이 사례를 통해 시민의회가 동성결혼과 낙태권 같은 복잡하고, 곤란하며, 극심한 갈등을 일으키는 문제를 위임받아 선출 정치인이 할 수 없으며 일반 공중과 관련 있고 궁극적으로 이런 공중이 지지할 수 있는 개헌 권고안을 공표할 수 있다는 사실이 확립됐기 때문이다.

이와 동시에 아일랜드 사례는 그 모범적 가치에도 불구하고 아이슬란드 사례보다 혁신적 측면에서 더 단편적이었는데, 한 번에 조금씩 헌법을

---

247 2014년의 브리티시 컬럼비아의 시민의회는 비록 여러 면에서 주목할 만했음에도 지역 수준에서 이뤄졌고 실제적인 선거법 개정으로 이어지지 못했다.

248 더 이전의 첫 번째 참여적 개헌 절차 흐름 또한 언급할 만한데, 이를테면 1986년의 니카라과, 1988년의 브라질, 1995년의 우간다, 1996년의 남아프리카, 2001년의 케냐 사례가 존재한다. 또한, Landemore, 2020b 참조.

개정하는 것을 목표로 하고 기본적으로 한 가지 형태의 민주적 혁신(시민의회)을 실험했다는 점에서 그렇다. 프랑스 실험의 경우에, 국민 대토론은 비록 다양한 참여 방식이 활용됐다는 점에서 다채로웠음에도 불구하고 다양한 민주적 혁신을 어떻게 접합할지에 관한 명확하고 일관된 전망을 반영하지 못했으며 궁극적으로 평범한 시민에게 위임된 실제적 권력에 지나치게 제한됐다. 그리고 적어도 이 책의 목적과 관련해 아마도 지금까지 가장 재정지원이 잘 되고, 수준이 높고, 오래 지속된 의회에 해당하는 기후변화 시민총회로부터 실제적 결정 권력의 측면에서 무엇이 도출될 수 있을지를 말하기는 너무 이르다. 아일랜드와 프랑스는 전 세계의 무수한 다른 사례처럼 연구할 만한 충분한 가치를 지닌 사례에 해당한다. 하지만 나는 단지 간접적으로만 알고 있는 다양한 사례에 대한 피상적 분석들을 짜맞추기보다는 우연한 기회로 아주 밀접히 들여다보게 된 단일 사례를 자세히 다루고 싶다.[249] 그렇다면 이제 이야기를 시작해보자.

2008년 가을, 아이슬란드는 국영 은행 네 곳 모두가 도산하게 되면서 심각한 금융 위기와 경제 위기에 빠졌다. 위기는 결국 무능하고 부패하다고 여겨진 정부에 대한 정치적 저항을 자극했는데, 이 정부는 사실상 나라에 금융재앙을 가져온 소수의 아이슬란드 기업가와 대체로 공모관계에 있었다. '냄비와 프라이팬 혁명'은 사람들이 2008~2009년 겨울 동안 아이슬란드 의회 앞에서 다양한 조리도구들을 가지고 시끄럽게 시위를 펼치면서 탄생했다. 이들의 주요 요구가 헌법 재정비 자체와는 거의 관련이 없었던 반면, 헌법개정은 아이슬란드에서 여러 해 동안 논의돼온 주제였다. 이듬해 봄 이뤄진 정치인 교체는 헌법개정 주창자들에게 권력을 가져다줬고 이 주제에 정치적 모멘텀을 부여했다. 자신들의 기초가 되는 사

---

249 아일랜드 사례와 관련된 더 자세한 내용에 관해서는, Farrell, Suiter, and Harris, 2018; Farrell and Suiter, 2019 참조. 프랑스 사례에 관해서는, Buge and Morio, 2019 참조.

회계약을 새로 쓰는 과정에서 아이슬란드인들은 또한 민주주의 이론을 새로 쓰는 데 일조했고, 아니면 내가 주장하려는 것처럼 정치학의 몇 가지 오랜 도그마가 틀렸음을 입증하게 됐다.

아이슬란드가 밟은 절차의 세 가지 주요 혁신은 다음과 같다. (1) 개헌 절차의 맨 처음에 개최된 무작위에 준해 선택된 950명의 시민으로 구성된 전국 포럼, (2) 헌법 초안의 작성을 위해 선출된 비전문amateur 정치인으로 구성된 의회, (3) 의회의 크라우드소싱 기법 활용. 이러한 접근은 모두 다음 장에서 더 자세히 개념화될 것처럼 민주적 대표성을 향한 길을 '열어줄 수 있는' 가능성을 입증한다. 현시점에서 이 장의 목표는 다음과 같은 방식의 통찰을 이끌어내는 것이다. 만약 개헌 절차가 이같이 혁신적이고 포괄적인 방식으로 재창안될 수 있다면, 일상적인 법률제정과 정책 결정 절차 또한 그같이 되지 못할 이유가 무엇인가? 그러므로 이 장에서 이뤄지는 아이슬란드 실험의 제도적 혁신에 관한 탐구는 이런 혁신이 일상적 정치와 관련해 갖게 되는 일반적 함의에 주목한다. 아이슬란드인들이 헌법제정을 위해 한 일은 더 일반적으로 전체 민주주의 제도를 위한 제도적 청사진 역할을 하게 될지도 모른다.

이 장은 다음과 같이 구성된다. 첫 번째 절은 논의의 토대를 마련하고 아이슬란드와 그 역사를 간략히 소개한다. 두 번째 절은 개헌 절차 자체뿐만 아니라 이러한 절차에 이르기까지 일어난 일들을 서술한다. 세 번째 절은 앞서 언급된 세 가지 주요 제도적 혁신을 분석한다. 곧 전국 포럼National Forum, 비전문가로 구성된 개헌의회Constitutional Assembly, 그리고 크라우드소싱 국면이 그에 해당한다. 평범한 시민을 더 많이 포괄하려는 시도가 실제로 유익한 아이디어라는 주장을 뒷받침하기 위해, 네 번째 절은 개헌 절차의 결과물(개헌안)을 검토하고, 개헌안이 동일한 시기 전문가에 의해 작성돼 경합을 이룬 초안보다 다소 우월하다고 주장할 것이다. 다섯 번째 절은 이 우월성과 관련된 인과 메커니즘을 분석하고, 이 같은 절차의 더 많은 포괄성에서 그 기원을 찾는다.

초기 민주주의의 실험실로서 아이슬란드

오랫동안 사람들이 살지 않던 땅이었던 아이슬란드에 9세기경 바이킹이 정착했다.[250] 이 바이킹은 의회 회의체(알싱Althing)를 중심으로 참여와 민주적 방식을 특징으로 한 거버넌스의 형태를 확립시켰다.[251] 현재

---

250 (옮긴이) 극한의 추위 탓에 인간이 살 수 없는 불모지에 가까웠던 스칸디나비아 지역에서는 점차 기후가 온난해지고 농경과 기술이 발달하면서 인구가 증가하게 됐고, 호전성을 지닌 스칸디나비아인들은 8세기경부터 '바이킹'이라는 형태로 상대적으로 부유했던 유럽 곳곳을 약탈하기 시작해 11세기까지 이런 흐름을 이어갔다. 이 같은 야만적 이미지와는 대조적으로 바이킹은 고도의 항해술과 상업능력을 보유했던 한편, 척박한 환경에서 살아남기 위해 무기한의 대화를 통해 문제를 해결하는 전통을 지녔던 것으로 알려져 있는데, 이는 현대 의회제의 시원으로도 알려진 아이슬란드 '알싱'의 모태가 됐다. 또한, 사가Saga로도 불리는 이들의 무용담 전설은 북유럽 신화에서도 자주 언급되며, 대표적으로 바그너의 오페라 〈니벨룽의 반지〉, 소설《반지의 제왕》, '마블 코믹스'의 캐릭터 '토르' 등이 이 같은 신화에 기반을 둔 것으로 알려져 있다. 유럽에 중앙집권화가 이뤄져 해안방어가 강화되고, 스칸디나비아의 기독교화로 교리상 노예무역이 금지되면서 맹위를 떨치던 바이킹의 영향력은 점차 쇠락하게 됐다. 그러나 이 과정에서 바이킹의 무자비한 침략에 시달리던 프랑스는 911년 덴마크 바이킹의 부족장 '롤로'에게 북서쪽 땅을 떼어주고 귀족 작위를 수여하면서 바이킹의 침입을 막아줄 것을 제안했는데, 이 땅은 이후로 북쪽에서 온 사람들의 땅, 곧 '노르망디'로 불리게 됐으며 이들의 후손은 노르망디 공작으로서 프랑스 왕에 충성하게 됐다. 1066년 잉글랜드 왕 에드워드가 승하하면서 왕위를 갓 승계한 해럴드 2세는 동생의 간계로 인해 일어난 노르웨이 왕 하랄 3세와의 전투에서 힘들게 승리하게 됐는데 이 틈을 노려 상륙 공격에 성공한 롤로의 후손 노르망디 공작 윌리엄이 잉글랜드 왕위에 오르게 되면서 영국에는 현재까지 이어진 노르만 왕조가 들어서게 됐다. 이는 노르망디 공작이 프랑스 왕의 신하인 동시에 잉글랜드 왕이 되는 모순을 낳게 되면서 잉글랜드와 프랑스 사이에 벌어진 100년 전쟁의 씨앗이 된 것으로도 평가된다. 한편, 탁월한 전투력을 발휘하던 노르망디 출신의 용병들은 이탈리아에 시칠리아 왕국을 세우는 한편, 십자군 전쟁에서도 활약했던 것으로 기록되고 있다. 라스 브라운워스 지음, 김홍옥 옮김,《바다의 늑대 -바이킹의 역사》, 에코리브르, 2018; 폴 컴토르 지음, 김동섭 옮김,《정복왕 윌리엄-노르망디 공작에서 잉글랜드 왕으로》, 글항아리, 2020; 〈마을 처녀 겁탈한 야수들-세상 사람 벌벌 떨게 한 이들의 정체〉,《매일경제》, 2023년 5월 6일 참조.

251 (옮긴이) '알싱'은 제일 오랜 전통을 지닌 아이슬란드의 국회로 930년에 시작되고 19세기 초 잠시 공백기가 있었지만 1844년에 다시 정식으로 열렸다. 현재 알싱 건물은 1881년에 건설됐다(알파고 시나씨, 〈아이슬란드 화폐로 보는 신기한 교회사〉,《한국경제》, 2017년 4월 3일자).

아이슬란드에서 꼭 가봐야 할 곳은 레이캬비크 남쪽에 자리한 얼음같이 찬 바람이 휘몰아치는 광활한 들판인 싱벨리르Thingvelir다. 930년에 첫 아이슬란드 의회가 세워진 장소가 바로 대륙 열곡에 자리한 이곳이다.[252] 이 의회 때문에 아이슬란드인은 종종 자신들이 세계에서 가장 오래된 의회 민주주의의 본산이라 주장한다.

이러한 의회가 실제 건물 이미지라거나, 심지어 에워싸인 공간이라고 생각해선 안 된다. 초기 아이슬란드 의회는 순전히 형태가 없는 인간적 사안으로서, 여름이 끝날 무렵 해산되기 전까지 몇 개월간 한곳에 함께 모이는 양치기와 농부들의 임시회합이었다. 이같이 초기 아이슬란드 의회는 덜 자주 이뤄지는 고대 아테네인의 의회 회의 형태에 훨씬 더 가까웠다.

아이슬란드는 일찍이 1117년에 회색기러기Greylag, *Grágás*란 이름으로 처음 편찬된 성문 기본법을 마련했는데, 이 기본법은 구 연방이라 불린 짧은 독립 시기 동안(930~1262) 존속됐다(Karlsson, 2000: 21).[253] 그 후 아이슬란드는 노르웨이 왕의 지배 아래 들어갔고 이후에는 칼마르 연합Kalmar Union(1397~1523)에 속하게 됐는데, 칼마르 연합은 모든 노르웨이 나라를 하나의 동맹 아래 연합시켰다. 칼마르 연합의 해체 뒤에, 아이슬란드는 19세기 후반까지 덴마크의 지배 아래 들어갔다.[254] 그러나 1844년에

---

252 (옮긴이) 아이슬란드의 싱벨리르는 북아메리카 대륙판과 유라시아 대륙판 사이에서 생성된 실프라 열곡에 자리하고 있다.

253 (옮긴이) 회색기러기 법은 아이슬란드 연방 시기의 법령집이다. 그라가스*Grágás*라는 용어는 노르웨이의 법을 가리키기 위해 중세 자료에서 처음 사용됐고, 아마도 16세기 동안 기존 아이슬란드의 법령집을 가리키려 잘못 사용된 것으로 추측된다. 아이슬란드의 그라가스 법은 짐작건대 아이슬란드가 노르웨이 왕가에 의해 탈취된 1262~1264년 내내 사용됐다. 그 어원으로는 기러기 깃털에 의해 법령이 쓰였다는 설, 기러기 가죽으로 법령집이 장정됐다는 설, 당시 다른 새들보다 기러기가 더 오래 산다는 믿음이 있었다는 설 등이 존재한다("Gray Goose Laws", WIKIPEDIA, 2023년 11월 5일 접속). https://en.wikipedia.org/wiki/Gray_Goose_Laws

254 (옮긴이) "칼마르 연합"이란 14세기 말 덴마크를 중심으로 스칸디나비아반도의 덴마크, 노르웨이, 스웨덴 세 국가가 동군연합(한 개인이 결혼 관계를 매개로 여러 나라의 군주를 겸하는 제도)을 결성한 동맹으로, 독일 지역의 한자동맹에 대항하는 성격을 띠었다. 노르웨이의 왕 호콘 6세와 결혼한 덴마

발생한 독립운동은 1799년에 중단됐던 알싱이 복원되는 결과를 낳게 됐다. 아이슬란드는 세계대전 이후 1918년 12월 1일 드디어 주권을 얻게 됐다. 하지만 아이슬란드는 1943년에 최종적으로 만료된 덴마크와의 협정에 따라 제2차 세계대전까지 계속 덴마크 군주제 아래 있었다. 이후 덴마크가 나치에 의해 점령됨에 따라, 아이슬란드는 외세의 지배에서 스스로 독립하고 공화국을 선포했다. 1944년 6월 17일에 아이슬란드 공화국은 이같이 완전한 독립 국가로 수립됐다. 독립선포 몇 개월 전 알싱은 새로운 헌법안에 합의하는 동시에 국민투표를 선포했고 이는 1944년 5월 20일과 23일 사이에 시행됐다. 유권자들은 덴마크와의 연합을 폐기하고 새로운 공화국 헌법을 채택할지를 결정해야 했는데, 두 정책 모두 98퍼센트 이상의 찬성으로 승인됐다. 투표율은 98.4퍼센트였다.

그러나 1944년 아이슬란드 헌법은 1874년에 덴마크 통치자가 승인한, 이른바 "아이슬란드의 특별 사안에 관한 헌법"을 단지 약간 수정한 판

크의 마르그레테 1세는 그녀의 부왕인 발데마르 4세와 남편 호콘의 사후 아들 올라프 2세에게 덴마크와 노르웨이 왕국의 왕을 겸하게 했으나, 실권은 자신이 쥔 채 섭정을 펼침으로써 실질적으로 양국의 여왕으로 군림하게 됐다. 마르그레테는 아들 올라프가 17세의 나이에 요절하자 포메른 출신의 에리크를 양자로 들이고 정치력을 동원해 왕위에 앉혔다. 또한, 스웨덴의 내분을 틈타 스웨덴의 통치권도 장악하면서 1397년 스웨덴의 항구도시 칼마르에서 3국의 귀족 의회를 소집해 칼마르 연합을 결성하게 된다. 마르그레테 사후 연합은 자연스레 약화됐는데, 연합에 비호의적이었던 스웨덴이 반란을 일으켜 1523년에 독립하면서 120여 년간 지속되던 칼마르 연합은 와해됐다. 나폴레옹 전쟁 당시 덴마크 지배 아래 있던 노르웨이는 전쟁이 종료된 1814년 스웨덴의 덴마크 침공에 따른 킬 강화조약으로 스웨덴에 편입됐음에도 에이츠볼에서 독립을 선포하고 1814년 5월 당시 유럽에서 가장 진보적인 헌법을 채택했으나 스웨덴의 노르웨이 침공으로 스웨덴과 연합 정권을 수립하게 됐다. 그럼에도 노르웨이는 당시 헌법을 유지했으며 이를 바탕으로 19세기에 민주화를 이뤄냈다. 아이슬란드는 874년경까지 은둔형 수도사를 제외하고 거의 무인도에 가까웠다가 알싱이 설립된 930년부터 노르웨이의 지배하에 들어간 1262년까지 아이슬란드 연방 형태를 유지했다. 노르웨이의 지배 뒤에는 칼마르 연합이 결성된 결과 19세기 후반까지 덴마크의 지배를 받았으며 나폴레옹 시대를 전후로 독립운동을 이어오다가 20세기 초중반 세계대전을 배경으로 최종적으로 독립하게 됐다("칼마르 동맹", 위키백과; "Icelandic_Commonwealth", WIKIPEDIA, 2023년 12월 5일 접속).
https://ko.wikipedia.org/wiki/칼마르_동맹
https://en.wikipedia.org/wiki/Icelandic_Commonwealth

본에 해당했다. 덴마크가 승인한 헌법안 자체는 1849년 덴마크 헌법과 1831년 벨기에 헌법에 의해 영감을 받은 것이었다(Torfason, 2009; Bergsson and Blokker, 2014에서 재인용). '새로운' 헌법은 기본적으로 "왕"을 "선출 대통령"으로 바꾸고 그 밖에 약간의 수정이 가해졌을 뿐 이전 헌법안이나 다름없었다. 그도 그럴 것이 1944년 헌법은 항상 임시 헌법안으로 간주됐고(Jóhannesson, 2011: 63~68; Arnason, 2011: 345; Bergsson and Blokker, 2014에서 재인용), 그 결과 "부과된 헌법안"의 느낌을 풍기는 "수선된 옷"으로 묘사돼왔다(Bergsson and Blokker, 2014). 정치인들은 나중에 언젠가 아이슬란드에 정확히 맞춤 제작된 헌법안을 제시하는 일을 다시 논의하겠다고 약속했지만, 수십 년 동안 여러 정부가 나타났다 사라지는 동안 이런 약속은 단 한 번도 이행되지 않았다(Gylfason, 2013). 그럼에도 불구하고 1944년 이후 아이슬란드 헌법은 일곱 차례나 개정됐는데, 대부분 아이슬란드 유권자의 변화를 수용하고 투표 자격 조건을 변경하기 위함이었다. 게다가, 1991년에 알싱의 편제가 단원제 입법부로 결정되게 됐다. 또한, 1995년에 대대적으로 개정이 이뤄졌는데, 당시 헌법의 인권 관련 부분이 재검토됐다.

2010~2013년 개헌 절차

극적으로 금융과 경제가 붕괴된 후 2년이 흐른 2010년 6월 16일, 아이슬란드 의회는 헌법개정 절차의 착수를 위한 개헌법을 통과시켰다. 2010년 11월 6일, 의회에 의해 임명된 제헌위원회Constitutional Committee는 전국 포럼을 구성했는데, 전국 포럼에는 "나라의 정부조직과 그 헌법과 관련된 대중의 주요 관점과 강조점"을 확립하는 과제가 부여된 무작위로

선택된 950명의 사람이 모였다.[255]

다음 단계인 개헌의회의 설치는 논란의 주된 원천이 됐다. 2010년 11월에 시행된 직접 개별 선거를 통해 선출된 25명의 대리인으로 구성된 의회가 탄생한 반면, 첫 의회는 선거 과정에서 행해진 다양한 절차적 위반사항들을 고려해 2011년 1월에 대법원에 의해 무효화됐다.[256] 정부와 의회는 대법원의 판결을 무시하기로 결정하고, '헌법 심의회'라 이름 붙여진 새로운 기구에 의회가 선출한 구성원을 별도로 재임명했다. 그 계획은 심의회가 한 달 연장의 가능성을 지닌 채(4월 6일부터 7월 6일에 이르는) 3개월 사이에 초안을 내놓는 것이었다. 결국, 헌법 심의회는 한 달 연장 기회를 사용했고, 초안은 몇 주 뒤인 2011년 7월 29일 의회에 제출됐다.[257]

---

255 Kok, 2011.

256 이 같은 새로운 기구에 참여하길 거절한 탓에 선거명부에 있는 다음 사람에 의해 교체돼야 했던 한 명을 제외하고 말이다.

257 (옮긴이) 2008년 발생한 글로벌 금융위기는 앞서 2000년대부터 시작된 금융 자유화 물결과 함께 외국자본을 끌어들인 아이슬란드 경제에 엄청난 타격을 줬고, 이 같은 위기에 책임이 컸던 은행과 정부에 분노한 시민들은 의회를 에워싸고 '냄비와 프라이팬 시위'를 대대적으로 벌이게 됐다. 정부는 시위대의 요구를 받아들여 2009년 4월 조기 총선을 실시했고 집권당인 '독립당'이 3분의 1의 의석을 잃게 된 가운데 요한나 시귀르다르도티르 총리가 이끄는 '사회민주당-좌파녹색운동' 연립정부가 들어서게 됐다. 이 과정에서 기존 헌법은 시민들이 원하는 수준으로 정치에 관여할 수 있게 허용하는 진취성을 상실했다는 담론이 생성되면서 두 가지 헌법적 미달 사항이 부각됐는데, 하나는 헌법이 정부의 역할을 규정하고 있지 않음으로써 이른바 '책임정치'가 구현되지 않는다는 점이었고, 다른 하나는 아이슬란드 사회의 도덕적 가치를 정부 구조와 문화에 확립시키고 있지 않다는 점이었다. 신임 총리는 2009년 11월에 사회적 담론을 받아들여 '개헌의회법'을 의회에 제출했고 이 법안은 우여곡절 끝에 2010년 6월에 통과됐다. 개헌의회법은 25명에서 31명으로 구성된 자문적 성격의 '개헌의회'와 각 분야의 전문가 7명으로 구성된 '제헌위원회'를 설립한다는 내용을 그 골자로 했다. 개헌의회법에 따라 치러진 개헌의회의 선거 결과 그 구성은 다양했으나 대체로 진보적 성향을 띠었다. 하지만 투표율은 36퍼센트에 그쳤는데, 선거 이후 낮은 투표율로 인한 민주적 정당성의 부재와 절차상의 문제를 들어 독립당 성향의 사람들이 개헌의회에 문제를 제기했고, 이후 대법원은 선거 절차상의 문제를 들어 선거 무효 판결을 내렸다. 그러나 자문 그룹이 의회 결의안을 통한 '헌법 심의회' 구성을 제안했고 정부와 의회는 기술적 문제가 선거 결과 자체를 무효화시키지 않는다며 대법원 판결을 자체적으로 기각했다. 이를테면 길파손은 대법원이 개헌의회 대표 선거를 무효화시킨 결정에 법적 권위가 부재한다고 지적했다(이지문 · 박현지, 《추첨시민의회》, 삶창, 2017, 100~116쪽). 또한, 이 책 5장 〈정당성의 충돌〉 절의 관련 논의 참조.

이러한 과정의 마지막 단계는 우선 개헌안에 관한 구속력 없는 국민투표로 구성됐다. 2012년 10월 20일에 시행된 국민투표에는 상당히 많은 참여가 이뤄졌고(23만5천 명에 달하는 아이슬란드 유권자의 절반이 참여), 새로운 헌법의 기초가 되는 초안에 대해 3분의 2의 찬성을 확보했다.[258] 그 다음에 초안이 헌법안으로서 타당한지에 대해 판단하도록 요청된 의회는 초안에 관한 투표를 피하는 방법을 찾았고, 초안은 이후 줄곧 입법부의 망각의 장소에 방치돼 있었다.

초안이 법제화되지 못한 결과에 대해 제기된 이유는 다양하다. 어떤 이는 이런 결과가 최악의 경제위기가 지나갔을 때 더는 시급하거나 심지어 필요하다고 여겨지지 않은 헌법개혁 프로젝트를 중심으로 결집하지 못한 변덕스러운 공중 탓이라고 말한다.[259] 다른 이는 이런 결과가, 이 위기의 거의 초기부터 나타난, 예상되는 변화에 위협을 느끼거나 이런 변화를 조금도 통제하지 못하는 것에 대해 좌절한 정당, 정치인, 그리고 심지어 학자들의 반대뿐만 아니라, 새로운 헌법안의 특정 조항에 대한 유력한 경제적 이해관계자들의 강한 반대 탓이라고 말한다. 이를테면, 수산업 이익단체가 초안에 반대했다고 전해지는데, 이는 기본적으로 천연자원에 관한 조항이 1990년대 초에 이들을 부유하게 만든 막대한 원천을 이용하지 못하도록 만들게 되기 때문이다.[260] 단순히 일부 조항을 수정하는 일과 대비되는 전체적으로 헌법을 다시 쓰려는 야심 탓이라고 말하는 경우를 포함해 다른 설명도 존재한다. 어쨌든, 헌법안이 통과됐다면, 아이슬란드인들은 의회 선거 시행 시기와 동일한 2013년 봄에 새로운 크라우드소

258 아이슬란드 국민에게 투표하도록 요구된 다른 사안 중에는 이를테면 아직 민영화되지 않은 천연자원에 대해 국유화를 선언해야 하는지의 여부가 있었다. 이 같은 문항에 대해서는 투표자의 87퍼센트가 찬성했다.

259 Ginsburg and Elkins, 2014.

260 이러한 설명은 이를테면 헌법 심의회의 전직 위원에 의해 제시됐다(Gylfason, 2013 참조)

싱 기법을 활용한 헌법의 채택 여부에 관한 구속력 없는 두 번째 국민투표에서 투표했어야 했다. 게다가, 새로 선출된 의회 또한 새로운 헌법을 승인했어야 했다.

오른쪽 그림은 개헌 절차의 단계와 참여자를 요약하고 있다(이러한 절차와 관련된 더 세부적인 내용에 관해서는, Skalski, 2012; Valtysson, 2014; Meuwese, 2013; Fillmore-Patrick, 2013; Oddsdóttir, 2014; Landemore, 2015; Suteu, 2015; Bergsson and Blokker, 2014 참조).

아이슬란드 절차에서 독특하고 두드러진 특징은 우리가 역사적으로 익히 아는 헌법 작성 절차에서와 달리 그 모든 다양성 가운데 일반 사람을 포함하려는 일치된 노력이 다양한 단계에서 시도됐다는 점이다. 아이슬란드 절차는 중요한 모든 단계마다, 그리고 특히 실제 헌법 본문의 초안을 작성하는 결정적 단계에서 가능한 한 열려 있으려고 힘썼다.[261]

개헌 절차는 일반적으로 전문가에게 맡기는 게 가장 좋은 절차로 여겨지는데, 적어도 의제설정과 실제 헌법안 작성이라는 결정적 단계와 관련된 경우에 그렇다. 평범한 시민은 대개 단지 절차의 맨 마지막에 참여하게 되는데, 보통 이들이 헌법안에 찬성하는지에 관한 (심지어 구속력이 없을 수 있는) 국민투표에 참여함으로써 말이다.

지난 수십 년간, '참여적 헌법제정'과 관련된 실천과 이론은 이런 절차의 초기 단계에서 '공적 협의public consultation'라는 계기를 통해 참여를 늘리는 일을 강조해왔다. 헌법학자들은 헌법제정에 인민이 참여함으로써 발생하는 효과에 대해 양면적 태도를 보이는데, 대개 협의의 상위단계와 하위단계는 환영하지만, 작성단계는 닫힌 상태로 유지돼야 하고 전문가들에게 맡겨져야 한다고 결론짓는다(Elster, 2012). 따라서, 아이슬란드의

261 Elster, 2012.

기획은 개헌 절차의 이상적인 형태에 관한 여러 가지 전제를 깨뜨린다는 점에서 획기적인 경우에 해당한다.[262]

그림 7.1 아이슬란드 실험 (2010~2013년)

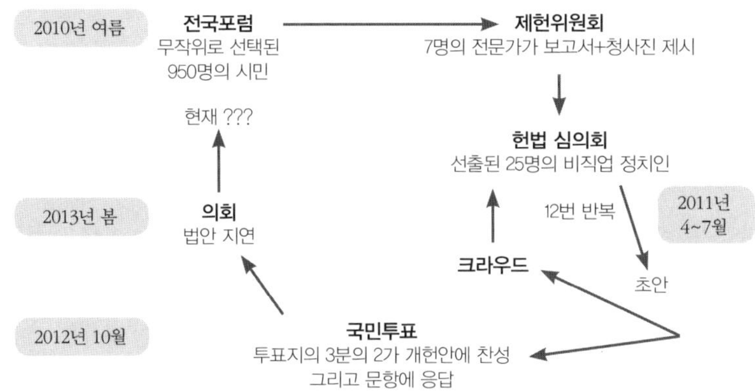

아이슬란드의 절차에서 민주주의의 혁신

이 절은 아이슬란드 절차가 보여주는 새로운 참여적 특징을 강조한다. 절차의 세 가지 주요 혁신은 2010년 전국 포럼, 비직업 정치인이 헌법

262 (옮긴이) 아이슬란드의 개헌 절차에 관해서는, 이지문 · 박현지, 《추첨시민의회》, 삶창, 2017, 3장; 아이슬란드 전국 포럼 홈페이지; 아이슬란드 헌법 심의회 홈페이지; "2010-2013 Icelandic constitutional reform", WIKIPEDIA; 이진순 · 와글 외, 《듣도 보도 못한 정치-더 나은 민주주의를 위한 시민의 유쾌한 실험》, 문학동네, 2016, 4장; 엘리사 레위스 · 로맹 슬리틴 지음, 임상훈 옮김, 《시민 쿠데타 - 우리가 뽑은 대표는 왜 늘 우리를 배신하는가?》, 아르테, 2017, 3장 참조.
http://www.thjodfundur2010.is/english/
http://stjornlagarad.is/english/
https://en.wikipedia.org/wiki/2010-2013_Icelandic_constitutional_reform

제정위원으로 구성된 헌법 심의회, 이런 위원이 참여하기로 선택한 크라우드소싱 국면이다. 세 가지 특징은 과거 참여 절차의 전통적 특징을 넘어서고, 이런 절차가 평범한 시민에게 진정으로 열려 있도록 보장했다.

전국 포럼

2010년 전국 포럼은 필시 개헌 절차의 가장 독창적인 측면일 것이다. 전국 포럼은 실제로 2008년에 시민사회가 처음 발전시킨 개념이 다시 반복된 형태에 해당했다. 아이슬란드 경제의 붕괴와 그로 인한 정치적 혁명이 일어난 직후, 자칭 '개미집Anthill'이라 불린 풀뿌리 결사체가 아이슬란드의 미래를 논의하기 위해 '전국 포럼'이라 불린 대규모 대중 행사를 조직했다. 초기 전국 포럼에는 대부분 전국 주민등록부에서 무작위로 선택된 천오백 명의 사람이 모였는데, 이는 정부와 공공행정을 쇄신하는 데 지침이 될 수 있는 가치와 우선 사항을 명확히 표현하는 과제를 부여받은 하루 동안의 행사였다. 첫 번째 전국 포럼의 결과는 대중에게 공개됐고 뉴스 매체와 대규모 공론장에서 논의됐다(Ólafsson, 2011). 첫 번째 전국 포럼이 성공하게 되면서 의회는 개미집 조직위와 공동으로 두 번째 전국 포럼을 조직하기로 결정했는데, 이는 새로운 개헌 절차의 첫 단계에 해당했다.

전국 포럼 2010은 2010년 11월 6일에 개최됐다. 개헌법 규정에 따르면, "참여자의 출신 지역이 전국 곳곳에 합리적으로 분포되고, 성별 간에 균등하게 배분되는 일을 가능한 한 충분히 고려해" 포럼의 참여자를 전국 주민등록부로부터 무작위로 표집해야 했다.[263] 개미집 그룹은 아이슬

263 아이슬란드 전국 포럼 2010, 임시 규정, 개헌의회법에서 인용.

란드 갤럽과 협력했는데, 당시 갤럽은 할당표집 방식에 의해 공식 주민명부로부터 참여자를 선택했다. 이 같은 방안은 나이, 성별, 출신 지역에서 대표성을 보장하게 했다. 선택된 참여자들에게는 우편으로, 그다음에는 전화로 연락이 취해졌다. 응답률이 낮았기 때문에(20퍼센트), 결과적으로 950명의 참여자를 구성하기 위해 약 3천 명의 사람에게 연락을 취해야 했다(Kok, 2011). 더욱이, 첫 번째, 두 번째, 아니면 세 번째 후보자가 참여를 거절하게 되는 경우 이들을 대신할 비교적 비슷한 누군가가 존재하도록 보장하기 위해, 제안된 천 개의 자리 각각에 대해 동일한 나이/성별/출신 지역 그룹별로 네 명의 예비 후보가 존재했다.[264] 선택 절차는 이와 같이 기술적技術的으로 층화표집과 결합되고 어느 정도 자기추천을 조건으로 한 무작위 표집에 가까웠다.

전국 포럼 2010에 부여된 과제는 "나라의 정부조직과 그 헌법과 관련된 대중의 주요 관점과 강조점"(Kok, 2011)을 확립하는 일이었다. 브레인스토밍 다음 날, 여덟 개의 서로 다른 주제로 답변이 종합됐다.[265][266] 이

---

264 이런 명확한 설명에 도움을 준 피누르 마그누손Finnur Magnusson에게 감사드린다. 개인적 연락, 2013년 3월 13일, 저자 파일.

265 "*The main conclusions from the National Forum 2010*", *http://www.thjodfundur2010*.is/frettir/lesa/item32858/, 2017년, 8월 21일 마지막 접속. [(옮긴이) 이러한 주제에는 '국가와 민족', '도덕성', '인권', '정의의 기준으로서 복지와 평등', '아이슬란드 자연의 보존과 활용', '민주주의', '삼권분립을 위한, 책임성과 투명성', '평화와 국제 협력'이 포함됐다.]

266 (옮긴이) 여기에서 '불과 얼음의 땅'으로서 아이슬란드에 필요한 가치로서 '자연의 보존과 활용' 항목이 포함됐다는 사실은 민주주의 제도가 자연과 환경을 위해 경제성장과 발전을 제어할 수 있는 중요한 도구로 사용될 수 있음을 보여준다. 당면한 기후위기와 관련해 이러한 문제는 더욱 절실한 상황이다. 이 문제와 관련된 다양한 접근에 관해서는, 김현우, 〈기후정의를 보는 관점과 쟁점들〉, 《기억과 전망》 49권, 민주화운동기념사업회, 2023, 414~433쪽; 장원석, 〈기후변화와 민주주의의 모델: 녹색 근본민주주의론을 중심으로〉, 《환경정책》 24(2), 2016, 85~107쪽; 김현우, 〈정의로운 전환을 위한 정치사회 운동 전략(을 위한 질문들)〉, 에너지기후정책연구소 심포지엄 발표자료, 2019년 11월; 마티아스 슈멜처 · 안드레아 베터 · 아론 반신티안 지음, 김현우 · 이보아 옮김, 《미래는 탈성장-자본주의 너머의 세계로 가는 안내서》, 나름북스, 2023; 조엘 웨인라이트 · 제프 만 지음, 장용준 옮김, 《기후 리바이어던-지구 미래에 관한 정치 이론》, 앨피, 2023; 젬 벤델 · 루퍼트 리드 외 지음, 김현우 외 옮김, 《심층적응-기후대혼란, 피할 수 없는 붕괴에 어떻게 적응할 것인가》, 착한책가게, 2022;

결과는 아이슬란드 국민의 선호를 반영하는 헌법 초안에 영감을 주게 됐다. 포럼 참여자는 전부 숙달된 진행자인 토론 사회자가 관리하는 원탁 위에 여덟 명으로 구성된 소그룹에 배정됐다.[267] 이 진행자는 어떤 개인적 견해도 밝히지 않았고 단순히 모든 이가 자신의 의견을 말할 수 있는 동등한 기회를 지니도록 보장하기 위해 그곳에 존재했다. 그 구성 자체가 숙의와 의견교환에 적합했던 반면, 대부분의 토론은 짧은 발언에 기초해 진행됐고 이는 진행자에 의해 녹음됐다. 크라우드소싱 전문 기업인 아고라Agora 직원에 의해 빽빽한 일정이 짜여졌다. 오전 시간에 참여자에게 주어진 과제는 주로 잠재적 가치와 전망을 브레인스토밍하는 일이었는데, 이는 여덟 가지 주제로 종합됐다. 오후 시간은 주제별로 특화된 그룹 사이에 더 구체적인 토론을 하는 데 할당됐다. 행사 중 이 부분은 더 숙의적이었던 것으로 보였는데, 그 목적이 단지 "중요성"과 "[긍정적인] 새로운 사고방식"의 측면에서 이런 내용의 제안들을 또다시 순위 매김 하도록 하는 것이었음에도 말이다. 마지막에는, 주제 토론을 위해 참여자들이 다양한 테이블로 나뉘었고, 그러고 나서는 오후 시간의 경험을 공유하기 위해 자신의 처음 테이블로 돌아갔다. 이 부분에서는 실제 사안과 관련된 제대로 된 숙의보다는 더 자유로운 정보 교환이 수반됐다. 이에 기반해, 각 테이블에서는 다섯 가지 권고안이 초안으로 작성됐고 각 테이블은 투

요르고스 칼리스 · 수전 폴슨 · 자코모 달리사 · 페데리코 데마리아 지음, 우석영 · 장석준 옮김, 《디그로쓰-지구를 식히고 세계를 치유할 단 하나의 시스템 디자인》, 산현재, 2021; 안드레아스 말름 지음, 우석영 · 장석준 옮김, 《코로나, 기후, 오래된 비상사태-21세기 생태사회주의론》, 마농지, 2021; 진태원, 〈인류세와 민주주의〉, 《문학동네》 118호, 2024년 봄호 참조. https://blog.naver.com/nuovo21/223386207663

267 이 같은 '진행자facilitators'를 지칭하기 위해 아이슬란드어로 *Lóðs*라는 특수한 단어가 만들어졌다(영어에서 이에 가장 가까운 의미는 아마도 'pilot'일 것이다). 이는 당시까지 사용할 수 있는 유일한 단어였던 '사회자leaders'를 의미하게 되는 경우를 피하기 위함이었다. 관련 정보를 제공해준 피누르 마그누손에게 감사드린다. 2013년 3월 12일, 피누르 마그누손이 보낸 이메일, 저자 파일.

표를 통해 그중 세 가지를 선택했다.

행사의 끝에, 이 행사의 조직자들은 다음의 절차를 적용함으로써 참여자들이 새로운 아이슬란드 헌법에서 보고 싶어 한 일련의 핵심 가치들을 도출했다. 행사 조직자들은 다음 질문에 대한 답변을 주제와 관련해 한 문장으로 선택할 것을 각 테이블에 요청했다. "당신은 새로운 아이슬란드 헌법에서 무엇을 보고 싶습니까?" 그다음에 이 조직자들은 특정 테이블에서 다뤄진 주제 내에서 가장 중요하게 제시된 의견이 포함된 한 문장을 공동으로 작성할 것을 각 테이블에 요청했다. 그다음에 그들은 다음 질문에 대한 세 가지 답변에 관해 투표하도록 각 테이블에 요청했다. "새로운 헌법을 위한 작업을 지속하고 마치려는 이들에게 당신은 어떤 권고, 조언, 요청을 하시겠습니까?" 마지막으로, 그들은 개헌의회에 대한 참여자뿐만 아니라 진행자에게도 그들 각자의 권고안이 무엇인지 질문했다.

전국 포럼의 결과는 200페이지 분량의 보고서에 종합됐는데, 보고서에는 헌법안에 관한 전문가의 권고안과 두 개의 청사진이 첨부됐다. 자료는 헌법 심의회에 속한 25명의 위원에게 전달됐다.

비전문가들의 의회

아이슬란드 개헌 절차에서 흥미를 일으키는 두 번째 민주적 혁신은 초안 작성을 담당한 개헌의회였다. 여러 측면에서 개헌기구는 '비전문가'로 구성된 의회라 말할 수 있는데, 과거에 정치 경험이 없는 평범한 시민에게 열려 있었다는 점에서 더욱 그렇다. 실제로, 헌법 심의회 위원직 자체는 이론상 평범한 시민에게 열려 있을 뿐만 아니라, 또한 재임 중인 직업 정치인이 법으로 배제되는 자리에 해당했다. 이 조치의 목적은 심의회에 평범한 시민을 최대한 많이 참여하게 만드는 것이었다. 아마도 이러한 열린 성격의 결과로, 500명 이상(총 522명)이 선거에 입후보하기로 결정했다. 최종적으로 심의회에 당선된 25명의 면면을 살펴보면 전례 없는 다양성이 반영됐음을 알 수 있는데, 이는 **다만 더 전통적인 개헌의회와 비교해 상대적인 측면에서 그렇다.**[268] 선출 대표자 또는 저명한 정치가나 행정가 중에 임명된 정치인 대신(예를 들면, 유럽연합의 헌법 본문을 작성할 목적으로 만들어진 제헌의회나 2012년 이집트 제헌의회의 의원[269]), 심의회는 주로 비전문 정치인으로 구성됐다. 25명의 위원 중 단지 2명만이 과거에 의원을 지낸 경력이 있었다(비록 몇몇은 심의회에 참여하는 동안 다양한 정당에서 직책을 맡고 있었지만 말이다). 심의회는 10명의 여성과 15명의 남성으로 구성됐고, 이는 알싱에 의해 명시된 40퍼센트의 여성이라는 최소기준을 충족시키는 결과에 해당했다.[270] 25명에는 또한 다섯 명의 대학교수(경제학 교수, 응용수학 교수, 아이슬란드 대학 윤리학 연구소 소장이기도 한 윤리학 교수, 조교수이기도 한 정치학 교수, 목사이기도 한 신학 교수), 두 명의 방송진행자(한 명은 또한 학생), 세 명의 의사(이들 중 한 명은 또한 자칭 영화감독), 변호사이자 라디오 진행자, (학계 바깥에서 일하는) 한 명의 수학자, 농민, 저널리스트, 매니저, (위에서 언급한 신학 교수와 구별되는) 목사, 정치학 부교수, 레이캬비크 미술관 건축부서 관리자, 아이슬란드 비디오게임 개발사와 출판사 회장, 연극 연출가, 전임 미술관 관장이자 교사, 변호사, 노조

---

268 다른 측면에서 헌법 심의회가 여전히 엘리트적이었다는 점이 사실이기 때문에 나는 이 같은 상대적인 측면을 강조하는데, 마치 비판자들이 곧바로 지적했고 내가 해당 논의에서 언급하게 될 것처럼 말이다.

269 이집트 의회의 구성은 Maboudi and Nadi, 2016에 설명돼 있다.

270 이 같은 기준에 맞추기 위해 한 명의 여성이 서열상 승격돼야 했다. 만약 여성이 더 적게 선출됐다면, 할당 기준을 충족시키기 위해 통상적인 방식 아래 당선에 가장 근접한 여섯 명의 여성까지 선출된 것으로 선언됐을 것이다.

위원장, 정치학자이자 대학생, 소비자 대변인이 포함됐다.[271]

적어도 역사적 선례나 다른 나라의 유사한 기구와 비교해 아이슬란드의 다양성이 눈에 띌 정도로 포괄적이었던 반면,[272] 헌법 심의회는 여러 차원에서 기술적 대표성을 띠지 않았다. 이를테면, 25명의 위원 중에 단지 세 명만이 레이캬비크 이외 지역 출신이었는데, 이는 레이캬비크에 아이슬란드 인구의 약 3분의 1이 거주하고 있다는 사실과 비교해 적은 수에 해당했다.[273] 학계 또한 과잉대표됐다. 농민은 단지 한 명뿐이었고, 이 같은 농민 또한 그저 아이슬란드에서 가장 영향력 있는 노조이자 이익단체 중 하나인 농업인 협회의 회장일 뿐이었다. 노동자 계급 또한 단지 한 명뿐이었는데, 그 역시 노조 위원장이었다. 비록 그 자신이 과거 전기기술자였고 노동자 계급의 일원이자 대표자로서 자긍심을 지녔음에도[274] 불구하고, 그는 또한 세계적으로 유명한 가수인 비요크Björk의 아버지이기도 했다. 다른 요인이 크지 않다면 인종과 종교 면에서 동질적인 나라에서, 이를 상쇄하는 사회경제적 차원은 어쩌면 과거보다 더 중요해진 요인에 해당하며, 비판자들은 심의회에 고학력, 도시 출신, 부유층에 해당하는 사람들이 너무 많다고 주장했다.

---

271 Wikipedia, "2010 Icelandic Constitutional Assembly Election," https://en.wikipedia.org/wiki/2010_Icelandic_Constitutional_Assembly_election (2017년 6월 9일 21:56 접속).

272 눈에 띄는 예외는 남아프리카, 우간다, 튀니지의 개헌 절차들이다. Moehler, 2006 참조.

273 2015년 1월 1일 당시 32만9천 명의 아이슬란드인 중에 약 21만 천 명가량이 수도인 레이캬비크 인근 광역 대도시권에 거주하고 있었다.

274 그뷔드뮌뒤르 군나르손Guðmundur Gunnarsson이 보낸 이메일(2016년 8월 15일), 저자 파일.

크라우드소싱 국면

초안 작성 단계의 가장 독창적이고 직접 참여적인 부분은 '크라우드소싱' 국면이었는데, 이 국면은 연속적인 12번의 크라우드소싱 계기를 포함했다. 인민의 의견으로부터 차단되는 일과는 거리가 멀었던 심의회의 25명의 위원들은 전 세계가 확인하고 아이슬란드 국민이 읽을 수 있도록 자신들이 작업하고 있던 초안의 판본을 정기적으로 온라인에 게시했다. 대체로 보아, 이들은 다양한 완성단계마다 총 12개의 초안을 게시했다. 이 절차에 관심 있는 누구나 페이스북이나 트위터 같은 소셜미디어 플랫폼에 의견을 올리는 방식으로 아니면 심의회의 자체 웹페이지에 글을 올리거나 이메일과 일반우편을 사용하는 방식으로 피드백을 보낼 수 있었다. 실제로, 언어장벽을 극복하는 방식을 찾을 수 있다면(이를테면, 구글 번역), 심지어 외국인도 자유롭게 참여할 수 있었다. 예를 들어, 아이슬란드에 자산을 보유한 미국 시민은 새로운 헌법이 그녀와 같은 처지에 있는 사람의 이해관계를 고려해주길 바란다는 의견을 페이스북 페이지에 올렸다.

온라인으로 대략 3천 6백 개의 의견이 올라왔다. 이러한 의견들 각각은 다양한 길이의 대화를 발생시켰는데, 첫 댓글에 여러 답글 타래가 이어지면서 말이다. 최종적으로, 32만여 명의 인구로부터 단지 약 360개의 제안이 나왔다. 크라우드소싱 기법이 활용된 대부분의 다른 정책이나 법률제정 과정에서처럼, 온라인 참여는 그 참여자가 대부분 고연령, 고학력, 백인 남성에 속하는 인구학적으로 편향된 표본을 수반하게 되는 듯하다.[275] 레이캬비크 대학의 법학자인 라그닐뒤르 헬가도티르Ragnhildur

275 예를 들어, 유사한 크라우드소싱 기법이 활용된 핀란드의 정책 과정에 관해서는, Aitamurto, Landemore, and Saldivar Galli, 2017 참조.

Helgadóttir는 다음과 같이 비판적으로 지적한다. "초안 작성 과정 동안 이뤄지는 인터넷 협의는 가장 젊은 층 유권자나 일반적으로 정치 참여를 하지 않는 이들 대신에 정치적으로 영향력이 있는 집단에 더 많은 권한을 부여해온 듯 보인다." 대조적으로, 의회에서 이뤄지는 "전통적 협의"는 청년층과 여성을 포함해 "상대적으로 다양한 집단의 사람을 논의 테이블에 끌어모으게 된다"고 그녀는 강조한다(Helgadóttir, 2014). 그러나 우리는 의회를 통한 전통적 형태의 협의가 단지 53개의 각기 다른 개인과 법인으로부터 단지 90개의 제안만을 끌어냈을 뿐이라는 점에 주목할 필요가 있다(온라인 방식보다 네 배나 적은 수치).

온라인 크라우드소싱 기법이 국가적 관점의 다양성을 충분히 활용하지 못하는 반면, 이 기법은 다른 어떤 기존 방식을 통해서도 접근하지 못했던 참여자를 끌어들임으로써 관련해 제시될 수 있는 의견의 양을 늘리도록 도울 수 있다. 크라우드소싱 기법은 공적 참여와 경쟁하는 메커니즘이라기보다는 더 전통적인 협의 절차에 대한 유용한 보완책으로 간주돼야 한다. 마지막으로, 최종안에 대한 영향을 평가하기 쉽지 않은 의회 협의와 달리, 크라우드소싱 기법은 헌법 심의회가 참고한 다양한 플랫폼 상에 제시된 온라인 의견 중 10퍼센트에 가까운 의견이 헌법 본문 최종 판본에 인과적 영향을 준 것으로 드러났다(Hudson, 2018). 단지 이런 이유만으로도 크라우드소싱 기법을 활용해 개헌안을 작성한 아이슬란드의 혁신은 우리가 주목해야 할 충분한 가치를 지니고 있다.

개헌안은 과연 유효했나?

참여적 형태의 아이슬란드 개헌 절차는 그 결과물에 해당하는 개헌안이 적어도 최소한 유효한 경우에만 그리고 특히 공중의 참여가 그 질에 적어도 부분적으로 영향을 준 것으로 드러난 경우에만 단지 고무적이라는 평가를 받을 수 있다. 다시 말해, 아이슬란드 절차에서 공중의 참여 수준과 이를 실현하기 위해 이뤄진 다양한 민주적 혁신은 이러한 참여 계획이 그 결과의 질에 대해 충분히 인과적으로 영향을 줬다고 드러나는 경우에만 정당하게 찬사를 받을 수 있다. 크라우드소싱 기법이 활용된 헌법이 과연 실질적으로 유효했나? 그리고 만약 유효했다면, 이는 평범한 시민이 절차의 모든 단계에 참여했기 때문에 그랬는가 아니면 참여했음에도 불구하고 그랬는가?

개헌안이 지닌 가치와 관련해, 2012년 국민투표에서 이 개헌안에 투표자의 3분의 2가 찬성했다는 사실은 그 강함을 말해주는 듯하다. 반대로, 아이슬란드 의회가 결국 이 개헌안을 보류했다는 사실은 그 약함을 말해주는 듯하다.[276]

관련 문헌은 현재 헌법 본문의 '유효성goodness'에 대한 어떤 고유의 합의된 기준도 제시하지 못하고 있다.[277] 법학자와 헌법이론가들은 내용에 관한 논쟁적 판단을 내리는 과정이 필요 없다는 듯이 '일관성' 같은 형식적 특징에 초점을 두는 경향이 있다. 주로 이런 이유 탓에 이를테면 아이슬란드 의회가 자문을 구한 유럽 법률전문가 그룹인 베니스 위원회 위원들은 헌법 조항과 제도적 환경 사이의 불일치를 지적하고 전체 개헌안을 실행하지 못하게 될 잠재적 위험을 시사하면서 개헌안의 질에 대해 우려

---

276 만약 길파손(Gylfason, 2013, 2016)의 주장이 틀렸다면, 그리고 그가 그럴듯하게 설명한 대로 이 헌법안의 실패가 단순히 정치인의 쿠데타에 해당하지 않는다면 말이다. 하지만 나는 일단은 이 같은 가능성을 배제하려 한다.

277 지표 형태의 기준을 제시하려는 시도에 관해서는, Landemore, 2016, 종교의 자유와 같은 구체적 사안과 관련된 자유주의와 세련미라는 개념화된 기준에 관해서는, Landemore, 2017b 참조.

를 표했다.[278] 아이슬란드 언론에서 강조된 이러한 우려가 많은 사람이 개헌안의 정당성이 부족하다고 생각하게 하는 데 어느 정도 영향을 줬음은 부인할 수 없는 사실이다.

하지만 일관성 기준은 헌법이 평가될 수 있는 단지 하나의 방식, 그것도 매우 학술적이고 추상적인 방식에 지나지 않으며, 아마도 많은 수의 사람을 포함하게 될 절차에 있어 가장 본질적이거나 적절한 방식이 아니다. 게다가, 베니스 위원회에 의해 확인된 어떤 일관성의 결여이든 그에 대해 (헌법 초안을 작성하는 데 헌법 심의회에 주어진 기간이 총 넉 달가량이라는 이유에서, 시간 부족이 아니라) 공중의 참여가 비난을 받아야 한다는 주장은 전혀 확실하지 않다. 베니스 위원회가 전문가 개헌안과의 비교 평가를 제시하지 않았다는 점 또한 언급할 필요가 있는데, 이는 우리가 그와 관련해 전문가의 상대적 성과를 확신할 수 없게 만든다. 마지막으로, 긴즈버그Ginsburg, 엘킨스Elkins, 블런트Blount(2009: 215)에 따르면, 전 세계 헌법에 숱하게 많은 "빈약한 초안 작성, 내적 모순, 또는 오류"사례들과 관련될 경우, "지금까지 그 누구도 이런 문제들을 참여와 결부시키지 않았다". 내가 아는 한 본문상의 일관성 결여와 실제 헌법상의 실행 불가능성 사이의 인과적 관계와 관련해 반박 불가능한 증거는 존재하지 않는다(솔직하

278 (옮긴이) '베니스 위원회'는 유럽 평의회(유럽연합과는 다름)의 산하 기구로 시작된 독립기구로서, 헌법 분야 전문가들로 구성돼 있고 헌법적 지원, 헌법적 정의, 선거 문제 등의 세 분야에 대한 법률적 자문을 제공한다. 공식 명칭은 '법을 통한 민주주의를 위한 유럽위원회European Commission for Democracy through Law'로, 일 년에 네 차례 이탈리아 베니스에서 개회된다. 베를린 장벽이 무너진 뒤 중유럽과 동유럽에 헌법적 지원이 절실하던 시기인 1990년에 설립돼 유럽 헌법 전통의 기준에 맞는 헌법 채택에 주도적 역할을 한 것으로 평가된다. 베니스 위원회 회원국은 유럽 평의회 회원인 46개 정회원국과 그 외 15개 정회원국을 포함해 60여 개국이다. 2002년부터 비유럽 국가도 회원가입을 할 수 있게 됐는데, 한국도 2006년부터 정회원국이 됐다. 정당 해산에 관해 최고의 권위를 갖고 있기도 하며, 한국의 통합진보당 해산 사건 당시 헌재가 해산 청구를 인용하자 이 기관에서 한국 정부에 자료제출을 요구해 논란이 되기도 했다("Venice Commission", WIKIPEDIA, 2023년 11월 15일 접속; 〈베니스 위원회 '헌재 해산 결정문' 요청...'국제적 비판' 가능성〉, 《경향신문》 2014년 12월 21일자). https://en.wikipedia.org/wiki/Venice_Commission

게 말해, 비록 이 같은 관계가 그럴듯하게 들릴지라도 말이다).

아래에서 나는 관련 문헌에서 오랫동안 비교적 논란이 덜한 두 가지 유효한 결과로 여겨져 온, 덜 형식주의적이고 더 실질적인 두 가지 기준에 따라 크라우드소싱 기법을 통한 개헌안을 평가하려 한다. 나는 그 기준을 각각 '권리의 비중'과 '민주성'이라 칭할 것이다.[279] '권리의 비중'은 내가 활용하게 될 것처럼 어떤 헌법이 수행할 것으로 여겨지는 필수사항 중 하나, 곧 개인의 권리를 보호하는 과제를 이 헌법이 얼마나 잘 수행할 수 있을지를 측정하는 기준에 해당한다. 여기서 비중은 헌법에서 확립된 권리의 수와 질 둘 다를 의미한다. 특정 헌법에 입각한 정체가 어떤 식으로든 개인의 권리를 존중할 것이라는 보장은 없지만, 헌법이 개인의 권리를 상세히 열거하고 확립하는 정도가 그 유효함에 대한 우리의 평가에서 고려 요소가 된다는 점은 직관적으로 그럴듯해 보인다.

두 번째 기준은 헌법 관련 문헌에서 공통된 기준에 해당한다. 캐리(Carey, 2009: 156)는 이를 "민주주의"라 칭하고 "헌법적 이상 중에서 가장 탁월한 요소"라고 말한다. 캐리에게 있어 '민주주의'는 헌법 본문 자체에서 찾을 것으로 기대되는 이상의 형태와 개헌 절차를 좌우하는 포괄 원칙과 참여 원칙의 형태 둘 다를 의미한다. 이러한 기준은 최근에 덜 우아하지만, 더 정확하게 "민주성"이라는 이름으로 다시 불리게 됐는데(Landemore, 2016), 이는 특정 헌법이 (얼마나 권리에 비중을 두는지와 대조적으로) 절차적으로 덜 민주적인 형태에서 더 민주적인 형태에 이르는 연속선 상에서 구체적으로 어디쯤 있는지를 측정하는 기준이 된다.[280] 이 같은

279 이 같은 두 기준은 또한 Landemore, 2016에서도 활용된다.

280 캐리와 대조적으로, 나는 인권을 포함해 권리에 대한 고려를 '민주주의' 기준 아래 포함시키고 싶지 않고, 이를 앞서 언급된 별도의 범주, 곧 '권리의 비중' 기준 아래 넣고 싶다. 자유주의적이지만 비민주적인 헌법이 결국에는 여러 권리를 존중하면서 정치적 평등을 침해하는 일이 가능할 수 있다.

민주성은 특정 헌법의 사전적인 유효함을 평가하는 데 있어 규범적 이론가와 경험적 정치학자 등에 의해 대체로 당연하게 여겨지는 바람직한 실질적 기준이 되며, 따라서 그럴듯하게 활용할 수 있는 유효함의 기준이 된다.

헌법 관련 문헌에서 하나의 흥미로운 추정은 개헌 절차가 더 많이 참여적일수록 또한 대중 참여를 위한 더 많은 권리와 메커니즘을 포함시켜야 한다는 생각이다. 다시 말해, 개헌 절차가 더 많이 참여적일수록 개헌안의 내용은 권리의 비중이 더 커야 하고 더 민주적이어야 한다.

자연 상태에 준하는 실험을 수행한 아이슬란드의 경험은 우리가 크라우드소싱 기법을 통한 개헌안을 거의 동일한 시기에 일곱 명의 정부 전문가에 의해 별도로 작성된 두 개의 개헌안과 비교할 수 있게 해주며, 따라서 공중의 참여가 직업 정치인과 전문가들에게만 맡겨졌을 때보다 개헌안을 더 좋게 만들 수 있다는 가설을 검증할 수 있게 해준다.[281]

통제 실험에서와 같이, 우리는 비교할 수 있는 두 개의 절차를 갖게 된다. 하나는 단지 일곱 명의 전문가들만이 밀실에서 헌법 본문을 작성하는 절차이고 다른 하나는 공중이 참여하는 절차인데, 후자는 (적어도 처음에는) 비직업 정치인으로 구성된 선출된 개헌의회를 수반하고, 초안 작성 절차가 크라우드소싱 기법을 통해 또한 일반 공중에게도 열려 있다는 두 가지 측면에서 참여적 절차라 할 수 있다.[282] 다시 말해, 여기서 실험군

---

281 아이슬란드 개헌 절차가 가져다준 자연 상태에 준하는 실험은 물론 완전함과는 거리가 멀다. 이런 불완전함은 다양한 완화 요인을 고려할 때 우리가 이런 비교로부터 도출할 수 있는 교훈을 무용지물로 만들 만큼 충분하진 않다(또한, 실험설정에 대한 옹호에 관해서는, Landemore, 2017b 참조). 대체로 보아, 이 같은 통제에 준하는 실험은 인식론적 민주주의자의 모델에서 활용되는 소수와 다수 사이의 더 형식적인 비교에 근접할 만큼 유사한 방법을 제공하게 된다(예를 들어, Landemore, 2012, 2013a).

282 내가 의회에 의해 조직된 오프라인 협의를 포함시키지 않았다는 점에 주목하길 바란다. 참여자가 온라인 참여자보다 더 다양하다고 주장됐음에도 불구하고(특히 더 많은 여성 참여자), 현시점에서 추적 불가능한 이런 참여자의 기여, 그리고 가장 중요하게 이들의 참여가 미친 영향은 심의회가 이 장에서 내가 평가내리고 있는 개헌안 판본을 의회에 제출한 이후에 발생했다.

은 '초안 작성단계에서 공중의 참여'인데, 이는 헌법 심의회에 비직업 정치인이 참여하는 일과 이 같은 작성 절차의 다양한 단계에 온라인으로 크라우드가 참여하는 일을 일괄 취급한다. '대조군'은 밀실에서 전문가들이 [비전문가들의 개헌안과-옮긴이] 경쟁하는 초안을 작성하는 과정이 된다.

나는 이제 평가를 시작하려 한다. 권리의 비중 측면에서, 크라우드소싱 기법이 활용된 개헌안에는 "인권과 자연"과 관련된 총 서른한 개의 조항이 포함됐고, 이는 헌법 원안이나 전문가의 초안보다 권리에 더 비중을 두도록 했지만, 외부 관찰자에 따르면 전 세계의 다른 헌법과 비교해 단지 "권리에 비중을 적당히" 뒀을 뿐이었다. 여기서 그 척도는 1789년 이후 헌법에 명시돼온 70여 개의 개별적 권리 전체에서 해당 헌법에 포함된 권리의 퍼센트가 된다(Elkins, Ginsburg, and Melton, 2012). 베니스 위원회는 "보호의 범위를 확대하는 일과 국제 인권 협정을 더 잘 반영하는 일 둘 다를 목적으로 하는 […] 새로운 조항"과 관련해 헌법안을 칭송했다(Venice Commission, 2013, Remarks 27). 베니스 위원회는 특히 "대단히 중요한" 조항으로 112조를 꼽았는데, 이 조항이 국제 협정 아래 아이슬란드의 책무를 강조하고 모든 통치 권력 소유자가 인권 관련 원칙을 존중하도록 요구한다고 평가했다(Venice Commission, 2013, Remarks 26). 베니스 위원회는 또한 "새로운 사회-경제적 권리(22~25조)뿐만 아니라 법안 설명에서 '3세대 권리'라 칭한 다소 '집합적인 권리'(32~36조)를 추가함으로써 보호의 범위가 특히 확대돼왔음"을 언급하고 있다(Venice Commission, 2013, Remarks 28).

개헌안에는 또한 헌법 원안이나 전문가의 초안 중 어느 쪽에도 언급되지 않은 권리가 포함되는데, 이를테면 인터넷에 접근할 수 있는 권리, 그리고 베니스 위원회가 지적한 대로 지나치게 관대하고 옹호하기 어려운 다양한 사회경제적 권리와 집합적 권리를 포함한다(Remarks 32~33). 개헌안에는 "성폭력"이 국가가 개인을 보호하기 위해 막아야 할 폭력의

한 형태임이 명시적으로 언급되고 있다. 헌법 원안이나 전문가의 초안과 달리, 심의회 개헌안은 또한 아동의 권리와 관련해 별도로 광범위한 조항을 할애한다. 개헌안은 첫 번째 전문가 초안("A")보다 훨씬 더 많은 차별 원천을 언급하는데, 이러한 원천에는 유전형질, 혈통, 정치적 소속 등이 포함된다. 마지막으로, 개헌안은 "종교의 자유 권리에 대한 [더] 열려 있고 포괄적인 접근"을 제시하는데, 심의회 개헌안에서 이런 자유의 범위를 "인생관"과 "개인적 신념"이라 부른 형태까지 확대할 정도로 말이다. 베니스 위원회에 따르면, 이같이 종교의 자유의 범위를 확대하려는 시도뿐만 아니라 종교나 신념을 바꿀 수 있는 권리까지 포함시키려는 시도는 "현행 헌법과 비교해 실질적 개선"을 이뤄내고 있다(Venice Commission, 2013, Remarks 55).

예를 들어, 우리는 종교적 권리 조항에 주목할 필요가 있다.[283] 크라우드소싱 기법이 활용된 개헌안의 18조는 다음과 같다. "모든 국민에게는 종교와 인생관에 대한 권리가 보장되며, 이는 자신의 종교나 개인적 신념을 바꿀 수 있는 권리, 그리고 종교 단체에 속하지 않을 수 있는 권리를 포함한다. 모든 국민에게는 개별적 또는 다른 사람과 공동으로, 공적 또는 사적으로 자신의 종교를 추구할 자유가 주어져야 한다. 종교나 개인적 신념을 추구할 수 있는 자유는 민주주의 사회에서 필요한 경우 단지 법에 의해서만 제한될 수 있다."

이는 민주주의나 민주주의 사회에 대한 언급이 명확하게 표현되는 본문의 네 구절 중 하나이다(민주주의는 단지 1944년 헌법에서 한 차례, 그리고 전문가의 초안 A와 B를 합쳐 세 차례 언급될 뿐이다). 아마도 위에서 언급된 유럽 인권 법원 [조약-옮긴이]의 9조로부터 빌려온 문구인 듯한 "'민주주의 사회'에서 필요"는 종교나 개인적 신념을 추구할 수 있는 자유를 제한

283 이 같은 분석은 Landemore, 2017b에 기반한다.

하는 유일한 제약사항에 해당한다. 대조적으로, 헌법 원안과 전문가의 초안 둘 다에 존재했던 "공서public order"나 "양속good morals"에 대한 언급은 사라졌는데, 이런 언급은 (1951년에 작성되고 여러 측면에서 특별히 현대적이지는 않은) 유럽 인권 법원 [조약-옮긴이]의 9조를 포함한 다른 모든 조항과 비교해 이 헌법안 본문을 상당히 현대화하고 자유화했음에 틀림없다. [284][285]공서양속에 대한 모든 언급을 삭제한 조치의 부정적인 측면은 어

284 (옮긴이) "공서양속"은 '공공질서'와 '선량한 풍속'을 의미하는 법원리로서, 일반적으로 민법은 선량한 풍속과 사회질서에 위반한 사항을 내용으로 하는 법률행위는 무효로 한다고 규정하고 있다. 유사하게, '조리條理' 개념, 그리고 "모든 사람이 사회 공동생활의 일원으로서 상대방의 신뢰에 반하지 않도록 성의있게 행동할 것을 요구하는 법원칙"을 의미하는 '신의성실의 원칙', 줄여서 '신의칙'이 존재한다. 이 같은 원칙은 로마법에 기원을 두고 있고 프랑스 민법에서 근대 사법상 처음으로 규정됐으며 스위스 민법이 민법 전체의 최고원리로 발전시켰다. 한국 법학계에서는 기존에 '신의칙'이 민법 최고의 원리라는 견해가 우세했으나, 최근 들어 개인의 자유로운 의사에 따라 자기 책임 아래 규율하는 것을 이상적으로 보는 '사적 자치의 원칙'을 최고원리로 파악하고 '신의칙'을 예외로 적용되어야 할 제한규정으로 평가하는 견해도 힘을 얻고 있다. 이런 사적 자치의 원칙과 함께, 행동의 우선권이 '소단위'에 있고 이것으로 처리될 수 없는 사항에 한정해 '차상급단위'가 보충적으로 개입할 수 있다는 '보충성의 원리'가 대한민국 헌법의 주축을 이루는 '견제와 균형'의 틀을 구성하고 있다. '신의칙'은 '사법' 영역의 법원리였으나 근래 들어 국가의 조직이나 공공단체 상호 간 또는 이들과 개인의 관계를 규정하는 헌법, 행정법, 형법, 소송법, 국제법 등의 '공법' 분야에서도 적용되는 원리로 자리매김하고 있는데, 최근에 새로이 정립되는 노동법과 경제관계법 등의 사회법은 사법과 공법이 융합되는 '사법의 공법화' 경향을 보여주고 있다. 그러나 이러한 법원리는 기본적으로 법적 보수성, 또는 잘해야 법적 소극성을 띠는 경향이 있으며, 언제나 그 해석의 여지를 남기게 된다. 이를테면 근래 한국의 통상임금 소송에서는 노조의 권리 요구가 경영상의 어려움을 초래한다는 '신의칙' 원칙이 적용돼 승패가 사측으로 기울었고 이들 재판부는 대부분 소송 당시 경영상황을 기준으로 '신의칙'을 적용할지 여부를 따졌던 데 반해, 2021년 대법원 판결에서는 향후 기업이 경영상의 어려움을 극복할 여력이 있는지 등도 면밀하게 따져봐야 한다는 구체적 기준을 새롭게 제시함으로써 경영상의 어려움 판단 기준을 노동자 측에 유리한 방향으로 넓혔지만, 노동권의 충분한 보장이라는 측면에서는 이 역시 제한적이라고 볼 수밖에 없다. 따라서 한 국가의 법과 제도 또한 어느 정도는 근본적으로 세력 관계의 응축이 반영된 결과라는 점을 고려할 때, 사회운동이 결여된 법원리 자체만으로는 한계가 있다고 볼 수 있다("신의성실의 원칙", 위키백과, 2023년 12월 3일 접속; 〈신의칙 주장하는 사업주, 통상임금 소송 이기기 힘들 것〉, 《한겨레》, 2021년 12월 17일자; 박홍규, 〈노동법에 있어서 '공공성'의 후퇴〉, 《민주법학》 23, 2003; 김정오, 〈로베르토 웅거의 사회이론과 법이론〉, 《외법논집》 27, 2007, 615~651쪽 참조). https://ko.wikipedia.org/wiki/신의성실의_원칙

285 (옮긴이) 헌법에 기반한 정치체 자체도 사실 초월적이거나 자연적인 기초를 갖고 있지 않으며, 억압과 압제, 또는 소수의 지배에 맞서 자신들의 권리를 쟁취하려는 인민의 봉기적 행위에 근거를 두고 있다. '헌정'을 의미하는 constitution이란 단어에 '구성'이란 의미도 포함되어 이중적 의미를 지닌다는 사실은 헌정으로서의 정치체가 시민들의 봉기적 구성에 근거를 둔다는 점을 시사한다. 여기서 봉

쩌면 이러한 삭제에 의해 이 개헌안이 아이슬란드 법에 대해 헌법에 준하는 지위를 지녔다고 여겨지는 국제협약의 내용과 배치되게 됐다는 점이

기란 대규모 시위와 혁명적 봉기만이 아니라, 시민불복종 운동이나 청원운동 등 꽤 넓은 의미를 지닐 수 있다. 따라서 근대 정치체의 한계를 극복하는 새로운 정치체의 구성 또한 시민의 봉기 없이는 불가능한 일이 된다. 이때 봉기는 '비폭력'이나 '대항폭력' 중 하나를 택하는 이분법을 탈피해 반反폭력적 성격을 띨 필요가 있는데, 이는 단순히 폭력에 대한 정당화의 차원을 넘어서는 것으로 '폭력이 정치를 구조화하는 메커니즘 자체를 변혁'하는 문제에 해당한다. 또한, 이는 역사적으로 대항폭력이 단순히 자기파괴적 결과를 낳게 되거나 과잉결정되는 상황을 초래하는 한계를 넘어서서 시민의 자율성을 통해 새로운 질서를 탈구축하려는 시도에 해당한다. 이러한 시도에서 역사적 주체는 과거에서처럼 단순히 노동계급에 제한되기보다는 모두가 특수하다는 보편성을 지닌 다양한 주체들 간의 연합이 될 수 있다. 이는 또한 역사에서 운동과 이론이 범한 포스트 담론의 오류를 극복하는 문제이기도 하다(〈인터뷰: 『정치체에 대한 권리』(발리바르 지음, 2011년 10월 출간)의 옮긴이 진태원〉, 《웹진 후마니타스 통신》, 2011년 11월호; 에티엔 발리바르 지음, 진태원 옮김, 《우리, 유럽의 시민들 - 세계화와 민주주의의 재발명》, 후마니타스, 2010; 백승욱, 〈[대화] 봉기와 헌정의 변증법이 작동하는 새로운 혁명을 향해, 진태원 『을의 민주주의-새로운 혁명을 위하여』(그린비, 2017) 서평〉, 《문학동네》 2018년 봄호; 한상원, 〈국민국가 이후에 무엇이 오는가?: 발리바르의 세계정치와 관국민적 시민권 개념〉, 《시민과세계》 Vol. 42, 2023, 63~91쪽; 조무원, 《우리를 바꾸는 우리-정치와 약속 탐구》, 민음사, 2022; 자크 데리다 지음, 진태원 옮김, 《법의 힘》, 문학과지성사, 2004; 마가렛 데이비스 지음, 김우리 옮김, 〈데리다와 법: 적법한 허구들〉, 《웹진 인-무브》, 서교인문사회연구실, 2022; 김성호 · 마상훈, 〈법과 정의의 사이: 데리다에게 있어서 헌법의 정당성〉, 《법철학연구》 20(3), 2017, 253~288쪽; 자크 랑시에르 지음, 진태원 옮김, 《불화-정치와 철학》, 길, 2015; 프레데릭 웜 · 마크 크레퐁 지음, 배지선 옮김, 《폭력 앞에 선 철학자들-사르트르에서 데리다까지》, 이숲, 2017; 린다 콜리 지음, 김홍옥 옮김, 《총, 선, 펜-전쟁과 헌법, 그리고 근대 세계의 형성》, 에코리브르, 2023; 마크 터쉬넷 지음, 한상희 옮김, 《헌법은 왜 중요한가》, 아포리아, 2016; 최일규, 〈주체 개념과 구체적 보편성-헤겔과 지젝의 구체적 보편성 개념을 중심으로〉, 《헤겔연구》 40, 2016, 113~136쪽; 진태원, 《애도의 애도를 위하여-비판 없는 시대의 철학》, 그린비, 2019; 김정한, 《비혁명의 시대-1991년 5월 이후 사회운동과 정치철학》, 빨간소금, 2020; 배세진, 〈주디스 버틀러 『권력의 정신적 삶』 '서문' 함께 읽기〉, 《인문학 & 신학 연구소 에라스무스 6월 독서회》 강연 녹취록(작성자: 르네), 2023년 6월 29일 참조). 같은 맥락에서, 우리는 이 책에서 논의된 아이슬란드의 실험이 2008년 아이슬란드의 금융위기를 초래한 정치인과 은행가에 대한 아이슬란드인의 분노와 그들에게 책임을 물으려는 요구에 의해 그해 겨울 내내 지속된 대규모 '냄비와 프라이팬 시위'로 시작해 시민이 참여한 개헌안 국민투표로 끝맺음했다는 사실을 기억할 필요가 있다. 특히, 이 실험이 평범한 시민의 참여와 전문가가 조력하는 숙의 과정을 거쳤다는 사실은 단지 구질서로의 복귀나 구질서의 해체만이 아닌 새로운 질서의 '재발명'을 위한 여정에서 열린 민주주의가 결코 완벽하진 않지만 모험해볼 만한 잠재력을 지닌 의미심장한 사례로 평가될 수 있음을 보여준다.

http://www.humanitasbook.co.kr/webzine/201111
https://blog.naver.com/baek_alter/221293667673
https://en-movement.net/364
https://blog.naver.com/spica_kor/223208582867

다. 헌법 초안에 대해 비판적인 법률전문가들은 이 점을 반복해서 주장했다. 이들은 1995년 이후 충분히 정착됐다고 생각한 인권 관련 부분을 심의회가 다시 작성하는 일이 과하다고 주장했다(저자권을 행사한다는 자긍심이 이들의 객관성을 침해했을지도 모르는데, 비판을 표출한 사람은 또한 이전의 헌법개정작업을 맡았던 사람이다). 다음으로, 종교적 권리는 종교적 성격을 띨 수도 있고 띠지 않을 수도 있는 "인생관"과 "개인적 신념"의 권리와 나란히 놓이게 된다. 이 점에서, 25명의 집단은 현대 아이슬란드(그리고 더 일반적으로 북유럽 국가)를 특징짓는 다양한 세계관에 대해 관용적인 기본 입장을 정확하게 반영했다. 심의회는 무신론 같은 철학적 태도와 비교해 독특하고 우월한 지위를 종교에 부여하길 거부했다.

베니스 위원회는 "종교의 자유라는 권리에 대해 [더] 열려 있고 포괄적인 접근"을 제시한다는 이유로 개헌안의 이 부분에 대해 칭송했는데, 이는 이 개헌안이 "인생관"(또는 "철학")과 "개인적 신념"에까지 자유의 범위를 확대했기 때문이다. 베니스 위원회에 따르면, 개헌안은 이같이 범위를 확대한다는 점뿐만 아니라 종교나 신념을 바꿀 수 있는 권리를 포함한다는 점에서 "현행 헌법과 비교해 실질적 개선"을 보여주고 있다(Venice Commission, 2013, Remark 55). 전문가가 작성한 두 가지 헌법 초안 모두가 단순히 헌법 원안의 내용을 복제했다는 점을 고려할 때, 심의회 개헌안은 다른 세 가지 개헌안 모두보다 현저하게 더 나은 안에 해당했다.

경합을 이룬 모든 개헌안과 비교해 크라우드소싱 기법이 활용된 개헌안에서 권리의 비중이 우월하다는 점을 부정할 순 없지만, 이런 개헌안이 결코 완벽한 것은 아니다. 비판자들은 이 개헌안이 지나치게 모호해서 명료함이 부족한 상황을 낳게 된다는 점을 옳게 지적했다. 베니스 위원회는 이 개헌안이 "우려되는 조항의 대부분이 일반 명사로 쓰여 있어, 이로부터 어떤 구체적인 권리와 의무가 도출될 수 있을지 충분히 명확하지 않는다는 사실"이 "아쉽다"는 점을 시사하고 있다(Venice Commission, 2013, Remark 32). 여기에서 베니스 위원회가 주로 공중의 기대에 어긋나게 될 위험성을 우려했고 그 우려가 타당했던 반면, 그에 더해 우리가 갖게 되는 우려는 또한 개헌안이 올바른 해석 가능성 곧 유용성을 보장하는 일종의 형식적 특질을 갖췄다는 의미에서 "유효"하지 않을 수 있다는 점일 것이다.

이제 개헌안의 질을 평가하는 두 번째 기준에 해당하는 '민주성'을 논의하자면, 크라우드소싱 기법이 활용된 개헌안이 지닌 한 가지 주목할 만한 특징은 이 개헌안이 **시민**의 권리를 헌법의 맨 앞에 배치한다는 점인데, 이는 이러한 권리를 여전히 맨 마지막에 언급하고 있는 현행 헌법의 모습과 대조적이다. 이러한 재편은 전국 포럼 2010에서 도출된 권고안을 따르는 것으로, 전문가 초안 또한 이 권고안을 채택했다. 아이슬란드 국민과 이들의 권리를 헌법 본문의 끝부분이 아니라 첫머리에 배치한 시도는 적어도 상징적으로는 국가 제도(대통령의 권한, 법원의 권한 등)에 강조를 둔 과거보다 민주적 개선을 이뤄낸 것처럼 보인다. 가장 중요한 점은 모든 경쟁안과 비교해 크라우드소싱 기법이 활용된 개헌안의 민주적 우월성은 개헌안이 인민의 참여를 위한 제도적 방안을 창출하는 정도를 통해 가늠할 수 있다는 사실이다(Elkins et al., 2012: 2).[286] 크라우드소싱 기법이 활용된 개헌안에는 직접 민주주의의 중요한 요소가 포함됐는데, 이를테면 복음주의 루터교를 국교의 지위로 결정하고, (유럽연합 가입 협정 같은) 특정 협정을 승인하는 데에서 공중에게 역할을 부여하는 일처럼 말이다(현 상태를 바꾸려는 의회의 모든 시도는 국민투표를 통한 승인을 거쳐야만 한다). 이 개헌안 본문은 또한 '추천권'을 포함했는데, 이에 따르

286 "[개]헌안 곳곳에 나타나는 직접 민주주의의 요소"를 논의한다면 말이다.

면 유권자의 10퍼센트는 어떤 법안이든 통과된 지 3개월 내에 이 법안에 관한 국민투표를 요구할 수 있으며(65조), 예산안 같은 일부 예외를 그 조건으로 한다(67조). 게다가, 그리고 가장 혁신적으로 헌법 초안은 다른 곳에서 때로 '시민 발의'라 불리는 내용을 포함한다(66조). 이 참여 절차에 따르면, 전체 인구의 2퍼센트가 충족되면 알싱에 안건을 제출할 수 있고, 알싱은 이를 기각할 수 있는 자유가 있다. 만약 전체 인구의 10퍼센트가 알싱에 법안을 제출하게 되면, 알싱은 이 법안의 수용이나 대응법안 작성 중 하나를 선택해야 한다. 대응법안 작성을 선택할 경우, 만약 유권자가 제출한 법안이 철회되지 않는 반응이 나오면, 알싱은 국민이 발의한 법안과 알싱에서 작성한 대응법안 둘 다를 국민투표에 부쳐야 한다.[287] 개헌안 본문은 또한 알싱에서 4분의 3이 찬성할 경우 대통령을 탄핵할 수 있는 권리를 인정하지만, 이는 단지 국민투표를 거치는 경우에 한정된다(84조). 나아가, 개헌안 본문은 알싱에서 단순 다수결을 거친 뒤에 헌법개정 국민투표가 시행되는 것을 허용한다. 비록 알싱에서 6분의 5의 다수결을 통해 국민투표를 시행하지 않고 헌법개정을 결정하는 일도 가능하긴 하지만 말이다(84조).[288] 마지막으로, 대통령 후보자는 유권자 중 1퍼센트의 사전 지지를 받아야 한다(78조).

이런 참여적 요소는 크라우드소싱 기법이 활용된 헌법을 적지 않게 특징지었고, 베니스 위원회를 포함해 국제사회의 칭송을 받았다. 베니스 위원회 보고서의 128조는 따라서 다음과 같이 언급하고 있다.

---

287 (옮긴이) 이 책 6장 '열린 민주주의의 원칙' 가운데 '참여권' 설명 부분 참조.

288 (옮긴이) '단순 다수결제'는 과반에 미치지 못하더라도 단순히 다수가 찬성하는 경우 의사결정이 이뤄지는 방식을 의미한다. 이 같은 방식 외에 과반수의 결정에 따르는 절대 다수결제, 3분의 2나 4분의 3 같은 특정 다수의 결정에 따르는 가중 다수결제, 과반에 미치지 못하는 경우 시행되는 결선 투표제Runoff Voting 또는 선호 투표제Instant Runoff Voting 방식 등이 존재한다. 아렌드 레이프하트 지음, 김석동 옮김, 《민주주의의 유형-다수결 민주주의와 합의 민주주의 간의 정부 형태와 성과 비교》, 성균관대학교출판부, 2016 참조.

> 베니스 위원회는 위에서 언급된 조항, 곧 공중의 핵심 이해관계와 관련된 사안에 관한 법률제정과 더 일반적으로 의사결정에 영향을 줄 수 있는 시민의 기회를 증진시키는 일을 강조하려는 명확한 의도를 환영한다. 베니스 위원회는 아이슬란드의 특수한 사회-경제적 맥락과 정치적 맥락에서 이 같은 목표가 전적으로 정당하고 이해할 만하다고 생각하며, 그것이 또한 아이슬란드에 존재하는 직접 참여라는 특정 전통의 일부임을 상기한다. (Venice Commission, 2013: Remark 23)

대조적으로, 1944년 헌법은 단지 대통령이 의회로 돌려보낸 법안에 대해 국민이 투표하도록 허용하는 한 개의 조항을 포함하고 있으며, 따라서 베니스 위원회가 언급한 대로 아이슬란드의 특수한 사회경제적 맥락과 그 참여적, 민주적 전통의 측면 모두에서 불충분한 것으로 입증됐다. 전문가의 초안은 1944년 헌법보다 현저하게 더 참여적이었지만, 크라우드소싱 기법이 활용된 개헌안만큼은 아니었다. 이를테면, 전문가의 개헌안 "A"에는 시민 발의 조항이 포함됐는데, 이 조항은 전체 인구의 15퍼센트가 법안에 관한 국민투표를 발의할 수 있도록 허용했다(예산안 같은 일부 예외를 조건으로 말이다). 전문가의 개헌안 "B"에는 전체 인구의 15퍼센트가 알싱에서 통과된 법안이나 결의안의 승인 요구에 대해 대통령이 거부하도록 강제하고 이 사안을 국민투표에 회부하는 권한을 명시하는 조항이 국민투표 관련 장章에 포함돼 있다. 또한, 이런 참여 조항은 크라우드소싱 기법이 활용된 개헌안에 있는 조항만큼 그렇게 광범위하지는 않다.

이러한 직접 민주주의 요소는 이른바 "숙의적 역량" 기준으로 수렴된

다고 주장될 수 있다.[289]

이 방식이 "자신들이 선출한 대표자와 대화하는 공중"(Elkins et al., 2012: 2)을 내세우는 한, 이는 민주주의 제도의 숙의적 특성과 잠재력을 향상시킨다. 이 방식은 올바르게 작동하는 민주주의의 공식적 숙의 트랙과 비공식적 숙의 트랙 사이에 존재한다고 여겨지는 의사소통 채널에 더 많은 구멍을 만들고 따라서 더 효과적이게 만든다(Habermas, 1996).[290] 개헌안 초안은 정부와 시민 사이의 숙의를 넘어 또한 정부 간 숙의를 촉진하는데, 이를테면 108조는 중앙정부가 관련 사안에 대해 지방정부와 협의하는 일을 의무화하고 있다. 따라서 크라우드소싱 기법이 활용된 개헌안은 (두 개의 전문가 초안 중 어느 쪽보다도 더 많이) '민주성' 기준을 특히 숙의적인 방식으로 충족시킨다.

마지막이지만 못지않게 중요한 사실은 우리가 '민주성'과 쉽게 결부시키는 또 다른 특징, 곧 투명성이 헌법 원안은커녕 전문가의 개헌안 본문 "A"와 "B"에서와는 비교할 수 없을 정도로 심의회 개헌안에서 핵심 주제가 된다는 점이다. 투명성이란 단어는 심의회 개헌안에서 세 차례 사용된다. 정보에 대한 권리와 관련된 15조는 다음과 같이 언급하고 있다.

> 행정은 투명해야 한다. […] 행정 당국이 보유한 정보와 문서는 누구도 예외 없이 이용할 수 있어야 하고, 행정 당국이 수집했거나 구매한 모든 문서에 대한 국민의 접근권은 법을 통해 보장돼야 한다. 행정 당국이 보유한 모든 사례와 문서의 목록, 곧 그 출처와 내용은 모

289 Dryzek, 2009에 입각한 Landemore, 2016 참조. 드라이젝Dryzek에게, "숙의적 역량"이란 "정치제도 과정이 진정성 있고, 포괄적이고, 일관성 있는 숙의를 시행할 수 있는 구조를 갖출 수 있는 정도"를 의미한다.

290 (옮긴이) 1장에서 다공성porosity에 관한 옮긴이 주석 참조. 2장에서 하버마스의 두 트랙 사이의 수문 비유 참조.

든 이에게 열려 있어야 한다.

16조는 미디어 "소유권의 투명성"을 요구한다. 끝으로, 51조는 후보자와 그들의 단체에 대한 기부를 전부 공개하는 것을 목표로 한다. 이 조치의 목표는 "비용을 경감시키고, 투명성을 보장하고, 선거운동 광고를 제한하는 것"이다. 적어도 두 개의 다른 조항이 명시적으로 투명성을 목표로 하는데, 비록 이 조항에 이 단어가 포함되지 않을지라도 말이다. 이를테면, 29조는 알싱 소속 의원들이 자신들 또는 자신들과 밀접한 사람들의 특정 이해관계와 관련된 의회 안건에 대한 숙의에 참여하는 일을 금지하고 있다. 알싱 소속 의원과 관련된 이해충돌의 공개, 그리고 이들이 자신의 금융 이익에 관한 정보를 제공할 의무와 관련된 50조는 유사하게 이 단어를 사용하는 일 없이 투명성을 목표로 하고 있다. 이와 유사한 88조는 장관에게 적용되는데, 이때 장관은 "자신의 금융 이익에 관한 정보를 공개할 의무"를 지닌다.

나는 아이슬란드 개헌안이 1944년 헌법보다 개선됐으며, 또한 권리의 비중과 민주성 둘 다의 측면에서 경쟁하는 전문가의 초안보다 비록 상대적이긴 하지만 다소 더 낫다고 결론짓고자 한다.

인과 메커니즘

초안 작성단계에 더 많은 공중을 참여시키는 방식이 지닌 이런 우월성을 우리가 더 정확하게 짚어낼 수 있을까? 여기에서 나는 이른바 '인식론적 민주주의epistemic democracy'의 이론적 분석 틀로부터 한 가지 추정을 빌리려 한다. 인식론적 민주주의는 더 포괄적인 숙의가 지닌 우월성의 연원을 더 많은 인지적 다양성의 존재에서 찾는데, 곧 문제해결 과정에 활용된 관점과 휴리스틱의 다양성에서 말이다. 가설인즉 문제해결 과정에 더 많은 사람을 포함시키면, 다시 말해 이런 과정을 더 참여적으로 만들면 더 많은 인지적 다양성이 도입되기 쉽고 따라서 더 좋은 결과를 보장할 수 있다는 것이다(Landemore, 2013a).

수집된 증거에 의하면 더 많은 공중의 참여가 더 포괄적인 권리 조항을 만드는 데 기여했음이 드러나는데, 이는 단순히 이런 참여를 통해 더 많은 사람의 이해관계와 관점이 고려될 수 있었기 때문이다. 이를테면, 헌법 심의회에 참여한 25명의 위원 중에는 중증 장애인 인권활동가인 프레이야 하랄스도티르Freyja Haraldsdóttir가 포함됐는데, 그녀는 크라우드소싱 기법이 활용된 개헌안의 인권 관련 부분에 전반적으로 많은 영향을 미친 (그리고 1995년에 갱신된 가장 최근의 판본을 적지 않게 수정한) 공로를 인정받았다. 하지만 심지어 이같이 헌법 작성자 구성에 다양성이 더 컸음에도 불구하고 일반 국민이 지닌 다양한 이해관계를 반영하기에는 충분하지 못했다. 내부 보고서에 따르면, 헌법 심의회는 처음에 인권 관련 문제, 특히 성 정체성 문제와 관련해 최대한 포괄적으로 설계됐다. 하지만 심의회 위원들이 최종적으로 수행한 헌법 본문의 작성은 외부자의 영향을 받았다. 욘 욘손Örn Jónsson 목사는 "성별, 나이, 유전형질, 거주지, 경제적 지위, 장애, 성적 지향, 인종, 피부색, 견해, 정치적 소속, 종교, 언어, 출신, 혈통, 그리고 그 밖의 지위로 인한 차별"을 금지하는 6조가 특히 트랜스젠더 커뮤니티에서 비롯된 이메일, 편지, 온라인 게시글에 의해 직접 영향을 받았으며, 그로 인해 심의회 위원들이 그들이 인터넷에 올린 첫 번째 초안이 충분히 포괄적이지 않다고 인식하게 됐다고 보고한다.[291]

291 욘 욘손 목사가 보낸 개인적 이메일 연락, 2015년 7월 17일.

개헌안 초안을 일반 국민에게 공개한 일은 이같이 트랜스젠더와 아동의 권리에 대한 우려를 낳는 결과를 불러왔는데, 이는 트랜스젠더와 아동의 이해관계를 대변하는 집단이 25명의 헌법 심의회 위원이 덜 포괄적으로 작성한 초안에 관해 우려의 목소리를 낼 수 있었기 때문이다(위원들 중 누구도 트랜스젠더 정체성을 지니지 않았으며, 다수가 부모였지만 아동은 한 명도 없었다).

다른 한편, 일곱 명의 전문가 집단에는 장애인도, 트랜스젠더도, 아동도, 또는 이들의 대표자도 포함되지 않았다. 비록 이 전문가 집단에는 (국제조약에 발맞춰) 헌법 본문에 인권을 포함시킨 1944년 헌법에 대한 1995년 개정안의 작성을 맡은 헌법학자가 포함됐고, 이 개정안은 탁월한 지적 우위를 지닌 것으로 여겨졌음에도 말이다. 따라서 전문가가 작성한 초안은 장애인, 트랜스젠더, 아동, 그리고 다른 취약한 부류의 권리에 대한 우려를 그다지 많이 반영하지 못하고 있다. 이러한 사실은 다양성이 적은 소규모 집단은 이들의 의도가 아무리 선하고 포괄적이라 하더라도 훨씬 더 포괄적이고 다양성을 지닌 집단과 달리 가능성과 관련성을 지니는 권리 규정 전체의 지형을 도무지 "볼" 수 없고 탐구하지 못할 가능성이 크다는 점을 시사한다. 권리와 그 정식화의 문제에서, 더 많은 사람이 참여하면, 고려될 수 있는 관점의 수와 그로 인한 헌법안 본문에 제시된 권리의 수를 늘리는 효과를 가져올 것이라는 점은 상당히 분명해 보인다. 이는 사실 권리의 인플레이션으로 이어질 수도 있는데, 비록 이런 인플레이션이 이런 헌법 제정자가 설계한 적정 한도 내에서 유지된 듯 보이지만 말이다.

더 많은 참여를 통해 도입된 다양성이 개헌안의 민주성에 어떤 영향을 주었나? 현재 그 증거는 덜 명확한데, 비록 여기에서도 관점의 다양성이 크다는 사실이 시민의 참여를 위한 새로운 방안이 새로운 헌법에 포함돼야 한다는 전국 포럼의 요구에 대응해 더 포괄적인 해석을 제시하도록 초안 작성자를 거들었다는 주장이 매우 그럴듯하지만 말이다. 우선 한 가지 이유는, 25명의 헌법 심의회 위원들이 전문가의 초안에서보다 이런 참여권과 참여 메커니즘에 대한 더 포괄적인 정의를 선택했다는 점이다. 정확히 말해, 25명의 헌법 심의회 위원들 간의 숙의, 그리고 이 위원들과 온라인 크라우드, 더 일반적으로 국민 구성원과의 상호작용이 어떻게 이 같은 조항의 정식화로 이어졌는지를 이해하기 위해서는 더 많은 연구가 필요할 것이다.

그러므로 아이슬란드 사례의 헌법 초안 작성 단계에서 이뤄진 공중의 참여가 그로 인한 개헌안을 내용적 측면에서 더 낫게 만들었다는 점이 사실일 수 있다. 이는 공중의 참여가 없을 때보다 개헌안에 더 많은 권리와 더 많은 민주적 메커니즘이 포함됐다는 점에서 그렇다.[292] 공중의 참여가 가져오는 효과를 설명하는 그럴듯한 하나의 메커니즘은 이 과정에서 더 많은 참여자 수에 의해 더 많은 다양성을 지닌 관점이 확보되는 것인데, 이는 (처음에) 25명의 위원이 선출된 헌법 심의회를 설계한 일과, 헌법 심의회가 일반 국민과 협의할 수 있는 크라우드소싱 기법을 활용한 일 둘 다를 통해서 이뤄졌다. 이러한 사실은 아이슬란드 헌법이 종교의 권리라는 어려운 사안을 다루는 방식에 있어 또한 더 '자유주의적'이고 '세련'됐다고 여기게 만든 그 밖의 보고를 확증해준다(Landemore, 2017b).

아이슬란드 사례는 열린 민주주의인가?

292 이는 엘스터 자신에 의해 다소 배제된 하나의 가설인데, 그가 초안 작성 단계 자체를 오히려 더 참여적이지 않도록 만들 것을 권고하고 있기 때문이다(이 같은 결정적 단계에 인민이 참여함으로써 도입되는 다양한 편향과 압박과 관련될 수 있다는 이유 탓에 말이다).

아이슬란드 절차가 규범적 측면에서 흥미로운 결과를 낳았음을 규명한 현시점에서 우리는 이제 이 같은 사례가 열린 민주주의의 판본을 예시하는 것으로 해석될 수 있는 방식을 논의하려 한다. 나는 이제 이러한 절차가 열린 민주주의의 다섯 가지 원칙 중 다음과 같은 네 가지를 예시한다고 주장하려 한다(비록 이것들에 정도의 차이는 있더라도 말이다). 곧 참여권, 숙의, 민주적 대표성, 그리고 투명성 원칙이 그것이다. 이런 절차가 실제로 충족시키지 못한 유일한 원칙은 다수결화 원리이며, 이는 개헌안이 종국에 법제화되지 못한 이유를 설명하도록 도울 수 있다.

참여권

아이슬란드 절차는 다음과 같은 두 가지 메커니즘을 통해 제도적 원칙으로서 참여권을 구현했다. 곧 전국 포럼 참여자를 선택하기 위해 사용된 무작위 선택 메커니즘, 그리고 크라우드소싱 계기 말이다. 전국 포럼 참가자를 뽑기 위해 사용된 선택 방법은 실제로 새로운 헌법의 가치 내용이라는 근본적인 사안과 관련해 마치 의제를 설정하는 의회의 일원이 된 것만큼이나 동등한 기회를 모든 시민에게 부여했다. 평범한 사람이 기대할 수 있는 최대치가 눈에 띄는 특정 언론 매체에 기명 칼럼을 싣거나 특정 핵심 정치인에게 이례적으로 강한 영향력을 행사하게 되는 일에 그치는 '통상적인' 개헌 절차 아래서, 개헌의회의 의제에 개인이 영향을 미칠 가능성은 현실적으로 말해 영에 가깝다. 따라서 아이슬란드의 제도적 설계 선택의 혁명적 측면은 강조할 만한 가치를 지닌다. 물론, 개인이 이런 특별 의회에 선택될 가능성은 그리 높지 않았다. 심지어 아이슬란드 같은 작은 나라에서, 모든 각각의 등록 유권자가 선택될 가능성은 단지 약 0.38퍼센트 정도에 불과했다. 하지만 그 가능성은 균등하게 배분됐으며, 우리가 (이를테면 지방자치단체 수준을 포함해) 진정으로 열린 민주주의의 다양한 수준에서 더 일상적인 의사결정과 관련해 이에 상응하는 참여 형태를 생각한다고 전제할 때, 무언가 유의미한 일에 참여할 수 있는 가능성은 생애 과정 동안 상당히 더 커질 수 있다.

더 제한적으로 시민에게 권한을 부여한 또 다른 방식은 크라우드소싱 계기를 통해서였는데, 이를 통해 모든 이가 자발적으로 적어도 자신의 우려를 표출하고 자신의 생각을 공유할 수 있었다. 증거에 따르면, 온라인 참여의 약 10퍼센트가 특정 방식으로 인과적 영향을 준 것으로 입증됐다 (Hudson, 2018).

물론, 이러한 절차에는 더 실효적인 권한이 부여된 시민의 참여가 포함될 수 있다. 전체 인구 중에서 자기추천 방식으로 후보자를 선발한 (개헌의회) 선거 시행 방법에 대해서는 충분한 성찰이 이뤄지지 않았으며, 사람들이 이 절차에 대해 배우고 선거에 입후보하는 일을 고려하는 데 주어진 시간은 불충분했다. 선도자로서 냄비와 프라이팬 혁명에 참여한 레이캬비크 주민과 이미 알려진 유명인사들은 각 절차의 열린 특성이 주는 혜택을 남들보다 더 많이 누렸다. 의회 구성원을 뽑기 위해 전통적 선거 메커니즘을 선택하려는 시도는 단지 불평등을 굳어지게 만들 뿐이었다. (추첨 원칙 아래서 규모가 훨씬 더 컸을지도 모르는) 522명의 자원자 공급원 중에 추첨에 기반해 선출하는 일이 시민의 참여권을 더 존중하는 일이었을지도 모른다.

만약 개헌안이 통과됐다면, 아이슬란드인이 현재 시민 발의와 추천권 둘 다를 이용할 수 있었을 것이라는 점 또한 언급할 만하다.

숙의

숙의는 '제도' 수준과 적어도 의제설정과 개헌안 작성 과제를 맡은 일부 집단 수준 둘 다에서 전반적 설계를 하는 데 중요한 특징 중 하나였다. 제도 수준에서, 이를테면 전국 포럼의 결과를 논의할 때, 522명의 개헌의회 후보자의 선거운동을 주시할 때, 그리고 국민투표에 이르기까지의 기간뿐만 아니라 국민투표 가결과 의회의 최종적인 표결무산 사이의 기간에 국민에게는 개헌 사안에 관해 숙의할 기회가 주어졌다. 이러한 개헌 절차에 대해 이뤄진 외신 보도는 이들이 참여한 절차의 의미와 관련해 아이슬란드인 사이에 추가적인 대화를 자극했다. 가독성을 온전하게 보장할 수 있는 모든 조치가 취해지지 않은 것은 사실이지만, 이는 일정 정도는 다양한 정치 엘리트의 저항 탓이었다.[293] 하지만 대부분의 다른 개헌 절차와 비교할 때, 이 절차는 국민을 교육하고 정보를 전파하려는 눈에 띄는 노력을 그 특징으로 했다.

숙의는 또한 25명의 심의회 위원의 중요한 업무에 해당했다. 이들의 보고서에 따르면, 이들 위원은 소규모 위원회로 나뉘어 헌법의 각기 다른 부분을 작성하는 일을 맡았다가 전체회의에 다시 모여 각 위원회가 제시한 제안을 집중적으로 논의했다.

그러나 전국 포럼에는 숙의적 특성이 설령 있다 하더라도 많지는 않았다. 가치와 선호는 전국 포럼에 참여한 950명의 사람으로부터 제안된 내용을 주로 종합하는 방식을 통해 도출됐다. (벌집형 사고 개념을 연상시키는) '개미집' 그룹의 이름이 시사하듯, 그리고 포럼 구성에 참여한 아고라 그룹의 크라우드소싱 활동이 확인해주듯, 전체 행사는 판단과 선호의 단

---

293 이를테면, 의회는 대화가 글로벌 차원에서 진행되도록 개헌안을 영어로 번역하는 일에 비용을 지불하길 거부했으며, 따라서 헌법 심의회가 제도적 지원 없이 스스로 자금을 조달해야만 했다.

순한 종합이 가져올 수 있는 미덕에 대한 믿음에 의해 좌우됐지, 이런 판단이 형성되고 숙의를 통해 바뀔 수 있는 방식에 대한 관심에 의해 좌우되지는 않았다. 숙의보다 종합을 선호하는 이런 편향이 어디에서 연유했든(어떤 이는 이 편향이 위기 이전에 아이슬란드를 가장 신자유주의적인 스칸디나비아 국가로 만든 시장에 대한 한결같은 맹목적 신뢰와 관련 있을 것으로 의심한다), 헌법개정에 관한 논쟁을 촉발하고 그 결과 구성된 개헌의회가 따라야 할 지침을 논의하는 데 있어 사실상 공론조사에 가까운 형태가 더 적절했는지는 적어도 숙고해볼 필요가 있었다.

그러나 전국 포럼의 취지가 헌법 심의회의 숙의를 위한 합의된 배경을 형성할 목적에서 아이슬란드인이 공유하는 가치와 규범의 단면을 포착하는 것이었기 때문에, 판단과 선호의 종합이 전적으로 부적절한 것은 아니었다. 이 포럼의 목적은 문제해결 논의보다는 자기해명을 돕는 일이었고, 논쟁적 토론을 명시적으로 피하는 일이었다.[294] 주어진 질문은 단순히 "우리가 실제로 공유하는 가치는 무엇입니까?"였다(이는 "우리가 공유해야 하는 가치는 무엇입니까?"란 질문과 대조된다). 게다가, 우리는 이 절차의 숙의적이고 더 논쟁적인 부분이 어느 정도는 2010년 전국 포럼이 열리기 전 2년 동안 일어났다고까지 주장할 수 있는데, 곧 냄비와 프라이팬 혁명 시기와 경제 시스템의 붕괴에 대해 반추했던 수개월의 시간 말이다.

크라우드소싱 국면 동안 크라우드와 심의회 사이에 비록 제한된 형태일지라도 숙의적 요소가 존재했다. 크라우드소싱 국면이 첫 번째 숙의 트랙과 두 번째 숙의 트랙 사이의 벽에 더 많은 구멍을 만들었다는 점은 부인할 수 없는 사실이다. 하지만 이 절차를 열린 상태로 만드는 일은 비록 시도는 됐으나 완전하진 않았다. 이를테면 개별 제안에 대한 심의회의 반

---

294 따라서, 전국 포럼은 "특정 제안에 대해 찬반양론을 주고받는다는 의미에서 논쟁적 토론을 자극하는 일을 목표로 하지 않았다"(Kok, 2011).

응은 불규칙적이고, 비공식적이고, 제한적이었는데, 이는 아마도 공중에게 피드백을 해주는 절차가 적절하게 제도화되거나 재정지원을 받지 못했기 때문이다. 결과적으로, 헌법 심의회 위원은 그들이 받은 제안과 의견에 자의적으로 대응했고, 따라서 크라우드소싱 절차가 결과에 어떤 영향을 줬는지는 알기 어렵다. 과연 새로운 아이디어(특히, 헌법 심의회가 예상한 통념에서 벗어난 아이디어)가 조금이라도 진지하게 받아들여졌을까? 그럼에도 불구하고 관련 데이터를 분석한 최근의 연구가 이러한 제안의 약 10퍼센트 정도가 개헌안 초안의 내용에 실질적으로 인과적 영향을 줬음을 보여준다는 사실은 강조할 만하다(Hudson, 2018).

대체로 보아, 이러한 절차는 사회구조적 수준에서 매우 숙의적이었다.

다수결화 원리

이러한 절차는 다수결화 원리를 예시한다고 말할 수 있는데, 개헌안이 (무산되긴 했지만) 의회 표결에 부쳐질 정도로 말이다. 전국 포럼은 이 나라의 거의 완벽한 거울상에 가까웠기 때문에, 포럼이 헌법 심의회를 위해 마련한 우선 사항들은 주로 다수의 선호를 대표했다. 차후에 개헌안에 관한 국민투표가 시행됐을 때, 투표자의 3분의 2에 해당하는 다수가 이 헌법 본문에 찬성했고 국민투표에서 질문된 각각의 개별 문항에 대한 찬성률 또한 높은 수준이었다. 내용 측면에서, 개헌안 초안은 외견상 적어도 전국 포럼 과정에서 표출된 이 나라의 다수의 선호에 조응했는데, 아마 복음주의 루터교의 지위에 관한 사항을 제외하고 말이다(하지만 다수결화 원리가 지닌 다의성에 관해서는 6장 참조).

하지만 만약 우리가 의회 양상을 포함한 전체 과정을 고려한다면, 이 과정에서 다수결화 원리가 실현되지 못한 것으로 볼 수도 있다. 최종결정권을 지닌 의회는 어쩌면 국민투표에서 개헌안에 찬성한 다수 인민의 의지에 반응한 것보다 개헌안에 반대하는 소수 이익집단의 강렬한 선호에 더 많이 반응한 것으로 보인다. 아이슬란드 의회가 현행 헌법의 영향 아래 아이슬란드 국민 다수의 의지를 진정으로 반영하지 못하고, 보수적인 지역 사람에게 더 비중을 뒀다는 점이 강조될 필요가 있다. 마지막으로, 개헌 승인 기준은 압도적 다수결제였는데, 이는 심지어 의회가 개헌안을 표결에 부치는 결정을 내렸더라도 충족시키기 어려운 기준에 해당했다. 아이슬란드 실험의 결과는 전 세계의 다른 많은 민주주의 실험의 운명을 닮아갈 수밖에 없었는데, 이런 사례들에서 당국은 통제권을 내줄 수 없었고 극복할 수 없는 것으로 입증된 압도적 다수결제라는 장애물을 고집했다.[295]

---

295 유사하게, 2004년에 캐나다의 브리티시 컬럼비아주에서 이뤄진 선거개혁에 관한 시민의회 실험에서 주州의 단순다수표제First Past the Post(FPTP)를 단기이양식 투표제Single Transferable Vote(STV)로 대체하라는 의회의 권고안이 2005년 주 선거 시행과 동시에 국민투표에 부쳐졌다. 권고안은 57.7퍼센트의 찬성표를 얻었고 79개의 선거구 중에 77개의 선거구에서 다수의 지지를 얻었음에도 통과되지 못했는데, 이는 의회가 60퍼센트의 찬성표와 79개의 선거구 중에 60퍼센트의 선거구에서 단순 다수결제라는 장벽을 [동시에-옮긴이] 설정했기 때문이었다(Warren and Pearse, 2008). 이러한 절차가 좀 더 단순한 다수결제였다면, 권고안은 법제화됐을 것이다. [(옮긴이) 권고안은 77개의 선거구에서 다수의 지지를 얻었지만 60퍼센트의 찬성표 기준에 미치지 못함으로써 결국 통과되지 못했다. "단기이양식 비례대표제는 유권자들이 정당별 후보자의 이름이 모두 기재된 투표용지에 선호 순위를 기입하는 방식으로 이루어진다. 당선자가 확정되는 과정은 다소 복잡한데, 당선자를 선출하는 과정에서 잉여표를 이양하는 과정을 여러 차례 반복하여 결정한다. 결정과정은 이렇다. 먼저 총 투표수와 의석 총수를 기초로 당선 최저선을 정한다. 그다음 당선에 필요한 최소 득표수를 확보한 후보자부터 당선자를 결정한다. 그리고 이 최소 득표수를 초과하여 득표된 표들은 투표용지에 기재된 선호 순위에 따라 다른 후보자에게 이양된다. 구체적 이양 방식에 대해서는 김용옥, 《정치학-이슈와 성찰》, 법문사, 2002 참조"(이지문 · 박현지, 《추첨시민의회》, 삶창, 2017, 48쪽 주석에서 재인용). 또한, 이 장 〈개헌안은 과연 유효했나?〉 절의 '다수결제'에 관한 옮긴이 주석 참조.]

민주적 대표성

아이슬란드 사례는 민주적 대표성의 탁월한 사례를 제공한다. 이는 아이슬란드 사례가 대표성의 장소와 형태를 의도적으로 증가시켰기 때문이다. 전국 포럼은 4장에서 '추첨형 대표성'이라 부른 형태를 활용했다. 헌법 심의회는 조금 더 열려 있고, 특히 더 '액체적인' 선거 대표성 형태를 활용했다(엄밀히 말하면 위원들이 결국 임명됐긴 하지만, 처음에 이들은 전체 성인 인구에 열려 있는 후보자 공급원 중에서 선거를 통해 선출됐다). 그리고 크라우드소싱 계기는 '자기추천' 대표성에 부합했다.

이런 다양한 형태의 민주적 대표성 각각의 정당성은 때로 명확하게 설명됐다. 이를테면, 크라우드소싱 국면에 자기추천으로 참여하고 의견을 제시하는 데 기여한 소수의 사람에게는 최종결정권이 부여되지 않았고, 이들의 견해는 헌법 심의회에 선출된 대표자에 의해 필요하다고 판단되는 경우에 단지 개헌안 초안에 포함됐다. 그 결과, 자문 역할로 개입한 크라우드와 개헌안 작성에 최종결정권을 지닌 심의회 사이의 분업은 명확하고 효과적이었으며, 그 정당성을 두고 어떤 충돌도 일어나지 않았다. 그러나 때로 정당성 충돌이 나타났다. 국민투표에서 나타난 개헌안에 대한 국민의 지지와 개헌안을 시행하지 않기로 결정한 선출 대표자 사이의 긴장은 하나의 사례가 된다. 국민투표 결과가 기각돼야 한다고 발언한 이들의 주장은 아이슬란드 선거기준으로 볼 때 투표율이 상대적으로 낮았다는 점이었다(47퍼센트). 어떤 의미에서, 이들은 참여한 투표자가 일반 시민을 충분히 대표하지 못한다고 주장했는데, 다수의 투표자가 원하는 것이 일반 시민이 진정으로 원하는 것이었음을 보장할 정도는 아니라는 점에서 말이다. 그러나 이런 주장에 맞서 개헌안의 지지자들은 국민투표 결과를 일반 의지의 표출로 봤으며, 그 결과에 법적 구속력이 없었다는 사실에도 불구하고 법제화하지 못한 아이슬란드 의회가 국민을 배반했고 결과적으로 모든 정당성을 상실하게 됐다고 판단했다.[296]

투명성

마지막으로, 아이슬란드의 절차는 높은 수준의 투명성을 그 특징으로 했는데, 헌법 작성 절차에 참여한 행위자의 활동에 대해 공중이 직접 눈으로 보고 관찰한 후에 자기의 생각을 결정할 수 있었다는 점에서 그랬다. 거꾸로, 헌법 초안의 실제 작성자는 필요하다고 생각되는 경우 크라우드의 생각과 의견에 접근할 수 있었다. 누군가는 투명성이 하나의 창문이었다고 말할지도 모르는데, 곧 개헌의회라는 벽면에, 그리고 더 일반적으로 헌법 작성 절차 전체에 열려 있는 창문 말이다.

더 일반적으로, 개헌안 초안 작성 절차는 거의 지속적이고 공공연하게 요구된 인민의 응시 아래서 일어났다. 이는 가장 흔했던 이전의 헌법 작성 모델로부터 근본적인 탈피를 의미했는데, 이전 모델은 프랑스와 미국 같은 근대 대의 민주주의 나라에 존재했던 기본 사례에서 그랬던 것처럼 소수 엘리트 사이의 비밀회의를 수반했다. 투명성의 첫 번째 사례는 2010년 전국 포럼을 인터넷에서 스트리밍한 초기 절차에서 찾을 수 있다. 얼마나 많은 사람이 무작위로 선택된 950명의 동료 시민의 활동과 토

296 '헌법 심의회의 정당성인가 아이슬란드 의회의 정당성인가'에 대한 흥미로운 논쟁이 2017년 6월 3일에 버클리 로스쿨 캘리포니아 헌법연구소와 UC 버클리 정부학연구소가 주최한 "아이슬란드 민주주의에 관한 회의" 행사에서 이뤄졌다. 순전히 법적인 관점에서, 심의회의 이런 정당성 주장은 상당히 잘 견지된 듯 보인다. 이 논쟁의 개괄에 관해서는, 데이비드 카리요David Carrillo가 편집한《아이슬란드 연방주의자 논고*The Icelandic Federalist Papers*》(2018) 참조.

론을 실제로 지켜봤는지는 불분명하지만, 선택지가 주어졌다는 사실은 전체 절차의 포괄성에 있어 중요했다.

이러한 절차의 크라우드소싱 단계는 헌법 심의회의 위원들이 작성해 온라인에 정기적으로 게시한 개헌안 초안 작업에뿐만 아니라 서로 서로의 생각에 접근할 수 있게 해줬다. 이를테면, 한 개인이 헌법 심의회 페이스북 페이지에 올린 모든 글을 다른 시민들도 읽고 댓글을 달고 (페이스북의 '좋아요' 기능을 통해) 평가할 수 있었다. 어쩌면 현대의 참여 기술 덕분에 통상적으로 닫혀 있고 일방적이었던 절차가, 열려 있고 다각적인 절차로 바뀌는 일이 가능해졌다.

아이슬란드 절차의 경우에 비록 완전한 투명성은 절대 불가능했지만, 하버마스가 첫 번째 '숙의 트랙'과 두 번째 '숙의 트랙'(각각 의회와 대규모 공론장)이라 부른 영역을 분리하는 전통적 벽에는 서로를 향해 더 많은 구멍이 만들어졌다. 첫 번째 트랙에서 두 번째 트랙으로는 바로 헌법 초안이 전해졌고, 수정과 반응으로 이뤄진 다양한 단계에서 공중의 질문에 대해 이메일 답변이 이뤄졌다. 두 번째 숙의 트랙에서 첫 번째 숙의 트랙으로는 이메일, 페이스북 게시글, 스카이프 대화, 트윗이 전해졌다.

아이슬란드 사례의 투명성은 소셜미디어를 포함한 신기술과 이러한 절차를 최대한 민주적이고 책임성 있게 만들어준 숙의적 결정 둘 다에 의해 실현됐다. 아이슬란드 국민은 위기 이전 시기에 존재했던 뒷거래나 부패 관행과 단절하려는 바람을 분명하게 표출했다(새로운 관행이 아주 다르다는 말은 아니다). 닫힌 형태의 비밀 숙의가 지닌 옹호할 만한 이점에도 불구하고, 아이슬란드인은 [투명성이라는-옮긴이] 빛이 필수 불가결한 살균제였다고 분명하게 판단했다. 물론, 이 빛은 단지 제한적으로 비치는데, 실제로 25명의 위원들 사이의 숙의는 방청이 허용되지 않았다. 단지 이들의 [누구에게나-옮긴이] '열려 있는' 전체회의만이 녹화나 녹음이 이뤄지고 나중에 PDF 녹취록으로 배포됐는데, 때로 "지연된 투명성time-lag transparency"이라 부른 형태를 갖췄다. 서로 다른 사안을 주제로 활동한, 심의회에 속한 세 개의 하위그룹 위원들이 참여한 위원회 회의도 마찬가지로 공개되지 않았다. 단지 그 회의록만 기록됐을 뿐이었다(예를 들어, 의제와 결정사항을 정리해 작성한 보고서 형태로 말이다). 또한 '비공식' 회의가 열렸는데, 그 내용은 전혀 기록되지 않았다. 그럼에도 불구하고, 일반 국민에게는 헌법 작성 절차 역사상 가장 많은 접근권이 주어졌다. 특히 유럽이나 이집트 사례 같은 최근의 헌법 작성 절차와 비교할 때 이 사례가 보여준 투명성의 참신함은 아무리 강조해도 지나치지 않을 것이다.

누군가는 또한 심지어 이 절차가 투명성을 지녔던 곳에서도 그것이 보기만큼 또는 필요만큼 투명하지 않았다고 주장할지도 모른다. 앞서 언급한 대로, 헌법 심의회가 개최한 전체회의는 누구에게나 열려 있었지만, 어쩌면 온갖 '진짜' 숙의가 이뤄진 토론 세션이나 '위원회 회의' 그리고 '비공식 회의'는 닫힌 형태로 진행됐다. 단지 누구에게나 '열려 있는' 회의의 녹취록만이 열람할 수 있도록 제공됐는데, 이조차도 다만 몇 주 후에나 가능했다(이는 심의회, 그리고 일반 국민 중 녹취록을 기꺼이 읽으려는 의지를 지닌 사람(크라우드) 사이에 즉각적인 피드백 순환이 이뤄지기에는 너무 늦은 처사였다). 이같이 전달된 녹취록의 포맷(천 페이지가 넘는 비非대화형 PDF 파일형식) 또한 외부자가 쉽게 분석하기에는 최적의 형태가 아니었다.

현저한 결함에도 불구하고, 아이슬란드의 절차는 상당한 정도로 열린 특성을 보였다. 헌법개정 운동이 대중 동원(냄비와 프라이팬 혁명)으로부터 탄생할 정도로 일반 공중의 참여에 열려 있었다는 점은 본질적인 특성에 해당했다. 이러한 절차는 경제 붕괴를 반성하는 기업가 집단 간의 비공식 회의로 시작된 싱크탱크에 해당하는 '아이디어 부Ministry of Ideas', 그리고 2009년에 첫 번째 전국 포럼, 곧 전국 회의를 조직한, 앞서 언급된 '개미집'으로 알려진 집단 같은 풀뿌리 조직에 의해 한층 더 자극됐다. 이 운동은 공식 정치제도(의회, 정당 등) 바깥에 위치했으며, 짐작건대 공중은 자신들이 착수했으며 당연히 그에 소속됐다고 여기는 절차로부터 배제되는 상황을 인정하지 않았을 것이다. 따라서, 두 번째 전국 포럼이 제헌위원회에 의해 조직됐다는 사실은 이 절차의 종료를 시사한다기보다는 새로운 요구를 만들어내고 이 요구가 기존 제도를 통해 충족되도록 만드는 과정에서 시민사회에 의해 형성된 강력한 모멘텀을 보여주는 증거였다.

아이슬란드의 절차는 열린 민주주의의 가능성을 예시한다. 비록 아이슬란드 실험의 최종 실패와 관련해 한 가지 이유를 따로 떼어내 말하기는 어렵지만, 이러한 절차는 몇 가지 가능한 결함의 원천을 보여주고 있다.

그럼에도 불구하고, 현대의 바이킹 전설로서 아이슬란드의 개헌 절차는 진지하게 고려될 가치가 있는데, 나머지 세계에 선례가 되기 때문이다. 만일 심지어 (민주주의 이론가조차도 닫힌 형태의 의회 엘리트에게 맡겨야 한다고 생각하는 경향이 있는 법률제정 절차인) 개헌 절차가 열려 있고 포괄적인 방식으로 설계될 수 있다면, 분명히 통상적인 법률제정과 정책입안 절차 또한 더 열린 형태로 만들어질 수 있다. 장 자크 루소는 어디선가 그 당시 작지만 전도유망한 민족(코르시카)에 대해 다음과 같이 쓴 적이 있다. "언젠가 이 작은 섬이 세계를 놀라게 하는 날이 오리라는 예감이 든다."

나는 아이슬란드인 또한 이미 세계를 변화시키고 있다고 주장하고자

한다.[297]

297 (옮긴이) 장 자크 루소의 〈코르시카 헌법 구상〉이란 글에 나오는 문장으로, 이 문장의 앞부분은 다음과 같다. "유럽에는 아직 입법이 가능한 나라가 하나 있다. 그것은 코르시카섬이다. 그 용감한 인민이 자신의 자유를 회복하고 방어하기 위해 발휘한 용기와 인내는 어떤 지혜로운 인물에게서 그 자유를 보존하는 법에 대한 가르침을 받을 만한 자격이 충분하다"(장 자크 루소 지음, 박호성 옮김, 《사회계약론 외》, 책세상, 2015, 69쪽). 코르시카는 지중해에 위치한 프랑스령 섬으로 프랑스와 이탈리아의 중간 지점에 자리하고 있다. 지리적 특성상 로마를 포함한 다양한 주변 세력의 지배를 받아오다가 13세기 말 제노바 공화국의 장기적인 지배하에 들어갔다. 1755년 제노바의 경제력 쇠퇴 등 혼란한 정세를 틈타 코르시카 공화국의 독립이 선언되는 가운데 독립운동 가문에 속했던 파스콸레 파올리가 통령에 취임해 헌법을 제정하는 등 국가 정비에 힘썼으나, 부채 문제를 겪고 지속적인 반란에 염증을 느낀 제노바 공화국이 1769년 프랑스에 통치권을 매각하면서 코르시카는 독립이 무산된 채 프랑스령이 됐고 파올리는 영국으로 망명하게 됐다. 왕당파와 공화파의 대립이 두드러진 프랑스혁명 전쟁 정세에서 20년여 만에 귀향한 파올리는 독립의 어려움을 체감하고 자신에게 우호적이었던 영국의 비호 아래 자치정부 성격의 앵글로 코르시카 왕국의 건설을 구상했으나, 영국과 프랑스의 정치외교적 이해관계와 코르시카인의 내분과 비우호적 태도가 맞물려 이 구상은 3년여 만에 무산됐다. 한편, 코르시카는 18세기 말에서 19세기 초에 유럽을 뒤흔든 나폴레옹 보나파르트의 출생지로도 유명하다. 나폴레옹의 아버지 샤를 또한 코르시카의 독립투사로서 파올리의 부관으로 일했으나 전투에서 강대국 프랑스에 격파되면서 독립의 꿈을 체념하고 파올리와 노선을 달리해 프랑스가 파견한 총독과 우호적인 관계를 맺었고, 이는 코르시카의 유력 가문이었던 보나파르트가에서 태어난 나폴레옹이 프랑스의 군사학교에 진학하는 데 적지 않은 도움이 됐다. 코르시카는 독립적인 성향이 강했으나, 나폴레옹 치하에서 권력의 혜택을 누리게 되면서 프랑스에 동화되는 쪽으로 기울었다. 코르시카는 이탈리아의 영토인 사르데냐섬보다도 이탈리아에 더 가까워 이탈리아의 영향 또한 많이 받았는데, 보나파르트의 본명 또한 원래 이탈리아식인 부오나파르테였다. 파올리의 독립사상은 시대적 흐름에 따라 루소와 볼테르 등의 지지를 받았고 미국의 독립운동가에게 영감을 주기도 했다. 현대에 들어서도 분리독립 운동이 끊이지 않는 가운데, 2017년 분리독립파가 지방선거에서 승리하면서 프랑스의 마크롱 대통령이 코르시카의 자치권 허용문제를 두고 협상을 시도하고 있다("코르시카 공화국", 위키백과, 2023년 12월 3일 접속; 프랭크 매클린 지음, 조행복 옮김, 《나폴레옹-야망과 운명》, 교양인, 2016; 린다 콜리 지음, 김홍옥 옮김, 《총, 선, 펜-전쟁과 헌법, 그리고 근대 세계의 형성》, 에코리브르, 2023 참조).
https://ko.wikipedia.org/wiki/코르시카_공화국

8

열린 민주주의의 실현 가능성

●

앞 장은 아이슬란드에서 앞서 일어난 실험의 세부 내용을 자세히 들여다봄으로써 열린 민주주의가 어떤 모습일지를 보여주려 했다. 그럼에도 불구하고 소규모 나라에서 그것도 종국에는 충분히 성공적이지 못한 방식으로 단지 부분적으로 시행된 열린 민주주의라는 이상의 실현 가능성과 관련해 심지어 너그러운 독자들에게도 많은 의문이 남을 수 있다. 따라서 이 장은 아이슬란드 실험 자체와 더 일반적으로 열린 민주주의 패러다임 둘 다에 대해 제기될 것으로 예상할 수 있는 여러 가지 반론을 논의한다. 이러한 반론에는 다음과 같은 내용이 포함된다. (1) 아이슬란드 절차가 궁극적으로 이 책에서 옹호하는 열린 민주주의에 근접한 민주주의를 실현하는 데 성공하지 못했다는 사실, (2) 한 나라가 지닌 규모와 이질성이 방해가 되는지의 문제, (3) 비선출 대표자의 전문성이라는 문제, (4) 열린 형태의 제도가 강력한 관료집단과 이익집단에 포획될 위험성, (5) 다수결 중심 제도에 있을 수 있는 반자유주의, (6) 제도 수준에서 비선거 또는 비선거에 가까운 민주주의의 책임성 결여(단지 대표자만의 책임성은 아니며, 4장에서 이미 다뤄진 문제), (7) 열린 민주주의에서 의사결정을 하는 과정에서 시간이 소모될 수 있는 특성. 이 장은 전통적 대의 민주주의에서 열린 민주주의로 이행에 관해 더 일반적인 성찰을 하는 것으로 끝맺음한다.

아이슬란드의 실험은 실패했다는 주장

아이슬란드 절차는 어떤 측면에서는 '아름다운 실패'였다.[298] 하지만

---

298 나는 이러한 핵심 반론과 이 반론에 대응하는 방식에 대한 제안과 관련해, 리사 디쉬Lisa Disch가 이 책 원고에 대해 아주 멋지고 너그러운 논평을 하면서 펼친 빼어난 주장에 빚지고 있다(개인적 대화,

이 실패가 더 일반적으로 열린 민주주의 모델의 실현 가능성(실행 가능성과 지속 가능성 둘 다)과 관련해 우리에게 가르쳐주는 것은 무엇인가? 한 가지 가능한 해석은 바로 의회의 구성원들이 새로운 헌법 제도 아래 기존 대표자와 정당이 권력을 잃거나 아니면 적어도 의회의 상당한 구조변화에 맞닥뜨릴 것이라고 올바로 예측했기 때문에 의회가 저지시킨 것이라면, 이러한 실패는 이 모델의 **정당성을 입증**한다고 보는 관점이다. 만약 그렇다면, 이런 결말은 단지 우리가 현행 제도에서 열린 민주주의로 이행하려면 발의제도와 시민이 발의하는 국민투표 같은 방식에 의존할 필요가 있음을 시사해줄 따름이다. 곧 시민의 제재를 차단하려고 민주주의 절차를 교묘하게 이용하는 정당과 입법자의 능력을 억제하는 개혁을 관철시킬 목적으로 말이다.

반면에, 이 실험의 실패는 그 대신에 또는 어쩌면 그에 더해 아이슬란드의 개헌안 초안 작성 과정에서 구상된 열린 민주주의의 판본에 존재하는 일부 결함을 반영하는 것일지도 모른다. 어쨌든, 실제로 작동되고 시행될 수 있는 헌법 조항의 초안을 작성하는 과제는 쉽지 않은 일이다. 유사하게, 프랑스 기후변화 시민총회에서 시민이 맞닥뜨린 주된 도전 가운데 하나는 이들의 제안이 '필터 없이' 직접 시행될 수 있는 '법률안'으로 여겨질 만큼 정확도를 얻기가 어려웠다는 점이었다. 특히 이러한 절차의 막바지에 조항을 다시 명확하게 만드는 과정에 법률 전문가들이 투입됐기 때문에 나는 개인적으로 아이슬란드 의회의 저지 행위가 단어선택의 문제와 크게 관련 있다고 생각하지 않는다(비록 일부 비판자들이 이를 구실로 삼긴 했지만 말이다). 반면에, 시민의 집단지성을 이끌어 내고 이들이 제시한 법률, 정책, 해결책이 실제로 작동되도록 보장할 수 있는 최선의 방

2019년 2월 24일).

식이 무엇일지에 관해서는 진심 어린 궁금증을 갖고 있다. 여기에서 그 해답은 더 민주적인 실험이 될 가능성이 높은데, 공간, 시간, 편의성, 전문가에 대한 접근성이라는 명확한 요건을 제외하고 시민의 작업의 질에 가장 많이 영향을 주는 숙의의 구성 형식과 작업 절차 형태와 관련해 우리에게 주어진 증거는 여전히 너무 부족하다. 그러므로 대체로, 아이슬란드의 (상대적) 실패는 열린 민주주의가 실현되기 어렵다거나 지속 불가능하다는 점을 확증하는 증거에 해당하지 않는다고 볼 수 있다. 상황은 다르게 전개될 수도 있었다.

아이슬란드 사례의 일반화 가능성에 대한 반론

아이슬란드 사례가 일부 중요한 측면에서 다소 성공적이었던 데 반해, 그 일반화 가능성은 전혀 분명하지 않다. 아이슬란드 사례는 여러 측면에서 최상의 시나리오에 해당하는데, 꽤 안정적이고 문화적으로 동질적인 민주주의 나라이며, 세계에서 가장 부유하고 가장 교육 수준이 높은 나라 중 하나이자, 세계에서 가장 높은 인터넷 보급률을 지닌 나라에서 일어났다는 점에서 그렇다. 따라서 이러한 절차가 이곳에서 어느 정도 작동했다는 사실이 그 외 다른 곳에서 부분적으로 또는 조금이라도 작동하는 일을 보장하지는 않는다.

이 책에서 서술한 아이슬란드의 경험이 주는 교훈, 즉 더 진정한 민주적 대표성 형태(또는 몇몇 다른 이들의 해석에 따르면, 더 많은 참여)가 좋은 아이디어라는 관점을 우리는 주의해서 받아들일 필요가 있다. 우리가 만약 좋은 헌법 본문을 만드는 일이 첫 번째 단계에 해당하고 마찬가지로 중요한 두 번째 단계가 헌법을 실행 가능한 방식으로 시행하게 되는 일이라고 가정할 때, 아이슬란드의 경험은 [일반적인-옮긴이] 참여 또는 적어도 특정 형태의 참여가 과도하게 이뤄질 경우 현직 정치인이 이 헌법을 시행하지 않으려 할 수 있음을 시사해주는 사례가 되기에 충분하다. 개헌 절차의 행위자와 현직 정치 엘리트 사이의 의견 차이가 이런 경험이 지닌 가능성에 해를 끼친 방식을 분석하기 위해서는 더 많은 연구가 이뤄져야 한다. 어떤 이(Hudson, 218)는 애초에 개헌안이 만들어질 수 있었던 이유 중 하나가 이 절차에 대한 정당의 참여가 차단됐거나 억제됐기 때문이라고 주장한다. 하지만 여러 증거에 따르면 오히려 정치계급의 선의와 정당의 지지를 상실하게 된 결과 결국 헌법 심의회가 그 신뢰성을 잃게 되고 크라우드소싱 기법이 활용된 개헌안이 의회를 통과할 수 있는 기회를 잃게 됐음을 알 수 있다.

하지만 설령 우리가 아이슬란드의 설계가 실제보다 현직 엘리트를 더 많이 수용할 수 있었다고 전제하더라도, 많은 저자가 다양한 맥락에서 헌법제정 절차에 공중을 참여시키지 말 것을 경고하고 있다. 윌리엄 파틀렛William Partlett은 (통상적인 입법부와 구분되는) 특별 '개헌' 의회와 (그가 "대중적 헌법제정 과정"이라 이름 붙인 절차의 전형에 해당하는) 국민투표의 활용이 많은 중부와 동부 유럽 나라에서 너무나 자주 권위주의적 경향의 카리스마를 지닌 정치인이 꾸민 계략에 빠지게 되고 궁극적으로 입헌 독재로 이어지게 되는 과정을 입증하고 있다(Partlett, 2012). 네이선 브라운Nathan Brown은 아랍 세계에서 20세기 후반 이후 이뤄진 개헌 절차에서 대중성publicity이 증가하게 된 상황이 "헌법 본문에 이슬람 관련 내용이 증가하게 되는 경향을 부추기는 상황"을 초래했다고 주장한다(Brown, 2016; 385). 브라운은 "대중성"이 공식적인 대중의 참여 형태를 특징으로 하며, 이런 특징이 아랍의 사례에서 반자유주의적인 결과를 낳게 했다고 비난한다. 마지막으로, 아브락 사티Abrak Saati(2105)는 개헌 절차에서 참여의 이점이 그녀가 검토한 대부분의 사례연구에서 하나의 "신화"에 지나지 않았다고 폄하한다.

아이슬란드 모델의 전파를 고려하는 경우 우리는 이러한 경고에 반드시 주의를 기울여야 한다. 그렇긴 하지만, 앞선 사례연구에서 참여는 훨씬 더 느슨한 의미를 지니며 높은 수준의 민주주의에 반드시 부합하지는 않는다는 점에 주목할 필요가 있다(이는 플레비시트로 전환되기 쉬운 '국민투표'의 활용에서부터 시민에게 단지 매우 편향되게 권한을 부여하는 '대중성' 관행에 이른다). 어찌 됐든, 아이슬란드의 설계가 신생 민주주의 나라와 과도기적 체제에서보다 이미 안정적인 선진 민주주의 나라에서 가장 재현되기 쉽다는 주장은 실제로 그럴듯하게 들린다.

그렇긴 하지만, 아이슬란드 사례의 일반화 가능성과 관련해 잘 다뤄지지 않고 내가 간략하게 논의하고 싶은 두 가지 반론이 존재하는데, 그것은 각각 규모와 동질성과 관련된 반론이다. 우리는 아이슬란드의 민주주의 설계가 대규모 나라와 동질성이 덜한 인구에서 작동할 것이라 생각할 어떤 근거를 갖고 있는가? 이제 두 가지 반론을 차례로 다뤄보려 한다.

규모에서 비롯되는 반론

현대의 아이슬란드는 32만 9천여 명이 사는 아주 작은 나라이다. 따라서 규모에서 비롯되는 반론은 상당히 자연스러운 일이다. 하지만 나는 어떤 면에서 이런 문제를 전혀 이해할 수 없다고 생각하는데, 우리가 이 문제가 결국 아래에서 다뤄질 두 번째 반론, 곧 동질성에서 비롯되는 반론으로 귀결된다고 여기지 않는 한 말이다. 실제로, 다양한 민주적 혁신을 결합한 아이슬란드의 절차(전국 포럼, 평범한 시민으로 이뤄진 헌법 심의회, 크라우드소싱 플랫폼과 소셜미디어 등의 활용)는 얼핏 보기에 규모에 맞춰 쉽게 조정될 수 있을 것처럼 보인다. 이는 바로 다양한 형태의 민주적 대표성을 활용한 절차에 해당하고 매번 대중에게 호소하는 방식과는 대조되는데, 이런 특성은 이 모델을 모든 규모의 나라에 맞춰 조정할 수 있게 해준다.

실제로 대규모 나라에서 대중이 직접 입력한 의견을 탐색하는 초안 작성자에게 데이터 처리능력이라는 문제가 부각될 수도 있는데, 이때 크라우드소싱 단계에서 수십만 개 또는 심지어 수백만 개의 의견이 만들어질 가능성이 높다. 하지만 이는 어쩌면 데이터 감지 소프트웨어 같은 신기술이나 입력된 의견을 일일이 살피고 체계화할 수 있는 훈련된 분석가 집단을 통해 가공함으로써 헌법 초안 작성자가 다룰 수 있는 정도의 체계화된 정보를 처리하기만 하면 되는 성격의 문제이다. 마크 터쉬넷Mark Tushnet은 이런 아이슬란드의 헌법제정 실험이, 인구 전체를 포괄하는 문제가 단지 초안 작성 기구의 대표자를 통해 대신 이뤄질 수밖에 없다는 견해에 종지부를 찍었다고 언급한다. 터쉬넷이 볼 때 아이슬란드 사례는 그 대신 이 절차에 참여하는 데 관심 있는 모든 이에게 열려 있도록 만드는 일이 가능함을 보여주는데, 바로 크라우드소싱 기법을 통해서 말이다. 터쉬넷이 언급한 대로, "우리는 심지어 아이슬란드보다 더 큰 나라에서도 마찬가지로 크라우드소싱 기법이 활용된 초안 작성 절차를 상상할 수 있다"(Tushnet, 2013: 1994).

알려진 대로, (6천7백만 명의 인구를 지닌) 프랑스는 기록적인 시간(몇 주) 안에 상대적으로 제한된 예산(천백만 유로)으로 2개월여의 전국적인 숙의 과정을 시행하는 데 성공했고, 2백만 개에 가까운 의견과 제안을 만들어낸 크라우드소싱 단계를 포함하는 국민 대토론을 소집했는데, 그 후 이런 논의들은 종합 과정을 거쳐 공공정책을 입안하는 데 도움을 줬다(이 중 조금이라도 잘 수행됐는지에 관해서는 논란이 있을 수 있지만, 요점은 그것이 실현 가능해 보였다는 점이다). 근접한 상태에서 관찰했고 따라서 일인칭 시점을 어느 정도 제공할 수 있는 사례를 논의하기 전에, 나는 어느 정도 규모를 지닌 경우에도 더 포괄적인 형태의 민주주의를 충분히 상상할 수 있다는 가설이 타당함을 이미 스스로 입증한 어느 정도 규모를 지닌 포괄적 민주주의의 두 가지 사례를 언급하려 한다.[299]

첫 번째 사례는 인도 지방의 그람 사바인데, 이 회의에는 정기적으로 (13억의 인구 중) 8억 명까지 참여하고 이들 중 다수가 문맹자이자 극빈층에 해당한다.[300] 매우 흥미롭고 풍부하게 서술된 책에서, 사회학자 파로미타 산얄과 경제하자 비자옌드라 라오(Paromita Sanyal and Vijayendra Rao, 2018)는 선거 사이 휴지기 동안 인도 전역에서 적어도 1년에 두 번 열리는 마을 회의에 관해 보고하는데, 이는 1992년 헌법개정이 이러한 회의를 의무화한 이후로 줄곧 이어졌다. 저자들이 "대화 민주주의oral democracy"의 한 형태로 본 이러한 열린 회의에서, 다양한 교육 수준을 지닌 개인들은 자신의 지도자에 대한 불만을 표출하고 그들에게 설명 책임을 지울 수 있다.[301] 그람 사바는 또한 더 일반적으로 개인들이 자신에게 필요한 것을 말하고 개인적 곤란에 관한 이야기를 나누는 일뿐만 아니

---

299 나는 이러한 중요한 사례를 알게 해준 티아고 페이소토Tiago Peixoto에게 감사드린다.

300 (옮긴이) 이 책 〈프롤로그〉의 "그람 사바" 옮긴이 주석 참조.

301 (옮긴이) "대화 민주주의"는 인도의 지방자치제도를 도입한 판차야트 개혁에 포함된 마을 평의회, 곧 그람 사바를 분석한 파로미타 산얄과 비자옌드라 라오가 저술한 동명의 저서에서 만들어진 개념으로, 합의에 이르거나 정책 결정에 영향을 미치려는 의도에서 토론과 논쟁, 그리고 대화 절차를 조직하는 과정을 촉진할 수 있는 열린 공간을 창출함으로써 시민에게 권한을 부여하는 것을 목적으로 하는 직접 민주주의의 한 형태에 해당한다. 이 같은 민주주의는 대화적 참여, 대중의 참여, 평등을 주요 특징으로 한다. 숙의 민주주의가 국가 범위 밖의 동료 시민들 간의 상호 대화에 초점을 두는 데 반해, 대화 민주주의는 대화에 중점을 둠으로써 시민이 국가와 대화하는 일을 중요한 기회로 여기는 모델이라는 점에서 숙의 민주주의와 차이를 보이고 그것을 보완할 수 있게 된다("Oral democracy", WIKIPEDIA, 2023년 12월 13일 접속).
https://en.wikipedia.org/wiki/Oral_democracy

라 실용적인 정보를 공유하고 지역 문제를 해결하는 데 필요한 요소들을 제공하는 장소이기도 하다. 가장 중요하게, 그람 사바에서 사람들은 정부의 빈곤 대책뿐만 아니라 배제 대상의 규정과 공공자원의 배분에 관해 논쟁하고, 그렇게 함으로써 정의正義의 의미를 둘러싼 진정한 숙의 과정으로 보지 않을 수 없는 절차에 참여하게 된다.[302]

두 번째 사례로는 브라질의 '전국 공공정책 회의'가 있는데, 이러한 회의는 "지금까지 알려진 세계 최대 규모의 참여와 숙의 실험"(Pogrebinschi, 2013: 220)으로 평가돼왔다. 이 회의에는 브라질 연방의 세 가지 수준 모두에서 참여한 수백만 명의 브라질 국민이 모였는데, 그 주요 목적은 보건에서부터 경제, 교육, 안보, 인권과 사회 부조에 이르는 사안(그리고 그 밖의 여러 사안)에 관한 공공정책의 설계와 시행 과정에 사회적 의견을 제시하는 것이다. 그람 사바처럼, 이 회의에는 수백만 명이 참여했는데, 비록 전체 인구수에 비례해서는 더 적지만 말이다(2003년 이후 열린 73차례의 전국 공공정책 회의에 2억9백만 명의 인구 중 지금까지 약 5백만 명이 참여했다).[303] 하지만 그람 사바와 달리 브라질의 회의는 지방자치단체에서 주, 그리고 궁극적으로 전국 수준에서 규모에 맞춰 조정되도록 설계됐다. 브라질 행정부의 소집으로 처음 모인 전국 회의에 앞서서 실제로 지방자치단체, 주, 지역 수준에서 이뤄진 숙의 과정이 시행된 다음, 전국 회의에서는 그 과정에서 종합된 결과에 대해 숙의가 이뤄졌는데, 이 전국 회의에는 이전 과정의 대리인들이 참석했다. 그 최종 산물은 공공정책 설

302 저자들은 때로 이들이 관찰한 대화 과정이 자신들이 이해한 숙의 민주주의의 요구 기준에 부합하는지에 대해 확신하지 못하는 듯 보인다(특히, 마을 구성원과 정부 관료 사이의 불평등한 지위로 인해서 말이다). 나는 심지어 상황이 항상 이상적이지만은 않음에도 그들이 종종 그렇게 생각하는 것으로 해석한다.

303 출처: https://participedia.net/method/5450.

계 지침이 포함된 보고서였다.[304]

브라질의 절차에서는 시민과 정부 구성원 사이의 다양한 층위에서 이뤄진 대의제적 숙의 과정을 통해, 지역 수준에서 처음 형성된 요구를 최대 전국 수준에까지 상향식 형태로 전할 수 있는 그 능력에 주목할 필요가 있다. 이러한 절차는 세계에서 다섯 번째로 규모가 크고 여섯 번째로 인구가 많은 나라의 규모에서 최소한 1988년 새로운 헌법 이래로 (그리고 특히 룰라 집권 아래서) 성공적으로 수행돼왔다. 1988년과 2009년 사이에 전국 회의는 80여 차례에 걸쳐 열렸다.

이 두 가지 사례는 대규모의 토론 형식에 대한 유의미한 참여가 인도와 브라질 같은 많은 인구와 다양성을 지닌 거대한 나라에서 오랜 기간 가능했음을 강하게 시사해준다. 이제 나는 프랑스의 국민 대토론을 논의하려 하는데, 이 사례는 어떤 면에서 그람 사바와 브라질 회의 사이의 중간 형태에 해당한다. 그람 사바처럼 국민 대토론은 지역적 숙의를 양성하려 했는데, 비록 이런 숙의가 인도만큼 (국가 전체 인구에 비례하는) 대중의 참여를 만들어내지 못하고 극빈층에까지 이르는 데 그리 성공적이지 못했으며 선거 정치에 덜 연루되긴 했지만 말이다. 다른 한편, 브라질 회의처럼, 국민 대토론은 지역 수준의 규모를 전국 수준의 규모로 확대하고 그 둘을 연결하려 했지만, 명확한 일련의 정책 권고를 낳진 못한 채 그렇게 했다.[305]

나는 다른 두 가지 사례보다는 프랑스 사례에 초점을 두려 하는데, 이

304 출처: https://participedia.net/method/5450.

305 이는 기본적으로 이러한 종합 작업을 수행할 책임을 맡도록 권한이 부여된 전국 회의가 부재했기 때문이다. 대신에 마크롱 대통령은 자신이 시행할 가치가 있다고 여긴 대안을 택했다. 이러한 잘못은 단지 몇 개월 뒤에 기후변화를 주제로 한 시민총회를 창설함으로써 단지 부분적으로 정정됐다.

는 기본적으로 프랑스 사례를 직접 체험함으로써 얻은 지식이 있기 때문이다(그리고 비교적 다른 사례에는 친숙하지 못하기 때문이다). 문해력이 높고 디지털 접속에 능한 인구를 지닌 부유한 선진 민주주의 나라에서 이뤄졌기 때문에 이러한 국민 대토론은 어느 정도 규모를 지닌 경우의 포괄적 민주주의를 위한 일종의 최상의 시나리오를 제공하지만, 이는 아이슬란드와 달리 규모가 크고 이질적인 나라를 배경으로 한다. 나는 이제 좀 더 상세하게 이러한 사례를 분석하려 한다.

2018년 12월, 마크롱 대통령은 유류세 인상 때문에 일어난 노란 조끼 시위가 초래한 위기에 '국민 대토론'이라는 숙의 민주주의 전략을 통해서 대처하기로 결심했다. (100유로의 최저임금 인상을 포함해) 사회적 원조 분야에 백억 유로를 약속하는 일에 더해 마크롱은 국민에 편지를 썼고 이는 2019년 1월 13일에 공개됐는데, 이 편지에서 그는 네 가지 주제로 분류되는 35개의 질문을 국민에게 직접 제기했다. 네 가지 주제에는 과세, 국가 서비스와 조직, 생태적 전환, 민주주의와 참여가 포함됐다.

그렇다면, 대규모 숙의 실험은 어떤 모습이었을까? 2개월가량의 분주한 일정표 외에도 프랑스 정부가 스스로 시도한 도전의 일환은 순전히 이 행사의 규모와 범위와 관련됐다. 하나는 대규모 국민투표를 조직하는 일이었는데, 국민투표에서 국민은 단지 하버마스(1996)가 말한 무정부적이고 자기 조직적인 방식으로 한 표를 던지기만 하면 됐다. 다른 하나는 거대한 국가 규모에서 그리고 심지어 네 가지에 불과했지만 거대하고 중요한 문제에 한정된 의제에 관해 계획적이고 다소 구조화된 방식으로 서로 숙의할 것을 수백만 명의 시민에게 요청하는 일이었다. 이전만 해도 민주적 실험이라 볼 수 있는 형태는 아직 흔하지 않은 상황이었다. 가장 전도유망한 실험은 소규모이거나 그리고/또는 동질성을 지닌 나라, 곧 아이슬란드(7장 참조), 캐나다, 아일랜드에서 일어났고, 그것도 대부분 단일 사안에 관해서 이뤄졌다. 겨우 몇 개월밖에 안 된 가장 최근에 일어난 선례는 유럽을 주제로 프랑스 전역에서 열린 천 번가량의 타운홀 미팅이었지만, 이는 대체로 미디어와 대중이 인지할 수 있는 레이더 아래서 수행됐다. 아니나 다를까, 많은 관찰자는 따라서 대토론이 예고된 시간 안에 성공적으로 수행되지 못할 것이고 비참한 결과를 낳게 될 것이라고 자신 있게 예측했다.

궁극적으로 일어난 일은 다음과 같다. 10명에서 300명 정도의 사람이 참여해 이뤄진 약 만여 차례의 타운홀 미팅이 국토 전역에서 열렸다. 만6천여 개 이상의 지방자치단체에서 18,847건의 불만 기록이 작성됐다. (최대) 백여 명가량의 시민으로 구성된 21개의 무작위로 선출된 의회가 구성됐는데, 이 의회에는 프랑스의 13개 지역에서 13개, 다섯 개의 프랑스 해외영토에서 7개, 전국 수준에서 고려된 청년(35세 성인 이하) 중에서 1개가 포함됐다. 마크롱 대통령이 윤곽을 그린 네 가지 주제와 각기 관련된 (매개 기구의 대표자들이 집결한) 네 개의 주제 회의가 전국 수준에서 조직됐다. 한편, 온라인 정부 플랫폼은 백만9천여 개의 참여의견을 수집했다. 16,874개의 이메일과 우편이 수신됐다. 5천4백 개의 참여의견이 나라 전역의 기차역과 우체국에 설치된 '인근 스탠드proximity stands'에서 수집됐다. 통틀어, 대략 5십만 명에서 백5십만 명 정도의 사람이 국민 대토론에 어떤 식으로든 직접 참여했고, 이들은 7십만 쪽에 달하는 참여의견을 생성해냈다.

2019년 4월 25일 이 같은 절차가 끝날 무렵 마크롱은 국민 대토론의 첫 번째 종합결과에 응답하는 일련의 조치를 발표했는데, 이는 4월 8일에 프랑스 TV가 중계한 한 시간가량의 국가기념식에서 총리에 의해 공식적으로 발표됐다. 이 조치에는 다음과 같은 내용이 포함됐다. 추가적 감세 조치, 국가 수준으로부터 지역과 지방자치단체 수준으로 분권화 조치, 이른바 'RIP'(공동발의 국민투표 제도로, 그 발의권을 국회와 시민이 공유)를 개시할 수 있는 정족수 기준의 하향 조치, 지역 수준에서 RIC(시민 발의 주민투표)의 시행, ENA(마크롱 자신이 교육받은 엘리트 행정학교로, 프랑스에서 자주 반엘리트주의 정서가 표출되는 대상)의 폐지, 그 구성에 무작위로 선발된 시민 몫을 포함시키는 CESE(경제사회환경위원회) 개혁, 그리고 2019년 여름/가을 동안 녹색 전환을 논의하기 위해 무작위로 선택된 150명으로 이뤄진 시민의회의 창설, 그 목표는 이들의 제안을 의회에 제출하거나 그리고/또는 2020년 봄 국민투표 시행하는 것(이 시민의회는 많이 지연돼 기후변화 시민총회가 됐다).[306]

국민 대토론의 절차와 결과 둘 다에 대해서는 여러 부문에서 때로는 제대로 비판이 이뤄졌으며, 다름 아닌 이를 촉발한 사람들(노란 조끼와 인구통계학상 그에 준하는 인구)로 인해 부분적으로 지탄이 이뤄졌다. 하지만 프랑스 국민 대토론은 몇몇 매우 흥미롭고 성공적인 측면을 보여주는데, 비록 일부가 처음 예측했던 모습을 시행하고 완성하는 데 있어 실무적logistical 측면에서 실행 불가능성과 진행 과정 중 참사가 존재하긴 했지만 말이다.[307] 이제 가장 많은 과제를 낳은 부분에 주목해보자.

주요 실무적 과제 중 하나는 무작위로 선택된 백 명의 사람으로 구성

---

306 (옮긴이) 프랑스의 기후변화 시민총회에 관해서는, 김현우, 〈기후민주주의와 기후정치〉, 《녹색평론》 183호, 2023; 이지문, 〈기후시민의회는 어떻게 조직되어야 하는가〉, 《생태적지혜》, 2022년 4월 4일 참조. 또한, 이 책 5장 〈다수결 승인의 암묵적인 방식 대 명시적인 방식〉 절 옮긴이 주석 참조. https://ecosophialab.com/기후시민의회는-어떻게-조직되어야-하는가

307 솔직히 말해, 나는 처음에는 회의론자에 속했고, 2개월이 안 되는 기간에 이 같은 규모의 무언가를 시도해 성사시키려 한 정부의 결정에 아연실색했다. 프랑스와 그 관료들, 곧 그 대상이 무엇이든 때로 순전히 카프카식으로 부조리한 장애물 구실을 하는 조직에 대해 알고 있는 누구에게나 이런 반응이 이해할 수 없는 일로 보이진 않을 것이다. 실제로, 대토론을 조직하는 일에 참여한 내가 인터뷰한 모든 사람은 이때부터 이런 첫인상을 공유했고, 일정의 진행 속도가 "아찔하며vertiginous", 업무 부담이 "광적이고demential", 다양한 실무적 측면들이 "악몽" 같다고 설명한다. 많은 이들이 두 달가량 잠을 자지 못했으며 자신의 배우자와 가족을 만나지 못했다고 불평했다.

된 21개의 시민의회를 조직하는 일이었다. 실제로 28명에서 130명 정도의 사람이 참석했고, 총참여자는 천4백 명이었다. 이 계획은 아이슬란드 전국 포럼보다 더 야심 찼는데, 이 의회가 하루 반나절 동안 모여 조직되고 주로 종합적 성격을 갖기보다는 숙의적이 되고 창조적 협력co-creative이 이뤄지도록 상당히 강력하게 촉진됐기 때문이다. 아니나 다를까, 모두 동일한 절차와 동일한 프로토콜에 따라 선택되고 거의 동일한 시간에 열려야 했던 21개의 지역 의회는 국민 대토론을 조직할 책임을 진 정부 파견단 측에게는 가장 많은 작업을 요구하는 과제에 해당했다. 모집 절차는 단지 프랑스 대도시에서만 동일했던 것으로 드러났는데, 그 이유에 대해 말하자면 DOM-TOM(이를테면 과들루프나 마르티니크 같은 프랑스 해외영토)에서 무작위 선택을 적용하는 방식이 (당국에 따르면) 가능하거나 바람직하지 않은 것으로 드러났기 때문이다.[308] 공공과 민간 협의기구를 조직하는 일에 특화된 두 개의 기존 민간 서비스업자가 모임을 운영하는 데 동원됐다(Mission Publiques와 Res Publica). 결국에는 인력이 너무 부족했던 탓에 의회는 단지 1주에 그치지 않고 2주간에 걸쳐 운영돼야 했다(3월 15~16일과 23~24일에 두 차례). 하지만 눈여겨볼 것은 이러한 절차가 대체로 큰 차질 없이 진행됐다는 점이다. 참여자들은 의회의 구성과 관련해 높은 수준의 만족을 표했다(음식과 와인이 형편없다거나 너무 부족했다고 평가된 곳을 제외하고 그러한데, 어쨌든 어쩔 수 없는 프랑스인들이다).

또 다른 주요 어려움은 이른바 복원인데, 곧 포괄성, 투명성, 신뢰성, 적시성 기준을 충족시키는 방식으로 대토론 과정 동안 언급된 모든 사안

308 (옮긴이) DOM-TOM은 프랑스어 *département d'outre-mer et territoire d'outre-mer*의 약어로 해외영토를 뜻한다. 과들루프와 마르티니크는 중앙아메리카 동쪽 카리브해와 북대서양 사이의 서인도 제도에 속하는 소小앤틸리스 제도의 섬나라로 16세기에 스페인과 콜럼버스에 의해 발견됐으나 카리브 인디언의 저항을 받다가 17세기에 프랑스령이 됐다.

을 종합하는 일 말이다. (온라인, 불만 기록, 인근 역에서 보고된) 자유로운 참여의견 자체를 종합하려면 수천 건의 불만 기록을 디지털화할(이것만으로도 한 달가량 소요) 프랑스 국립공공도서관, 그리고 대규모 데이터 분석에 특화된 민간 서비스업자의 협조가 필요했다. 십만 페이지에 달하는 PDF 의견을 읽기 쉽게 만들기 위해 새로운 기술과 개념이 동원됐다. 특히, (1970년대에 철학자 미셸 세르Michel Serres가 발명한 개념인) "지식 나무knowledge trees"의 활용은 참여의견들 사이의 미세한 구분방식을 잃지 않고 다양한 질문에 관한 참여자의 생각을 종합적인 방식으로 포착해 표현할 수 있도록 만들어줬다(또한, 더 자세한 내용은 진행 중에 있는 Landemore 참조).[309]

내 생각에 연구자 공동체에 의해 분석될 수 있는 데이터의 풍부한 보고를 여전히 내포한 프랑스 사례는 규모를 문제 삼을 필요가 없음을 보여주는데, 비록 이 사례가 또한 강력한 국가, 효율적인 관료제, 정부와 면밀하게 협력하고 기민하게 혁신할 수 있는 경쟁력을 갖춘 민간 서비스업자 생태계뿐만 아니라 많은 정치적 의지와 투자가 존재했던 점이 도움이 됐음을 시사할지라도 말이다.

동질성에서 비롯되는 반론

그 인구의 동질성이 이러한 형태의 실험이 작동하기 위한 전제조건인지의 문제는 내 생각에 이런 사안의 진정한 핵심에 해당한다. 여기에서 나는 동질성을 대략 가치나 문화적 동질성이라는 의미로 사용한다. 이에 대한 매우 불완전한 대체 개념에는 인종과 종교적 다양성이 포함된다. 여

309 (옮긴이) "지식 나무"에 관해서는, 피에르 레비 지음, 강형식 옮김, 《지식의 나무》, 철학과현실사, 2003; 미셸 세르 지음, 이규현 옮김, 《헤르메스》, 민음사, 2009 참조.

기에서 다시 (세계화로 인해 다문화적인 데다가 여러모로 양극화된 나라에서 일어난) 프랑스 국민 대토론 사례가 이런 질문에 답변하는 데 어느 정도 도움이 될 것이다.[310]

그러나 먼저 흥미로운 견해를 논의해보려 한다. 우리는 동질성과 민주화 사이의 인과관계가 단지 한 방향을 향한다고, 다시 말해 이미 존재하는 어느 정도의 문화적 동질성이 제도가 더 많이 민주화되는 일을 가능하게 만들어주는 요인이라고 다소 너무 빨리 가정하는 경향이 있다. 하지만 인과 화살표가 또한 다른 방향, 곧 민주주의에서 더 많은 문화적 동질성으로 향하는 일이 적어도 논리상으로는 충분히 가능하다. 이를테면 종교 다원주의가 증가해 공동체를 파괴할 정도로 위협이 됐을 때 기독교로 개종한 아이슬란드의 역사를 생각해보자.

중세사가인 아리 토르길손Ari Thorgilsson은 12세기에 저술한 《아이슬란드인의 책*Íslendingabók*》에서 999년(또는 1000년) 여름에 아이슬란드인이 이교도에서 기독교도로 평화롭게 전환된 과정을 자세히 설명한다.[311] 그 당시 인구는 전통적 이교도와 그 수가 갈수록 늘던 기독교 개종자로 점점 나뉘고 있었다. 아이슬란드가 기독교로 전환되도록 내버려 두는 게 이득이 됐던 노르웨이 왕은 이교도의 저항에 점점 불만을 느꼈고 아이슬란드의 신속하고 전면적인 개종을 강요하기 위해 폭력을 사용하는 일을 마다하지 않았다. 그러나 두 명의 지방 족장이 자신들이 더 평화로운 방식을 시도할 수 있게 해주도록 왕을 설득했다. 이들은 그해 알싱 연례회의에서 연설을 했는데, 이에 대해 토르길손은 다음과 같이 평가했다. "그들의 연

310 인도의 마을 회의 사례 또한 어쩌면 어느 정도 해명해주는 답변에 해당하지만, 나는 이런 특수한 질문과 관련해 인도의 사례를 활용할 만큼 그에 대해 충분히 알고 있지 못하다.

311 다음 사이트에서 영역본을 확인할 수 있다. 핵심 구절은 8장에 인용됐다. https://en.wikisource.org/wiki/Translation:%C3%8Dslendingab%C3%B3k.

설 능력은 놀라운 수준이었다고 전해진다". 이들의 주장에 감명받은 듯한 아이슬란드인은 그 뒤에 자신들의 이교도 사제이자 족장인 료사바튼 출신의 토르게이 토르켈손Thorgeir Thorkelsson of Ljósavatn에게 무엇을 할지 결정할 권한을 위임하게 됐다. 심사숙고(어쩌면 더 심각한 고민)를 하던 어느 날 밤, 토르게이는 의회를 소집하고 아이슬란드인이 통합과 사회적 평화를 위해 기독교를 받아들여야 한다는 결론을 제시했다. 토르게이는 아이슬란드인이 다음과 같이 해야 한다고 주장했다.

> 서로 목청껏 싸우는 데 가장 열심인 이들이 활개치지 못하게 해야 하지만, 관련 문제들을 타협에 이르게 함으로써 각각 자신의 사안에 대해 어느 정도 승리할 수 있게 해야 하고, 모두가 하나의 법과 하나의 신앙을 갖게 만들어야 합니다. 우리가 만약 이 법을 깨트리게 된다면, 평화 또한 깨트리게 된다는 점이 사실로 판명될 것입니다. (Karlsson, 2000: 33)

토르게이는 그다음에 모든 사람이 기독교인이 돼서 세례를 받아야 한다고 결론 내렸다. 그는 또한 사적으로 행해진다면 (모두 이교도의 관행에 해당하는) 이교도 희생제의, 유아 유기, 말고기 식용이 당분간 용인될 것이라 결정했다(Karlsson, 2000: 33; 또한 Winroth 2012: 135 참조). 사람들은 이에 동의했고 그 뒤 많은 이가 세례를 받았다.

기독교로의 평화로운 이행은 정말 놀라운 일이다. 토르길손의 설명에 따르면, 두 명의 기독교 족장들과 이교도 사제이자 족장의 대중연설에서 나타났듯이 아이슬란드인은 '더 나은 논변이 지닌 비강제적 강제력'과 다소 유사한 힘에 기초해 기독교로의 개종을 선택했던 듯 보인다. 그러므로 법이 통과되기에 앞서 공동체 전체에게 개종 제안에 대한 옹호 의견을 개진하고 그 정당성을 설명하는 과정이 이뤄질 수 있었다.

토르길손의 설명이 의회 참여자의 반응과 궁극적으로 결정이 이뤄진 방식을 빠트리고 있는 반면에(투표가 이뤄졌는지 아니면 이교도 사제가 단순히 새로운 법을 결정했는지가 불분명하다), 이 공동체는 그 결정에 어떤 반론도 제기하지 않았던 듯 보이고 결정을 지지하는 일반 여론에 가까운 분위기가 지배적이었던 듯하다. 그러므로 아이슬란드는 국민적 합의에 가까운 방식을 통해 기독교화된, 세계에서 유일하지는 않더라도 매우 드문 나라 중 하나에 속하는 듯하다. 아마도 10세기에 가능했을 법한 합의에 의한 결정에 가까워 보이는 방식이 이뤄진 결과, 현재 아이슬란드에서 기독교인의 비율은 90퍼센트에 이른다. 어쩌면 평등과 합의에 대한 초기의 헌신이 이뤄지면서 발생한 또 다른 결과로서, 아이슬란드는 세계에서 가장 포용적이고 열린 사회 가운데 하나이기도 하다.

훨씬 더 기록이 잘 이뤄진 스위스의 역사를 생각해보자. 이 나라는 자주 시행되는 국민투표를 포함한 오랜 전통의 직접 민주주의, 그리고 다수의 언어적, 문화적, 종교적 소수집단들의 공존이라는 두 가지 특징을 지닌다. 미국의 반연방주의자 중 한 명은 연방주의자의 헌법안에 대한 자신의 반론에서 어떻게 두 가지 특징이 서로 관련되는지와 관련해 아마도 선견지명을 지닌 가설을 우리에게 제시하고 있다. 제헌회의의 비非서명 회원인 존 프랜시스 머서John Francis Mercer를 감쪽같이 감춘 듯 보이는, [메릴랜드의] 농부라는 필명을 지닌 이 반연방주의자는 자신이 선호하는 직접 민주주의 모델에 적대적인 이들의 대의제 정부안을 평가하면서 "인민이 통치 권력을 직접 행사할 수 있는"(Storing, 1981: 267) 스위스를 훨씬 더 나은 체제 모델로 언급한다.

머서는 우선 북미가 스위스를 하나의 본보기로 삼는 일이 타당하지 않다는 견지에서 반대파들이 언급한 다양한 주장을 다음과 같이 일축한다.

하지만 어떤 이들은 우리가 스위스를 절대 본보기 삼아서는 안 된다고 말한다. (…) **이들은 스위스의 인구수가 적다고 말한다**(이것은 사실이 아니다). **스위스가 우리보다 더 많다. 이들은 스위스가 작은 영토 범위를 관할한다고 말한다**(이 또한 사실이 아니다). (…) 하지만 이들은 또한 **스위스가 가난하고 검소한** 이들의 나라라고 말한다(스위스의 가난에 대해 말하자면, 이 또한 마찬가지로 사실이 아니다). (Storing, 1981: 48, 강조는 원문)

이미 그 당시에 비록 스위스가 미국보다 규모가 더 작고 인구가 더 적었을지라도, 그 규모의 차이는 현재만큼 크지 않았다. 1790년에 스위스의 인구는 170만 명이 못 됐고[312] 그에 비해 미국은 390만여 명에 달했다.[313] 스위스는 대략 현재와 같은 영토를 갖고 있었지만, 미국은 단지 동부의 대서양 연안에 자리한 13개의 식민지로 이뤄져 있었다. 따라서 18세기 후반을 놓고 볼 때 이와 같은 비교는 실제로 타당했다.

머서는 그다음에 다음과 같이 스위스 관행이 지닌 주요 이점에 주목하는데, 곧 그들이 상당한 의견 차이와 종교적 분열을 평화롭게 처리하는 일을 고려했다는 사실 말이다.

그들[스위스]은 이내 의견 차이라는 악령을 몰아내고, **개신교도와 가톨릭교도가 평온한 그늘을 제공하는 같은 나무 아래 앉아 있었고**, 반면에 주변의 모든 나라와 왕국에서는 이러한 차이를 처벌한다는 명

312 출처: https://en.wikipedia.org/wiki/Demographics_of_Switzerland.

313 https://en.wikipedia.org/wiki/Demographic_history_of_the_United_States#Population_in_1790.

분 아래 아들이 아버지와 그 형제, 그리고 자신의 형제들을 처형대로 끌고 가고 있었다. 따라서 이 행복한 스위스인Helvetians은 평화와 안정 속에서 나머지 모든 유럽이 야비한 도살장이 되는 모습을 지켜봤다. (Storing, 1981: 267)

머서는 이와 같이 내전이 나머지 유럽의 군주국들을 갈기갈기 찢어놓았던 그 당시에 스위스에서 다원적 공동체들이 평화롭게 공존하게 된 연원을 숙의적 성격을 지닌 자치 관행에서 찾고 있다.

누군가는 또한 현대의 스위스와 벨기에를 대비시키고 싶어 할지도 모른다. 현대 스위스가 "정치적 통합을 이룬 모범 사례"(Deutsch, 1976: Moeckli, 2018: 338에서 번역 재인용)에 해당하는 반면, 벨기에는 미래에 분열될 가능성이 있다고 주장될 정도로 두 개의 언어공동체 사이에 심각하게 분열돼 있다. 왜 이런 차이가 존재하는가? 또 다른 결정적인 차이, 곧 스위스가 지금까지도 "몇 달마다 시행되는 무수한 국민투표를 포함해 세계에서 가장 정교한 직접적인 [참여-옮긴이] 메커니즘을 지닌 체제"인 반면, 벨기에는 대조적으로 "국민투표를 전혀 시행하지 않는 매우 드문 유럽 국가 가운데 하나"라는 사실에서 어쩌면 이런 차이의 연원을 찾을 수 있다(Moeckli, 2018: 338). 다시 말해, 국민이 목소리를 내고 투표를 행사할 수 있는 메커니즘의 결여가 다원성에 대처하는 데 있어 벨기에의 엄청난 무능력을 설명해줄 가능성이 크다.

두 가지 간략한 역사는 꽤 시사적이다. 아이슬란드의 역사는 한 가지 흥미로운 가능성, 곧 평등주의, 숙의, 합의라는 정치적 관행과 절차가 아이슬란드의 문화적, 사회적, 그리고 심지어 종교적 동질성을 형성했지, 그 반대일 가능성은 매우 낮음을 시사해주고 있다. 스위스의 역사가 시사해주는 사실은 다양성이 계속 존재하는 한 우리는 어쩌면 민주적 관행, 특히 더 참여적 성격을 지닌 관행을 이용함으로써 다양성에 더 잘 대처할 수 있다는 점이다.

다시 말해, 어느 정도의 문화적, 사회적, 종교적 동질성은 민주주의 원칙을 확대하려는 광범위한 헌신의 결과일 가능성이 높은 것이지, 이런 동질성이 민주주의 원칙의 확대를 제약하는 전제조건에 해당하는 것이 아니다. 만약 이런 주장이 사실이라면, 아이슬란드가 너무나 동질적이어서 더 분열된 나라에서 열린 민주주의 관행을 실행할 가능성과 관련해 아무것도 증명할 수 없다는 반론에 대응하는 데 있어 이러한 추정은 중요한 함의를 갖는다. 실제로, 이런 추정은 정치적 절차의 민주화가 기존 분열을 악화시키기보다는 궁극적으로 사람들을 문화적이고 사회적으로, 그리고 어쩌면 심지어 종교적으로 더 가까워지게 만들 수 있다는 점을 의미할 수 있다.

이런 추정이 그럴듯한지 아닌지와 관계없이, 심지어 심각하게 분열된 사회에서도 민감한 정치적 사안에 관한 양질의 숙의가 일어날 수 있다는 증거가 존재한다. 이를테면 남아프리카, 튀르키예, 보스니아, 벨기에, 북아일랜드 등의 심각하게 분열된 사회에서 숙의 절차가 성공적으로 시행돼왔다. 최근 연구논문에서, 쿠라토 등은 일반적으로 "심각하게 분열된 사회에서 숙의 관행이 권력을 공유하는 제도와 연계되거나 아니면 어느 정도 거리를 둔다면, 이 같은 관행이 번성하게 됨으로써 유익한 효과를 낳을 수 있다는 경험적 증거가 늘어나고 있음"을 일반적으로 입증하고 있다(Curato et al., 2017: 33). 알맞은 조건 아래, 분열된 사회에서 이뤄지는 숙의는 종교적, 민족적, 인종적, 종족적 경계를 가로질러 심각한 갈등을 중재하는 데 도움이 될 수 있다(예를 들면, O'Flynn, 2007; Luskin et al. 2014; Kanra, 2009; Vasilev, 2015).

바로 아이슬란드의 사례에서, 현장에 있지 않던 관찰자에게 가치의 동질성과 아이슬란드 정치의 합의적 성격을 과대평가하는 경향이 존재할 수 있다는 점 또한 언급할 필요가 있다. 문화적 다양성의 측면에서 아이슬란드가 레바논, 이스라엘, 또는 심지어 미국과 다르다는 점은 분명하다. 하지만 다른 여러 나라에서처럼, 표면상 동질성을 더 면밀하게 들여다보면 그 밑에 잠재하는 프랙탈 구조에 가까운 훨씬 더 많은 의견 차이가 드러난다. 의견 차이는 또한 헌법 심의회에서도 나타났는데, 이 심의회에서 국교 문제와 관련해 또는 심지어 헌법 본문이 전문前文을 포함해야 하는지라는 아주 사소한 문제와 관련해 격렬하게 이뤄진 논의는 냉혹한 경쟁, 계략, 분쟁, 힐난, 그리고 간혹 눈물로 이어졌다. 또한, 헌법 심의회 위원이 심지어 심각한 의견 차이에 부딪힌 경우에도 결속된 상태를 유지하고 이들 모두가 지지할 수 있는 헌법 본문을 산출하는 방식을 발견하게 된 것은 (회의의 시작과 끝에 함께 노래하기뿐만 아니라 특히 불쾌한 소통을 경험한 뒤에 술 마시러 가기 같은 불분명한 '정치적' 절차를 포함하는) 특정 절차를 활용하는 가운데 이뤄졌다.[314] 따라서, 전문가 그룹이 서로 합의를 이룰 수 없었고 대신에 두 가지 별개의 개헌안을 산출하는 결론에 도달하게 됐다는 사실은 합의에 이르는 일이 절차와 헌신의 문제이지 단순히 이전부터 존재하던 가치나 문화적 동질성의 문제가 아니라는 점을 시사해 주고 있다.

아이슬란드의 이상에 가까운 민주적 환경, 곧 작은 규모와 인구적 동질성이 이러한 사례로부터 도출될 수 있는 교훈의 일반화 가능성에 대한 반론으로 사용될 수 있는 반면에, 이런 환경은 적어도 개념을 입증하는 하나의 사례가 될 수 있다. 그러므로 급진적 포괄성 형태를 띠는 정치가 심지어 더 이질적인 나라에서 실현될 수 있는 상황을 상상하는 일이 전

314 이 같은 모든 세부사항은 헌법 심의회에 속한 다양한 구성원들과의 개인적인 대화 과정에서 내게 보고된 내용이다.

혀 불가능한 것은 아니다. 실제로, 바로 이러한 형태의 상황에서 포괄성이 개헌 절차와 그 결과 둘 다의 정당성의 핵심 조건으로서 가장 필요하다. 내가 주장한 것처럼, 프랑스 사례는 규모가 있고 다양성을 띤 나라에서 이러한 정치가 실현되도록 만드는 데 필요한 노력이 어떤 모습일지와 관련해 어느 정도 아이디어를 주고 있다.

2019년 프랑스 국민 대토론은 또한 (인구통계학적으로 고연령, 고학력 집단 쪽으로 여전히 편향돼 있었긴 하지만) 자기추천 집단에서부터 매우 다양한 정치적 견해들이 어쩔 수 없이 가까이 부딪치게 되는 무작위로 선발된 집단에 이르는 두 가지 형태 모두에서 비롯된 각계각층의 사람 사이에서 존경할 만하고 생산적인 논쟁이 가능하다는 사실을 보여주고 있다. (프랑스 정치에서 도발적 주제에 해당하는) 이주민 문제가 공식적으로 논의 테이블에 올라오지 않았을 정도로 프랑스 사례는 단지 너무 틀에 박힌 형태였음이 판명됐다고 누군가는 주장할 수도 있다(프랑스 정부는 이 문제를 매우 예민하게 받아들인다). (온라인 플랫폼, 불만 기록, 인근 역에서부터 21개의 무작위로 선출된 의회에 이르는) 모든 장소에서 이주민 문제가 어떤 식으로든 실제로 논의됐다는 점이 사실에 해당하는데, 얼마나 익명적이고 숙의적인 상황이었는지에 따라 어조와 내용에서 뚜렷한 차이를 나타냈지만 말이다.

무능력에서 비롯되는 반론

이제 열린 민주주의 모델의 실현 가능성과 규범적 바람직함 둘 다에 대한 더 일반적인 반론을 논의해보자. 열린 민주주의에 대한 첫 번째 예측 가능한 반론은 세계의 복잡성이 증가하는 상황을 고려할 때, 우리의 핵심 정치제도가 평범한 시민에게 열려 있는 정도를 증가시키길 바라는 것은 비합리적이라는 주장이다. 복잡성이 증가하는 상황에 맞닥뜨려, 우리에게 필요한 것은 전문화와 분업을 늘리는 일이지 비전문가에게 책임을 지우는 일이 아니라는 것이다.

이러한 주장은 우리가 단지 더 많은 분업을 통해서만 복잡성의 증가에 대처할 수 있다고 가정한다. 내 답변은 첫째, 정치체들이 복잡성의 증가에 대처해야 하는 일반적 수준에서 이 정치체들이 대체로 예측 불가능한 포괄적 효과를 다뤄야 한다는 것이다. 그러므로 이런 수준에서, 정치체가 실제로 대처하는 일에 큰 불확실성이 존재한다고 보는 편이 낫다. 곧 복잡성의 증가를 통해 생성되는 문제의 형태, 이 문제에 대처할 수 있는 해결책의 형태, 그리고 이런 해결책 중에서 해당 인구에게 받아들여질 수 있는 형태 등과 각기 관련된 불확실성 말이다. 불확실성에 맞닥뜨려, 나는 이전 책에서 권력을 평등하고 포괄적으로 배분하는 방법이 최선이라고 주장했다(Landemore, 2014c). 단지 그런 다음에야 비로소 우리는 어떤 시점에 올바른 관점, 정보, 그리고 아이디어, 다시 말해 집단 속에 집중된 동시에 분산된 지성을 이끌어낼 가능성을 최대화하는 일을 보장할 수 있게 된다.

둘째, 정책입안과 법률제정에 시민의 참여가 증가한다고 해서 반드시 전문가와 특기자가 배제되는 것은 아님을 강조할 필요가 있다. 이는 단순히 전문가들에게 결정 역할보다는 자문 역할을 부여하게 됨을 의미한다. 이러한 아이디어는 '전문가를 맨 위가 아니라 모든 곳에' 두려는 생각에 해당한다. 가장 민주적인 혁신은 혁신에 참여한 평범한 시민이 때로 스스로의 선택으로 다양한 전문가 공급원과 폭넓게 협의할 수 있는 가능성을 포함하게 된다. 이를테면, 프랑스 기후변화 총회에서 시민들은 140명 이상의 전문가들에 대해 오디션을 실시했고, 시민들은 질문이 있을 때 또는 자신의 제안을 법률안으로 정식화하기 위해 정보나 도움이 필요할 때 (경제전문가, 법률가, 기후변화 전문가를 포함한) 12명의 전문가로 구성된 지원단체의 도움을 받을 수 있었다.

셋째, 정치적 '비전문가' 집단에게 민주주의에 대한 참여 가능성을 열어주는 일이 그로 인한 법률제정과 정책입안의 비전문성을 반드시 수반하게 된다는 주장은 사실이 아니다. 이러한 결론은 단순히 잘못됐고 개별적 의견투입과 집합적 결과 사이의 선형적 관계를 가정하는, 지나치게 단순한 집단적 의사결정 메커니즘 모델을 전제하고 있다. 실제로, 민주적 의사결정이 시너지 효과를 가져오며 그로 인해 집단지성이 알맞은 조건에서 기하급수적으로 향상된다고 믿을 만한 충분한 근거가 존재한다(이를테면, Landemore, 2013a: Goodin and Spiekermann, 2018 참조). 나는 여기에서 내 연구의 요점을 반복하려 한다. 입법부 같은 문제해결 기구의 역량에 도움이 되는 요소에 대한 우리의 이해는 오랫동안 집단지성에 대한 잘못된 이해에 기반해왔다. 만약 숙의와 문제해결 기구의 다양성이 그 개별 구성원의 평균 능력보다 중요한 게 사실이라면(Page, 2007), 평범한 시민이 참여한 정치적 절차와 기구는 실제로 단지 전문가만이 참여한 절차와 기구보다 월등한 성과를 낼 것이다(Landemore, 2012, 2013a). 심지어 개별 참여자의 '비전문성'의 정도가 처음부터 증가하는 경우에도, 집단의 전문성의 수준은 숙의 과정을 거치면서 상승할 수도 있다.

이러한 이론적 주장은 거시와 미시 수준 둘 다에서 방대한 경험적 문헌을 통해 입증됐다.[315] 거시 수준에서, 점점 더 많은 연구가 법규제정 과정에 대한 시민의 참여와 경제적 번영 사이의 양의 상관관계를 강조하고 있다(Johns and Saltane, 2016; OECD, 2009; Gurin, 2014). 185개국을 조사한

---

315 여기에서 나는 클라우디아 슈발리츠Claudia Chwalisz가 《인민의 평결*The People's Verdict*》에서 제시한 포괄적 보고로부터 빌려왔다.

세계은행의 연구는 법규제정 과정에 대한 시민의 참여가 양질의 법규정, 더 강한 민주주의 체제, 덜 부패한 제도와 연관됨을 보여준다(Johns and Saltane, 2016).[316] 물론 법규정은 정책영역 중 단지 한 가지 형태에 지나지 않지만, 그럼에도 이 연구는 정책입안 과정에 대한 시민의 참여와 경제적, 민주적 결과의 질을 규명하는 데 중요한 실마리를 던져주고 있다.

지역사회라는 중간 수준에서, 연구들은 또한 정책입안 과정에 대한 시민의 참여와 굿 거버넌스 성과 사이의 분명한 상관관계를 보여주고 있다. 일부 인도 마을에서 무작위로 선택된 5,180여 가구에 대한 계량경제학적 분석에서, 베슬리, 판드, 라오(Besley, Pande, and Rao, 2005; Sanyal and Rao, 2018: 6에서 재인용)는 그람 사바(지역의 숙의 회의)가 열렸을 때 거버넌스가 뚜렷이 개선됐음을 발견했다. 이러한 개선은 BPL(Below Poverty Line, 빈곤선 이하) 카드 수급대상이 더 많은지에 따라 측정됐는데, 이 방식은 소유한 토지가 없고 문맹 상태인 개인들에게 다양한 공공 수당을 지급한다. 그람 사바를 열게 되는 경우 BPL 카드를 받을 가능성이 25퍼센트까지 높아졌다. 이러한 결과가 나온 이유는 중앙 정부에 의해 확인된 수급자 명부가 이 회의 과정 동안 지역 공동체 구성원에 의해 공개적으로 검증되고 정정되기 때문인데, 이 과정에는 때로 누가 빈곤층으로 간주되는지의 기준을 지역에서 재평가하는 방식이 포함된다.[317]

---

316 저자들은 다음과 같은 여섯 가지 요소에 기반해 종합점수를 개발했다. 제안된 법규정의 공개, 제안된 법규정에 관한 협의, 협의의 결과에 관한 보고, 법규정 영향 평가의 수행, 영향 평가를 검토할 전문기구의 존재, 법규정 영향 평가의 공개.

317 (옮긴이) 관련해서, 한국에서 지역 정치에 대한 논의에 관해서는, 윤현식 지음, 《지역정당-거대 양당에서 벗어나 지역에서 세상을 바꾸는 정치》, 산지니, 2023; 복지국가소사이어티, 지역정당네트워크, 직접민주마을자치전국민회 공동기획, 《주민에게 허하라! 지역정당》, 쇠뜨기, 2023; 한디디, 《커먼즈란 무엇인가-자본주의를 넘어서 삶의 주권 탈환하기》, 빨간소금, 2024; 하승수, 《지역, 지방자치, 그리고 민주주의-한국 풀뿌리 민주주의의 현실과 전망》, 후마니타스, 2008 참조. 한편, 이 같은 접근에 대한 반대 논리에 관해서는, 프랜시스 매컬 로젠블루스 · 이언 샤피로 지음, 노시내 옮김, 《책임정당-민주주의로부터 민주주의 구하기》, 후마니타스, 2022; James Petras, Henry Veltmeyer,

게다가, 결과에 대한 사람들의 만족을 성공의 지표로 볼 때, 연구들은 참여 형식을 통해 개발된 정책들에 대해서도 높은 수준의 만족을 나타낸다는 점을 보여주고 있다(Fischer, 2016). 의견 표명과 참여는 또한 의사결정자에 대해 신뢰를 느끼는 정도와 그에 따라 이들의 결정을 수용하는 정도와 상관관계에 있다(Terwel et al., 2010). 마지막으로, 참여 거버넌스는 세금 납부 의향을 증가시키는 것으로 드러났다(Touchton, Wampler, and Peixoto, 2019; Sjoberg et al., 2019).

미시 수준에서, 갖가지 '민주적 혁신'을 포함하는 무수한 실험은 잘될 경우 평범한 시민을 참여시켜 대체로 의사결정 절차를 개선시키며, 전문가 위원회를 활용하는 경우와 비교해 시간과 비용 측면에서 효율적임을 보여주고 있다(Dryzek et al., 2019; Fishkin, 2018).[318] 이 책에서 아이슬란드 사례를 다루는 장의 한 가지 목표는 개헌 절차에 평범한 시민을 참여시킴으로써 그에 따른 개헌안의 질을 전문가의 개헌안 이상으로 개선할 수 있는 방식을 확립하려는 것이었다.

마지막으로, 나는 이제 복잡성의 증가에 맞닥뜨려 더 많은 전문성이 필요함을 전제하는 다소 편협한 견해를 다루려 한다. (우리가 인지하고 이해하는 바와 달리) 복잡성이 증가하고 있음을 사실로 간주할 때, 우리가 이

Social Movements and State Power, Pluto Press, 2005, 1장 참조. 다른 한편, 시민사회와 거버넌스 문제에 관해서는, Bob Jessop, *Putting Civil Society in its Place: Governance, Metagovernance, and Subjectivity*, Policy Press, 2022 참조. 또한, 미국의 연방주의 대 반연방주의 논쟁에 관해서는, 안병진, 《미국은 그 미국이 아니다–미국을 놓고 싸우는 세 정치 세력들》, 메디치미디어, 2021, 2장; 미국과 한국에서 지방정치와 정당정치의 관계에 관해서는 정희옥 · 윤종빈, 〈정당공천제와 지방정치개혁〉, 《한국정당학회보》 12(2), 2013; 이정희, 〈지방정치와 정당정치의 윈윈 전략연구: 지구당부활과 지방선거 정당공천제 논쟁을 중심으로〉, 《현대정치연구》 8(2), 2015 참조.

318 Jim Fishkin, "Can Randomly Selected Groups of People Decide Complex Issues, Bring Back Trust in Democracy?" *Wall Street Journal*, 2018년 8월 7일자. http://www.constitutionnet.org/news/op-ed-can-randomly-selected-groups-people-decide-complex-issues-bring-back-trust-democracy. 2018년 8월 7일 마지막 접속.

에 대해 취할 수 있는 태도는 두 가지가 존재한다. 어떤 사람은 어떤 문제를 다루기 더 쉽도록 하위요소로 나누어 각 요소를 전문가가 따로 처리하게 하는 방식을 택할 수 있다. 또는 다른 사람은 **우선** 변수들을 한데 묶어 이 문제를 처리하고, 오직 이 같은 일반적인 처리 과정을 거치고 나서야 이 문제의 일부를 분과위원회와 전문가에게 맡김으로써 이런 복잡성에 대처할 수 있게 된다.

첫 번째 해결책은 경제 영역에서 시도됐는데, 이 영역에서 입법부는 특정 핵심변수(인플레이션을 통제하고 물가안정을 보장하는 수단의 하나로서 금리)에 대한 완전한 통제권을 독립 기관(예를 들어, 중앙은행)에 양도했다. 이런 시도가 올바른 해결책이었는지는 전혀 분명하지 않다. 심지어 현재 몇몇 전임 중앙은행 인사들은 독립 기관에 경제적 권력을 부여하는 일에서 우리가 도가 지나쳤던 것 같다고 주장한다(Tucker, 2018). 복잡성이 정치체 수준의 첫 대응 방식의 더 큰 분화를 반드시 수반하게 되는 것은 아니다. 오히려, 사회들은 복잡한 문제를 파악하는 통일된 방식을 필요로 하는데, 그렇게 함으로써 이들은 다양한 시기에 다양하게 부각된 방식을 따라 이 문제를 다양하게 처리하고 타파할 수 있게 된다.

1970년대에 경제적 불안정을 해결하는 방식은 필요에 따라 금리를 조정하는 독립적인 경제전문가 단체를 통해 이뤄지는 인플레이션 통제일 가능성이 높았다. 그러나 현재 이뤄지는 해결방식은 다르게 보일 수도 있는데, 안정적인 민주주의 나라에서 인플레이션이 의제에서 뒤로 밀려났고 전문가의 금리에 대한 집착이 2008년 금융위기에 의해 타격을 입은 나라들의 성장과 회복을 실제로 방해했을 수도 있기 때문이었다. 불확실성에 맞닥뜨려 자신의 적응력을 유지하기 위해, 민주주의 나라들은 중앙 집권화되고 통일된 정보처리센터clearinghouse를 보유할 필요가 있었는데, 이곳에서 이들은 세계의 복잡성을 일괄처리하고 일시적으로 일부 권력이 부여된 전문가와 독립 기관에게 책임을 지웠다.

상시 관료집단과 이익집단에 포획될 위험성

무능력과 비전문성에 대한 두려움에 더해, 또 다른 우려는 설령 평범한 시민이 이러한 과제를 충분히 감당할 수 있다 하더라도 이들이 정부의 상부구조를 지탱하는 관료와 전문가에게 또는 이들의 자문 역할을 위해 투입된 외부 전문가, 이익집단, 로비스트에게 너무나 쉽게 포획될 수 있다는 점이다. 이는 충분히 일어날 수 있고 거의 모든 제도적 설계에 있어 위협요소가 된다. 하지만 특히 열린 민주주의 제도가 훨씬 더 취약하다고 볼 수 있지 않을까? 만약 그렇다면, 우리는 결국 열린 민주주의라기보다는 '그런 척하는' 민주주의를 갖게 될 가능성이 높다. 이 같은 민주주의에서 정치인들은 갈수록 다양해지는 사안들에 관해 인민에게 의견을 구하게 되지만, 실제로 대부분의 결정은 '틀에서 벗어나' 전문가들이 내린다(평범한 시민은 어쨌든 복잡성에 대처하기 어렵기 때문이다). 인민의 정치참여는 정당성을 얻기 위한 얄팍한 눈속임일 수 있는데, 제도를 향한 시민의 환멸과 냉소를 강화시키는 너무 뻔한 결과를 동반한 채 말이다. 장기적 관점에서 이는 포퓰리즘, 권위주의, 또는 이 둘의 조합 중 하나로 전환되는 결과를 낳기 쉽다.

유사하게, '참여권' 원칙 아래 도입된 직접 참여의 요소는 지나치게 포퓰리즘적이라거나 강력한 이익집단에 너무 쉽게 포획되는 성격을 띠는 것으로 자주 일축된다. 이를테면, 프랜시스 로젠블루스와 이언 샤피로(Frances Rosenbluth and Ian Shapiro, 2018)는 캘리포니아 사례에 근거해 시민발의가 완전히 대실패라고 주장한다. 이런 시도가 직접 민주주의를 도입하고 평범한 시민과 취약한 소수집단에게 권한을 부여한다는 외피를 두른 채 궁극적으로는 편법을 쓸 줄 아는 이들에게 권한을 부여했기 때문이다(기업, 강력한 이익집단, 로비 단체 등).

하지만 내 열린 민주주의 모델에서 시민 발의는 내 모델에 일부 영감을 준 스위스 모델에서처럼 직접적이라기보다는 간접적이라는 점에 주목할 필요가 있는데, 이 모델에서는 국민투표가 이뤄지기 **전에** 참여 당사자들(민주적 대표자와 시민) 사이의 숙의와 교섭이 허용된다. 이는 역기능적이었다고 인정된 캘리포니아 사례와는 매우 다른 모델에 해당하는데, 캘리포니아 사례는 너무 조야했고 아마 너무 직접적이었고 지나칠 정도로 순전히 종합적인 성격을 띠었다. 캘리포니아의 제도에서, 투표 발의 절차는 주 정부나 주 의회 중 하나가 참여하는 숙의 단계는 고사하고, 매개 요건도 없이 법과 헌법의 개정을 제안할 수 있는 경로를 시민에게 제공한다. 다시 말해, 시민 발의가 투표로 직접 이어지게 된다. 이러한 직접적인 성격의 제도는 알다시피 기업과 로비 단체에 포획될 가능성에 극도로 취약하다(Papadopoulos, 1998).

반면에, 열린 민주주의에 숙의적 매개 단계가 내재하는 특성은 서명과 표를 매수하려는 로비 단체에게 있어 이런 민주주의의 매력을 훨씬 더 떨어트리는 요인이다. 이런 단체가 이 절차의 숙의 단계에서 대체로 법안 또는 개헌안의 엄밀한 정식화나 심지어 국민투표에 대한 통제력을 잃을 수 있기 때문이다. 그렇다고 이 제도에 문제가 없다는 말은 아닌데, 특히 터무니없이 많은 액수의 돈이 연루되는 경우 문제가 된다. 스위스의 경우 숙의 집단이 정확하게 지적했음에도 불구하고 스위스 의료산업은 충분한 자금이 지원된 공공 캠페인을 통해 여론을 좌우하면서 용케도 편법을 쓰는 데 성공하고 있다.[319] 하지만 현시점에서 어떤 제도도 예외 없이 정치에서 돈의 역할을 규제하는 법령을 포함한 추가적 책임성 메커니즘에 의존해야 하며, 이 같은 메커니즘이 부재한 상황에서 열린 민주주의 역시 이런 포획에 다소 취약할 수도 있다는 점이 열린 민주주의 자체의 폐단에 속하는 것은 아니다.

마지막으로, 나는 이제 아라시 아비자데Arash Abizadeh가 캐나다의 양원제를 옹호하면서 펼친 주장을 논의하려 한다. 그는 무작위로 임명되고 정기적으로 갱신되는 상설 시민의회를 위해 현행 상원 의회를 폐지할 것을 주장한다. 아비자데는 당선된 신참들이 조종될 위험성을 고찰하면서, 수집된 경험적 증거를 근거로 미국에서 경험이 적은 의원을 양산하는 선출직 의원에 대한 임기 제한 부과 제도의 효과가 무작위로 선출된 의원에게는 그리 결정적이지 않다고 주장한다. 이런 임기 제한 도입의 가장 분명한 효과는 "원내 당 대표 권력의 축소와 행정부 권력의 증가"였다(Carey, Niemi, and Powell, 1998; Kousser, 2005; Carey et al., 2006: Powell, 2007; Miller et al., 2011; Abizadeh, 2020; 12에서 재인용). 하지만 아비자데가 주장한 것처럼, 무작위로 선출된 의원들은 이런 문제를 두려워하지 않는다. "시민의회는 그 설계상 덜 당파적이고, 내각과 비교해 이들이 지닌 정보의 비대칭성이 의회의 독립성에 의해 상쇄"되기 때문이다(Abizadeh, 2020: 12). 다시 말해, 무작위로 선출된 의회의 비非당파성과 행정부로부터의 제도적 독립성이 이런 의회를 정부가 장악하는 일을 저지하게 된다.

선출직 신참 의원들에 대한 외부 특수 이익단체와 로비스트들의 영향에 관한 증거와 관련해, 아비자데는 의원과 로비스트 사이의 장기간의 네트워크와 신뢰 관계가 단절됨으로써 전체 효과가 다소 불분명해지

319 Immergut, 1992 참조.

는 경향에 의해 신참 의원과 비교해 외부자가 갖는 정보의 우위가 상쇄될 수 있다고 보고한다(Carey et al., 2006; Mooney, 2007; Miller et al., 2011; cf. Kousser, 2005: 65~66; Abizadeh, 2020: 12에서 재인용). 어쨌든, 아비자데가 추가로 지적한 것처럼, 추첨 메커니즘은 본래 대부분 선거 과정 중에 가해지는 로비스트의 영향으로부터 무작위로 선출된 의원을 보호하게 된다. 아비자데는 로비스트와 다른 대표자들로부터 추첨에 의한 대표자(그리고 소속 보좌관)를 보호하고 그 접촉을 "공식적이고 대중적으로 투명한 채널"에 제한하는 "법에 의해 강제된 방화벽"뿐만 아니라 "반부패 규범의 강력한 고수를 보장"하기 위한 "의회 구성원의 책임과 관련된 연례 감사제도"를 통해 위와 같은 본연의 보호장치를 강화시킬 것을 제안한다(Abizadeh, 2020: 12).

마지막으로, 아비자데는 관료에 포획될 위험성을 간략히 다루는데, "의회 보좌관을 행정부 관료와 분리시키고 이들의 선발 절차의 공정성을 보장함으로써"(Abizadeh, 2020: 12) 이 문제에 어느 정도 대처할 수 있다고 주장한다.

나는 물론 이러한 모든 언급과 주장에 동의한다. 만일 우리가 전 세계의 민회와 시민의회에서 나온 경험적 증거를 검토한다면, 선출 대표자, 전문가, 관료, 또는 로비스트에 의해 포획된 것으로 입증된 사례는 내가 알기로는 단 한 건도 없다는 점 또한 강조할 필요가 있다. 오히려, 사실은 정반대다. 석유와 가스 로비스트의 땅인 텍사스에서, 텍사스 의회가 명령한 에너지 계획절차의 일환으로서 제임스 피시킨이 조직해 연속적으로 이뤄진 여덟 차례의 공론조사는 "재생에너지의 강림epiphany"을 불러왔다(Galbraith and Price, 2013). 공론조사의 한 가지 결과로서 텍사스가 현재 재생에너지를 선도하고 있다는 사실은 만약 로비스트의 뜻대로 했다면 일어날 수 없었을 사건에 해당한다.

아이슬란드 사례 또한 진정으로 권한이 부여되고 충분히 큰 규모를 지닌 평범한 시민으로 구성된 집단이[320] 상당한 외부 압력, 특히 관료와 전문가가 가하는 지적 겁박에 저항하려는 열망과 능력을 둘 다 갖고 있음을 보여준다. 이들이 단지 미미한 수정의 필요성에 대한 시사와 함께 완벽히 실행 가능한 헌법 본문을 아무런 대가 없이 건네받았음에도, 아이슬란드 실험에 참여한 25명의 비전문 헌법 제정자들은 전문가의 개헌안을 거부하고 궁극적으로 자신만의 개헌안을 작성했다.[321]

유사하게, 더 최근의 사례인 프랑스 기후변화 시민총회는 내가 직접 관찰한 바와 같이 일단 권한이 부여된 평범한 시민은 자신들의 특권에 대해 매우 방어적이었고, 교묘한 방식이든 아니든 자신들을 조종하려는 시도를 인지했을 때 이에 대해 적극적인 태도와 강경한 목소리로 저항하려 했다는 사실을 보여주고 있다. 충분히 큰 규모의 무작위 표본의 이점은 설령 그중 다수가 (적어도 겉으로는) 공손하다 하더라도, 집단을 대신해 반발하는 완고한 반역자가 통계적으로 거의 항상 존재한다는 점이다. 따라서 다섯 개의 활동 그룹으로 (임의로) 적절하게 분산 배치된 기후변화 총회의 150명의 회원 중 몇몇은 자신들의 권고안의 형식이나 내용 중 하나에서 전문가들이 이탈했다고 생각했을 때, 그들에게 야유를 퍼부었다. 이를테면, 기후변화 총회의 두 번째 회기의 전체회의 중 하나에서, 한 전문가가 탄소세의 이점을 설명하고 있었을 때 어떤 유명한 말썽꾼(강한 성격을 지녔고 혼란을 일으키길 좋아하는 외과 의사이자 지역유지)은 다음과 같은

---

320 비록 아이슬란드 사례에서 25명의 헌법 심의회 위원들이 무작위로 선출되진 않았음에도 불구하고, 이들은 여러 수준에서 정치적 '신참'으로 여겨졌다.

321 단지 이 기획이 법률 전문가가 헌법 본문에 수정을 가할 수 있었던 절차의 마지막에 비전문가의 헌법 본문에 대한 최종 주권을 이들 전문가에게 주지 않았던 한에서 그렇다(전문가의 수정사항 중 일부는 해로운 것으로 증명됐고 헌법 심의회가 의도했던 법정신을 바꿔놓았다. 자세한 내용은 Landemore, 2015 참조).

말을 했다. "더 이상 우리를 애 취급하지 마시오". 150명 중 다수가 실제로 탄소 배출 삭감을 실현하게 해줄 해결책으로서 탄소세에 대해 실제로 완전히 회의적이었는지는 불분명하다.[322] 하지만 분명한 점은 이들 중 그 누구도 (탄소세가 2018년 11월 노란 조끼 봉기를 촉발시킨 뒤) 정부가 자체적으로 통과시키지 못한 어떤 정책을 다수 국민에게 납득시키기 위한 수단으로 전문가에게 이용당하는 일을 원하지 않았다는 사실이다.

이와 유사하게, 기후변화 총회의 세 번째 회의 과정에서 이뤄진 전문가와 시민 사이의 단체 즉석만남 중 하나에서 부이그Bouygues 기업의 지속가능 발전 및 환경 부서 책임자와 마주했을 때, 세션에 참석한 시민들은 이 책임자의 권고안에서 이해충돌 사항을 지적하는 일을 꺼리지 않았다. 이 전문가는 주택을 개조해 에너지 효율적이고 탄소 중립적으로 만들기 위해서는 우리가 프랑스 부동산 재고 전체를 일제히 개조할 필요가 있다고 권고했는데, 이러한 방식이 시간이 지나면서 확산되는 단편적인 개조와 비교해 규모의 경제를 더 잘 실현할 수 있다는 이유에서 말이다. 이 전문가는 또한 현대적 건설작업을 위해 20만 명의 사람을 훈련시키는 마셜 플랜, 탄소세, 그리고 그가 볼 때 유럽시장에서 프랑스의 노동력을 너무 비싸게 만드는 사회보장비용의 10~20퍼센트 삭감을 권고했다(비교 대상의 하나로서 값싼 폴란드의 노동력을 언급했다). 팽팽한 대화가 뒤따랐는데, 이때 시민들은 특히 노동력을 더 값싸게 만들려는 발상에 반발했다. 흥미로운 점은 심지어 시민들이 둘 다 이 기업을 우선 수혜대상으로 만들어주는 권고사항에 해당하는 방대한 개조 계획과 더 값싼 노동력을 촉구한 부이그 대표자의 담화에서 이해충돌을 명시적으로 지적했을 때에도, 이들

322 연구자들이 시행한 설문조사는 두 번째 회기부터 다수가 탄소세에 찬성함을 보여주는데, 이는 전체회의와 활동 그룹에서 일부가 공공연히 격렬한 반反 탄소세 입장을 취했음을 고려할 때 놀랄 만한 결과에 해당한다.

은 규모의 경제에 관한 주장과 노동자에게 새롭고 생태적인 건설기술을 교육할 필요성을 진지하게 받아들였다는 사실이다. 그러나 시민들은 노동력을 더 값싸게 만드는 일과 관련된 요구를 거부했다.

나는 기후변화 총회의 네 번째 회기에 일어났던 마지막 사례를 언급하려 한다. 환경 관련 비영리 기업협회의 대표자가 '주택'을 주제로 한 활동 그룹의 자문에 응하기 위해 오게 됐다. 그녀는 전체에게 유익한 조언을 주고 있었지만, 어떤 시점에 다음과 같이 믿기 어려운 태도로 돌변했다. "여러분은 많은 비용을 요구하고 있군요. 하지만 만약 여러분의 제안이 적자를 10퍼센트 정도 늘리게 된다면, 대통령은 반대할 거예요. 대통령은 '나는 프랑스가 망하게 둘 수 없어요'라고 말할 겁니다". 앞서 언급된 말썽꾼은 다음과 같이 폭주했다. "말도 안 돼. 그건 당신 생각이지. 이건 대통령이 결정할 문제야. 도대체 이 숙녀 양반은 누구야? 자기소개부터 부탁합시다. 이 여자 소속이 어디야?" 나중에 또 다른 시민은 비록 감정 폭발에는 동의하지 않았지만, 전문가에 대한 첫 번째 시민의 반발을 자신이 지지함을 강조하면서 다음과 같이 말했다. "우리에게 자금조달에 신경 쓰라고 말하는 것은 조금 성급한 생각입니다. 물론 우리는 그 문제를 생각할 겁니다. 나는 우리가 해결책을 찾을 것을 확신합니다. 여하튼 우리를 압박하지 마세요". 나는 나중에 첫 번째 시민이 또 다른 사안과 관련해 전문가를 옹호하게 됐음을 말하고 싶은데, 이는 이러한 형태의 충돌이 시민에게 있는 전반적인 반反전문가적 태도의 결과라기보다는, 오히려 자율성과 주체적 결정권에 대한 이들의 강한 의식의 표출임을 보여준다. 동일한 형태의 특권과 독립성이 주어지게 될 때, 무작위로 선발된 어떤 시민집단이든 유사하게 자립성을 띠고 갖은 압력과 포획에 저항할 가능성이 높다.

다수결 중심 제도에 있을 수 있는 반자유주의에서 비롯되는 반론

앞선 반론들에 대한 대응이 성공적이라고 볼 때, 바람직함과 관련한 반론의 경우는 어떤가? 이제 서론에서 이미 언급된 반론으로 되돌아갈 차례인데, 곧 선거 민주주의 제도보다 더 순전한 민주주의 제도를 촉진하는 일이 자유주의적인 선거 민주주의 제도의 핵심에 내재된 소수자의 권리 보호를 무효화시킬 위험이 있다는 우려 말이다. 일부 독자들에게, (대의 민주주의로도 알려진) 선거 민주주의, 곧 자유 민주주의의 비민주적 또는 적어도 반다수결적 측면은 해결돼야 할 문제가 아니라 의도적이고 바람직한 특성에 해당한다.

이러한 관점은 아지즈 후크Aziz Huq와 토마스 긴즈버그Thomas Ginsburg 같은 학자들이 현재 민주주의 위기의 본연의 민주적 측면이 아닌 '헌정적' 측면에 초점을 두는 경향을 띠는 이유를 설명해준다. 이런 관점은 또한 미국이 증대하는 민주적 기대를 충족시키기 위해 현행 헌정질서를 손보려 하기보다는 단지 그 온전성을 강화하고 복원하려 하는, 외견상 보수적인 노력을 설명해준다. 이들의 해결책에는 이를테면 독립적 선거기구, 곧 비당파적 선거위원회의 설립, 선거절차의 효과적인 관리 감독의 보장, 부패에 대한 경계, 또는 관료의 자율성에 대한 법적 보호 강화 같은 전통적 아이디어들이 포함된다. 이들이 제시하는 유일하게 진정으로 민주적인 해결책은 (표현의 자유 같은) 헌법의 아주 기본적인 민주적 권리와 비상 지휘권emergency power의 승인을 위한 입법적 (그러나 압도적 다수결적) '강화 수단escalator'의 더 세심하고 철저한 접합이다.

권력의 민주화보다는 강력한 헌정질서에 우선순위를 두는 일이 정당한 목표처럼 보이는 반면, 이 우선순위는 그 자체로 특수하고 우연적인 역사적 맥락에서 발전된 미심쩍은 경험적 전제에 근거를 두고 있다.

우리의 현대 대의제 통치의 계보를 살펴보면, 자유주의가 먼저 출현했고 그다음에 민주주의가 출현했다. 민주주의가 오로지 선행변수와 제약변수인 자유주의 내에서만 실현될 수 있고 바람직하다는 생각은 그럴듯하게 들리지만 궁극적으로 반증 불가능한, 밑도 끝도 없는 이야기just-so story에 해당한다(안정된 민주주의 제도가 결코 자유주의 제도의 틀 바깥에서 생겨날 수 없음을 보여주기 위해 역사를 되짚어볼 만큼 충분한 시간은 주어지지 않았다).[323]

이 같은 서사는 지난 2백여 년간 전개돼온 역사적 형태에는 꼭 들어맞는다. 하지만 제한된 범위의 증거를 넘어서서 보게 되면, 우리는 자유주의의 핵심교리가 빠진 민주주의가 폭민정치와 다수의 폭압으로 전환될 수밖에 없다는 점을 확신할 수 없다.[324] 실제로, 우리는 그 반대가 참

---

323 (옮긴이) "과학과 철학에서, '밑도 끝도 없는 이야기'는 문화적 관행, 생물학적 특성, 인간이나 다른 동물의 행동에 대한 검증 불가능한 서사적 설명을 말한다. 이 같은 표현의 경멸적 성격은 이 표현을 듣는 이에게 이런 설명의 허구적이고 입증 불가능한 성격을 떠오르게 만드는 묵시적 비판을 위함이다. 이는 신화 같은 민속 장르에서 흔하다(여기서 이런 이야기는 원인론적etiological 신화로 알려져 있다). 덜 경멸적인 용어로는 '궁금한 이야기pourquoi story'가 있는데, 이는 대개 아이들을 대상으로 한 더 신화적이거나 아니면 이런 장르의 전통적 사례를 언급하기 위해 사용돼왔다"("Just-so story", WIKIPEDIA, 2024년 1월 11일 접속). 또한 관련해서, 미치코 가쿠타니 지음, 김영선 옮김, 《진실 따위는 중요하지 않다-거짓과 혐오는 어떻게 일상이 되었나》, 돌베개, 2019; 제랄드 브로네르 지음, 김수진 옮김, 《쉽게 믿는 자들의 민주주의》, 책세상, 2020; 폴 벤느 지음, 김현경 옮김, 《그리스인들은 신화를 믿었는가?-구성적 상상력에 대한 에세이》, 필로소픽, 2023 참조.
https://en.wikipedia.org/wiki/Just-so_story

324 (옮긴이) 잘 알려진 대로, 고대 그리스의 소크라테스와 그의 제자 플라톤은 아테네 민주정의 타락을 목격하고 '중우정치'와 '폭민정치'의 위험성에 대해 경고했다. 2천여 년이 훌쩍 넘은 현대에도 적지 않은 이들이 '떼법'과 '포퓰리즘'을 운위하며 민주주의에 근본적 비난을 가하고 있다. 또한, 현시점에서 한쪽에서는 오만한 엘리트주의에 대한 조소와 다른 한쪽에서는 인민의 반지성주의를 향한 훈계가 병존한다. 제도적 측면에서도 이는 엘리트에 의한 대의 민주주의와 인민에 의한 직접 민주주의로 양극화되는 한편, 이런 모순으로 인해 극우화와 포퓰리즘으로 대표되는 '무질서'와 권위주의와 국가폭력으로 대표되는 '독재' 사이에서 현대정치는 동요하고 있는 듯하다. 이 같은 문제는 어느 한쪽의 일방적인 잘못 때문이라기보다는 인류의 문명사적 측면에서 정치가 작동할 수 없게 된 경향성, 곧 인본주의의 부상과 그에 따른 종교개혁과 시민혁명 이후 공동체의 와해와 개인화의 흐름, 그리고 정치사회와 시민사회의 분리를 특징으로 하는 근대 정치제도의 설계상의 결함에 그 원인이 있다고 볼 수 있다. 물론 정치를 제도 자체만으로 환원할 수는 없지만, 같은 맥락에서 이 책의 저자가 제시하는 대의 민주주의와 직접 민

이 될 수 있는 (예를 들어, 고대 아테네의) 몇몇 증거를 가지고 있다. (우리의 혼합적 형태와 대비시켜 오버Ober가 이름 붙인) '기본적basic' 민주주의는 그 자체로 적어도 자유주의자의 일부 우려에 대응할 자원을 지니고 있다.[325] 아담 쉐보르스키Adam Przeworski는 유사하게 "양원제나 대통령 거부권 같은 초다수결제든 헌법재판소나 독립 중앙은행 같은 반다수결제든, 그것이 법치를 뒷받침하는 데 필요한지에 대해 의구심을 품을 만한 이유는 논리적으로도 경험적으로도 존재한다"는 도발적인 주장을 펼치고 있다(Przeworski, 2019: 5). 쉐보르스키는 로베르토 가가렐라Roberto Gargarella(2003)의 견해에 동의하면서 그를 인용했는데, 가가렐라는 심지어 위와 같은 제도가 부재할 때에도 다수가 스스로 제약할 수 있고 제약하길 원하는 경우 사용할 수 있는 몇 가지 메커니즘을 열거했다. 가가렐라는 영국과 스웨덴

주주의의 혼합정체로서 열린 민주주의, 다시 말해 무작위로 선발된 일부 시민이 정치에 참여해 전문가가 조력하는 숙의 과정을 거쳐 결정을 내리는 과정은 현재 민주주의의 위기에 대해 여러 정치학자가 공통으로 내리는 처방, 곧 어느 한쪽의 일방적인 지배보다는 다양한 세력, 이를테면 마키아벨리적 의미에서 통치자, 엘리트, 인민이라는 세 가지 범주 사이의 견제와 균형에 토대를 둔 조화와 공존의 정치와도 맞닿아 있다고 볼 수 있다. 이는 플라톤의 제자였던 아리스토텔레스가 '통치하는 일과 통치받는 일을 번갈아 하는 것'으로 민주주의를 정의 내리고 '중산정치'를 옹호한 사례에서도 잘 드러난다("중우정치", 위키백과, 2024년 1월 11일 접속; 사카모토 다쓰야 지음, 최연희 옮김, 《사회사상의 역사-마키아벨리에서 롤스까지》, 교유서가, 2022; 앤드류 슈왈츠 외 지음, 한윤정 옮김, 《생태문명 선언-위기, 희망, 지속 가능한 미래》, 다른백년, 2020; 래리 시덴톱 지음, 정명진 옮김, 《개인의 탄생》, 부글북스, 2016; 미셸 마페졸리 지음, 박정호 · 신지은 옮김, 《부족의 시대-포스트모던 사회에서 개인주의의 쇠퇴》, 문학동네, 2017; 김동춘, 〈[투 트랙 민주주의] 국정원 · 검찰이 야당보다 힘센 한국, 어떻게 봐야 하나〉, 《프레시안》, 2016년 10월 20일자; 신진욱, 〈[투 트랙 민주주의] '촛불집회'를 어떻게 정치화할 것인가〉, 《프레시안》, 2016년 10월 28일자; 서관모 옮김, 〈알튀세르와 그람시: 에티엔 발리바르와의 대담〉, 《웹진 인-무브》, 서교인문사회연구실, 2018; 최원, 〈민주주의적 시민권-발리바르의 민주주의론〉, 《민족문화연구》 70호, 고려대학교 민족문화연구원, 2016, 71~94쪽 참조).
https://ko.wikipedia.org/wiki/중우정치
https://en-movement.net/184
https://riks.korea.ac.kr/DATA/root/FILEz/b_d8bef14041/1889148364_05ea74b8_ED8AB9ECA791ED8EB8ECA791EBB3B8.pdf

325 (옮긴이) 참고로, 조사이어 오버 저작의 옮긴이는 '자유주의 이전의 민주주의'라는 측면에서 이를 '원초적basic' 민주정으로 번역하고 있다. 또한, 오버의 논의와 비교해 스티븐 룩스 지음, 홍윤기 외 옮김, 《자유주의자와 식인종-다원주의 시대에 자유주의란 무엇인가》, 개마고원, 2006 참조.

을 포함해 민주주의가 잘 확립된 나라를 언급하는데, "이 나라들은 삼권분립도 위헌법률 심사제도 없지만, 다수가 권리를 침해하지 못하도록 스스로 제약하고 있다"고 지적한다(McGann, 2006; Przeworski, 2019: 6에서 재인용). 마지막으로, 가가렐라는 딕시트Dixit, 그로스먼Grossman, 걸Gull(2000; 533)의 논의를 언급하는데, 이들은 "어떤 정부가 초다수의 지지를 누리게 되면, 초다수결 제도가 존재할 경우 권리의 침해가 더 극심해지기 쉽다"는 사실을 보여줬다(Przeworski, 2019: 6). 이 같은 사실은 모두 적어도 우리에게 익숙한 헌정질서의 일부 불필요한 자유주의적 부가장치가 없더라도 민주주의 나라가 법치의 이점을 충분히 누릴 수 있다는 점을 시사한다.

자유주의적 제약이 민주주의에 필요한 것으로 입증되는 한, 당연히 우리는 민주주의 정치의 절차에 있어 헌법적 제약, 삼권분립, 그리고 다양한 형태의 견제와 균형을 유지해야 한다. 열린 민주주의는 원리상 기본적 헌정주의 견해와 양립될 수 있다. 그러나 우리는 열린 민주주의가 훨씬 더 열려 있고 조정될 수 있는 헌정주의 이론으로 자연스럽게 연결될 수 있다는 점에 주목할 필요가 있다. 따라서, 헌법은 한 사회의 기본적인 사회계약에 해당하는데, 이는 정기적으로 재논의되고 필요시에는 가능하다면 수정되고 개정될 필요가 있다. 제퍼슨이 바라던 대로 각 세대에 한 번씩(또는 대략 25년에 한 번씩) 말이다.

민주적 틀보다는 자유주의적 틀과 함께 시작한 우리의 근대 '민주주의 제도'의 창시자들은 이들이 또한 포함시키려 했던 인민적 통치 요소에 너무 심한 압박을 가했다(동시에 변경이 거의 불가능한 헌법을 확립시킴으로써 이 계획을 자물쇠로 잠그고 그 열쇠를 던짐으로써 오류를 악화시켰다). 내 개인적 아쉬움을 말하자면 우리가 민주주의가 지닌 자체적 역량을 충분히 인식하지 못하고 있고, 이 같은 민주주의가 더 적다기보다는 더 많은 민주주의를 (물론 신중하게) 실험할 만한 가치를 지니고 있다는 것이다.[326] 따라서, 나는 민주주의와 자유주의를 더 명확하게 구분하고, 자유주의와 달리 민주주의가 자급자족적 체제 형태에 해당한다는 사실을 포함해 민주주의 고유의 장점을 제시한 조사이아 오버의 최근의 시도(Ober, 2017)에 나 스스로가 아주 많이 영감을 받았다고 느낀다.

오버의 학문적 이력은 정치적 자유주의 전통과 그 전통의 핵심 산물로서 대의제 통치가 적어도 침해될 수 없는 개인의 권리와 자유를 보호할 수 있는 유일한 이데올로기 또는 역사적 제도라는 관점에 도전하기 위해 시작됐다. 자유주의 이전의 비대의적 민주주의는 결코 이같이 불안정하거나 심지어 흔히 우려하듯 그 내용에 있어 끔찍하게 '반자유주의적'이지도 않았다(물론 시민이 아닌 이들이 포함되는지의 문제를 제외하고서 말이다). 오버는 그가 "자유주의 이전의 민주주의"라 부른 형태(곧 BC 5~4세기의 아테네)가 흔히 묘사되듯 폭민 정치나 다수의 독재가 아니었다고 설득력 있게 주장한다. 이 같은 형태는 또한 연방주의자가 주장하는 만큼 '직접적'이지도 않았다(Ober, 2017)[327]. 대신에, 오버는 인민의 통치*demokratia*가 헌법에 의해 보호되는 자유주의적 권리 그리고 심지어 법치와 다소 흡사하게, 많은 개인의 권리와 원칙이 확립되도록 만들 수 있었고 자유주의 교리에 선행했다고 주장한다. 다시 말해, 민주주의는 올바른 조건에서 우리가 단지 자유주의만이 갖출 수 있다고 생각하는 데 점점 익숙해지게 된 많은 특성을 만들어낼 수 있는 내부자원을 충분히 지니고 있다.

이런 중요한 특성 중 한 가지 핵심 요소는 헌정주의다. 따라서 21세기에 재발명된 열린 형태의 민주주의는 입헌 민주주의라는 익숙한 특성을

---

326 나는 3장에서 이 같은 주장을 훨씬 더 길게 논의했다.

327 어떤 이들은 "10퍼센트 더 적은 민주주의"(Jones, 2020)를 주장하는 반면, 내 생각은 우리가 대략 50퍼센트 이상은 해야 한다는 것이다.

될 수 있는 한편, 우리가 대의 민주주의 자체에 결부시켜온 모든 부가적 특성을 승인하지 않고도 무엇보다도 직접적인 다수의 의지로부터 일부 기본적인 권리를 견고히 지키고 보호할 수 있게 된다. 이를테면, 누군가는 재산권과 종교의 자유가 필수적이지 않거나 적어도 현대 자유 민주주의 제도에 익숙한 방식으로 규정되지 않는 입헌 민주주의를 상상할 수도 있다. 반면에 누군가는 이 같은 체제의 규범적 바람직함에 동의하지 않을 수도 있지만, 그럼에도 불구하고 이 체제는 민주주의가 고양시키는 개인의 권리를 완전히 민주화하고 보호할 수 있다(또한, Ober, 2017 참조).

그러나 누군가는 더 대담하게 적어도 몇몇 개인의 권리(특히 정치적 권리)가 반드시 헌법, 대법원, 위헌법률심사 절차 같은 반다수결 제도에 위임될 필요는 없다는 주장을 할 수도 있다. 이들은 그 대신 고대 아테네의 대규모 인민 배심원제(현재 우리가 사법 사안을 다룰 수 있는, 이른바 '민회' 제도) 같은 사법 기능을 지닌 민주적 제도에 위임하는 일을 상상할 수도 있다.[328]

또한, 적어도 작은 규모의 민족국가에서 결과적으로 자유주의적 권리를 위태롭게 만드는 일 없이 익숙한 대의제도에 수반되는 닫힘 현상에 저항해온 민주주의 나라와 관련한 몇 가지 경험적 증거가 존재한다. 여전히 스위스는 적어도 나머지 유럽에 속한 좀 더 전적으로 대의제적인 경쟁국만큼이나 다원주의적이고 자유주의적인 참여 민주주의의 탁월한 사례

328 특정 인민 배심원에 의해 결정된 소크라테스의 죽음은 언제나 이 같은 민주주의 제도의 위험성에 대한 증거로서 올바르게 지적되고 있다. 하지만 아무리 비극적이라 하더라도 한 가지 오류만으로 제도 전체의 정당성을 무효화하기에 충분하다고 반드시 말할 수는 없다. 특히 사건의 전모가 아테네식 제도설계에 내재된 안전 메커니즘을 자신은 쓸 수 없게 만든 소크라테스의 전략적 결정에서 대체로 기인한 것으로 해석하게 될 때 그렇다(이를테면, 타당한 논거로 자신을 변호하고 합리적인 대체 형벌을 제안할 기회를 쓰지 않은 결정 말이다). 소크라테스는 자신을 희생해 아테네 민주주의에 결함이 있음을 입증하길 원했고, 그는 이 같은 일에 너무나 성공적이었는데, 이런 결함은 후세 사람들이 봤을 때 엄밀히 말해 필요 이상으로 더 많이 입증됐다.

에 해당한다. 어떤 비판자가 즉각, 인민의 주권적 결정에 직면해 스위스 연방대법원이 헌법상 무력화되는 동안 이슬람 사원 첨탑 건설 금지를 법제화한 악명 높은 2009년 국민투표 사례를 언급하기 전에, 나는 이제 덜 직접적인 제도와 좀 더 반다수결적이고 헌법적인 견제장치를 갖춘 유럽의 민주주의 나라들이 최근 몇 년 사이 유사한 법률을 통과시켰음을 지적하려 한다(예를 들어, 2021년 7월 현시점에서, 프랑스, 독일, 오스트리아, 벨기에, 불가리아, 네덜란드, 덴마크, 이탈리아, 노르웨이는 특히 무슬림 부르카를 겨냥해 얼굴 덮개를 완전히 또는 부분적으로 금지하는 법안을 모두 통과시켰다). 따라서 더 직접적인 인민의 참여나 덜 강력한 대법원이 그 자체로 문제가 되는지는 불분명하다. 좀 더 최근에, 멕시코 치아파스와 시리아 북부에서 (때로 인종적, 종교적 구성에서 극히 다원주의적인) 지역 전체 수준의 자기조직적 공동체는 극히 도전적인 환경에서 외견상 대의제가 아니고(또는 적어도 전통적이지 않은 방식으로 대의제이고) 분권화되고 실제로 거의 입헌적이지 않은 형태의 정치의 실현 가능성을 입증해주고 있는데, 이곳에서는 직업 정치인보다 평범한 시민이 일상의 정치적 결정을 책임지고 있다.[329]

최근의 이론적, 경험적 발전은 (이를테면, 고대 아테네, 바이킹의 의회 제도, 또는 현대의 스위스 같은) 더 오래전의 자유주의 이전이거나 더 참여적인 민주주의 제도에 존재하던 접근성을 어느 정도 회복할 기회가 존재할 수 있음을 시사해주는데, 그것도 특히 우리가 속한 대규모의 다양한 사회들에서 우리 현대인이 매우 깊은 관심을 지닌 개인이나 소수자의 권리를 꼭 위태롭게 하지 않고서도 말이다. 기회를 모색하는 일은 궁극적으로 우리의 헌법적 약속을 다시 논의하는 일, 그리고 아마도 어떤 경우에는 심

329 (옮긴이) 이 책 3장 서두의 옮긴이 주석 참조.

지어 비민주적이거나 불충분하게 민주적인 국가의 사회계약을 다시 맺는 일을 의미할 수 있다.

(제도 수준에서) 책임성의 결여

비선거 의회가 핵심 역할을 하는 열린 민주주의의 아이디어에 대한 한 가지 자연스러운 반론은 정치적 책임성의 문제다. 나는 4장에서 이미 이 문제를 간략히 다뤘는데, 비선거적 형태의 민주적 대의제의 책임성 문제를 다루고, 고대 아테네 사례가 다수의 비선거적 책임성 메커니즘을 우리에게 제공한다고 언급했다. 이제 나는 여기에서 (단지 대표자 수준이 아니라) 제도 수준에서 다소 확고한 방식으로 어떻게 열린 민주주의 제도를 책임성 있게 만들 것인가의 문제를 다시 논의하려 한다. 심지어 최대한 포괄적이고 평등주의적인 민주적 대의제 또한 통치자와 피치자 사이에 차이를 만들어내고, 이는 결국 불가피하게 문제를 야기할 수 있다.

실제로, 설사 앞 절에서 우리가 열린 민주주의에 무능력, 관료에 의한 포획, 다수의 반자유주의적 폭압이라는 위험성이 제한적으로 존재함을 입증하는 데 성공했다 하더라도, 우리는 비선거적 형태의 민주주의가 어떤 내부 자원에 의존할 수 있는지에 대해 궁금증을 품을 수 있다. 심지어 선거 메커니즘이 결여된 경우에도 열린 민주주의가 의존할 수 있는 책임성 메커니즘에는 어떤 것이 있을까?

나는 적어도 열린 민주주의의 세 가지 원칙, 바로 참여권, 숙의, 투명성이 이러한 제도에서 (폭넓은 의미의) 책임성을 확립하고 유지하는 직접적인 수단이 될 수 있다고 주장하려 한다. 숙의는 이 제도의 핵심에 엄밀한 의미의 책임성, 곧 정치적 결정과 법률의 근거를 제공할 가능성과 요건을 각인시킨다. 참여권과 투명성은 관료 측의 부패 관행을 억제하는 기능을 한다. 나는 이제 각각의 주장을 더 자세하게 논의하려 한다.

숙의 원칙에 의하면, 모든 법률이나 정책은 자유롭고 평등한 이들 사이의 의견 교환의 산물이어야 한다. 이론상으로, 이러한 원칙은 대표자가 결정하고 올바르게 정당화할 수 있는 사항을 엄격히 제한한다. 따라서 숙의 원칙은 때로 이른바 '담화적 책임성', 곧 의사결정 회의체와 대표자들이 특정 의제와 법률, 또는 일련의 정책과 규제를 지지하는 이유와 관련해 신뢰할 만한 근거와 주장을 제시해야 할 의무로 전환된다. (비록 비폭력적 형태이긴 하지만 그 '강제력'이 실재하는) 논변이 가하는 압력은 진정으로 숙의 규범에 의해 지배되고 숙의가 올바르게 제도화된 체제에서 대표자들이 자신의 결정과 관련해 타당한 근거를 제시해야 할 것 같은 도덕적, 제도적 압박감을 느끼게 됨을 뜻한다. 이를테면, 독립적 시민 배심원단이 대표자들이 근거 제시에 실패했다고 판단하면, 대표자들은 대중의 지탄에서부터 법적 처벌에 이르는 다양한 제재를 받을 수 있다.

열린 민주주의에서 제도화된 참여권은 (부패 관행을 제지하는) 다양한 형태의 책임성을 보장한다. 이 권리 덕분에, 대표자들(예를 들어, 추첨형 대표자, 그러나 또한 선출직 대표자에게도 적용된다)은 일반 국민에게 거부되기 쉬운 법안을 제안하거나 통과시키기 전에 심사숙고하지 않을 수 없다. 시민 발의(직접 국민투표를 제안하거나 입법 의회에 의제를 제안해 토론이나 표결에 부칠 수 있는 시민의 권리)와 추천권(기존 법률에 관해 국민투표를 발의할 수 있는 권한)은 실제로 다수결이 초래하는 오류나 부정의에 맞서 싸울 정도로 충분히 강력하게 동기화된 소수집단에게 권한을 부여한다. 말하자면, 소수집단은 기존 제도 또는 최근에 통과된 정책이나 법률에서 용인될 수 없는 맹점이나 결함에 주목하게 된다. 방금 언급된 참여권은 이들에게 문제의 해결책을 발의할 수 있는 권한을 부여하는데, 어떤 법률에 대한 새로운 아이디어(직접적이거나 간접적인 시민 발의) 또는 기존 법률의 폐지 둘 중 한 가지 방식을 통해서 말이다. 그 결과, (다시 한번, 무작위로 선발됐든 전통적인 방식으로 선출됐든 관계없이) 입법부는 예상할 수 있는 거부반응을 예측하고 회피하는 일에 관심을 두게 된다. 정책입안자와 법률제정자는 어떤 결정을 내리기 전에 폭넓게 협의하고 광범위하고 포괄적으로 숙의하고 모든 이해당사자와 협상할 필요성을 내면화한다. 이들은 숙고와 결정 과정 내내 더 많은 공중과 명확한 의사소통을 해야 할 필요성 또한 내면화한다.

마지막으로, 투명성은 명시적으로 책임성 메커니즘으로 여겨지는 열린 민주주의의 원칙에 해당한다. 투명성이 지닌 온갖 위험성에도 불구하고(이를테면, 중요한 대화가 공식회의나 TV로 중계되는 전체회의 바깥에서 이뤄지게 될 위험성), 투명성으로 인한 이득이 그 손실보다 더 클 가능성이 높다. 전 세계의 열린 정부 이니셔티브에 대한 모든 지지자들은 이런 사실을 인식하고 있는데, 이들은 정책입안에 있어 빛 그리고 [열린-옮긴이] 정보가 살균 효과를 지니고 있음을 확신하고 있다.

열린 민주주의의 이러한 제도적 특성에 더해, 우리는 또한 명예나 사명감 또는 심지어 우리의 동료 시민에게 느끼는 형제애와 연대감 같은, 선거의회에서 이미 작동한다고 주장되는 개인의 심리 메커니즘에 의존할 수도 있다. 명예와 사명감은 비선거적 상황에서 훨씬 더 많은 역할을 하는 것으로 주장되는데, 당파심과 어떤 대가도 불사하려는 권력욕이 대개 고루하게 여겨지는 덕목을 능가하는 구실을 하고 정체감과 소속감을 고취하기보다는 약화시키는 상황에서 말이다.[330]

---

330 대조적으로, 프랑스 기후변화 총회에서 무작위로 선발된 참여자들 사이에서는 사랑과 애정의 기운이 감돌았는데, 동시에 서로를 향한 개인적 책임감 또한 두드러졌고 대체로 이러한 감정이나 다른 감정들이 더 많은 수의 공중을 고취시킨 듯 보인다. 노란 조끼 운동에서 원형 교차로의 친밀한 분위기에

그러나 이 같은 심리 메커니즘이 작동하기 위해서는, 어쩌면 이런 메커니즘이 적어도 일부 온라인 커뮤니티의 맥락에서 상당히 확고한 것으로 입증된 일종의 평판에 근거한 메커니즘을 통해 강화될 필요가 있다. 참여자를 관문에서 검증하는 일이 불가능한 열린 디지털 커뮤니티에서 대개 동료 평가에 근거한 평판 메커니즘은 적어도 중장기적 관점에서 참여자의 역량에 대한 상대적으로 정확한 순위 매김이나 평가를 보장한다. 유사하게, 동료 평가와 과거 활동 및 공헌경력을 포함해 자기추천 대표자의 지난 이력에 관한 디지털 정보는 발언하고, 정보를 제공하고, 또는 심지어 어떤 사안에 관해 결정할 가능성이 있는 직책에 스스로 임명한 이들의 신뢰성을 다른 이들이 평가하는 일을 가능하게 해줄 수 있다. 결국, 이러한 정보는 자기추천 대표자가 자신의 평판 상황에 주목하지 않을 수 없게 만들고 심지어 이 같은 평판을 적극적으로 조성하게 만들거나 적어도 이런 행동들에 대한 강력한 유인을 제공하게 된다.[331]

마지막으로, 뜻밖의 일이 발생하지 않도록 비선거 의회의 기능과 그 구성원의 행동을 감사하는 특별 윤리위원회가 필요할 수 있다(이를테면, 공금의 유용이나 오용, 논의 과정 동안 잘못된 정보의 체계적 조작이나 유포, 다른 구성원에 대한 협박이나 매수, 권력 남용, 정신적 또는 성적 괴롭힘 등). 특별 윤리위원회는 시민 배심원단처럼 무작위로 구성되거나, 특히 좋은 평판

대해 보고한 민족지학자 또한 유사한 현상을 언급하고 있다.

331 이러한 형태의 평판에 근거한 시스템은 위키피디아가 수천 명의 관리자를 선발하기 위해 사용하는 방식에 해당되는데(주요 영어 위키피디아의 경우 천삼백 명), 이런 관리자들은 이러한 특정 커뮤니티의 정치적 대표자에 가깝다. 위키피디아 관리자의 책임성에는 전체 위키피디아 커뮤니티를 대신해 편집 결정을 내릴 수 있는 권한이 포함되는데, 여기에는 사용자들 간의 편집 전쟁 과정이 포함된다(이 전쟁 과정에서 서로 의견 차이를 보이는 양측은 서로의 편집을 계속해서 삭제시킨다). 이들은 무엇보다도 나머지 커뮤니티가 표하는 신뢰와 존경을 쌓음으로써 그 권리를 얻게 된다. 이런 맥락에서 책임성은 제재 가능성이나 처벌 위협을 통해 확보되기보다는(비록 이 같은 맥락에서 동료의 비난이나 조소가 처벌의 한 형태에 해당하긴 하지만 말이다), 그 대신 주로 좋은 평판을 얻으려는 긍정적 유인책에 의해 확보된다

을 지닌 추첨형 또는 자기추천 전임 대표자들 가운데 선발될 수 있다.

단지 민주적 대표성에 관해 말하자면, 우리는 선거 민주주의 제도의 맥락에서 정치적 책임성을 사고하는 일에 익숙해져 있고, 이는 열린 민주주의에 선거 메커니즘이 결여돼 있다는 사실에 우리가 지나치게 민감하게 반응하게 만든다. 하지만 (4장에서 논의된 것처럼) 선거는 정치적 책임성을 규정하는 요소에 해당하지 않는다. 선거는 기껏해야 책임성을 실현시킬 수 있는 하나의 메커니즘, 다시 말해 통치자와 피치자 사이의 책임 관계를 초래하는 무언가에 해당할 뿐이다. 선거가 차지하는 비중이 적은 (어쩌면 단지 행정부 수반을 뽑는 데 사용되거나 다른 유사한 기능을 수행할 뿐인) 열린 민주주의에서, 우리는 이와 같이 통상적 메커니즘을 통해 인과적으로 맺어지게 된 책임 관계를 기대해서는 된다. 하지만 또한 이런 책임 관계를 다른 메커니즘을 통해서는 맺을 수 없다고 생각해야 할 어떤 이유도 존재하지 않는다.

열린 민주주의는 얼마나 많은 저녁을 빼앗아 가는가?

바라건대, 이 책에서 이뤄진 제안이 실현 가능해 보일 수 있는 한 가지 방법은 효율적인 인지적 분업을 특징으로 하는 하나의 제도에 꼭 필요한 수준 이상으로 시민의 시간과 관심을 요구하는 일을 자제하는 것이다. 열린 민주주의는 참여가 본질적인 미덕이라 찬양하지 않으며, 열린 민주주의 그 자체를 위해 또는 '고대인의 자유the liberty of the Ancients'와 유사한 무언가를 선호하는 계획을 위해 참여를 극대화하려 하지 않는다.[332] 내 생

---

332 (옮긴이) '고대인의 자유'는 스위스의 문필가이자 정치가인 뱅자맹 콩스탕Benjamin Constant이 프랑스 왕립학회에서 발표한 동명의 연설을 기록한 에세이인 "현대인과 비교되는 고대인의 자유"에

각에, 참여는 대의제를 대체하는 것이 아니라 대의제와 양립 가능하며, (국민투표나 대규모 온라인 투표 같은) 직접 민주주의의 계기들이 때때로 여전히 필요한 반면, 그 계기는 꼭 필요한 수준 이상으로 현저하게 자주 이뤄지거나 더 자주 이뤄질 것이라 기대되지 않는다. 일반적으로, 대의제는 어떤 방식으로든 필요할 것이고, 열린 민주주의는 참여 자체를 극대화하는 일보다는 대표자 직무에 접근할 수 있는 권리가 가능한 수월하고 평등하게 분산되도록 보장하는 일에 더 관심을 둔다.

내 전제는 가족을 돌보거나 시를 쓰는 일보다 더 가치 있는 활동이라 할만한 것이 정치에는 전혀 없다는 것이다. 현재 대의 민주주의에서보다 열린 민주주의에서 시민이 대체로 더 많은 시간을 소비할 수밖에 없게 될 가능성이 높다는 점은 사실에 해당하는데, 우리 중에 민회에 참여하도록 선발된 이들의 경우에 특히 그렇다(만약 이 같은 제도가 정치의 모든 수준에서 시행된다면, 그 수는 꽤 많아질 수 있고 따라서 상당히 많은 사람의 참여가 필요해질 수 있다). 하지만 시간 투자는 단편적으로 이루어질 수 있고(며칠, 몇 주, 몇 달, 또는 아주 드물게 몇 년), 더 의미 깊어지고 더 많은 보상이 이뤄질 수 있다. 민회 참여를 제외하고, 참여하는 데 현재보다 반드시 더 많은 시간이 드는 것은 아니다. 이를테면, 투표하기 위해 줄을 서서 기다리

연원을 두는 개념으로, 콩스탕에게 있어 고대인의 자유는 집단 권력에 대한 적극적이고 지속적인 참여로 이뤄지고, 전체 주권의 여러 부분을 집단적으로 그러나 직접적으로 행사하는 일을 특징으로 하며, 아테네를 제외한 고대인은 이런 자유가 전체 권위에 대한 개인의 완전한 종속과 양립 가능하다고 생각했다. 따라서, 이런 개념 아래서 권력은 모든 것에 행사될 수 있다. 이와 대조적으로 현대인의 자유는 개인의 자유를 중요시하게 된다. 콩스탕은 이 둘의 조화를 시사했다. 한편, 이러한 콩스탕의 에세이는 간섭의 부재를 의미하는 '소극적 자유'와 자기지배를 위해 자유의 제한을 시사하는 '적극적 자유'를 구분하고 상대적으로 소극적 자유에 무게를 둔 이사야 벌린의 '냉전 자유주의'에 영향을 준 것으로도 평가되는데, 이 같은 사조는 간섭의 회피라는 이름 아래 시장의 자유를 묵인하고 국가의 책임을 가로막는 데 일조한 것으로도 지적된다("The Liberty of Ancients Compared with that of Moderns", WIKIPEDIA, 2024년 3월 26일 접속; 이사야 벌린 지음, 박동천 옮김, 《이사야 벌린의 자유론》, 아카넷, 2014[개정판]; 진태원, 〈냉전의 시대 다원적 가치 옹호한 자유주의〉, 《한겨레》, 2014년 5월 18일자 참조).

는 데 시간을 소비하거나 마뜩잖은 정책이나 대통령에 대항해 반나절 동안 행진하는 대신에, 우리는 우리에게 중요한 입법안에 영향을 주려고 관련 정보와 의견을 제시하도록 민회를 도울 수 있는 크라우드소싱 기법이 활용된 플랫폼에서 같은 양의 시간을 사용할 수 있다. 심지어 열린 민주주의에서도 시위와 저항이 여전히 중요한 정치적 수단에 해당하는 반면 자주 동원될 필요성이 짐작건대 훨씬 줄어든다. 이 같은 절차에서 불만의 원인이 되는 싹이 훨씬 더 일찍 제거되기 때문이다.

그럼에도 불구하고 나는 투표 외에도 많은 활동이 참여로 간주된다는, 폭넓은 의미에서 나 자신을 참여 민주주의자라 생각하고, 내 모델에는 직접 민주주의의 옹호자들이 결정적 순간에 특권을 부여하는 일종의 대규모 참여(특히 시민이 발의한 국민투표)의 여지 또한 존재한다. 하지만 나는 우리가 시민의 시간과 관심을 낭비해서는 안 된다고 생각한다. 이런 생각은 이들이 영위하는 사적 활동에 대한 존중에서 연유하며, 내 모델이 또한 민주주의의 상향적이고 수평적인 확대를 권고하고 있기 때문이기도 하다. 열린 민주주의가 궁극적으로 더 낮은 수준으로 의사결정을 분권화하고 초국가적 수준으로 민주적 의사결정을 확대하고, 현재 정치적 고려 대상에 미포함된 영역으로 민주적 의사결정을 확대하는 일을 의미하는 한, 시민의 시간과 관심을 현명하게 사용돼야 할 희소자원으로 여기는 일이 필수적이다. 이는 내가 공중 전체가 빈번하게, 대규모로, 직접 참여할 것을 강조하는 모델보다 민주적 대표성의 열린 성격과 다원적 형태를 강조하는 모델을 더 나은 접근으로 생각하는 이유에 해당한다.

현재에서 미래로

궁극적으로, 열린 형태의 그리고 아마도 비선거적 형태의 민주주의의 실현 가능성과 매력은 논의의 출발점이나 우리가 민주화하려 시도하는 체제의 유형에 따라 다양할 것이다. 우리는 미국 같은 기존 선거 민주주의를 변화시키려 하는가 아니면 중국 같은 비민주주의 체제 또는 심지어 글로벌 세계 질서를 민주적인 방향으로 개선시키려 하는가? 우리는 완전히 새로운 거버넌스 제도를 시행하려 하는가, 그리고 이는 국가, 국제기구, 기업같이 구체적이고 다루기 어려운 어떤 것과 관련되는가, 아니면 온라인 커뮤니티 같은 더 가상적인 어떤 것과 관련되는가?

미국 같은 기존 선거 민주주의로 대표되는 첫 번째 사례는 우리에게 익숙한 선거의회를 가령 민회로 대체하는 일의 전환비용과 알려지지 않은 함의를 고려할 때, 아마도 비선거적 형태의 열린 민주주의 모델을 위한 가장 타당성이 적은 시험대에 해당한다. 하지만 두 번째 사례(두 경우 모두 이미 정기적 선거를 결여하고 있는, 중화 인민공화국 같은 체제나 글로벌 세계 질서)에서, 일당독재나 민주적 대의제 구조의 전반적인 부재 상황에서 민회 민주주의 쪽으로 변화시키는 일이 훨씬 더 쉬울 수도 있다. 세 번째 사례(새로운 커뮤니티)에서, 우리가 핸디캡 없이 시작할 때 이론상으로는 모든 것이 가능한데, 설계상 오류가 생명을 앗아갈 수도 있는 나라의 경우에는 아주 조심스럽게 진행하고, 오류로 인해 단지 시간과 돈이 소모될 뿐인 온라인 커뮤니티의 경우에는 더 대담하게 진행하고 싶어 할 수도 있다는 점을 제외하면 말이다.

만약 우리의 선거 민주주의 제도에서 더 열린 민주주의 제도로 어떻게 이행할지가 문제라면, 적절한 출발점은 추첨 기반 의회가 될 수 있을 듯하다. 이 의회는 처음에는 의제설정이나 자문기구로 활용될 수 있지만,

시간이 지나면서 더 많은 분업을 도입함으로써 기존 입법부의 특권을 서서히 약화시킬 수 있다. 기존 선거제도에 접목된 다중적 단일 이슈 민회 제도를 구상한 알렉스 게레로Alex Guerrero는 이 같은 새로운 기구가 "단지 몇 가지 엄선된 형태의 정치적 문제에 한정해 사용될 수 있는데, 이는 아마도 단지 몇 가지 일반적인 유발 조건이 충족된 뒤에만 가능하고(통상적인 정치적 절차를 거친 입법부의 교착상태, 국민투표에 의한 특별 요청 등), 또는 아마도 단지 이러한 문제가 특히 복잡하거나 포획되기 쉬운 성격을 지닌다는 특정 기준에 부합할 때에만 가능하다"(Guerrero, 2014: 155)고 주장한다. 게레로는 이런 기구를 "일종의 상설 정치기구"나 "'일회성' 제도" 중 하나로 보는데, "단지 입법과 관련해 권고 임무가 부과된 감시 메커니즘"이나 아니면 "전통적 입법절차에 대해 어느 정도 거부권을 지닌 감시 메커니즘"(같은 글) 중 하나로 활용될 수 있다.

존 개스틸John Gastil은 첫 단계로서 기존 입법부에 위협이 되지 않는 사안을 다룰 배타적 권한을 이 같은 기구에 부여할 것을 제안하는데, 이런 사안은 다음과 같은 내용과 관련된다. (a) 입법부의 이해충돌(입법자의 급여, 선거 규칙, 선거구 획정, 윤리 심사 등), 또는 (b) 다수당이 절차적으로 지배하도록 허용된 사안. 만약 추첨 기구에 역량이 있는 것으로 입증되면, 제한된 권력을 지닌 곳에서부터 확대될 수 있는데, 가령 위원회에 묶여 있거나 다수당에 의해 제지된 한정된 수의 법안에 대한 표결을 강제할 수 있는 권한 같은 것 말이다(Gastil and Wright, 2019). 느리고 점진적인 변화는 추첨제 의회가 기존 정치제도의 안정성을 위태롭게 하지 않고도 자신의 광범위한 제도적 효과를 시험해볼 수 있게 해준다.

성공적인 이행 사례는 아일랜드가 2012년에 동성결혼 문제에 관해 숙의할 목적으로 무작위로 선택된 66명의 시민과 이미 재임 중인 34명의 직업 정치인으로 구성한 혼합 시민의회를 처음 도입했던 과정에서 이미 입증됐다. 이러한 실험이 이론적으로 순수하진 못했던 반면, 두 행위자 범주 사이의 신뢰를 만들어내는 일에는 성공적이었고, 가장 중요한 사실은 당시 급진적인 민주적 혁신으로 보였던 문제와 관련해 정치계급으로부터 승인을 받았다는 사실이다. 6년이 지난 뒤, 아일랜드는 가장 최근의 경우 낙태 문제 관련 헌법개정 과정에서 완전히 무작위로 선출된 의회 관행을 받아들였는데, 이때 99명의 시민으로 이뤄진 의회는 권고안을 만들었고 이는 궁극적으로 전국적 국민투표를 거쳐 통과됐다. 프랑스에서, 기후변화 시민총회는 시민이 의제설정 역할뿐만 아니라 입법자로서도 잠재력을 지니고 있음을 보여줬다.

열린 민주주의로의 이행은 비서구적 맥락에서 훨씬 더 쉬울 수도 있다. 우리는 중국과 같은 나라를 상상할 수 있는데, 중국에서는 경쟁 선거가 부재하고 선거에 담긴 적대 정신이 때로 합의와 조화라는 이 지역 특유의 유교적 가치와 양립 불가능하다고 설명된다. 이러한 특성은 다양한 형태의 민주주의로 향하는 길을 열어주고, 그중 하나는 다양한 수준의 정치체에서 무작위로 선발된 시민으로 구성된 기구를 통해 제도화된 형태에 해당한다. 만약 이러한 기구가 법률과 정책에 대한 실질적 결정 권력을 갖고 있고 숙의와 크라우드소싱 플랫폼에 더해 시민 발의, 추천권, 그리고 적절하게 자주 이뤄지는 국민투표를 통해 나머지 인구에게 폭넓게 열려 있다면, 설령 이 나라가 경쟁 선거 원칙을 도입하는 일을 결단코 선택하지 않는다 하더라도 내가 이들의 민주적 자격을 의심하기는 어려울 듯하다.

마지막으로, 열린 민주주의가 지닌 잠재력은 궁극적으로 온라인 커뮤니티의 맥락에서 가장 잘 실현될 수 있는데, 이런 온라인 커뮤니티에는 거버넌스 문제가 곳곳에 배어 있고 이례적인 규모의 실험에 더해 실패했을 때 적은 대가를 치르는 실험이 허용된다(적어도 성패 여부가 생사와 관련해 함의를 지니는 현실 민족국가에서 새로운 제도적 거버넌스 계획을 시험 삼아 해봄으로써 뒤따를 수 있는 대가와 비교해 말이다).[333] 열린 민주주의는 페이스북 같은 소셜미디어에서부터 비트코인 같은 암호화폐 커뮤니티에 이르는 다양한 디지털 네트워크와 커뮤니티를 위한 일련의 유익한 지침을 제공할 수 있다.

---

333 적어도 우리가 이런 문제와 관련된 분야에 가장 근접한 사람에게 위탁한다면 말이다. 예를 들어, 아래의 사이트 참조.
https://medium.com/@FEhrsam/blockchain-governance-programming-our-future-c3bfe30f2d74.

9

결론:
글로벌 세계에서 열린 민주주의

●

2017년 1월 20일, 도널드 트럼프는 미국의 대통령으로 취임했다. 트럼프는 자신의 연설에서 선거 결과와 관련해 "세계인"에게 감사를 전했고(미국인 이외의 시민에게는 투표권이 부여되지 않았음에도 말이다), 곧이어 자신의 취임과 함께 "미국 우선주의"의 시대가 도래했음을 두 번이나 거듭 강조해 말했다. 이 연설은 이같이 글로벌 청중의 존재를 인정했고(곧 세계인에게 미국 대통령은 결코 단지 미국 대통령에 그치는 게 아니라, '자유 세계의 지도자'로서 수백만의 미국인 이외의 시민에게 있는 희망과 두려움 또한 어느 정도 구현한다는 사실을 인정),[334] 즉각 이런 전 지구적 기대를 저버리는 견해를 밝혔다. 트럼프의 재임은 더 고립주의적이고, 보호주의적이고, 민족주의적인 시대로의 회귀를 나타내며, 누군가는 이런 경향이 이를테면 민주주의의 더 보편적인 이상, 빈곤 완화, 기후변화와의 싸움과 모순된다고 생각할 수 있다. 트럼프 대통령은 자신을 뽑아준 미국인을 1순위로 대표하고, 세계의 나머지에 대해서는 적어도 대표한다 하더라도 단지 차순위로서일 뿐이다.

트럼프의 취임 다음 날인 2017년 1월 21일, 수백만의 사람이 워싱턴 DC와 미국 전역의 다른 여러 주요 도시의 거리를 점령하고 미국의 특정 선거 결과에 항의했다. 훨씬 더 주목할 만한 사실은 세계 전역의 여러 수도에서도 또한 동일한 상황이 연출됐다는 점이다. 세계 전역에서 미국인 이외의 대규모 시민집단이 이들이 투표하기로 기대하거나 기대할 수 없었고 어떤 책임을 질 것으로 예상하거나 예상되지 않는 결정권을 쥔 대통령에 반대했다.

그 지도자에게 이 같은 대표 부담을 지운 것은 단순히 미국의 권력이

334 미국 선거는 해외에서도 주의 깊게 지켜볼 뿐만 아니라, 몇몇 외국 정부는 심지어 선거 결과에 영향을 주려고 물불을 가리지 않을 정도다. 그만큼 미국 대통령의 결정은 세계적 사안에 해당한다.

아니다.[335] 실제로, 이러한 권력은 미국 내 데모스의 경계를 넘어서는 기대를 만들어내는 듯 보이는 민주적 규범에 뿌리내리고 있다. 이처럼 보편적 포괄성을 촉진하는 어떤 민주주의 논리가 존재하는 것처럼 보인다(Dahl, 1979). 이런 논리는 민족적으로 규정되는 데모스의 폐쇄적 경계를 조금씩 잠식하고 깨트려 열리도록 만든다.

국제적이고 진정으로 글로벌한 인류공동체에게까지 민주주의의 영역을 더 여는 일이 적어도 예측 가능한 미래에 국경이 열려 있는 세계는 차치하고 세계국가나 세계정부로 반드시 이어질 필요는 없다.[336] 하지만 이는 민주적 지도자에게 적어도 특정 사안과 관련해 자국 시민 외의 이해당사자를 대표하는 과제를 받아들이도록 요구한다.

동시에, 트럼프의 당선과 브렉시트 같은 현상은 민주주의 제도가 지역의 권력과 주권을 약화시킨 일부 글로벌 세력을 뛰어넘어 지역의 권력과 주권을 되찾을 필요성을 시사한다. 어떤 이는 이 같은 결과가 비합리적이고 악의적이라고 해석하는 반면(특히, 외국인 혐오와 인종주의), 또 다른 이는 이런 결과가 초자본주의적인 국제질서의 신자유주의적이고 극히 비민주적인 정책에 대한, 어느 정도 정당하고 합리적인 반격으로 해석하고 있다. 내가 이 책의 원고를 최종적으로 다듬고 있을 즈음 전 세계로 번지고 있던 코로나19 팬데믹은 또한 1980년대 이후 특히 위생과 보건 문제와 관련된 지역의 주권이 국제시장과 자유무역, 분업, 비용의 최소화라는 자유주의 교리에 너무나 많이 양도돼왔음을 드러냈다. 어떤 사안(자본이동 규제, 기후 정의 등)과 관련해 민주주의의 영역을 확대하는 일

---

335 반면에, 세계의 운명과 관련해 상당한 권력을 보유하고 있음에도 누구도 이란이나 중국의 지도자에게 저항하지 않는다.

336 예를 들어, 브라이언 캐플란Bryan Caplan(Caplan and Weinersmith, 2019)은 이 같은 주장을 옹호했다.

은 다른 사안과 관련해 인민의 통치를 다시 지방화하는 일과 양립될 수 있다.[337]

같은 방식으로, 이 장은 또한 민주주의의 장소를 재고할 것을 주장한다. 우선 첫째, 민주주의의 논리는 어쩌면 정치 영역에서 "사적 통치" (Anderson, 2017) 또는 달리 말해 현대의 기업체라는 경제 영역으로 수평적으로 확대될 수 있고, 확대되고, 확대돼야 한다. 국가들의 권력을 왜소해 보이도록 만드는 국제적 기업의 세계에서 기업의 거버넌스와 일반적으로 일터를 민주화하는 일은 본질적 측면에서는 어쩌면 정당할 수 있고, 도구적 측면에서는 절대적으로 필요하다.[338] 동시에, 21세기의 민주주의를 재구상하는 일은 어쩌면 국가 내에서, 국가를 가로질러, 미시 수준과 거시 수준에서, 그리고 각각 협소하게 정의된 정치적인 것과 경제적인 것의 저장고를 가로질러, 디지털을 통해 서로 연결된 개인들 간의 비물질적이거나 가상적인 이해공동체의 가능성을 모색함으로써 민주주의를 전체적으로 탈영토화함을 의미한다.

민주주의의 영역을 더 광범위한 데모스에게까지 외부로 확대하는 일, 그리고 민주주의의 장소를 정치체에서 다른 인간조직으로 수평적으로 확대하는 일은 이를테면 국가적 수준에서 다시 한번 민주주의를 현실적으로 작동하게 만들기 위해 21세기 글로벌 자본주의 질서의 맥락에서 그저 도구적 측면에서 필요한 단계에 그치지 않을 수도 있다. 나는 이런 확대가 실제로 민주주의의 DNA에 각인돼 있다고 주장하려 한다. 민주주의의 탈영토화에 관해 말하자면, 이는 최근의 기술적 변화에 비춰 불가피한

337 (옮긴이) 파올로 제르바우도 지음, 남상백 옮김, 《거대한 반격-포퓰리즘과 펜데믹 이후의 정치》, 다른 백년, 2022; 김택현, 《디페시 차크라바티, 유럽을 지방화하기》, 커뮤니케이션북스, 2018 참조.

338 (옮긴이) 이승무 지음, 《일터 민주주의-정치적 민주주의를 넘어 삶과 세상의 변화를 상상하다》, 밥북, 2017; 질 들뢰즈 외 지음, 서창현 외 옮김, 《비물질노동과 다중-정보사회, 탈산업사회, 주목경제, 포스트포드주의란 무엇인가?에 대한 자율주의의 응답》, 갈무리, 2005 참조.

동시에 적어도 어느 정도 바람직한 것으로 보이는데, 만약 우리가 "타고난 운"(Shachar, 2009)이라는 도덕적으로 자의적인 사실보다 자발적 선택이 특정 형태의 권리와 의무에 대한 더 탄탄한 규범적 기초에 해당한다는 점을 고려한다면 말이다.

하지만 나는 대체로 민족국가와 정부의 지리적 영토라는 익숙한 틀을 전제하면서 지금까지 민주주의의 규모와 장소의 문제를 비교적 논의되지 않은 상태로 남겨뒀다. 이 마지막 장에서 나는 잠정적으로 그리고 불가피하게 더 깊은 논의를 요구하는 방식으로 그 두 가지 별개의 문제를 탐구하려 하는데, 진정한 열린 민주주의는 민주주의의 규모와 장소 둘 다에 대한 가정을 변경하는 일에 기반해야 함을 주장하면서 말이다. 이 같은 가정의 변경은 민주주의의 기초 기둥, 곧 포괄성과 평등성에 대한 우리의 이해를 정교화하는 일로 이어질 수밖에 없다. 나는 이 책에서 이제까지 주장된 다섯 가지 제도 원칙 외에 두 가지 원칙을 더 제시하려 한다. 민주주의의 규모의 경우, 나는 수정된 포괄성 원칙을 "역동적 포괄성"이라 부르길 제안한다. 민주주의의 장소의 확대와 관련해서는, 나는 어쩌면 독창적이진 않지만 "실질적 평등"으로 정교화된 평등성 원칙이 필요함을 주장한다.

이 마지막 장은 다음과 같이 구성된다. 첫 번째 절은 데모스의 경계를 외부로, 곧 민족국가를 넘어서서 이를테면 글로벌 민주주의와 유사한 형태 쪽으로, 어쩌면 디지털 기술에 의해 가능해질 수 있는 형태로 확장할 필요성을 논의한다. 동시에 의사결정을 이해당사자 수준으로 분권화할 필요성은 민족국가라는 차원이 단지 논리적인 특권과 대조되는 역사적이고 실용적인 특권을 지녀야 함을 나타낸다. 또한, 필요한 경우 인민의 통치를 분산시키고 분권화하기 위해 보충성의 원리 같은 것이 전체적으로 적용돼야 한다.[339] 두 번째 절은 민주주의의 장소를 협소하게 정의된 정치적인 것에서 경제적인 것으로 확대하는 일을 논의한다. 사실 21세기에 가장 급박한 싸움은 기업 거버넌스의 싸움일 수 있다. 글로벌 자본주의의 최악의 폭주를 견제하는 데 필요한 세계기구가 적시에 나타나지 않게 될 가능성이 높은 탓에, 더 많은 이해관계자에게 더 많은 발언권을 주기 위해 기업 거버넌스를 개혁하는 일에 실용적인 초점을 두는 일이 적법해 보일 수 있다. 마지막으로, 세 번째 절은 열린 민주주의가 인민통치popular rule의 새로운 패러다임이 될 수 있는 방식을 개괄한다.

민주주의의 규모 문제: 역동적 포괄성을 향해

당연하게 여겨지고 역사적으로 계승된 민족국가의 규모가 문제가 될 수 있는 상황과 관련해 현재 논의할 사항이 많이 존재한다. 우선, 민족국가는 인민의 통치가 이뤄지기에는 그 규모가 너무 크다. 민주주의가 소규모 도시와 주, 또는 스위스 같은 매우 작은 국가나 더 낫게는 코르시카와 아이슬란드 같은 섬나라에 가장 적합하다는 말은 정치이론에서 잘 알려진 비유에 해당한다. 유사하게, 직접적 형태의 민주주의의 신봉자는 이를테면 지방자치단체 같은 소규모 대면 공동체로 되돌아갈 필요성을 자주

339 (옮긴이) '보충성의 원리'란 행동의 우선권이 '소단위'에 있고 이것으로 처리될 수 없는 사항에 한정해 '차상급단위'가 보충적으로 개입할 수 있는 원리를 말하는 것으로, 유럽연합처럼 여러 가입회원국으로 이뤄진 국제기구나 연방 형태의 국가에서 또는 중앙정부와 지방정부로 구성된 한 국가 내에서도 정책을 결정할 때 상위 단위의 개입을 최소화하고 하위단위의 의사결정권을 존중하는 의미가 담긴 법원리에 해당한다("보충성의 원리", 위키백과, 2024년 1월 18일 접속). 다른 한편, 이러한 원리는 일종의 거버넌스 통치 기법으로 평가되기도 한다(밥 제솝 지음, 남상백 옮김, 《국가 권력-마르크스에서 푸코까지, 국가론과 권력 이론들》, 이매진, 2021, 8장과 9장 참조).
https://ko.wikipedia.org/wiki/보충성의_원리

강조한다(Barber, 1984). 가장 급진적인 참여 민주주의자들은 심지어 자기 통치와 조화될 수 없는 억압적 틀에 해당하는 국가를 완전히 폐기할 것을 주장한다(Bookchin, 2015; Occalan, 2015). 그리고 실제로 역사적 관점에서 어떤 이는 국가가 해방보다는 억압의 장소라고 충분히 생각할 수 있는데, 곧 국가가 엘리트에 의해 그리고 엘리트를 위해 만들어졌고 기본적으로 세금을 추출할 목적으로 그 인구를 "파악하고" 통제할 수 있게 만들 필요성에 의해 만들어졌다고 생각한다(Scott, 1999, 2017).

그러나 민족국가가 민주주의에 적합하지 않은 규모를 지녔다고 보는 이런 비판자들은 또한 대개 민주주의를 시민이 거의 하루 종일 매달려야 하는, 지나치게 낭만적이고 부담이 큰 개념으로 생각한다. 이들은 의사결정을 더 높은 수준에 위임할 필요성을 인정할 때 직접적 의회를 지닌 연방이 '대의제'가 아니라는 미심쩍은 주장을 하는데, 선출 대리인이 그 위임에 의해 순전히 제한된다는 근거로 말이다. 그러나 3장에서 사용된 정의에 따르면, 대표성은 대표자의 위임이 제한되는 정도와 아무런 관련이 없다. 대신에 대표성은 해당 청중이 받아들이는 방식으로 다른 누군가를 대신하는 행동으로 정의된다. 그러므로 민주적 연방주의 제도에는 사실상 대표자가 존재하게 되는데, 이들은 순전한 위임strict mandates을 받는 일종의 '대리인'이 된다. 그러나 순전한 위임은 민주적 연방주의의 옹호자들이 매우 가치 있게 생각하는 모두에 의한 의사결정의 즉시성 측면의 직접성을 보존하지 못할 뿐만 아니라, 이를테면 어느 정도 규모가 있는 경우에 나타나는, 사안에 대한 제약 없는 진정한 숙의의 불가능성 같은 고유의 문제들을 초래할 수 있고, 지역 수준에서 개인의 선호를 조정하고 그 결과 연방 수준에서 이들을 대표하는 대리자의 선호를 조정하는 일을 필요로 할 수 있다. 순전한 위임은 직접적 의회에 순전히 위임된 선호를 바꾸는 일과 이런 선호가 '더 나은 논변이 지닌 비강제적 강제력'의 힘에 굴복하는 일을 허용하지 않는다.[340] 이 책에서 옹호되는 관점에서 숙의는 민주적 정당성에 있어 핵심이기 때문에, 나는 적어도 현재 그 주창자들에 의해 정식화된 형태로서'민주적 연방주의'가 개념적으로 탄탄한 대안이라고 생각하지 않는다.

그럼에도 불구하고, 우리가 민주적 연방주의의 철학으로부터 취할 수 있는 타당한 주장이 존재하는데, 곧 가능할 경우 권력을 더 많이 분권화할 필요성과 민족국가 하위 수준에서 참여권을 두텁게 하는 일이 그것이다. 그러나 이같이 더 많이 분권화할 필요성은 더 많은 민주화를 위한 역사적으로 계승된 출발점으로서 기존 민족국가를 유지하는 일과 양립될 수 있다.

그러나 동시에 글로벌화되고 디지털을 통해 서로 연결된 세계로 변화 중인 현실은 우리의 준거 틀이 지닌 규모를 민족국가를 넘어서서 증대시키도록 우리에게 압박을 가한다. 이를테면 법인세 회피, 이민자 유입, 테러리즘, 기후변화를 포함한 환경위협 같은 초국경적transnational(심지어 글로

340 (옮긴이) 'representation'은 누군가를 정치적으로 대표한다는 뜻으로, 여기에는 순전한 위임이나 대리에서부터 대표가 완전히 자율권을 행사하는 것 사이의 다양한 스펙트럼이 존재한다. 대표자는 대표되는 이들의 의지를 전달하는 대리인의 역할만 할 수도 있지만, 이들의 궁극적인 이익이나 실질적 의지가 무엇인지에 대해 자유롭게 판단하여 결정을 내릴 수 있는 수탁자나 수호자일 수도 있다. 대리의 대표적인 사례에는 위임된 권한만을 행사해야 하고 그 이외의 자의적 결정은 자동적으로 무효가 되는 대사ambassador가 있다. 이러한 측면에서 대리인/대표자, 위임/독립, 구속위임/자유위임 등의 개념쌍이 대비될 수 있다. 그러나 저자의 주장대로 대표성은 이러한 구분에 있다기보다는 해당 청중이 받아들이는 방식으로 대신해 행동하는 데 있다고 할 수 있다. 이러한 맥락에서, 대표자가 지닌 능력보다는 대표자와 대표되는 이들 사이의 '유사성'이 중요해지는데, 대표자가 자신의 테크노크라트적 판단에 의존하기보다는 대표되는 이들을 이러한 유사성에 기초해 더 잘 이해하게 됨으로써 그들의 의지를 반영할 수 있게 되기 때문이다. 따라서, 이 책에서 제안되는 '열린 민회'는 유사성을 확보할 수 있는 중요한 매개체가 되고, 숙의 과정에서 이뤄지는 상호 간의 화학적 변화를 통해 진리의 순간이 도래할 가능성 또한 지닌다고 볼 수 있다(이관후, 〈왜 '대의민주주의'가 되었는가?: 용례의 기원과 함의〉, 《한국정치연구》 25(2), 2016, 1~26쪽; 또한, 이 책 3장의 '판단'과 '의지' 관련 논의 참조). 그럼에도 남게 되는 한계에 관해서는, 이관후, 〈'시민의회'의 대표성: 유권자 개념의 변화와 유사성 문제를 중심으로〉, 《한국정치학회보》 52(2), 2018, 31~51쪽 참조.

벌한) 집합행동 문제에 맞닥뜨려 민족국가는 인민이 충성을 보이는 적절하거나 유일한 수준을 더는 나타내지 않을 뿐만 아니라, 의사결정이 이뤄지기에 부적합한 장소로 드러날 수 있다.[341] 특히, 이민자 유입은 단순한 국가 **간** 세계질서 자체의 도덕적 결함을 보여주고 있는데, 세계질서에서 민족국가는 여전히 민주적 주권의 일차적 장소로 남으며 단지 일부 국제기구만이 이들 사이에서 오류에 빠지기 쉽고 충분하지 않은 가교역할을 하는 데 그칠 뿐이다. 이런 세계질서는 자신이 전쟁이나 빈곤으로 인해 오도 가도 못하게 되고, 모든 민족국가로부터 거부되고, 기본적 인권이 보장될 수 없음을 깨닫게 된 수백만 명의 난민 문제를 처리할 수 없다. 세일라 벤하비브Seyla Benhabib가 말한 대로, 이런 제2차 세계대전 이후 질서에 속한 개인들은 자신들이 "환대와 주권 사이에" 갇혀 있음을 깨닫는다. 곧 국제협약을 통해 보장되는 보편적 이주권과 도움이 필요한 이들에게 국가가 자신의 문호를 닫게 만드는 국가 주권 보장의 원리라는 서로 모순된 원리들 사이에서 말이다(Benhabib, 2006).

세계질서는 남반구-북반구 간의 불평등, 핵확산, 몇몇 국제기업의 포악한 행동, 자연자원의 고갈, 여러 동물 종의 멸종, 기후변화, 그리고 가장 최근에는 팬데믹 같은 글로벌 재난과 효과적으로 싸울 수 없다. 제2차 세계대전 이후에 형성된 세계질서는 (비록 이전에 군림하던 무법상태와 비교할 때 그 자체로 부인할 수 없는 업적을 이뤘음에도) 진정으로 초국경적이고 글로벌한 현상을 처리하는 데 무능력한 것으로 드러나고 있다. 그 결과, 점점 더 많은 사람이 초국경적이고 초국가적인 형태의 "코즈모폴리턴 민주

---

341 (옮긴이) '초국가적supranational'이 국가 행위자들 간의 관계가 초점인 데 반해, '초국경적transnational'은 국가의 경계를 넘어서서 발생하는 관계가 초점이다. '관국민적'으로도 번역되며, 자세한 내용은, 에티엔 발리바르 지음, 진태원 옮김, 〈용어해설〉, 《우리, 유럽의 시민들?-세계화와 민주주의의 재발명》, 후마니타스, 2010 참조. https://blog.aladin.co.kr/balmas/3171887

주의"를 요구하고 있는데, 이 같은 민주주의에서는 특정 의사결정에 대한 주권이 국가로부터 탈취돼 지역의 대기업, 국제재판소, 또는 다른 형태의 글로벌 기관에 이양된다(Benhabib, 2006; Archibugi, 2008; Held, 1995; Gould, 2004; Dryzek and Stevenson, 2011; Macdonald, 2008).

이러한 비판자들은 모두 우리의 사고 기반이 되는 규모와 우리가 해당 데모스를 사고하는 데 쓰는 준거 틀에 이의를 제기한다. 더 심층적 수준에서, 이러한 비판론은 바로 민주주의의 첫 번째 원칙에 이의를 제기할 것을 요청하는데, 곧 (내가 지금까지 논의하지 않은 상태로 남겨두고 당연하게 여긴) 포괄성 원칙 말이다. 로버트 달이 오래전에 주장한 대로, 포괄성은 단지 데모스의 모든 구성원을 포괄하는 일을 의미한다고 할 수 없다. 데모스 자체는 대단히 제한적인 방식으로(단지 남성만, 또는 백인만, 또는 자산가만, 또는 공산당원만 등으로) 정의될 수 있기 때문이다. 분명한 사실은 달의 주장에 따르면 데모스 자체는 해당 법률과 정책에 의해 영향을 받는 모든 성인을 인정하는 방식으로 정의돼야 한다는 점이다(Dahl, 1979: 120~124). 인류공동체가 더 많이 연결되고, 상호의존적이 되고, 그로 인해 법률의 효과가 더 많은 사람에게 영향을 주거나 적용되었기 때문에, 진정한 민주주의 제도에서 포괄성 원칙은 곧 더 많은 개인을 포함하도록 만들어져야 함을 의미하게 됐다.

여기에서 나는 지금까지 이 책에서 제시된 다섯 가지 원칙에 여섯 번째 원칙을 추가할 것을 제안하는데, 이 원칙은 바로 데모스 자체의 정의와 관련해 작동한다. 나는 이 원칙을 '역동적 포괄성'이라 부르려고 한다.

이 같은 아이디어에는 경험적 사례와 철학적 원리가 동시에 영감을 줬다. 경험적 사례에는 2장에서 논의된 아이슬란드의 크라우드소싱 국면이 포함된다. 아이슬란드의 절차 중 크라우드소싱 국면에서는 아이슬란드인 외의 사람을 포함해 그 누구든 다양한 개헌안에 대해 발언권을 가질 수 있었다. 이 절차의 개방성은 따라서 아이슬란드 내에 자산을 소유한 미국 시민에게 새로운 제도에서 자기 자산의 운명에 관한 우려를 표명할 기회를 부여했다. 마찬가지로 상당히 중요하게도, 이런 개방성은 또한 다양한 형태로 감명을 받은 외국인에게 헌법 초안 작성자를 향한 감사와 격려의 편지를 작성할 기회를 부여했다. 역동적 포괄성과 관련한 또 다른 영감의 원천은 "모든 영향대상 원칙all-affected principle"(Goodin, 2007)인데, 이 원칙은 어떤 결정의 결과에 영향을 받을 가능성이 있는 모든 사람에게 이 결정에 관한 발언권이 부여돼야 한다고 주장한다.[342] 그것이 지닌 모든 개념적 문제에도 불구하고, 모든 영향대상 원칙, 또는 (예를 들어 Abizadeh, 2008에 의해 옹호된) 자주 애용되는 가까운 사촌격에 해당하는 모든 종속대상 원칙all-subjected principle은 민주주의 제도에서 권리와 의무를 확대할 수 있는 적절한 방식에 관한 심오한 통찰을 제시한다. 우리는 그 결정에 영향을 받거나 종속될 수 있는 대상을 넘어서까지 의사결정자 조직을 사람들에게 열어 두는 방법을 생각하기 시작하는 데 꼭 맞는 원칙을 만들 필요는 없다. 모든 영향대상 원칙처럼, 내가 제안한 '역동적 포괄성' 원칙은 본질적으로 원심성 경향을 보인다. 이 원칙은 특정 역사와 특정 영토

342 (옮긴이) 유사한 맥락에서, 낸시 프레이저는 '참여 동등' 개념을 제안하는데, 프레이저에게 정의란 "모든 사람이 동료로 사회생활에 참여하는 것을 허용하는 사회적 배치를 요구"하는 것을 의미하고, 따라서 부정의를 극복한다는 것은 "어떤 사람이 온전한 동료로 다른 사람과 사회적으로 상호작용하는 데 동등하게 참여하는 것을 가로막는" 대상에 해당하는, "제도화된 장애물을 제거한다는 것"을 의미한다. 프레이저는 또한 삼차원의 정의론을 제시하는데, 이는 "경제 차원의 분배, 문화 차원의 인정, 정치 차원의 대표를 통합"하는 것을 의미하고, "정치 차원의 대표는 세 수준을 망라하는 것"으로 여겨지게 된다(낸시 프레이저 지음, 문현아 · 박건 · 이현재 옮김, 〈글로벌한 세상에서 정의의 틀 새로 짜기〉, 《불평등과 모욕을 넘어-낸시 프레이저의 비판적 정의론과 논쟁들》, 그린비, 2016, 428~429쪽, 441쪽 참조). 또한, 낸시 프레이저 지음, 김원식 옮김, 〈공론장의 초국적화: 탈베스트팔렌적 세계에서 공론의 정당성과 유효성에 대하여〉, 《지구화 시대의 정의-정치적 공간에 대한 새로운 상상》, 그린비, 2010; Nancy Fraser, "Transnationalizing the Public Sphere: on the Legitimacy and Efficacy of Public Opinion in a Post-Westphalian World," in Kate Nash, eds., *Transnationalizing the Public Sphere*, Polity, 2014; 김도현, 《장애학의 도전-변방의 자리에서 다른 세계를 상상하다》, 오월의봄, 2019; 진태원, 〈역량으로서의 장애, 관계로서의 돌봄〉, 《문화과학》 115, 2023 가을호 참조.

를 지닌 데모스 내의 보편적 참정권으로 시작해 이런 특정한 지리적 경계를 넘어 확대됨으로써 작동할 뿐, 더 배타적인 방식으로 이런 경계를 다시 그음으로써 작동하지 않는다.[343] 이 원칙은 또한 미래 세대의 이해관계 역시 고려함으로써 현재의 시간 지평을 넘어 경계를 확대할 수 있다. 이 원칙은 비록 성격상 원심성을 지니긴 하지만, 보충성의 원리 그리고 더 많은 분권화와 관련한 일반적인 주장과 양립될 수 있다.

이 같은 역동적 포괄성 원칙이 실제로 의미하는 것은 무엇일까? 대부분은 아니더라도 국가 수준에서 이뤄지는 많은 결정에서 이런 포괄성은 체류 외국인을 포함하는 일을 의미할 수 있다. 이들이 국내의 법과 정책에 의해 마찬가지로 영향을 받기 때문이다. 이런 포괄성은 또한 미국이나 유럽연합에서 이뤄지는 이주 관련 숙의 과정에 이주자나 이들의 민주적 대표자를 포함하는 일을 의미할 수 있다(단지 일반적으로 이들의 별로 민주적이지 않은 대표자, 이를테면 이들 각 나라의 의사결정자가 참여하는 숙의 과정과 대조적으로 말이다).[344]

포괄성은 또한 잠재적으로 관련된 모든 사람의 민주적 대표자가 참여하는 숙의 과정이라는 사전단계를 거치지 않고서는 절대로 전쟁이나 심

---

343 비록 누군가는 모든 근대적 의사소통 방법이 회복될 수 없을 정도로 파괴되고, 우리가 공통의 인간성에 대한 기억과 인식에 따라 세계화 이전의 세계를 회고하게 만드는 디스토피아적 미래를 상상할 수도 있지만 말이다. 이런 경우에는 어쩌면 데모스의 경계를 확대하기보다는 축소하면서 역동적 포괄성이 구심적으로 작동되는 일이 충분히 가능할 수 있다.

344 열린 민주주의가 궁극적으로 국경 개방 정치(솅겐Schengen 협정식의 열린 민주주의 연방 국가)를 의미하는가? 어쩌면 그럴 수도 있지만, 반드시 그렇다는 보장은 없으며, 이 같은 결과는 관련된 모든 이를 위한 형태의 정치로 이행하고 이를 확산하는 데 따르는 대가에 민감한 세심하고 민주적이고 열려 있는 절차에서 비롯된 결정이 될 필요가 있는데, 이는 선량한 의도에서 자유 지상주의 이데올로그가 내린 결정과는 사뭇 대조된다. [(옮긴이) 솅겐 협정이란 유럽연합 회원국 사이의 자유로운 통행의 보장을 위해 맺어진 조약으로 인적 교류와 정보 교류를 그 중심 내용으로 하며, 1985년 6월 14일 프랑스, 벨기에, 독일(서독), 룩셈부르크, 네덜란드 등 5개 가입국을 시작으로 해 이 조약의 체결이 선언된 룩셈부르크의 솅겐 지역에서 그 이름을 따왔다. 현재는 비유럽연합 국가를 포함해 26여 개의 유럽 국가가 가입돼 있는데, 조약이 새로 적용되려면 모든 가입국의 동의 절차가 필요하다("솅겐 협정", 위키백과, 2024년 1월 20일 접속). https://ko.wikipedia.org/wiki/솅겐_협정]

지어 무역 전쟁조차도 개시하지 않는 일을 의미할 수 있다. 최소한, 이런 생각은 때로 "초국경적 대표성transnational representation"(Kinsky and Crum, 2020)으로 불리는 형태를 가리키는데, 이때 국회의원은 국가의 나머지 유권자 시민을 대신해 주장한다. 이런 포괄성은 또한 필리프 슈미터가 "상호 대표성reciprocal representation"(Philippe Schmitter, 1997)이라 부른 형태를 가리킬 수도 있는데, 이때 인접 민족국가들은 서로 각자의 국회 내에 투표권이 배제된 소수의 의석을 부여한다. 또한, 더 야심 차게도 이런 포괄성은 국가들 사이에 의원을 맞바꾸거나 심지어 독자적으로 외국 대리인을 뽑자던, 제러미 벤담Jeremy Bentham의 선견지명 있는 제안을 가리킬 수도 있다(각각 Bentham, 2002[1789] and 1998[1822]; Niesen, 2019에서 재인용). 혁명적으로 외국 대리인의 투표권을 포함하는 벤담의 제안은 최근에 "초국경적 민주주의"(Blatter, 2019) 같은 현대화된 형태로 제시되기도 했다.[345]

분명한 사실은 역동적 포괄성을 진지하게 받아들이는 태도는 대단히 유토피아적인 정치, 곧 어쩌면 궁극적으로 지구 상에 단일한 데모스가 존재함을 전제하는 코즈모폴리턴 민주주의자가 옹호하는 형태의 정치를 의미한다는 점이다. 극단적인 경우, 역동적 포괄성은 실제로 하나의 정치체에 지구상의 모든 인류를 포함시키는 결과로 이어질 수도 있는데, 이러한 정치체는 어쩌면 세계국가의 형태에 상응하지만 어쩌면 또한 글로벌 전제주의despotism라는 칸트주의의 유령을 불러내진 않을 정도로 충분히 다른 형태를 띨 수 있다.[346]

---

345 나는 벤담, 블래터Blatter, 니젠Niesen의 제안을 접할 기회를 준 데이비드 오언David Owen 교수에게 감사드린다.

346 (옮긴이) 칸트가 야만 상태의 개인들이 사회계약을 통해 국가의 법적 강제력에 복종함으로써 평화상태를 구현한 것과 마찬가지로 국제적 차원의 국제국가 또는 세계공화국 수립을 통한 평화 실현 방안을 제시했다는 것은 일반적인 해석이다. 그러나 이와 달리 칸트가 이러한 세계공화국 구상이 전제주의로 전락해 주권 국가의 자유를 위협할 수 있음을 지적했고, 그 대안으로 개별 국가의 자유를 존중하는 가운데 가입과 탈퇴가 자유로운 느슨하게 조직된 국제연방을 통해 국제관계에 국제법을 규범화함

민주주의의 장소 문제: 실질적 평등을 향해

민주주의의 규모 문제에 더해, 우리에게는 민주주의의 적절한 장소에 관한 우리의 선입견을 다시 논의해볼 필요가 있다고 여길 만한 여러 이유가 존재한다. 이 책에서 지금까지 나는 단지 지리적 영토와 이런 영토 내에 존재하는 국가기관이라는, 우리에게 익숙한 정치의 장소를 논의했는데, 이를테면 의회와 (비록 내가 많이 언급하진 않았지만)[347] 계속해서 자신의 과업을 수행하는 관료제도, 독립기관, 법원 등을 암묵적으로 포함해서 말이다.

그러나 일부 비판자들은 그것이 국가 하위 수준이든 초국가적 수준이든 민주주의에 대한 모든 형태의 협소한 영토적 접근에 이의를 제기한다. 대신에 이들은 영토 기반 공동체를 대체하기보다는 보완하는 형태로서 국경과 지형을 가로지르는 자기 구성적인 선택 기반 공동체를 옹호한다. 이 모델의 범위는 세계도시연맹(Barber, 2013, 2107) 개념에서부터, 공통의 목표, 이해관계, 정체성에 의해 통합되고 디지털을 통해 권한이 부여되고 탈영토화된 "관념적 대상으로서 e-유권자들"(Peixoto, 2019), 그리고 정부 서비스 플랫폼 기능을 하는"클라우드 국가"에까지 이른다.[348] 앞의 민

으로써 영원한 평화를 실현하는 방안을 제시했다는 또 다른 해석이 존재한다. 또한, 이는 패권국가에 대항동맹을 통해 견제할 것을 주장한 신현실주의의 세력균형론과도 궤를 같이하는데, 이에 따라 세계공화국이라는 단극체제보다는 양극체제 또는 다극체제가 상대적으로 더 안정된 체제임이 강조된다(김범수, 〈칸트는 자유주의 국제관계론의 주창자인가?: 체계적 성격과 국가주의적 성격을 중심으로 재해석한 칸트의 국제관계론〉, 《국제정치논총》 60(3), 2020, 32~33쪽 참조). 또한, 이와 비교해 현정세를 분석한, 백승욱, 《연결된 위기-우크라이나 전쟁에서 한반도 핵위기까지, 얄타체제의 해체는 무엇을 의미하는가》, 생각의힘, 2023 참조. 한편, 열린 민주주의가 국제관계에도 적용될 수 있을지는 충분히 논의해볼 가치를 지닌 주제인 듯하다.

347 독립기관의 민주적 정당성에 관한 흥미로운 견해에 관해서는, Paul Tucker, 2018 참조.

348 이 같은 견해의 지지자와 그 비판자에 관해서는 다음의 사이트 참조. http://globalcit.eu/cloud-communities-the-dawn-of-global-citizenship/. 2018년 7월 24일 마지막 접속.

주적 도시 공동체 모델이 민족국가들로 구성된 베스트팔렌 질서에 이의를 제기하는 반면, 후자의 국경 없는 가상 공동체 모델은 영토적 전제 전체에 이의를 제기한다. 이 같은 공동체들은 영토 공간 그 자체보다는 '사이버 공간'을 점유하는 것으로 여겨진다. 현재까지 e-에스토니아와 비트네이션Bitnation이라는 아주 다른 두 가지 사례가 존재한다. 첫 번째 사례인 e-에스토니아의 경우 에스토니아라는 물리적 국가를 가상적으로 보완하고 디지털적으로 확대하는 형태에 해당한다. e-에스토니아는 전 세계에서 이들의 기반시설에 자금을 조달하려고 금전적 기부를 하는 대가로 커뮤니티에 가입하길 원하는 이들에게 재화와 서비스를 제공한다. 현시점에서, e-에스토니아에는 천만 명의 사람이 가입돼 있는데, 이는 에스토니아 자체 인구에 해당하는 1백3십만 명과 대비된다. 또 다른 사례인 비트네이션의 경우 "자발적 가상 공동체들로 구성된 무정부적 포스트 민족국가 세계"(Orgad, 2018; 각주 6번)를 제안하면서 영토 모델과 완전히 단절하고 있다.

이런 클라우드 국가가 진정한 '국가'에 해당하는지는 논란이 될 수 있다. 이런 국가는 또한 자신의 데모스와 관련해 특히 민주적인 것은 아니다. e-에스토니아는 기본적으로 e-에스토니아인이 아니라 에스토니아 국민에 의해 지배되며, 비트네이션은 민주적 정부에 의해 지배되는 정치 공동체보다는 분권화되고 지배자가 없는 시장이 되는 것을 목표로 한다 (Tempelhof et al., 2017). 하지만 누군가는 핵심 가치와 목표에 의해 진정으로 통합된 기후변화 활동가, 총기 애호가, 엄격한 채식주의자, 또는 학대 생존자 등으로 구성된 자치 가상 공동체를 상상할 수 있다. 누군가는 심지어 열린 민주주의 패러다임 원칙에 따라 사용자들에 의해 운영되는 글로벌 시티즌북Citizenbook으로 스스로 재발명한 페이스북을 상상할 수도 있

다(Landemore, 2021).[349]

민주주의의 탈영토화는 인민통치의 영역에 관한 우리의 성찰을 수평적으로, 말하자면 일반적으로 '정치적'으로 간주되지 않는 제도 쪽으로 확대할 수 있게 해준다. 이른바 많은 비정치적 제도는 인민통치의 영역을 수평적으로 확대하는 일로부터 어쩌면 도움을 받게 될 수 있는데, 이 같은 제도에는 군대, 교회, 대학, 병원, 학교, 심지어 가족이 포함된다. 그러나 나는 여기에서 어쩌면 민주화가 가장 긴급하게 필요한 일련의 제도에 주목하려 하는데, 민족국가들이 경쟁하는 글로벌화된 세계에서 이런 기관들의 일부가 민주적 주권을 위협하는 권력을 축적해왔다는 단지 불확정적인 이유에서 말이다. 나는 우선 다국적 대기업을 생각하고 있는데, 이들 중 일부는 대륙을 넘나들고 종종 부정의하고 착취적이고 환경적으로 무책임한 관행과 싸우는 데 무력한 국가 규제와 약한 국제 규제로부터 이득을 보고 있다.[350] 또한, 이를테면 구글, 애플, 페이스북, 아마존, 마이크로소프트 같은 거대 기술기업으로 대표되는, 특히 문제를 일으키는 세부 사례가 존재한다. 유럽에서 사용되는 용어로 [앞글자를 따-옮긴이] GAFAM으로 불리는 이 특수 기업 연합체는 불균형적으로 비대하고 우려스러운 집단 권력을 행사한다고 주장된다. 이러한 기업은 글로벌한 성격을 띠며 그 역량상 많은 부분에서 국가와 유사하다. 이들 중 일부는

349 그리고 칭찬할 만하지만 지금까지 성공적이지 못했던 이 같은 민주적인 온라인 플랫폼을 만들려는 노력에 관해서는, '임파워empower'란 이름의 회사 참조. 이 회사는 필요한 기술을 구축했지만 아직 기준치의 '시민'을 모으지는 못했는데, 이는 어쩌면 어느 정도는 원래 개념이 진정한 정치 공동체보다는 시장이나 경제 공동체에 더 가까웠기 때문이다. 솔직히 말하자면, 나는 수년간 거버넌스 구조와 개헌 절차와 관련해 이 회사에 자문을 구했다.

350 여기에서 예를 들면 이 주제와 관련해 내가 공저자 이사벨 페레라스Isabelle Ferreras와 함께 관여하기 시작한 성찰(Landemore and Ferreras, 2016), 또는 "정치체로서 기업"에 관한 페레라스 자신의 이론 참조. 또한, 기업의 거버넌스를 민주적인 방향으로 개혁하려는 아이디어를 탐구한 Piketty, 2016 참조.

사실상 독점기업과 흡사하고, 전 세계의 소비자와 공동체에 역효과를 가져다줄 수 있다. 페이스북은 고유의 문제를 제기하는데, 이 기업이 신흥 경쟁기업의 모든 희망을 제한하는 네트워크 효과로부터 이득을 볼뿐만 아니라 현재 우리가 아는 바대로 마치 글로벌 미디어 플랫폼처럼 전 세계의 민주주의 나라의 공론장과 심지어 선거에 영향을 미칠 수 있고, 하나의 정치 행위자로서 그 역할에 대해 심각한 의문이 제기된다는 점에서 그렇다. 이런 거대기업은 또한 전부 그 사용자 커뮤니티의 관심과 온라인 데이터를 양성하고 상품화함으로써 이익을 얻는다는 문제를 지니고 있는데, 이런 과정이 그에 동의한 당사자들 사이에 맺어진 공정한 계약으로서 적절하게 합리화될 수 없다는 점에서 그렇다.[351]

가령 기업 같은 새로운 거버넌스 '장소'로 인민의 통치를 수평적으로 확장하는 일과 관련해, 나는 열린 민주주의의 일곱 번째(그리고 현재로서는 마지막) 원칙, 곧 '실질적 평등' 원칙을 제안하려 한다. 이 원칙은 평등이 충분히 의미를 지니려면 내가 제언한 대로 그것이 단순히 형식적인 형태가 되거나 일련의 형식적인 '정치적' 권리 또는 심지어 '참여권'으로 환원될 수는 없다는 생각을 잘 포착해 표현한다. 이런 권리는 필수적이지만 그것이 실질적인 형태, 곧 충분한 의미를 지니려면 무엇보다도 경제적 권리와 기회에 의해 뒷받침돼야만 한다. 이 같은 권리에는 대표적으로 국가

351 (옮긴이) 라나 포루하 지음, 김현정 옮김, 《돈 비 이블, 사악해진 빅테크 그 이후-거대 플랫폼은 어떻게 국가를 넘어섰는가》, 세종, 2020; 제임스 볼 지음, 이가영 옮김, 《21세기 권력-인터넷을 소유하는 자는 누구이며 인터넷은 우리를 어떻게 소유하는가》, 다른, 2021; 이광석, 《디지털 폭식 사회-기술은 어떻게 우리 사회를 잠식하는가?》, 인물과사상사, 2022; 박승일, 《기계, 권력, 사회-인터넷은 어떻게 권력이 되었는가》, 사월의책, 2021; 롭 라이히 · 메흐란 사하미 · 제러미 M. 와인스타인 지음, 이영래 옮김, 《시스템 에러-빅테크 시대의 윤리학》, 어크로스, 2022; 안드레아 푸마갈리 · 산드로 메자드라 엮음, 《인지자본주의와 전 지구적 경제위기-금융시장, 사회적 투쟁 및 새로운 정치 시나리오》, 두번째테제, 2023 참조.

를 통해 보장되는 사회경제적 권리나 제3세대 권리가 포함된다.[352] 가장 논쟁적인 사안 중에는 보편적 기본소득과 관련된 다양한 제도가 있는데, 이때 이런 기본소득이 닫혀 있는 민족국가 수준에서 제공될 것인지 아니면 글로벌 규모로 제공될 것인지가 문제가 된다(예를 들어, Van Parijs and Vanderborght, 2018).[353]

이 같은 권리는 또한 경제조직에서 발언할 수 있는 일터의 권리에 의해 보완될 필요가 있다. 이런 권리는 기업이 자체적으로 보장해야 한다(최종 집행자로서 민족국가나 국제기구의 강압이 뒷받침되는 일과 함께 말이다). 나는 가장 극심하게 부정의한 경제조직 사례, 특히 민주주의에 위협을 가하는 조직에 대신 주목하기 위해 소규모이거나 다양한 법적 성격을 띤 형태(사적 협력관계)를 포함하는 일반 경제조직이 민주화될 필요가 있는지의 문제를 이 책의 범위를 벗어나는 주제로 남겨두려 한다. 기업 거버넌스를 민주화하는 일은 국가 수준의 재분배 정책이 불충분한 것으로 입증되고 보편적 기본소득이 당장은 도달할 수 없는 이상으로 남게 되는 상황에서 어쩌면 평등을 '실질적'이게 만들 수 있는 가장 효과적인 방식이 될 것이다.

이 결론 장은 기업을 민주화하는 일의 정의로움과 필요성에 대한 새로운 주장을 충분히 펼치는 자리가 아닌데, 심지어 내가 지금까지 이야기

---

352 (옮긴이) 1972년 프랑스의 법학자 카렐 바작Karel Vasak이 구분한 개념으로, 제1세대 권리는 '자유' 이념과 관련된 시민적 · 정치적 권리로서 국가로부터 개인의 소극적 자유를 의미하고, 제2세대 권리는 '평등' 이념과 관련된 경제적 · 사회적 · 문화적 권리로서 국가가 보장하는 개인의 적극적 자유를 의미하는 반면, 제3세대 권리는 '박애' 이념과 관련된 사회적 약자의 권리나 환경적 · 평화적 권리로서 국가적 차원을 넘어서는 사회적이고 국제적인 차원의 해결이 필요한 문제에 해당하기 때문에 집단적 · 연대적 성격을 띠게 된다(박성철, 〈제1세대 인권은 '자유', 제2세대 인권은 '평등', 제3세대는?〉,《오마이뉴스》, 2006년 1월 8일; 조효제,《인권의 문법》, 후마니타스, 2007 참조).

353 로벌 규모에서, 보편적 기본소득은 어쩌면 디플레이션 경향의 가상 화폐를 생성하는 블록체인 기술에 의해 촉진될 수 있다(Ford, 2018 참조).

한 모든 내용에 대한 반론이 절대 적지 않음에도 말이다.[354] 그러나 이러한 주제를 다루는 일은 또 다른 책의 과제가 된다. 여기에서 내 목적은 단순히 열린 민주주의가 우리를 이끌고 갈 잠재적 방향에 대한 대략적인 윤곽을 제시하는 것이다.

결론

이 책에서 나는 18세기 이후 우리에게 '대의 민주주의'로 알려진 자유-공화적인 개념과는 다른 하나의 민주주의 패러다임을 제시했다. 새로운 패러다임은 선출 엘리트보다는 평범한 시민을 정치제도의 중심에 자리하게 한다.

열린 민주주의에서, 인민의 통치는 18세기 이후 쭉 그랬듯 더는 단지 권력에 '동의하는 일'만을 의미하지 않는다. 인민의 통치는 평범한 시민이 (꼭 직책은 아니더라도) 권력에 대한 접근권을 지니는 일을 의미하는데, 곧 발의나 국민투표를 통해 입법 의회 의제에 영향을 줄 수 있는 한 명의 보통 시민으로서 말이다. 이때 선택지는 이 시민의 견해에 따르거나, 또는 더 직접적으로는 의제를 설정하고 법률을 제정하는 임무가 부여된 무작위 선출 의회에 참여할 수 있도록 선발되거나, 또는 특정 사안에 대해 다른 이를 대신해 투표하도록 신탁이 이뤄진 이 시민에게 투표권을 위임하는 형태가 될 수 있다.

실제로 열린 민주주의는 어떤 모습을 띠게 될까? 열린 민주주의를 실현할 수 있는 단 하나의 최상의 방법은 아마 존재하지 않을 것이다. 아이

354 이런 주장 중 일부는 Landemore and Ferreras, 2016에서 다뤄진다.

슬란드 자체는 단지 불완전하고 결함 있는 모델에 해당한다. 그럼에도 불구하고, 모든 상황을 고려할 때 열린 민주주의의 핵심 특징을 보여주는 제도는 내가 "열린 민회"라 부른 형태가 될 것이다.

민회는 다목적 무작위 선출 기구로서, 시민 발의와 추천권뿐만 아니라 상시 온라인 크라우드소싱과 숙의 플랫폼을 통한 더 많은 공중의 의견제시에 열려 있고, 궁극적으로 핵심 사안에 관한 데모스 전체의 국민투표로 이어진다(원리상으로는, 크라우드소싱과 숙의 과정에 사용된 것과 같은 온라인 플랫폼을 사용하지만, 이 경우에는 전자투표에 사용된다는 점이 다르다). 열린 민회라는 아이디어는 평범한 시민에게 권한을 부여하자는 것인데, 접근권의 확대를 최대화하는 동시에 숙의가 이뤄지게 만드는 방식으로 그렇게 한다(이는 실제 결정이든 투표가 이뤄져야 할 권고안이든 관계없이 유익한 숙의 결과를 낳게 될 가능성을 증가시키려는 수단의 일환이다). 동시에, 시민 발의와 추천권은 대표자 민회가 설정한 의제에 일반 공중이 여전히 결정적 영향을 미칠 수 있도록 보장하게 된다. "온라인 시민의회online civic commons"(Gastil and Richards, 2017)로도 불리는, 크라우드소싱과 숙의 플랫폼이 존재함으로써 의견 게시판 기능과 대화형 가상 "방청석gallery" 기능이 동시에 이뤄진다(평범한 시민이 그들 대표자의 토론에 참석하고 입회해 영향을 줄 수 있는, 전 세계에 존재하는 의회를 내려다보는 방청석에서처럼 말이다). 후자의 설계는 일반 공중의 자발적 구성원이 민회의 숙의 과정을 들여다보고 아이디어, 정보, 주장에 기여할 수 있을 뿐만 아니라 의사결정 단계에 이르는 거의 어느 시점에서든 서로 간에 그리고 민회의 구성원과 함께 숙의 과정에 참여할 수 있도록 의도됐다는 특징을 지닌다. 마지막으로, 적어도 가장 중요한 사안에 관한 국민투표의 시행 가능성은 열린 민회를 일반 공중과 연결되게 해주는데, 데모스 전체와 열린 민회 사이의 기본적 연결을 유지하면서 시민의 시간을 염두에 두는 방식으로 그렇게 한다(우리는 매번 모든 사안에 관해 모든 시민이 투표하도록 요청하는 일을 바라지 않는다).

열린 민회는 내 생각에 열린 민주주의의 핵심적인 제도적 특징인데, 이는 최근의 재개념화의 경우를 포함해(예를 들어, Pettit, 2016) 여전히 대의 민주주의의 핵심에 자리하고 있는, 공중에 단지 간헐적으로 직접 연결될 뿐인 선거의회라는 중심테마와 대조를 이룬다. 원리상으로, 이러한 범용general-purpose 민회는 정치체의 다양한 하위수준에서 작동하는 다른 형태의 민회들로 이뤄진 네트워크의 중심을 차지하는데, 이때 일부는 단일 사안을 다루고 또 다른 일부는 전반적 사안을 다룬다. 이들이 서로 결합하면, 모두 무작위로 선발된 시민들로 채워진 민회 연결망을 구성한다.

내가 제도개혁에 접근하는 렌즈로 사용한 일련의 제도적 지침과 제도개혁 자체를 구분하는 일이 중요하다. (방금 대략적으로 윤곽이 제시된 열린 민회를 제외하고) 나는 열린 민주주의를 시행하는 방법을 아주 자세하고 구체적으로 권고하지 않았다. 또한, 이 책에서 '현재에서 미래로' 가는 길의 윤곽을 충분히 제시할 여력이 내게는 없다. 후자와 관련해, (대의 민주주의에서 열린 민주주의에 이를 수 있는 조건에 관해 사고하는) 개혁가로서 내 본성은 (개념적 틀의 측면에서 사고하는) 정치이론가로서 내 본성보다 훨씬 더 보수적이다. 그럼에도 불구하고, 규범적 지침으로서 열린 민주주의를 제도개혁에 사용하는 일은 내가 볼 때 개혁론자, 활동가, 정치지도자가 민주주의 정치에서 필요한 변화의 범위와 평범한 시민의 역할을 상상하는 방식을 변화시킬 것이다. 이는 내 생각에 민주주의에서 평범한 시민 스스로가 자신의 역할을 바라보는 방식을 이 제도의 이름에 걸맞게 변화시킬 것이다. 열린 민주주의를 본질적으로 실현하는 일이 이뤄지지 않는 한, 우리의 현행 제도를 더 닫힌 상태로 만들기보다는 어떤 식으로든 열린 상태로 만드는 일은, 내가 볼 때 그리고 그 외 다른 모든 조건이 동일하다면 어느 정도 개선을 가져올 수 있다.

궁극적으로, 누군가는 열린 민주주의 모델의 구체적인 이점이 무엇이냐고 물을 수도 있다. 적어도 세 가지 이점이 있다.

첫째, 열린 민주주의는 인민의 통치라는 이상을 더 충실하게 실현한다. 이러한 민주주의는 그야말로 인민의 권력이라는 민주주의의 이상에 더 가까이 접근한다. 심지어 열린 민주주의가 선거 민주주의의 몇몇 익숙한 특성을 보유하면서 다소 더 보수적으로 실현되더라도, 이 민주주의는 이 같은 정체에서 시민의 역할을 바라보는 근본적으로 다른 렌즈를 제시한다. 제도개혁의 규범적 지침으로서, 열린 민주주의는 시민이 접근하지 못하게 막은 채 시민의 동의를 얻는 일보다는 시민을 참여시켜 시민에게 권한을 부여하는 일을 목표로 한다.

둘째, 열린 민주주의가 시민을 더 폭넓게 포괄하기 때문에, 이 민주주의는 또한 (적어도 이론상으로는) 이들 시민의 "민주적 이성"또는 "집단 지성"을 활용할 수 있는 가능성을 더 많이 지니게 된다(Landemore, 2012, 2013a; Landemore and Elster, 2012).[355] 다시 말해, 열린 민주주의는 그저 더 진정으로 민주적인 제도에 그치는 것이 아니라, **이 민주주의가 지닌 열린 성격으로 인해** 더 나은 성과를 낳게 될 가능성 또한 높다(이를테면, 무엇보다도 시민의 복지, 보건, 행복 같은 해당 공동체의 공익을 더 엄밀하게 추구한다는 의미에서 말이다).

셋째, 열린 민주주의는 또한 선거 민주주의보다 더 안정적이고 오래 지속될 가능성이 높다. 열린 민주주의는 선거 민주주의의 과두적 편향에 덜 시달리기 때문에, 닫힘, 정당성 상실, 서서히 진행되는 쇠퇴(Runciman, 2018), 또는 어쩌면 붕괴를 억제할 가능성이 더 높다.

355 (옮긴이) '집단지성'에 관한 개괄에 대해서는, 권찬호, 《집단지성의 원리》, 박영사, 2022 참조.

이제 이 책을 끝맺으면서 시작할 때 한 약속을 마침내 지킬 차례다. 일련의 집단적 결정 절차로서 민주주의의 정신을 잘 포착해 표현하기 위해, 지난 저작에서 나는 다음과 같은 비유를 사용했다. 곧 미로에서 길을 잃은 한 무리의 친구들(《방법 서설*Discourse on Method*》에서 숲에서 길을 잃은 데카르트의 사고 실험의 집단적 판본), (영화 〈12명의 성난 사람들Twelve Angry Men〉에 영감을 받은) 평범한 시민으로 구성된 배심원단, 그리고 사바나 초원을 탐험하는 유목민(적어도 어느 정도는 내가 생각하는 정치의 단순한 판본)이라는 비유 말이다.[356] (이론상, 평범한 시민의 무작위 표본에 해당하는) 배심원 비유는 규모상 제약으로 인해 대규모 집단 내 하위집단에게 결정을 위임하는 일을 필요로 하게 만드는 대의 민주주의의 상황과 관련해 내가 염두에 둔 내용을 상당히 잘 포착해 표현했다.

하지만 돌이켜보건대 심지어 인민 배심원단도 바깥 세계와 일반 공중에게 너무 배타적이고 너무 닫혀 있었던 것 같다. 지난번 책 출간과 이번 책 저술 사이에 내가 경험한 현실은 내 나름대로 개념화하려 했던 수준보다 더 확장적인 방식으로 포괄성을 이해할 수 있음을 가르쳐줬다.

따라서 열린 민주주의는 출입이 제한되지 않는 공간으로 이어지는 열려 있는 문틀로서 가장 잘 개념화될 수 있다. 이러한 틀이 존재하는 이유는 정치에는 언제나 대표성 문제가 뒤따르기 마련이고, 실제로 사안과 문제에 주목하게 만드는 데 필요한 틀짓기 과정이 수반되기 때문이다. 따라서 매개 과정은 어쩌면 가장 작은 민주주의 제도(사적 협력관계, 부서 회의, 아주 작은 마을 등)를 제외하면 대개 선택하지 않을 수 없는 상황에서 필

---

356 (옮긴이) 〈12명의 성난 사람들〉은 1957년 시드니 루멧 감독이 연출한 배심원 제도를 다룬 법정 영화로, 살인 혐의를 쓴 한 소년에 대한 재판에서 11명의 배심원이 그의 유죄를 인정한 데 반해 단 한 명이 반론을 제기함에 따라 토론을 거쳐 이 소년이 무죄로 풀려나게 되는 이야기를 그렸다. 같은 해 베를린 영화제에 황금 곰상을 수상했다("12인의 성난 사람들 (1957년 영화)", 위키백과, 2024년 1월 31일 접속).

수적인 것이 된다. 하지만 이 틀에는 어떤 문도 달려 있지 않고, 출입구는 열려 있는 상태이며, 그것이 닫힐 가능성은 전혀 없다. 문틀은 (프닉스나 싱벨리르를 연상시키는) 동등하게 열려 있는 공간, 곧 모두가 접근할 수 있는 인민의 권력 또는 인민통치의 장소로 이어진다.

옮긴이의 말

민주주의는 민주주의를 구할 수 있을 것인가?

우리는 현재 그야말로 위기의 시대를 살고 있다. 기후위기, 자본주의의 위기, 민주주의의 위기, 사상사적 위기, 심지어 인류 문명사적 위기까지 거론된다. 더구나 이런 다중 위기 시대에 내려지는 처방은 사라진 정치를 복원하는, 쉽지 않은 과제이다. 그러나 이러한 정치가 어떠한 모습이어야 할지에 관해서는 의견이 분분할뿐더러, 이 같은 백가쟁명 상황은 또 다른 위기를 낳고 있는 것처럼 보인다. 특히, 우리의 민주주의 정치제도는 위기 가운데 위기를 해결해야 하는 이중의 과제 속에서 급기야 애증의 대상이 된 듯하다. 한편에선, 외려 민주주의를 위기의 원인으로 지목하며 '더 적은 민주주의'를 주장하는가 하면, 심지어 위기상황에서 비상 지휘권emergency power의 불가피함을 옹호하는 흐름도 나타나고 있다. 반면, 현재의 왜곡된 민주주의를 극복하려면 진정한 민주주의가 필요하다고 주장하며 도리어 '더 많은 민주주의'를 옹호하는 흐름도 나타나고 있다. 우리에게 주어진 이런 난제의 해법은 무엇일까? 이른바 '비현실적 몽상가'로 여겨지는 이들의 주장처럼 민주주의는 민주주의를 구할 수 있을까? 결론부터 말하자면, 이 책의 저자 엘렌 랜드모어는 그럴 수 있다고 답한다. 다만, 흡사 '가위바위보'나 '사다리 타기'를 연상시키는, 저자가 제안하는 '열린 민주주의' 같은 새로운 민주주의를 우리가 재발명하는 조건으로 말이다.

먼저, 다양한 의견의 차이에도 불구하고 이 책은 민주주의가 위기에 처했다는 일반적 인식 위에서 출발하고 있다. 브렉시트나 트럼프 현상으로 표상되는 것처럼 세계 곳곳에서 현행 '대의 민주주의' 제도에 반발하는 흐름이 나타나고 있으며, 이는 포퓰리즘적 무질서와 권위주의적 독재 사이에서 동요하는 양상을 띤다. 이 같은 흐름은 무엇보다도 신자유주의적 세계화와 경제적 불평등으로 인해 생겨난 문제들에 대의 민주주의가 제대로 대응하지 못한 결과로 해석된다. 그러나 저자는 이러한 정세적 요인이 상황을 증폭시킨 것은 맞지만 그것이 '외생적' 요인일 뿐, 근본적으로는 대의 민주주의 아래 권력을 쥔 엘리트들이 국민의 이익에 반해 목표를 추구한 데서 문제가 비롯됐다고 진단한다. 따라서 정치와 제도 그리고 이를 뒷받침하는 이데올로기를 성찰할 필요가 있다고 언급한다. 요컨대, 저자의 입장은 대의 민주주의의 '내적' 결함에 주목해야 한다는 것이다.

그러나 저자는 이 같은 부정적 징후를 긍정적 신호로 해석할 수 있으며, 이런 상황이 민주주의에 대한 기대가 부상하고 기존 패러다임의 한계를 받아들이는 계기가 될 수 있다고 말한다. 그리고 세계 여러 지역에 민주주의가 상당히 제도화된 상태이며 이는 브라질의 전국 공공정책 회의나 인도의 마을 의회에서 볼 수 있는 것처럼 선거정치로서 뿐만 아니라 풀뿌리 차원에서도 그렇다고 말한다. 더욱이, 이러한 민주주의의 위기에 직면해 핀란드, 한국, 몽골, 아일랜드, 대만, 벨기에, 프랑스, 아이슬란드 등 세계 여러 나라에서 숙의적이고 참여적인 방식으로 민주주의를 혁신하는 '숙의 물결'이 출현하고 있음을 지적한다.

이처럼 저자는 민주주의 위기를 긍정적 측면에서 재구성하려 시도하고, 민주주의를 포기하려는 유혹에 저항하는 가운데 민주주의라는 규범적 개념의 대안을 제공하려는 건설적 전략을 추구한다. 이러한 전략은

'모든 구성원의 동등한 참여', 곧 '포괄성'과 '평등성'이라는 민주주의의 핵심 가치를 중심으로 하는 '열린 민주주의'를 구상하는 것이고, 그 목적은 이러한 제도의 중심에 '인민의 통치'를 다시 가져다 놓으려는 노력을 유도하는 것이다.

대의 민주주의와 직접 민주주의의 사잇길에서

무엇보다 저자는 문제의 원인을 18세기에 연원을 둔 대의 민주주의의 결함, 바로 '권력의 닫힘' 현상에서 찾는다. 미국 건국 시기 논쟁에서 승리를 거둔 연방주의자들이 최우선으로 경계한 것은 다수의 폭압이었고, 따라서 이들은 민주적인 가치보다는 개인의 권리와 비非지배를 옹호하는 자유-공화적인 가치체계를 중요시했다. 이는 자연스럽게 권력에서 인민을 배제하고 엘리트의 통치에 중점을 둔 대의제가 굳어지게 되는 결과를 불러왔고, 이 과정에서 규모의 문제로 인해 대의제가 곧 '선거'를 의미한다는 통념이 확립되게 됐다. 이러한 의미론적 미끄러짐으로 인해 우리는 현재까지도 '평범한 시민에 의한 대의제'라는 개념적 가능성에 눈멀게 됐다고 저자는 힘주어 말한다.

따라서 그것이 참여 민주주의가 됐든 숙의 민주주의가 됐든 대의제의 대안으로 언급되는 제도들은 공통적으로 평범한 시민이 권력의 '현장'에 직접 접근할 수 있는 가능성을 배제하는 한계를 드러낸다고 저자는 지적한다. 그러므로 이 같은 문제의 해법은 로버트 달의 표현대로 "숙의 과정을 포함해 모든 구성원이 해당 단체의 정책 결정에 동등하게 참여할 수 있는 자격"을 갖게 되는 '인민의 통치'라는 이상을 단순히 '수행'하는 것이 된다. 이는 선거나 투표를 통해 단순히 '최종결정권'을 행사하는 일에 그치는 것이 아니라 법률과 정책의 입안을 위해 의제를 설정하고 대안과 의견을 논의하는 숙의 과정에 참여할 수 있는 권한 또한 포함해야 한다. 요컨대, 이러한 이상은 권력에 대한 접근권이 모든 이에게 동등하게 '열려 있는' 새로운 형태의 민주적 대표성을 의미하고, 이로부터 '열린 민주주의' 개념이 출현하게 된다. 이때 민주주의의 핵심 가치는 모두가 참여하는 '포괄성'과 동등한 조건에서 그렇게 하는 '평등성'에 있다.

흔히 복잡성과 불확실성을 지닌 근대 세계에서 다양한 이해관계는 조화되기 어려우며, 이는 독재나 예외 상태를 불러올 정도로 민주주의가 지닌 치명적 약점으로 평가된다. 그러나 저자는 오히려 모든 이가 동등하게 참여하는 형태의 민주주의 제도에 다수의 선호를 조화시켜 공익을 추구할 수 있는 가능성이 존재한다고 주장한다. 이런 과정이 공익 추구에 필요한 지식을 생성하고 종합할 수 있을 뿐만 아니라, 세계에 관한 사실적, 도덕적 진실을 추구할 수 있는 역량을 지닌 '인식론적 민주주의'에 근거한다고 보기 때문이다. 다시 말해, 문제 해결 과정에 더 많은 참여가 이뤄질수록 더 많은 '인지적 다양성'이 도입되기 쉽고 더 유익한 결과가 보장될 수 있다는 것이다. 요컨대, 저자는 정치과정에 있어 집단지성을 옹호한다.

그러나 저자의 주요 타깃이 대의제라고 해서 그것이 대의제 일반을 말하는 것은 아니다. 대의제 자체보다는 '선거' 대의제의 탈피가 핵심이다. 또한, 모든 구성원이 참여하는 제도를 지향한다고 해서 그것이 직접 민주제 일반을 말하는 것은 아니다. 이런 방식은 물리적으로도 불가능하고 효과적이지 못하기 때문에, '열려 있는 문틀'로 비유되듯 더 체계적인 방식이 요구된다. 저자의 대안은 '시민 대의제' 또는 '민주적 대의제'로서, 이는 '평범한 시민이 참여하는 대의제'를 의미하고 직접 민주제 요소와 대의 민주제 요소가 혼합된 정체에 해당한다. 그 구체적 형태는 로버트 달이 개념화하고 제임스 피시킨이 실험한 '열린 민회open mini-public' 제도로서, 대규모 모집단에서 무작위 표본을 추출해 통계적 대표성을 확보하는 방식의 제도이다. 저자에 따르면 이런 민회는 "150명과 천여 명 사이의 무작위로 선택된 사람으로 구성된 대규모 다목적 의회로서, 의제설정과 일종의 입법 절차를 위해 최소 며칠에서 최대 몇 년에 이르는 긴 시간 동안 소집되고 인원이 더 많을 경우 또 다른 형태의 민회들이 참여하는 크라우드소싱 플랫폼과 숙의 포럼을 통해 서로 연결되는 제도"에 해당한다.

선거 외의 대표성

이와 같이 선거 외의 제도가 저자의 대안인 까닭에, 저자는 두 장에 걸쳐 '선거 외의 정당성과 대표성'을 논의한다. 쟁점은 이런 제도가 어떻게 민주적 대표성과 정당성을 얻게 되느냐이다. 우선 저자는 통념과 달리 유익하고, 민주적이고, 심지어 정당하게 수행돼야 한다는 규범적 요건을 대표성 개념에 포함시키지 말 것을 제안한다. 대신에 대표성을 앤드루 레펠드를 따라 "해당 청중에 의해 수용되는 방식으로 다른 누군가를 대표하는 행위"로 정의하고, 이때 대표성은 "어떤 개인이 다른 이를 대신해 특정 기능을 수행하려고 한 집단을 대표하고 있다는 청중의 판단에서 비롯된다"고 말한다.

한편, 저자는 대의제에 의해 유발된 불평등과 배제 문제의 해결 요소로서 피통치자에 대한 '책임성'이나 '반응성'은 비본질적이거나 부차적인 특성에 속하고, 가장 근본적인 민주적 가치인 '포괄성'과 '평등성'이 그러한 특성보다 규범적으로 우선한다고 말한다. 곧 앞서 말한 "모든 구성원의 동등한 참여" 원칙 말이다. 또한, 정당성이 '대표되는 이들 대다수에 의한 승인'과 관련되는 데 반해, 저자가 중요시하는 '민주성'은 이 같은 정당성과 구별되고 포괄성과 평등성 원칙을 드러내는 정도가 기준이 된다고 말한다.

따라서, '민주적 대표자'는 인민의 이익을 대표하는 유익한 일을 하는 사람도 아니고, 자신이 대표하는 인민에게 대표자 역할을 수행하도록 권한위임을 받은 사람도 아니라고 말한다. 과두제 대표자도 이런 특징을 지닐 수 있기 때문이다. 그 대신 민주적 대표자는 단순히 "포괄성과 평등성을 특징으로 하는 선택 절차를 통해 대표자 직위에 접근할 수 있는 사람"이라고 말한다.

저자는 이런 민주적 대의제의 구체적인 사례로서 우선 추첨형lottocratic 대의제를 논의한다. 먼저, 아리스토텔레스가 민주주의를 "통치하는 일과 통치받는 일을 번갈아 하는 것"이라 정의한 것에서 알 수 있듯이, 추첨제는 역사적으로 가장 전형적인 민주적 선택 메커니즘에 해당한다. 추첨제에 참여하는 모든 이는 선거와 달리 무작위 선택에 의해 그리고 장기적인 관점에서 추첨과 교체의 결합에 의해 시간적으로 동일한 선출 기회를 갖기 때문에, 만일 포괄성과 평등성이 완전히 실현되는 이상적인 상황이라면 우리는 통계학적으로 데모스와 일치하는 대의기구를 가질 수 있다. 그러나 이것이 좀처럼 실현되기 어려운 이상인 탓에 저자는 차선책이나 보완책이 필요하거나, 평범한 시민의 참여를 최대화하기 위해 다양한 민주적 대의제 형태들 사이의 결합이 요구된다고 말한다.

저자가 제시하는 하나의 보완책인 자기추천형self-selected 대의제는 진입장벽이 없는 공간적으로 열려 있는 형태의 선출방식에 해당한다. 이런 방식은 타운홀 미팅, 스위스의 란츠게마인데(민회), 참여예산제, 크라우드소싱 기법을 통한 정책입안, 고대 그리스의 인민 의회, 대중시위, 행진, 시민

위원회 등에서 활용됐고, 이때 의회에 직접 안건을 상정하는 시민 발의나 국민투표를 개시하는 추천권이 행사될 수 있다. 이 방식에 통계적 과소대표성과 그 구성상 편향의 문제가 존재함에도 불구하고, 선거 대의제와 비교해 모든 이에게 열려 있다는 이점을 지닌다. '미래를 위한 기후파업'을 이끈 스웨덴 출신의 기후활동가 그레타 툰베리의 사례는 자기추천형 대의제의 대표적인 사례에 해당한다.

저자가 책임성을 중요하지만, 비본질적인 민주적 가치로 봄에도 불구하고, 저자는 비선거 대의제에서 책임성이 결여될 가능성을 논의한다. 책임성과 관련해, 통상적으로 유권자는 선거를 통해 통치자에게 제재를 가할 수 있고, 통치자의 비리를 방지할 수 있고, 통치자의 선행을 유도할 수 있다고 가정된다. 그러나 저자는 비선거 형태의 대의제 또한 그에 필적할 만한 역할을 할 수 있다고 말한다. 우선, 저자는 비선거 대의제에 선거제에 존재하는 '회고적 투표' 같은 제재 메커니즘이 부재함에도 불구하고, 바로 무작위 선출방식이라는 이 제도 자체의 특성으로 인해 대표자를 예측할 수 없기 때문에 비리나 악행을 사전에 차단할 수 있으며 또한 정기적 교체가 이뤄지므로 모종의 정치적 거래관계를 구축하기 어렵다고 말한다. 또한, 예방 차원에서 추첨 지원자에 대한 사전 검증이 이뤄질 수도 있다. 한편, 고대 아테네의 비선거 제도의 경우에도 책임을 물을 수 있는 수단으로서 이를테면 인민 배심원제, 유티나이(정무감사), 도편추방제, 그라페 파라노몬(제안심사제) 등이 존재했다고 저자는 설명한다.

선거 외의 정당성

그렇다면 어떻게 일부가 참여하는 비선거 대의기구가 참여하지 않은 전체 구성원에 대해서도 구속력 있는 결정을 내릴 수 있는 정당성을 얻게 되는 것일까? 저자는 이러한 쟁점을 꽤 비중 있게 논의한다. 우선 저자는 정당성이 선거의 경우처럼 권력에 대한 개개인의 동의에서 비롯되는 것이 아니라, 포괄성과 평등성의 원칙 아래서 이뤄지는 '대표되는 이들 대다수에 의한 승인'을 포함하는 다양한 요인에서 비롯된다고 주장한다. 단적인 예로 다수의 폭압이라는 문제를 비켜 갈 수 있는 만장일치적 동의의 계기는 불가능할뿐더러, 설령 가능하더라도 이런 동의가 선거라는 최초의 권한위임을 통해 영구적으로 보장되는 것은 아니다. 따라서 앞서 논의한 대표성에 관한 정의와 유사한 맥락에서, 민주적이든, 능력주의적이든, 과두적이든 관계없이 대표자는 최소한 '자신이 대표한다고 주장하는 인민의 다수에 의해 승인'되는 경우에 한해서 '민주적 정당성'을 지니게 된다고 저자는 말한다. 더욱이, 대표자에 대한 '선택 메커니즘' 자체가 이런 다수에 의해 승인되는 한, 이를테면 대법관의 사례처럼 심지어 선출되지 않고도 민주적 정당성을 지니게 될 수 있게 된다. 다만 이런 '다수결 승인' 원칙은 정당성의 필요조건이지 충분조건은 아니라고 저자는 말한다. 저자에 따르면 정당성의 정도는 그것이 인식론적 성과를 어느 정도 보여주는지에 달려 있다.

한편, 도덕적 우위를 확보하지 못한 이유 등으로 평소에 드러나지 않던 여론이 선거를 통해 드러나기 때문에 종종 선거의 폐해로 지적되는 '침묵하는 다수'의 경우와 대조적으로(예를 들어, 베트남전을 지지하거나 68혁명에 반대한 대중이 자신을 드러내지 않다가 선거에서 보수를 택한 경우), 저자는 자기추천 집단사례에서 '암묵적인 다수결 승인'을 통한 정당성이라는 매우 흥미로운 가능성을 논의한다. 이를테면 소극적 참여가 반드시 무관심이나 비동의를 의미하기보다는 평등한 접근권의 조건 아래 암묵적 승인의 형태로 해석될 수 있다는 것이다. 일례로 프랑스 인민의 목소리를 대표한 노란 조끼 시위는 인구 대다수의 암묵적 지지를 얻은 것으로 여론 조사에서 드러났다(폭력이나 인종차별적 입장으로 인해 용인하기 어려워진 경우를 제외하고 말이다). 한편, 이러한 암묵적인 다수결 승인은 그레타 툰베리의 기후파업 사례처럼 공명을 불러일으킬 가능성을 지닌 특정 계기를 통해서 촉발될 수도 있다. 그러나 프랑스 기후변화 총회 과정에서 자연발생적 지도자로 부상한 '스쿼드' 그룹에 관한 특혜시비는 자기추천 대의제의 정당성과 관련해 암묵적 형태보다는 명시적 형태의 승인이 더 믿을 만함을 시사한다.

또한, 저자는 다양한 민주적 대의제 사이의 정당성의 충돌 가능성을 경험적 사례를 통해 고찰한다. 이를테면, 아이슬란드 개헌절차 사례에서 평범한 시민으로 구성된 헌법 심의회와 국회 사이, 또는 프랑스 기후변화 시민총회 사례에서 국회와 시민총회 그리고 연금개혁 사회운동 사이에 정당성 충돌이 일어났다. 그러면서 저자는 새로운 시민 대의제가 당장은 기존 제도를 보완하는 형태여야 한다고 보면서, 그 정당성이 시간이 지나면서 구축되고, 쟁취되고, 입증돼야 하는 성질의 것이라고 말한다.

또 다른 민주적 형태인 '액체liquid' 대의제는 투표위임에 기반한 '선거' 대의제의 한 형태로서, 앞의 두 제도만큼 충분히 민주적이지는 않지만, 선출 대표자 직위에 대한 진입 장벽을 최대한 낮추는 특징을 갖는다. 액체 민주주의는 메타 위임, 곧 위임의 위임과 즉각적 철회가 가능할 만큼 꽤 유연하고 휘발성이 강한 제도로서 디지털 기술과 소셜 미디어 혁명을 통해 어느 정도 가능해졌다. 이는 투표위임뿐만 아니라 플랫폼을 기반으로 온라인 토론과 숙의를 가능하게 하고, 근래 유럽에서 급부상한 해적당에 의해 주로 활용됐다. 반면에 액체 대의제에는 때로 스타에게 투표가 집중되는 문제를 방지하기 위한 강력한 규범, 그리고 대규모 집단에서 효과적인 숙의의 어려움을 보완하는 기술이 필요하다고 언급된다.

열린 민주주의 사례로서 아이슬란드의 개헌 절차

저자는 고대 아테네의 '회의체 민주주의'와 근대의 '대의 민주주의'와 구분되는 '열린 민주주의'의 제도적 원칙을 확인하고, 그 대표적인 사례로서 2010~2013년에 이뤄진 아이슬란드의 개헌 절차를 검토한다. 먼저, 민주주의의 주된 기초 요소에는 집단의 모든 구성원에게 의사결정 과정의 동등한 참여권을 보장해주는 개별 '참여권'이 있다. 그다음에 집단이 헌법을 포함해 법률을 제정하도록 허용해주는 '숙의'와 '다수결' 같은 의사결정 절차가 존재한다. 또한, 집단이 확대되고 이들이 지닌 문제와 이해관계의 다양성과 복잡성이 늘어나게 되면 민주주의를 보존하기 위해 '민주적 대표성' 원칙이 필요해지게 된다. 마지막으로, 대의제뿐 아니라 민주주의 자체를 충분히 열린 상태로 만들려면 책임성에 대해 균형추가 되는 '투명성' 원칙의 도입이 필요하게 된다.

저자가 이 같은 원칙이 대부분 적용된 사례로서 주목한 아이슬란드의 개헌 절차의 이면에는 흥미로운 전사前史가 존재한다. 2000년대부터 금융 자유화가 이뤄진 아이슬란드 경제는 2008년 발생한 글로벌 금융위기에 의해 심각한 타격을 입게 됐다. 이런 미국발 금융위기는 특히 유럽경제에 지대한 영향을 미쳤는데, 이른바 남유럽 PIGS(포르투갈, 이탈리아, 그리스, 스페인) 국가뿐만 아니라 아일랜드와 영국 그리고 작은 섬나라 아이슬란드에도 디폴트 위기가 불어닥쳤다. 주류 매체들이 이 같은 재정위기의 원인을 남유럽 국가의 과도한 복지나 방만한 재정운영과 결부시켰고 이런 프레임이 이들 국가 대부분에서 긴축과 구조조정을 위한 명분이 된 반면, 바이킹의 후예 아이슬란드 국민의 대응은 달랐다. 아이슬란드 국민은 이 같은 위기의 책임을 부패한 은행과 정부에게 묻고 그해 겨울 내내 의회를 에워싼 채 '냄비와 프라이팬 시위'를 대대적으로 벌였다. 보수적 성향의 독립당 정부는 시위대의 요구를 받아들여 이듬해 조기 총선을 실시했고, 그 결과 사회민주당-좌파녹색운동 연립정부가 들어서게 됐다. 반정부 시위로 시작된 '바이킹' 국면은 개헌 논의를 위한 '알싱' 국면으로 이어졌다. 이 과정에서 기존 헌법이 시민들이 원하는 수준의 진취성을 상실했다는 담론이 형성됐는데, 이는 헌법이 정부의 역할을 규정하고 있지 않아 '책임정치'가 구현되지 못하며, 아이슬란드 사회의 도덕적 가치를 정부 구조와 문화에 충분히 반영하지 못하고 있다는 내용이었다.

결국, 사회적 담론이 받아들여져 총리에 의해 '개헌의회법'이 제출됐는데, 이는 선거에 의한 개헌의회 구성과 전문가로 구성된 제헌위원회를 설립한다는 내용을 중심으로 했다. 그러나 대법원이 낮은 투표율과 선거 절차상의 문제를 들어 개헌의회 선거를 무효화시킨 반면, 의회는 대법원의 판결을 자체적으로 기각하고 결의안을 통해 개헌의회 당선의원을 중심으로 헌법 심의회를 구성했다. 이후 전문가가 조력하고 비非직업 정치인이 작성한 헌법 심의회 개헌안 초안이 크라우드소싱 과정을 거쳐 수정된 뒤 국민투표를 통해 승인됐지만, 이는 국회의 보이콧으로 무산되게 됐다. 그러나 이런 도전이 전적으로 무의미했던 것은 아니다. 이러한 민주적 혁신 사례는 아이슬란드 사회 전반에 상당한 흔적을 남겼을 뿐만 아니라, 세계 다른 나라에 중요한 선례로 남게 됐다. 저자는 이런 개헌 절차가 일반 법률제정 과정에도 적용될 수 있을 것으로 전망하고, 나폴레옹이 프랑스령 작은 섬나라 코르시카에서 태어난 일에 견줘 작은 섬나라 아이슬란드에서 일어난 이 사건이 세계를 변화시킬 것으로 기대한다.

이 사례에서 또 다른 주목할 만한 사실은 개헌의회 전 단계로 무작위 선택에 의해 구성된 전국 포럼이 아이슬란드의 미래를 논의하기 위해 처음에는 풀뿌리 시민조직인 '개미집'에 의해 조직됐으며, 이 포럼에서 아이슬란드인에 의해 공유된 가치가 상향식으로 제안됐다는 점이다. 이는 열린 민주주의의 특성을 단적으로 보여주는 사례다.

반론에 답하다

저자는 또한 열린 민주주의에 대한 반론에 설득력 있게 답하고 있다. 그중 '규모'의 문제와 관련해 저자는 프랑스 사례를 논의한다. 2018년 프랑스의 마크롱 대통령은 유류세 인상에 반발해 일어난 노란 조끼 시위에 대응하기 위해 '국민 대토론'을 제안했는데, 이 과정에서 전국적 규모의 숙의가 이뤄지고 이는 기후변화 시민총회로도 이어졌다. 저자는 프랑스 사례가 국가 주도의 다양한 환경적 이점을 누렸음에도 규모의 문제와 관련해 열린 민주주의가 문제가 될 필요가 없음을 보여주는 사례라고 언급한다.

한편, '동질성'의 문제와 관련해 일반적으로 동질성이 민주화의 전제조건이라 주장되지만, 오히려 민주주의를 통해 동질성이 보장될 수 있다고 저자는 말한다. 이를테면 전통적 이교도와 기독교 개종자가 혼재하던 중세 아이슬란드에서 노르웨이 왕이 기독교 개종을 강요하기 위해 폭력 사용을 서슴지 않는 상황에서, 결정 권한을 위임받은 아이슬란드의 이교도 사제이자 족장 토르게이는 평화와 공존을 위해 의회에서 개종을 설득했고 아이슬란드인은 이를 받아들이게 됐는데, 이는 민주적 수단을 통해 동질성이 보장된 사례에 해당한다.

또한, 아마추어의 '비전문성' 문제와 관련해 저자는 기본적으로 집단지성을 옹호하면서 평범한 시민의 참여가 전문가를 배제하는 것이 아니라 조력자로서 이러한 전문가를 모든 곳에 두려는 것이라는 사실을 지적하는 한편, 오히려 다양성을 중시하는 숙의 과정이 그렇지 않은 경우보다

시너지 효과를 낼 수 있다고 주장한다.

저자는 결정적 문제로서 다수결 중심 제도에 있을 수 있는 '반자유주의'의 가능성을 논의한다. 이러한 반론은 선거 대의제를 통해 개인의 권리가 보호될 수 있으며, 참여 민주주의에 '다수의 폭압'의 위험이 존재한다는 자유주의적 입장에서 비롯된 것이다. 그러나 직접 민주주의에 대한 반反다수결적 제한조치(예를 들어, 헌법재판소)에 기반한 헌정주의는 현상유지 경향의 보수성을 보여주게 되고, 이는 현재 드러나듯이 민주주의의 위기를 초래하는 동시에 그에 대해 무력하게 된다.

이런 반론에 대한 대응으로서 저자는 조사이아 오버를 중요하게 참조하는데, 오버가 논의한 '자유주의 이전의 민주주의', 곧 기본적 민주주의(원초적 민주정)에 다수의 폭압에 대응할 자원이 충분히 존재한다고 지적한다. 반자유주의라는 주장과 달리 열린 민주주의는 아이슬란드 사례에서 볼 수 있듯 오히려 새로운 사회계약을 통한 '구성적 헌정주의'의 가능성을 지니고 있다. 이때 열린 민주주의는 근대에 설계되어 경로의존성을 보이고 '권력의 닫힘'이라는 결정적 결함을 낳은 대의 민주주의를 돌파할 수 있는 잠재력을 지니게 된다. 또한, 흥미로운 사실은 다수의 폭압에 대한 다원주의 관점의 '민주적 통제'가 그 이론적 경쟁상대로서 네오마르크스주의나 공화주의의 민주적 통제와 일부 수렴되는 듯 보인다는 점이다.

또한, 현재 위기 상황에서 민주주의에 반대하기보다는 열린 민주주의를 통해 민주주의 제도가 지닌 장점을 활용할 필요성이 강조된다. 일례로 열린 민주주의에 제도화된 참여권은 다양한 형태의 책임성을 보장할 수 있다. 예를 들어, 참여권을 가진 일반 국민에게 거부되기 쉬운 법안에 대해 제도권은 숙고해야 할 필요성을 갖게 되기 때문이다. 또한, 추첨이나 온라인 참여를 통해 대표성이 실현되기 때문에 시간 절약의 이점을 지니게 된다.

결정적으로, 현 상황에서 열린 민주주의는 대의제를 대체하는 것이 아니라 보완하는 측면이 크다. 최종 결정이 시민 발의나 국민투표를 통해 이뤄질 수 있기 때문에 직접 민주주의의 계기 또한 존재하게 된다. 이때 대의제가 누구에게나 열려 있다는 것이 핵심이다.

마지막으로, 저자는 데모스의 경계를 민족국가를 넘어 세계 차원까지 확대하는 '역동적 포괄성', 그리고 민주주의의 장소를 정치적인 것에서 경제적인 것으로 확대하는 '실질적 평등'의 가능성을 논의하며 끝맺는다.

제도와 운동의 변증법으로서 열린 민주주의를 향해

아이슬란드 사례를 보고 떠오른 것은 다름 아닌 2016년 우리의 촛불 탄핵 국면이었다. 우리는 아이슬란드 사례가 경제적 실정에 분노한 국민의 대대적인 시위로 시작해 개헌안 국민투표로 끝맺었다는 사실을 기억할 필요가 있다. 대조적으로, 우리의 경우에 유례없이 질서정연하고 끈질긴 촛불 시위를 통해 대통령을 탄핵시키기까지 했지만 거기에서 더 나아가지 못하는 한계를 보였다. 당시 일각에서 개헌 논의와 시민의회 추진 주장까지 제기됐지만 '대표성' 논란을 낳으며 상황은 일단락됐고, 아마도 이런 선택이 현재의 위기를 불러왔는지도 모른다. 어쩌면 우리는 현재의 어긋난 시간 속에서 당시 선택의 순간 앞에 다시 서 있는 것일 수도 있다. 물론, 제반 조건은 변화했지만 말이다. 가령 개헌 논의가 다시 이뤄질 수는 있지만, 현재 이를 추동할 수 있는 운동 에너지가 당시만큼 거대할지는 미지수다.

돌이켜보면, 이 문제는 열린 민주주의 방식의 '대표성'을 통해 해결될 수도 있었다. 추첨과 교체가 결합된 형태의 선출방식이기 때문에 '순수하지 못한 지도자'를 극렬히 거부한 반정치 성향의 논란을 잠재우기에 충분했을 것이다. 그러나 우리는 일단 이러한 논의를 제쳐둔 채, 현 상황을 근본적으로 돌아볼 필요가 있다. 현재 우리는 엘리트의 능력주의뿐만 아니라 대중의 반지성주의의 흐름과도 싸워야 하는 이중의 과제를 안고 있다. 그런 측면에서, 지식인과 인민 대중이 조우할 수 있는 숙의 공간으로서 '열린 민회'는 적지 않은 의미를 지닐 수 있다. 이는 단순히 지식을 전달하는 과정에 그치는 것이 아니라 인민 스스로가 자신의 입장에서 '말하기'를 수행함으로써 상호주체적 진리에 접근하는 과정이 될 수도 있다. 저자가 아이슬란드의 헌법 심의회가 그 구성상 평범한 시민을 충분히 대표하지 못한 한계를 지녔음을 인식했음에도 불구하고, 이 기구에 중증 장애인이 참여했다는 사실은 인상적이다. 때론 현존과 그것의 인정 자체가 정의가 될 수 있다. 그들의 의제가 아닌 우리의 삶 자체가 의제가 됨으로써 말이다.

물론, 이런 제도적 숙의 공간에 한계가 없는 것은 아니다. 앞서 말한 것과 유사하게, 이런 제도가 비록 통계적 대표성을 지녔다 하더라도 그 자체로 평등한 것은 아니다. 현실과 유사하게, 돈과 권력이라는 힘의 논리가 이런 숙의 공간에서도 작동할 수 있으며, 전문가 구성의 편향에 따라 그 자체로 기울어진 운동장이 될 수도 있기 때문이다. 저자 또한 이런 우려를 인식하고 경우에 따라서 사회적 약자를 과잉표집할 필요성이 있음을 지적한다. 또한, 이런 제도는 기존 대의제에서 교착되기 쉬운 첨예한 갈등 사안에 대해 숙의를 통해 해결할 수 있는 가능성을 지니는 한편, 평범한 시민의 참여라는 형식적 외피를 두른 채 기득권에 포섭될 가능성 또한 지니는 것이 사실이다. 저자는 이런 문제에 대해서 대항 가능성의 증거를 제시하고 있지만, 이에 대해 경계할 필요성이 있는 것은 사실이다. 그러나 이러한 한계들에도 불구하고 제도는, 시공간을 초월해, 운동한

만큼 전진할 수 있다는 사실을 역사는 가르쳐주고 있다.

일상의 삶과 구조적 부정의의 문제를 연구한 정치철학자 아이리스 매리언 영은 개인의 행위가 사회구조를 생산한다는 사실이, 곧 구조의 실패에 대한 비난을 특정 개인들에게 하는 것이 정당하다는 뜻은 아니라고 말하면서, '구조적 책임'의 문제를 강조했다. 이러한 주장이 시사하는 것은 행위를 통해 구조가 생성된다는 사실에도 불구하고 우리는 여전히 제도와 구조의 차원을 사고해야 한다는 점이다. 이런 측면에서, 운동과 제도 또는 더 나아가 봉기와 헌정의 변증법으로서 열린 민주주의 사례는 시사하는 바가 적지 않다.

흔히 인민주권과 대립되는 헌법 제도 자체도 초월적 기초를 갖기보다는, 억압에 맞서 권리를 쟁취하려 한 인민의 봉기 행위에 근거를 두고 있다. 따라서 열린 민주주의는 결함 있는 근대의 발명품으로서 대의 민주주의의 대안으로서뿐만 아니라, 제도와 운동의 이분법을 넘어 운동이 제도 공간 내 틈으로 투입될 수 있는 가능성 또한 지니고 있다. 또한, 봉기 행위가 자기파괴적이 되거나 과잉결정되는 결과를 낳기보다는 숙의 과정을 거쳐 구질서를 새롭게 탈구축할 수 있는 잠재력을 지니게 된다.

그러나 여전히 남는 문제는 이런 제도화 과정이 그것이 어떤 형태가 됐든 인민의 봉기 없이는 불가능하다는 사실이고, 이는 결국 사회운동과 시민 주체화의 문제로 수렴된다는 것이다. 또한, 권력과 저항 사이에 존재하는 것으로 여겨지는 주체는 필연적으로 경직과 부패의 문제를 수반하게 된다. 따라서 열린 민주주의가 제시하는 추첨과 교체가 결합된 형태의 민주적 대의제처럼 권력이 견제되고 순환될 수 있는 제도를 고려할 필요가 있다. 저자가 언급한 것처럼, 민주주의는 결코 멈출 수 없으며 계속해서 출발점에 서야만 한다.

다시 처음으로 돌아가서 봤을 때, 저자는 열린 민주주의가 민주주의를 구할 수 있는 대안이라는 점을 설득력 있게 제시하고 있다. 그러나 어쩌면 이는 '인민의 통치'라는 의미에서 우리 개개의 시민에게 주어진 과제에 해당하는지도 모른다. 우리는 '좋았던 과거가 아닌 나쁜 오늘'에서 시작해야 하며, 서로의 권리를 '번역'하는 새로운 민주주의를 발명해내야 한다. '자기입법자'로서 도래할 시민은 다름 아닌 우리들 자신인 것이다. 우리에게 용기와 건투를 빈다.

***

번역작업 자체도 하나의 숙의 과정에 해당한다. 프랑스 출신의 탁월한 민주주의 이론가의 저작을 숙의하는 데 있어 자양분이 된 것은 학부와 대학원에서 이뤄진 공부와 토론이었다. 모교의 선생님들과 학우분들께 감사를 드린다. 원고를 보시고 의미 있는 조언을 해주신 선생님들께도 감사를 드린다. 또한, 저술과 번역을 포함해 여러 선생님들이 만들어낸 작업은 옮긴이의 인식확장에 보탬이 됐다. 힘든 여건 속에서 지적 숙의의 기반 마련을 위해 헌신하고 계신 선생님들께 감사를 드린다. 그중에서도, 직접 뵌 적은 없지만, 지난해 안타깝게 유명을 달리하신 연세대 철학과의 남기호 교수님의 안식을 빈다.

이 책의 번역출간을 기획하신 다른백년의 이래경 명예 이사장님은 책의 주제와 관련해 별도의 숙의 공간을 조직하고 다양한 실험을 통해 실천하는 모습을 보여주셨다. 후배세대들에게 귀감을 보여주신 데 대해 감사를 드린다. 지난 책에 이어 다시 한번 담당 편집자로 인연을 맺게 된 김일수 선생님은 숙의가 충분히 이뤄지도록 배려해주시고 변함없는 신뢰로 지난한 번역과정을 격려해 주시는 한편, 날카로운 지적으로 원고를 더 나은 방향으로 개선하도록 도와주셨다. 감사의 마음을 전한다. 그밖에 출간 과정과 관련해 여러모로 도움을 주신 분들께도 감사를 드린다.

언제나 힘이 돼주는 가족과 지인분들께는 늘 고마운 마음임을 전하고 싶다. 그리고 부단히 의심해야 하는 여정 가운데 혹여 길을 잃지 않도록 기도와 응원을 해주신 정경성 목사님과 교회 성도분들께도 감사를 드린다. 필요한 자료를 충분히 열람할 수 있게 해준 익산시립도서관 측에도 감사를 드린다. 공공도서관이 시민적 숙의의 일차적 공간임은 자명한 사실일 것이다.

우리의 삶과 긴밀하게 연관된 민주주의에 관한 하나의 숙의 과정을 여기서 매듭짓는 대신, 그것이 계속 이어져 나가길 기대하면서 이 글을 마친다.

2024년 새봄에

남상백

참고문헌

REFERENCES

Abizadeh, Arash. 2008. "Democracy and Border Coercion: No Right to Unilaterally Control Your Own Borders." *Political Theory* 36(1): 37-65.

Abizadeh, Arash. 2020. "Representation, Bicameralism, Political Equality, and Sortition: Reconstituting the Senate as a Randomly Selected Citizen Assembly." *Perspectives on Politics*. Published online first, https://doi.org/10.1017/S1537592719004626.

Abramson, Jeffrey B. 2000. *We, the Jury: The Jury System and the Ideal of Democracy*. Cambridge, MA: Harvard University Press.

Achen, Christopher, and Larry Bartels. 2016. *Democracy for Realists: Why Elections Do Not Produce Responsive Government*. Princeton, NJ: Princeton University Press.

Ackerman, Bruce, and James Fishkin. 2005. *Deliberation Day*. New Haven, CT: Yale University Press.

Adams, John. [1776]1856. *Thoughts on Government. Reprinted in The Works of John Adams*, edited by Charles Francis Adams. Boston: Little, Brown & Co. 1856.

Aitamurto, Tanja. 2012. *Crowdsourcing for Democracy: New Era in Policy-Making*. Committee for the Future, Parliament of Finland. Available online at http://iis-db.stanford.edu/pubs/23963 / Crowdsourcing_for_DemocracyF_www.pdf.

Aitamurto, Tanja, and Hélène Landemore. 2016. "Crowdsourced Deliberation: The Case of an Off-Trafic Law Reform in Finland." *Policy & Internet* 8(2): 174-196.

Aitamurto, Tanja, Hélène Landemore, and Jorge Saldivar Galli. 2017. "Unmasking the Crowd: Participants' Motivation Factors, Expectations, and Profile in a Crowdsourced Law Reform." *Information, Communication, and Society* 20(8): 1239-1260.

Alexander, Amy C., and Christian Welzel. 2017. "The Myth of Deconsolidation: Rising Liberalism and the Populist Reaction." *Journal of Democracy*. ILE Working Paper Series, No. 10, University of

Hamburg, Institute of Law and Economics(ILE), Hamburg. http://hdl.handle .net/10419/170694

Anderson, Elizabeth. 2017. *Private Government: How Employers Rule Our Lives (and Why We Don't Talk about It)*. Princeton, NJ: Princeton University Press.

Annany, Mike. 2020. "Presence of Absence: Exploring the Democratic Significance of Silence." In H. Landemore, R. Reich, and L. Bernholz, eds., *Digital Technology and Democratic Theory*. Chicago: University of Chicago Press.

Archibugi, Daniele. 2008. *The Global Commonwealth of Citizens: Towards Cosmopolitan Democracy*. Princeton, NJ: Princeton University Press.

Árnason, Ágúst Thór. 2011. "A Review of the Icelandic Constitution-Popular Sovereignty or Political Confusion." *Tijdschrift voor Constitutioneel Recht* 3, 342-351.

Bachrach, Peter, and Morton S. Baratz. 1962. "Two Faces of Power." *American Political Science Review* 56(4): 947-952.

Bächtiger, André, and Simon Beste. 2017. "Deliberative Citizens, (Non)Deliberative Politicians: A Rejoinder." *Daedalus* 146(3): 106-118.

Bai, Tongdong. 2020. *Against Political Equality: The Confucian Case*. Princeton, NJ: Princeton University Press.

Balinski, Michel, and Rita Laraki. 2010. *Majority Judgment*. Cambridge, MA: MIT Press.

Barber, Benjamin. 1984. *Strong Democracy: Participatory Politics for a New Age*. Berkeley: University of California Press.

Barber, Benjamin. 2013. *If Mayors Ruled the World: Dysfunctional Nations, Rising Cities*. New Haven, CT: Yale University Press. 조은경 · 최은정 옮김, 《뜨는 도시 지는 국가-지구를 살리고 사람이 행복한 도시 혁명》, 21세기북스, 2014.

Barber, Benjamin. 2017. *Cool Cities: Urban Sovereignty and the Fix for Global Warming*. New Haven, CT: Yale University Press.

Bell, Daniel. 2013. *The China Model. Political Meritocracy and the Limits of Democracy*. Princeton, NJ: Princeton University Press. 김기협 옮김, 《차이나 모델-중국의 정치 지도자들은 왜 유능한가》, 서해문집, 2017.

Benhabib, Seyla. 2006. *Another Cosmopolitanism*. Oxford: Oxford University Press.

Bentham, Jeremy [1822] 1998. "Codification Proposal Addressed by Jeremy Bentham to All Nations Professing Liberal Opinions." In Jeremy Bentham, *Legislator of the World*, edited by P. Schofield. Oxford: Oxford University Press.

Bentham, Jeremy [1789] 2002. "Projet of a Constitutional Code for France." In P. Schofield, C. Pease-Watkin, and C. Blamires, eds., *Jeremy Bentham, Rights, Representation and Reform*. Oxford: Oxford University Press, 227-262.

Bergsson, Baldvin, and Paul Blokker. 2014. "The Constitutional Experiment in Iceland (September 4, 2013)." In Ellen Bos and Kálman P6cza, eds., *Verfassunggebung in konsolidiertenDemokratien: Neubeginn Oder Verfall eines Systems?*. Baden-Baden, Germany: Nomos Verlag. Bermeo, Nancy. 2016. "On Democratic Backsliding." *Journal of Democracy* 27(1): 5-19.

Bernholz, Lucy, Hélène Landemore, and Rob Reich. 2020. *Digital Technology and Democratic Theory*. Chicago: Chicago University Press.

Besley, Timothy, Rohini Pande, and Vijayendra Rao. 2005. "Participatory Democracy in Action: Survey Evidence from South India." *Journal of the European Economic Association* 3(2-3):648-657.

Blatter, Joachim. 2019. "Let me vote in your country, and I'll let you vote in mine. A proposal for transnational democracy." Blog post. Available at http://globalcit.eu/let-me-vote-in -your-country-and-ill-let-you-vote-in-mine-a-proposal-for-transnational-democracy/. Last accessed April 18, 2020.

Blum, Christian, and Christina Isabel Zuber. 2016. "Liquid Democracy: Potentials, Problems, and Perspectives." *Journal of Political Philosophy* 24(2): 162-182.

Bohman, James. 2004. "Expanding Dialogue: The Internet, the Public Sphere and Prospects for Transnational Democracy." *Sociological Review* 52(1): 131-155.

Bohman, James. 2006. "Democracy, Solidarity, and Global Exclusion." *Philosophy and Social Criticism* 32(7): 809-817.

Boldi, Paolo, Francesco Bonchi, Carlos Castillo, and Sebastiano Vigna. 2011. "Viscous Democracy for Social Networks." *Communications of the ACM* 54(6): 129-137.

Bookchin, Murray. 2015. *The Next Revolution: Popular Assemblies and the Promise of Direct Democracy*. New York: Verso.

Bouricius, Terril. 2013. "Democracy Through Multi-Body Sortition: Athenian Lessons for the Modern Day." *Journal of Public Deliberation* 9(1):1-19. Article 11. Available online at https://www.publicdeliberation.net/jpd/vol9/iss1/art11.

Brennan, Jason. 2016. *Against Democracy*. Princeton, NJ: Princeton University Press. 홍권희 옮김, 《민주주의에 반대한다--무능한 민주주의를 향한 도전적 비판》, 아라크네, 2023.

Brennan, Jason, and Hélène Landemore. 2021. *Debating Democracy*. Oxford: Oxford University Press.

Brown, Nathan. 2016. "Islam and Constitutionalism in the Arab World: The Puzzling Course of Islamic Inflation." In Ash Bali and Hanna Lerner, eds., *Constitution Writing, Religion, and Democracy*. Cambridge: Cambridge University Press.

Buchanan, A. 2003. *Justice, Legitimacy, and Self-Determination: International Relations and the Rule of Law*. Oxford: Oxford University Press.

Buchanan, James. 1999. *The Collected Works of James M. Buchanan*, Vol. 3. "The Calculus of Consent:

Logical Foundations of Constitutional Democracy," with a Foreword by Robert D. Tollison. Indianapolis, IN: Liberty Fund.

Buge, Eric, and Camille Morio. 2019. "Le Grand débat national, apports et limites pour la participation citoyenne." *Revue du droit public* 5: 1205-1238.

Burnheim, John 1985. *Is Democracy Possible? The Alternative to Electoral Politics*. Berkeley: University of California Press.

Cagé, Julia. 2020. *The Price of Democracy*. Cambridge, MA: Harvard University Press.

Cammack, Daniela. 2018. "The Democratic Significance of the Classical Athenian Courts." *In Decline: Decadence, Decay, and Decline in History and Society*. Budapest: Central European University Press.

Cammack, Daniela. 2020. "Deliberation and Discussion in Classical Athens." *Journal of Political Philosophy*. Online first.

Caplan, Bryan, and Zach Weinersmith. 2019. *Open Borders: The Science and Ethics of Immigration*. London: St Martin's Press.

Carey, John M. 2009. "Does It Matter How a Constitution Is Created?" In Z. Barany and R. G. Moser, eds., *Is Democracy Exportable?* New York: Cambridge University Press, 155-177.

Carey, John M., Richard G. Niemi, and Lynda W. Powell. 1998. "The Effect of Term Limits on State Legislatures." *Legislative Studies Quarterly* 23(2): 271-300.

Carey, John M., Richard G. Niemi, Lynda W. Powell, and Gary F. Moncrief. 2006. "The Effects of Term Limits on State Legislatures: A New Survey of the 50 States." *Legislative Studies Quarterly* 31(1):105-134.

Carillo, David, ed. 2018. *The Icelandic Federalist Papers*. Berkeley: Institute of Governmental Studies Press.

Carson, Lyn, and Brian Martin. 1999. *Random Selection in Politics*. Westport, CT: Praeger.

Castiglione, Dario, and Mark E. Warren. 2006. "Rethinking Democratic Representation: Eight Theoretical Issues." Paper prepared for delivery to "Rethinking Democratic Representation," *Centre for the Study of Democratic Institutions*, University of British Columbia, May 18-19.

Chakravarti, Sonali. 2019. *Radical Enfranchisement in the Jury Room and Public Life*. Chicago: Chicago University Press.

Chambers, Simone. 2004. "Behind Closed Doors: Publicity, Secrecy, and the Quality of Deliberation." *Journal of Political Philosophy* 12: 389-410.

Chambers, Simone. 2017. "The Epistemic Ideal of Reason-Giving in Deliberative Democracy. A Reply to Landemore." *Social Epistemology Review and Reply Collective* 6(10): 59-64.

Chan, J. 2013. "Political Meritocracy and Meritorious Rule." In D. Bell and C. Li, eds., *The East*

Asian Challenge for Democracy: Political Meritocracy in Comparative Perspective. Cambridge: Cambridge University Press, 31-54.

Cheneval, Francis, and A. el-Wakil. 2018. "The Institutional Design of Referendums: Bottom-Up and Binding." *Swiss Political Science Review* 24 (3): 294-304.

Christiano, Thomas. 1996. *The Rule of the Many*. Boulder, CO: Westview Press.

Christiano, Thomas. 2004a. "Authority." In E. Zalta, ed., *The Stanford Encyclopedia of Philosophy*. Available online at http://plato.stanford.edu/entries/authority/.

Christiano, Thomas. 2004b. "The Authority of Democracy." *Journal of Political Philosophy* 12(3): 266-290.

Chwalisz, Claudia. 2017. *The People's Verdict: Adding Informed Citizen Voices to Public Decision-Making*. Washington, DC: Policy Network/Rowman & Littlefield International.

Cohen, Elizabeth. 2018. *The Political Value of Time. Citizenship: Duration, and Democratic Justice*. Cambridge: Cambridge University Press. 최이현 옮김,《정치는 어떻게 시간을 통제하는가?-시간의 정치적 가치와 불평등에 관한 분석》, 바다출판사, 2019.

Cohen, Joshua. 1989. "Deliberation and Democratic Legitimacy." In A. Hamlin and P. Pettit, eds., *The Good Polity*. New York: Basil Blackwell, 17-34.

Cohen, Joshua. 2011. *Rousseau: A Free Community of Equals*. Oxford: Oxford University Press.

Coleman, Stephen. 2005. "New Mediation and Direct Representation: Reconceptualizing Representation in the Digital Age." *New Media & Society* 7(2): 177-198.

Coleman, Stephen, and Peter M. Shane, eds. 2012. *Connecting Democracy*. Cambridge, MA: MIT Press.

Crouch, Colin. 2004. *Post-Democracy*. Cambridge: Polity Press. 이한 옮김,《포스트 민주주의--민주주의 시대의 종말》, 미지북스, 2008.

Curato, Nicole, John S. Dryzek, Selen A. Ercan, Carolyn M. Hendriks, and Simon Niemeyer. 2017. "Twelve Key Findings in Deliberative Democracy Research." *Daedalus* 146(3): 14-38.

Dahl, Robert. 1970. *After the Revolution*. New Haven, CT: Yale University Press.

Dahl, Robert. 1971. *Polyarchy*. New Haven, CT: Yale University Press.

Dahl, Robert. 1979. "Procedural Democracy." In Peter Laslett and Jim Fishkin, eds., *Philosophy, Politics and Society* (fifth series). New Haven, CT: Yale University Press, 97-133.

Dahl, Robert. 1985. *A Preface to Economic Democracy*. Berkeley: University of California Press. 배관표 옮김,《경제 민주주의에 관하여》, 후마니타스, 2011.

Dahl, Robert. 1989. *Democracy and Its Critics*. New Haven, CT: Yale University Press. 조기제 옮김,《민주주의와 그 비판자들》, 문학과지성사, 1999.

Dahlgren, Peter. 2005. "The Internet, Public Spheres, and Political Communication: Dispersion and Deliberation." *Political Communication* 22:147-162.

Dal Bó, Ernesto, Pedro Dal Bó, and Jason Snyder. 2009. "Political Dynasties." *Review of Economic Studies*. 76(1): 115-142.

DeCanio, Samuel. 2014. "Democracy, the Market, and the Logic of Social Choice." *American Journal of Political Science* 58(3): 637-652.

De Djin, Annelien. 2019. "Republicanism and Democracy. The Tyranny of Majority in Eighteenth-century Political Debate." In Y. Elazar and G. Rousseliére, eds., *Republicanism and the Future of Democracy*. Cambridge: Cambridge University Press, 59-74.

Della Porta, Donatella. 2013. *Can Democracy Be Saved?: Participation, Deliberation, and Social Movements*. Cambridge: Polity Press.

Deutsch, Karl. 1976. *Die Schweiz als ein Paradigmatischer Fall Politischer Integration*. Bern: Haupt.

Dewey, John. [1927] 1954. *The Public and Its Problems*. Athens, OH: Swallow Press. 정창호 · 이유선 옮김, 《공공성과 그 문제들》, 한국문화사, 2014; 홍남기 옮김, 《현대 민주주의와 정치 주체 문제-존 듀이의 민주주의론》, CIR, 2010.

Dewey, John. 1993. *Political Writings*, edited by I. Shapiro. Indianapolis, IN: Hackett, 121-124.

Diamond, Larry. 2008. *The Spirit of Democracy: The Struggle to Build Free Societies Throughout the World*. New York: Times Books. 김지운 옮김, 《민주주의 선진화의 길》, 광림북하우스, 2009.

Diamond, Larry. 2016. "Global Democracy Is Spiraling Down. Here's What That Looks Like-And What President-Elect Trump Should Do." Stanford, CA: Institute for International Studies. Available online at https://medium.com/@FSIStanford/global-democracy-is-spiraling-down-7b2206643ad4#.jgafd4rkt, December 13.

Dixit, Avinash, Gene M. Grossman, and Faruk Gul. 2000. "The Dynamics of Political Compromise." *Journal of Political Economy* 108: 531-568.

Dowlen, Oliver. 2008. *The Political Potential of Sortition: A Study of the Random Selection of Citizens for Public Office*. Charlottesville, VA: Imprint Academic.

Dryzek, John S. 2009. "Democratization as Deliberative Capacity Building." *Comparative Political Studies* 42(11): 1379-1402. Available online at https://doi.org/10.1177/0010414009332129.

Dryzek, John S., André Bächtiger, Simone Chambers, Joshua Cohen, James N. Druckman, Andrea Felicetti, James S. Fishkin, David M. Farrell, Archon Fung, Amy Gutmann, Hélène Landemore, Jane Mansbridge, Sofie Marien, Michael A. Neblo, Simon Niemeyer, Maija Setälä, Rune Slothuus, Jane Suiter, Dennis Thompson, and Mark E. Warren. 2019. "The Crisis of Democracy and the Science of Deliberation." *Science* 363(6432): 1144-1146.

Dryzek, John S., and Simon Niemeyer. 2008. "Discursive Representation." *American Political Science Review* 102(4): 481-493.

Dryzeck, John, and Hayley Stevenson. 2011. "Global Democracy and Earth System Governance."

Ecological Economics 70(11): 1865-1874.

Du Bois, W.E.B. 1999. *Darkwater: Voices from within the Veil*. Mineola, NY: Dover Publications.

Dunn, John. 2019. *Setting the People Free: The Story of Democracy, second edition. Princeton*, NJ: Princeton University Press. 강철웅 · 문지영 옮김, 《민주주의의 수수께끼》, 후마니타스, 2015.

Dworkin, Ronald. 1986. *Law's Empire*. Cambridge, MA: Harvard University Press. 장영민 옮김, 《법의 제국》, 아카넷, 2004.

Elazar, Y., and G. Rousseliére, eds. 1999. *Republicanism and the Future of Democracy*. Cambridge: Cambridge University Press.

Elkins, Zachary, Tom Ginsburg, and James Melton. 2012. "A Review of Iceland's Draft Constitution." Available online at https://webspace.utexas.edu/elkinszs/web/CCP%20Iceland%20 Report.pdf.

Elster, Jon. 1993. "Constitution-Making in Eastern Europe: Rebuilding the Boat in the Open Sea." *Public Administration* 71: 169-217.

Elster, Jon. 1995. "Forces and Mechanisms in the Constitution-Making Process." *Duke Law Journal* 45: 364-396.

Elster, Jon. 1999. "Accountability in Athenian Politics." In A. Przeworski, S. C. Stokes, and B. Manin, eds., *Democracy, Accountability, and Representation*. Cambridge: Cambridge University Press, 253-278.

Elster, Jon. 2012. "The Optimal Design of a Constituent Assembly." In H. Landemore and J. Elster, *Collective Wisdom: Principles and Mechanisms*. Cambridge: Cambridge University Press, 148-172.

Elster, Jon. 2020. "Some Notes on 'Populism'" *Philosophy and Social Criticism* 1-10. el-Wakil, Alice. 2020. "Government with the People: The Value of Facultative Referendums in Democratic Systems." PhD dissertation, University of Zurich.

Empatia (consortium). 2018. "Enabling Multichannel Participation through ICT Adaptations." Final Report. Available at https://empatia-project.eu/wp-content/uploads/2018/07/EMPATIA _ Final_Progress_Report_D6.2-6July2018.pdf.

Erbentraut, Philipp. 2017. "Politics without Parties? Moisei Ostrogorski and the Crisis of Party Politics." Application for a John F. Kennedy Memorial Fellowship (Harvard University). Available online at http://www.fb03.uni-frankfurt.de/71953258/Politics-without-parties_rev.pdf.

Estlund, David. 2008. *Democratic Authority: A Philosophical Framework*. Princeton, NJ: Princeton University Press.

Estlund, David. 2020. *Utopophobia: On the Limits (If Any) of Political Philosophy*. Princeton, NJ: Princeton University Press.

Farrar, Cynthia, James S. Fishkin, Donald P. Green, Christian List, Robert C. Luskin, and Elizabeth Levy

Paluck. 2010. "Disaggregating Deliberation's Effects: An Experiment within a Deliberative Poll." *British Journal of Political Science* 40(2): 333-347.

Farrell, David M., and Jane Suiter. 2019. *Reimagining Democracy: Lessons in Deliberative Democracy from the Irish Front Lines*. Ithaca, NY: Cornell University Press.

Farrell, David M., Jane Suiter, and Clodagh Harris. 2018. "'Systematizing' Constitutional Deliberation: The 2016-18 Citizens' Assembly in Ireland." *Irish Political Studies* 34(1).

Fearon, James D. 1999. "Electoral Accountability and the Control of Politicians: Selecting Good Types Versus Sanctioning Poor Performance." In A. Przeworski, S. C. Stokes, and B. Manin, eds., *Democracy, Accountability, and Representation*. Cambridge: Cambridge University Press, 55-97.

Ferejohn, John. 1999. "Accountability and Authority: Toward a Theory of Political Accountability." In A. Przeworski, S. C. Stokes, and B. Manin, eds., *Democracy, Accountability, and Representation*. Cambridge: Cambridge University Press, 131-153.

Ferejohn, John, and Francis Rosenbluth. 2009. "Electoral Representation and the Aristocratic Thesis." In I. Shapiro, S. C. Stokes, E. J. Wood, and A. S. Kirshner, eds., *Political Representation*. Cambridge: Cambridge University Press, 271-303.

Ferreras, Isabelle. 2017. *The Firm as Political Entity*. Cambridge: Cambridge University Press.

Fillmore-Patrick, Hannah. 2013. "The Iceland Experiment (2009-2013): A Participatory Approach to Constitutional Reform." DPC Policy Note New Series 2.

Fischer, Frank. 2016. "Participatory Governance: From Theory to Practice." In Susan Fainstein and James DeFilippis, eds., *Readings in Planning Theory*. Oxford: Wiley.

Fishkin, James S. 2014. "*Hagnýtt rökræðulýðræði* (Deliberative Democracy and the "Crowdsourced Constitution': The Experiment Must Continue)." In J. Ólafsson, ed., *Tilraunir með Lýðræði-Ísland í Kreppu* og Endurreisn (*Experiments in Democracy-Iceland in Crisis and Recovery*). Reykjavík: University of Iceland Press and Bifröst University.

Fishkin, Jim. 2009. *When the People Speak: Deliberative Democracy and Public Consultation*. Oxford: Oxford University Press. 박정원 옮김, 《숙의민주주의》, 한국문화사, 2020.

Fishkin, Jim. 2018. *Democracy When the People Are Thinking: Revitalizing Our Politics Through Public Deliberation*. Oxford: Oxford University Press.

Flichy, Patrice. 2007. *The Internet Imaginaire*. Cambridge, MA: MIT Press.

Foa, Roberto, and Yashka Mounk. 2016. "The Democratic Disconnect." *Journal of Democracy* 27(3): 5-17.

Ford, Bryan. 2002. "Delegative Democracy." Unpublished paper. Available online at http://www.brynosaurus.com/deleg/deleg.pdf. Last accessed September 21, 2018.

Ford, Bryan. 2014. "Delegative Democracy Revisited." Blog post available online at https://bford.github.

io/2014/11/16/deleg.html. Last accessed September 23, 2018.

Ford, Bryan. 2018. "Democratic Value and Money for Decentralized Digital Society." Working paper presented at the Stanford Workshop on Digital Technology and Democratic Theory, June 27, 2018.

Fralin, Richard. 1978. *Rousseau and Representation: A Study of the Development of His Concept of Political Institutions*. New York: Columbia University Press.

Freedom House. 2000. *Democracy's Century: A Survey of Global Political Change in the 20th Century*. New York: Freedom House.

Freitag, Markus, and Carolin Rapp. 2013. "Intolerance Toward Immigrants in Switzerland: Diminished Threat Through Social Contacts?" *Swiss Political Science Review* 9(4): 425-446.

Fuller, Roslyn. 2015. *Beasts and God: How Democracy Changed Its Meaning and Lost Its Purpose*. London: Zed Books

Galbraith, Kate, and Asher Price. 2013. *The Great Texas Wind Rush. How George Bush, Ann Richards, and a Bunch of Tinkerers Helped the Oil and Gas State Win the Race to Wind Power*. Austin: University of Texas Press.

Galston, William A. 2018. *Antipluralism: The Populist Threat to Liberal Democracy*. New Haven, CT: Yale University Press.

Gangadharan, Seeta P. 2020. "Digital Exclusion: A Politics of Refusal." In H. Landemore, R. Reich, and L. Bernholz, eds., *Digital Technology and Democratic Theory*. Chicago: University of Chicago Press.

Gargarella, Roberto. 2003. "The Majoritarian Reading of the Rule of Law." In Jose Maria Maravall and Adam Przeworski, eds., *Democracy and the Rule of Law*. New York: Cambridge University Press, 147-167.

Gastil, John, Katherine R. Knoblock, Justin Reedy, Mark Henkels, and Katherine Cramer. 2018. "Assessing the Electoral Impact of the 2010 Oregon's Citizens' Initiative Review." *American Politics Research* 46(3): 534-563.

Gastil, John, and Robert C. Richards. 2017. "Embracing Digital Democracy: A Call for Building an Online Civic Commons." *PS: Political Science & Politics* 50(3): 758-763.

Gastil, John, and Erik Olin Wright. 2019. *Legislature by Lot: Transformative Designs for Deliberative Governance*. London: Verso.

Gaus, Gerald. 2016. The *Tyranny of the Ideal: Justice in a Diverse Society*. Princeton, NJ: Princeton University Press.

Gilens, Martin, and Benjamin Page. 2014. "Testing Theories of American Politics: Elites, Interest Groups, and Average Citizens." *Perspectives on Politics* 12(3): 564-581.

Ginsburg, Tom, and Zachary Elkins. 2014. "*Stjórnarskrárgerð tímum gagnsæis: Ísland ísamanburði*"

(Drafting constitutions in an era of transparency: Iceland in comparative perspective). In J. Ólafsson, ed., *Tilraunir með Lýðræði-Ísland í Kreppu og Endurreisn (Experiments in Democracy-Iceland in Crisis and Recovery)*. Reykjavík: University of Iceland Press and Bifröst University.

Ginsburg, Tom, Zachary Elkins, and Justin Blount. 2009. "Does the Process of Constitution Making Matter?" *Annual Review of Law and Social Science* 5:201-223.

Ginsburg, Tom, and Aziz Z. Huq. 2018. *How to Save a Constitutional Democracy*. Chicago: University of Chicago Press.

Goldin, Claudia, and Lawrence F. Katz. 2007. "The Race Between Education and Technology: The Evolution of U.S. Educational Wage Differentials, 1890 to 2005." NBER Working Paper No. 12984.

Goodin, Robert. 2007. "Enfranchising All Affected Interests, and Its Alternatives." *Philosophy & Public Affairs* 35(1): 40-68.

Goodin, Robert. 2008. *Innovating Democracy: Democratic Theory and Practice After the Deliberative Turn*. Oxford: Oxford University Press.

Goodin, Robert, and Kai Spiekermann. 2018. *An Epistemic Theory of Democracy*. Oxford: Oxford University Press.

Goodin, Robert E., and John S. Dryzek. 2006. "Deliberative Impacts: The Macro-Political Uptake of Mini-Publics." *Politics & Society* 34(2): 219-244.

Goodin, Robert E., and Chiara Lepora. 2015. "Guaranteed Rotation in Office: A 'New' Model of Democracy." *Political Quarterly* 86(3): 364-371.

Gould, Carole. 2004. *Globalizing Democracy and Human Rights*. Cambridge: Cambridge University Press.

Green, Jeffrey E. 2010. *The Eyes of the People: Democracy in an Age of Spectatorship*. Oxford: Oxford University Press.

Green-Armytage, J. 2015. "Direct Voting and Proxy Voting." *Constitutional Political Economy* 26(2):190-220.

Greene, Amanda. 2016. "Consent and Political Legitimacy." In D. Sobel, P. Vallentyne, and S. Wall, (eds.), *Oxford Studies in Political Philosophy* 2, 71-97.

Guerrero, Alex. 2014. "Against Elections: The Lottocratic Alternative." *Philosophy and Public Affairs* 42(2): 135-178.

Guinier, Lani. 2008. "Beyond Electocracy: Rethinking the Political Representative as Powerful Stranger." *Modern Law Review* 71(1): 1-35.

Gurin, J. 2014. "Open Governments, Open Data: A New Lever for Transparency, Citizen Engagement, and Economic Growth." *SAIS Review of International Affairs* 34(1): 71-82.

Gutmann, Amy, and Dennis Thompson. 1996. *Democracy and Disagreement*. Cambridge, MA: Belknap Press.

Gylfason, Thorvaldur. 2013. "Democracy on Ice: A Post-Mortem of the Icelandic Constitution." *Open Democracy*, June 19. Available online at http://www.opendemocracy.net/can-europe -make-it/thorvaldur-gylfason/democracy-on-ice-post-mortem-of-icelandic-constitution.

Gylfason, Thorvaldur. 2016. "Chain of Legitimacy: Constitution Making in Iceland." CESifo Working Paper Series 6018, CESifo Group Munich.

Habermas, Jürgen. 1996. *Between Facts and Norms*. Translated by William Rehg. Cambridge, MA: MIT Press. 박영도 · 한상진 옮김,《사실성과 타당성-담론적 법이론과 민주적 법치국가 이론》, 나남출판, 2007.

Habermas, Jürgen. 2006. "Political Communication in Media Society: Does Democracy Still Enjoy an Epistemic Dimension? The Impact of Normative Theory on Empirical Research." *Communication Theory* 16(4): 411-426.

Hamilton, Alexander, James Madison, and John Jay. 2003. *The Federalist* (edited by Terence Ball). Cambridge: Cambridge University Press. 박찬표 옮김,《페더럴리스트》, 후마니타스, 2019; 김동영 옮김,《페더럴리스트 페이퍼스》, 한울, 2024.

Hansen, Mogens Herman. 1974. *The Sovereignty of the People's Court in Athens*. Odense: Odense Universitetsforlag.

Hansen, Mogens Herman. 1989. "Demos, Ekklesia and Dikasterion. A Reply to Martin Ostwald and Josiah Ober." *The Athenian Ecclesia II: A Collection of Articles* 1983-9, pp. 213-218.

Hansen, Mogens Herman. 1991. *The Athenian Democracy in the Age of Demosthenes: Structures, Principles and Ideology*. Oxford and Cambridge: Blackwell.

Hansen, Mogens Herman. 2010. "The Concept of Demos, Ekklesia, and Dikasterion in Classical Athens." *Greek, Roman, and Byzantine Studies* 50: 499-536.

Hayward, Jack, ed. 1996. *The Crisis of Representation in Europe*. Abingdon, Oxon: Routledge, 1996.

Held, David. 1995. *Democracy and the Global Order*. Cambridge: Polity Press.

Helgadóttir, Ragnhildur. 2014. "Which Citizens?-Participation in the Drafting of the Icelandic Constitutional Draft of 2011." Blog of the *International Journal of Constitutional Law*. Available online at http://www.iconnectblog.com/2014/10/which-citizens-participation-in-the -drafting-of-the-icelandic-constitutional-draft-of-2011/

Heller, Nathaniel. 2011. "Is Open Data a Good Idea for the Open Government Partnership?" Available online at http://www.globalintegrity.org/2011/09/open-data-for-ogp/. Last accessed October 8, 2017.

Hennig, Bret. 2017. *The End of Politicians. Time for a Real Democracy*. Unbound Digital.

Hindman, Matthew. 2010. *The Myth of Digital Democracy*. Princeton, NJ: Princeton University Press.

Hobbes, Thomas. 1996. *Leviathan*. Revised student edition. Cambridge: Cambridge University Press. 진석용 옮김, 《리바이어던-교회국가 및 시민국가의 재료와 형태 및 권력 1-2》, 나남출판, 2008.

Hoffman, Hasso. 1974. *Repräsentation. Studien zur Wort- and Begriffgeschichte von der Antike bis in 19. Jahrhundert*. Berlin: Duncker & Humblot.

Hong, Lu, and Scott E. Page. 2004. "Groups of Diverse Problem Solvers Can Outperform Groups of High-Ability Problem Solvers." *Proceedings of the National Academy of Sciences of the United States of America* 101(46): 16, 385-389.

Hudson, Alexander. 2018. "When Does Public Participation Make a Difference? Evidence from Icelan''s Crowdsourced Constitution." *Policy & Internet* 10(2): 185-217. doi:10.1002/poi3.167.

Immergut, Helen. 1992. "Institutions, Veto Points, and Policy Results: A Comparative Analysis of Health Care." *Journal of Public Policy* 10(4): 391-416.

Ingham, Sean. 2019. *Rule by Multiple Majorities: A New Theory of Popular Control*. Cambridge: Cambridge University Press.

Jóhannesson, Guoni T. H. 2011. Tjaldað til einnar nætur: Uppruni bráðabirgðarstjórnarskrárinnar (Preparing for the Short-Term: The Origin of the Interim Constitution). *Icelandic Review of Politics and Administration* 7(1): 61-72.

Johns, Melissa Marie, and Valentina Saltane. 2016. "Citizen Engagement in Rulemaking-Evidence on Regulatory Practices in 185 Countries." Policy Research working paper no. WPS 7840. Washington, DC: World Bank Group.

Jones, Garett. 2020. *10% Less Democracy: Why You Should Trust Elites a Little More and the Masses a Little Less*. Stanford, CA: Stanford University Press. 임상훈 옮김, 《10% 적은 민주주의》, 21세기북스, 2020.

Jordan, S. R. 2011. "Accountability in Two Non-Western Contexts." In M. J. Dubnick and H. G. Frederickson, eds., *Accountable Governance: Problems and Promises*. Armonk, NY: M. E. Sharpe, 241-254.

Kanra, Bora. 2009. *Islam, Democracy, and Dialogue in Turkey: Deliberating in Divided Societies*. Aldershot, UK: Ashgate.

Kantorowicz, Ernest H. 1998 [1957]. *The King's Two Bodies: A Study in Mediaeval Political Theology*. Princeton, NJ: Princeton University Press.

Karlsson, Gunnar. 2000. *The History of Iceland*. Minneapolis: University of Minnesota Press.

Keane, John. 2009. *The Life and Death of Democracy*. New York: Simon & Schuster. 양현수 옮김, 《민주주의 삶과 죽음--대의 민주주의에서 파수꾼 민주주의로》, 교양인, 2017.

Khanna, Parag. 2017. *Technocracy in America: The Rise of the Info-State*. Scotts Valley, CA: CreateSpace.

Kinsky, Lucy, and Ben Crum. 2020. "Transnational Representation in EU National Parliaments: Concept, Case Study, Research Agenda." *Political Studies* 68(2): 370-388.

Klein, Mark. 2011. "How to Harvest Collective Wisdom on Complex Problems: An Introduction to the MIT Deliberatorium." Center for Collective Intelligence Working Paper, available online at http://cci.mit.edu/docs/working_papers_2012_2013/kleinwp2013.pdf.

Kloppenberg, James T. 2016. *Toward Democracy: The Struggle for Self-Rule in European and American Thought*. Oxford: Oxford University Press.

Knight, Jack, and James Johnson. 1994. "Aggregation and Deliberation: On the Possibility of Democratic Legitimacy." *Political Theory* 22(2): 277.

Knight, Jack, and Melissa Schwartzberg, eds. 2019. *Nomos LXI. Political Legitimacy*. New York: NYU Press.

Kok, Alexander. 2011. "Icelandic National Forum 2010." Participedia. Available online at http://participedia.net/en/cases/icelandic-national-forum-2010.

Kousser, Thad. 2005. *Term Limits and the Dismantling of State Legislative Professionalism*. Cambridge: Cambridge University Press.

Krahé, Maximilian. 2019. "The Modern Predicament: Capitalism, Democracy, and the Extended Division of Labour." PhD dissertation, Yale University.

Kuehn, Daniel. 2017. "Diversity, Ability, and Democracy: A Note on Thompson's Challenge to Hong and Page." *Critical Review: A Journal of Politics and Society* 29(1): 72-87.

Kuyper, Jonathan W. 2016. "Systemic Representation: Democracy, Deliberation, and Nonelectoral Representatives." *American Political Science Review* 110(2): 308-324.

Lafont, Cristina. 2015. "Deliberation, Participation, and Democratic Legitimacy: Should Deliberative Mini-publics Shape Public Policy?." *Journal of Political Philosophy* 23(1): 40-63.

Lafont, Cristina. 2020. *Democracy Without Shortcuts*. Oxford: Oxford University Press.

Landauer, Matthew. 2019. *Dangerous Counsel: Accountability and Advice in Ancient Greece*. Chicago: University of Chicago Press.

Landemore, Hélène. 2012. "Democratic Reason: The Mechanisms of Collective Wisdom in Politics." In H. Landemore and J. Elster, *Collective Wisdom: Principles and Mechanisms*. Cambridge: Cambridge University Press, 251-289.

Landemore, Hélène. 2013a. *Democratic Reason: Politics, Collective Intelligence, and the Rule of the Many*. Princeton, NJ: Princeton University Press.

Landemore, Hélène. 2013b. "Deliberation, Cognitive Diversity, and Democratic Inclusiveness: An Epistemic Argument for the Random Selection of Representatives." *Synthese* 190: 1209-1231.

Landemore, Hélène. 2014a. "On Minimal Deliberation, Partisan Activism, and Teaching People How to

Disagree." *Critical Review: A Journal of Politics and Society* 25:210-225.

Landemore, Hélène. 2014b. "Yes We Can (Make It Up On Volume): Reply to Critics." *Critical Review* 6 (1-2): 184-237.

Landemore, Hélène. 2014c. "Democracy as Heuristic: The Ecological Rationality of Political Equality." *Good Society* 23(2): 160.

Landemore, Hélène. 2015. "Inclusive Constitution-Making: The Icelandic Experiment." *Journal of Political Philosophy* 23(2): 166-191.

Landemore, Hélène. 2016. "What Is a Good Constitution? Assessing the Icelandic Constitutional Proposal." In T. Ginsburg and A. Huq, eds., *Assessing Constitutional Performance*. Cambridge: Cambridge University Press, 71-98.

Landemore, Hélène. 2017a. "Beyond the Fact of Disagreement? The Epistemic Turn in Deliberative Democracy." *Social Epistemology* 31(3): 277-295.

Landemore, Hélène. 2017b. "Inclusive Constitution-Making and Religious Rights: Lessons from the Icelandic Experiment." *Journal of Politics* 79 (3): 762-779.

Landemore, Hélène. 2017c. "Deliberative Democracy as Open, Not (Just) Representative Democracy." *Daedalus* 146(3): 51-63.

Landemore, Hélène. 2018. "What Does It Mean to Take Diversity Seriously? On Open-Mindedness as a Civic Virtue." *Georgetown Journal of Law and Public Policy* 16: 795-805.

Landemore, Hélène. 2020a. "Que représente la Convention Citoyenne sur le climat?" Le Monde, February 10. Available online at https://www.lemonde.fr/idees/article/2020/02/10 /la-convention-citoyenne-pour-le-climat-pourrait-prefigurer-une-nouvelle-forme-de-democratie_6029098_3232.html.

Landemore, Hélène. 2020b. "When Public Participation Matters: The 2010-2013 Icelandic Constitutional Process." *International Journal of Constitutional Law*.

Landemore, Hélène. 2021. "Open Democracy and Digital Technologies." In L. Bernholz, H. Landemore, and R. Reich, eds., *Digital Technology and Democratic Theory*. Chicago: University of Chicago Press.

Landemore, Hélène, and Jon Elster, eds. 2012. *Collective Wisdom. Principles and Mechanisms*. Cambridge: Cambridge University Press.

Landemore, Hélène, and Isabelle Ferreras. 2016. "In Defense of Workplace Democracy: Towards a Justification of the Firm-State Analogy." *Political Theory* 44(1): 53-81.

Landemore, Hélène, Bernard Manin, and Nadia Urbinati. 2008. "Is Representative Democracy Really Democratic?" Books & Ideas. Available online at http://www.booksandideas.net/Is-representative-democracy-really-democratic.

Landemore, Hélène, and Scott E. Page. 2015. "Deliberation and Disagreement: Problem Solving, Prediction, and Positive Dissensus." *Philosophy, Politics, and Economics* 14(3): 229-254.

Lane, Melissa. 2016. *Birth of Politics: Eight Greek and Roman Political Ideas and Why They Matter*. Princeton, NJ: Princeton University Press.

Langlamet, Helene. 2018. "Can Digital Technologies Create a Stronger Model for Democratic Participation? The Case of Crowdlaw." Proceedings of the 51st Hawaii International Conference on System Sciences, 2039-2319.

Lee, Youngjae. 2018. "The Criminal Jury, Moral Judgments, and Political Representation." *University of Illinois Law Review* 1256-1290.

Leib, Ethan J. 2004. *Deliberative Democracy in America: A Proposal for a Popular Branch*. University Park: Pennsylvania State University Press.

Leib, Ethan J., and David L. Ponet. 2012. "Citizen Representation and the American Jury." In P. Lenard and R. Simeon, eds., *Imperfect Democracies: The Democratic Deficit in Canada and the United States*. Vancouver: University of British Columbia Press, 269-290.

Lessig, Lawrence. 2012. *One Way Forward: The Outsider's Guide to Fixing the Republic*. Byliner Inc.

Levitsky, Steven and Daniel Ziblatt. 2018. How Democracies Die. New York: Crown. 박세연 옮김, 《어떻게 민주주의는 무너지는가-우리가 놓치는 민주주의 위기 신호》, 어크로스, 2018.

Levy, Ron. 2013. "'Deliberative Voting': Realising Constitutional Referendum Democracy." *Public Law* 555.

Lijphart, Arend. 1984. *Democracies: Patterns of Majoritarian and Consensus Government inTwenty One Countries*. New Haven, CT: Yale University Press. 김석동 옮김, 《민주주의의 유형-다수결 민주주의와 합의 민주주의 간의 정부 형태와 성과 비교》, 성균관대학교출판부, 2016[1999].

Lipset, Seymour M. 1960. *Political Man: The Social Bases of Politics*. New York: Doubleday.

List, Christian, Robert C. Luskin, James S. Fishkin, and Iain McLean. 2013. "Deliberation,Single-Peakedness, and the Possibility of Meaningful Democracy." *Journal of Politics* 75(1): 80-95.

Lukes, Steven. 1974. *Power: A Radical View*. New York: Palgrave Macmillan. 서규환 옮김, 《3차원적 권력론》, 나남출판, 1992.

Luskin, Robert C., Ian O'Flynn, James S. Fishkin, and David Russell. 2014. "Deliberating across Deep Divides." *Political Studies* 62(1): 117.

Maboudi, Tofigh, and Ghazal P. Nadi. 2016. "Crowdsourcing the Egyptian Constitution: Social Media, Elites, and the Populace." *Political Research Quarterly* 69(4): 716-731. Available online athttps://doi.org/10.1177/1065912916658550.

Macdonald, Terry. 2008. *Global Stakeholder Democracy*. Oxford: Oxford University Press.

Magnusson, Finnur. 2013. "How to Write a Constitution in the 21st Century. Presentation at the

Conference on Right to Information and Transparency." CDDRL Stanford University, March 11.
Mair, Peter. 2013. *Ruling the Void: The Hollowing-Out of Western Democracy*. New York: Verso.
Manin, Bernard. 1987. "On Legitimacy and Political Deliberation." Translated from the French by E. Stein and J. Mansbridge. *Political Theory* 15(3): 338-368.
Manin, Bernard. 1997. *The Principles of Representative Government*. Cambridge: Cambridge University Press. 곽준혁 옮김,《선거는 민주적인가-현대 대의 민주주의의 원칙에 대한 비판적 고찰》, 후마니타스, 2004.
Mankiw, Gregory. 2013. "Defending the One Percent." *Journal of Economic Perspectives* 27(3): 21-34.
Mansbridge, Jane. 2003. "Rethinking Representation." *American Political Science Review* 97(4): 515-528.
Mansbridge, Jane. 2009. "A Selection Model of Representation." *Journal of Political Philosophy* 17(4): 369-398
Mansbridge, Jane. 2010. "Deliberative Polling as the Gold Standard." *Good Society* 19(1): 55-62.
Mansbridge, Jane. 2012. "On the Importance of Getting Things Done." The 2011 James Madison Lecture.
Mansbridge, Jane. 2014. "What Is Political Science For?" *Perspective on Politics* 12(1): 8-17.
Mansbridge, Jane. 2019. "Accountability in the Constituent-Representative Relationship." In J. Gastiland E. O. Wright, eds., *Legislature by Lot: Transformative Designs for Deliberative Governance*, London: Verso, pp. xxx.
Mansbridge, Jane. 2020. "Representation Failure." In Melissa Schwartzberg and Daniel Viehoff, eds., *NOMOS LXIII: Democratic Failure*. New York: New York University Press.
Matsusaka, John G. 2005. "Direct Democracy Works." *Journal of Economic Perspectives* 19(2): 185-206.
Matsusaka, John G. 2020. Let the People Rule. *How Direct Democracy Can Meet the Populist Challenge*. Princeton, NJ: Princeton University Press.
McCarthy, Nolan, Keith T. Poole, and Howard Rosenthal. 2006. *Polarized America: The Dance of Ideology and Unequal Riches*. Cambridge, MA: MIT Press.
McCormick, John. 2011. *Machiavellian Democracy*. Cambridge: Cambridge University Press.
McCormick, John. 2019. "The New Ochlophobia? Populism, Majority Rule, and Prospects for Democratic Republicanism." In Y. Elazar and G. Rousseliére, eds., *Republicanism and the Future of Democracy*. Cambridge: Cambridge University Press, 130-151.
McCormick, John. Forthcoming. In G. Ballacci and R. Goodman, eds., *Populism, Demagoguery, and Rhetoric in Historical Perspective*.
McGann, Anthony. 2006. *The Logic of Democracy: Reconciling Equality, Deliberation, and Minority*

Protection. Ann Arbor: University of Michigan Press.

Meuwese, Anne. 2013. "Popular Constitution-Making: The Case of Iceland." In D. Galligan and M.Versteeg, eds., *The Social and Political Foundations of Constitutions*. New York: Cambridge UniversityPress, 469-496.

Mill, John Stuart. 1915 [1848]. *Principles of Political Economy with Some of Their Applications to Social Philosophy 752*, 9th edition. London: J.W. Ashley. 박동천 옮김, 《정치경제학 원리-사회철학에 대한 응용을 포함하여 1-4》, 나남출판, 2010.

Miller, James. 1984. *Rousseau: Dreamer of Democracy*. New Haven, CT: Yale University Press.

Miller, James C. 1969. "A Program for Direct and Proxy Voting in the Legislative Process." *Public Choice* 7-7(1): 107-13.

Miller, Susan, Jill Nicholson-Crotty, and Sean Nicholson-Crotty. 2011. "Reexamining the InstitutionalEffects of Term Limits in U.S. State Legislatures." *Legislative Studies Quarterly* 36(1): 71-97.

Moeckli, Daniel. 2018. "Referendums: Tyranny of the Majority?" In Francis Cheneval and Alice el-Wakil, "Do Referendums Enhance or Threaten Democracy?" *Swiss Political Science Review* 24(3): 335-341.

Moehler, Devra C. 2006. "Participation and Support for the Constitution in Uganda." *Journal o f Modern African Studies* 44(2): 275-308.

Moncrieffe, J. M. 1998. "Reconceptualizing Political Accountability." *International Political Science Review* 19(4): 387-406.

Montanaro, Laura. 2012. "The Democratic Legitimacy of Self-Appointed Representatives." *Journal of Politics* 74(4): 1094-1107.

Mooney, Christopher. 2007. "Lobbyists and Interest Groups." In K. Kurtz, B. Cain, and B. Niemi, eds. *Institutional Change in American Politics: The Case of Term Limits*. Ann Arbor: University ofMichigan Press.

Morris-Jones, W. H. 1954. "In Defense of Apathy." *Political Studies* 11: 25-37.

Mounk, Yashka. 2018. *The People versus Democracy: Why Our Freedom Is in Danger and How to Save It*. Cambridge, MA: Harvard University Press. 함규진 옮김, 《위험한 민주주의-새로운 위기, 무엇이 민주주의를 파괴하는가》, 와이즈베리, 2018.

Mutz, Diana. 2006. *Hearing the Other Side: Deliberative versus Participatory Democracy*. Cambridge:Cambridge University Press.

Nelson, Eric. 2014. *The Royalist Revolution: Monarchy and the American Founding*. Cambridge, MA: Harvard University Press.

Newsom, Gavin. 2014. *Citizenville: How to Take the Town Square Digital and Reinvent Government*.

New York: Penguin.

Niesen, Peter. 2019. "Reinventing the Wheel? Reciprocal Representation in Bentham and Blatter."Blog post available at http://globalcit.eu/let-me-vote-in-your-country-and-ill-let-you-vote-in-mine-a-proposal-for-transnational-democracy/11/. Last accessed January 17, 2020.

Norbäck, Per. 2012. *The Little Horse from Athens*. Amazon Kindle.

Norris, Pippa. 2011. *Democratic Deficit: Critical Citizens Revisited*. Cambridge: Cambridge University Press.

Norris, Pippa. 2017. *Why American Elections Are Flawed (and How to Fix Them)*. Ithaca, NY: Cornell University Press.

Noveck, Beth. 2012. "Open Data-The Democratic Imperative." Blog post. https://crookedtimber.org/2012/07/05/open-data-the-democratic-imperative/. Last accessed April 17, 2020.

Noveck, Beth. 2018. "Crowdlaw: Collective Intelligence and Lawmaking." Analyse & Kritik 40(2) : 359-380.

Ober, Josiah. 1996 [1989]. "Review Article: The Nature of Athenian Democracy." *Classical Philology* 84(4): 322-334.

Ober, Josiah. 1997. *Mass and Elites in Ancient Athens: Rhetoric, Ideology, and the Power of the People*. Princeton, NJ: Princeton University Press.

Ober, Josiah. 2008. *Democracy and Knowledge: Innovation and Learning in Classical Athens*. Princeton, NJ: Princeton University Press.

Ober, Josiah. 2017. *Demopolis. Democracy Before Liberalism in Theory and Practice*. Cambridge: Cambridge University Press. 노경호 옮김, 《자유주의 이전의 민주주의-민주주의는 어떻게 자유주의 없이도 다양성을 지키며 번영하는가》, 후마니타스, 2023.

Ober, Josiah. 2018. *Democracy Before Liberalism*. Princeton, NJ: Princeton University Press.

Occalan, Abdullah. 2015. *Democratic Confederalism*. Honolulu: Transmedia Publishing.

Oddsd6ttir, Katrin. 2014. "Iceland: The Birth of the World's First Crowd-Sourced Constitution?." *Cambridge Journal of International and Comparative Law* 1207.

OECD(Organisation for Economic Co-operation and Development). 2009. *Focus on Citizens: Public Engagement for Better Policy and Services*. OECD Studies on Public Engagement. Paris: OECD Publishing.

OECD. 2020. *Catching the Deliberative Wave: Innovative Citizen Participation and New Democratic Institutions*. Paris: OECD Publishing.

O'Flynn, Ian. 2007. "Divided Societies and Deliberative Democracy." *British Journal of Political Science* 37(4):73.

O'Leary, Kevin. 2006. *Saving Democracy: A Plan for Real Democracy in America*. Stanford, CA:

Stanford University Press. 이지문 옮김, 《민주주의 구하기-미국에서 날아온 하나의 혁신적 개혁 모델》, 글항아리, 2006.

Orgad, Liav. 2018. "Cloud Communities: The Dawn of Global Citizenship?." In R. Bauböck, ed., *Debating Transformations of National Citizenship*. IMISCOE Research Series. New York: Springer: 251-260.

Ostrogorski, Moisei. 1903. *La démocratie et l'organisation des partis*. Paris: Calmann-Lévy.

Page, Scott E. 2007. *The Difference: How the Power of Diversity Creates Better Groups, Firms, Schools, and Societies*. Princeton, NJ: Princeton University Press.

Page, Scott E. 2015. "Diversity Trumps Ability and the Proper Use of Mathematics." *Notices of the AMS* 62(1): 9-10.

Papadopoulos, Yannis. 1998. *La Démocratie Directe*. Paris: Economica.

Papadopoulos, Yannis. 2013. *Democracy in Crisis?: Politics, Governance, and Policy*. London: Palgrave Macmillan.

Partlett, William. 2012. "The Dangers of Popular Constitution-Making." *Brooklyn Journal of International Law* 38(1): 193-238.

Peixoto, Tiago. 2009. "Territorial Representation and Ideational e-Constituencies." Blog post. Democracy Spot. Available online at https://democracyspot.net/2009/09/10/territorial -representation-and-ideational-e-constituencies/.

Peter, Fabienne. 2009. *Democratic Legitimacy*. New York: Routledge.

Peter, Fabienne. 2017. "Political Legitimacy." In E. Zalta, ed., The Stanford Encyclopedia of Philosophy. Available online at https://plato.stanford.edu/archives/sum2017/entries/legitimacy/.

Peters, B. 1993. *Die Integration moderner Gesellschaften*. Frankfurt am Main: Suhrkamp.

Peters, B. 2008. "On Public Deliberation and Public Culture." In H. Wessler, ed., *Public Deliberation and Public Culture: The Writings of Bernhard Peters, 1993-2005*. New York: Palgrave Macmillan.

Pettit, Philip. 2010. "Representation, Responsive and Indicative." *Constellations* 17(3): 426-434.

Pettit, Philip. 2012. *On the People's Terms. A Republican Theory and Model of Democracy*. Cambridge: Cambridge University Press.

Philp, M. 2009. "Delimiting Democratic Accountability." *Political Studies* 57(1): 28-53.

Piketty, Thomas. 2013. *Capital in the Twenty-First Century*. Cambridge, MA: Harvard University Press. 장경덕 옮김, 《21세기 자본》, 글항아리, 2014.

Piketty, Thomas. 2019. *Capital and Ideology*. Paris: Le Seuil. 안준범 옮김, 《자본과 이데올로기》, 문학동네, 2020.

Pitkin, Hannah. 1989[1967]. *The Concept of Representation*. Berkeley: University of California Press.

Pitkin, Hannah. 2004. "Representation and Democracy: Uneasy Alliance." *Scandinavian Political Studies*

27(3): 335-342.

Plotke, David. 1997. "Representation Is Democracy." *Constellations* 4(1): 19-34.

Pogrebinschi, Thamy. 2013. "The Squared Circle of Participatory Democracy: Scaling Up Deliberation to the National Level." *Critical Policy Studies* 7(3): 219-241.

Pollitt, Christopher. 2011. "Performance Blight and the Tyranny of Light? Accountability in Advanced Performance Measurement Regimes." In M. J. Dubnick and H. George Frederickson, eds., *Accountable Governance: Problems and Promises*. New York and London: M.E. Sharpe, 81-97.

Popper, Karl. 2013[1945]. *The Open Society and Its Enemies*. Princeton, NJ: Princeton University Press. 이한구 옮김, 《열린 사회와 그 적들 I-II》, 민음사, 1989(2006).

Poster, Mark. 1997. "Cyberdemocracy: The Internet and the Public Sphere." In David Holmes, ed., *Virtual Politics, Identity and Community in Cyberspace*. London: Sage, 212-228.

Powell, Richard J. 2007. "Executive-Legislative Relationships." In Karl Kurtz, Bruce Cain, and Richard G. Niemi, eds., *Institutional Change in American Politics: The Case of Term Limits*. Ann Arbor: University of Michigan Press.

Przeworski, Adam. 2019. *The Crises of Democracy*. Cambridge: Cambridge University Press.

Quirk, PaulJ. 2014. "Making It Up on Volume: Are Larger Groups Really Smarter?" *Critical Review* 26(1-2): 129-150.

Qvortrup, M. 2000. "Are Referendums Controlled and Pro-hegemonic?" *Political Studies* 48(4): 821-826.

Rachman, Gideon. 2016. "The Global Democratic Recession: Democracy Is in Retreat Around the World-for Now." *Financial Times*, August 8.

Rae, Lang. 1969. "Decision-Rules and Individual Values." *American Political Science Review* 63(1): 40-56.

Ragin, Charles C. 2008. "Measurement Versus Calibration: A Set-Theoretic Approach." *The OxfordHandbook of Political Methodology*. Oxford: Oxford University Press.

Rawls, John. 1993. *Political Liberalism*. New York: Columbia University Press. 장동진 옮김, 《정치적 자유주의》, 동명사, 2016(증보판).

Rawls, John. 2001. *Justice as Fairness: A Restatement*. Cambridge, MA: Belknap Press of Harvard University Press. 김주휘 옮김, 《공정으로서의 정의: 재서술》, 이학사, 2016; 황경식 외 옮김, 《공정으로서의 정의》, 서광사, 1988.

Rehfeld, Andrew. 2005. *The Concept of Constituency: Political Representation, Democratic Legitimacy, and Institutional Design*. Cambridge: Cambridge University Press.

Rehfeld, Andrew. 2006. "Towards a General Theory of Political Representation." *Journal of Politics* 68(1): 1-21.

Rehfeld, Andrew. 2009. "Representation Rethought: On Trustees, Delegates, and Gyroscopes in the Study of Political Representation and Democracy." *American Political Science Review* 103(2): 214-230.

Reutemann, Tim, 2018. *Liquid Reign*. Independently published.

Rheingold, Howard. 1994. *The Virtual Community. Homesteading on the Electronic Frontie*r. New York: Harper Perennial.

Richardson, Lilliard E., David Valentine, and Shannon Daily Stokes. 2005. "Assessing the Impact of Term Limits in Missouri." *State & Local Government Review* 37(3): 177-192.

Risse, Mathias. 2004. "Arguing for Majority Rule." *Journal of Political Philosophy* 12(1): 41-64.

Rodrik, Dani. 2007. "The Inescapable Trilemma of the World Economy." Available online at http://rodrik.typepad.com/dani_rodriks_weblog/2007/06/the-inescapable.html. 고빛샘 · 구세희 옮김, 《자본주의 새판짜기-세계화의 역설과 민주적 대안》, 21세기북스, 2011; 제현주 옮김, 《더 나은 세계화를 말하다》, 북돋움, 2011.

Rogers, Melvin and Jack Turner. 2020. *African American Political Thought*. Chicago: University of Chicago Press.

Rosanvallon, Pierre. 2008. *Counter-Democracy: Politics in an Age of Distrust*. Cambridge: Cambridge University Press.

Rosanvallon, Pierre. 2011a. *Democratic Legitimacy: Impartiality, Reflexivity, Proximity*. Princeton, NJ: Princeton University Press.

Rosanvallon, Pierre. 2011b. "The Metamorphoses of Democratic Legitimacy: Impartiality, Reflexivitiy, Proximity." *Constellation* 18(2): 539-549.

Rose, Julie. 2016. *Free Time*. Princeton, NJ: Princeton University Press.

Rosenberg, Gerald N. 1991. *The Hollow Hope: Can Courts Bring About Social Change?* Chicago: University of Chicago Press.

Rosenblatt, Helena. 2018. *The Lost History of Liberalism: From Ancient Rome to the Twenty-First Century*. Princeton, NJ: Princeton University Press. 김승진 옮김, 《자유주의의 잃어버린 역사-공동체의 도덕, 개인의 윤리가 되다》, 니케북스, 2022.

Rosenbluth, Frances and Ian Shapiro. 2018. *Responsible Parties: Saving Democracy from Itself*. New Haven, CT: Yale University Press. 노시내 옮김, 《책임 정당-민주주의로부터 민주주의 구하기》, 후마니타스, 2022.

Rousseau, Jean-Jacques. 1964. *Oeuvres Complètes* (tome III). Paris: La Pléiade. 박호성 옮김, 《사회계약론 외-사회계약론, 코르시카 헌법 구상, 정치경제론, 생피에르 영구평화안 발췌, 생피에르 영구평화안 비판》, 책세상, 2015; 김중현 옮김, 《학문과 예술에 대하여 외》, 한길사, 2007.

Rousseau, Jean-Jacques. 1997. *The Social Contract and Other Later Political Writings*. Edited by V.

Gourevitch. Cambridge: Cambridge University Press. 이충훈 옮김, 《정치경제론 · 사회계약론 초고》, 후마니타스, 2022.

Rummens, Stefan. 2012. "Staging Deliberation: The Role of Representative Institutions in theDeliberative Democratic Process." *Journal of Political Philosophy* 20(1) : 223-244.

Rummens, Stefan. 2016. "Legitimacy Without Visibility: On the Role of Mini-Publics in theDemocratic System." In Min Reuchamps and Jane Suiter, eds., *Constitutional Deliberative Democracyin Europe*, Colchester: ECPR Press Available online at file: ///Users/helenelandemorejelaca/Downloads/Reuchamps%20and%20Suiter_final%20cover.pdf.

Runciman, David. 2013. *The Confidence Trap: A History of Democracy in Crisis from World War I to the Present*. Princeton, NJ: Princeton University Press. 박광호 옮김, 《자만의 덫에 빠진 민주주의-제1차 세계대전부터 트럼프까지》, 후마니타스, 2018.

Runciman, David. 2018. *How Democracy Ends*. New York: Basic Books. 최이현 옮김, 《쿠데타, 대재앙, 정보권력-민주주의를 위협하는 새로운 신호들》, 아날로그, 2020.

Saati, Abrak. 2015. "The Participation Myth: Outcomes of Participatory Constitution BuildingProcesses on Democracy." Research Report. Department of Political Science, Umeå University.Available online at http://umu.diva-portal.org/smash/get/diva2:809188/FULLTEXT01.pdf Accessed April 10, 2017.

Saez, Emmanuel, and Gabriel Zucman. 2014. "Wealth Inequality in the United States since 1913: Evidence from Capitalized Income Tax Data." NBER Working Paper No. 20625, issued in October.

Sanyal, Paromita, and Vijayendra Rao. 2018. *Oral Democracy: Deliberation in Indian Village Assemblies*. Cambridge: Cambridge University Press.

Saunders, Ben. 2008. "The Equality of Lotteries." *Philosophy* 83(3):359-372.

Saward, Michael. 2008. "Representation and Democracy: Revisions and Possibilities." *Sociology Compass* 2(3): 1000-1013.

Sayke. 2014. "Liquid Democracy." Blog post. Available online athttps://web.archive.org/web/20040616144517/http://www.twistedmatrix.com/wiki /python/LiquidDemocracy. Last accessed April 29, 2020.

Saward, Michael. 2010. *The Representative Claim*. Oxford: Oxford University Press.

Scharpf, Fritz. 2003. "Problem-Solving Effectiveness and Democratic Accountability in the EU." MPIfG Working Paper. Max-Planck-Institut für Gesellschaftsforschung. Available online at https://www.econstor.eu/handle/10419/41664.

Schmidt, Vivien A. 2013. "Democracy and Legitimacy in the European Union Revisited: Input, Output, and 'Throughput.'" *Political Studies* 61: 2-22.

Schmitter, Philippe. 1997. "Exploring the Problematic Triumph of Liberal Democracy and Concluding with a Modest Proposal for Improving Its International Impact." In A. Hadenius, ed. *Democracy's Victory and Crisis.* Cambridge: Cambridge University Press.

Schmitter, Philippe C. 2019. "The Vices and Virtues of ''Populisms.''" *Sociologica* 13(1): 75-81.

Schumpeter, Joseph. 1975 [1942]. *Capitalism, Socialism, and Democracy*. New York: Harper and Brothers. 이종인 옮김, 《자본주의 사회주의 민주주의》, 북길드, 2016; 변상진 옮김, 《자본주의 · 사회주의 · 민주주의》, 한길사, 2011.

Schwaliz, Claudia. 2019. "A New Wave of Deliberative Democracy." Blog Post, November 26. Available online at https://carnegieeurope.eu/2019/11/26/new-wave-of-deliberative-democracy -pub-80422. Last accessed February 14, 2020.

Schwartzberg, Melissa. 2014. *Counting the Many*. The Origins and Limits of Supermajority Rule. Cambridge: Cambridge University Press.

Scott, James. 1999. *Seeing Like a State: How Certain Schemes to Improve the Human Condition Have Failed*. New Haven, CT: Yale University Press. 전상인 옮김, 《국가처럼 보기-왜 국가는 계획에 실패하는가》, 에코리브르, 2010.

Scott, James. 2017. *Against the Grain*. New Haven, CT: Yale University Press. 전경훈 옮김, 《농경의 배신-길들이기, 정착생활, 국가의 기원에 관한 대항서사》, 책과함께, 2019.

Shachar, Ayelet. 2009. *The Birthright Lottery: Citizenship and Global Inequality*. Cambridge: Harvard University Press.

Shapiro, Ian. 2016. *Politics Against Domination*. Cambridge, MA: Harvard University Press.

Shapiro, Ian. 2017. "Collusion in Restraint of Democracy: Against Political Deliberation." *Daedalus* 146(3): 64-76.

Shapiro Ian, Susan C. Stokes, Elizabeth Jean Wood, and Alexander S. Kirshner. 2009. *Political Representation*. Cambridge: Cambridge University Press.

Simmons, A. John. 2001. *Justification and Legitimacy: Essays on Rights and Obligation*s. Cambridge: Cambridge University Press.

Singer, Daniel J. 2018. "Diversity, Not Randomness, Trumps Ability." *Philosophy of Science* 86(1):178-191.

Sintomer, Yves. 2018. F*rom Radical to Deliberative Democracy: Random Selection in Politics from Athens to the Present*. Cambridge: Cambridge University Press.

Siri, Santiago. 2015. "Democracy Earth Foundation." Retrieved from http://democracy.earth/.

Sjoberg, Fredrik M., Jonathan Mellon, Tiago C. Peixoto, Johannes Hemker, and Lily L. Tsai. 2019. "Voice and Punishment: A Global Survey Experiment on Tax Morale." Policy Research Working Paper 8855. World Bank.

Skalski, Jérôme. 2012. *La Révolution des Casseroles: Chroniques d'une nouvelle constitution pour I'lslande*. Paris: Contre Allée.

Slobodian, Quinn. 2018. *Globalists: The End of Empire and the Birth of Neoliberalism*. Cambridge, MA: Harvard University Press.

Smith, Graham. 2009. *Democratic Innovations: Designing Institutions for Citizen Participation*. Cambridge: Cambridge University Press.

Smith, Melancton. 1987. *Speech at the 1788 New York Convention, reprinted in Philip B. Kurland, The Founders' Constitution*, ch. 13, Ralph Lerner and Philip B. Kurland, eds. Chicago: University of Chicago Press.

Spada, Paolo, Mark Klein, Raffaele Calabretta, Luca Iandoli, and Ivana Quinto. 2016. "A First Step toward Scaling-up Deliberation: Optimizing Large Group E-Deliberation using Argument Maps." Working paper.

Spada, Paolo, Jonathan Mellon, Tiago Peixoto, and Fredrik M. Sjoberg. 2016. "Effects of theInternet on Participation: Study of a Public Policy Referendum in Brazil." *Journal of InformationTechnology & Politics* 13(3): 187-207.

Stone, Peter. 2011. *The Luck of the Draw*. Oxford: Oxford University Press.

Storing, Herbert J., ed. 1981. What the Anti-Federalists Were For: *The Political Thought of the Opponentsof the Constitution*. Chicago: University of Chicago Press.

Suiter, Jane. 2018. "Deliberation in Action-Ireland's Abortion Referendum." *Political Insight* 9(3): 30-32.

Suteu, Silvia. 2015. "Constitutional Conventions in the Digital Era: Lessons from Iceland and Ireland 38 BC." *International and Comparative Literature Review* 251.

Sutherland, Keith. 2008. *A Peoples' Parliament*. Charlottesville, VA: Imprint Academic.

Swierczek, Björn. 2011. "5 Years of Liquid Democracy in Germany." Liquid Democracy Journal 1. Available online at http://www.liquid-democracy-journal.org/issue/1/The_Liquid _Democracy_ Journal-Issue001-02-Five_years_of_Liquid_Democracy_in_Germany.html.

Tempelhof, Susanne Tarkowski, Eliott Teissonniere, James Fennell Tempelhof, and Dana Edwards. 2017. *BITNATION, Pangea Jurisdiction and Pangea Arbitration Token (PAT): The Internet of Sovereignty*. Bitnation: Planet Earth. Available at https://eliott.teissonniere.org/assets/files/ bitnation.pdf.

Terwel, B. W., F. Harinck, N. Ellemers, and D. D. Daamen. 2010. "Voice in Political Decision Making: The Effect of Group Voice on Perceived Trustworthiness of Decision Makers and Subsequent Acceptance of Decisions." *Journal of Experimental Psychology*: Applied 16(2):173.

Thompson, Abigail. 2014. "Does Diversity Trump Ability? An Example of the Misuse of Mathematics in the Social Sciences." *Notices of the American Mathematical Society* 61(9) : 1024-1030.

Torfason, Hjörtur. 2009. *Influential Constitutional Justice: Some Icelandic Perspectives. World Conference on Constitutional Justice*, Cape Town, January 23-24.

Tormey, Simon. 2015. *The End of Representative Politics*. Cambridge: Polity Press.

Touchton, Michael, Brian Wampler, and Tiago C. Peixoto. 2019. "Of Governance and Revenue: Participatory Institutions and Tax Compliance in Brazil." Policy Research Working Paper 8797. World Bank.

Trechsel, Alexander H. 2010. "Reflexive Accountability and Direct Democracy." *West European Politics* 33(5): 1050-1064.

Trechsel, Alexander H. 2012. "Reflexive Accountability and Direct Democracy." In D. Curtin, PeterMair, and Yannis Papadopoulos, eds., *Accountability and European Governance*. London: Routledge, ch. 7.

Treisman, Daniel. 2018. "Is Democracy in Danger? A Quick Look at the Data." Paper presented at the Conference on Democratic Backsliding and Electoral Authoritarianism. Yale University, April.

Tuck, Richard. 2016. *The Sleeping Sovereign: The Invention of Modern Democracy*. Cambridge: Cambridge University Press.

Tucker, Paul. 2018. *Unelected Power: The Quest for Legitimacy in Central Banking and the Regulatory State*. Princeton, NJ: Princeton University Press.

Tüfekçi, Zeynep. 2017. *Twitter and Tear Gas: The Power and Fragility of Networked Protest*. New Haven, CT: Yale University Press.

Tullock, Gordon. 1967. *Toward a Mathematics of Politics*. Ann Arbor: University of Michigan Press.

Tushnet, Mark. 2013. "Constitution-Making: An Introduction." *Texas Law Review* 91:1983-2013.

Urbinati, Nadia. 2006. *Representative Democracy: Principles and Genealogy*. Chicago: University of Chicago Press.

Urbinati, Nadia. 2014. *Democracy Disfigured*. Cambridge, MA: Harvard University Press.

Urbinati, Nadia and Mark Warren. 2008. "The Concept of Representation in Contemporary Democratic Theory." *Annual Review of Political Science* 11: 387-412.

Valsangiacomo, Chiara. 2020. "Liquid Democracy: Outline and Defense of a New, Minimal Conceptualization." Working Paper.

Valtysson, Bjarki. 2014. "Democracy in Disguise: The Use of Social Media in Reviewing the Icelandic Constitution." *Media, Culture, and Society* 36(1): 3-19.

Vandamme, Pierre-Etienne. 2018. "Des référendums plus délibératifs? Les atouts du vote justifié." *Participations* 20:29-52.

Van der Vossen, Bas. 2018. *In Defense of Openness: Why Global Freedom Is the Humane Solution to*

Global Poverty. Princeton, NJ: Princeton University Press.

Van Parijs, Philip and Yannick Vanderborght. 2018. *Basic Income: A Radical Proposal for a Free Societyand a Sane Economy*. Cambridge, MA: Harvard University Press. 홍기빈 옮김, 《21세기 기본소득-자유로운 사회, 합리적인 경제를 향한 거대한 전환》, 흐름출판, 2018.

Van Reybrouck, David. 2016. *Against Elections: The Case for Democracy*. London: Bodley Head.

Vasilev, George. 2015. *Solidarity across Divides: Promoting the Moral Point of View*. Edinburgh: Edinburgh University Press.

Vedel, Thierry. 2003. "L'idée de démocratie électronique. Origines, visions, questions." In Pascal Perrineau, ed., *Le désenchantement démocratique*, La Tour d'Aigues: Editions de l'Aube, 243-266 ("The Idea of Virtual Democracy. Origins, Visions, Questions" in Democratic Disenchantment).

Velikanov, Cyril. 2012. "Mass Online Deliberation: Requirements, Metrics, Tools and Procedures." Working paper.

Venice Commission (European Commission for Democracy Through Law). 2013. "On the Draft New Constitution of Iceland." *Opinion Nber* 702. Available at https://www.althingi.is/pdf/Feneyjanefnd_skyrsla_e_11_03_2013.pdf.

Vieira, Monica Brito and David Runciman. 2008. *Representation*. Cambridge, UK: Polity. 노시내 옮김, 《대표-역사, 논리, 정치》, 후마니타스, 2020.

Voeten, Erik. 2017. "Are People Really Turning Away from Democracy?" *Journal of Democracy*. Online debate available at https://www.journalofdemocracy.org/online-exchange -democratic-deconsolidation.

Waldron, Jeremy. 1999. *Law and Disagreement*. Oxford: Oxford University Press.

Warren, Mark E. 2008. "Citizen Representatives." In M. E. Warren and H. Pearse, eds., Designing *Deliberative Democracy: The British Columbia Citizens Assembly*. Cambridge: Cambridge University Press.

Warren, Mark. 2013. "Citizen Representatives." In Jack H. Nagel and Rogers M. Smith, eds., *Representation: Elections and Beyond*. Philadelphia: University of Pennsylvania Press, 269-294.

Warren, Mark, and Hilary Pearse. 2008. *Designing Deliberative Democracy: The British Columbia Citizens' Assembly*. Cambridge: Cambridge University Press.

Weisberg, Michael, and Ryan Muldoon. 2009. "Epistemic Landscapes and the Division of Cognitive Labor." *Philosophy of Science* 76(2): 225-252.

Werner-Müller, Jan. 2016. *What Is Populism?* Philadelphia: University of Pennsylvania Press. 노시내 옮김, 《누가 포퓰리스트인가-그가 말하는 '국민' 안에 내가 들어갈까》, 마티, 2017.

White, Jonathan, and Lea Ypi. 2016. *The Meaning of Partisanship*. Oxford: Oxford University Press.

Willemsen, Roger. 2014. *Das Hohe Haus: Ein Jahr im Parlament*. Frankfurt am Main: Fischer.

Williams, Melissa, ed. 2020. *Deparochializing Political Theory*. Cambridge: Cambridge University Press.

Winroth, Anders. 2012. *The Conversion of Scandinavia: Vikings, Merchants, and Missionaries in the Remakingof Northern Europe*. New Haven, CT: Yale University Press. 김동일 옮김, 《아나키즘-자율적인 개인들의 협력적 공동체》, 경상국립대학교출판부, 2022.

Wolff, Robert Paul. 1970. *In Defense of Anarchism*. New York: Harper & Row.

Yu, Harlan, and David G. Robinson. 2012. "The New Ambiguity of 'Open Government.'" *UCLA Law Review Discourse* 59: 178-208.

Zakaria, Fareed. 2018. "Democracy Is Decaying Worldwide. America Isn't Immune." *Washington Post*, February 22.

찾아보기